U0500680

DBT®

情绪
调节手册

标准技能训练手册

DBT® SKILLS
TRAINING
MANUAL

[美] 玛莎·M. 莱恩汉
Marsha M. Linehan 著
祝卓宏 朱卓影 陈珏 曹静 译

北京联合出版公司
Beijing United Publishing Co., Ltd.

图书在版编目（CIP）数据

DBT® 情绪调节手册：全两册 / (美) 玛莎·M.莱
恩汉著；祝卓宏等译. －－ 北京：北京联合出版公司,
2022.3（2024.1重印）
　ISBN 978-7-5596-5689-6

　Ⅰ.①D… Ⅱ.①玛… ②祝… Ⅲ.①心理学—研究
Ⅳ.①B84

　中国版本图书馆CIP数据核字(2021)第239179号

Copyright © 2015 Marsha M. Linehan
Published by arrangement with The Guilford Press
Simplified Chinese edition © 2022 Beijing ZhengQingYuanLiu
Culture Development Co., Ltd.

北京市版权局著作权登记号：图字01-2021-6314号

DBT® 情绪调节手册：全两册

著　　者：(美) 玛莎·M.莱恩汉
译　　者：祝卓宏　朱卓影　陈珏　曹静
出 品 人：赵红仕
责任编辑：孙志文
封面设计：汇川博工作室
装帧设计：季　群　涂依一

北京联合出版公司出版
（北京市西城区德外大街83号楼9层　100088）
北京联合天畅文化传播公司发行
北京中科印刷有限公司印刷　新华书店经销
字数1000千字　710毫米×1000毫米　1/16　73.5印张
2022年3月第1版　2024年1月第2次印刷
ISBN 978-7-5596-5689-6
定价：380.00元（全两册）

版权所有，侵权必究
未经书面许可，不得以任何方式转载、复制、翻印本书部分或全部内容。
本书若有质量问题，请与本公司图书销售中心联系调换。
　电话：（010）64258472—800

DBT® 情绪调节手册

翻译人员

主 译

祝卓宏　朱卓影　陈　珏　曹　静

翻 译

高　睿　韩　慧　郭　垒　王兰兰　赵文清

张天然　王　婷　李　煦　陆　璐　吴梦婷

张　磊　杨珏梅　赵纪龙　魏耀辉

译者序

很多事情在冥冥之中总有种缘分，翻译此书，正是如此。

2016 年 6 月 18 日，我在西雅图参加国际语境行为科学协会（ACBS）第 16 届大会的时候，有幸聆听了玛莎·莱恩汉博士的主题报告《DBT 的发展与应用：临床治疗师的实操策略》。她在报告中介绍了辩证行为疗法（Dialectical Behavior Therapy, DBT）的主要发展脉络，其中接纳技术的来源之一就是中国的禅宗，特别是曹洞宗和临济宗，她专门跟随几位禅师做过禅修。她在报告中谈到"DBT 的核心是对立治疗目标之间的动态平衡：一方面接纳自己和自己的生活状况，另一方面拥抱向更好生活的转变"。她简单分享了自己的故事，如何从"地狱"到"越狱"，从被囚禁的"疯狂病人"变成解救他人的"心理专家"。而且 ACT 创始人海斯教授主持她的报告时告知大家，在大会报告前一天，她刚刚荣获行为与认知治疗协会（ABCT）颁发的终身成就奖。报告结束后，全体与会代表起立鼓掌，表示尊敬和祝贺。然后就是参会代表们排起了长龙请她签字、拍照，我也排了队，想邀请她到中国来讲授 DBT。当她听说我是来自中国的时候，特别高兴，给了我一个拥抱，因为她的 DBT 核心思想与禅宗有关。但是，她很遗憾地说"我太老了，身体不行了，没办法去中国了，你们可以翻译我的书或请我的学生去讲课"。当我回到中国之后一周，就得到北京正清远流文化发展有限公司涂道坤先生的邀请，请我翻译此书，我感到机缘实在是巧合，觉得这是命运使然。

然而看到此书电子版之后，却感到比较困难，因为此书很厚很专业，而且还有大量的讲义及练习单，感觉翻译此书一定是一项很大的工程，不过，翻译此书是我对玛莎·莱恩汉博士的承诺，一定要兑现。由于我没有接受过 DBT 的系统培训，因此就联系了在西雅图大会认识的美国学者杨珏梅博士，她曾经参加过 DBT 系统培训。杨博士欣然答应参与翻译此书，并希望能够回国开展相关培训。同时我还邀请了我的学生曹静、赵纪龙参与翻译。尽管大家很努力、很辛苦，翻译进展还是很艰难，在此期间杨博士还生了宝宝，曹静、赵纪龙也先后完成毕业论文。我记得连续几年出差的时候，都是在飞机上、高铁上审校修订此书稿。2020 年 3 月 8 日，上海精神卫生中心的陈珏教授及朱卓影博士得知我们在翻译此书，便主动提出愿意组织团队参与此书的翻译。她们从 2017 年开始已经在国内开展了五次 DBT 培训，而且邀请了玛莎·莱恩汉的学生 Leslie K. Anderson 博士来中国开展培训。随着她们团队的加入，速度加快，终于在 2020 年 9 月 9 日完成全书的翻译与审校。然后，此书稿又在出版社及北京正清远流文化发展有限公司编辑之间继续审校、修改、定稿，又经历一年多时间。

如今，临近 2021 年圣诞节，此书终于即将出版了，心中甚感欣慰，算是了却了我的一个心愿，希望此书的出版能够作为圣诞礼物送给玛莎·莱恩汉博士。最近几年，DBT 在中国的发展如火如荼。南京脑科医院王纯教授、四川精神卫生中心黄国平教授先后都举办了 DBT 培训，而且，2019 年 11 月 24 日，在广州召开的"第六届中国认知行为治疗学术大会"上，中国心理卫生协会认知行为治疗专业委员会辩证行为治疗学组正式成立，DBT 在中国迅速推广起来，大家都热切盼望着此书的早日出版，希望此书的出版能够为中国学习 DBT 的专业人员提供有效的工具。

我想这本厚厚的手册，不仅仅是 DBT 专业人士标准的专业操作手册，也是一般人可以参考的情绪调节能力训练手册。本书体系宏大、结构清晰，逐步递进，实操性强。第一部分主要介绍了 DBT 技能训练原理、如何规划技能训练、设计课程格式并展开技能训练、如何将 DBT 策略和步骤运用于行为技能训练基本技能以及十一种不同的技能训练课程；第二部分主要包含四类技能、几十项技术，还有标准的训练课程程序、讲义、练习单，每个技能都配有讲义并附上练习这些技能的指导。从这本细致详尽的训练手册中，我们可以深刻体会到玛莎·莱恩汉博士融合东西方文化的智慧。

DBT 是玛莎·莱恩汉博士在借鉴传统东方文化禅宗的基础上创立的，强调"接纳"与"改变"的动态平衡，注重智慧觉察下的个体选择，以"辩证"的视角觉察、理解和改善情绪失调，促进个体的心理发展，帮助人们过上一种"值得过的生活"（A Life Worth Living）。我非常欣赏 DBT 的核心思想，即在矛盾对立的治疗目标之间获取动态平衡：一方面，我们需要接纳自己和当下生活境遇；另一方面，我们也需要拥抱朝向更好生活的改变。这正是"辩证"的涵义：矛盾之间的平衡和整合。DBT 的四类核心技能，明显体现了阴阳平衡的思维。正念技能和痛苦忍受技能主要针对如何"接纳"现实，情绪调节技能和人际效能技能则属于"改变"的技能，帮助人们在生活中拥抱改变。

写到此处，心中涌现一种非常熟悉的感觉：接纳与改变不正是接纳承诺疗法（ACT）的两个基本策略吗？也许 ACT 与 DBT 殊途同归，是基于正念这一共同根基而开出的两朵美丽的文明之花。我在研究接纳承诺疗法的时候，觉得其心理僵化的病理模型与心理灵活的治疗模型被分成两个截然对立的模型不符合东方文化的阴阳对立统一的辩证思维，如在《黄帝内经·素问·生气通天论》中强调"阴平阳秘，精神乃治，阴阳离决，精气乃绝"，再如儒家思想的代表作《中庸》中强调"致中和，天地位焉，万物育焉"，而老子的《道德经》更强调"道生一，一生二，二生三，三生万物。万物负阴而抱阳，冲气以为和"，阴阳对立统一，阴中有阳，阳中有阴，阴阳互生。而 DBT 的辩证思维则非常契合阴阳辩证，更符合这些东方文化思想。因此，结合中国传统文化，我提出了阴阳对立统一的 ACT 动态平衡模型，此模型用阴阳辩证思维将 ACT 的僵化、灵活两个模型统一起来，这也得益于翻译此书的收获，可以说，我在翻译此书的过程中获得了诸多人生感悟、启发，相信各位读者在阅读此书，学习 DBT 技能、方法的过程中，也能得到很多创新想法和人生启迪。

另外，在 ACT 实践中，我深深地体验到"意愿"或"愿意"（willingness）的重要性，这是真正接纳的前提。在 DBT 中，"愿意"也非常重要。玛莎·莱恩汉认为这是她从杰拉尔德·梅那里获得的一份宝藏。一旦拥有"愿意"，你就能优雅地接纳正在发生的事，正如杰拉尔德·梅所说："愿意，就是将活着的每时每刻视为奇迹，对它俯首称是。"我理解的"愿意"就是"顺其自然，为所当为"，不仅是接纳，而是全然接纳。"愿意"的反面不是没有意愿而是主观"愿望"或"执意"

（wishfulness），"执意"往往关心的是对现实的控制和改变，于是，就会引发你和现实之间发生一场战争，让你不断消耗情绪和能量，最终可能一无所获，"执意"和你真正需要做的事总是背道而驰。我们生活中放下"小我"的时候，就会感受到自己与人类、自然、宇宙融为一体，舒心坦然，轻松淡然，一种"采菊东篱下，悠然见南山"的感觉。当我们时时从"小我"出发，把"执意"当作必须实现的目标，我们就会时时处在紧张、焦虑的状态，长期这样便会感到身心俱疲，最终与健康幸福的人生目标南辕北辙。

翻译此书历经五载，蓦然回首，恍然若梦。其间经历了世间冷暖、人生起伏，特别是 2020 年初新冠疫情在全球肆虐，疫情下心理问题爆发，全球都需要直面 COVID-19 病毒带给人类的挑战。如今两年过去，疫情却还没有结束，全球感染人数超过 2.76 亿人，病死人数超过 537.7 万人。不知多少家庭陷入焦虑、恐惧、悲伤的泥潭之中需要心理援助，不知多少病毒感染者康复之后仍然生活在创伤后应激障碍（PTSD）的恐惧记忆之中。据初步调研，将近一半的患者康复后可能会罹患 PTSD、抑郁症。近期，德尔塔毒株、奥密克戎毒株等一波波变异毒株还在全球迅猛传播，人类还将继续与病毒作战。人类不仅要研制有效预防变异毒株的疫苗、研发治疗病毒感染的药物，还要找到疗愈人类心灵痛苦的良方，而 DBT 便是人类面对苦难的良药。玛莎·莱恩汉博士最懂得痛苦，她是从痛苦的"地狱"走出来的，她最懂得什么是"艰难困苦，玉汝于成"，DBT 便是她在苦难中凝练而成的一颗璀璨明珠，帮助人们在苦难之时，仍然能够过上值得过的人生。在疫情期间翻译出版此书，也许冥冥之中使它具有了一种使命感，但愿此书能够带着玛莎·莱恩汉的智慧和慈悲，帮助更多人走出痛苦的"地狱"，过上有价值的幸福人生。

而且，疫情期间全球青少年心理健康问题猛增，特别是焦虑、抑郁等情绪失调问题和自伤、自杀等行为问题。DBT 亦极为关注情绪的调节，因为玛莎·莱恩汉博士认为，儿童如果在不被认可的环境中没有被正确教授如何描述自己的情绪状态并加以调节，就会导致情绪失调。情绪失调是生理素质、环境处境以及这两者在成长过程中交互作用的结果。她认为孩子无法预测的情绪变化会导致无法预测的行为及认知不一致，从而干扰自我同一性的发展，此外，情绪失调的个体试图抑制自己的情绪反应也可能导致强烈的认同感缺失。抑制情绪时伴随的麻木感让人感到空虚，进一步导致不充分的、有时完全缺失的自我意识。这不正是所谓"空心病"的内在原因吗？同样的，玛莎·莱恩汉认为在一个不被认可的环境中，如果个人对事件的感觉从来没有被确认为正确过，或无从预测何时会是"对的"，那么这个人就会过度依赖他人，这不是所谓的"巨婴"现象的重要原因吗？也许，DBT能够帮助中国心理专家找到疗愈青少年"空心病"的方法，帮助中国的"巨婴"真正成熟起来、强大起来，能够忍受痛苦、学会情绪调节和有效的人际交往技巧。

DBT是边缘型人格障碍心理治疗的金标准，而越来越多的研究表明，DBT对其他许多精神障碍同样有效，例如反复自伤、抑郁、双相障碍、进食障碍、物质依赖、创伤后应激障碍（PTSD）、多动症等。同时，DBT技能也被广泛地应用于希望提升情绪管理、改善人际关系的非临床人群的治疗与咨询。真心希望这本训练手册，能够帮助广大精神科医师、心理咨询师、心理治疗师、社会心理服务专业人员及心理健康教师更高效、更系统地掌握DBT，能够利用DBT帮助更多患者、来访者、青少年走出痛苦深渊、走进值得过的生活。

真心感谢北京正清远流文化发展有限公司涂道坤先生的慈悲善行，他宁愿亏本也要支持出版此书，感谢此书编辑吴迪老师、于雪老师和北京联合出版社编辑孙志文老师对此书付出的辛苦和努力。感谢杨珏梅博士、曹静博士（在读）及赵纪龙同学最初积极地参与翻译，才使得此书的翻译工作得以开启。感谢陈珏教授、朱卓影博士及其团队的鼎力支持，才使得此书的翻译工作加快速度，渡过难关。此书翻译过程中，虽经几次审校，但是仍难免有所差错疏漏，特别恳请心理学同道、专家不吝赐教，以便补漏勘误。

最后，我想以玛莎·莱恩汉的一句话结束此序：生命的一切都是关于爱，爱与被爱。

祝卓宏

2021年12月22日于北京迎春园

前　言

　　第一版《DBT® 情绪调节手册》于 1993 年问世，那时，只有 1991 年一项以慢性自杀倾向者为研究对象的临床试验，比较了辩证行为疗法（DBT）与一般疗法的效果。后来许多关于"标准"DBT 的研究现世，比如 DBT 个体治疗、团体技能训练、电话辅导及治疗师咨询团队。另外，人们也研究了 DBT 的两大元素：DBT 单独的技能训练和行为实践。修订版缘自我对初版技能的运用与研究，对正念、人际效能、情绪调节和痛苦忍受的广泛研究、社会科学领域中的新发现，以及认知行为典范发展出来的新治疗策略。修订版主要有以下修改：

技能适用于多种障碍与非临床人群

　　第一版所提供的技能只针对具有高自杀风险与边缘型人格障碍的来访者。这主要是因为 DBT 的研究（包括 DBT 技能）都是以符合边缘型人格障碍与高自杀风险标准的来访者为对象的。然而第一版问世后，很多研究者开始关注不同人群的技能训练。研究显示，DBT 技能训练对饮食障碍、难治性抑郁症，及其他多种障碍都有疗效。我和同事的研究表明，有效地运用技能有助于减少自杀企图、非自杀性自伤、情绪调节困难与人际问题。另外，如果戒酒时运用 DBT 的附属技能，其疗效更好。有实证支持的全国边缘型人格障碍教育联盟专门为这类患者的家属开设了家庭关系课程，内容就包括了一组 DBT 的附属技能。参加的人学习应对技能以便接受生活中较难相处的人，诸如有严重心理健康问题的家人、受雇者面对有问题的同行和 / 或主管、经理面对有问题的员工，以及接诊非常难缠的来访者群体的治疗师。公司顾问把 DBT 技能视为鼓舞员工士气与提高生产力的方法。此外，有些专家就特定的障碍设计出新的专业技能，包括专门针对情绪过度控制的模块、原本为父母与青少年设计但也适合很多人群的中庸之道技能、针对注意力不足／多动症的技能，以及一组专门为成瘾者设计的技能。DBT 技能课程计划现在也被学校用来教导初、高中学生，并且被纳入专门培养恢复力的课程，且可适用于各种工作环境。社区心理健康机构、住院部、短期看护中心、法庭与其他许多综合心理健康部门都在广泛应用 DBT 技能。总之，众多数据与临床经验显示，DBT 技能对于多种情境下的临床和非临床人群都有疗效。

当然，DBT 技能的广泛适用性不足为奇。我开发的很多技能都是先阅读循证行为干预的治疗手册与治疗文献，然后研究治疗师如何引导来访者应对各种问题，再将那些指示重新整理为技能讲义与练习单，最后写成治疗师的教学笔记。以针对恐惧的"相反行为"技能为例（见第九章），我以较简化的语言重新整理了针对焦虑症的暴露疗法。我也将同样的改变原则运用到了其他情绪失调的问题上。"核对事实"是认知疗法的核心策略。行为治疗师在运用很多有效的疗法时，都会请来访者采用 DBT 技能。有些技能是由一系列步骤组成的一整套治疗计划，比如新的"做噩梦的应对步骤"（一种情绪调节技能）就是其中一例。正念是我就读天主教学校十八年，在夏勒姆学院灵性指导课程接受默观祷告训练，并禅修三十四年加上现在教授禅修后的成果。其他技能缘自基础行为科学，加上认知与社会心理学的研究。有些则是同事为新人群发展的 DBT 技能。

此版本中的新技能

新版仍维持 DBT 技能训练四个主要模块：正念技能、人际效能技能、情绪调节技能、痛苦忍受技能。在这些模块里，我增加了以下新技能：

1. 在正念技能（第七章）里，我新增了一节来探讨如何运用其他观点教导正念，包括灵性观点。

2. 在人际效能技能（第八章）中新增了两节。第一节的重点是如何寻找与建立你想要的关系以及终止不想要的关系。第二节主要探讨人际互动中如何在接纳与改变之中取得平衡。这一节的内容大抵复制米勒（Alec Miller）、雷瑟斯（Jill Rathus）以及我为青少年多重家庭技能训练发展的技能，在这些团体中，青少年来访者的父母也参与到技能训练中。

3. 情绪调节技能（第九章）的内容做了大幅扩充与整理。从原来的 6 类情绪扩充到十类（加入了厌恶、嫉妒、羡慕和内疚）。改变情绪反应一节加入了两种技能：核对事实与问题解决。并且，在同一节内容里，相反行为技能也有相当程度的更新与扩充。降低情绪易感性技能加进了一组叫作"ABC PLEASE"的技能。在累积正面情绪一节中，我将"愉快的事情活动表"（现在改为"愉快的事情清单"）做了一些改动，以便青少年与成人来访者都适用。我也增加了一份价值观及优先顺序的讲义，列出一些普遍的价值观与生活优先顺序。另一项新技能"提前应对"，强调于困境出现之前练习应对策略。另外，还纳入了噩梦与睡眠应对步骤的补充教材。最后，新版增加了识别极端情绪（"认识个人技能崩溃点"），并且运用危机生存技能来管理这些情绪的步骤。

4. 痛苦忍受技能（第十章）现在以一个新的叫"STOP"的技能开始，包括停止动作、退后一步、客观观察和带着觉察行事。该技能取材自培瑞普雷契科娃（Francheska Perepletchikova）、阿克塞尔罗德（Seth Axelrod）与其同事所发展出的技能。危机生存一节现在包含一组新的技能，旨在改变生活状态，以快速调节极端情绪（新的 TIP 技能）。另外还增添了一组减少成瘾行为的新技能："辩证式戒瘾""澄明心""社群强化""斩断牵连，重建新世界""替代性反叛与适应性否认"。

5. 我也在各模块做了一些修正。现在每个模块一开头都会阐明目标，并附上目标讲义与相对应的利弊分析练习单。练习单是自选教材，如果来访者不认同练习模块里的技能或有矛盾心态，就可以运用这些练习单。

我在人际效能模块与痛苦忍受模块都增添了正念技能（分别是"对他人正念"和"对当下的想法保持正念"）。与"对当下的情绪保持正念"（情绪调节）一起，增添的这些部分旨在维持连续不断的正念修习。

更广泛的教学笔记

很多人看了我教导 DBT 技能后表示，我实际讲述的多数内容都没有纳入本书第一版。在第二版里，我增加了很多前一版没有的信息。首先，我尽可能纳入技能的研究基础。其次，我提供了非常广泛的教导重点（远超过你我在技能训练课程里能涵盖的范围），让读者在学习时有所选择。乍看之下，书中的教学笔记可能让人觉得多到难以消化。切记，你并不需要从头到尾一次读完这本书。教学笔记是依照特定技能区分的，当你学习某一项技能时，就可以找出那一项或那一组技能的笔记。要先阅读你打算学习的技能材料，然后只强调你希望在教导时凸显的重点。经过一段时间的练习，你会发现自己能扩大教导范围，涵盖教材的不可部分。你也会发现，不同的来访者可能适合不同部分的教材。教材本来就是要灵活运用的，积累相当的经验后，你一定能开始发展你自己的教学重点。

更多临床案例

第二版也纳入了大量的临床案例。案例是高质量教学的关键。但你尽可以修改我们提供的例子，或换成新的例子，以满足来访者的需要。事实上，为不同的人群授课时，最主要的差异就是例子；碰到情绪严重失调与有冲动控制困难的来访者时，可能需要的是一组例子，碰到情绪过度控制，需要的是另一组例子，而物质依赖的来访者需要的又不同。不同文化、种族、国籍、社会经济地位、年龄，可能都需要不同的例子。我的经验是针对不同的人群需要改变的是例子而不是技能。

更多互动讲义与自选讲义

为了在技能训练课程中能有更多互动，很多讲义都做出了相应的修正。多数讲义带有打钩方格，让参与者可以勾选对他们重要的项目或愿意在未来几周内练习的技能。每个模块现在也都包括多个自选讲义，号码与相关的核心讲义一样，只在后面另外加上一个字母（如1a、1b）。这些自选讲义可以发给来访者并讲授，也可以发给来访者但不做正式讲授，也可以由技能训练师讲授但不发给来访者，如果认为没有帮助也可以不理会。我的经验是这些自选讲义对某些团体及个人非常有用，但对有些人却没有用。

更好的练习单

为了顺应许多人的要求，现在家庭作业改名为练习单。此外每一份讲义都会注明相对应的练习单，每一份练习单也都会注明相对应的讲义。

在新版里，很多讲义附有多份练习单以供选择。增加练习单有几个原因。第一，多年来我们认识到，对某个人很有帮助的练习单，可能对另一些人没有用。因此我为每一份讲义都设计了一系列的练习单。多数探讨技能的章节都附有一组练习单，涵盖该节的所有技能。这是为了帮助那些不大可能完成很多家庭作业练习的来访者，也是帮助已经完成技能训练、现在正致力于维持其技能经验的来访者。

第二，不同的来访者喜欢不同类型的练习。有些来访者喜欢将做过的作业打钩，有些喜欢叙述家庭作业并评估其有效性，有些喜欢写日记，描述做过什么以及受到何种影响。我发现最有效的做法就是让来访者从一组练习单中选出他想要完成的。

多种教授进度表

1993年出版的技能手册包含DBT第一次随机临床试验里使用的技能与练习单。当时，DBT尚未广泛传播，很多情境下都无法选择技能，当时也未发展适合特定人群的技能，如青少年或有成瘾、饮食障碍等问题的人。新版包含许多新技能，不可能在二十四周的技能团体里都讲授，即使在为期一年的DBT治疗课程中，另外再花二十四周重复，也不可能做到。新版包含多个教授技能的进度表，包括一年、半年和在短期看护单位与非传统体系的更短期的技能训练。另外也提供了特定人群（如青少年与物质滥用者）的进度表。进度表尽可能依据临床试验已证明有效的特定技能进度表。新版秉持这个原则，在第一部分附录里概述了多组 DBT 的核心技能。我在教授时的一般做法是发给来访者所有的讲义和练习单。然后我会遵行一个根据人群、治疗周数和当前的研究所决定的教授进度。在这个过程中，我会告诉学员，如果时间允许，并且如果他们能说服我的话，我会教授其他技能。

名词解释

我们使用了很多种名称来称呼讲授或辅导行为技能的人，包括治疗师、心理治疗师、个体治疗师、婚姻治疗师、家庭治疗师、环境治疗师、团体治疗师、团体带领者、咨询师、个案管理者、技能训练师、行为教练、技能教练、危机工作者、心理健康工作者、心理健康养护提供者等。在这本书里，"治疗师"指的是提供心理治疗或其他心理卫生服务的人。在标准 DBT 里，这是指一个人的个体治疗师。"技能训练师""技能带领者""协同技能带领者"或"带领者"指的是针对个人或团体提供技能训练的人。在标准 DBT 里，这是指团体技能带领者。偶尔我会使用"提供者"（provider）一词，泛指任何提供健康关怀者。

目　录

DBT技能训练导论

第一章

DBT技能训练的原理

什么是DBT

　　本书提供的技能训练以辩证行为疗法（Dialectical Behavior Therapy，DBT）为理论基础。DBT 是一种应用广泛的认知行为疗法，从原本针对有慢性自杀倾向的边缘型人格障碍（Borderline Personality Disorder, BPD）患者的治疗发展而来。DBT 结合了个体心理治疗、团体技能训练、电话辅导，以及治疗师咨询团队，是首个经对照试验证明对 BPD 有效的心理疗法。经过多个临床试验显示，DBT 不仅对 BPD 患者有效，对缺乏或过度情绪控制，以及与此相关的认知和行为模式等问题都有帮助。此外，读者也可以在本章结尾处看到越来越多的研究结果表明，DBT 技能训练对酗酒问题、亲人自杀、家庭暴力等问题的干预效果整体上是令人满意的。

　　DBT，包括 DBT 技能训练，是以辩证思维和生物社会理论来理解精神障碍的心理治疗方法，重视调节情绪（包括控制不足和控制过度）和行为困难性。许多心理问题都源于冲动控制、人际关系和自我形象的不稳定模式，这些都与情绪失调有关，而 DBT 技能将会对此做出干预。DBT 技能训练的整体目标是帮助人们改变生活中的行为、情绪、思考及人际模式问题。因此，了解 DBT 的治疗哲学和理论基础，既能有效使用本书，又能认识治疗师对待治疗、来访者以及他们的关系的态度。这种态度对治疗效果起着决定作用，对于有自杀倾向和严重情绪失调的人来说尤为重要。

本书概要

本书主要有两个部分：第一部分（第一章到第五章）介绍了 DBT 及其技能训练，第二部分（第六章到第十章）详细讲述了特定技能。网站 www.guilford.com/skills-training-manual 上提供英文版的讲义和练习单，治疗师可以打印出来发给来访者，也可根据特定场合加以修改。此外，专门供来访者使用的讲义和练习单另有专书可购买，也可以上网自行打印。

本章将阐述 DBT 疗法的辩证世界观及其假设、严重情绪失调（包括边缘型人格障碍）的生物社会模式和发展过程，以及如何将此模式用到一般的情绪失调中。如前所述，本书教授的 DBT 技能是特别为治疗情绪失调及其不良后果而设计的。第一章将简述对标准 DBT 的研究（个体心理治疗、电话辅导、会诊团队和技能训练），以及对 DBT 技能训练的研究（不包含个体治疗）。第二章到第五章讨论技能训练的实际操作：规划技能训练，包括针对来访者人群和场合设计不同的技能课程表（第二章）、设计课程格式并展开技能训练（第三章）、DBT 技能训练的目标和步骤（第四章）以及将其他的 DBT 策略和步骤运用于行为技能训练（第五章）。这些章节能够为特定的诊所或临床机构做好技能训练的准备。第一部分的附录包含了十一种不同的技能训练课程。

本书第二部分从第六章开始设置和讲解 DBT 的正式技能训练模块，包括如何向来访者介绍 DBT 技能训练及其目标。接下来是教授特定技能的准则，一共分为四大技能模块：正念技能（第七章）、人际效能技能（第八章）、情绪调节技能（第九章）及痛苦忍受技能（第十章）。

每个技能都配有讲义并附上练习这些技能的指示。每份讲义至少有一个（通常多于一个）练习单，这样来访者就可以把练习过程记录在练习单中。所有讲义和练习单（英文版）都可以在吉尔福德出版公司的网站找到，也有纸质的工作手册（中文版）可购买。在第六章到第十章的教学笔记中，每个主要单元一开始都有一个文字框简要说明这些讲义和练习单。

在此要说明，虽然我的诊所提供一对一的技能训练，但是我们临床试验的所有技能训练都是以团体形式进行的。这本书的许多治疗准则也默认训练是以团体形式进行的，这主要是考虑到从团体形式修改为一对一形式比较容易（下一章将适当讨论团体和一对一训练的相同和不同之处）。

这本书缘自我另一本更详尽的 DBT 教科书：《边缘型人格障碍的认知行为疗法》。DBT 对于 BPD 以外的障碍也有疗效，了解这种疗法的基本原理有其重要性。为阐述方便，在之后我将《边缘型人格障碍的认知行为疗法》简称为《DBT 教科书》。我在《DBT 教科书》的第一章到第三章详细陈述了理论的科学基础，在此不再赘述。

辩证世界观与基本假设

顾名思义，DBT 以辩证世界观为基础。将"辩证"作为行为疗法有两层含义：现实的基本性质以及有说服力的对话和关系。辩证法作为一种世界观或哲学立场，是 DBT 的基础；作为一种对话和关系，是治疗师为促成改变而使用的治疗方法或策略。《DBT 教科书》第七章对此有详细讨论，本书第五章也有介绍。

从辩证的角度看，现实的本质和人类行为主要有三个特点：第一，类似于动力系统，辩证强调现实的基本相互关联性或整体性。也就是说，辩证法认为，对一个系统的个别部分进行分析的价值是有限的，除非这种分析清楚地将各部分与整体联系起来。因此，辩证法能够将我们的注意力导向系统中的某些特定部分（如某一特定行为），和这个特定部分与其他部分之间的联系（如其他行为，环境背景），以及与更大的整体之间的联系（如文化，世界局势）。就技能训练来说，治疗师首先需要考虑技能缺失的相互关系。就技能本身来说，除非能够同时学习其他相关的技能，否则要单独学会一组新技能是很困难的，但是要同时学习数个技能挑战也是巨大的。辩证观也与心理治疗的背景观点及女权主义的观点相兼容。当人们所处的直接环境和文化无法给予支持，学习新的行为技能就会特别困难。所以，我们不仅需要学习能调节自我的技能，也要学习能影响其环境的技能，更要知道应该何时调节它们。

第二，现实并非静态，而是由内在相对的力量（正命题和反命题）构成，并在其相互作用下发展出一组新的相对力量。辩证思维中一个非常重要的观点是：所有的命题都包含着与其本身相反的命题。如同格登伯格（Goldberg）所言，"真理是矛盾的，每种智慧都包含着矛盾，亦即'真理是并存的'"。以此看来，辩证法和病理心理学的心理动力冲突模式是相容的。二元对立与极端的思维、行为、情绪被视为辩证的失败，个人被困在对立的两极中，无法迈向融合统一。就行为技能训练而言，有三个特定的两极会让进步变得极其困难。治疗师必须注意到每一组两极，帮助来访者迈向切实可行的融合统一。

第一个辩证的两级是来访者需要接纳现在的自己的同时改变自己。这个特殊的辩证是所有心理治疗中最基本的张力所在，治疗师需要巧妙地沟通，才能促成改变。

第二个两极的张力是来访者在获得提高能力所需的东西和在提高能力后失去所需的东西之间的紧张关系。曾经有一位来访者在接受技能训练时，每周都报告没有做任何作业，并坚持认为治疗没有效果。六个月后我告诉她，可能治疗不适合她，她才告知其实一直都在尝试新技能，而这些技能确实对她有帮助。她怕一旦自己的情况好转了，我就会请她中止技能训练，所以迟迟不告诉我。

第三个非常重要的两极是来访者一方面需要维持个人的完整性，确认自己对问题的看法，但同时也需要学习从痛苦中抽离出来新技能。如果来访者通过学习新的技能而变得更好，就证实了问题所在一直是他们没有足够的技能来帮助自己。他们并不像其他人指责的那样试图操纵人们。他们没有伤害别人的动机，也不缺乏积极的动机。但是，来访者学会新技能在某种程度上也验证了他人的观点是对的（来访者是错的）：即，不是环境，而是来访者本人，才是问题所在。辩证法不仅将来访者的注意力集中在这些两极上，也帮其指出走出困境的方法（"走出困境"请参考《DBT 教科书》第七章）。

依循上述两个特征，第三个辩证的特征是假设：现实的本质是改变的过程，而并非内容或结构。最重要的是，个人和环境都在经历持续的转变，因此治疗的重点并非是提供一个稳定、一致的环境，而是帮助来访者以更容易的方式接受改变。例如，我们在团体技能训练会上鼓励学员不要每次上课都坐同样的座位。培训时，治疗师不仅要持续注意来访者的变化，也要随时留意他们自己和治疗方法的变化。

生物社会理论：情绪失调是如何发展的

如前所述，DBT 起初是针对有强烈自杀倾向及符合 BPD 症状的来访者而发展出的治疗方式。然而，有效的治疗需要一个前后连贯统一的理论支持。因此我的首要任务就是形成一套可以帮助我了解自杀行为和 BPD 的理论。该理论有三个标准：（1）指导治疗的实施；（2）有助于产生同情心；（3）符合研究数据。此理论建立在自杀和 BPD 问题的核心都是情绪失调这一假设上，即自杀行为是面对无法承受的痛苦情绪时的行为反应，而 BPD 这一严重的心理障碍则缘自情绪系统的重度失调。BPD 来访者在情绪调节、冲动控制、人际关系和自我形象方面都表现出不稳定的模式。

情绪失调也和其他精神卫生问题相关。为了逃避无法承受的情绪，还可能会发展出物质滥用、饮食障碍等许多具有破坏性的行为模式。有些理论家认为，重度抑郁症（Major Depressive Disorder）可以被理解为在一定程度上调节不足而无法维持正面情绪的一种情绪调节障碍。同样地，文献显示焦虑症（Anxiety Disorder）、精神分裂症（Schizophrenia），甚至双向情感障碍（Bipolar Disorder）也都和情绪失调直接相关。

DBT中的情绪模式

了解情绪失调前，我们必须先了解何为情绪。然而，即便是情绪研究者也无法为情绪下一个确切的定义。尽管如此，为了教授来访者什么是情绪及情绪调节，我们还是要试着描述情绪。在一般DBT及特定的DBT技能训练中，情绪是对内在和外在刺激的简短、非自愿、全系统的模式化反应。与其他学者的观点类似，DBT在了解情绪时，强调情绪在进化适应上所扮演的重要角色。虽然情绪反应是系统性的，但可以被区分为以下几个互动的次系统：（1）情绪对于信号的易感性；（2）内在或外在事件，当它们被注意到的时候就成为情绪的信号（诱发事件）；（3）对信号的评估和诠释；（4）反应倾向，包括神经化学和生理的反应、主观体验反应、行动的欲望；（5）语言和非语言所表达的反应和行为；（6）情绪点燃（firing）的副作用，包括继发情绪。我们将与情绪相关的模式化行为视为情绪反应的一部分，而不是情绪的后果。DBT将这些元素整合成一个交互作用的系统，强调修改情绪系统的任何一个部分都有可能引发整个系统的改变。也就是说，当个人想要改变自己的情绪或情绪所引发的行为时，可以针对这个系统的任何一部分加以修改。

情绪失调

情绪失调是指，在一般情况下，即便个人已经尽了最大努力，依然无法改变或调节情绪的信号、体验、行动、语言反应或非语言的表达。广泛性情绪失调是指在多种情绪下，在适应问题中和情境中都无法有效地调节情绪。高度情绪化通常可能引起广泛性情绪失调，还有无法调节和情绪相关的强烈反应。情绪失调的特征有：过度痛苦的情绪体验；无力调节强烈的亢奋情绪；注意力无法从情绪信号上移开；信息处理失误和认知扭曲；无法控制与强烈正面及负面情绪相关的冲动行为；一旦情绪被激发，难以组织或协调自己的行动以达成和情绪无关的目标，以及在极大压力下会有僵住（freeze）

或解离（dissociate）的倾向。

情绪失调也可能以过度掌控或压抑情绪的方式呈现，导致广泛的负面情感、正面情感低落，无法振奋心情和难以进行情感交流。系统性失调缘于情绪易感性、适应不良和不适当的情绪调节策略。情绪易感性有几个特征：（1）平时的情绪基调非常强烈而负面；（2）对情绪刺激很敏感；（3）对情绪刺激的反应很强烈；（4）一旦情绪被激发就很难恢复。

情绪调节

相对而言，情绪调节是指能够：（1）抑制与强烈正、负面情绪相关的冲动和不恰当行为；（2）根据外在的目标，组织、协调自己的行动（亦即必要时，行为不会被情绪牵着走）；（3）自我安抚因强烈情绪而引起的生理亢奋状态；（4）出现强烈的情绪时，能重新调整注意力。情绪调节可能自动出现，也可能由意识所掌控。DBT 的重点是先增强意识的掌控，再通过充分的练习，最后将技能演练到自动的反应。

生理易感性（生物社会理论中的"生理"层面）

消极情绪高、对情绪信息高度敏感和冲动的性格是情绪失调的生理性前兆。生理上的影响包括：遗传、子宫内的因素、幼年或成年时期因身体受伤影响脑部，以及早期学习经验对脑部发育和功能的影响。在人类极为复杂的情绪调节系统中，任何一个环节出了问题，都会加重情绪易感及后续情绪调节困难的生理基础。因此，生理的性格倾向可能因人而异。

婴儿的天生气质中，有两个维度与情绪调节最为相关：主动控制的能力和消极情绪。主动控制的能力会影响情绪和行为调节，泛指一些自我调节的行为（包括：抑制强势反应以进行较不强势的反应、规划行为、监测行为中的错误）。有广泛性情绪失调和行为失控风险的孩子，通常主动控制的能力低，消极情绪高，容易感到不安、挫折、害羞、难过，也很难被安抚。

照顾环境（生物社会理论中的"社会"层面）

社会环境，尤其是家庭的影响包括：（1）不认可情绪且没有适当表达情绪的模仿对象；（2）强化情绪激发的互动模式；（3）孩子的性情跟照顾者的教养方式不适配。在此特别提出这最后一点，因其强调了生理和环境的交互作用塑造了孩子和照顾者的行为。理论上，如果孩子和照顾者的个性差距过大，或者家庭承受沉重的压力（如家人酗酒或兄弟姐妹患癌症），一个生理不那么脆弱的孩子也有发展出 BPD 和重度情绪失调的风险。因为孩子的需要经常远超过环境所能提供的资源，这些状况可能造成对孩子的持续否定。

相反的状况也可能发生。一个生理上脆弱的孩子可能在家庭支持充足、配合度高的环境中发展出快速复原的能力。这些不同的结果引导我提出三种增加 BPD 风险的主要家庭类型：混乱的家庭（例如充满忽视和粗暴对待）；完美的家庭（例如表达任何负面情绪都是禁忌）；普通的家庭（主要的特征是孩子和照顾者不适配）。重要的是，照顾者的个性不见得是固定或既定的，而是复杂的生理、社会、心理层面交互作用的产物，包括孩子对教养方式所产生的影响。

不被认可的环境所扮演的角色

当我们知道对于人类（及其他哺乳动物）来说，情绪主要用来促进沟通时，就不难理解不认可（invalidation）对情绪失调的深远意义。情绪不被认可，意味着沟通的失败。如果发出者觉得这个信息很重要，就会以更强烈的情绪再次沟通。如果接收者不理解或不相信沟通的内容，他会发出"不认可"的信息以中止沟通。如此一来，双方都努力沟通，直到一方被迫投降。而最终，通常都是接收者决定聆听对方的诉求，或是给予情绪已经处于崩溃边缘的发出者要求的东西。这样一来，双方情绪逐步增强的沟通模式就被强化了。如果这种沟通模式间歇性发生，就更会加重沟通者的情绪失调。

在生命早期，这样的沟通模式对于情绪易感的孩子非常有害。即使环境能够提供支持，情绪易感又反应过度的人也很容易遭遇否定性的回应。在这样的环境下，个人的体验（如信念、想法、感受、知觉）经常会被不恰当地回应。通常这种个人体验没有被公开认可，甚至得不到回应。即使这种个人体验已经被达成公开共识，也会得到夸张的回应或没有回应。在这样的环境中，现象的、生理的及认知的情绪元素是典型的导致否定发生的个人体验。为了厘清不被认可的环境对情绪失调行为模式的影响，我们来与能促进适应性情绪调节技能的环境做一个对照。

在最理想的家庭环境中，个人体验会频繁地得到公开认可。比如，孩子说："我渴了。"父母会拿杯水给孩子喝，而不会说："你不渴，你才刚喝过饮料。"当孩子哭了，父母会安抚孩子或试着找出其中的原因，而不会说："别总是哭哭啼啼的。"当孩子生气或受挫，他的感觉是会受到家人的重视，而不会被忽视或视而不见。当孩子说："我尽力了！"父母会表示同意，而不是说："你才没有尽力！"在最理想的家庭环境中，家人会考虑孩子的喜好（如房间颜色、参加活动、搭配衣服等）；父母也会试着让孩子说出自己的看法再诚恳地回应；孩子的情绪表达就是重要的沟通方式。在这样的家庭环境里，家人的行为会随着孩子的情绪表达而进行调整。家人让孩子拥有极大的满足感，也减少了负面事件发生的概率。父母的精准及时回应，也能让孩子意识到自己的情绪得到了认可，可以让孩子更懂得如何区分自己和他人的情绪。

与之相反，一个以不认可为主要回应模式的家庭环境则问题重重，因为家庭成员之间无法就对方的喜好、想法、情绪互相回应。往往不是没有回应就是回应得太激烈。这种模式对于情绪易感的孩子，会加大其个人体验和社会环境支持及回应的体验之间的差距。这种落差如果持续存在，很大程度上会滋生与情绪失调及相关行为的问题。

除了无法提供理想回应，不被认可的环境还通常强调要控制情绪，尤其是消极情绪的表达。那些痛苦的体验常被轻视，并被归因于负面的性格弱点，如缺乏动机、不守纪律、态度不够积极。而那些强烈的正面情绪及相关喜好也会被视为弱点，例如缺乏判断和反省能力，或行事冲动。在不被认可的环境下，孩子对环境的要求会被限制，会因为自己的性别或特征而被歧视，会使用惩罚（从言语批评到体罚，甚至性侵害）作为控制手段。

孩子在不被认可的环境中没有被正确教导如何描述自己的情绪状态并加以调节，就会导致情绪失调。因为他们只得痛苦忍受，只得信任自己对于事件的情绪反应的错误诠释。孩子由此不去理解自身的体验，而是通过不断关注身边的蛛丝马迹，来决定自己的行动和感受。解决生活问题的成就感也会被一带而过，孩子也就无法从中学会制定切合实际的目标。此外，表达负面情绪会被惩罚，而暴躁情绪会时不时被强化，这种家庭养育出来的孩子无法自行控制情绪，要么过度压抑，要么完全无力压制。换句话说，这种家庭对情绪的日常回应切断了情绪的沟通功能。

否定情绪，尤其是负面情绪，这种互动模式是以个人主义为核心的，重视个人的自我控制及个人成就，在西方社会中相当普遍。当然，在合理范围内忽视孩子的情绪也是养育孩子和教授自我控制所必需的。孩子所有的情绪、喜好或想法，父母不需要全部都给予正面关注。当一个高度情绪化的孩子无法控制自己的情绪化行为时，就需要（尤其是父母，但也包括朋友和老师）从外部控制情绪。这时照顾者的不回应可以非常有效地暂时抑制孩子高涨的情绪。然而，不被认可的环境会对不同的孩子造成不同的影响。在否定性家庭中所使用的控制情绪策略，对于能够调节情绪的孩子来说可能不会有太多负面影响，甚至对一些孩子还有助益，然而对于情绪易感的孩子来说就可能造成严重的伤害。

以社会交往中互相作用的观点来解释广泛性情绪失调，并不能削弱创伤对 BPD 和情绪失调的影响。研究者估计，有高达 60%—75% 的 BPD 患者曾经历过童年创伤，许多人在成年期继续受到伤害。一项研究发现，90% 的 BPD 患者都遭受过成人言语、情绪的虐待，肢体暴力或性侵害。他们遭受成人虐待的比率明显高于其他非 BPD 的第二轴人格障碍住院病人。但是，我们并不清楚究竟是创伤导致了 BPD 或其他重度情绪失调，还是创伤及这种障碍的发展都起因于严重的家庭机能失调和家庭中的否定性。换句话说，伤害的发生及情绪失调问题的发生可能源自同样的成长环境。

总结：情绪失调的发展

一般性情绪失调和特指 BPD 的情绪失调都是生理素质、环境处境以及这两者在成长过程中交互作用的结果。生物社会发展模式提出以下论点：（1）孩童的个性（如情绪敏感度、冲动性）与社会环境的交互作用导致、形成了极端的情绪不稳定；（2）生理脆弱和环境危险因素之间的交互作用会强化情绪失调和行为失控，造成负面的认知和社交后果；（3）可辨识的特质和不良的应对策略会随时间逐渐发展并交织成网络；（4）这些特质和行为同时阻碍健康的情绪发展，影响人际关系和社交功能，并进一步增加广泛性情绪失调的风险。请参考图 1.1 的模式图。

情绪失调的后果

麦科比认为，行为的抑制是所有行为组织的基础。自我调节机制（例如之前提过的主动控制的能力）的发展，特别是抑制和控制情感的能力，是儿童发展中最重要的方面之一。调节情感体验和表达情绪的能力相当重要，因为缺乏这些能力会导致行为中断，尤其是目标导向行为及其他亲社会性行为。换句话说，强烈的情绪重组或重定向的行为，也会使非情绪化或较不受情绪驱使的行为难以执行。

满足各种情绪障碍标准的个体的行为特征，可以被定义为情绪调节障碍和情绪调节策略适应不良的结果。冲动行为，特别是自我伤害和自杀行为，可被视为适应不良却相当有效的情绪调节策略。例如，过度用药通常会导致长时间睡眠，这反过来又会降低情绪失调的可能性。虽然我们并不清楚自残如何让情绪调节机制发挥作用，但参与自残行为的个体普遍述说自我伤害的行为明显缓解了焦虑和其他强烈的负面情绪。自杀行为也能非常有效地激发他人的帮助，从而有效地避免或改变引发情感痛苦的情况。例如，自杀行为

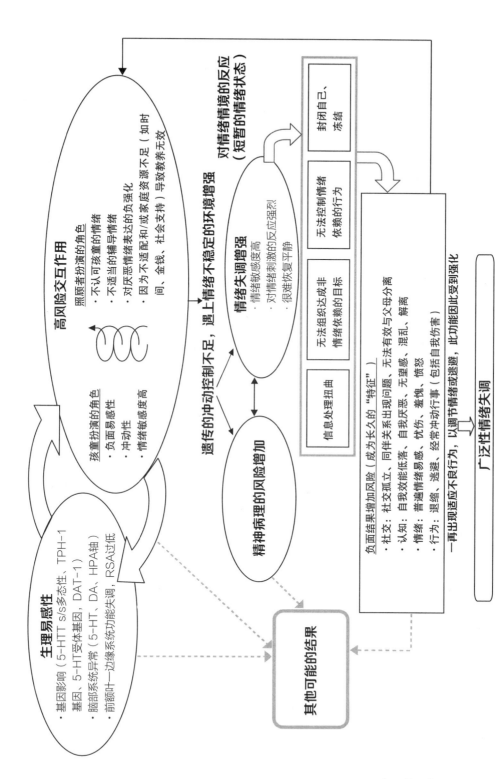

图1.1 BPD 的生物社会发展模式图

5-HT，5-羟色胺；5-HTT，5-羟色胺转运体；TPH-1，色氨酸羟化酶1；DA，多巴胺；DAT-1，多巴胺传运体1；HPA，下丘脑—垂体—肾上腺；RSA，呼吸性窦性心律变异率。

通常是让非精神病的个人住进医院精神科病房的最有效方式。在痛苦将与死亡一同结束的信念下，自杀的想法、自杀计划或想象死于自杀都会带来强烈的解脱感。最后，计划自杀、想象自杀和自残行为（以及公开后的后果），也能通过分散注意力而减轻痛苦的情绪。

无法调节情绪也会妨碍自我意识的发展和维持。通常来说，一个人的自我意识是通过观察自己及他人对我们行为的反应而形成的。可以说情绪的一致性和可预测性是自我同一性发展的先决条件。无法预测的情绪变化会导致无法预测的行为及认知不一致性，从而干扰自我同一性的发展。此外，情绪失调的个体试图抑制自己的情绪反应也可能导致强烈认同感的缺失。抑制情绪时伴随的麻木感让人感到空虚，进一步导致不充分的、有时完全缺失的自我意识。同样的，在一个不被认可的环境中，如果个人对事件的感觉从来没有正确过，或无从预测何时会是"对的"，那么这个人就会过度依赖他人。

有效的人际关系依赖于稳定的自我意识和自发表达情绪的能力。成功的关系还需要自我调节情绪及对痛苦刺激的忍耐力。可想而知，若缺乏这些能力，个体就会发展出混乱的关系。当情绪失调无所不在或很严重，就会妨碍稳定的自我认知及正常的情绪表达。难以控制冲动行为和负面情绪表达会在很多方面对人际关系造成严重破坏，特别是存在愤怒感受和表达障碍时就会阻碍稳定关系的维持。

情绪失调和DBT技能训练的关系

如前所述，许多心理障碍都可以被概念化为情绪失调（过度或不足）。一旦你理解情绪包含了行为及行为倾向，就能看到情绪失调和许多被定义为"行为控制障碍"（如物质滥用）之间的关联。DBT技能正是直接针对这些功能失调模式的治疗。

第一，自我认知的失调在情绪严重失调的个体中很常见。以抑郁症和BPD为例，个体经常自称完全感觉不到自己、觉得很空虚、不知道自己是谁是很正常的，与他人隔绝的感觉、对自己的蔑视、轻视自己、不认可自己或自我无价值的感觉也很常见。此外，情绪严重失调的个体经常透过自己的情绪来看待现实，常见的后遗症是过于武断地回应以及具有扭曲的推论、假设和信念。为了改善这种自我意识失调的问题，第一个DBT技能训练模块（第七章）教授了"正念"技能，帮助我们能以好奇而不评判的态度，有意识地体验并观察自己和周遭的事件；看到并阐明现实的本来面目；并有效地参与到当下。为了改善高度情绪化的影响，正念技能还注重观察和准确描述当前的内部和外部事件而不评判或扭曲事实。正念技能是所有后续技能的核心，因此在每个后续技能模块的一开始都要复习到它。

第二，情绪失调的个体经常遭遇人际调节障碍。例如，他们可能面对困难、混乱又紧张的人际关系，然而，他们很难对这种关系放手，反而可能会投入紧张和疯狂的努力来阻止重要的人离开他们。更常见的是，这些人在稳定、正面的关系中可能表现良好，而在混乱的关系中表现不佳。愤怒和嫉妒的问题可能摧毁他们的亲密关系和友谊；妒忌和羞愧感让他们回避他人。高度焦虑的人总是需要伴侣陪在身旁才感到安全，相反，重度抑郁可能使人很难建立或参与人际关系。因此，另一个DBT技能训练模块（第八章）的目标是教授人际效能的技能。

第三，情绪失调的困难在许多心理障碍中很常见，这些困难包括：识别情绪、描述和标记情绪、逃避情绪、情绪出现时无法应对。因此，第三个DBT技能训练模块（第九章）的目标是教授以上这些以及其他情绪调节的技能。

第四，情绪严重失调的个体往往有行为失调的模式，如滥用药物、自残或自杀行为，以及其他有冲动性的问题行为。DBT认为，冲动和自杀行为是由于个体无法长期忍受情绪压抑以寻求更有效的解决方案而导致适应不良的问题解决行为。为了改善这些不合适的问题解决行为及痛苦忍受行为，第四个DBT技能训练模块（第十章）的目标是教授有效且具适应性的痛苦忍受技能。表1.1列出各模块的特定技能。

表1.1 DBT按模块分类具体技能一览表

正念技能
  正念核心技能
    智慧心念（心的状态）
    "是什么"技能（观察、描述、参与）
    "怎样做"技能（不评判、专一地做、有效地做）
  正念技能的其他观点
    正念技能——灵性观点（包括智慧心念与慈爱练习）
    善巧方便——平衡"有为之心"与"无为之心"
    智慧心念——行中庸之道
人际效能技能
  有技能地达成目标
    厘清重要顺序
    目标效能
      如你所愿（DEAR MAN）（描述情境、表达感受、明确态度、强化对方、保持正念、表现自信、协商妥协）
    关系效能
      维持关系（GIVE）（保持温和、表现出兴趣、认可他人、态度轻松）
    自尊效能
      尊重自己（FAST）（公平对待、不过度道歉、坚守价值观、保持真诚）
    要求或拒绝态度的强弱
  人际效能补充技能
    建立关系与结束伤害性关系
      寻找朋友并让他们喜欢你
      对他人正念
      结束关系
    行中庸之道
  辩证
  认可
  行为改变策略
情绪调节技能
  了解并命名情绪
  改变情绪反应
    核对事实

相反行为
问题解决
减少情绪心念的易感性
  ABC PLEASE
    （累积正面情绪、建立自我掌控、提前应对；治疗身体疾病、均衡饮食、避免改变情绪的物质、均衡睡眠、适当运动）
管理极端情绪
  对当下的情绪保持正念
  管理极端情绪
痛苦忍受技能
  危机生存技能
    STOP（立即停止）技能
    利弊分析
    TIP（改变身体化学状况）技能
      （用冷水改变脸的温度、激烈运动、调节呼吸、配对式肌肉放松）
    转移注意力（ACCEPTS）
      （进行活动、贡献、比较、情绪、推开、想法、感觉）
    自我安抚
      （视觉、听觉、嗅觉、味觉、触觉；身体扫描）
    改善当下（IMPROVE）
      （想象、意义、祷告、放松活动、一次做一件事、假期、鼓励）
  接纳现实技能
    全然接纳
    转念
    我愿意
    浅笑
    愿意的手势
    对当下的想法保持正念
  当危机是成瘾行为时，痛苦忍受补充技能
    辩证式戒瘾
    澄明心
    社群强化
    斩断牵连，重建新世界
    替代性反叛与适应性否认

标准DBT治疗课程

DBT 最初是针对具有广泛且严重情绪失调的高风险、有多重诊断的来访者而创立的；这些来访者所呈现的临床问题相当复杂。从 DBT 创始之初我们就知道，治疗需要在有原则的状态下保持灵活性，而不能以单一僵化的方案治疗所有来访者。为了使治疗的内在灵活性更加清晰，DBT 由含有单元的模块构成，治疗师可以根据每位来访者的需求及治疗结构来对不同单元进行取舍。

治疗功能

DBT 明确阐述了其治疗功能，它的设计旨在：（1）通过增加熟练行为来提高来访者的能力；（2）改善并维持来访者改变和参与治疗的动机；（3）确保治疗过程中发生的改变普遍化；（4）强化治疗师进行有效治疗的动机；（5）帮助来访者重组或改变其环境，以支持和保持来访者朝着目标发展。（见图1.2）

图1.2 完整治疗的功能

治疗模式

为了有效地达成这些功能，治疗被分散在各种模式中：个体治疗或病例管理、团体或个人技能训练、咨询期间的技能辅导及治疗师咨询团队（见图1.3）。每一种形式各有其治疗目标，以及达到这些目标的不同策略。重要的不是形式本身，而在于其特定的功能。例如，依据治疗场合的不同，要确保来访者把学习到的新能力从治疗类化到日常生活中，这些方法取决于不同的设置。在某种环境下，可以教全体工作人员示范、指导和加强技能的使用；在门诊环境中，通常是通过电话辅导来实现的。个体治疗师（通常是标准DBT的主要治疗师）要与来访者一起负责组织治疗，以满足所有功能的治疗。

图1.3　治疗形式的模块

DBT技能模块

教授来访者的技能反映出之前描述的辩证法的一个关键：需要来访者接纳真实的自己，也需要他们做出改变，因此包括接纳技能和改变技能的集合。对于来访者遇到的任何问题，有效的解决方式都可以同时包括接纳和改变（见图1.4）。这些技能根据它们所涉及的主题被进一步划分为四个技能模块：正念、情绪调节、人际效能、痛苦忍受。每个技能模块又进一步细分为一系列的单元，每个单元又被进一步划分为一系列独立的技能，这些技能通常是按顺序教授的，但也可以单独地抽出来进行教学和复习。来访者可以一次练习一个技能或一组技能；这样可以帮助来访者不至于被所有要学习和改变的东西搞得不知所措。当来访者的某一组技能有了进步，就能将这组技能整合到新的技能模块中。有些比较复杂的技能如人际效能的肯定技能（第八章提到的"如你所愿"），也会被拆解成较小的部分，以增进理解和降低难度。

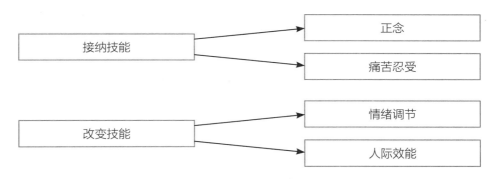

图1.4　接纳与改变技能的模块

技能训练师和个体治疗师的角色

正如本章前面所述，DBT 的理论模型提出假设：能力缺陷和动机问题共同造成了情绪失调的基础。首先，严重和普遍情绪失调的个体，包括 BPD 患者，缺乏重要的自我调节、痛苦忍受及人际效能技能。他们尤其不能抑制不良的情绪依赖行为，也无法启动不受目前心情支配却有助于达成长远目标的行为。其次，强烈情绪及与之相关的功能失调的信念是在最初的不被认可的环境中习得的，再加上当前的不被认可的环境，形成了一种动机背景，抑制了一个人使用任何已经拥有的行为技能。这个人也经常从不恰当的和功能失调的行为中得到鼓励。因此，需要特别注意去强化他们的技能，同时也加强他们运用这些技能的动机。但是，当同事和我发展这种方法时，很快发现：（1）当治疗目标放在降低来访者自杀动机或来访者表现出高度情绪化的举止时，要去教授来访者我们认为他们需要学习的行为技能，即使不是完全不可能，也会异常困难；（2）严谨地按步骤进行技能训练时，无法对动机问题给予足够的重视，而这种治疗议程是技能训练所必需的。在这种两难中产生了把治疗分成两个部分的想法：一部分专注于行为技能训练，一部分专注于动机问题（包括活下去的动机，用技能行为来取代不正常的行为，以及建立一个有价值的人生）。

在标准的门诊 DBT 中，面对严重失调的来访者，技能训练师的作用是通过教授 DBT 技能和引导来访者进行实践来提高来访者的能力；个体治疗师的角色是管理危机，帮助来访者用学到的技能代替功能失调的行为。个体治疗师应根据需要为来访者提供电话技能指导。此外，如前页图 1.3 所示，标准 DBT 不可或缺的部分是治疗师咨询团队：技能训练师和个体治疗师应定期见面，不但可以彼此支持，也能在与来访者的互动中为彼此提供辩证的平衡。

有慢性自杀倾向和罹患其他严重心理障碍的来访者，需要接受个体治疗有几个原因。首先，面对一群严肃而有自杀倾向的团体成员，技能训练师有时可能很难处理需要的危机电话，因为来访者数量显然太多。再者，以技能训练为主的团体每周只开一次会，并没有太多的时间可以关心单个来访者的流程问题，也没有足够的时间协助每个人把学到的技能运用到自己的生活中。有些来访者在特定的技能上需要多花一点时间，而在团体中需要适应一般来访者的进度，如果没有外界关注，这些来访者一定无法学会某些技能。

哪种个体心理治疗与技能训练搭配最有效？我们的研究结果喜忧参半。在针对这个主题的第一个研究中，我们发现技能训练加上 DBT 个体治疗的效果优于技能训练加上非 DBT 个体治疗。在第二个研究中，我们发现技能训练加上强化个案管理，对于一些来访者有效；但是对其他来访者来说，标准 DBT 加上 DBT 个体治疗可能更好。在 DBT 中，"个案管理"是指帮助个案管理个人的身体和社交环境，从而提高来访者的整体生活功能和幸福感，促进来访者向生活目标迈进，加快治疗的进展。来访者的个体治疗师经常可以担任个案管理者，帮助来访者和其他专业人员或机构互动，应对日常生活中的挑战。但在本研究中，个案管理取代了个人 DBT 治疗，而且来访者数量非常少（六位来访者）。个案管理者每周和他们的组员见面，使用 DBT 自杀行为策略检核清单（见第五章表 5.2）；在工作时间可以为来访者进行电话辅导，在其他时间，来访者可使用社区危机专线；并且管理师运用了

DBT 的接纳技能（肯定、环境干预），以平衡许多 DBT 技能所强调的改变。

然而，提供技能训练的治疗师可能无法控制他们的来访者接受哪种个体心理治疗，在社区心理健康机构、住院部或居住式治疗机构尤其如此。在刚引入 DBT 的情况下，可能没有足够的 DBT 个体治疗师可以提供服务。或者，某些单位可能会尝试整合不同的治疗方法，例如有些精神科住院部尝试将 DBT 技能训练和个体心理动力疗法结合起来。急性住院病房的心理社会治疗主要负责建构周围环境和技能训练，而个体治疗则着重提供支持以辅助药物治疗。下一章将讨论技能训练师如何管理非 DBT 个体治疗师。

DBT对于认知和行为治疗策略的修改

DBT 作为一个整体，尤其是 DBT 技能训练采用了大量的认知和行为治疗策略。与标准的认知行为疗法（CBT）一样，DBT 强调对当前行为的持续评估和数据收集；明确和精确界定治疗目标；治疗师和来访者积极合作，包括帮助来访者投入适应治疗，就治疗目标达成共识。DBT 的许多组成部分（如问题解决、技能训练、后果管理、暴露疗法以及认知修正）多年来在认知和行为治疗中都有突出效果。

虽然 DBT 借鉴了标准的认知行为疗法的许多原则和程序，但 DBT 的发展和演变是在我尝试用标准 CBT 治疗病人中的多次失败过程中产生的。我所做的每一项修改都是因为当时标准 CBT 不能解决某个具体问题。这些修改使得 DBT 强调了 10 个重点，这些领域虽然不是新的，但在传统的 CBT 应用中并没有受到那么多的关注。DBT 所增加的治疗要素如下所示。其中很多重点在如今的 CBT 干预中也很常见。

1. 把接纳和改变融合统一。

2. 将正念作为治疗师的实践和来访者的核心技能。

3. 强调及时处理来访者和治疗师妨碍治疗的行为。

4. 强调治疗关系，治疗师的自我披露对治疗是不可或缺的。

5.强调辩证过程。

6.强调治疗的各个阶段，并根据严重性和威胁程度来选择要改变的行为。

7.纳入具体的自杀风险评估和管理协议。

8.纳入从其他循证干预疗法而来的行为技能。

9.治疗团队是治疗不可或缺的一部分。

10.通过日记卡持续评估多重结果。

当然，DBT 和标准 CBT 取向的差异是否真的那么重要，是一个有待实证研究的问题。不管如何，自从 DBT 出现之后，CBT 已经扩展了干预的范围，而 DBT 的构成要素也被纳入许多标准的干预技能。它们之间的差异已经日渐式微。最明显的证据是，愈来愈多治疗师注意到接纳和改变的整合；正念被纳入当今许多的疗法，如正念认知疗法（Mindfulness-based Cognitive Therapy）、接纳承诺疗法（Acceptance and Commitment Therapy）；还有，留意咨询过程中的行为，尤其是干扰治疗的行为也是 DBT 要素被纳入其他干预之中的证据，如功能分析心理治疗（Functional Analytic Psychotherapy）。虽然研究者至今仍未确认治疗关系对行为治疗的影响，但整体而言，现在心理治疗界非常重视和来访者培养并维持合作性的关系。第四、五章将进一步讨论以上所提的 DBT 策略，以及在 DBT 技能训练语境下，如何运用 CBT 策略。

标准DBT的疗效

表 1.2 列出标准 DBT 疗效的随机对照试验（Randomized Controlled Trials，RCTs）。如前所述，标准 DBT 包括 DBT 个体治疗、DBT 技能训练、咨询期间的辅导和 DBT 咨询团队。最新研究请浏览莱恩汉学院（The Linehan Institute）的网站：www.linehaninstitute.org/resources/fromMarsha。

标准DBT对BPD的治疗

目前有大量的研究评估了标准 DBT 对治疗严重和复杂心理障碍的高危个体的有效性。大部分调查重点研究符合 BPD 诊断标准的个体，主要是因为 BPD 患者有很高的自杀率和广泛性情绪失调，并通常表现出一系列复杂的严重失控行为。DBT 最初即是设计来治疗这种失调导致的复杂问题。以享誉英国的独立研究组织科克伦实证医学数据库为依据，DBT 是目前唯一有足够高质量研究来证明对 BPD 族群有效的疗法。

表1.2 标准DBT的随机对照试验

疗法、诊断、研究对象	对照组	显著效果
用DBT治疗BPD来访者：44位女性	一般治疗（TAU）	DBT降低了自杀行为的风险、精神心理医疗的使用及中途退出治疗比率 DBT和TAU降低了自杀意念、抑郁和绝望感
用DBT治疗BPD来访者：58位女性	TAU	DBT减少了自杀企图次数 DBT减少了非自杀性自伤（nonsuicidal self-injury，NSSI）；TAU 增加NSSI DBT和TAU减少了物质滥用
用DBT治疗BPD来访者：101位女性	专家提供的社区治疗（CTBE）	DBT减少了自杀企图、因自杀送往急救或住院的次数、中途退出治疗比率 在治疗与随访中，DBT显著降低了物质滥用；在自我肯定、自我关爱与自我保护上有显著改善；减少了自我攻击 DBT和CTBE减少了自杀意念、抑郁 DBT和CTBE减轻了抑郁症、焦虑和饮食障碍 CTBE显著增强了治疗性互动，如治疗师的肯定和投射 DBT增加了内摄的亲和性
用DBT治疗BPD来访者：73位女性	TAU+等候组	DBT和TAU减少了NSSI、住院次数或住院治疗的停留时间；患者生活质量和失能状况（卧床不起）得到显著改善
用DBT治疗BPD退伍军人：20位女性	TAU	DBT减少了NSSI、住院次数、自杀意念、解离状态、绝望感、抑郁、愤怒的抑制或表达

用DBT治疗BPD退伍军人：20位女性	TAU	DBT减少了NSSI、自杀意念、抑郁（自我评量）、绝望感、愤怒的表达 DBT和TAU减少了治疗服务的使用、抑郁、焦虑、对愤怒的抑制
用DBT治疗BPD药物依赖来访者：28位女性	TAU	DBT减少了物质滥用 DBT和TAU降低了愤怒情绪
用DBT加上LAAM（levo-alpha-acetylmethadol，治疗鸦片成瘾的药物）治疗BPD鸦片类依赖来访者：23位女性	包含12步骤团体的综合认可疗法（CVT-12s）* + LAAM	DBT和CVT-12s减少了精神病理、鸦片滥用；然而，CVT-12s组别的成员在最后四个月增加了鸦片使用
用DBT治疗B群人格障碍：42位成人	TAU	DBT减少了自我汇报的危险行为 DBT和TAU减少了NSSI、精神心理医疗服务的使用、攻击性愤怒的表达、抑郁、易怒性
用DBT加精神药物，治疗至少一种人格障碍，并抑郁症量表得高分的来访者：35位成人	只用精神药物	DBT更快地缓解了抑郁症
用DBT治疗BPD来访者：180位成人	一般精神科的管理（GPM**）	DBT和GPM减少了自杀行为、危机专线的使用、抑郁、愤怒、苦恼症状
用DBT治疗18~25岁、有自杀意念的大学生：63位来访者	由专家督导的心理动力治疗（SBE***）	DBT减少了NSSI、精神药物的使用、自杀、自我量评的抑郁程度 DBT提高了生活满意度
用DBT治疗PTSD住院病人：74位女性	TAU+等候组	DBT提高了PTSD的缓解
用DBT治疗BPD住院病人：60位女性	TAU+等候组	DBT促进了NSSI的戒断；降低了抑郁与焦虑 DBT和TAU降低了愤怒情绪
用DBT治疗饮食障碍和物质滥用的成瘾障碍来访者：21位女性	TAU	DBT减少了中途退出治疗比率、功能失调的饮食行为/态度、物质使用的严重程度（治疗前后对比） DBT增加了应对与调节负面情绪的能力（治疗前后对比）

　　* CVT-12s（Comprehensive Validation Therapy with 12-tep Group）。此疗法融合了匿名戒酒协会的十二步骤自助疗法，加上 DBT 关于接纳与自我认可的技能。

　　** GPM（General Psychiatric Management）。

　　*** SBE（Supervision By Experts in Psychodynamic Treatment）。

标准DBT对自杀行为的治疗

对于有 BPD 诊断和高自杀风险的成人来访者来说，和一般治疗（Treatment As Usual，TAU）及社区咨询专家的治疗相比，标准 DBT 在评量怒气爆发、绝望感、自杀意念、自杀行为，以及因自杀而送往急救和住院治疗的次数都有显著改善。在针对社区咨询专家的研究中，这些（非行为学派的）专家治疗师是由西雅图地区的心理健康带领者推举出的当地最优秀的治疗师。这个研究项目的目标是探究 DBT 的疗效来自于其独有的特点，还是 DBT 只是一种一般好的疗法。换句话说，就是要回答"是不是所有的治疗都相同？"这个问题。答案是否定的。和社区咨询专家的治疗相比，DBT 使自杀尝试减少了一半、自杀送医急救减少了一半，因自杀而住院的比率减少了 73%。博胡斯（Bohus）及同事也有类似的发现，他们为有自杀病史的 BPD 女性住院病人提供了十二周修改版的 DBT。相较于接受一般疗法的病人，较多接受 DBT 治疗的病人在疗程结束后减少了自我伤害的行为（62% 到 31%）。

标准DBT对情绪及其他障碍的治疗

在符合 BPD 诊断的个体中，DBT 研究结果显示其对 BPD 以外的一些障碍也有疗效。在为期一年的治疗过程中，接受 DBT 治疗的人在减轻抑郁方面有显著改善，重度抑郁和物质依赖的缓解率与循证 CBT 和药物干预的效果一样好。DBT 参与者也表示，他们在发展更正面的内向投射（introject，一种心理动力概念，用来检验 DBT 是否只对症状有效）方面有明显的进步。研究显示，DBT 在治疗期间明显增进参与者的自我肯定、自我关爱和自我保护，自我攻击明显减少；在一年的随访中，他们保持了这些增益。

DBT 治疗自杀倾向的成效不局限于成人。对有自杀倾向的青少年和有自杀倾向的大学生的研究也发现，当 DBT 与控制组相比时，使用精神药物、抑郁和自杀行为的显著减少，并增加了生活满意度。

标准DBT作为一般治疗

虽然 DBT 最初是为了帮助高风险、失控、有复杂难题的来访者，但治疗模块的组合可以让治疗师在特定时间内，主动运用组合的数量来为疗程"加速"或"减速"。如今，修改过的 DBT 也能有效治疗因童年性侵害而造成的创伤后应激障碍（Post-Traumatic Stress Disorder, PTSD）、饮食障碍并发物质滥用、药物依赖并发 BPD、单纯的饮食障碍、B 群人格障碍、单纯 PTSD 或 PTSD 并发 BPD，以及老年抑郁症。整体而言，这些研究显示 DBT 是一个普遍有效的疗法。

模块的弹性也让我们能够把新的干预技能及策略带进治疗中，以取代某些相对无效的策略。因此，随着时间的推移，DBT 的效用将很可能随着研究范围的扩展而得到加强。

DBT技能训练作为独立的治疗

DBT 技能训练正迅速成为一种独立的治疗方法。虽然大多数关于 DBT 疗效的研究都是针对标准的 DBT 进行的临床试验，但多年来，许多机构都只提供 DBT 技能训练，因为没有足够的资源来提供完整的治疗。当越来越多的机构发展出这些课程，对这些课程能否提供有效治疗的研究也就开始了。这个不断增长的研究领域表明，单独的技能训练在很多情况下也是非常有效的。

DBT技能训练作为独立治疗的疗效证据

表 1.3 展示了 DBT 技能训练（不含个体化治疗）随机对照试验（RCTs）的疗效。表 1.4 展示了只进行 DBT 技能训练非随机对照试验（Non-RCTs）的疗效。

从表 1.3 可以看出，临床 RCTs 中，不同时进行个体化治疗的 DBT 技能训练在许多领域都是有效的。九项独立的研究都显示它可以减少抑郁；四项研究显示其能减少愤怒；另外四项研究显示对减轻情绪失调有疗效，包括降低情绪不稳定性和情绪强度。另有三项研究发现修改版 DBT 技能训练对饮食障碍有疗效，也对酗酒相关问题及注意力缺失 / 多动症（ADHD）有效。对于监狱中的女犯，DBT 技能训练在减少创伤后应激障碍（PTSD）症状、抑郁和人际关系问题方面效果显著。在教改机构中的男性和女性，DBT 技能训练已被证明可以减少攻击性、冲动和精神病理。对于有暴力史的人，技能训练也能减少可能出现的亲密关系暴力和愤怒的表达。在职业康复机构中，DBT 技能训练能减轻严重心理障碍者的抑郁、绝望感和愤怒，并增加他们的工作时间和工作满意度。

如表 1.4 所示，在前后测（pre-post）研究设计中（没有控制组比较结果），DBT 技能训练的结果和随机对照试验（RCTs）的结果类似。这些研究表明，抑郁症和多动症症状会减轻，整体运作能力和社会适应能力会增强。针对问题个体的家庭进行了三项 DBT 技能训练的研究，三项研究均显示悲痛和负担感减轻。关于儿童技能训练的研究报告很少；然而，对于有对立违抗性障碍（Oppositional Defiant Disorder，ODD）的儿童来说，DBT 技能训练对外化和内化抑郁的减轻、问题行为的减少和积极行为的增加均有关。

这些研究中的大多数只提供了 DBT 的技能训练部分。林奇（Lynch）及其同事提出了两个例外。在第一项研究中，在抗抑郁药物的基础上加入了 DBT 技能训练和 DBT 电话指导，并与单独抗抑郁药物组对老年抑郁患者的疗效进行了比较。在第二项研究中，对抑郁症并发人格障碍的老年抑郁患者，进行了标准 DBT 与药物治疗搭配和药物治疗组的比较。在这两项研究中都发现，同时使用 DBT 和药物治疗的患者比单独使用药物治疗的患者缓解得更快。

饮食障碍研究采用了只有技能训练的修改版 DBT。这些研究中有几项没有报告他们使用了哪些 DBT 技能，这使得我们很难确定哪些技能对带来临床变化是重要的。虽然技能训练总体上和降低情绪失调相关联，但我们需要更多的研究才能精确判定哪些技能是必要的，哪些技能可以舍弃。

下一章将讨论规划技能训练这一重要议题，包括规划技能训练课程表的一些实际建议。

表1.3 只提供DBT技能训练的随机对照试验（RCTs）

诊断、研究对象	对照组	显著结果
BPD：49位女性、11位男性	标准团体治疗	DBT技能降低了抑郁、焦虑、易怒、情绪不稳定、中途退出治疗比率
BPD：29位女性、1位男性	观看控制组录像带	DBT技能增加了对DBT技能的了解与信心 DBT技能减轻了情绪强度
神经性暴食症（Bulimia nervosa）：14位女性	等候组	DBT技能减少了暴食、催吐（bingeing/purging）行为、抑郁
暴食症（Binge-eating disorder）：101位男性与女性	积极支持对照团体治疗（ACGT*）	DBT技能减少了暴食行为
暴食症：22位女性	等候组	DBT技能减少了愤怒、体重、对身体曲线与饮食的担心 DBT技能增进了对暴食行为的戒断
抑郁症：24位男性与女性	对照组	DBT技能减少了抑郁分数 DBT技能加强了对情绪的处理能力
抑郁症：60岁以上的29位女性、5位男性	DBT＋药物管理 vs.药物管理	DBT技能减少了自我评量的抑郁分数 DBT技能增进了抑郁症状或依赖的完全缓解、适应性的应对能力
抑郁症：18位女性、6位男性	等候组	DBT技能加强了对情绪的处理并减轻了抑郁
躁郁症：26位成人	等候组	DBT技能降低了抑郁症、对于奖励的恐惧 DBT技能增进了正念觉察、情绪调节
ADHD：51位成人	结构松散的讨论团体	DBT技能减轻了ADHD症状
酗酒问题：87位女性、58位男性（大学生年级）	BASICS**：控制组	DBT技能减轻了抑郁及酗酒相关问题 DBT技能增进了情绪调节、正面情绪
针对严重精神病的职业康复：12位成人	一般治疗	DBT技能减轻了抑郁、绝望感、愤怒情绪 DBT技能增进了工作满意度、工作时长
亲密关系暴力：55位男性	愤怒管理课程	DBT技能减轻了亲密关系暴力与愤怒的表达
有创伤史的女受刑人：24位女性	无接触对照组	DBT技能减轻了PTSD、抑郁、人际困扰
修正机构的受刑人：18位女性、45位男性	个案管理	DBT技能减少了攻击、冲动和精神病理 DBT技能增进了应对能力

*ACGT（Active Comparison Group Therapy）。

**BASICS= 针对大学生群体的简易酒精滥用检测与干预方案（Brief Alcohol Screen and Intervention for College Students），以减少危害为主。

表1.4 只提供DBT技能训练的非随机对照试验（Non-RCTs）

诊断/研究对象	对照组	显著结果
家里有BPD患者的家庭成员：44位男性与女性	无对照组，治疗前后对比设计	DBT技能减轻了哀伤情绪、负荷感 DBT技能增加了自我掌控感 女性的改变大于男性
家里有尝试自杀者的成员：13位男性与女性	治疗前后对比设计	DBT技能减轻了焦虑、家人负荷感、情绪的过度涉入 DBT技能增进了整体的精神健康
自我伤害行为：32位女性、2位男性	治疗前后对比设计	DBT技能减少了住院治疗次数、看诊次数、一般的精神病理
有智力障碍的罪犯：7位女性与男性	治疗前后对比设计	DBT技能减少了互动中的危机 DBT技能增进了来访者能力、应对能力、整体功能
ODD：54位男性与女性未成年人	治疗前后对比设计	DBT技能减轻了抑郁、负面行为 DBT技能增进了正面行为（例如有生产力的行为）
ADHD：8位成年男性与女性	治疗前后对比设计	DBT技能减轻了ADHD症状与抑郁
人际关系暴力的受害者：31位女性	治疗前后对比设计	DBT技能减轻了抑郁、绝望感、一般的苦恼 DBT技能增进了社会适应

第二章

规划DBT技能训练

当一个人没有解决问题与达到期望目标所需要的技能时，接受行为技能训练是必要的。也就是说，在理想情况下（行为不受恐惧、冲突的动机、不现实的信念等的干扰），个体仍然无法产生或表现出所需的行为，就需要接受技能训练。在DBT中，"技能"与"能力"同义，从广义上讲，包括认知技能、情绪技能与外显行为（或行动）技能以及它们的总和。这些都是有效表现所必需的。有效性是通过行为的直接与间接影响来衡量的。有效的表现可定义为能带来最大积极结果与最小消极结果行为。因此，"技能"的意思是运用"善巧的方法"，以适合或有效的方式应对所处的情况。

强调行为整合以产生熟练的反应相当重要。一个人通常（实际上十分经常）拥有某项技能的行为构成要素，但在必要时却无法将其连贯地整合起来。比如说，有技能的人际反应需要将一个人已知的话语组合成有效的句子，配合适当的肢体语言、语调、眼神交流等。这些构成要素很少是新的，但整合起来却往往很陌生。在DBT的术语中，几乎任何期望的行为都可以被认为是一种技能。因此，主动且有效地应对问题，避免不当或无效的反应，两者都属于个人技能的运用。DBT的主要目标是运用有技能的反应，去取代无效、不当或没有技能的行为。DBT技能训练的目的就是帮助个人获得所需技能。规划DBT技能训练的步骤列于表2.1，后面将进行更详细的讨论。本章稍后叙述如何将DBT技能整合到非DBT的干预中。

表2.1 在临床中组织DBT技能训练

1. 组成（或加入）DBT团队
2. 挑选团队中的技能训练成员
3. 挑选技能模块与具体技能组合
4. 规划技能训练课程
5. 决定：
   a. 一年课程中的密集与分散训练
   b. 个人与团体技能训练
   c. 开放与封闭团体
   d. 异质性与同质性团体
6. 区分技能训练课程中技能训练师、个体治疗师、个案管理者、护理师与基层员工、药物治疗师的角色。

组成（或加入）DBT团队

　　DBT认为，有效的治疗（包括技能训练）除了重视来访者的行为与经验，还应同时重视与来访者一起工作的治疗提供者的行为与经验，因为治疗提供者是任何DBT课程不可或缺的一部分。这对讲授技能的人及所有DBT提供者来说，都一样重要。无论来访者调适得多好，技能训练有时都是巨大的挑战和压力，而要保持在DBT的架构内也相当困难。"咨询"的角色是要让提供者处于DBT的架构内，并解决出现的问题。咨询团队的主要目标就是提高治疗者对DBT原则的遵守以及教学和指导技能的准确性；为加强技能教学提供意见；解决技能训练过程中出现的问题；提高和保持技能训练师的积极性；当治疗者的极限被跨越（甚至未被跨越）时提供支持。

　　DBT咨询团队至少需要两名成员，如果双方位于同一地点，应每周碰一次面；如果无法亲自会面，则可于在线学习社群或使用网络软件会议。由于DBT咨询团队的主要重点在于治疗提供者，而不是技能训练接受者，提供者未必需要治疗相同的来访者。比如说，一名来访者可能于某诊所进行个体治疗，而在另一家诊所参加技能训练团体，而这两家诊所都有各自的

DBT 团队。不过，如果个体治疗师、个案管理者、药物治疗师与技能训练师属于同一团队，则能够更好地协调。

技能训练师：必要的资格与特质

技能训练可由心理治疗师、咨询师、个案管理者、社会工作人员、基层人员（居住式治疗机构中的）和精神科护士（住院环境中的）执行。开药的精神科医师与专科护理师都可以是非常有效的技能教练。对于未查明心理障碍的人，技能训练可由任何接受过良好技能训练原则和技能训练的人（教师、父母、家人、志愿者与专业培训师）完成。神职人员、药物治疗师与其他医护人员（如精神科医师、内科医师、专科护士、护理师、职业治疗师与门诊其他医护人员）在接受技能训练后，往往也能成为优秀的技能教练。此外，顺利完成技能训练且克服自身困难、具有个人魅力的人接受技能训练后也可以成为共同培训师与技能辅导伙伴。

我们知道要在 DBT 中有效地进行治疗，技能训练师必须针对他们所做的事情接受良好训练。他们必须对于 DBT 技能有很好的掌握，自己练习这些技能，也知道如何教授。他们需要知道并能够运用基本的行为治疗技能（比如行为分析、解决方案分析、后果管理、暴露程序与建立技能的基本原理）与 DBT 策略（如辩证策略、认可与问题解决策略、无礼与相互的沟通策略、来访者顾问与环境干预策略）以及 DBT 应对步骤，特别是自杀应对步骤。这些策略与应对步骤完整地记述于《DBT 教科书》，并于本书第五章加以回顾。在此，我们并没有证据显示，学位类型是提升技能训练成果的决定性因素。

技能训练师对来访者的态度也非常重要。对于行为不熟练且声称不知如何改变行为举止的来访者，会被一些治疗师视为阻抗（或至少是受来访者意识之外的动机所影响）。这些临床工作者把提供建议、指导或教授新行为视为鼓励依赖与满足需求，从而妨碍了"真正的"治疗。也有一些治疗师与技能训练师认为来访者本人几乎什么都做不了。有时他们甚至认为来访者没有能力学习新的、更有技能的行为，而接纳、安抚与环境干预会危害这些临床工作者的专业技能。如果这两种取向同时出现在来访者的治疗团队中，经常发生冲突与"人员分歧"也就不足为奇了。辩证方法会建议寻找整合之道，我将在《DBT教科书》第十三章进行更全面的讨论。

开始一个DBT咨询团队时，每位成员的加入标准都是相同的：必须是自愿加入，必须同意参与咨询团队会议，必须承诺学习并运用DBT，必须愿意接受团队的影响。最后一点的意思是，所有人员与来访者一起工作时，会把尝试应用DBT原则与干预（包括技能干预）所碰到的任何困难与议题带到团队中。

挑选要教授的技能模块与具体技能

如第一章所述，DBT有四大技能模块：正念、人际效能、情绪调节、痛苦忍受。每个模块都被划分为核心部分与补充部分，有特定、补充或进阶技能。倘若不符合特定来访者的群体需求或时间需求，可省略补充部分。各部分与特定技能都可以单独讲授（至于什么是核心、什么是补充，请见表1.1）。如果团体中有新成员，在介绍正念技能模块之前会分发一套通用讲义，包括一套补充技能教学行为分析。在标准的DBT中，技能训练以每组六人至八人（最多十人），加上两名组长进行，每周进行一次两个半小时（青少年进行两小时）的会议。来访者在六个月之内通过所有模块的学习完成一个完整的核心技能学习周期。在一年的治疗计划中，来访者会重复一次该周期，总共用时十二个月。每个核心技能模块要花五至七周的时间（人际效能五周、痛苦忍受六周、情绪调节七周），正念模块要花两周的时间。开始教授每个新模块之前都会简短介绍。表2.2概述了这样的基本循环。请参阅第一部分附录以获得更详细的概要，以及针对不同障碍、时间段与场合所设计的DBT技能训练课程表。

目前没有实证数据建议如何为这些模块排序。由于正念核心技能贯穿了其他训练模块，所以正念必须是第一个模块。在我们目前的课程中，是按照人际效能、情绪调节与痛苦忍受这个顺序进行的，本书也依此顺序。

人际效能模块的重点是通过与其社交环境进行有效的互动，既引发他人的改变，又能（在必要时）抵制来自他人的影响，从而减缓来访者的痛苦与苦恼。情绪调节模块假设，即使在情况（人际或其他方面）可能产生痛苦与苦恼的情况下，个人的反应也必须改变，而且是可以改变的。痛苦忍受模块假设，即使有莫大的痛苦与苦恼，也是可以忍受的，就算有痛苦，生活还是可以接受，日子还是可以过下去。当然，这对任何人来说都是困难的。不过，无论模块的顺序如何安排都是很好的。许多诊所在第一次开会便发放危机生存技能讲义（痛苦忍受模块的一部分）。这些技能或多或少都是不辩自明的，许多来访者发现它们非常有帮助。讲授痛苦忍受模块时，会详细讲述这些技能。对于一些来访者来说，他们对情绪的失调和缺乏理解过于严重，以至于需要从情绪调节模块开始。这种情况并不少见，例如，在多重家庭青少年团体就经常这样安排。

表2.2 标准核心DBT技能训练课程表

介绍+正念模块：	2周
人际效能模块：	5周
介绍+正念模块：	2周
情绪调节模块：	7周
介绍+正念模块：	2周
痛苦忍受模块：	6周
	（24周，6个月）
介绍+正念模块：	2周
人际效能模块：	5周
介绍+正念模块：	2周
情绪调节模块：	7周
介绍+正念模块：	2周
痛苦忍受模块：	6周
	（48周，12个月）

注：12个月所有模块重复一次。

规划技能训练课程的建议

技能训练中的教学教材（特别是用于团体的），应以适合来访者理解程度的进度进行。由于每堂课的节奏不同，个人或团体的整体步调也有差异，本书第六章至第十章的教学内容并未划分出特定的课程。就我的经验，培训师第一次讲授这些技能模块时，会感觉教材的分量令人难以承受。新手技能训练师可能会在模块早期投入过多时间，而在之后学习其他更重要的内容的时间太少。究竟什么才是真正重要的内容，取决于不同的个人或群体、取决于他们的经验和技能水平。为了确定能在分配给特定模块的时间内囊括所有内容，技能训练带领者应建立每堂课的课程计划，并尝试在所分配的课程时间内涵括所有指定教材。十一项技能课程全部列于第一部分的附录，它们大多数是在各种研究中使用到的 DBT 技能。第一次进行模块训练的最佳策略是依照以下步骤：

1. 决定你的技能训练课程要持续几周，每堂课多长时间。你的课程与上课时间的长短取决于你的来访者是否有心理障碍、失调或其他问题的严重程度、治疗课程的目标（如：稳定性、治疗、建立技能）、人力、财务资源、不同治疗时间的成果研究数据，以及你的治疗环境的独特因素。

2. 决定你一定要讲授的以及想列为补充的技能。技能内容应依据你正在处理的障碍 / 问题的研究数据，如果几乎没有研究数据辅助你的选择，那么就依据你认为最适合来访者的技能。附录中的课程表是按每项课程为期周数与计划所欲治疗的对象而定。审阅并选择最适合你的情况的技能课程表。

3. 决定你想使用的讲义与练习单（见 www.guilford.com/skills-training-manual），若未审视内容，请勿使用。练习单与讲义是有关联的；每章讲义的练习单均用每份讲义的编号命名，反之亦然。相关讲义与练习单的描述，列于每项技能或每组技能教学笔记的概论表格中。

练习单有许多种形式。概论练习单包括多项技能，若你想特别专注于一组技能的演练，而不是将重点集中于特定课程所讲授的技能，就可运用此类练习单。这些练习单在每一单元的前几页，并与每一单元的概论讲义相连接。特定技能练习单主要关注某种特定技能或技能团体。在某些情况下，多个练习单的主题都是同一组技能（有着相同的练习单编号），但其提供的练习次数并不相同。练习单编号之后的 a、b、c 通常表示练习单对成员的不同要求。比如说，某些练习单要求成员在课下练习一或两次；有些则要求课下练习一组技能中的每一项技能；另外一些练习单则要求每天练习某项技能或某组技能。某些技能还附有练习单日历，要求成员记录每天课下应用的技能。

4. 第一次讲授技能时，可随意将每一模块区分为对应安排周数的单元，并尽可能完成每一个单元。这样的经验有助于在第二次之后安排模块时间。我在教授治疗师如何进行 DBT 技能训练时，常建议他们复印课程中会讲授的技能的教学笔记，并画出他们计划在该课程中强调的重点。这样一来，就可以先依照本书的顺序教授技能模块内容。上过一轮之后，就可依据你的风格或特定情况在内容与顺序上做修正。

一年课程中的密集与分散训练

虽然每一训练模块均设计为五至七周，但总计时间不超过一年，在这么短的时间内，每个技能领域的内容都是完整而复杂的。在这么短的时间里囊括所有技能训练教材，需要非常严格的时间管理。当一些（甚至全部）成员还未掌握目前讲授的技能，治疗师还是必须要继续进度。成员有时候会被第一次学习某个模块的信息所淹没。在一年计划中，何不将每一模块延展为三个十至十四周的模块（每一模块开始前先进行两周的正念技能），取代两轮三个五至七周的模块？换句话说，为何不进行密集训练（第一选择），而是分散训练（第二选择）？这是因为：

首先，所有人，尤其是那些有情绪调节障碍的人，他们的情绪和功能都是可变的。他们可能会经历几个星期的缺席期，或者在出席会议时心不在焉。陈述材料的过程进行两次可以增加每个人在学习某一特定部分时，身体和心灵至少到场一次的可能性。

其次，不同的参与者有不同的需求。因此，这些模块有不同的相关性，并受到不同个体的青睐。要在十到十四周的时间里坐着读完一个不喜欢的模块是非常困难的。坐着听五到七周不受欢迎的课程也很难，但没那么难。

第三，在十到十四周的课程安排中，第二和第三个模块的练习时间要比五至七周的两次教学模式少。如果我能证明某个模块最重要，需要最多的练习，那么就不会有这个问题。然而，我在选择哪个模块最重要时，并没有对照的实证数据可引用。此外，哪个模块对所有成员都适用也着实令人存疑。以行为技能为导向的方法的中心前提是获得新技能需要进行大量的练习。虽然在五至七周的课程安排中，第一次接触到这些教材会让人觉得难以承受，但成员似乎可以在每天的生活中练习这些技能。因此，在前六个月治疗期间每个模块学过一次，那么在技能训练结束前，至少还有六个月的时间可继续练习。

第四，成员练习技能几个月之后再看一遍材料会很有帮助，这些内容也会更具意义。成员有机会了解到，只要坚持尝试去克服，在某一时刻看起来非常困难的问题，可能最后就不那么困难了。

最后，我的经验是，如果把十到十四周的时间分配给一个治疗模块，那么把时间转而分配到照顾个体成员的危机与历程议题就会容易得多。带领者也更可能开始觉得，他们有足够的时间谈到比较枝节的问题。时间充裕时，虽然可能会把注意力分给这些议题，但容易脱离技能训练，而成为支持性的历程治疗。就我的经验，一旦发生这种状况，就很难重新控制治疗日程。

个人与团体技能训练

成功的 DBT 技能训练需要来访者与技能训练师双方的自律。在技能训练中，课程是按照所要学习的技能排定的。相比之下，在典型的心理治疗和

DBT 的个体治疗中，课程通常是由成员当前面临的问题来设定的。在当前的问题迫在眉睫时，坚持技能训练课程就要求培训师扮演非常积极的角色，控制培训的方向和重点。许多治疗师和技能训练师没有接受过担任这种指导角色的培训；因此，尽管他们的意图是好的，但他们在技能训练上的努力往往会随着成员问题的升级而逐渐消失。相对于团体技能训练，个人训练更可能产生对技能实际教学的专注不足与焦点模糊。

即使是受过良好指导策略训练的培训师，在成员有紧迫问题或危机情况、需要立即帮助或建议时，要维持指导议程也是困难的。这些成员难以避免的危机与高度的情感伤痛构成了重大且持续的问题。在课程中，成员很难注意现有危机以外的事情，结果技能训练师也会如此。当成员现有的问题未获正视而威胁要自杀或退出时，会更难把焦点放在技能训练上。（以成员的角度）去重视问题，通常意味着为了解决当前的危机而舍弃那一天的技能训练课程。

有些成员可能在时间与心力上没有问题，但他们的被动、打瞌睡、坐立难安、对技能训练缺乏兴趣，这些都可能造成莫大的阻碍。在这种情况下，如果培训师对于技能训练没有坚定的信念，很容易被来访者搞得精疲力竭，只好放弃。如果成员没有反应，对技能训练师来说也会相对乏味，特别是已经做过不少技能训练的培训师，就像一再重复做相同手术的外科医生一样。来访者在一周又一周技能训练课程中的情绪波动（情绪调节困难者的一大特质），加上治疗师摇摆不定的兴致，会对设计良好的训练计划造成浩劫。

对于有多重问题、情绪调节有严重困难、频繁发生危机或是有强烈欲望想改变他人行为的来访者，技能训练是困难的。尝试对这样的人进行技能训练，就像试着教人在飓风中搭起帐篷。尽管如此，如果成员具备比较有效的技能，就能应付危急状况。而这一状况的难点在于：如果成员现在应付危急状况的能力过于薄弱，而不能学习新的行为反应时，培训师要如何教授应对的必要技能？在个体治疗中，只需要两位参与者合力让治疗维持常轨。如果成员与技能训练师想转换主题，也可轻易做到。

如果成员是有严重问题者的朋友及家人，要按常轨进行技能训练也极为困难。如果成员是高自杀风险个体的父母、配偶或伴侣，或他们的功能失调行为模式令来访者极度难以忍受时，这个问题就尤其严重。在朋友与家人的团体中，带领者在介绍时要明确表示，技能训练的重点在于提升成员的技能，而非如何改变他人。这对于想学习如何管理家庭成员而接受技能训练的人来说，可能是个特别的问题，因为他们期待着改变别人。同样的问题也会发生在任一团体成员坚持要改变另一个人（老板、员工等）的时候。如果问题持续存在或干扰到其他人的技能训练，我们发现一到两次的个人咨询会很有帮助。很明显，一些DBT技能的目标在于影响他人。DBT人际效能技能着重于发展对他人有影响力的行为，包括与他人相处时表现出自信，以及增加或减少他人行为的行为技能，比如强化、削弱、暴露及惩罚。注重成员的人际交往能力和影响他人的能力，和注重改变特定的某人，这两者之间的界限可能很模糊，却很重要。在处理这两极时，保持辩证是至关重要的。

基于上述原因，DBT技能训练的标准模式是群体干预。在团体中，即使有人想改变方向，其他成员（或至少是治疗师对其他成员的责任感使然）也会让技能训练师按照议程进行。如果团体技能训练中的一位成员对于学习技能不太热衷，其他成员仍然还是有兴趣的。这些有兴趣的成员维持关系技能训练师的强化效果，使其能够继续进行技能训练，所带来的积极效果远胜于不热衷的学员所传递的惩罚效果。

问题的关键在于：对一个没有立即看出技能训练优点的人进行技能训练，对成员或讲授技能的人来说，通常不会立即得到强化。对于许多人来说，课程并没有立即缓解或产生问题解决的感受。技能训练就像网球教学：学生不会在第一节课后就能赢一场比赛。赢得比赛需要练习、练习，再练习。行为技能训练也不像我在《DBT教科书》第十二章中所讨论的"交心"的谈话那般有趣。不论是成员或技能训练师，都需要采取更积极的行为。因此，为了让个人技能训练发挥作用，必须为安排活动制定特殊的预防措施，才能让治疗师与来访者都获得强化而得以持续。

个体技能训练

有些情况并不适合团体训练，而更适合或必须针对来访者进行个体技能训练。在私人执业的场合或小诊所，任何特定时间需要接受技能训练的人都可能不超过一位，或者你可能无法组织超过一个人的技能训练。有些来访者并不适合团体训练，虽然就我的经验这种情况极少见，但如果一个来访者不能抑制对其他团队成员的公然攻击行为，在这样的行为获得控制之前，不应该将他放在一个团队中。同样地，在加入技能训练团体之前，最好先治疗社交焦虑障碍（社交恐惧症）。有些参与技能训练团体已经一年或更久的来访者，仍需要进一步关注某个类别或某一组技能。

最后，来访者有可能无法参加原定的团体课程。在基层医疗单位，或者当技能训练被整合到个体治疗中时，技能可在个体治疗时教授。在这些情况下，熟练掌握技能讲义与练习单，能让个体治疗师更容易将技能训练融入到进行中的个体治疗中。在这种情况下，治疗师可以不断地在每一次会面中融入技能训练程序。这种模式的一个问题是规则不明确：来访者通常不清楚在互动中会发生什么意外事件。想要针对当前的危机找到立即解决方案的来访者，得不到什么时候该坚持这么做且可能获得强化，而什么时候不能的指导。治疗师的难题则是很难执行计划。我之所以把 DBT 发展为今天的样子，其中一个重要原因正是因为我无法做到这一点。

第二种替代方案是由另一位治疗师针对每位来访者去做个人技能训练。这种情况下，针对来访者与治疗师的行为规范是明确的。这种模式中，一般行为技能由技能训练师教授；危机处理与个人问题解决（包括应用习得的技能去应对特定的危机或问题）是主要治疗师或个案管理者的课程重点。这种方式在有些情况下格外有利。例如，在我们大学的诊所里，许多学生渴望获得与需要长期治疗的来访者一起工作的经验，但这些学生又无法给来访者提供长期的个体治疗。对这些学生来说，进行一段时间集中的技能训练会是一个好机会。就我的经验而言，这对来访者来说也发挥了很好的效果。这是居民、社区员工或护理师均能参与训练的方案。在团体临床诊所中，治疗师很可能为彼此进行技能训练；大型诊所则可能需要聘请多位在这方面有特殊才能的治疗师加入。这里，治疗模式有点类似全科医生将来访者转介到专科医师那里接受特定治疗。

没有技能训练转介资源或想自行进行技能训练的个体治疗师，应该使其技能训练内容有别于一般的心理治疗。比如，可以安排专门用于技能训练的每周会议，或者技能训练和个体治疗每周交替进行。后者对于无须每周进行个人咨询以处理危机与问题解决的来访者来说，可能特别奏效。如果可能的话，技能课程应该在一个不同于个体心理治疗的房间进行。其他可行方式包括更换座椅；搬张桌子或书桌，靠近治疗师与来访者（或放在两者之间），桌上放置技能训练教材；使用一块黑板；调亮灯光；在不同于心理治疗的时段进行技能训练课程，时间可以更短或更长；如果个体心理治疗并未进行录音或录像，那么就在技能训练中这么做，反之亦然；并且收费不同。对于遇到特别难对付的来访者的治疗师来说，参与监督/咨询团体对于保持动力和专注于技能是很重要的。即使对于参与了团体技能训练的来访者来说，个体治疗师的任务也是去强化来访者技能的运用，并在需要时提前传授技能。我们诊所的许多治疗师也使用 DBT 技能训练练习单，给来访者布置与当前问题相关的技能作业。

团体技能训练

团体技能训练的主要优点在于效率。两个人就可称为团体。在我们的诊所里，针对严重的功能失调的来访者，我们试图把六至八位纳入一个团体。团体治疗提供更多更广更超越个体治疗的内容。首先，治疗师有机会观察并处理在同伴关系中展现的人际行为，这在个体治疗中很少发生。其次，来访者有机会与跟他们一样的人互动，从而产生被认可的感觉并与团体发展出来彼此支持的关系，这些都非常具有治疗效果。DBT 鼓励技能团体成员发展在课堂外的关系，只要那些关系（包括任何冲突）是可以在课程中讨论的。第三，来访者有机会彼此学习，这样增加了治疗的渠道。第四，在团体中，来访者与团体带领者的关系强度通常会降低；用动力学的话说，就是稀释了转嫁作用。这一点非常重要，因为对于有调节情绪困难的来访者来说，治疗强度过大有时候会造成更多问题，而不是解决他们的问题。第五，建立课下的练习规范能增进那些不太能自行练习的来访者做每周指派的技能练习。最后，技能团体能提供一个相对没有威胁性的机会，让来访者学习如何在团体中自处。

在我不断进行的 DBT 研究计划中，提供了各式各样的治疗课程。一年标准 DBT 课程中，接受个体治疗的来访者也参加了团体技能训练。而一年DBT 个案管理课程，每位青少年都会与个体治疗师访谈，父母或其他照顾提供者会和这位青少年一起参加技能团体。我们也为难以相处或患极端心理障碍的来访者的亲友提供六个月的技能训练课程。我们同时为情绪失调的来访者提供类似的技能训练团体。

设立技能团体需考虑以下问题：团体是开放的还是封闭的；团体应该是异质性的还是同质性的；应该有几位团体带领者或培训师，他们的角色应该是什么。接下来我将探讨这些问题。

开放式与封闭式团体

在开放式团体中，新成员可以不断进入。而封闭式团体一旦形成，就会维持一段时间；若团体的构成稳定，就不再允许新成员加入。团体是开放的还是封闭的通常取决于实际情况。在许多临床环境中，特别是住院部，团体是必然要保持开放的。然而，在门诊，则可以召集一些想要接受技能训练并愿意一起度过一段时间的人。如果可以选择，哪种类型的团队效果更好呢？

这两种团体形式我都尝试过，认为开放团体对于技能训练效果更佳。原因有二，首先，在封闭团体中，很容易偏离技能训练议程。一旦成员间相处自在，就经常发生历程问题，整个团体就开始从学习行为技能的焦点漂移。虽然历程问题可能很重要且无法忽视，但是行为技能训练团体与人际历程团体绝对是有分别的。偶尔增加想学习新行为技能的成员，会迫使整个团体回到正轨。

其次，在开放团体中，新成员可以重新让该团体充满活力，或者在必要时容许规范的改变。此外，对于难以改变或信任的个人，开放的团体让成员有机会在相对稳定的环境下学习应对改变。让成员暴露于某种程度上可控但持续发生的改变的情境中，有助于学习如何有效地应对。

异质性与同质性团体

在我的诊所，DBT技能训练团体的成员大多数（但非全部）在诊断上是同质的。根据学员的训练需求或目前进行的研究，我们将加入资格限制为：（1）符合BPD标准；（2）有BPD和高度自杀倾向；（3）有BPD与严重的愤怒问题；（4）有BPD与物质滥用；（5）BPD与PTSD患者；（6）有父母陪同的有自杀倾向的青少年；（7）有情绪调节障碍，或朋友和家人有严重心理障碍者。在大多数团体中，我们允许一到两名在我们诊所接受治疗但符合其他障碍（如抑郁症、焦虑症）标准的成员加入。团体成员在其他方面并未特别具有同质性，青少年组的年龄从13岁到18岁不等，其他组的年龄在18岁以上；部分团体男女成员都有。他们的社会经济、教育、婚姻与父母亲的地位各不相同。

除了专为亲友及青少年与家人设计的团体，我们禁止性伴侣参加同一个技能训练团体。性伴侣在招募时就被安置于不同团体。如果团体中有成员发展出性关系，我们规定其中一人必须退出，否则这样的关系会给双方带来极大的困难。

到目前为止，对于许多成员来说，团体代表了他们与其他有同样困难的人在一起的第一次体验。虽然从我的角度来看，同质化的团体在进行群体技能训练是一种优势，但这种选择显然是有利有弊。

反对同质性团体的论点

有些论点强力反对严重心理障碍来访者的同质性团体，包括情绪严重失调、自杀行为或可能引发感染性的行为。首先，像是自杀和/或高度冲动型的人在门诊中就很危险。任何形式的治疗，不管是个人或团体，对于情绪失调的来访者的压力都非常大。极端的情绪反应会引起剧烈的情绪，治疗处理很需要技能。治疗师必须非常善于解读并回应非语言的线索及间接的口语表达。这在最好的情况下，都是无比艰难的任务。他们可能错误诠释治疗的意见，或以非治疗师本意的方式诠释，而不够敏感的话语则可能造成强烈的冲击。

这些问题都会混杂在团体治疗中。治疗师不可能针对每个成员追踪与回应其对某治疗课程的情绪反应。与个体治疗相比，团体的来访者较多、节奏较快，治疗师更可能犯错并说出不够缜密的话，来访者也可能误解所发生的事情。此外，来访者更难以在其他团体成员面前表达他们对团体治疗师的情绪反应。因此，相对于个体治疗，来访者在团体中陷入混乱，出现他们无法处理的情绪反应的可能性也大增。

再者，同质性团体的缺点跟来访者有严重情绪调节问题、容易陷入彼此的问题与悲剧的倾向有关。这些来访者通常不仅对自己生活中的问题感到焦虑、愤怒、消沉与绝望，对周围人的问题也是如此。因此，光是聆听他人的生活都可能使他们突然产生剧烈、痛苦的情绪反应。这对于我们的工作人员也是一大难题；我们必须听取来访者一个又一个痛苦的故事。想象一下，对于不大有能力调节其反应的个人，要面对各种情绪方面的信息会有多困难。

另一个反对情绪调节困扰来访者同质性团体的论点，依据的概念是在这样的团体中，没有合宜、适当行为的榜样角色——或者，另一种说法是有过多不合宜行为的示范。我不认为情况是这样。事实上，我经常惊讶地发现，来访者具有彼此帮忙应对生活问题的能力。在艰难的治疗过程中（比如以暴露为主的程序），常见来访者彼此帮忙挺过治疗。缺乏适宜的榜样角色，似乎只存在于应对极端负面情绪的领域。特别在治疗初期，团体带领者有必要对有自杀倾向的个体负起责任，示范以非自杀的方式应对负面情绪（见本书第五章）。

反对同质性团体的第四个论点跟 BPD 或重郁症的人被动、"抓住"他人情绪及行为的能力，以及他们无法以不受情绪影响的方式行动尤其有关。自杀行为的感染性尤其是个难题。有时候，如果一位成员带着挫折或消沉的情绪前来，很快地所有成员都会有相同的感受。如果团体带领者不小心，可能连他们都受到牵连，一同沉沦。为什么我们的诊所会有两位团体带领者，就是要在这种情况发生时，有人可以提醒他/她维持正常功能。这是非常困难的。

最后，有时候有人会说，某些来访者（如青少年或有 BPD 的人）更倾向于表现出"寻求注意"，而这种倾向不利于任何团体历程。我要再说一次，我没有发现过这样的例子。

赞成同质性团体的论点

就我的观点，有两项有利论点支持同质性团体。首先，同质性容许团体带领者针对团体成员的特定问题进行技能与理论概念的修改。大多数被教授的技能都适用于许多成员。但是，在异质性团体中，则需要将技能做一般性的呈现，而技能的应用还需视每个人的核心问题加以个人化处理。在同质性团体中可举出反映其特定问题与情境的例子。共通的概念方案很难在异质性团体中呈现，除非它非常普遍。

支持同质性团体的第二个论点是，来访者有机会与跟他们有相同问题及忧虑的人在一起。就我的经验，这对于来访者来说是相当有力的认可体验。他们之中许多人都曾身处其他团体，但并没有与像他们一样的人在一起的经验。有 BPD 或其他严重心理障碍的人终于可以遇到同伴，他们完全理解那些难以言喻的自伤冲动、想自杀的念头、无法调节的愤怒、使用药物的冲动、无法摆脱消沉的情绪、无法控制情绪与行为的挫折，或是情绪上不被认可的痛苦。青少年也可以找到同伴来理解他们与父母相处的困难、被霸凌的痛苦、强烈渴望被接纳，以及他们认为自己并没有被接纳。在亲友互为成员的团体中，来访者彼此倾诉，看着心爱的人受苦的痛苦，以及经常感受到的绝望感与无助感。

个体在治疗中进步的速度是一个相同障碍团体的优势复杂化的因素。当一名来访者出现功能失调行为时，很有可能其他来访者也正在和同样的问题奋战；不过一旦该来访者停止这样的行为，而其他来访者还依然如此，对该来访者来说就会很辛苦。听闻别人失控的行为，似乎能产生更大的冲动去做相同的事情；当然对于这样一个努力避免功能失调行为模式的人来说，是相当有威胁性的经验。此外，我们发现当来访者在治疗中有所进展时，他们的自我形象开始从"有障碍的人"转变为"正常人"。特别是如果他们喜欢评判，会发现自己很难身处在被定义为一群有障碍的个人团体中。如果继续待在这个团体，团体带领者就需要有效处理以下两大问题：模仿功能失调行为的冲动与自我形象从"有障碍"转变为"没有障碍"。

厘清提供者的角色

技能团体带领者

在标准 DBT 团体中，我们采用的模式是一位主要团体带领者与一位协同带领者。两位带领者在课程中各有不同的作用。主要带领者负责召开会议，执行家庭作业练习的初步行为分析，并提出相关技能的新教材。主要带领者也负责课程的时间安排，如果时间允许，应安排成员一个一个地依次进行。因此主要带领者担负着学习技能的整体责任。

协同带领者的职能则更加多样化。首先，他 / 她要为调停成员与主要带领者之间的紧张气氛提供一种平衡，让综合的功效得以产生。其次，主要带领者把团体视为一个整体，协同带领者则专注于每个成员个体，注意到每个成员的关注需求，并在课程中直接处理这样的需求，或在休息时与主要带领者商讨。第三，协同带领者也担任协同教师与辅导的角色，提供替代的解释与举例等。协同带领者可根据需要在团队中移动位置，协助成员拿到正确的讲义和练习单，或者提供必要的支持。协同带领者通常必须追踪家庭作业，这在团体中一位或多位成员被布置特别作业时格外重要。在这种情况下，记住这些不同的指定作业也是协同带领者的任务。

大致上，如果有人要扮"黑脸"，就由主要带领者扮演，他会强化团体的规范；而协同带领者则扮"白脸"，他总会从居"下位"者的角度来看待生活。就算不是在团体会议中（也就是说不是一向如此），居下位者通常是团体成员；因此，协同带领者"白脸"的形象，就会浮现。只要两位带领者维持整体的辩证观点，这种在工作与角色上的分工就能产生治疗效果。很显然地，如果要发挥功效，两位治疗师就需要具有某种程度的个人安全感。

DBT咨询策略在这里尤其重要。DBT咨询团队扮演第三方，在两位带领者之间提供辩证的平衡，就像在团体课程中，协同带领者在主要带领者与团体成员之间所扮演的平衡角色。因此，DBT咨询团队的功能是在所表现出的冲突中强调出双方各自的真理，促进和谐与融合统一。

多年来，许多DBT团队都试图说服我，大多数团队只需要一个技能带领者就已足够。我仍旧无法认同。对于严重失调和/或有自杀倾向的人来说，协同带领者是非常宝贵的领头人。他可以在有自杀倾向者扬言要自杀离开教室时，加以阻拦；他可以在有人突然极度亢奋时，取来冰袋；他可以认可感觉受到带领者攻击的人；或者在休息时间，主要带领者辅导某位学员时，他可以辅导另一位。在多重家庭团体中，当主要带领者教授父（母）亲如何对青少年练习技能时，他可以辅导青少年。在亲友互为成员的团体以及成员没有特定心理障碍的团体，协同带领者在历程问题产生时所能提供的关照，其助益令人惊讶。总之，管理技能训练团体是一项复杂的任务。最后，团体带领者或协同带领者身为个人行为与技能观察者的角色无可替代。比如，由于工作行程及在网上召开技能训练团体会议的缘故，我以主要带领者的身份带着疲劳的身体来上团体课程，看起来疲惫不堪，讲的课听起来很乏味。很显然，这并不是一次成功的技能训练课。我的协同带领者向我提出了这个问题，我们决定每一周都要来个"振奋"计划（团体课之前先喝罐冰凉的可乐）。现在我的协同带领者不仅每周会提醒我，还会在休息时给我反馈，看我是否需要做出更大的努力来使自己"活过来"。

个人技能训练师

在个人技能训练中，技能训练师同时扮演上述技能带领者与协同带领者的角色。技能训练师坚守教授技能的角色，同时在来访者学习技能与使用技能产生问题时，也能够解决问题。虽然个人技能训练师并不是个体治疗师，但对于来访者提出的问题，培训师可以提出具体的技能建议，比如当来访者回避某件事情时提出相反行为的技能，或者当来访者害怕搞砸事情时提出提前应对。也就是说，个人技能训练师不应该成为个体治疗师。要避免如此最好的方法就是时刻记住你可以使用哪些技能。

DBT个体治疗师

在技能训练中，个体治疗师是主要的治疗提供者，负责整体的治疗规划；进行危机处理，包括自杀危机；必要时的辅导，接听危机咨询专线，或者安排另一位提供者接听这些电话；决定治疗师要做哪些修正，包括来访者需要完成几个回合的技能训练、是否需要更进一步的照顾等等。除非是要避免严重伤害或死亡危机，技能训练师应把危机处理交付给个体治疗师。

在技能训练中，个体治疗师的任务还包括运用适当的行为技能，协助来访者找到问题的解决方案。确实，受过良好训练的临床医师面临来访者的问题时，会运用每个技能模块中的技能找到解决问题的方式。因此，在进行痛苦忍受模块时（或治疗师希望来访者练习痛苦忍受技能）可将问题视为需要痛苦忍受技能处理的问题。如果人际效能是重点，那么个体提供者可以询问问题（或解决方案）是如何与人际互动发生关联的。大致上，问题之所以成为问题，是因为事件与厌恶的情绪反应有关；解决方案可能是让来访者改变对某个情境的情绪反应。有效的反应也可能是全然接纳或正念核心技能。

DBT个案管理者

如果来访者没有个体心理治疗师，那么 DBT 个案管理者就是主要的提供者，并负起上述个体治疗师任务的全部责任。此外，虽然心理治疗师与个案管理者皆专注于临床评估、规划与问题解决，但个案管理者在促进来访者生活环境上的照料更为积极。因此，个案管理者的角色也包括确认服务资源，积极地与服务提供者进行沟通，协调照顾并提供符合个人与家庭需求的方案与服务。在这个角色上，个案管理者不仅通过持续的服务协助确认合适的提供者与设施，也积极地与来访者一起工作，确保能适时且有效率地使用资源。总之，相对于 DBT 治疗师，个案管理者做更多的环境干预。然而，DBT 个案管理者的任务更集中，并增加"来访者顾问"策略（如下）的运用。此处的想法是辅导来访者积极地参与任务，这些任务通常是个案管理者为来访者所做的——换句话说，去教来访者捕鱼，而非为他们抓鱼。这句包括辅导来访者必要的人际效能、情绪调节、痛苦忍受与正念技能。

DBT护理师与基层员工

DBT 护理师与基层员工的角色是在住院部中做后果管理，教授来访者使用技能，并运用 DBT 技能去解决问题。他们对于强化技能并使技能普遍化所扮演的角色，在以环境为基础的治疗方案中往往至为关键。这些提供者通常会广泛运用链锁分析技能（于第六章中描述）来协助来访者理解引发与驱动其行为的因素，而在行为发生的情境中，才能更精准地理解这些关联性。借由链锁分析、护理师或基层员工能更有效地建议来访者什么是更有技能的反应，或者在有关行为的后果管理时更有针对性地干预。

DBT药物治疗师

药物治疗师的主要职责（可能是精神科医师或专科护理师）是依每位来访者的需求提供具实证基础的药物，监督是否依医嘱服用，以及药物的效果与副作用。DBT 药物治疗师进一步的要务是辅导来访者运用相关的 DBT 技能。针对治疗身体疾病、失眠 / 梦魇、营养不良、药物与酒精作用，以及缺乏运动，DBT 技能似乎最适合，但关注其他 DBT 技能也同等重要。如同其他提供者一样，药物治疗师（紧急状况除外）同样把危机干预交给主要提供者（治疗师或个案管理者），但是在此之前经常要问："在移交责任之前你能够运用什么技能去掌握他/她？"在某些情况下，没有个体治疗师或个案管理者，DBT 药物治疗师就要担负起主要提供者的角色，负起上述任务的责任。在其他情况中，特别是不常与药物治疗师联系，且不知道来访者有严重心理障碍时，技能带领者会负起主要治疗师的角色。在 DBT 团队中，讨论并厘清这些角色非常重要。

技能训练师对主要照顾提供者的责任

能够将行为技能运用于任何困难的情境，既重要又极为困难。个体提供者必须充分了解行为技能，而且能在课程或危机发生时快速地思考。鉴于上述个体治疗师的角色，技能训练师有责任确保个体治疗师能取得教授来访者的技能。当个体治疗师并不熟悉所教授的技能，解决方案就是尽一切可能将信息提供给治疗师。一般来说，每周的 DBT 团队会议应该将这些信息、出席率及任何重要的临床信息提供给所有 DBT 治疗师。相关策略会在后面讨论。

DBT 个体提供者与技能训练师之间的咨询

DBT 个体提供者与技能训练师之间的沟通格外重要。如果每个提供者团体不把他们的期望向另一个团体说明并保持更新，很有可能两组的治疗无法彼此强化。DBT 最重要的层面当属 DBT 咨询团队策略，（《DBT 教科书》第十三章有详述），这些策略要求所有 DBT 治疗师定期开会，而会议的目的就在于分享信息，并确保治疗维持在 DBT 的架构下。

在我的诊所，每周举行一次咨询会议，每次一到一个半小时。在会议中，技能训练师会与团队回顾目前团体课程的重点技能。如果必要，技能训练师会现场教授其他团队来访者这些技能。在这种情况下，主要提供者与技能训练师讨论行为技能时能有共同的语言，对来访者来说是很有帮助的，同时可以降低混淆技能的可能性。虽然 DBT 并不特别重视不同治疗机构之间的连贯性与一致性，在此这种一致性却很有用，因为需要学习的新技能相当多。每周会议增加了这种协同性。此外，任何来访者在应用技能和／或技能训练团体会议中碰到的问题，都会在此提及。来访者的主要提供者会咨询技能训练师，并在规划个体治疗时将这些信息列入考虑范围。

我强调个体治疗师与技能训练师一起开会的重要性，看似与 DBT 不可或缺的"来访者顾问"策略相左。首先，我必须指出，这些咨询策略的确要求 DBT 治疗师要谨慎行事。这些问题有些复杂。当治疗单位被定义为一个团体，例如 DBT 团队、诊所、住院部，或多个治疗师是在统一协调的治疗方案中分别与来访者互动的情况下，治疗师之间的咨询就是必要的。当然，来访者需要知道并同意这样的合作。在这些案例中要应用咨询策略，只需要治疗师避免以来访者的立场彼此干扰。因此，治疗师必须谨慎，避免落入成为"来访者代言人"这一陷阱（见《DBT 教科书》第十三章有关"来访者顾问"的讨论；本书第五章也有简短讨论）。

当主要提供者为技能训练师

在技能训练团体中，技能训练师也经常是某些来访者的个体治疗师或个案管理者，药物治疗师担任来访者的技能训练师则较少见。出现这两种情况的任意一种，维持角色的明确便相当重要。换句话说，教授技能时就专注在技能上，等技能课程结束再转换到另一个角色。这么做不仅是因为技能课程的时间限制，也因为一旦技能训练师开始处理危机，来访者（特别是那些经常陷入危机的人）很可能提出更多的危机状况要讨论与解决。专注于学习新行为会比坐下来讨论生活危机要花更多精力。

非标准化DBT的DBT技能训练

标准化 DBT 结合技能训练与个体治疗或密集的个案管理，加上个体提供者的电话辅导与每周的治疗团队会议。倘若 DBT 技能训练没有个体提供者这个要素，就必须修正技能训练的施行。比如，若没有个体治疗师，技能训练师可能会在课下提供电话、短信或电子邮件的咨询，也可能特别强调使用 DBT 智能手机辅导 APP 与其他 DBT APP 及网站（可以搜寻引擎键入 "DBT self-help" 来寻找）。有时候，技能训练师可能提供团体成员个人咨询课程。这在亲友的团体中尤其重要，有时当来访者极度担心朋友或亲戚的状况时，他们会在团体课程外需要更多技能使用的辅导。

澄清个体治疗师与技能训练师在自杀危机中的作用

标准的 DBT——包括个体治疗、技能训练、视需要而定的电话辅导／危机干预与 DBT 咨询团队，是为情绪严重失调且有高度自杀倾向的个体所设计的。降低自杀与其他适应不良行为并不是 DBT 技能训练的短期目标，而是要专注教授来访者一般性技能，可应用于目前的生活。技能训练师不需试图将这些技能应用于现有自杀行为、干扰治疗进展的行为（干扰技能训练的行为除外）与其他严重功能失调行为。

事实上，如同我稍后将讨论的，技能训练会积极阻挡针对现有自伤行为、物质使用与其他会感染的行为的讨论。有关自杀想法、先前自伤与其他适应不良行为／干扰治疗行为（包括技能训练的极端问题）的报告，主要是由于执行技能训练的时间限制，通常会交给个体治疗师。

由于资料显示 DBT 能有效处理有高度自杀倾向的个体，个体治疗师会让来访者接受 DBT 技能训练，由此产生了维持技能训练定位的问题。我们的非 DBT 治疗师同事知道，受过 DBT 训练的治疗师也受过评估与处理自杀行为的训练。因此，非 DBT 治疗师可能错误地依赖 DBT 技能训练师去处理高风险的自杀行为，至少当技能训练师在场或电话能联络到的情况下是如此。遗憾的是，DBT 技能训练治疗师也同样依赖个体治疗师。在某些情况下，DBT 技能训练师（如果未接受 DBT 完整治疗训练）很可能根本没受过自杀行为处理的训练，所以问题的重点在于：技能训练师的职责是教授技能。

与非DBT个体治疗师工作时的处理

当来访者在接受非 DBT 治疗师的治疗（或个案管理）时，技能训练师与个体治疗师有清楚的协议格外重要。在我的诊所，如果来访者的个体治疗师同意下列事项，我们才同意接受有高度自杀倾向或严重心理障碍的来访者：

1.提供者或指定的后援个体治疗师必须同意，无意依赖技能训练师去执行旨在降低现有自杀及其他严重失调行为的干预。这表示个体治疗师必须同意技能训练师和 / 或来访者于接下来的技能训练课程出现危机时，可以找得到个体治疗师。这个协议是要确保发生问题或危机时，是个体治疗师而非技能训练师对来访者做出治疗决策。万一发生危机，技能训练师会通报个体治疗师并遵循其治疗方向。这个政策是依据以下的前提：个体治疗师比技能训练师更了解来访者，而这样的了解在做出危机处理决策是非常必要的。个体治疗师必须清楚这个政策，也必须愿意对治疗的处理与决策负责。虽然技能训练师或许可以将来访者送达当地的急诊室，但这跟决定是否如此处置并不相同。有一个例外是当来访者有高度自杀倾向，而技能训练师认为需要医疗或住院治疗的紧急评估，但个体治疗师认为理由不充分而不同意或拒绝做出必要的治疗管理决定。个体治疗师也应被告知，技能训练师是不接来访者的危机咨询电话的。

2.个体治疗师必须同意辅导来访者在日常生活中使用 DBT 技能。我们通常会把所有 DBT 技能讲义与练习单的副本交给来访者，并请其转交给个体治疗师。为了训练能够成功，个体心理治疗师必须从技能训练中获取教授技能的足够信息，以协助来访者将技能运用于其困扰的领域。个体治疗师也必须知道（或学习）这些技能，自身也要能够运用；这并不如看起来那样容易。同时要告知个体治疗师，技能训练师并不做技能的电话辅导，因为这被视为个体治疗师的角色。

3.个体治疗师必须了解并同意，技能训练师不会提供有关来访者在课程中的行为或出席率的报告。如果个体治疗师想要这样的报告，且来访者同意，那么技能训练师可能会同意定期把报告给来访者，由来访者再交给治疗师。这个原则是遵循"来访者顾问"的策略，将来访者提升为信息的可靠来源，他可以代表自己在医疗环境中有效地进行协调（见《DBT教科书》第十三章）。

在我们的诊所，我们使用图2.1的协议，并请每一位非DBT个体治疗师签署。我们诊所的经验是，多数个人执业的个体治疗师会同意这些规定，以使来访者进入技能团体。不过，也有几位治疗师最初同意这些要点，但发生严重危机时，却坚持要我们对其来访者做出临床决策。也有一些来访者的个体治疗师拒绝下班后接电话，反而提供地区求助热线作为他们的"后援治疗师"。遗憾的是，许多危机求助热线的员工都是几乎没有接受过正式临床训练的志愿者，技能训练师通常无法将来访者的责任交给求助热线的员工。因此，不想负责处理危机（特别是自杀危机）的技能训练师在开始技能训练之前，就会与来访者的个体治疗师讨论危机处理，并澄清技能训练课程期间与之后谁会随叫随到。我们也要求每位来访者的主要治疗师填写一份危机方案。危机方案与其他必要信息的表格详见图2.2，可以从主要治疗师那里获得。

来访者姓名：_____
提供者姓名：_____日期（年/月/日）：_____
我是以上来访者的主要个体 □ 心理治疗师 □ 个案管理者 □ 药物治疗师。我了解，除非我的来访者持续参与定期的个体治疗访谈，否则无法参与_____的DBT技能训练课程。身为来访者的主要提供者，我同意我将：
1.为我的来访者负起完全的临床责任。
2.处理或提供后援服务，以处理来访者的临床紧急状况。
3.在来访者进行技能训练课程期间，能接听电话或提供后援提供者的电话号码。
4.提供并更新（主要治疗师所制定的危机方案与信息）表格（图2.2）附件。
5.协助我的来访者将DBT技能应用到其临床问题上。

图2.1 DBT技能训练来访者之主要个体提供者协议

这份表格必须在来访者完全理解这些信息可能会分享给所有相关人员的情况下完成。

请完成此表格并请来访者交给团体带领者，或于＿＿＿＿＿＿填写电子表格，并用
电子邮件发给团体带领者＿＿＿＿＿＿。
团体带领者姓名：＿＿＿＿＿＿电子邮件：＿＿＿＿＿＿
日期（年/月/日）：＿＿＿＿＿＿
来访者姓名：＿＿＿＿＿＿病历号码：＿＿＿＿＿＿生日（年/月/日）：＿＿＿＿＿＿
来访者的团体会议日期：＿＿＿＿＿＿地点：＿＿＿＿＿＿

主要治疗师：
姓名：＿＿＿＿电话（工作）：＿＿＿＿＿手机：＿＿＿＿＿传真：＿＿＿＿＿
电子邮件：＿＿＿＿＿服务时间：＿＿＿＿＿
地址：＿＿＿＿＿＿＿＿＿＿＿＿＿＿＿＿＿＿＿＿＿＿＿＿＿＿

如果你的来访者自杀风险高或处于危机中，急需立即干预又联络不上你，应该联系
谁？
后援治疗师（你在的时候）
姓名：＿＿＿＿电话（日间）：＿＿＿＿（夜间）：＿＿＿＿（手机）：＿＿＿＿
地址：＿＿＿＿＿＿＿＿＿＿＿＿＿＿＿＿＿＿＿＿＿＿＿＿＿＿

后援治疗师（你不在的时候）
姓名：＿＿＿＿电话（日间）：＿＿＿＿（夜间）：＿＿＿＿（手机）：＿＿＿＿
地址：＿＿＿＿＿＿＿＿＿＿＿＿＿＿＿＿＿＿＿＿＿＿＿＿＿＿

药物治疗师/主治医师/专科护理师（如果有的话）：
姓名：＿＿＿＿电话（日间）：＿＿＿＿（夜间）：＿＿＿＿（手机）：＿＿＿＿

个案管理者（如果有的话）：
姓名：＿＿＿＿电话（日间）：＿＿＿＿（夜间）：＿＿＿＿（手机）：＿＿＿＿

重要的其他人（紧急情况下联络）：
姓名：＿＿＿＿电话：＿＿＿＿居住城市：＿＿＿＿＿＿＿＿＿＿＿＿
姓名：＿＿＿＿电话：＿＿＿＿居住城市：＿＿＿＿＿＿＿＿＿＿＿＿

危机方案

危急时，如需进行处置规划，如何联络到你？
＿＿＿＿＿＿＿＿＿＿＿＿＿＿＿＿＿＿＿＿＿＿＿＿＿＿＿＿＿＿＿＿
＿＿＿＿＿＿＿＿＿＿＿＿＿＿＿＿＿＿＿＿＿＿＿＿＿＿＿＿＿＿＿＿

图2.2 主要治疗师制定的危机方案与信息（机密）

如果联络不到你，可以给谁打电话进行处置规划？

_____

_____

1.来访者自杀行为简要说明。

_____

2.来访者自杀行为近况（最近三个月）。请描述最近与最严重的自伤/自杀企图。描述其形式、日期、情况与任何干预方式（如急诊、住院、加护病房）。

_____

3.危机方案：描述你与来访者同意的自杀行为处理。描述自伤/自杀企图前的典型情绪、想法与行为，以及来访者过去曾经成功运用的策略。
（举例：我的来访者表示，如果她怒火中烧或感到无助，就会导致情绪失调，引发自焚的自伤冲动。她说，如果有此冲动，她曾运用转移注意力的策略成功应对：打电话给母亲、跟小狗玩、到公园散步、用钩针编织、冲个澡、做激烈运动、听大声播放的音乐或者祷告。最后一个方法就是打电话给我或后援治疗师，并讨论可以帮助她度过当下的方式。她来电说，她发现我帮助她找到转移注意力的方法，提醒她之前曾经忍受过这些冲动，帮助她尝试解决问题，对她助益良多。这个方案是跟我的来访者一起制定出来的。）

_____

4.如果你的来访者被评估有自杀行为、自伤或暴力的风险，无法立刻联络到你与你的后援治疗师，技能训练师或其他专业人员应该如何处置你的来访者？

_____

5.描述暴力或使用凶器的经历。重点描述最近三个月实施暴力与使用凶器的场合。描述你与来访者处置这种行为的现有方案。

_____

6.描述所有物质使用的经历。重点描述最近三个月的物质滥用经历。描述你与来访者处置这种行为的现有方案。

_____

7.来访者用药：体重（千克）_____ 身高（厘米）_____

药物	剂量	病因	药物	剂量	病因
___	___	___	___	___	___
___	___	___	___	___	___

当个体心理治疗师未将技能辅导加入心理治疗

积极干预与技能指导可能未必与个体治疗师所施行的心理治疗相容。例如，有些治疗师把协助来访者学习新技能的行为视为治疗"症状"，而不是"疾病"。曾经有过这样的场景：个体心理治疗师（医师）要求来访者要从护理师那里获得辅导，以技能取代适应不良的行为。这传递了一个信息，即新技能不重要，因为"真正的治疗"来自于个体治疗师。拥有这种治疗师的来访者需要额外的帮助，去使用他们正在学习的技能。

技能训练师可以做一些修正来处理这些议题。他们每周可以另外开一次技能训练会议，让来访者获得帮助，厘清如何将技能运用于令人烦恼的生活情境中。但是人们通常陷入危机时才需要帮助。技能训练就像教授篮球：教练不但与球员一起练习，也参加每周的比赛，协助球员运用他们在一整周所练习的技能。对于门诊患者，通常是通过电话进行协助。在标准DBT中，来访者拥有DBT个体心理治疗师，所以严格限制他们打电话给技能训练师；几乎所有求助电话都是打给来访者的个体治疗师。如果个体治疗师没有接电话或未给予辅导，而打电话的理由是获得辅导，那么技能训练师可以接听这些电话。

在住院部，相关工作人员应该跟来访者一起学习行为技能，工作人员就可以成为来访者的教练。某个住院部每周提供一次技能咨询会议，会议方式就像学校的面谈时间；在这段时间，来访者可以随时到此寻求辅导。理想情况下，来访者也可以向彼此求助。在另一所住院部，治疗师会教授新技能；护理人员则带领定期的家庭作业复习团体，来访者在此讨论他们练习新技能的尝试，遇到困难的地方可以寻求帮助；个体治疗师则强化其技能运用。在居住式治疗机构提供进阶的技能团体很有用，团体成员可以彼此帮忙，将技能应用于日常情景中。

如果来访者环境中的个人（例如家人）也学习技能，并在每天的生活中协助辅导来访者，就可大大强化技能的普遍化。技能训练师或个体治疗师可以协助家人辅导来访者。青少年技能训练通常包括青少年与父母中的一位，这样才可以进行辅导。可以教授"假释官"这些技能，这样他们就可辅导所负责的假释者；也可教授主要照顾提供者这些技能，这样他们就可以辅导病人，如果学校的技能课程已发展完成，教师与学校的咨询师就可以辅导学生。

将技能训练融入非DBT的个体治疗

许多非 DBT 心理治疗师、咨询师、个案管理者、药物治疗师、其他心理健康提供者、护士、医生及其他一般医疗专业人员发现，有时将 DBT 技能融入其对来访者的治疗相当有帮助。提供者可能想运用不同模块的单个技能或多个技能。进行治疗时，融入技能的策略如下：首先，仔细研读每项技能的治疗笔记。提供者要了解这些技能，明白什么技能应对什么问题。其次，决定教学时是否使用讲义和 / 或练习单，还是只做口头教学。如果你计划偶尔使用讲义和 / 或练习单，那么就把它们复印下来，放在办公室以备使用。当决定教授某个特定技能时，与来访者讨论学习新技能的概念。使用本书第六章所讨论的介绍策略，如果必要，要宣传你教授的技能。分发一份讲义给来访者，自己留一份，复习第六章描述的运用技能训练步骤的技能。如果可能，与来访者一起练习技能并派发作业或给出建议，要来访者在下一次来上课之前练习该技能。尽可能接听来访者在课下的来电。下次来的时候，要询问来访者的练习情况。偶尔询问来访者，确认其是否仍运用你所教授的技能。对来访者继续表现有技能的行为进行鼓励。虽然 DBT 技能训练与精神分析和支持性心理治疗看似不相容，然而事实上，许多非行为学派及分析学派的治疗师也在教 DBT 技能并参与其治疗，这说明不相容的看法并非事实。

第三章

规划技能训练课程

在这一章中，我们将讨论如何建构不同类型的 DBT 技能训练课程，包括在个人开始技能训练之前应该完成的预备治疗课程。这些初始课程包括预备性介绍以及承诺接受 DBT 培训。完成这些课程后，接下来便是几项特定类型的技能训练课程，包括：（1）与新成员建立合作联盟关系并介绍技能训练课程；（2）持续的技能训练课程；（3）一位或多位成员即将结束 DBT 技能训练时进行最后的课程。

预备治疗课程：技能训练开始前需完成的任务

DBT 中的"预备治疗"是指在来访者和提供者之间进行的所有会话和对话，直到双方认同 DBT 是一种适合来访者目标和愿望的干预，并且双方同意共同工作。

预备治疗有五个步骤（见表3.1）：（1）施行预备治疗评估，判定来访者是否适合接受技能训练；（2）决定来访者所需的治疗强度与技能训练类型；（3）向来访者介绍技能训练的具体细节；（4）发展一个共同进行技能训练的合作承诺；（5）开始与来访者建立合作联盟关系。以上每个步骤应于来访者承诺接受技能训练之前，与来访者进行初步个人访谈时讨论，而步骤（3）—（5）应于介绍技能时重复，在每次正念模块之前进行。

施行预备治疗评估

技能训练的评估应从临床评估开始，包括：对现有问题与目标的评估、过去与现在威胁生命的行为、视需要进行诊断评估，以及阅读与语言缺陷的评估（如果不确定来访者在这些方面的技能）。评估者也应了解大致的病史，并询问先前 DBT 与 DBT 技能训练的经历。这些评估可以是非正式的，也可以是正式的结构化行为评估。进行面对面访谈之前，可视情况先做电话筛选。我们发现，这对于亲友团体以及希望治疗个人特定问题（如物质滥用）或诊断的团体格外重要。评估者也应决定是否对该来访者进行技能训练，无论是个人还是团体训练。

表3.1 预备治疗任务：技能训练开始前需完成的任务

- 施行预备治疗评估
- 决定来访者所需的治疗强度与技能训练类型
- 向来访者介绍技能训练特性
- 形成一个共同进行技能训练的合作承诺
- 开始与来访者建立合作联盟关系

决定来访者所需的治疗强度与技能训练类型

上述评估序列的一个主要功能是确定个体患者是否需要比独立的 DBT 技能训练更广泛全面的治疗。换句话说，这个人需要 DBT 技能以外的东西吗？有许多选择与照顾的强度是值得考虑的，比如标准的门诊 DBT，DBT 技能训练加上密集的个案管理，DBT 技能融合个人 DBT，DBT 加上非 DBT 个案管理或精神分析，还有住院、住宿制与日间 DBT 治疗（见狄米夫与克尔纳描述不同 DBT 干预模式的著作）。额外治疗的数量与形态大多视来访者的"障碍程度"、失能程度与是否立即危及生命而定。障碍程度是指目前心理障碍呈现的状况（如果有的话）以及严重程度、普遍程度及复杂性。障碍程度会与 DBT 治疗四层级来评估。治疗层级又与想要增强或降低的行为目标与特定目标相关。表 3.2 是做出这一系列决定的指南。

一般来说，将来访者置于层级 1 的标准是目前有严重的心理障碍、行为失控和 / 或迫在眉睫的生命威胁。在行为与功能获得较好的控制之前，任何其他的目标都将无法制定。如同明茨（Mintz）讨论治疗自杀来访者时所建议的，所有形式的心理治疗对于已死亡的来访者都是无效的。在接下来的 2—4 层级，层级 2 的治疗目标是以非创伤的情绪体验取代"安静的绝望"；层级 3 要达到"一般的"快乐与不快乐，并降低生活中持续出现的障碍与问题程度；层级 4 要解除一种不完全感，达到自由与喜悦的状态。并非所有来访者都会在障碍的相同层级进入治疗，也并非所有来访者都会经历所有层级；来访者也有可能在这些层级之间出现反复。

正如在第一章中提到的，DBT 技能训练现在作为一种独立的治疗方法，被提供给一些心理障碍和一系列其他特定问题，也用于学校系统的预防性干预，同时是适用于一般大众的人际、正念与快速恢复能力的技能。所以对来访者进行评估，以此来选定适合来访者的技能课程非常重要。然而，到目前为止，关于如何给接受 DBT 治疗的个体所需的照顾程度的研究还非常少。所以表 3.2 的建议是依据我个人及他人的临床经验，而非坚实的数据。

一旦确定了照顾程度，接下来要决定的是什么技能训练课程最适合来访者，这个决定应尽可能基于最新的研究以及来访者提出的问题。遗憾的是，许多研究报告并未列出所使用的特定技能。在我们的诊所，我们一直教授 DBT 核心技能，而其他技能（比如戒瘾技能）则基于我们治疗来访者的特定问题而定。我试着在第五章之后的第一部分附录中提供了一些帮助。

最后，决定如何评估治疗进展也是很重要的。许多人运用 DBT 日记卡（见本书第四章）来追踪问题行为的增加和减少，以及情绪、自我效能、技能运用与来访者相信技能有帮助的信念的变化。不过，因为日记卡的设计是帮助来访者和治疗师通过每周追踪行为，来调整每周的治疗内容，所以它并不适合用来进行数据分析。运用日记卡来追踪进度，通常意味着要将数据转入某种数据库或记录系统，然后加以分析，看出你感兴趣的变量在一段时间内的变化。这可运用统计和 / 或绘图（显示一段时间的改变）来完成。

在我们诊所，以及许多提供行为干预的诊所，都运用免费或不太贵且具备心理测量特质的评估方法。我们使用的工具列于表3.3，你若从中选择，要选取那些测量结果对你的来访者群体重要的量表。若是六个月的治疗，在预备治疗、三个月与六个月时做问卷就相当有用；若为一年的治疗，就可在预备治疗、四个月、八个月与十二个月时做问卷。

表3.2 决定来访者所需的治疗强度与类型

来访者特性/治疗目标	建议的干预*
	DBT层级1
1.危及生命的行为，例如：	标准DBT：门诊
a.自杀企图	DBT技能训练+
b.自杀危机行为	课后的技能辅导+
c.蓄意自我伤害	DBT咨询团队+
d.其他迫切危及生命的行为	DBT个体治疗……或
2.严重干扰治疗的行为，例如：	密集的个案管理+DBT自杀应对步骤+
e.不合作	具有区域求助热线的危机方案……或
f.不顺从	标准DBT：住院式、住宿制、日间治疗方案
g.不参与	
h.干扰其他患者的行为	DBT技能训练+
i.干扰治疗师治疗能力的行为	课后的技能辅导+
3.严重干扰生活质量的行为，例如：	DBT个体治疗+
j.失调或严重心理障碍	DBT团队……或
k.赤贫/严重缺乏资源/无家可归	在候补名单上等待时进行DBT技能训练+DBT咨询团队
l.有立即入狱风险的犯罪行为	
m.家庭暴力	
n.具有严重后果的失控行为	
4.严重的技能缺陷	

* 要认识到我在这里提供的建议乃是根据我的经验与现有的研究，这一点很重要。DBT 相关研究正快速拓展，读者需要跟上研究的脚步。当获取新的研究发现时，建议也可随之加以改变。

DBT层级2

1.PTSD

2.层级1尚未治愈的中等程度心理障碍，例如：

    a.焦虑症

    b.饮食障碍

    c.情绪障碍

3.情绪失调/失调强度或持续时间，例如：

    d.羞愧、内疚、对批评的敏感

    e.愤怒、厌恶、羡慕、嫉妒

    f.孤单、暗自哀伤

    g.空虚、过度悲伤

    h.恐惧

标准DBT：门诊患者（参见上方）+ DBT PTSD应对步骤+延长暴露或其他有实证基础的PTSD疗法

针对以下障碍的DBT技能训练课程： 饮食障碍 情绪失调 难治型抑郁症

DBT层级3

1.生活上的问题，诸如：

    a.轻度—重度障碍

    b.设定或达到生活目标有困难

    c.解决问题有困难

    d.自我效能/自尊低下

    e.生活质量不佳

    f.人际关系/婚姻困扰

    g.职业困难/困扰

    h.轻度情绪失调

    i.优柔寡断/依赖咨询

    j.过度检查、核对、调整

DBT技能训练+DBT团队+依需求的个体治疗（DBT或非DBT）和/或视需要的技能辅导

DBT层级4

1.不完整性，例如：

    a.渴望灵性的满足/灵性的指引

    b.渴望巅峰体验/体验现实

    c.感到无聊

    d.探索有关生命终极的问题

DBT接纳现实与正念技能训练+DBT团队和/或成员的正念精修（研发中）

表3.3 华盛顿大学行为研究与治疗诊所使用的DBT来访者评估工具

成人测量

边缘人格症状核对清单-23（BSL-23）

M.博胡斯、N.克莱因丁斯特、M.F.林贝格、R.斯蒂格利茨、M.多米萨拉、A.L.查普曼等（2009）。边缘型人格障碍清单简短版本（BSL-23）：心理测量特质的发展与初步数据。《精神病理学》42（1），32—39。http://blogs.uw.edu/brtc/publications-assessment-instruments/

DBT日记卡*

（见第四章）http://blogs.uw.edu/brtc/ publications-assessment-instruments/

人口统计数据量表（DDS）*

M.M.莱恩汉（1994）未出版之量测，华盛顿大学。http://blogs.uw.edu/brtc/publications-assessment-instruments/

辩证行为治疗应对方法核对清单*

A.D.尼修、S.L.里兹维、P.P.维塔利亚诺、T.R.林奇和M.M.莱恩汉（2010）。辩证行为治疗应对方法核对清单（DBT-WCCL）：发展与心理测量的特质。《临床心理学》[J]66（1），1—20。http://blogs.uw.edu/brtc/publications-assessment-instruments/

情绪调节困难量表（DERS）

K.L.格拉茨和L.勒默尔（2004）情绪调节与失调的多维评估：情绪调节困难量表的发展、因素结构与初步验证。《精神病理和行为评估》[J]26，41—54。chipts.ucla.edu/downloads/299

解离体验量表（DES）

E.M.伯恩斯坦和F.W.帕特南（1986）。解离量表的发展、信度与效度。《神经和精神疾病》[J]174，727—735。serene.me.uk/tests/des.pdf

汉密尔顿焦虑量表（HAM-A）

M.汉密尔顿（1959）。焦虑状态的等级评定。《英国医用心理学杂志》[J]32，50—55。www.psychiatrictimes.com/clinical-scales-anxiety/ clinical-scales-anxiety/ham-hamilton-anxiety-scale

汉密尔顿抑郁量表（HAM-D）

M.汉密尔顿（1960）。抑郁的评定量表。《神经病学，神经外科和精神病学》，23，56—62。healthnet.umassmed.edu/mhealth/HAMD.pdf

终生自杀企图自伤次数（S-SASI）*

M.M.莱恩汉和K.A.孔图瓦（1996）。未出版手稿，华盛顿大学。
http://blogs.uw.edu/brtc/publications-assessment-instruments

患者健康问卷—9（PHQ-9）

K.克伦克和R.L.斯皮策（2002）。患者健康问卷—9：抑郁与诊断严重程度的新测量。《精神病学年报》32，509—521。
www.integration.samhsa.gov/images/res/PHQ%20-%20Questions.pdf

创伤后压力症候群核对清单

F.T.韦瑟斯、B.T.利茨、D.S.赫尔曼、J.A.胡斯卡和T.M.基恩（1993）。《创伤后应激障碍核对清单（PCL）：信度、效度与诊断效用》论文发表于得克萨斯圣安东尼奥国际创伤应激研究学会第九届年会。
www.bhevolution.org/public/document/pcl.pdf

生存理由清单（RFL）

M.M.莱恩汉、J.L.古德斯坦、S.L.尼尔森和J.A.奇利斯（1983）。当你想自杀：生存理由清单。《咨询与临床心理学》[J]51（2），276—286。
http://blogs.uw.edu/brtc/publications-assessment-instruments

DSM-IV轴II人格障碍临床定式访谈（SCID-II）

M.B.菲尔斯特、M.吉本、R.L.斯皮策、J.B.W.威廉姆斯和L.本杰明（1996）。《DSM-IV轴II人格障碍临床定式访谈（SCID-II）使用手册》纽约州精神病研究所纽约生物识别部。
联络美国精神病学出版公司：800-368-5777，www.appi.org/index.html

自杀行为问卷（SBQ）*

M.M.莱恩汉（1981）。未出版手稿，华盛顿大学。
http://blogs.uw.edu/brtc/publications-assessment-instruments

自杀企图自伤访谈（SASII）*

M.M.莱恩汉、K.A.孔图瓦、M.Z.布朗、H.L.赫德和A.瓦格纳（2006）。自杀企图自伤访谈（SASII）：自杀企图和故意自伤量表的开发、信度和效度。《心理评估》18（3），303—312。
http://blogs.uw.edu/brtc/publications-assessment-instruments

愤怒表达的状态−特质清单（STAXI）

C.D.斯皮尔伯格、G.A.雅各布、S.罗素和R.S.克兰（1983）。愤怒评估：愤怒的状态−特质量表。《人格评估进展》2（2），1—47。
心理评估资源请联络：800-331-8378，www4.parinc.com

DSM-IV轴I临床定式访谈（SCID）

M.B.菲尔斯特、R.L.斯皮策、M.吉本和J.B.W.威廉姆斯（1995）。《DSM-IV轴I障碍临床定式访谈患者版（SCID-I/P）》。纽约州精神病研究所纽约生物识别部。
有关SCID生物识别版请联络：212-960-5524。

华盛顿大学风险评估协议（UWRAP）*

S.K.雷诺兹、N.林登博伊姆、K.A.孔图瓦、A.莫里和M.M.莱恩汉（2006）。风险评估：自杀行为治疗研究中与评估研究相关的参与性自杀倾向与痛苦。《自杀与生命威胁行为》36（1），19—33。
http://blogs.uw.edu/brtc/publications-assessment-instruments

UCLA孤独量表	华盛顿大学风险评估与管理协议（UWRAMP）*
D.罗素、L.A.佩普洛和M.L.弗格森（1978）。发展一种孤独量表。《人格评估》[J]42，290—294。www.fetzer.org/sites/default/files/images/stories/ pdf/selfmeasures/Self_Measures_for_Loneliness_and_ Interpersonal_Problems_UCLA_LONELINESS.pdf	M.M.莱恩汉、K.A.孔图瓦和E.F.沃德‑西谢尔斯基（2012）。对自杀个体的评估与管理风险。《认知与行为实践》19（2），218—232。http://blogs.uw.edu/brtc/publications-assessment-instruments

* 于华盛顿大学发展汇总；允许拷贝并分发给来访者。

青少年测量

青 少 年 简 要 生 存 理 由 清 单（BRFL-A）	自杀行为访谈（SBI）
A.奥斯曼、B.A.科珀、F.X.巴里奥斯、J.R.奥斯曼、T.博赛特和M.M.莱恩汉（1996）。青少年简要生存理由清单（BRFL-A）。《异常儿童心理学》[J]24（4），433—443。https://depts.washington.edu/brtc/files/Osman，%20 A.%20(1996)%20The%20Brief%20RFL%20for%20Adolescents%20(BRFL-A).pdf	W.M.雷诺兹（1990）。青少年自杀行为临床半定式访谈的发展。《心理评估》2（4），382—390。请联络：william.reynolds@ubc.ca
学童情感障碍与精神分裂症清单（Kiddie-SADS）	自杀意念问卷——青少年版
J.恩迪科特和R.L.斯皮策（1978）。诊断访谈：情感障碍和精神分裂症一览。《普通精神病学档案》35（7），873—844。www.wpic.pitt.edu/ksads	J.R.西门子、C.A.沃灵顿和E.L.曼加诺（1994）。米伦青少年人格清单与自杀意念问卷的比较——以住院青少年为样本。《心理学报告》75（2），947—950。心理评估资源请联络：800‑331‑8378，www4.parinc.com

注：我用DSM-IV来评估边缘型人格障碍，但正逐渐转向用DSM-V来测量其他障碍。

向来访者介绍技能训练的具体细节

在评估后，治疗师应简要介绍情绪与行为失调的技能缺失模型，该模型在本书第一章简短讨论过，《DBT教科书》第二章则有详细论述。如果诊断访谈以及对技能训练积极参与的承诺已经于一开始或个体治疗师在标准DBT中完整涵括了，那么来访者与技能带领者或协同带领者的预备治疗会面可以更简短。在我的诊所里，每位参与标准DBT课程的来访者一开始都会有一个完整的导入（包含诊断访谈），然后与DBT个体治疗师会面，完整讨论DBT技能训练。在第一次技能课程之前，来访者会与技能带领者或协同带领者访谈十五分钟。没有个体治疗，只参与技能训练团体的来访者首先会进行一个导入访谈，接着与技能带领者或协同带领者会面，评估技能训练是否符合来访者的目标，并于此会面中取得来访者对技能训练的初步承诺。

在预备治疗个人访谈中，技能训练师应向来访者介绍技能训练的具体细节。这包括整个团体（如果成立了团体的话）如何运作、来访者与培训师在技能训练中所扮演的角色，以及技能训练与其他类型的治疗有何不同。

在标准DBT中（包含个体治疗），这些讨论通常在来访者与导入协调者（如果有的话），以及来访者与个体治疗师之间进行。在标准DBT中，第一次技能训练课程之前，技能训练师通常会给新来访者打电话，然后与其面谈五到十五分钟。如果技能训练是独立的干预方式，或者技能被整合到持续进行的个体治疗中，那么技能训练师便会执行个体治疗师的所有任务。

向来访者介绍技能训练与其他治疗类型的区别

技能训练带领者有必要讨论技能训练团体与其他团体或个体心理治疗的差别。许多人参加团体，是期望可以跟与自己相似的人分享自己的体验。虽然在DBT团体中可以有许多分享，但并非毫无界限。而且DBT团体中的分享应该围绕着技能执行，而不是当周发生的任何危急事件。许多来访者从未接受过行为治疗，更别说是技能导向的团体。我的经验是不能过于强调其间的差别。通常来访者已经接受过大量的非行为治疗，在这其中他们很可能被教授了很多疗愈性改变所需的各种"必要元素"——这些元素通常并未在技能训练中广泛提及。在我们带领过的每个团体中，都有一位或多位来访者对于自己无法在团体中分享"真正重要的事情"而感到愤怒。一位来访者坚定地认为讨论掠过她脑海里的所有内容才是治疗，因此她拒绝承认技能训练是一种治疗形式。不需说，在团体中与她有很多摩擦。我在本书第四章到第六章，会更详细探讨技能训练的介绍。

形成一个共同进行技能训练的合作承诺

一旦你决定接受一个人的技能训练，重要的是你自己做出承诺来治疗这个人。带着勉强、保留或敌对，或不情愿地接受他人指令进入治疗，会大幅阻碍你与技能训练来访者形成合作关系。跟来访者讨论潜在的来自家人的压力也很重要，因为这很可能是他们来上 DBT 或技能训练的主要原因——特别要跟与父母一同来接受治疗的青少年交谈。因为标准 DBT 同时要求个体治疗与技能训练，所以个体治疗师也很有可能对来访者施加压力，要求他们参与技能训练。要 DBT 有好的疗效，来访者必须自愿参与，因此你可能需要帮助潜在来访者看到学习 DBT 技能的好处，而不是只看坏处，辅助他们了解技能训练可以为他们提供怎样的帮助。要记得，参与有可能是半推半就的。如果你接受了一位不情愿但又大致有意愿的来访者，那么全然接纳与相反行为的练习就格外重要。与 DBT 团队一起合作，对于强化你个人对这个任务的承诺也很重要。遵循 DBT 所有准则以获得技能训练来访者的初步治疗承诺，这在《DBT 教科书》第九和第十四章有概述与讨论。对技能训练的承诺永远都不嫌多！技能训练师不应假设其他治疗师（比如诊所中的个体治疗师或导入访谈员）已经取得所需的承诺。这是我与同事在早期课程中所犯的错误，并为此付出了昂贵的代价。预备治疗课程也是着手与来访者形成治疗联盟的大好时机（预备治疗第五项任务；更详尽的内容请见《DBT 教科书》第十四和第十五章）。

开始与来访者建立合作联盟关系

使用 DBT 治疗关系这一策略，比如关系接纳与关系增强，在技能训练初期尤为重要（见下文）。在团体情境中，团体带领者的第一任务就是增强团体成员与带领者之间的联结，并开始建立团体凝聚力。我们发现，带领者在第一次技能训练开会前几天致电每位新来访者，提醒他/她这个课程，说明要求，并表达期待见到他/她，这样做相当有帮助。这也是处理来访者上课前的恐惧及处理还未开始上课便想退出等类似情绪的大好时机。如果有人要加入正在进行的团体，会请他们第一次上课时早点来，向他们简短介绍DBT技能训练的基本原则。通常，在新来访者加入之前的那一节课中，我们会讨论鼓励与欢迎新来访者的重要性。对于迟到的来访者，则会简短复习教过的技能。

带领者应在每次团体会议前提早几分钟到达（特别是新团体的第一次开会），欢迎新来访者并与团体成员简短互动。对于比较不情愿和/或心存恐惧的来访者，这可能会产生安抚作用。这也给带领者提供了聆听来访者的担忧与避免来访者早退的机会。我们试着将个人之间的互动限定在团体的情境之中，为的是让团体的定位与个体治疗有所区分，这个议题将于下文进一步探讨。

可以预见，在第一次会议中，团体成员都非常胆小和害怕。他们不知道什么是合宜的行为，也不确定团体成员是否值得信赖。我们通常会逐一询问每个人的姓名，要他们说说怎么知道这个团体的，并且提供自己愿意分享的信息。团体带领者也会提供自己的背景资料及怎么会来带领这个团体。

技能训练师的下一个任务是帮助来访者认识到技能训练模式与他们自己生活的相关性。培训师应概括描述一年的技能训练治疗（请见第二章表2.2），提出情绪失调理论，强调技能欠缺造成的后果，并描述课程的形式。倘若团体的障碍或问题类型是同质性的（如物质滥用、自杀行为、饮食障碍），那么培训师也应介绍与特定问题行为相关的技能的训练模式。讨论的每一个重点都应该根据来访者自身经验有关的内容进行。说明情绪失调的特性与技能训练目标之间关系的讲义（通用讲义1）也会发给来访者并进行讨论（见本书第六章）；通常我也会将这些写在治疗室的白板上。

在这里，技能训练师必须传达一种期望，即治疗将有效地帮助来访者改善他们自己的生活质量。他们必须向来访者"营销"这样的治疗（有关向来访者营销治疗并引导承诺的深入讨论，参见《DBT 教科书》第九章和第十四章）。这时我通常会声明，DBT 并非自杀防治方案（或物质戒瘾或症状改善方案），而是生活提升方案。我们并不希望人们过着不值得过的生活，而是帮助他们建构自己真正想过的生活。辩证与认可策略（见《DBT 教科书》第八、九章及本书人际效能讲义 15—19a）乃是这里主要的治疗工具。

关系接纳

团体技能训练中的关系接纳策略要求带领者在几个不同的层面上体验和传达团队成员的接纳。首先，每个来访者的临床进展必须被接纳。带领者与团体成员、来访者与其他治疗师、来访者个体之间、团体带领者之间，以及整个团体与团体带领者之间的关系都必须获得接纳。情况的复杂性很可能使人手足无措，从而使接纳变得困难，僵化与不接纳就会紧跟而来。这里的关键就是，不要试图忽略或迅速排除团体中的冲突与困难的情绪。对于许多有情绪调节困难的来访者来说，接纳团体技能训练也有很大的难处。有些人的加入往往是被迫的，他们感到不舒服，无法在这种氛围中有效地互动；对另一些人来说，技能似乎不重要、幼稚甚至愚蠢的；还有一些人在尝试掌握这些技能失败后就很快泄气了。

针对情绪调节有困难的来访者进行的团体技能训练，并没有多少团体会自然产生强化效应。技能训练带领者会面临死寂、不服从、稍有不慎就可能引发不适当甚至是极端的反应，而且团体氛围有时是不沟通、有敌意、不支持或不领情的。带领这样一个团队，出错的概率是很大的，团体带领者大可预期自己会犯下许多错误，也很可能敏锐地意识到其他带领者所犯的错误。如果要用非破坏性的方式去回应错误，那么接纳现实技能是至关重要的。

带领者攻击团体成员或威胁他们是关系接纳失败的表现。接纳需要一种不评判的态度，把所有问题都看成是治疗过程的一部分。换句话说，问题是有益的。带领者只需要看清大多数有问题的反应都衍生自情绪失调的反应模式；换句话说，如果来访者没有制造出让带领者疯掉的问题，他们就不需要参加技能训练团体。如果带领者没有认识到这一事实，他们很可能会采取拒绝、攻击受害者的行为，这些行为可能太过微妙，以至于看不到它们是什么，但尽管如此，它们仍然会造成因态度而引起的反应。换句话说，一个容易成为带领者的性格要么是天生的，要么是后天培养的。

关系强化

关系强化就是技能训练师通过行为增加关系中的治疗价值。换句话说，这些行为让关系不只是一段有益的友谊。正面的、合作的人际关系在技能训练中的重要性，相较于其他治疗模式毫不逊色。但因为团队当中的来访者比较多，在技能训练中发展这样的关系要困难许多。团队带领者所面临的问题是如何在团队成员和带领者之间，以及团队成员之间建立这样的关系。

所有 DBT 策略的设计都在以某种方式设法增强协作。在此讨论的策略主要是将团体带领者定位为可信赖且有效能的专家。因此这些策略的目标是向来访者传达带领者确实知道自己在做什么，也真的可以协助团体成员。这样的任务绝非易事。来访者通常会彼此分享之前在个体治疗与其他团体治疗中所遭受的挫败，诉说自己对现况的无助感以及可能获得的协助有多贫乏，这样一来将使得上述任务异常困难。团体成员通常把他们的问题描述为巨人歌利亚，把治疗描述成杀死歌利亚的大卫，但是没有大卫在《旧约圣经》中的成功。带领者们的任务就是把故事真实地讲出来。

专业、可信度与效能可以通过许多方式传达。与个体治疗相比，技能训练师的整洁、专业、兴趣、给人的舒适感、自信、谈话风格，以及对课程的准备都同样有帮助。特别要重点强调的是，在团体成员抵达前，要把团体治疗室准备好：分发讲义与练习单，椅子就位，茶点准备就绪（如果提供茶点）。就我的经验来说，可信度问题的关键是许多来访者（特别是有严重慢性障碍的人）不相信学习这些技能真的有帮助。这种怀疑削弱了学习技能的任何积极动机，除非来访者学习到技能并获得积极的回报，否则很难改变这种态度。事实上，这种动态可能会变成一种恶性循环。

如果来访者要往前迈进，带领者就必须打破这个恶性循环。最有效的办法便是由带领者告知团体成员，就其经验，这些技能在某些时间帮助了某些人。当然，这只有在带领者真的有此经验时才可以这么说；初次教授课程的带领者必须依靠其他人的经验（我们的成果数据足以作为经验不足的带领者的数据库）。此外，带领者可以分享自身运用这些技能的经验。对某些来访者来说，学习这些技能最强大的诱因是带领者认为这些技能对他们自己有帮助。

当带领者承诺某一特定技能将解决某个特定问题时，可信度就会受损。事实上，DBT 乃是散弹枪的打法：某些技能在某些时刻对某些人有用。至今我还没有碰到哪个来访者无法从任何技能中受益，但也没有人从每个技能中都获益。提出这样的信息很重要，否则带领者的可信度会立即遭受质疑。

另一个要提到的关键问题是信任与保密。某个成员缺席某一团体课程，这就是一个展现值得信任的机会。任何时候，保密是一定要保证的，当某位团体成员缺席时，不应透露该成员不必要的信息。而团体成员的缺席，可以是强化其他成员信任带领者的大好机会。谈论缺席成员的方式等于向其他成员传达当他们不在时，将如何被对待。一般来说，带领者要保护群体成员不受负面评价。例如，如果一个团队成员突然发飙，离开会场，砰的一声关上门，带领者可以带有同情理解地解释而不是批判性地来回应这件事。

当然，所有成员都在场时，也可以使用相同的策略。某位成员的行为举止可能引来其他成员的负面评判，或者其他团体成员可能会彼此评判，此时带领者的角色就是成为被指控者与被评判者的保护人。这个引导任务再怎么强调也不为过，特别是在技能训练的第一个模块。这种做法不仅以不评判地观察与描述来回应团体成员的问题行为，也是向全体成员传达，当他们遭受攻击时将会受到保护。当然，传达专业性和可信度的最有用的方式是提供帮助。因此，带领者需要考虑能够提高与特定团队成员合作的可能性的技能。同时，已经证实有效的技能也应该被突出显示，这样成员也能看到它的好处。

技能训练师在标准 DBT 团体技能训练中的可信度，会因为有两位带领者而更加复杂。在我的诊所里，协同带领者通常是一位实习生，其实并未具备主要带领者的专业水准。这里要特别强调，主要带领者不能去损害协同带领者的可信度和专业性。经验不足的协同带领者必须找到自己的情绪核心，并由此展开行动：正是这种以内在为中心的状态才是最重要的（而非任何特定的治疗技能）。主要带领和协同带领不需要拥有相同的技能，也不需要在相同的领域传达专业知识。辩证的整体视角才是重要的。

提出技能训练的准则

培训师一开始就要清楚说明技能训练的原则，他们的陈述是治疗过程很重要的部分，不只是技能训练过程的前奏，也为技能训练师提供了一个机会来明确说明并获得每个来访者对治疗契约的同意。我的经验是，原则的陈述与讨论通常可以在每次重复正念模块时进行。在开放团体中，训练准则应于每次有新成员加入时讨论。我认为很有用的准则列于通用讲义 3 并描述如下。

1. 退出技能训练团体的成员并没有真正地离开技能训练。只有连续四周未出席技能训练的来访者才会退出治疗，并且在治疗契约期间内也不能再度加入。比如说，有位来访者签约接受一年训练，但在第六个月连续缺席四周，那么在接下来的六个月他 / 她便出局了。契约时间结束后，他 / 她可与技能训练师（或整个团体，如果他 / 她参与的团体还存在）协商重新加入。这个原则与 DBT 个体心理治疗原则相同，没有例外。

运用此原则的多项研究显示，我们的一年 DBT 课程里中缀率相当低。我猜想，明确强调时限承诺与退出原则是中辍率低的主要原因。

2. 参加技能训练团体的成员彼此支持。在技能训练课程中，有许多方式可以成为一个支持他人的人。技能带领者有必要讲述成员需要怎么去支持别人，包括遵守保密协议、按时出席、课下练习技能、认可他人、提供非批评性的反馈，以及愿意接受来自被求助者（可能是带领者或其他来访者）的协助。

形成准时上课并且课下练习技能这一良好的团体规范相当重要——但有时候要建立这些规范却很困难。在每个模块一开始前都讨论建立规范的重要性，这样会很有帮助。我的经验是多数技能训练成员都希望建立这样的规范（我们发现，发给当周准时上课的人贴纸很有效）。

3. 将要迟到或缺席的成员需提前电话告知。 这个规定有几个目的：首先，这是一种礼貌，可以让技能训练师知道不需等待迟到者。其次，这也增加了来访者回应自己迟到的成本，向来访者传达准时是必要的这一信息。最后，这也提供了某位来访者为何没有出席的信息。

4. 成员不可诱使他从事问题行为。 这个规定要求来访者不要在药物或酒精的影响下来上技能课程，然而，如果已经使用了药物或酒精，那么来访者来上课时必须表现出没有使用或清醒的状态。对于那些有物质滥用的人来说，使用物质而不能来上课的规定正好给了自律不严的人绝佳的缺席借口。相反，我的立场是，技能学习离不开情境，因此对于有物质滥用的人来说，在药物或酒精的影响下学习与练习技能格外重要，这正好是需要技能的时刻。

这个规定同时排除了具传染性的功能紊乱行为。就我的经验，有关自伤、物质使用、暴食或催吐等，以及类似行为往往会在情绪失调的人之间引发模仿效应。这种模仿的冲动可能很难抗拒。因此，如同个人DBT，接受技能训练的来访者同意在做出自伤行为后，不得打电话或与其他来访者交流。在DBT的每个时间点，主要的目标都是要减少功能紊乱行为增加的机会，这运用在自杀行为上更是如此。

5. 成员之间不在技能训练课程之外建立私密关系。 第五项规定的关键词是"私密"。成员不得于训练课程之外建立无法于课堂上讨论的关系。DBT鼓励团体成员之间有课程以外的人际关系，事实上，成员提供日常生活问题的支持是团体 DBT 的一大优点。这个模式与匿名戒酒协会及其他自助团体类似，于会场外打电话、社交与提供相互支持是被视为具有疗愈效果的。但是，鼓励这样的关系有可能造成人际冲突，这是任何关系都会出现的情况，重点在于课程外产生的人际问题是否可以在课堂上讨论（或者，这对带领者来说是否太过困难或无法掌握）。如果这些议题是可以讨论的，且可应用适当的技能，那么这种关系便是有好处的。如果成员间的关系无法在课堂中讨论，那就会产生麻烦。若某位成员发现在身体或情绪上很难或无法出席会议，那问题就更严重了。

团体带领者应该在一开始就把成员目前的性伴侣指派到不同的团体，这个规定也会提醒团体成员，如果他们发展出性关系，其中一人就必须退出。至今我们的团体成员之间发展出好几对有性关系的伴侣，每一对都给涉入其中的人造成了极大的困扰。其中一例来访者是，主动的一方在违反另一方意愿的情况下结束关系，导致被拒的一方很难继续参加团体课程。大致上，这个规定对于每位成员都很明确。如果没有这个规定，将很难处理成员之间萌芽的性关系，因为对于情绪失调的人来说，不可能接受后来才补上的原则。

这个规定有两个例外。在互为亲友的技能训练团体中，夫妻、伴侣与多个家庭来访者都会加入团体，禁止私下的关系并不合理也不可行；针对青少年的多重家庭技能团体也有类似的情形。在这些情况下，带领者要注意当关系冲突影响到团体时，必须运用上述方法处理。

6. 有自杀倾向和 / 或严重心理障碍的成员必须接受持续的个体治疗。
这个规定通常会在预备治疗中与来访者讨论（而不是在团体课程中），提出接受个体治疗的必要性。要注意的是，这类来访者必须定期与个体治疗师访谈，才能留在技能训练中。如果来访者接受个人 DBT，那么他们不得连续缺席四次预约好的个人访谈。如果他们参与其他形式的个体治疗，就必须遵守该治疗的出席规定，除非来访者被排上治疗的候补名单。由加拿大研究团队搜集的数据显示，对于那些排上治疗候补名单并有自杀倾向的来访者，技能训练可以降低其自杀企图。

对于严重失调和 / 或有自杀倾向的来访者，从一开始就要强调熟练掌握技能可能需要额外的协助，这在来访者以后碰到困难时非常重要。技能训练师往往高估学习技能的容易度，这种高估会让来访者在不久后陷入幻灭与无望。

DBT 技能训练并不要求个体治疗师必须是 DBT 治疗师。即使这样，接受个体治疗的这一要求有时候还是难以达到。以我们的经验，个体治疗师被情绪失调来访者逼到超越临界点而突然中止治疗的情况并不少见。当这种情况发生时，特别难找到愿意接手的个体治疗师，尤其当这些来访者还在为失去之前的治疗师感到哀伤时。来访者负担不起有经验的专业人员（通常会索取高额费用）则是更大的问题。遗憾的是，许多公立医疗诊所人员配备不足，根本无法提供个体心理治疗，或者来访者可能已经耗尽了当地诊所的资源。对于这些来访者，技能训练带领者必须担任短期的后援危机治疗师，并协助来访者找到合适的个体治疗师。

提出 DBT 假设

DBT 的治疗假设列于通用讲义 4 并描述如下。治疗假设需在讲述技能训练准则时一并向技能成员陈述并加以讨论（于每个正念技能模块开始前予以重复）。如果来访者于某一模块的第一堂课之后加入，则应与该成员单独讨论治疗假设。所谓"假设"就是无法被证明，但团体成员仍同意遵守的信念。DBT 整体基于以下假设：

1. 每个人都尽了最大努力。此概念是在已知行为发生原因的情况下，所有人在任何时间点都正在全力以赴。

2. 每个人都想要提高。所有人的共通点是想要提升自己的生活，所有人的共通特质就是想要快乐。

3. 人们需要做得更好，更努力，更有动力去改变 *。一个人全力以赴而且想做得更好，并不足以解决问题。（这里的 * 表示这并不总是对的。特别当进展稳定、进步的速度很合理、没有松懈或复发的情况下，这时就不需要做得更好、更努力、更有动力。)

4. 也许并不是所有的问题都是人们自己造成的，但无论如何，他们必须解决这些问题*。人们必须改变自己的行为反应，转变环境，让生活有所改变。(这里的 * 表示对于孩子或残障人士而言，可能是其他人需要去解决问题。比如说，如果父母亲或其他人拒绝带孩子接受治疗，孩子是无法自己去接受治疗的。)

5. 新的行为必须在所有相关情境中学习。 新的行为技能必须在需要这些技能的情境中练习，而不只是最初学习这些技能的情境。

6. 所有行为（行为、想法、情绪）都是有原因的。 行为、想法与情绪总有一个或一组原因，即使人们并不知道原因为何。

7. 找出并改变行为的原因比评判和责备更有效。 评判与指责比较容易，但想要创造改变的人必须去改变那些会造成不良行为的事件链锁。

进行中的技能训练课程的形式与组织

课程时间的架构是区别正式 DBT 技能训练与 DBT 个体心理治疗的主要元素。在 DBT 个体心理治疗中，议程由来访者的行为决定（自上次治疗起及此次治疗中）；在来访者来到本次访谈之前议程都是开放的。在技能训练中，治疗议程是由所教的行为技能设定的；议程是在来访者来上课之前设置的。

技能训练课程至少需要四个部分：(1) 开课仪式；(2) 讨论上一堂课的家庭作业练习；(3) 讲解新的学习内容；(4) 结束的"收尾"。在我的诊所，针对严重心理障碍（包括 BPD）来访者的技能训练课程时间为两个半小时，中间有十五分钟休息。这个形式整年都一致，课程以正念练习开始，紧接着是团体成员分享前一周练习行为技能的尝试（或缺乏尝试），接着是休息时间。第二小时是讲解并讨论新技能。最后的十五分钟课程逐渐结束，大家可以在房间里四处走动，每位来访者依次分享对课程的一个观察（练习正念技能的观察与描述）。

　　每个模块的最后一堂课，形式会略微有些不同。这节课中，不再有新的教学内容，课程后半段会复习该模块的所有技能，复习之前模块的技能，讨论运用技能，以及分析将技能运用在来访者生活情境与背景下的利弊。课程逐步结束，可以讨论对整个模块的观察，以及模块进展的周数和课程学习至此的情况。

　　如果有人要离开技能训练团体，我会设定时间让他们道别，并讨论结业的相关话题。一般而言，我们会让要离开的人决定最后一次开会的茶点，并让他们选择课程开始时的正念练习。我们（站在来访者身旁）给每一位结业来访者颁发一张由两位带领者签名的结业证书，还有每位带领者亲笔书写的结业贺卡。除非有很好的理由不这样做，否则我们会以每个人向彼此说再见作为课程的结束。总而言之，您希望给即将离去的来访者一个积极的送别。

　　在我们的亲友课程与来访者障碍较不严重的技能训练中，团体进行的时间从九十分钟到两小时不等。青少年团体的时间也是从九十分钟到两小时不等。个人技能训练课程一般为四十五到六十分钟，然而课程的四部分结构如同表3.4所示皆是相同的，将逐一详述于下。

表3.4 标准技能训练课程形式

- 　开课仪式（正念练习）
- 讨论家庭作业练习
- 休息
- 教授新的教材/技能
- 结束的收尾

　　有些住院治疗将此形式一分为二，举办两堂每周一次的课程，一次讨论家庭作业，一次集中学习新技能。这对于住院与日间诊疗机构来说是个合理的模式，工作人员能够督促来访者参加这两次课程。然而，在门诊病人中，如果他们在前一周没有练习任何技能，就有可能不参加家庭作业复习课。技能训练师需要防止这种情况发生。

其他治疗单位则会缩短课程时间，通常从两个半小时缩短为一个半小时。在我的诊所里，对于有严重行为与情绪失控的成人来说，一个半小时的团体课程时间通常不够。即使是两个半小时，五十到六十分钟的家庭作业讨论时间分给八位团体成员，每位来访者分配到六到八分钟并不算多，五十到六十分钟介绍新教材的时间也不充裕。虽然团体带领者可以在这样的时间内教授许多内容，但他们也需要时间做新技能的课堂练习，讨论当周新内容的相关问题，确认每位来访者理解技能的程度，过一遍新的练习单，以确保来访者理解如何练习及记录。个人技能训练则可以在每周四十五到五十分钟内完成。

课堂规划与素材

将技能训练教室布置得不同于传统团体或个体治疗室这很重要。在可能的范围内，要尽可能地在教室中营造一种存在感。我们在会议室围着一张桌子进行团体课程，有白板让技能训练师可以书写。至于个人技能训练，则会搬进一张小桌子，让来访者可以坐在旁边；如果无法这么做，我们会在有别于个体治疗室的房间教授个人技能。所有模块的技能训练讲义及练习单置于三圈档案夹中，封面、封底皆有小口袋。讲义以一种颜色的纸张印刷，练习单用另一种颜色的纸张。一般而言，我们通常不使用白色纸张，因为这会让有阅读障碍的人产生阅读困难。我们也使用标签纸区隔每个部分，并在每个部分中区隔讲义与练习单。在档案夹封面的口袋中，我们放入追踪每周练习作业的表格；封底口袋则放置 DBT 日记卡。日记卡上罗列了最重要的 DBT 技能。在每项技能旁的空白处，来访者可以记录那一周是否每天练习了技能（日记卡见第四章和图 4.1 和《DBT 教科书》第六章）。桌上放置做笔记用的笔。要求来访者每周携带资料夹上课，如果他们忘记带，也有可供借用的资料夹。

其他需要带到课堂的材料包括一只小铃铛，作为开始与结束正念练习的提醒，还有痛苦忍受工具（如冰袋、有刺的塑胶球、平衡板）提供可能在课堂上出现解离危险的人使用。如果有设备的话，可将课程录像（更详细的内容请见第四章有关管理家庭作业讨论的内容）。

在团体课程中，我们提供不含咖啡因的咖啡与茶（通常也会有点心）。在开课仪式之前，来访者会取用咖啡或茶及点心，然后安静地坐好。在我们的团体中，如果来访者想自备点心，那么他们就应带足分量来和大家分享。

课程开始仪式

课程由带领者或协同带领者带领大家做一个正念练习作为开始。带领者会试着变化这些练习，几周下来，便可以练习正念的每项技能。正念练习列于正念讲义 4a—4c 及 5a—5c。每次开始练习，我们会响铃三次，结束时再响铃一次。接着我们请每位来访者依次（包含带领者与协同带领者）分享他/她与这个团体的相处经验。这样的分享很重要，因为无须花费许多时间，却可以给带领者或协同带领者一个机会，在必要时提供修正性的反馈。如果来访者缺席一堂或几堂课，也会给他们机会告诉团体他们去了哪里。如果对某人来说，缺课是个问题，那么就可以花时间（不超过五分钟）分析究竟是什么干扰了上课的意愿，以及如何克服。如果有团体性的事情（如迟到、缺课时未打电话或提前通知），在课程一开始就要处理。简短关注干扰治疗的行为很重要，不能坐视不管。

执行个人技能训练的治疗师应遵循《DBT 教科书》第十四章开始课程的准则，亲切地欢迎来访者；关怀（即使只是短暂地）来访者目前的情绪状态；如果需要，在课程开始前修复关系上的困难。开始策略只能投入很有限的时间。如果可能，治疗师应协助来访者运用他/她的痛苦忍受危机生存策略（参见本书第十章）去处理目前的情绪（如果极需或不需进一步修复），进行技能训练，并于课程结束或下一次个体心理治疗会谈时做修复。

讨论家庭作业：分享家庭作业练习的情况

治疗的下一个阶段是分享课外练习特定行为技能的情况（正念、人际效能、情绪调节、痛苦忍受）。在团体课程中，主要团体带领者会要求每位来访者依次跟团体分享他／她在前一周练习的情况。以我的经验，等待来访者主动分享会花太多时间，但我可能会让来访者决定由谁先开始，然后依次分享。遣词用字在这里非常重要，行为主义者习惯于称呼"练习"为家庭作业，因此会询问来访者"家庭作业练习"的情况。我们有些来访者喜欢这样的说法，把技能训练想成正在修习的课程，就像大学的课程；另外一些人则觉得被这些字眼贬损，因为他们好像被当成学校的孩子，必须再次向成人报告。在治疗一开始就讨论这些语词的意义，可以排除这个事情可能引发的状况。

每周分享家庭作业练习的情况是技能训练很重要的一部分。培训师不仅会询问每位来访者尝试练习技能的努力程度，如果不练习也会深入分析，这可以作为有力的动机，至少能刺激当周的技能练习。在分享的过程中，每周实际练习的规范会得到确立和巩固。培训师要求每位来访者分享经验，即使是极端不情愿或反感的人也不例外。课程的这个部分非常重要，比完成其他团体任务都重要。若要在五十到六十分钟内完成分享，主要带领者需要有很好的时间管理技能。但因每次课程通常都会有一位或多位来访者缺席，加上每周都有一两位只愿简短互动，这些都会使分享的时间更充裕一些。有关家庭作业练习的管理将进一步在本书第四章进行讨论。

休息

多数来访者上了一小时的团体课程后都会变得有些烦躁，我们通常会在课程进行到一半时休息十或十五分钟，来访者可以续杯咖啡或茶及吃点点心（如果提供了点心的话），多数来访者会到外面透透气。课程的这个部分很重要，因为它提供了一段非结构性的时间，让团体成员自由互动。在休息时间，团体带领者通常会在旁边，但与来访者保持一段距离，独立于带领者之外的团体凝聚力因此可以产生。如果某位来访者需要带领者单独的关注，就可以在此时进行。我们碰到的一大问题是，在课堂上遇到困难的来访者通常会在休息时间走掉。我们发现对于可能要离开的人应该特别警觉，这样就可以在他 / 她离开之前采取干预措施。

讲述新的教学内容

休息过后的一个小时用于讲述并讨论新的技能，或者如有必要，复习已经教过的技能。第七到第十章的教材便于课程的这一部分讲述。

每个新技能模块的前三十分钟（有四个模块）用于讨论该特定模块的原理。（实际操作中，因为每个新的模块开始前都需重复正念模块，所以用于讨论家庭作业的时间会在每个模块的第一节课中缩短。）带领者在这里的任务是要让来访者信服，接下来的模块所涵盖的技能与其生活息息相关；如果他们提升了这些技能，他们的生活也会有所提升；最重要的是，他们可以真正学会这些技能。带领者在展现如何将这些特定技能应用到特定的问题时，往往需要创意。每一个模块特定的基本原理详述于第七到第十章。

结束的收尾

团体技能训练课程快要结束时，安排收尾时间对于情绪失调的来访者非常重要。这些课程对于某些人来说，总是情绪紧绷而痛苦。情绪调节困难的人会敏锐地察觉自己技能缺陷的负面影响。对于缺乏情绪调节技能的来访者，如果不给他们任何调节情感的帮助，就匆匆结束或"停止"这堂课，一节课下来他们可能会遇到重大的情绪难题。

收尾的时段也是提供一段时间，让上课时因痛苦记忆而解离的来访者，在离开之前有一个再度回到课堂的机会。我在第一次 DBT 技能训练团体时特别留意到这一点。几个月后，团体讨论时，几乎团体中的每位来访者在开会结束后都出去喝酒，作为情感控制的方式。技能训练师往往发现，看似无害的话题往往会引发情绪失调的来访者的压力。比如说，当我介绍人际效能模块时，其中一个任务是有效地说不，结果有位来访者变得极端情绪化与混乱失序。她当时正被一群毒贩缠住且经常被强暴。她没有抗拒，因为那群毒贩是她的饭票。

收尾时段应该维持五到十五分钟。我使用过好几种收尾的方法，最常使用的是"观察与描述"。每位来访者说出一项他/她在课堂上观察到的事物，可以是喜欢或不喜欢团体中发生的事件（比如"我喜欢今天的正念练习"），有时是其他人做的事情（比如"苏西准时来上课，而且全程参与了"），或者描述对自我的观察（如"谈到我父亲时，我觉得很悲伤"）。这个练习的概念是让带领者引导来访者描述所观察到的事实，而不需添加对事实的假设与诠释。比如说，不说"我留意到我这周表现得比上周好"，而是辅导来访者说出"我心里出现了一个想法，我这周表现得比上周好"；不说"我留意到比尔这周真的很愤怒"，而要说"我留意到自己在想比尔这周真的很愤怒"。执行个人技能训练的治疗师应遵循《DBT 教科书》第十四章的课程结束策略。

对于比较进阶的团体，则可使用过程观察的收尾。在这种方法中，我们花五到十五分钟分享自己对课堂上事情发展的看法。来访者可以提供对自己、彼此、带领者或整个团体的看法。虽然带领者在初期可能需要示范如何观察，但来访者通常很快就掌握要领。随着时间过去和团体的进展，我们发现来访者往往会成为对彼此行为、进展、情绪改变与明显困难的敏锐观察者与描述者。

有时候带领者可通过询问对这些观察的一般性问题（如"你是怎么理解这个的？"），来促成更深入的描述和评论。或者带领者可以鼓励来访者检视自己的描述，特别是当这些描述与对他人的感受、情绪状态或意见的推论有关时。带领者另一项重要任务是引导那些没有自发的描述观察的来访者。在收尾时段，鼓励每位来访者至少要提出一项观察，即使那个观察只是"很难提出观察"。观察收尾也是在团体情境中运用洞察力（诠释）策略的好机会。团体带领者可以评论他们留意到的团体互动模式，和团体中的变化。这些洞察起到强调并培养辩证思考的作用。在团体情境中，评论团体成员的行为不仅可以跟该来访者沟通，也为来访者提供该如何评价与诠释自己行为的信息。

虽然过程观察的收尾可能很有用，但也是最可能衍生问题的收尾形式。这些问题总是在观察时段超出带领者的控制时发生。课程以过度批判的观察作为结尾，就会加剧对批判反馈的反应，有时候会使来访者暴怒，拒绝回来上课。当比较有经验或进阶的来访者（如已上过好几个技能训练模块的人）与刚加入技能训练的来访者在一起上课时，更会形成特别的问题。进阶的来访者可能比新来访者能接受更多的历程议题。过程观察的收尾很自然地让进阶来访者可以尝试比较对抗性的评论。我在本书第五章完整地讨论了第一年技能训练团体中过多历程议题会发生的问题。在这两种"观察与描述"的收尾中，团体带领者一定要压轴。必要时，让带领者有机会做出观察，把团体拉回到一起并修复被其他观察造成的破坏。

其他收尾可能包括来访者带来安抚与令人振奋的音乐（但不能是颂扬嗑药或自杀的音乐！）每位来访者可以说明自己下周要做什么，也可以讨论任何新闻或体育活动，只要这与多数人（如果不是所有人）有关。任何主题（最喜爱的电影、动物、电影明星、书籍、食物等）都可以讨论，讨论的话题依带领者的想象与常识而定。

对于界限的观察

DBT 通常并不设定界限，而是会观察自然产生的界限。不过，在技能训练中，治疗本身就会形成一些界限。这些界限是比较随意的，所以这些界限可以发展出不同的规则。身为技能训练师个人，以及（在团体情境中）技能训练团体作为一个整体，这些事物的界限进行观察是很有必要的。

技能训练本身的界限

DBT 技能训练的第一个界限在于：技能训练师在技能训练课程中并不行使个体治疗师的功能。技能训练师的角色被明确定义并限制为教授行为技能，以及处理课堂中产生的人际关系问题。技能训练师就像是大学教授或高中教师一样。来访者只可在某些特定情况下通过打电话、发简讯或电子邮件来直接联系技能训练带领者。比如来访者因为某些原因无法出席团体课程，或者他们跟培训师或团体成员发生严重的人际问题且无法于课堂上解决。

这些辅导界限有三个例外。首先，当技能训练来访者在同一诊所接受其他治疗师的个体治疗。在这种情况下，技能训练带领者便是个体治疗师的后援治疗师。如果个体治疗师不在，来访者便可以在他会打电话给个体治疗师的情况下，打电话给技能训练师。但若打电话的目的是讨论技能训练中的人际关系，这里就会有些界限。这些界限是技能训练带领者的自然界限，所以个体治疗中观察界限的一般策略可以适用于此。在这种情况下，技能训练带领者必须理解这些打电话的界限，并清楚地传达给来访者。第二个例外是以青少年为主的多重家庭技能训练，而青少年也参加了个人 DBT。在这种情况下，这些青少年打电话给个体治疗师寻求辅导，而技能训练中的双亲或其他家人可以打电话给技能训练师寻求辅导。这么做是因为处理与治疗中另一个人的关系时（如青少年与父亲或母亲，反之亦然），有必要对双方都进行辅导。如果同一个人同时辅导双方，就容易产生歧异和冲突。第三个例外是当技能训练师在某个住院或住宿制单位讲授技能，且同时担任课前与课后的技能教练。在这些状况下，技能训练师可能会在他的时段视需要给予特别的辅导，或（就如在某些情境下已做的）可能在该单位设有定期时段为技能辅导时间。

就我的经验，沟通电话界限最好的方式，就是讨论个体心理治疗师在 DBT 课程中的重要角色，并强调技能训练师并不是重复做个体治疗师的工作。在我们的经验中，来访者可以很快地掌握这个原则，也很少违反规定。

如果来访者只参加了技能课程而未接受个体治疗，那么就可以建议他拨打当地的危机咨询电话，因为这些服务通常都相当好。如果必要与可能的话，你可以考虑把某位特定来访者的辅导计划提供给危机求助热线的人员。我们在诊所里这么做，效果非常好。除了请假，多数的电话、简讯与电子邮件都是关于来访者与技能训练师或（在团体情境中）与其他团体成员的人际关系。有时候，来访者会来电询问培训师是否讨厌他／她，希望他／她不要来接受技能训练。有时候，来访者会来电讨论再也无法继续接受技能训练，因为课程令人很痛苦。技能训练带领者接到这样的来电，便需应用人际关系的问题解决策略。这些将于《DBT 教科书》第十五章与本书第五章讨论。在只教授技能的团体中，比如我们诊所里的亲友团体，如果来访者致电技能训练师讨论生活问题，并一再要求与技能训练师单独讨论技能训练课程，这就是对技能训练师的一个提醒，这样的来访者可能需要技能训练以外的协助。在这些状况下，应向来访者建议个体治疗并推荐个体治疗师。

DBT 技能训练第一年的第二个界限是，个人危机通常不会在技能训练课程中讨论。这个界限在最初几堂课便会讲得很明白，当来访者想要讨论目前的危机时会再度强调。如果危机很极端，技能训练带领者当然可以选择违反这个规定。举个非常极端的例子，如果我们诊所的团体成员在上团体课程的路上被强暴，我们当然会加以讨论。家人过世、离婚、关系破裂或被治疗师拒绝都可以提出来，并在课程一开始简短讨论。

要让有情绪调节问题的人接受这样的规定，关键在于如何处理危机。大致上，任何话题都可以讨论，只要焦点是放在来访者如何运用学到的技能去应付危机。因此，貌似不能讨论的"当周危机"，再仔细看，只要是在 DBT 技能的脉络下讨论，其实是可以的。然而，这样的定位并不见得是我们希望的。技能训练带领者不能让来访者自由地讨论自己的问题并分享所有细节，而应该很快干预，并强调这些问题与此刻特定的技能模块之间的关系。

比如说，如果某位个体治疗师终止了某位来访者的治疗，或者某位来访者丢了工作，来访者就可以运用人际效能技能找出原因，并寻找新的治疗师或新工作，或者找回治疗师或找回工作。也可以从来访者因为被拒绝而感到受伤的角度，让来访者运用情绪调节技能而感觉好受一些。如果正念核心技能是正在学习的内容，那么可以鼓励来访者观察并描述该事件与他/她的反应，也可以协助来访者留意任何评判的想法，以及如何将焦点放在行得通的事情上，而不是报复。最后，来访者如何不以冲动性的破坏行为挺过和忍受这个事件，也可以从这个角度来讨论。大多数问题都适合从任意一个技能模块去分析。非人际问题的情况，一开始看起来可能不适合使用人际效能模块，但可以把它看成找朋友分享或获得来访者面对问题所需的社会支持的机会。技能训练师必须保持警觉，要不断把危机带回到技能。当技能可能对问题无效或不足时，应该鼓励接受个体治疗的来访者与他们的治疗师讨论。

第三个界限是技能训练课程聚焦于来上课来访者的技能，而不是也不能改变来访者生活中的其他人。虽然人际效能技能的目标通常是改变其他人的行为，但焦点依然要放在来访者学习技能并能加以运用，而不是这些技能能不能有效改变来访者想改变的人。这对于我们的亲友团体格外重要。来访者因为生活中遇到非常棘手的人才来上技能训练课，所以很自然地认为技能课程能教授他们把棘手的人变得不那么棘手。虽然这很可能是来访者学习技能最后得到的结果，但这并非重点。

在这里说一下"祈雨法师"的故事通常会很有帮助。有个美国原住民部落已经干旱了五年，所有作物都枯萎了，人们濒临饥荒，部落于是邀请祈雨法师来祈雨。法师一到达，便进入族人为他准备的圆锥形帐篷。第一晚过去了，部落居民希望他出来并开始祈雨，但他并没有。三天过去了，他还是没出来。部落的长老于是进入帐篷询问："你什么时候才让天空降下甘霖？"

祈雨法师说："我在调整自己的秩序。当我就绪了，部落就会就绪。当部落就绪，农田也会就绪。当农田就绪，天空也会就绪。当天空就绪，雨就会降下来。"

这个故事总让我想起一位参加我们技能训练课程的女士。她的女儿有严重的 BPD，后来这位母亲与我碰面并且说："当我学习了 DBT 技能后，我改变了；当我改变了，我女儿也改变了。"技能训练师必须不断解释并支持这样的观点。

最后，结构性技能训练必须注意到的界限还包括历程议题。团体带领者必须谨慎地沟通，与心理治疗团体相比，技能训练课程中能讨论的历程议题、个人危机，以及对一般生活的讨论非常有限（如同我先前所提，当技能训练以个人形式进行，就容易倾向于历程讨论并更多关注个人危机；这也是要在团体中进行技能训练的主因）。

技能训练带领者个人的界限

有关技能训练带领者的界限观察，在 DBT 技能训练中与其他 DBT 的要素并无不同。重要的是，带领者在进行治疗时要能注意到自身的界限。就我的经验，必须注意到的重要界限是电话的处理。技能训练师必须掌握自己处理冗长人际讨论的能力，同时必须将界限清楚地传达给来访者。

团体整体的界限

当来访者有严重的情绪调节问题时，DBT 技能训练团体的底线就是不能在课堂上出现恶意攻击。我和同事必须向团体成员清楚传达，例如摔东西、破坏公物、攻击或严厉批判其他团体成员的行为都是被禁止的。当团体成员开始产生敌意行为，我们会鼓励团体成员与其个体心理治疗师处理这些问题（如果他有个体治疗师的话），或者在课后由技能训练师辅导。但跟这些相比，让这位来访者离开课堂（即使只是暂时）是更好的选择。当然，团体带领者在这种情况下必须谨慎，不要因为来访者离开或留下而惩罚他。辩证的平衡很重要，因为带领者也想鼓励来访者继续留在课堂上，同时又要尽可能禁止不当的行为。

第四章

技能训练的治疗目标和步骤

　　如第三章所讨论，DBT 根据紊乱的程度和治疗层级来组织治疗。在治疗的每个层级，DBT 都注重目标行为的排序，强调要增加的行为和要减少的行为。这个排序可以确保最重要的行为最先受到关注。如果来访者接受标准 DBT 技能训练的同时，也结合了其他治疗模式（如环境治疗），那么治疗目标在不同的治疗模式中也有所不同。比如，当第一层级的来访者出现危及生命、严重干扰治疗的行为和 / 或严重影响生活质量的行为时，降低这些行为就应是个体治疗师或个案管理者的首要治疗目标。PTSD 及其他严重的心理障碍通常也由个体治疗提供者处理。在任何治疗层级中（见表 3.2），技能训练师的任务都是增加有技能的行为。本章先探讨技能训练的目标，接着讨论要达成这些目标的技能训练策略。最后详细讨论了如何管理家庭作业复习部分。

　　"策略"乃是技能训练师用以达到治疗目标（也就是习得并使用行为技能）所采取的有规划的活动、手段和步骤。"策略"也包括治疗提供者对来访者表现出的特定问题所给予的纯熟和谐的反应。这些策略和其他 DBT 步骤一样，都是技能训练师完成技能训练目标的方式。在 DBT 的整体语境中，技能训练步骤是四组改变步骤中的一组；其他三组包括后果管理、暴露疗法，和认知修正步骤。技能训练步骤，顾名思义，是行为技能训练中的干预"精髓"。然而（这一点很重要），如果未能理解后果如何对来访者产生影响（后果管理步骤），如何处理暴露于危险的事件和情境（暴露疗法步骤），如何处理不适当的期待、假设和信念（认知修正步骤），就不可能做好技能训练。多数情况下，这些步骤和技能训练步骤是分不开的，这一章的内容就是为了特别阐明这一点。下一章将描述另外三组改变步骤，以及其他一些DBT策略。

技能训练的行为目标

技能训练的行为目标依重要性排序为：（1）停止极可能破坏治疗的行为；（2）技能习得、强化和概化；（3）减少干扰治疗的行为。技能习得、强化和概化的步骤列于本书第七至第十章。虽然这个步骤是推动技能训练的基本，但可能危及治疗的行为出现时（不论是对特定个人或是整个团体），就要把这个步骤先搁在一旁。不过，跟DBT个体心理治疗不同，阻碍治疗进度的行为（而非完全破坏治疗的行为）其重要性排在最后一位，而不是第二位。如第三章所述，DBT个体心理治疗的主要行为目标是：（1）降低自杀和其他危及生命的行为；（2）降低干扰治疗的行为；（3）降低干扰生活质量的行为；（4）增进行为技能。这个排序跟技能训练的排序相比较，凸显了技能训练在整体方案中所扮演的角色。为特定来访者进行个体心理治疗和技能训练的治疗师必须非常清楚，在何种治疗模式下，哪些目标应优先考虑。保持技能训练和个体治疗之间的区别是DBT成功的关键之一。

要成功地完成技能训练的行为目标，治疗师需要整合几乎所有的DBT治疗策略。这在DBT第一阶段可能是极为困难的（各阶段的讨论请见本书第三章和《DBT教科书》第六章），因为来访者和培训师通常都不愿专注于技能训练。讨论治疗过程、展开"交心"的对话、解决日常生活危机等，比起乏味的行为技能更有强化（对培训师和来访者而言）的效果。不过，忽视目标排序的培训师并不是在做DBT技能训练。换言之，在DBT中，如何讨论和讨论什么同等重要。如果来访者不愿服从治疗目标，就应该把这个视为需要解决的问题。在遵循目标排序方面遇到困难的培训师（这不是不可能的问题）应该在下次治疗咨询团队会议上提出这个话题。下面的讨论针对技能训练排序中的每个目标。

第一优先顺序： 停止可能破坏治疗的行为

最优先顺序的目标是停止那些一旦发生就有可能严重威胁到治疗进程的行为。这里的逻辑很简单：如果治疗被破坏，其他目标就无法达成。所以首要目标就是维持技能训练课程的进行。归入这个优先顺序的行为必须是非常严重的，包括暴力行为，比如在课堂上摔东西、大声敲打或破坏东西、殴打或言语攻击其他来访者（言语攻击技能训练师不被视为破坏治疗的行为）。其他目标行为包括上团体课程时（包括休息时间）出现自伤的举动（如割腕或抓伤手腕、撕开结痂处导致流血、服用过量药物），以及自杀危机行为（如用夸张的方式威胁着要自杀然后冲出教室），也包括其他一些让别人无法专注、集中或聆听课程的行为（如吼叫、歇斯底里地哭喊、大声呻吟或不断说些不合时宜的话）。有时候，对于一些团体成员之间或来访者和带领者之间的人际问题，或是技能训练进行的结构性问题，如果不加以关注，很可能严重到让技能训练分崩离析。比如，一位来访者可能因为人际摩擦、情感受伤、极端无望或类似情况而无法上课，在这种状况下，修复这些问题就是优先要务。如果治疗师不能在课堂上关注某个人的问题，可以在课前或课后处理，也可以在课外用电话的方式加以处理。最后，来访者对培训师的联合反抗也被认为是最优先的目标，正如培训师对来访者的反抗一样。

技能训练师的目标是停止破坏治疗的行为，并尽快且有效地修复治疗"结构"中的"裂缝"。对于参加标准 DBT 的来访者来说，进一步处理破坏性行为则留待个体治疗师去处理。但不管有没有个体治疗师，培训师都需要在技能训练课程之前或之后和该来访者单独谈话。除了教授来访者人际效能、情绪调节、痛苦忍受或正念技能，其他一些治疗办法也可以减少破坏行为，并很快地将这些行为控制下来（如使用正面和负面制约）。

当来访者做出明显破坏技能训练的行为，技能训练师必须立即且有力地加以回应。《DBT 教科书》第十五章干扰治疗行为应对步骤的修正版内容就可以应用于此。修改过的，可在技能训练课程中运用的策略列于表 4.1。

表4.1 应对破坏治疗行为的策略清单

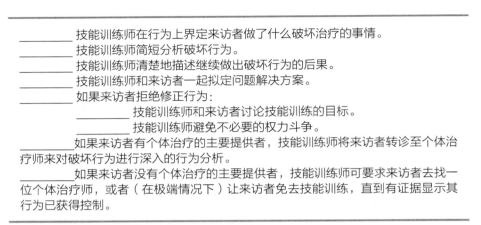

_____ 技能训练师在行为上界定来访者做了什么破坏治疗的事情。
_____ 技能训练师简短分析破坏行为。
_____ 技能训练师清楚地描述继续做出破坏行为的后果。
_____ 技能训练师和来访者一起拟定问题解决方案。
_____ 如果来访者拒绝修正行为：
　　　　_____ 技能训练师和来访者讨论技能训练的目标。
　　　　_____ 技能训练师避免不必要的权力斗争。
_____ 如果来访者有个体治疗的主要提供者，技能训练师将来访者转诊至个体治疗师来对破坏行为进行深入的行为分析。
_____ 如果来访者没有个体治疗的主要提供者，技能训练师可要求来访者去找一位个体治疗师，或者（在极端情况下）让来访者免去技能训练，直到有证据显示其行为已获得控制。

处理自杀行为

如果发生了自杀危机行为（从定义而言就是有即将自杀的高度可能），技能训练师要做最少的危机干预，然后尽快将问题转给个体治疗师或当地的危机服务中心。除了判断是否需要立即的医疗照顾，技能训练课程几乎不会去关注以前的自伤行为。"记得告知你的治疗师"，是对正在进行个体心理治疗的来访者一个模板式的回应（如第三章所述，有自杀行为和严重心理障碍的来访者必须接受个体心理治疗才能参加团体技能训练）。之前提过的一个例外就是，如果这些行为会破坏其他团体成员继续接受治疗，那么这些行为便成为技能训练团体课程要处理的目标。一般的原则就是技能训练师对待自杀危机中的来访者就像在学校病得很重的学生，这时会打电话给最近的亲人（在这种情况中，是个体治疗师或个案管理者）。如果技能训练师同时身兼来访者的个体治疗师，就要在技能训练课程之后处理这个问题。除非完全不可能，否则不应打断技能训练课程，去处理自杀危机。

技能训练对自杀意念和相关信息的关注，仅限于协助来访者厘清如何将目前教授的 DBT 技能应用到对抗自杀的感觉和想法中。在正念训练中，重点要放在观察并描述自伤冲动和自杀想法。在痛苦忍受训练中，要强调忍受这样的痛苦，或运用危机干预技能应对这种情况。在情绪调节训练中，重点则放在观察、描述以及试着改变和自杀冲动相关的情绪。在人际效能的架构下，可能会强调如何拒绝他人，或有技能地寻求协助。当来访者讨论到生活危机、干扰生活质量的难题或以前经历的创伤事件时，也可应用相同的办法。可以说，每件事都是技能训练磨坊中的待宰之物。当个体治疗师不在时，自杀风险的评估和处理办法请见本书第五章（特别是表5.2）。

技能训练师想摆脱难缠来访者时的处理

技能训练师处理难缠来访者的方法，就是把他踢出技能训练课程，这样的情形并非不常见。比如说，在一个非常友善的团体中，可能有一位新来访者在大多数时候性情乖戾或忧郁，占据了你很多时间。或者有人对你和其他来访者怀有敌意，抑或是经常对别人说些迟钝或刻薄的话。也可能在一个团体中，多数来访者都做了家庭作业，其中一人不但拒绝还抱怨要做作业，并要求你每周分析他为何没有做家庭作业。另外有些人坚持要谈论复杂的个人问题，当你试着以可运用的技能的角度去重新架构这个问题，他可能指控你麻木迟钝、漠不关心。可能有位来访者经常在课堂上啜泣、吼叫或大声拍桌子，让课程难以继续。来访者也可能把脚翘到桌子上拒绝放下去，在桌上吵闹地倒空钱包或背包并且每周如此清理一次，带进伪装成可乐的酒，并且激烈反驳你提出的每个观点。我带领 DBT 团体超过三十年，从未把来访者踢出团体，但是许多次我非常确定，只要踢掉一两位来访者，团体就会更好。实际上就算当麻烦人物终于离开了团体，团体中的某人通常又会成为问题人物；换句话说，我从未看到团体因为摆脱了某位来访者而变得更好。大多数情况下，我发现以平静轻松的语气去管理困难团体时，不仅能让其他团体成员应对干扰，还会想办法去欣赏困难的来访者的贡献。

技能训练师想攻击难缠来访者时的处理

技能训练师通常都有强烈的愿望，希望每个人在团体技能训练中都进行得很顺利。如果有人威胁到这种愿望，很自然地，团体带领者的焦虑感往往会加重，并且想控制这个惹是生非的来访者。如果控制破坏行为的尝试失败，就很容易变得过度保护其他来访者。发生这种情况时，愤怒和批判可能会骤增，突然间，你自己就可能做出干扰治疗的行为。曾经有好几个团体，我必须抓住桌子腿才能让自己不冲出教室，或者不诅咒团体成员对我的努力如此不知感激。在这种艰难的情况下，很难不带评判地教学，也很容易陷入"情绪心念"。在这种时候要怎么办？攻击或撤退？这就是技能训练师让DBT技能派上用场的时候。你所有的技能都大有助益。以下是几个例子：

1.观察难搞的来访者到底在做什么，评论其行为之前，先在心里不带评判地描述它。

2.对于一再做出恼人行为，但如果你努力，还可以修正的来访者，使用全然接纳。

3.当你想撤退时，使用相反行为或使用轻松的口吻。

4.使用相反行为，用轻松的口吻说些有点小无礼或开玩笑的话，避免攻击并降低你和来访者之间的紧张。

5.使用"如你所愿、维持关系、尊重自己"（DEAR MAN、GIVE、FAST）等技能（见人际效能讲义5、6、7），要求某人停止让你或其他人分心的行为。如果必要，运用"唱片跳针"（broken record）和协商妥协技能（人际效能讲义5）。

6.将问题行为列入削弱时间表（extinction schedule，见人际效能讲义21），并且勇敢地假装来访者正在配合你的教学，即便他们并非如此。

第二优先顺序：技能的习得、强化和概化

大多数技能训练的时间都应该用于DBT行为技能的习得、强化和概化：正念核心技能、痛苦忍受技能、情绪调节技能和人际效能技能，少有例外。

对于情绪严重失调的人来说，主动练习并运用行为技能极为困难，因为这会要求他们调整自己的行为从而练习技能。因此，如果来访者有被动和／或失调的行为，团体带领者的注意力又转移到这个来访者（在团体情境中），或讨论来访者的感受，或他／她为何不想参加训练，就可能强化那些技能训练想要减少的行为（被动或失调）。有时候，培训师可以把来访者缓慢地拖过技能训练的艰难时刻，不过，这需要培训师对来访者行为的评估非常确定。重要的是，使用这个方法时不是不顾及来访者的感受，而应该是策略性的。比如有时候不对来访者进行干涉是更有技能的方法。这特别适用于新的团体成员、有社交焦虑障碍（社交恐惧症）的人，或者有时候有人会技能地声称自己就是打算一整节课都要任性妄为，而且明显就要坚持这么做。对于这样的来访者做些努力或许会有用，但过度的努力可能适得其反。如果必要，技能训练师可以在休息时间或课后与苦恼的来访者会面，讨论并解决来访者的失调或干扰行为。

第三优先顺序：减少干扰治疗的行为

干扰治疗但并未破坏治疗的行为，一般并不会于技能训练时系统地予以修正。这样的决定是因为，如果干扰治疗的行为是情绪严重失调者高度优先的治疗目标，那么培训师很可能就不会有机会去将指定的技能训练了。技能训练并不是探讨治疗过程本身，而是教授和练习所学技能的途径。如果发生了干扰治疗的行为，有效的策略是：（1）如果行为很短暂，就忽略它；或（2）以就事论事的坚定口吻，要求来访者停止该行为，然后坚定地把焦点（不论正在教什么）转移到所教授的模块技能。对于较不干扰治疗的行为，几乎都是采取这种策略。有时候，这些行为可提供练习目前教授技能的大好机会。至多，培训师可以用"改变是可取的"这样的角度去评论该行为，但同时让来访者知道，他们不会花很多时间去关注与目前教授技能无关的问题。因此，被动的情绪依赖、焦躁不安、在教室里踱步、涂鸦、奇怪的坐姿、尝试讨论本周的危机、对批评过度敏感或对其他来访者生气等行为，有时会被忽略。来访者被对待的方式，（很有技能地）就好像他/她并未做出这些功能紊乱的行为。

其他时候，技能训练师可能会指导或敦促这样的来访者试着将行为技能应用到手边的问题。比如，生气并扬言要离开的来访者，培训师可能指导他试着练习痛苦忍受技能或情绪调节技能中的相反行为（如做出和生气的冲动相反的行为）。如果来访者拒绝联系，培训师可能会询问，他/她是否是故意的。如果"是"，培训师询问来访者是否愿意（故意）练习技能。我通常会这样问："你知道自己什么时候可能会愿意练习'我愿意'吗？"退缩和解离的来访者可以要求他们练习危机生存技能（如用冰袋敷眼睛、均匀地呼吸）。在我们的团体中，会准备几个有刺的塑胶球、一个平衡板，还有冰袋，供课堂中有解离危险的人使用。技能训练师会在适当的时候建议他们使用。这里的重点是：如果技能训练师允许技能训练课程专注于治疗过程或来访者的生活危机，包括自杀行为和干扰生活质量的行为，那么就会偏离技能训练。

如同我在本书第三章所讨论的，每一堂技能训练课程的结束均有一段收尾时间。这是观察干扰治疗的行为，或者更重要的，改善先前的干扰行为合适的时间。只要每个人都有机会说出自己的观察，这个时间便可用于治疗历程时间。观察性收尾的好处之一是它可以提供一个时间和场地来讨论干扰治疗的行为（过程观察性收尾要注意的事项也于第三章讨论过）。

技能训练步骤：如何符合技能训练目标

在技能训练以及更广泛的DBT培训期间，技能训练师和来访者的个体治疗提供者必须坚持让来访者把握每个机会，积极参与到应对现实生活所需的技能获取和实践中。换句话说，他们必须直接、有力、反复地挑战情绪失调者的被动解决问题的方式。以下描述的步骤应由每位DBT提供者在所有适合的治疗形式中应用，也在结构性技能训练模块中以正式的方式加以应用。

技能训练步骤有三种，每一种都专注于第二优先顺序的目标行为：(1)

技能的习得（如指导、示范）；（2）技能的强化（如行为演练、反馈）；（3）技能的概化（如指派和讨论家庭作业、讨论情境中的相似和差异）。在技能的习得部分，培训师会教授新的技能。在技能的强化和概化方面，培训师试图微调技能行为，并提升来访者在相关情境中使用技能行为。技能的强化和概化依序需要应用后果管理、暴露疗法和 / 或认知修正。也就是说，一旦培训师确认某个特定反应是来访者现有的技能，那么就会应用其他步骤，以增强来访者在日常生活使用该有效行为。这种强调主动、自觉的学习是 CBT 典型的方法，也是 DBT 治疗情绪失调来访者时，有别于心理动力等方法之处。不过，某些技能训练步骤跟支持性心理治疗使用的方法几乎一样。技能训练的目标由 DBT 的限制因素决定，具体强调哪些技能，则是对每位来访者的行为分析之后决定的。

技能的习得

每堂技能训练课程的后半段主要是教授新教材，一般是通过讲课、讨论、练习和角色扮演来完成。每个技能训练模块都包含数项特定行为技能。每堂课可能教授一或两项技能，如果有些技能很容易学习，也可能教授三项。虽然通常一次讲授多项技能不是个好主意（把少量的技能学好，比一大堆没学好的技能要有效），但我发现，多教几个技能有时候可以帮助情绪调节有困难的人克服两项难题。首先，讲授多项技能表明培训师没有简化问题，理解要解决的问题复杂而棘手；其次，讲授大量技能让来访者无法斩钉截铁地说，所有技能都不管用。如果一项技能不管用，培训师总是可以建议尝试另一项不同的技能。由于有许多技能可供运用，来访者的抗拒通常会在培训师教授完所有新技能之前消失。

介绍和承诺于技能训练：任务概论

技能的习得从介绍和承诺策略开始。技能训练师需使人认可新行为值得学习且很可能有用，介绍就是其主要的方法。一个人必须积极配合治疗课程，才能达到技能训练的目的。除此之外，明确知道任务是什么、一个人的角色是什么、一个人可以从另一方期待什么，都能大幅促进学习。每项特定技能和每项家庭作业都需要类似的介绍。

某些来访者有些技能缺失，并且害怕学习新技能。在此应指出，学习新技能并不代表必须使用该技能，也就是说，来访者可以学习技能，然后在每个情境中决定使用或不使用该技能。有时来访者不想学新技能是因为觉得无望，认为这些不会有帮助。我发现，指出"我教的每项技能不是帮了我自己，就是帮了我认识的人"这点很有用。不过，技能训练师无法提前证明，某特定技能可以真的帮助某个人，因此我也要指出，没有任何技能可能让每个人都受益。

在教授新技能之前，培训师应先完整地提出为什么特定技能或某些技能可能有用的理由（或从来访者的角度以苏格拉底诘问法说明）。有时候这可能只需要一两句话；有时也可能需要广泛的讨论。在某一时刻，技能训练师应该解释其教学方法的理由，也就是 DBT 技能训练步骤的原理。这里最要说明的，并且视需要可以经常重复的一点就是，学习新技能需要练习、练习、再练习，而且要在技能派得上用场的时候练习。如果没有将这些重点传达给来访者，很难奢望他/她可以真正学习到什么新东西。介绍之后，来访者必须重新承诺学习每项技能和每个技能模块，同时也要承诺每周在课下练习新技能。

评估来访者的能力

技能习得步骤旨在修复技能的缺陷。DBT 并不认为情绪调节问题者的所有问题（甚至大多数问题）在本质上都是动机性的。相反，必须去评估一个人在某特定领域的能力；如果来访者有技能缺失，就应该使用技能习得步骤。不过，有时很难判断情绪严重失调的来访者是什么事都不能做，还是有能力做但受环境因素影响，情绪上受到阻碍或限制。虽然这对任何来访者来说，都是复杂的评估问题，但对于以上来访者格外困难，因为他们无法分析自己的行为和能力。比如说，他们通常会把害怕做某件事和不能做某件事搞混，此外，经常有许多偶发事件让他们无法承认自己有任何行为能力（我在《DBT教科书》第十章做了许多探讨）。来访者可能会说，他们不知道自己的感受或想法，或者找不到贴切的语言来描述，事实上，他们是因为害怕或太羞愧而无法表达自己的想法和感受。他们之中的许多人说，通常自己并不想表现得脆弱。有些来访者则被家人和治疗师教授，认为其所有问题都是动机性的，他们要么就是完全接受这个说法（从而相信自己什么都能做，只是不想做而已），要么就是完全反抗（从而根本不认为动机因素和能力相关因素同等重要）。这些治疗难题会在下一章更完整地探讨。

要评估某行为模式是否在来访者的技能范围内，技能训练师必须设法创造出让来访者得以产生该行为的情境。在人际行为方面，最接近的便是技能训练课堂上的角色扮演。或者，如果来访者拒绝的话，可以询问来访者在某特定情况下会说什么。或者，某来访者可能被要求在角色扮演中去教授另一位来访者。我很惊讶地发现，看起来人际技能很好的人，在某些特定角色扮演的情境中反而无法展现合理的反应，但看似被动、温顺且毫无技能的人，在角色扮演搭配得很自在时，反而能够有技能地回应。在分析痛苦忍受时，培训师可能询问来访者，在忍耐艰难或压力情境时会使用何种技能，或认为何种技能有用。情绪调节的评估有时候需要中断双方的交流，并询问来访者是否能够改变自己的情绪状态。自我管理和正念技能的分析可以通过观察来访者在课堂上的行为（特别是当他们并不是被关注的焦点），并询问其日常行为来进行。

如果来访者产生了某个行为，技能训练师就知道这个行为在那个人的技能范围内。但是如果来访者没有产生这个行为，培训师就无法确定；就像在统计中，并没有方法可以去检测虚无假设。如果有所存疑，为保险起见，进行技能习得步骤通常都更安全，然后再去观察其行为上是否有任何改变。这么做往往没有坏处，而且大多数步骤也会影响其他和技能行为相关的因素。比如，技能行为步骤可能因为给了某个人特定行为的"许可"，减少了抑制而产生效果，而不是增加了本来没有的技能。最主要的技能习得步骤就是指导和示范。

指导

在 DBT 中，"指导"就是学习技能要素的口语描述，这种直接的教学包含着辩证策略。指导可以是大略的准则（"当你检视自己的想法是否符合事实，务必要去检视可能发生悲惨后果的可能性"），也可能是很具体的来访者应该怎么做（"当冲动来的时候去拿冰袋，手握十分钟"）或是思考（"持续对自己说：'我办得到。'"）的建议。特别是在团体课程中，可以运用黑板和白板作为辅助，通过讲课的方式提出指导。指导可以是有待考虑的假设，也可以是综合的论点和对照，或者以苏格拉底诘问法提出。在所有状况下，培训师必须小心，不要过度简化有效行为或学习技能的容易度。对于青少年，在开始进行特定的指导和举例之前，让他们大声朗读技能讲义会非常有帮助。在我的团体中，当我询问谁想读讲义时通常会有人举手。如果有已经学过技能的个人，你可以询问是否有人愿意来描述，包括这个技能可以怎么使用以及在什么情况下使用。你可视需要补充自己的看法和举例。

教授技能时，要尝试将每项技能和其想要的结果联系起来。比如，教授放松时，技能训练师不仅要描述如何有效放松，还要说明何时有效、为什么有效、对什么情况有效。讨论何时行不通、为何行不通、当似乎行不通时该怎么让它有效，也是非常有用的。培训师能提前预料到越多的麻烦，来访者就越可能学到技能。

要格外强调的是，即刻的情绪纾解并不是每个 DBT 技能训练教授的目标，来访者或新手技能训练师往往无法理解这样的区别。事实上，当来访者说某件事行不通，意思几乎都是这并没有让他们的感受立即变好。所以，必须要一再与来访者讨论技能和长期、短期目标以及长期纾解和立即纾解之间的关系。所以不要总是想证明某个技能行为会使来访者的感受立即变好。首先，这通常并非事实；其次，即使是真的，也不见得有好处。

使用讲义

本书网址（www.guilford.comfskills-training-manual）的技能训练讲义提供书面指南，不过更重要的是，在技能训练课程中，你无须逐字逐句重复讲义。书面讲义的功能可以是教学的提示，也可以是来访者在课堂以外练习技能行为的提醒。比如，许多来访者说，他们会随身携带技能档案夹，如果他们忘记可使用何种技能或如何运用某项技能，他们可以看讲义。曾有一位来访者在争吵中告诉太太，他要看一下技能讲义，要太太稍等一分钟。在课堂上，许多讲义都鼓励来访者去清点目标和他们计划练习的新技能，讲义上也提供空间让来访者做笔记。对许多来访者来说，预留做笔记的空间对他们很重要。当我更新讲义并试图取代旧讲义时，来访者往往想保留自己的旧讲义（还有他们已填满的练习单）。

示范

示范的对象可以是培训师、其他来访者或来访者环境中的其他人，也可以是录音 / 录像带、影片或印刷品。任何提供来访者合宜反应范例的步骤都可以是示范的形式。技能训练师提供示范的好处是可调整情境和教材，以符合特定来访者的需求。有好几个方法可以用来示范有技能的行为。课堂上的角色扮演（技能训练师扮演来访者）可以展现合宜的人际行为。当培训师和来访者之间发生的情况类似来访者在自身环境中可能遭遇的状况，培训师便可示范怎样以有效率的方式处理这种情况。技能训练师也可运用自我对话（大声讲话）来示范如何应付自我陈述、自我介绍，或重新架构有问题的期许和信念。例如，培训师可能会说：

"好吧！我可能会对自己这么说：'我不知所措。当我不知所措时，第一件事会做什么？把情况分解为步骤，将步骤列成一张单子，然后做单子上的第一件事。'"说故事、与过往事件做联结，或提供比喻性的例子（见《DBT教科书》第七章），在展现替代性的生活策略时相当有用。最后，自我揭露可用于示范适应性的行为，特别是技能训练师自己遭遇了来访者所遭遇的类似问题。如果技能训练师能用夸张和／或幽默的说故事的方式，来厘清如何运用技能解决他所碰到的问题，则会格外有用。就我们的经验，来访者爱听这些故事，还会把这些故事告诉别人，而且相较于讲义，他们通常更能记住技能训练师的故事，且能利用这些故事提醒自己如何使用技能。如同我在自己的课程中说过许多次："如果你想更了解我们的技能训练师，就看他们怎么教授技能。你将发现，他们如何使用技能克服生活中的大小难题。"诀窍在《DBT 教科书》第十二章有详细讨论，并请留意该处列出的原则。

当然，上述所有描述的示范技能也可在团体的情境中由来访者互相示范。理想的情况是其中一位来访者在整个团体面前示范如何有技能地应付某个情境。团体成员之间以及和团体带领者的相处越自在，就越容易引发他们的示范行为。这里幽默感和夸奖也是很好的辅助。

除了课堂上的示范，要来访者去观察其环境中有能力的人的行为和反应也很有帮助，他们可以在课堂上讨论和练习所观察到的行为。技能训练讲义提供如何使用特定技能的示范，描述人们如何应对类似问题的传记、自传和小说也能提供新点子。和来访者讨论技能训练师或其他来访者所示范的任何行为，或者提出治疗以外的示范都很重要，且要确保来访者观察到了相关的反应。

技能训练课程的一个目标是，将有关特定应对策略的信息传授给来访者。第二个目标（也是同样重要的），是从来访者身上引导出他们从特定情境中学到的有效应对规则和策略。因此，技能训练需要通过每一次讨论让指导教材获得更大的收益。培训师应鼓励来访者做笔记，并于课间将自己和其他来访者的想法摘记于讲义和练习单。当课堂上提出特别好的策略时，所有人（包括技能训练带领者）都应该记录在讲义或练习单适当的空白处。练习和复习时也应纳入这个策略，如同带领者最初提出的策略。

技能的强化

一旦习得技能行为，技能的强化便用于行为塑造、提升和增强其使用的可能性。没有强化练习，就无法习得技能；这点再怎么强调也不为过，因为技能练习是需要努力的行为，正好可以抵消情绪失调者被动行为模式的倾向。

行为演练

"行为演练"是来访者练习要学习的反应。这可以跟培训师或其他来访者互动时进行，可以是模拟，也可以是实境。任何有技能的行为——言语的排序、非言语的行动、思考或认知性的问题解决模式，以及生理和情绪的反应，原则上都可以练习。

练习可以是"公然的"或"隐秘的"。隐秘的练习是在想象中练习必要的反应，稍后进一步讨论。公开的练习就是行为演练，各种形式都可以。比如，在团体情境中，团体成员可以角色扮演问题情境人物（来访者一起扮演，或跟带领者扮演），这样来访者就可以练习适当地回应。而为了学习控制生理反应，来访者可以在课下练习放松。当来访者学习核对事实的技能时，带领者可以依序询问每位来访者，请他们对某事件的事实给出新的诠释。培训师提出特定问题时，可鼓励来访者解决问题和／或描述他们会如何应对该问题情境。当来访者学习全然接纳时，可以指导他们在练习单上写下生命中必须接受的重要及较不重要的事，然后跟团体分享他们所写的内容。

隐秘的反应练习也可以是技能强化的有效方式。在教授较复杂的技能时，它可能比公然的方式更有效，而且在来访者拒绝公开演练时也可派上用场。虽然可要求来访者练习情绪的调节，但无法直接练习"情绪行为"；也就是说，来访者无法练习变得生气、感觉悲伤或经历到喜悦。但他们必须练习特定的情绪元素（改变面部表情、引发或抑制产生情绪的想法、改变肌肉的紧绷程度等）。以我的经验，有情绪调节问题的成人很少会喜欢行为演练，特别是在别人面前进行，因此需要一点诱导和行为塑造。例如，如果来访者不愿在人际情境中做角色扮演，技能训练师可以试着通过对话和他／她对谈（"接着你会说什么？"），也可以要求来访者只练习某项新技能的一部分，这样就不至于让他们太手足无措。重点是，为了有所改变，人们就必须练习表现出不同的样子。有些培训师也并不喜欢行为演练，特别是当他们必须和来访者做角色扮演时。对于觉得害羞或不自在的培训师，最好的解决办法是和DBT咨询团队成员练习角色扮演。有时候，培训师抗拒角色扮演是因为他们不想逼迫来访者演练，这些培训师并不清楚行为演练和治疗成效之间关联的数据有多么丰富。

反应强化

培训师强化来访者的反应，是行为塑造和增强技能行为最有效的方式之一。许多人活在过度使用惩罚的环境中，他们通常认为外部世界和治疗师会给予负面的、惩罚的反馈，在行为塑造自己的行为时，又几乎一味地使用自我惩罚策略。如果长期坚持，培训师所做的技能强化可以将来访者的自我形象修正为正面的，使他们增加技能行为的使用，并强化他们可在生活中掌控正面结果的感觉。相对于个体治疗，团体治疗的好处是当团体带领者积极且明显地强化某团体成员的技能行为时，同时也会激起所有团体成员的共鸣，强化这一相同的行为（如果他们有参加的话）；换句话说，这提供了"价廉物美"的效果。此外，当团体成员彼此熟练如何强化技能行为时，团体治疗的威力就非常强大。

《DBT教科书》第十章详尽地讨论了提供适当的强化技能，那些原则非常重要且应完整地检视。要注意"强化"是指可以增加某行为可能性的所有后果或事件。虽然强化物通常被视为正面、想要或有益的事件，但也未必总是如此。强化物乃是个人会改变其行为以获得或去除的任何东西。正面强化物是要被增加的正面事件，负面强化物是要被移除的负面事件。强化物可以是某行为自然发生的后果，或是由提供强化的人所决定的任一事件，或者（更好的是）与被强化的人协商决定。每位来访者都必须确认其具体强化物。我们的团体会使用自然的和任意的强化物。比如说，来访者在课下每完成一页练习单便可获得一枚贴纸（任意的正面强化物），如果他们使用此技能，但没有在练习单上做记录，就获得半枚贴纸；两个半枚贴纸可以换一枚完整的贴纸。如果他们完成所有指定的练习单，也可以避免被问及为什么没有做家庭作业这样的问题。以我们的经验，许多来访者会为了不被问到为什么没有做家庭作业而去做家庭作业。如果来访者准时上课，也会得到一枚贴纸。一般而言，我们手上会有各式各样的贴纸；如果财务允许，我们还会提供高级贴纸。虽然我们尚未有关于贴纸策略的研究数据，但的确留意到自从实行这个制度，家庭作业的完成率大幅提升。

重要的是，一旦你特别且明确地界定特定强化物所需的行为，就必须坚持你的决定，同时不去强化不符合你明确定义的标准行为。同样重要的是，不要因为担心来访者如何反应而不去分析没有做作业的原因。请看本章稍后有关安排家庭作业讨论的部分。如果没有人或仅有少数人坚持符合强化标准，那么你可能必须改变标准或考虑调整策略。

技能训练师必须警觉或留意来访者行为的改善，即使这些会使培训师感到不舒适。比如，教授来访者运用在父母亲身上的人际技能，可当他们在课堂上使用同样的技能时却被加以惩罚或忽视，这样就不具有治疗效果。鼓励来访者为自己设想，但又在他们不认同培训师时加以惩罚或忽视，这也同样不具治疗效果。强调"无法融入"到环境中并不是灾难，而是可以忍受的痛苦，但当来访者无法自在地融入培训师的进度时，培训师却无法忍受，或是对情绪调节困难者的行为有先入为主的概念，这样同样不具治疗效果。

反馈和辅导

"反馈"就是给来访者提供关于其表现的信息。反馈应该和表现有关，而不是可能导致这种表现的动机，这一点非常重要。很可惜，在许多情绪严重失调的人的生活中，人们很少给他们有关其行为的反馈，且很少不在反馈中揣测其动机和意图。当揣测的动机不符合来访者的想法，来访者往往不会采信，或分散了他们对于珍贵的行为反馈的关心。反馈应针对具体行为，也就是说，技能训练师应明确说出，来访者所做出的行为会让问题继续还是有所改善。如果只是告诉来访者他们在操控、表达某个控制需求、过度反应、纠缠不休或发脾气，而没有把这些说法明确对应到行为上，就不会有任何帮助。当培训师正确指出某个问题行为，但是对动机却做了不准确的推论时，自然是尤其如此。来访者和培训师之间的许多争议就来自于这样不准确的推论。《DBT 教科书》第九章对"解读"在 DBT 中的作用和运用有详尽的讨论。学习分辨所观察到的行为和对行为的解读之间的区别，也是正念中"是什么"技能里描述技能的一个重要部分（"是什么"技能中的描述技能请见正念讲义 4）。

技能训练师必须密切关注来访者的行为（在课堂上的或来访者自己评量的），并有选择地对某些反应给予反馈。在技能训练开始阶段，来访者的行为很少会显得出色，这时建议培训师即使有大量可以提意见的行为欠缺，也只对少量的行为成分给予反馈。给太多反馈可能导致刺激过度和 / 或对进展速度形成阻碍。培训师应使用反应塑造范式，运用反馈、辅导和强化来鼓励来访者持续接近有效表现这一目标（见人际效能讲义 20 和《DBT 教科书》第十章）。情绪失调的人通常迫切需要有关其行为的反馈，但他们同时对负面反馈异常敏感。解决办法有几种，培训师可以用正面反馈对负面反馈进行包裹，可以凭借诉说自己或他人有相同问题的故事把技能缺陷正常化，也可以用鼓励性的话给来访者加油。把来访者视为不堪一击的、无法承受任何负面反馈的，这对他们并没有好处。反馈很重要的一部分，就是让来访者知道其行为对技能训练师的影响；这在《DBT 教科书》第十二章有更广泛的讨论。

"辅导"融合了反馈和指导。它告诉来访者，某个反应跟技能表现的标准之间有多大差距，以及应该如何改善。临床练习显示，有时候来访者只需要"同意"其某种举止的暗示性辅导就能完成其行为的改变。辅导通常和家庭作业的讨论相结合。当培训师协助来访者将正在学习的技能运用到日常生活中时，以及在技能训练课程上出现问题行为时，也会用到辅导这一方法。

技能的概化

DBT 并未假设在治疗中习得的技能一定可以推广到治疗以外每天生活

的情境中，所以技能训练师要主动鼓励这些技能的调动。有很多具体步骤是技能训练师可以运用的，描述如下。

课下磋商

如果来访者无法将新技能运用到他们原本的环境中，应鼓励他们和个体治疗师、个案管理者、咨询师或支持他们的家人（特别是家人也在学习DBT技能的话）进行请教，以及在课下彼此磋商。技能训练师也可以教授这些来访者如何（为别人）提供适当的辅导。在某些地方，危机专线人员也能提供DBT技能辅导。也可以鼓励在居住式机构、住院部和日间诊疗单位的来访者，在碰到困难时向工作人员求助。还有一个办法就是让一个单位的行为咨询师提供固定的办公时间。这种咨询师的任务是协助来访者将新技能运用到日常生活中。

课堂录像的复习

如果可能，应制作技能训练课程的录像，若有教室可供观看，便可让来访者在课下复习（因为保密性的缘故，来访者一定不得将录像带离治疗场所）。来访者观看录像有几个好处。首先，来访者可能因为上课前使用了物质、课堂上情绪亢奋、注意力解离，以及其他伴随着忧郁和焦虑的注意力不集中，而无法留意到技能训练课程中发生的事情，借着观看课程录像，来访者可以增强对课程内容的记忆。其次，看着自己和其他人的互动，来访者可能获得重要的领悟，这种领悟可以协助来访者了解并改善自身的人际技能。第三，许多来访者表示，当他们觉得手足无措、惊慌或无法应对时，观看技能训练录像很有帮助。简单地观看录像，特别是观看教授所需要的技能那一堂课，会有又上了一次课的效果。基于这些原因，技能训练师应多使用录像。

运用 DBT 网络资源、DVD 和 DBT 技能 APP

这些年来，我已开发出一系列技能训练录像光盘，来访者可以购买或租借回家观看。我教授 DBT 的经验一直都是：即使我亲自做技能训练师，来访者往往也喜欢从录像光盘上观看我讲授相同的技能。有时候，看着这些录像光盘，我心想：我的录像光盘比我本人还管用。现在已经有许多 DBT 自助网站，有很多都提供 DBT 技能指导，并且讲授运用到日常生活中的例子。智能型手机的 APP 更如雨后春笋，大多数 APP 都提供技能使用的移动辅导。你可以在自己的移动装置上搜索 DBT 的 APP。

我的在线录像和录音在许多地方都能找到。可以尝试"行为科技网站"的录像网址（http：//behavioraltech.org/products/list.cfm？ category=Videos），或者在搜索引擎搜索 Linehan DBT videos 及 DBT self-help。

实境行为演练：指定家庭作业

指定家庭作业是正在教授的特定行为技能的关键。如果技能训练师或来访者也能让来访者的个体治疗师在治疗时依照需求使用部分家庭作业及附属的练习单，会很有帮助。在标准 DBT 中都是这么做的。比如，有一份练习单是要求辨识并标示情绪，协助来访者通过一系列步骤厘清自己的感受。个体治疗师可能会建议来访者在他 / 她因为情绪而感到困惑和不知所措时运用此表格。本书的网址（www.guilford.com/skills-training-manual）包含多项练习单，囊括了 DBT 中的每项行为技能，但是技能训练师和个体治疗师也可根据来访者或自己的喜好及需求加以修正。

使用指定练习单与日记卡

如第三章所述，每堂技能训练课程前半段都用于讨论家庭作业，这是技能训练师检视来访者课下行为进展（或缺乏进展）并提供必要反馈和辅导的方式。家庭作业的讨论，包括提供个人化的反馈和辅导都很重要，不得省略。如果省略了讨论，来访者的练习就得不到强化，一段时间后就可能会忽略练习。如果讨论只局限在练习的技能，而省略了个人的反馈和辅导，那么来访者就很难学到东西。这就像钢琴老师只检查学生当周是否有练习，却没有聆听他演奏练习的曲子。如果是这样就很难有进步。追踪技能练习的主要方法是回顾前一堂课指定的练习单。如果来访者只上 DBT 技能训练课（未参加个体治疗，只例行评估技能的运用），那么也应当回顾 DBT 日记卡。DBT 日记卡（图 4.1）列出了最重要的 DBT 技能。日记卡的上半部在个体治疗中复习，下半部则是个体治疗和技能训练课程都可使用。只参加技能课程的学员以及参加多重家庭技能团体的父母只需运用日记卡的下半部，这部分囊括了最重要的技能。在每项技能旁边的空白处，可以让来访者每天记录是否真的练习了该技能（协助来访者运用日记卡的指导请见表 4.2）。如果家庭中有多个来访者每周填写日记卡，那么把这些日记卡贴在厨房冰箱上或其他公共空间，将会很有帮助。此外，每个技能训练模块均可创作日记卡，并视需要提供给来访者。每周复习这些日记卡是很重要的，因为如果只复习前一周的家庭作业，来访者可能会忽略先前所教的技能而不再练习。（复习日记卡时）没有带日记卡或报告没练习，或没有运用技能，均被视为自我管理的问题并加以分析和讨论。无论现在讲授的是什么技能，都要将其运用到帮助来访者完成作业这一架构来讨论问题。

技能训练的治疗目标和步骤

辩证行为治疗日记卡	姓名：	课上填写？ 是　否	多久填写一次？ ＿＿＿每天　＿＿＿2—3次　＿＿＿4—6次 ＿＿＿1次	最后一次填写： ＿＿＿年 ＿＿＿月 ＿＿＿日

圈选起始日星期几	最高冲动：			每天最高分			药物/药品									行为			情绪	备注
	自杀	自伤	使用药物	情绪困扰	身体困扰	喜悦	酒精		违禁药品		处方药			视需要/非处方药	自伤	说谎	使用技能*			
	0—5	0—5	0—5	0—5	0—5	0—5	#	何种	#	何种	是/否	#	何种	是/否	#	0—7			
周一																			
周二																			
周三																			
周四																			
周五																			
周六																			
周日																			

本周药物调整

本周指定家庭作业与结果

*使用技能
0＝没想到或没用　　　　4＝试过，可以用，但没有帮助
1＝想到，没使用，不想用　5＝试过，可以用，有帮助
2＝想到，没使用，想使用　6＝自动地使用，不管用
3＝试过，但使用不出来　　7＝自动地使用，有帮助

冲动想法：	上课（0—5）	我可以改变或调节的信念：	上课（0—5）
退出治疗		情绪	
使用药物		行为	
自杀		想法	

本周重点技能：

图4.1 DBT日记卡的正面与反面（下页）

DBT日记卡	填写此卡？___每天 ___2—3次 ___4—6次 ___1次 课堂上	核查技能：圈选练习了技能的日子

左侧纵向说明：
DEAR（描述情境Describe，表达情绪感受Express，明确态度Assert，强化对方Reinforce）
MAN（保持正念Mindful，表现出自信Appear confident，协商妥协Negotiate）
GIVE（保持温和Gentle，表现出兴趣Interested，认可他人Validate，态度轻松Easy manner）
FAST（公平对待Fair，不过度道歉no Apologies，坚持价值观Stick to values，保持真诚Truthful）
ABC（累积正面情绪Accumulate positive emotions，建立自我掌控Build mastery，提前应对Cope ahead）
PLEASE（治疗身体疾病Treat Physical illness，均衡饮食Eating，避免改变情绪的物质Avoid mood–altering substances，均衡睡眠Sleep，适当运动Exercise）
TIP（用冷水改变脸的温度Temperature，激烈运动Intense Exercise，调节呼吸Paced Breathing，配对式肌肉放松Paired muscle relaxation）

技能	项目	周一	周二	周三	周四	周五	周六	周日
正念	智慧心念	周一	周二	周三	周四	周五	周六	周日
	观察：只是留意	周一	周二	周三	周四	周五	周六	周日
	描述：使用语言，只看事实	周一	周二	周三	周四	周五	周六	周日
	参与：投入于某体验中	周一	周二	周三	周四	周五	周六	周日
	不评判	周一	周二	周三	周四	周五	周六	周日
	专一地做：当下	周一	周二	周三	周四	周五	周六	周日
	有效地做：专注于有效方法上	周一	周二	周三	周四	周五	周六	周日
人际效能	如你所愿DEAR	周一	周二	周三	周四	周五	周六	周日
	如你所愿MAN	周一	周二	周三	周四	周五	周六	周日
	维持关系GIVE	周一	周二	周三	周四	周五	周六	周日
	尊重自己FAST	周一	周二	周三	周四	周五	周六	周日
	行中庸之道；辩证	周一	周二	周三	周四	周五	周六	周日
	认可	周一	周二	周三	周四	周五	周六	周日
	改变行为的策略	周一	周二	周三	周四	周五	周六	周日
情绪调节	核对事实	周一	周二	周三	周四	周五	周六	周日
	相反行为	周一	周二	周三	周四	周五	周六	周日
	问题解决	周一	周二	周三	周四	周五	周六	周日
	积累正面情绪（A）	周一	周二	周三	周四	周五	周六	周日
	建立自我掌控（B）	周一	周二	周三	周四	周五	周六	周日
	提前应对（C）	周一	周二	周三	周四	周五	周六	周日
	降低易感性：PLEASE	周一	周二	周三	周四	周五	周六	周日
	对当下的情绪保持正念	周一	周二	周三	周四	周五	周六	周日
痛苦忍受	危机 生存 STOP技能	周一	周二	周三	周四	周五	周六	周日
	利弊分析	周一	周二	周三	周四	周五	周六	周日
	TIP	周一	周二	周三	周四	周五	周六	周日
	转移注意力	周一	周二	周三	周四	周五	周六	周日
	自我安抚	周一	周二	周三	周四	周五	周六	周日
	改善当下	周一	周二	周三	周四	周五	周六	周日
	接纳 全然接纳	周一	周二	周三	周四	周五	周六	周日
	现实 浅笑，愿意的手势	周一	周二	周三	周四	周五	周六	周日
	我愿意，对当下的想法保持正念	周一	周二	周三	周四	周五	周六	周日

表4.2 协助来访者完成DBT日记卡的说明

1.姓名： 填写来访者的姓名或病历号码。

2.课上填写？ 如果卡片是在课堂上填写，请来访者圈选"是"；如果不是，请圈选"否"。

3.多久填写一次： 在过去的一周中，来访者每天填写，填写2—3次，还是1次？

4.起始日期： 询问来访者刚开始使用卡片的日期，包括年份。

5.星期几： 请来访者记录一周中每一天的情况。

6.使用0—5打分表： 你会发现，许多栏位均要求来访者记录0—5的数字。这是客观而持续的用以表达来访者各种行为或体验的打分表。定位点的0表示缺乏某特定体验（如没有冲动）；定位点5表示该体验的最强程度（如可以想象的最强冲动）。

7.冲动： "自杀"一栏表示想自杀的冲动。"自伤"一栏指的是想自我伤害或任何自伤行为的冲动。"使用药物"一栏是滥用任何药品（如非处方药、处方药、街头/违禁药品），或者来访者逃避冲动但未使用药物。

8.最高分： 表示情绪困扰强度、身体困扰或痛苦的强度以及当天所体验到的喜悦（或幸福）程度。请来访者每天用0—5打分表评定每种情绪。

9.药物/药品： 酒精方面，请来访者写下数量和种类（例如3表示三瓶啤酒）。违禁药物方面，请来访者确认使用何种药物（如海洛因）以及使用数量。至于临时处方/非处方药，则请来访者写下用量和种类。处方药物部分，若按照处方服用，请来访者标注"有"，如果没有照处方服用（不论是服用过多、不足，或是服用种类不完全），则请来访者标示"否"。
如跟前一天一样，在相应空格写"同上"。
更简单的方式：来访者可以一整行和一整列地表示未使用。例如，如果来访者本周未使用处方药，可在处方药这一栏垂直标示。或者如果来访者周三未使用酒精、非处方药或处方药，可在周三这行相对应处做标示。

10.行为： "自伤"这一栏表示任何想自伤或自杀的企图；"说谎"一栏表示所有掩饰说真相的意图或掩藏行为。来访者填写时，要保持不评判的立场。指导来访者在此栏标示每天说谎的次数，并在此标识*以显示日记卡有谎报。"使用技能"（0—7）栏用以呈报每天技能的最高使用率。打分时，来访者应参考栏位下"使用技能"0—7的说明。
最后两栏为选答。其中两列用以追踪特定情绪，另外两列是你跟来访者想追踪的行为。注意这个部分没有打分表，所以你跟来访者可以自行决定如何追踪（比如，用是或否、0—5、0—7，或者描述是什么和有多少）。

11.本周药物调整： 请来访者写下处方药的任何改变。这些改变可能包含药物的计量（增加或减少，例如从5毫克增加为10毫克；从20毫克减少为10毫克），去掉了某种药物，或增加了新药物。如果空间不足，来访者应将这些信息答于另一张纸上。

12.本周指定家庭作业与结果： 请来访者记录当周所指定的行为，描述做了什么，并说明结果。

13.想继续（0—5）与想放弃治疗的冲动（0—5）： 在课程一开始，请来访者为当前想做这些行为的冲动强度打分。

14.本周重点技能： 指导来访者写下当周特别专注、使用或练习的技能。这一格也可用于记录当周需要更多关注的技能。

15.我可以改变或调节的信念： 在治疗会面一开始，使用相同的0—5打分表评定自己对于能否改变或调节情绪、想法与行动的信念。

创造能强化技能行为的环境

每个人的自我调节模式都不相同。如果一个连续区间的两极是内在自我调节和外在环境调节，那么情绪严重失调以及有相关行动和想法的人，通常落在环境调节这一边。许多治疗师似乎都相信，内在自我调节是比较好、比较成熟的，并且花许多的治疗时间想让情绪调节不良的人能更好地做自我调节。虽然 DBT 并不认为环境调节模式更可取，但 DBT 的确认为从长远来讲，顺应来访者的强项会比较容易，也更有好处。所以，一旦行为技能就绪，就应教授来访者如何最大化地利用他们原本的环境，来强化技能行为，而不是强化非技能行为。这可能包括教授他们如何建立规矩、如何做出公开而非私下承诺，如何找到支持他们新行为的生活圈和生活方式，如何让他人帮助自己强化技能行为而不是强化非技能行为（见痛苦忍受讲义 19 和 20）。这并不是说不应教授来访者自我调节技能，而是所教授的自我调节技能类型应该是他们的强项。比如说，与其在脑子里记一下每天观察到的行为，不如预先准备一份日记卡表格并写下自我监测；与其告诉自己不要把酒瓶拿出来，不如让家中不储存酒；如果来访者在家吃饭，而不是在提供美味且量大的餐厅用餐，就更容易节食；用闹钟可能比靠自己起床更有效率。

这里必须最后说明一点，有时来访者新学习的技能不能概化到真实生活中，那是因为来访者会惩罚自己的行为。因为他们对自己的行为期许过高，因此根本达不到强化的临界点。如果要实现概化和进展，这种模式就必须改变。自我强化和自我惩罚的问题于《DBT 教科书》第三、第八和第十章均有详细探讨；在《DBT 教科书》第八章及本书中描述的行为认可方法也应该用于技能训练（见人际效能讲义 18 和 19）。本书技能模块的章节（第七到第十章）会进一步探讨这些问题。

家庭和伴侣课程

将概化充分最大化的其中一个方法就是让来访者生活圈里的人学习 DBT 技能。通常这是指来访者的家庭成员或他们的配偶或伴侣。比如，如前所述，在青少年 DBT 课程里，技能训练通常包括父母或其他在家照顾来访者的人。培训师可以让来访者把技能讲义复印件带回家，教授其家庭成员和 / 或友人。这样所有家庭成员都可以学习相同的技能，还可以一起练习，彼此辅导。情绪失调来访者的家人对于这种治疗方式接受度很高。对于参加 DBT 治疗课程的成人，也可以给他们的朋友和家人提供技能训练。这种情况下，来访者和其家人可以在两个不同的团体。

使用淡出原则

技能训练初期，培训师应示范、指导、强化、提供反馈并且辅导来访者在治疗课程和实际环境中运用技能。但是，如果要做到每天生活中的技能行为不受培训师影响而独立出现，培训师就必须逐渐淡出这些步骤的使用，特别是指导和强化。这里的目标是间歇性地让技能训练步骤淡出，这样一来，培训师提供指导和辅导次数越来越少，而来访者自行指导和辅导自己逐渐增多；培训师逐渐减少示范、反馈和强化，来访者则从实际环境中越来越多地获得这些。

安排技能练习作业的讨论

要记得，DBT 是一种包含了两大中心干预策略（认可和问题解决）并以问题为核心的治疗。两大策略对于家庭作业的讨论都很重要。讨论家庭作业时，如果来访者正确且有效地练习了指定技能，培训师要予以肯定；如果没有做作业，或没有正确或有效地练习技能，或使用技能时碰到问题，那么就要解决问题。即使是很渴望学习，在家阅读技能书籍，并努力练习的来访者，也会在如何正确且有效地运用技能时遇到难题。所以，不能因为想在课程后半段讲授更多新技能而省去这个讨论的时间。

解决难题分两个层级：（1）了解手头上的难题（行为分析）和（2）尝试以崭新的、有效的方式运用技能（解决办法分析）。了解手头上的难题需要确认技能运用中的问题，强调目前技能使用的模式和后果，并假设干扰有效运用技能的因素。第二个层级以改变为目标，需要为正确执行技能提供反馈；为使用技能时产生的问题制定解决方案；通过讲述使用技能的理由，以及对办法实施中遇到的疑难进行排除，来鼓励来访者练习技能。这里之所以一再强调分析困难和解决困难，是因为这样不但能让来访者开始有效地使用技能，也能开始在彼此之间使用问题解决策略，并且最终解决自己的难题。

在很大程度上，技能训练是解决办法分析的范例。在每节课中技能都要作为生活问题的实用的解决办法而被提出，并且要讨论某特定情境运用不同技能的有效性。或许和其他策略相较，解决方案的分析更需借用团体的力量。培训师应鼓励每位来访者为其他团体成员提供解决问题的办法，并协助其发展解决所描述问题的策略。比如说，来访者在团体课程无法专心，也不记得要做家庭作业，其他来访者便可协助其想办法，让他能够更专心。团体作为一个整体，几乎总是可以针对当周不记得要练习技能这一问题提供很多解决方案。选择合适的技能加以运用，或者将某一个技能应用在某个特定的情境中，也是进一步进行团体解决办法分析的机会。团体带领者在解决办法分析时应特别谨慎，在引导其他团体成员可能的解决方案之前，不要直接跳到解决方案，因为几乎总是有人已经自己解决过该问题了。不过，即使来访者已提出一些其他点子，培训师也完全可以再提供一个解决方案或某项技能的应用。

第四章 chapter 4
技能训练的治疗目标和步骤

安排课下练习的分享时，带领者需具备很高的敏感度。这里的任务是，温和地敦促来访者分析自身行为，承认困难，对抗负面评判和将自己放到不切实际的高标准的倾向。同时，带领者应视需要协助来访者发展出未来一周更有效的技能策略。带领者必须善于将注意力轮流放在前一周的行为和课堂上描述、分析和解决问题的尝试。羞愧、丢脸、尴尬、自我厌恶、愤怒和对批评或看起来很"蠢"的恐惧，都是干扰其投入作业讨论并从中受益的情绪。熟练地处理这些情绪，乃是有效分享练习的关键；这需要结合认可策略和问题解决策略，还需将无礼沟通于相互沟通（更多有关认可和沟通策略的内容请见本书第五章）。

练习分享的第一步，就是每个来访者向团体分享自己前一周使用某特定技能（这些努力的成功或失败）以及技能运用的状况。来访者不可避免地一开始会以非常普通或模糊的用语说明其所处的情境和 / 或技能使用。他们往往会描述自己对他人动机或情绪的推论，或者自己武断的想法，仿佛这些推论和想法都是事实。技能训练师的任务是让来访者进入行为分析的策略，换句话说，他们的任务是要来访者去描述（运用正念"是什么"技能中的描述技能）造成问题情境及成功或不成功运用技能的特定环境和行为事件。

显然地，提供这样的描述需要来访者在那一周具有观察的能力。来访者通常在描述发生的事情时会碰到很大的困难，因为他们并非敏锐的观察者；不过，经过几周重复的练习和强化，他们的观察和描述技能便会提升。详细的描述可以让培训师评估来访者是否恰当地运用了技能。如果来访者练习了技能，技能也的确奏效，那么带领者就应该支持并鼓励他 / 她。该来访者可向其他来访者示范针对类似问题可以如何使用相同的技能，带领者应该试着简短引导其他来访者说出类似问题或技能使用的例子，以促进概化。这样来访者和来访者之间彼此的赞美和鼓舞也得到了强化。让每位来访者针对当周的问题情境，详细描述自己运用技能的情形相当重要。对于当周成功运用的技能和当周的难题，要给予同样细致的关注。此外，一段时间之后，带领者可以运用这样的信息去确认来访者使用技能的模式。

这里也可运用洞察力技能。分享家庭作业时，仔细观察情境问题的模式以及对于这些问题的典型回应非常重要。强调这些特质的模式，在未来进行行为分析时很有帮助。如果某位来访者坚持只使用一种技能，这一点就格外重要。比如，在我的一个团体中，有位来访者总是想尝试改变问题情境作为情绪调节的主要方法。虽然他在问题情境中使用的技能非常卓越且值得赞扬，但是学习其他方法对他来说也很重要（如忍受情境、分散注意力）。技能训练师应该对自己看到的僵化模式和来访者使用的有效模式或技能提出评论，同时也应留意和强化来访者对自己或他人技能模式的观察和评论（遵循《DBT 教科书》第九章洞察力章节所提供的准则非常重要）。

并非每个问题情境都可以被改变。我的经验是如果分享时间有限，情绪失调的来访者几乎总是分享他们在使用技能上的成功，很少会想描述自己的问题和失败。因此，仔细倾听这些成功案例比聆听其他人的例子更重要。

如果技能不管用

如果来访者无法使用教给他们的技能，或者反映使用这些技能没有带给他们任何好处，带领者可以运用问题解决策略（比如行为分析）协助来访者分析发生的事情、出了什么差错，以及下次怎样才能把技能运用得更好。此时引导来访者完整检视发生的事情就格外重要。这可能有些痛苦（特别是治疗的前几个月），因为来访者害怕技能训练师及其他来访者的评判，也会负面地评判自己。因此，可以预料到他们会非常拘谨。有时来访者在未检视实际事件之前，对于技能为何不管用或为何自己用不上先有了定论。这些解释经常是轻蔑的且涉及辱骂（如"我就是笨"），或者来访者可能对情况感到无助，全然接纳技能无用武之地这一假设。情绪失调的人不太能客观、平静地分析是什么导致了某个特定问题，特别是当问题出现在自己的行为时就更是如此。显然，如果他们无法做出这样的分析，解决问题的尝试很可能从一开始就注定会失败。许多人看不出行为的环境背景所扮演的关键角色，坚持把所有行为都看成内在动机、需求和诸如此类的功能（当然，重要的是，技能训练师不去附和这样的观点）。因此，技能训练师在此时的任务便是让来访者进入行为分析；示范不轻蔑、不评判的行为评估；而且（在团体情境中）让当事者和团体都投入到这个过程中，好让相同的技能可以运用于其他的问题情境（怎么做、从哪里开始和停止、该避开的障碍，详述于《DBT教科书》第九章）。

随着时间过去，要鼓励和强化来访者彼此协助、分析和解决疑难问题。

当来访者有家庭作业的问题

在分享时，来访者往往表示他/她在前一周丝毫没有练习。如果只听字面的意思就错了，若仔细审视经常会发现来访者确实练习了技能，只是他/她并没有解决实际问题。接下来，讨论会转向塑造和制定合适的期望。我们经常发现来访者对于如何练习指定的技能并没有完整的理解，或者该来访者并不了解先前讨论的许多技能但害怕提问。在这些情况下，就应讨论对问题的自我检视和作业练习中碰到的问题。不论何时，要求其他来访者协助有困难的来访者都很有益。在人际效能的案例中，我们可以要求另一位来访者角色扮演，演出他会怎样应对那种情境。在情绪调节和痛苦忍受的案例中，不需他们自己呈现出来，其他来访者可以分享他们如何（或会如何）应对类似情境。

有时候来访者会表示，他/她试着运用技能但始终无法施展。混乱的环境、技能的缺乏，或者不了解指定作业或指示都可能是影响因素。例如，来访者进入人际情境中可能想应用先前所学的人际效能技能，但是对别人的某些话语感到困惑，忘记该说什么或如何回应。有时候，来访者可能表示合理地运用了技能却不管用。即使是最有技能的谈判者，也无法总是获得自己想要的；放松运动即使做得再正确，也不一定能缓解焦虑和紧张。在这些情况下，一定要获得精确的信息，来访者和培训师可能都想跳过这一阶段，判定这个技能不适合这位来访者，虽然这可能是真的，但来访者也有可能没用正确的方式应用这个技能。在分析中的每个节点，培训师应该对任何问题保持开放。不论问题是什么，培训师都应该把每个问题视为要解决的，而且立即跳转到："你会如何解决？"

最后，有时来访者说他／她没有做练习，但其实是做了，只是自己并不知道，或是运用了技能训练以外的技能。如果没有深入探索来访者在当周的经验，可能会完全错失这样的信息。

大致上，哪些技能对谁有用是非常个人的，不过，带领者在认定某项技能不适合某位来访者时必须谨慎。没有经验的带领者经常太轻易放弃一项技能，认定某项技能并不能良好匹配某位团体成员，但实际上是来访者未能适当地应用该技能。

如果来访者没有做任何家庭作业练习

对于所有未完成指定家庭作业（如拒绝或忘记练习技能），以及拒绝或无法投入技能训练活动的情况，应立即进行行为分析，并让来访者参与其中。培训师一定要遏制来访者提供简单的解决方案和答案的倾向。来访者解释没有练习的常见理由包括不想、不记得、没有场合练习，而很少能辨认出影响他们缺乏动机、不记得或没能观察到练习机会的情境因素。情绪失调的人倾向运用惩罚（通常是自我贬损）来作为行为控制的办法。当然，重要的是，带领者不要附和来访者惩罚他们的不练习。在上一周没有尝试练习的来访者通常不想讨论不练习的原因，而且会要求带领者直接跳到下一位来访者。带领者一定不能这么做。分析不做作业的原因非常重要，对于因恐惧或羞愧而逃避这个主题的人来说，这是练习情绪调节模块中的相反行为的好时机。这也给其他团体成员提供了一个机会，在团体情境中去练习自己的行为管理和问题解决技能。

第一步是对遗漏的行为取得精确的定义，接着是问题解决，避免未来再发生同样的问题（参见本书第六章遗漏环节分析的分步骤指导）。依次询问以下问题：

1. "作业是否进入了短期记忆？" 这表示"你知道有这项作业吗？"如

果答案是否定的，试着解决其他问题都毫无意义。不知道作业表明在课堂上不够专心、没有来上课，和／或没有阅读或获得作业的提醒。如果这是问题所在，就必须找出解决办法，让来访者知道作业是什么。如果来访者回答是，就跳到下一个问题。

2. "你愿意去做所需要的或期望你去做的有效行为吗？"如果答案是否定的，就接着问是什么妨碍了你采取有效行为的意愿，想法可能包括任性、觉得不能胜任或感到泄气。这里就通过练习例如全然接纳、利弊分析或相反行为等技能，解决妨碍意愿的问题。如果来访者的答案是肯定的，就进入第三个问题。

3. "曾经想到过要做家庭作业吗？"如果没有，试着发展一些方法，让来访者能想到要做家庭作业（设法让整个团体想出很多方法）。如果答案是肯定的，就进入第四个问题。

4. "想到作业时，是什么妨碍了你去做？"如果出现"我一会儿再做"的想法，询问做家庭作业的想法是否在后来出现。如果没有，就试着找出如何让想法再度出现的方法。如果出现任性的想法（"不！我就不做！"），那么就解决这个问题（对于任性可能会逗留一会儿的可能性要保持开放），不要用任性去解决任性的问题。

分析完成家庭作业练习的动机

一个需要仔细分析的常见说法是"如果我没有做，就表示我根本不想去做"。通常在以前的治疗中来访者已学过对动机的诠释，即使它们很少与现实有所关联。即使问题和动机相关，也还是必须处理干扰动机的问题。这里要记得，最重要的事情就是提供非轻蔑性的假设，并向来访者传达不评判的态度；通常来访者已经很爱评判了。尤其值得深入分析的假设包括对技能的用处不抱希望；认为来访者不可能学会技能；认为他或她不需要技能，而且已具备这些技能；认为他或她应该在更早以前学习这些技能，因此到现在还在学习简直是能力太差或太蠢了。这些想法可能导致负面的情绪反应，然后来访者会逃避负面情绪。告诉来访者拥有这些无望的想法并没有关系，这点很重要，如果来访者并没有完全信任培训师，技能训练师也不要觉得自己没用。虽然这些想法可能都非常合理（也应该得到认可），但执着于这些想法却很可能并无益处，因此请依次进行鼓舞啦啦队（《DBT 教科书》第八章）、认知修正（《DBT 教科书》第十一章）和解决方案分析（本书第五章）。

动机和记忆的问题可提供带领者讲授行为管理和学习准则的良机（见本书第八章，特别是第十七节）。目标是要随着时间推移用这些准则去取代评判性的理论，这些理论通常建立在情绪失调者经常有的执念和心理障碍的基础上。不做练习就是一个必须解决的问题。

促进课间技能练习

我发现，以下策略对于协助来访者提升课间技能练习的频率很有帮助。

1. 指派具体的作业。 当你指派家庭作业时要非常明确。此外，提供一个家庭作业日历让来访者可以记下作业，并且提供练习单让他们记录练习效果。在周间利用电子邮件、短信或其他方式，提醒每个人做这些指定作业。

2. 让来访者选择练习单。 在本书的网站，每项作业通常至少有两种练习单。我发现，来访者对练习单有非常特定的喜恶，有些人喜欢写很多，有些人则不然。我几乎为每一个技能讲义都发展出了一系列练习单，这样来访者可以对自己具体练习和记录什么有更大的掌控感。

3. 强化作业的完成。 这一点可以通过给予适合所教团体的有形奖励来做到。来访者每完成一份课下练习单，我们便发给其一枚贴纸。如果因为某种原因，来访者无法取得指定作业，那么填写任意一个练习单也会发给其相同数量的贴纸。这个策略的一个附加结果就是它几乎消除了所有不做技能练习家庭作业的好理由。如果你想针对家庭作业给出像贴纸一样主观的强化物，必须明确告诉来访者完成多少练习可以获得这项奖励。在我们的诊所及其他所知诊所中，给贴纸对强化作业的完成有极明显的效果。如前所述，我们的团体成员很喜欢贴纸，并且经常带来他们喜爱的贴纸当作我们的奖品，还会把贴纸贴在技能资料夹外面。其他团体则是发糖果。可以兑换一定范围奖品的礼券也很有效。在物质滥用的课程中，你或许可以得到社区商人为一个礼品柜捐赠的礼物作为课程之用。

4. 如果来访者没有完成必要的作业，就不给予奖励。这点非常关键。许多来访者没有获得奖励时，会变得非常痛苦、愤怒、悲伤或伤心。此时，仍然给予奖励看起来似乎简单很多，但这却是错误的。一旦你这么做了几次，贴纸作为完成家庭作业练习的奖励功能就丧失了，那些因为贴纸而做作业的人会感到很沮丧。如果你想强化其他行为（比如，努力尝试），可以给出其他奖励。比如，当有人进行了我想强化的行为，我会每隔一段时间口头给出"一万颗金星"的奖励（有时是奢侈的"一万两千"或"一万三千"）。虽然这些星星只是口头的，来访者却非常愿意为此努力，甚至有来访者在团体课程中生气地说："我听说你在其他团体给出金星，为什么你从未在技能团体中给我们金星？"

5. 讨论作业要从没做作业的一两位来访者开始。一开始上课就询问谁做了作业，谁没做作业，先从没有做的人开始，并且询问以上罗列的问题。一般来访者都会对没做作业的分析感到讨厌，尽管你试图用不让人厌恶的方式进行。审视未做家庭作业虽然令人反感，却非常具有激励作用，不管来访者多希望你跳过，都不应该跳过这个环节。不过，有时候你发现来访者的拒绝或他们的固执会让你很难进行下去，这时可以立即结束。大致上，我的做法是在来访者拒绝回应时，换到下一位或下一个主题。但我不会直接跳过而不要求来访者回应（我总是用我忘了他们不想被询问的口吻）。我对来访者要求跳过他们的请求实行灭绝计划，除非那人明确表示不参加家庭作业讨论，或者不参加团体。针对这样的人，我可能会在讨论家庭作业时说："你还是没有做作业（或不分享家庭作业）吗？"或"你还在罢工吗？"如果没有回应或答案是肯定的，我可能会继续课程，也可能会说："好，我希望你知道我永远抱持着希望。"

6. 分析了一两位未做作业者之后，再转到做了作业的人。当八位来访者中超过两位没做作业，就可以这么做。确定要强化做作业的行为，不管来访者是做一点还是全做。聆听他们家庭作业的报告，并且让团体中的其他人也聆听是至关重要的。要给予必要的反馈，并试着让其他来访者参与家庭作业的讨论。如果可能，要把一个人使用的技能或遇到的困难跟团体中的其他人关联上。

DBT基本策略在技能训练中的应用

　　DBT 最重要的策略是强调辩证观点在治疗中随处可见。如图 5.1 所示，DBT 核心策略两两成对，一端代表接纳，另一端代表改变。总共有五种主要策略：（1）总的辩证策略；（2）核心策略（问题解决与认可）；（3）沟通风格策略（无礼的与相互的）；（4）个案管理策略（为来访者做顾问与环境干预）；（5）整合策略。问题解决与认可的核心策略，加上辩证策略形成了 DBT 的基本要素。沟通策略详细说明与治疗兼容的人际和沟通模式。个案管理策略则指明了治疗师该如何与使来访者陷入其中的社会网络互动并做出回应。

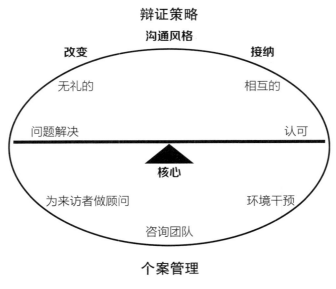

图5.1 DBT治疗策略

如图 5.2 所示，DBT 是模块化的治疗。模块化治疗的主要特点是治疗者可视需要在不同治疗模块中将治疗策略自由添加或移除。技能训练程序是改变问题解决策略的一部分。图 5.2 虽然没有列出所有的模块，但技能训练师常用的治疗策略皆已包含在内，本章将逐一仔细讲解。技能训练的重点是帮助来访者学会新技能，并在生活中实际运用以处理问题。虽然教授的技能可分为改变技能与接纳技能（图 5.3），但对来访者来说，学习和运用新技能就是一种改变。

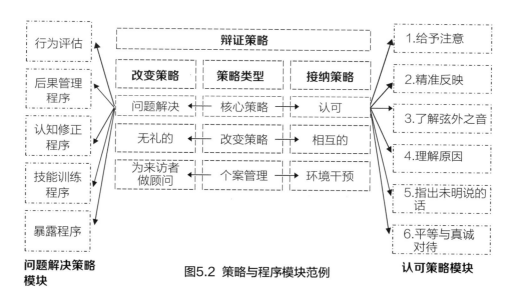

图5.2 策略与程序模块范例

整合策略处理如何解决在技能训练过程中可能出现的特定问题，比如治疗关系、自杀行为、破坏治疗的行为或辅助治疗等。其中一些策略已经在第三章、第四章讨论过。第六章到第十章会将一些治疗师的策略转化为来访者本身的技能，进行深入探讨。所有策略在《DBT 教科书》中都有详尽讨论，技能训练师必须了然于心，才能在面临新状况时灵活运用。本章将检视DBT 的基本技能和程序，也会说明技能训练过程中可能出现的状况，以及一些我觉得对团体治疗特别有用的改良策略。

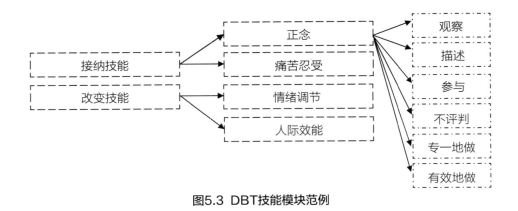

图5.3 DBT技能模块范例

辩证策略：维持治疗的平衡

  DBT 的辩证核心涉及治疗行为的两个层面。在第一个层面，技能训练师必须对治疗环境中的辩证平衡保持警觉。在团体环境中，每位团体成员（包括每位带领者）时刻都处于多层次、多方面的辩证冲突状态。第一组冲突普遍存在于每位个体成员和整个团体之间。从这个角度来说，团体有自己的身份认同，每位成员都可以对团体做出反应。举例来说，某一成员可能和团体的规范、想法、态度或"人格"产生辩证冲突。此外，团体既是所有部分的总和，却又不止于此。每位团体成员中的身份认同在某种程度上由他／她和团体的关系而定。因为团体和个人的身份认同都会随着技能训练过程而改变，所以成员对于团体的认同以及随之出现的挣扎都可以为治疗进展提供可利用的辩证冲突。

  第二组冲突存在于两两成对的成员之间。只要两人互动，就有可能启动紧张关系。允许成员在团体外互动的一个缺点是：成员间的关系可能在公开的团体情境之外发展，导致成员间的辩证紧张关系经常不易被带领者或其他成员所察觉。第三组辩证冲突在这两个层面的接合面，介于个人与其独特的生活环境之间，通过成员的长期记忆被他们以个人背景的形式带入治疗情境中。

带领者必须随时注意技能训练课程中出现的各种冲突。技能训练师的任务是维持治疗中的平衡，将这种平衡导向和解与成长。每位培训师都必须记得自己也是成员之一，与整个团体、其他带领者和每位来访者也都存在着辩证冲突。

显然，这里所必需的辩证架构是一个动态且开放的系统。系统里不仅包含眼前的成员，还有其他通过成员的长期记忆和既有行为模式，被成员带进团体的所有外来影响。这个架构可以协助带领者避免犯下只从封闭系统的角度解读成员行为的错误。封闭系统假设所有的回应都直接来自于治疗过程中所发生的事件。然而更常见的情形则是团体活动或事件让成员想起了治疗课程以外的事情。深受情绪失调困扰的来访者经常无法将沉重的压力事件暂搁一旁，或停止思维反刍，也无法一次专注于一件事。另一方面，带领者将成员的所有行为都归因于治疗过程以外的事件也是错误的。带领者必须调节这种存在于重要事件之中的辩证冲突。

第二个层面的辩证重点是教授来访者辩证的观点并以身作则，取代过去的二分法、是非对立、非黑即白的想法。带领者或协同带领者都要具备一套娴熟的辩证技能。

具体的辩证策略

有关辩证策略的简要介绍可以参考辩证技能讲义（人际效能讲义15、16），至于所有辩证策略的深入叙述请见《DBT教科书》第七章。虽然所有辩证策略总有派上用场的时候，但是有些策略对技能训练尤其有用。

DBT最常见的辩证策略是说故事和隐喻。每个技能的教学笔记（本书第六到第十章）虽不是详尽无遗，但也囊括了许多例子。例如在技能训练之初，就有机会提出一个自相矛盾的论点，那就是每个人都已尽力，却也需要做得更好。提出这个论点后，培训师不要立即提供解释，要让每位来访者自己解开矛盾，这样才能理解正反两极的整合，并向这方面发展。

扮演魔鬼代言人是另一个重要的策略。培训师用极端化方式呈现来访者的一个不良想法，当来访者想要推翻这一极端命题或规则时，培训师提出与之相抗衡的相反论述。这是一个能帮助来访者放开对情绪的无效解读并使用技能的重要策略。几乎每次失败或危机都不仅是练习特定技能的机会，也是练习"把柠檬变成柠檬汁"的机会（学习化危机为转机的机会）。

就像第二章中提到过的，一个开放（而非封闭）的团体使自然地改变成为可能，这也是一种辩证策略。技能训练最重要的两项特性，一是评估技能的运用，二是教授新技能，辩证对两者皆有举足轻重的地位。以辩证观点进行评估能使培训师不执着于自身分析的对错，而更能了解来访者运用技能的难处。这就要不时省察"是否遗漏了什么"。在团体情境中，更容易发现以"是非分明"的认知方式无法解决问题。因为不论某个问题的解决办法多么聪明绝妙，总有人能提出另一个同样有效的方法。而每个解决办法都有其局限性，也就是说，总是有"故事的另一面"。极为重要的是，团体带领者不能卷入战役，急于证明自己教授的技能适用所有情境，甚至是一个特定情境的唯一正确方法。虽然某些技能可能对于达成特定目的非常有效，但它们并不比其他方法更"正确"。因此带领者的任务是一再询问："我们怎样才能都是正确的？我们该如何测试策略的有效性？"

典型的辩证冲突

感受、信念与智慧心念

"智慧心念"策略是最先教授的正念核心技能（请见本书第七章），应鼓励来访者运用在整个技能训练过程中。当来访者描述自己的情绪或感受状态时（例如：我觉得自己很胖，没有人爱），仿佛这样的感受提供了经验事实（我真的很胖，没有人爱）。有时候只要这样询问来访者就十分有效："我现在对你相信或思考什么不感兴趣，我想知道你的智慧心念告诉你什么是真实的。你知道什么是真实的吗？智慧心念告诉你哪些是真实的？"辩证冲突存在于来访者的"情绪心念"所认为的事实和自己所相信的事实（"理性心念"）之间；而二者的恰当整合就是来访者的智慧心念所知道的事实。鼓励运用智慧心念非常容易被滥用，尤其是当培训师无法区分智慧心念和自己的想法时更是如此。若培训师高估自己的知识或意见就会让事情变得相当棘手。谦逊的治疗价值再强调都不为过，因此每当出现想法分歧时，培训师的任务就应该是反思"我的观点遗漏了什么"的同时，寻求恰当的整合。在 DBT 中，治疗师或培训师位高权重，很容易导致专横自恃，而会诊团队的其中一个主要功能就是将治疗带回平衡。

我愿意与我执意

在技能训练中，"我愿意"和"我执意"之间的冲突十分重要。本书第十章会有更完整的讨论，基本上，这种冲突就是两者之间的拉扯，一个是根据情势需求而做出回应（我愿意），另一个是抗拒情势所需，只回应自身需求（我执意）。所以执意既包含想要"处理"情势，但又被动地袖手旁观，完全拒绝回应。

在技能训练过程中，这种冲突会以许多形式出现。在团体情境里出现的一种基本形式是带领者想和一位成员或整个团体互动，但成员或团体却退缩，拒绝互动。这里的冲突存在于带领者想影响成员或团体，并允许其反过来影响自己这二者之间。让我们更直接地叙述这个核心问题：带领者应该敦促得多紧？成员或团体应该有多大程度的抗拒？使用"我愿意"和"我执意"来探讨这个困境非常有用。我常和来访者讨论谁比较"执意"，是我？是来访者？还是两人都是？当然，这个问题的解答无法脱离当下的情境需求，此时技能就变得格外重要。然而，它也和观点或辩证的重点有关。团体带领者必须谨记成员和团体当下与长期的需求，那就是现时享受和未来获益，并且在当中找到平衡。若失去平衡，带领者就会陷入"我执意"的危机。与团体成员陷入权力斗争也非常容易，因为带领者需要治疗进展、觉得有疗效，或是营造更舒适的氛围，然而这些需求却和成员们的需求有所冲突。

技能训练师努力兼顾个体成员和团体的需求时，"我愿意"和"我执意"的冲突会尤其明显。当来访者不愿互动、充满敌意，或行为举止影响整个团体的气氛、舒适度和治疗进展时，最常出现这种情况。从我过往的经验来看，这种对团体利益的威胁能轻易带出技能训练师的执意。此时的紧张关系通常来自于两种执意。一方面，培训师可能执意要积极地控制或攻击桀骜不驯的成员或行为，由于团体成员通常极度不善于处理负面情感，所以一旦有成员制造冲突，其他人可能就会退缩。当团体气氛变得愈来愈紧张或无望时，培训师自然想要扭转颓势而尝试控制那个制造冲突的成员；另一方面，培训师也可能执意忽略冲突和紧张情势，被动回应。这种情况其实是主动伪装而成的被动，这种对紧张情势的忽略会逐渐在冲突的持续发展和升级中展现出来。

双方的"执意"得到整合之后就是"愿意"。很重要的是，要记得不管来访者的行为多么令人厌恶，执意不能通过执意来解决。因此培训师以愿意来回应执意就变得十分重要。例如，每当来访者看似执意时，就（轻声）问道："有没有可能你觉得自己太执意了？"我发现很有效。若来访者的回答是肯定的，我通常会再问："你认为自己会执意多久呢？"接下来不管有没有得到答案，我都"允许"执意的来访者继续执意，只要他在"愿意"回来时告诉我一声就好了。对于在训练过程中表现出执意的青少年，我会问："嗯，你是不是罢工了？"若答案是肯定的，我会说："好的。"然后和其他来访者继续进行训练活动。

好人与坏人

在团体情境中要让所有成员共同合作，对带领者来说是很难的任务。因为每位成员每次来参加课程时的情绪都不一样，对于课程中发生的事件也有不同的反应，这些变量对于成员在特定课程共同合作的意愿都有很大影响。就算某次上课时，每个人都"没心情"参与课程也不足为奇。当这种情形出现时，带领者一定要继续和成员互动，试着让大家再度携手合作。然而，这样的尝试经常会被成员视为"逼迫",带领者(通常是主要带领者)这么做会被成员当成"坏人"。此时若协同带领者能认可成员的感受通常会有帮助。受到主要带领者逼迫的成员不仅会退缩,通常还会更坚决地拒绝互动。协同带领者的认同可以降低负面影响并强化成员的合作能力,然而发生这种情况时,协同带领者会被当成"好人",带领者之间就出现了辩证冲突,这种情境与心理动力中的"分裂"概念密切相关。

这里有个危险,就是带领者们允许自己"分裂",从而带领者们不再是一致的整体,而变成了独立的个体。这种情形最可能发生在其中一位带领者开始认为自己"对",其他带领者"错"的时刻。一旦发生这个状况,带领者之间就会产生分歧,扰乱平衡。团体成员一定会仔细审视带领者之间的关系,所以一旦分裂发生,一定会被看出来。我常将团体技能训练称为"家庭晚餐的重现"。大多数成员都经历过家庭餐桌上发生未解决的冲突和矛盾。团体技能训练要让成员体验解决冲突的完整过程。带领者在他们的关系中容纳辩证的能力,也就是即使角色不同,也能保持团结合一,这对于成员学习解决冲突十分重要。当然,做"好人"可能很舒服,做"坏人"或许很不舒服,因此主要带领者需具备娴熟技能与个人安全感,才能扮演好"坏人"角色(在此我要说明,不一定都是主要带领者扮演"坏人",有时候任意一个带领者都可扮演这个角色)。

另一个可能会出现的辩证冲突存在于技能训练带领者和来访者的个体心理治疗师之间。这里技能训练带领者可能是"好人"也可能是"坏人",而个体治疗师扮演对应的角色。以我的经验来说,在标准 DBT 综合疗程的第一年,技能训练师比较常担任"坏人",而个体治疗师则是"好人",但有些时候角色也会互换。其实,将技能训练和个体治疗分开是 DBT 最大的优点之一,就是让来访者同时面对"坏人"和"好人",这样来访者通常更愿意持续参与治疗。

"好人"的功能经常是将来访者继续留在疗程中,同时让来访者有机会解决和"坏人"之间的冲突。许多深受情绪失调困扰的人从来没有在痛苦的关系中待得够久，因此没有解决冲突和体验解决冲突所带来的强化作用。DBT 就提供了一个独特的情境，让他们可以体验这样的过程。在一定程度上，来访者在处理和他人的冲突时，总有温和的辅导人员帮助他们解决与其他提供者的冲突。最重要的是，不管谁是"好人"，一定要将治疗关系视为一个整体，不要陷入"是非对错"之争和"好人坏人"之分。技能训练师若能将这些关系视为一个整体，来访者也就有学习仿效的机会。培训师示范平衡，来访者自然也能学会平衡。

内容与历程

如前所述，除非负面历程危及团体的存续，否则在团体技能训练过程中，并不会系统化地处理历程问题。为使团体运作顺畅，技能训练师需向来访者仔细说明技能训练团体和治疗历程团体的区别。曾经参与过治疗历程团体的成员，通常不太容易理解学习技能与讨论和经营人际历程之间的区别。当人际冲突或情绪失调等状况发生时，紧张关系就出现了。此时团体很难兼顾治疗进展，而需在继续教授内容和停下来处理历程之间做出抉择。

处理历程可能困难重重，在来访者的情绪严重失调时尤其如此。处理历程需要一些时间，通常超过来访者所能承受的极限。另外，课程中发生的冲突也可能因为到了下课时间或来访者提前退出而无法解决。发生这种情形且冲突严重时，技能训练带领者可能需要花时间和来访者单独沟通，帮助他们渡过难关。可以的话，最好是将这些讨论延至休息时间、课后，或（如果情况严重）在课下以电话联系，或于下一次上课前进行。为了强调这些讨论不是个体治疗，我会在走廊进行；或者，若真的需要在房间里谈，我也会把门打开。另一方面，如果讲授内容时完全没有兼顾历程，最后团体可能会分崩离析，这很容易在带领者无法建立准时上课、做家庭作业、上课专心、尊重他人的规范时发生。在这些情况下，保持内容与历程之间的平衡非常重要。

在我的经验中，有些技能训练带领者比较擅长内容而容易忽略历程，有些则相反。很少有带领者会觉得达到这个重要的平衡是件很容易的事。或许关键就是要认识到，痛苦忍受度低的人想要在所处的每个当下都很舒适。他们无法暂时将不适搁置一旁，继续完成任务，因此发生历程问题时，治疗师很难继续处理内容。治疗师常发现不论如何都得继续向前推动进度，而这么做通常需要忽略一些甚至是绝大部分的历程问题，即使来访者不合作，回应时也要假装他们正在合作。唯有靠经验累积才能达成这种微妙的平衡。

遵守规则与鼓励自我表达

如同第三章所述，DBT 技能训练有许多规则。这些规则不但至关重要，有些甚至毋庸置疑，不容更改。另一方面，DBT 的主要目标之一是传授包括自我表达能力在内的人际技能。若技能训练师恰如其分地扮演好自己的角色，在治疗过程中就会出现以下的张力：要维持规则（不顾来访者的异议或反对），以及当来访者以恰当的方式提出要求，必须适时改变规则，以强化来访者自我表达的技能。在"让步"和"不让步"之间取得平衡的能力不可或缺。这时，培训师一定要在"善意变通"和"毫不动摇"（《DBT 教科书》第四章所述的特质）之间取得平衡。

这需要技能训练师具备清晰的思路。为让步而让步，就跟为持守规则而不动摇一样僵硬。但是来访者以恰当的方式提出破坏规则或享有例外的要求，并不足以使他们获得奖赏。很明显地，在真实世界中恰当地提出要求，不一定会得到谦和的回应。其实，在我治疗的许多人之中，最常见的错误认知就是他们认为如果恰当地提出要求，世界就会（或应该）满足他们的需求或愿望。认识到事情不一定会这样，对于他们的成长十分重要，也是痛苦忍受训练的目标之一（请见本书第十章）。另一方面，教授这个基本功课不应该与在情况有需要时却断然拒绝破例混为一谈。"我愿意"的概念在此又可被视为二者的统一，是培训师应选择的道路。

然而，"我愿意"需要技能训练师具备清晰的思路。这种清晰的思路需要和每位成员（或是团体情境中的团体）的终极治疗目标相关联。紧张关系最常存在于目前的舒适和学习处理不适之间。面对来访者的自我表达行为，

第五章　chapter 5
DBT基本策略在技能训练中的应用

技能训练师在选择最有效的回应时，必须兼顾两者。

当然，如果技能训练师能将来访者的自我表达视为治疗进展而非威胁，这个任务就会简单许多。但是当来访者和培训师的互动变成"同事"而非"来访者"时，培训师的任务会变得困难许多。一旦来访者有了进步，常见于治疗中的"一上一下"关系便会受到威胁。但只要技能训练师能乐见来访者的理性和技能运用超越自己，治疗进程便能改善而不受到威胁。在团体情境中，尊重其他来访者的观点当然是不可或缺的，同时当培训师碰到"硬邦邦的砖墙"时，也要认识到自己永远不能改变他们的心意。在这些时刻，愿意改变规则、同意来访者提出的要求都可能使治疗关系产生本质的改变。

如前所述，由两位带领者共同带领团体治疗能进一步提供建立辩证观点的渠道。从本质上而言，每位团体带领者的风格都是辩证关系中的一环。举例来说，在"好警察，坏警察"策略中，一位带领者可专注于内容，另一位则专注于历程；或一位带领者可协助另一位带领者解决其与成员的纷争，为紧张关系找到恰当的统一。当一位带领者代表整体的一端时，另一位就代表另一端。

核心策略：认可与问题解决

认可

认可策略（代表核心策略中的接纳）对 DBT 非常重要。如前所述，当初是结合认可（一整套的接纳策略）和问题解决以及其他改变策略这一需求促使我发展出"新版"认知行为治疗。问题解决与认可两者密不可分。如同在个体 DBT 疗程中，每次技能训练课程都会运用认可策略。认可策略包含不评判的态度，以及在每位来访者的回应中寻找基本的合理性（或在团体情境寻找整个团体的基本合理性）。情绪失调的人通常身处缺乏认可的环境，在团体情境中，带领者和整个团体的功能就是与不被认可的环境对立的角色。

在技能训练中，认可的第一个常规任务是协助来访者观察并精准描述自己的情绪、想法和外显行为模式。许多 DBT 行为技能训练，尤其是正念训练，都以此为目标。第二，技能训练师共情来访者的情绪状态，传达对其想法和期待的理解（虽然不一定同意），并仔细观察他们的行为模式。也就是说，培训师要准确观察并描述来访者的行为。第三，也是最重要的，培训师应传达来访者的情绪反应、想法、期待和外显行为，这些在他们的生活情境和当下都是可理解的、合理的。尤其重要的是，技能训练师必须正面肯定合乎规范与适合来访者状况的行为。培训师每分每秒都像在装满沙子的杯子里淘金，在看似功能失调的回应中寻找合理的部分，这种方式正好逆转了不被认可的环境。表 5.2 列出认可的元素，以下我们将更深入讨论，更多细节可见人际效能讲义 17、18 及《DBT 教科书》第八章。

不管是团体还是个人技能训练，几乎不间断地像啦啦队一般鼓舞士气是不可或缺的。技能训练师在这里可能出现的最大问题是要维持精力来安慰、激励、好言相劝，为学习新技能缓慢的来访者加油。在"我不行、我不会"和"你可以的、你必须会"之间不断拉扯，可能会耗光最充沛的培训师的精力。每位团体带领者都必须依赖另一位带领者的支持，才能在精疲力竭时注入新能量，或是在与来访者的对话变得执意时帮助其脱离困境。

在团体技能训练中，引导和强化来访者彼此的认可也相当重要。认可他人是人际效能模块所讲授的技能之一。情绪严重失调的人在共情和认可他人方面却经常表现突出。然而，他们的回应也可能具有很强的评判性（在某些课程结尾有个人观察的分享，这可能会是个问题）。他们可能很难理解和认可自己从未经历过的情绪模式、不熟悉的思考方式和自己从未有过的行为。然而我的经验是，团体成员会努力彼此认可，问题较常出在带领者需把他们评判性的观察剥离，筛选出对他人可能有价值的反馈。不计一切代价的和睦（不认可环境的典型目标）在团体技能训练中不应成为常规。当然，有些来访者的成长环境可能从来没有和睦。这时，再次出现了辩证关系。

在团体技能训练课程中，认可意指带领者即使在同时提出相反的观点时，也要指出隐藏在来访者意见、团体经验中的事实。处理成员间不和或带

第五章 chapter 5
DBT基本策略在技能训练中的应用

领者与个别成员冲突的方法就是认可并整合双方观点，进而解决问题，而不是单单只认可某一方的意见。

认可的基本准则

认可的精髓是：技能训练师告诉来访者，就他们现在的生活或处境而言，他们的回应是合理且可理解的。培训师主动接受来访者并将这种接受传达给来访者。来访者的每个回应都会被重视，不会被轻视或被视为小事。认可策略依靠技能训练师寻找、辨识、反映隐含在来访者或团体对事件回应中的合理部分。就像面对不受控制的孩子，父母得"趁表现好时"予以强化，技能训练师也需找出来访者回应中的正确性，有时要加以放大，并予以强化。

此处需注意两件事，首先，肯定是指认可真实的事物，而不是"伪造"真实或认可不实。技能训练师观察、体验、证实，却不创造真相。其次，"真实"和"科学"并非同义词。科学是种方法，可用以判断事物是否令人信服、合乎逻辑、大致完善或为普遍认可的权威所接受。然而，只要和他人经验相似或符合可观察到的事件，个人事件中的经历或理解，就可成为真实的基础。

认可分为六个层次。每个层次都以前一层次为基础且更为完整。DBT便由这六个层次所定义，与来访者互动时不可或缺。我在 1997 年出版的著作中详细介绍了这些层次。

■ **认可的第一层：技能训练师倾听与观察来访者的话语、感受和行为。**
培训师也会花同等心力积极理解观察到的话语和行为。这一层次的重点是技能训练师和协同带领者都要保持警醒、对来访者保持兴趣、注意其当下的言行。培训师应注意互动回应中的微妙之处。认可的第一层向来访者传达的一个信息就是来访者本身，以及来访者的出席、课程中的话语和回应"都需要仔细注意，（通常）需要被接受"。如第二章所述，认可的第一层由两位培训师负责，但注意整个团体回应的微妙之处却是协同带领者的特殊责任。

■ **认可的第二层：技能训练师将来访者的感受、想法、假设和行为准确反映给来访者。**技能训练师通过聆听、观察来访者的言行和回应以传达理解。认可的第二层是授权、赋能每个人原本真实的样子。技能训练师在这一层需要确认自己反映得是否准确，且需随时愿意放下之前的理解，接受新的理解。

■ **认可的第三层：技能训练师描绘未以言语表达的经历和回应。对于来访者没有直接用语言表达出来的某方面经历和对某事件的回应，技能训练师表达对其理解。**单凭知道发生的事件，便像会"读心"般地找到来访者行为的原因，以及他们的感受、期望、想法和行为。技能训练师能在缺乏行为信息的情况下，联结事件和行为。培训师也能描绘未表达出来的情绪与意义。认可的第三层在检阅家庭作业和回应来访者在学习、接纳、练习新技能遇到的困难时都非常重要。

■ **认可的第四层：从原因认可行为。**所有行为都缘自过去发生的事件，原则上都能被理解。技能训练师通过说明现有行为源于过去的事件来认可来访者的行为（认可不应与"赞同"或"原谅"混淆）。即使因缺乏信息而无法得知所有相关的原因，以来访者当下的经验、生理和生活经验来说，来访者的感受、想法和行动是完全合理的。至少，"现在"的情况总是能够被充分的原因所合理化；即使该行为出现的条件一定已经存在了。

■ **认可的第五层：技能训练师从现有情境或规范性功能的角度提供认可。**以现有情境、生理功能规范和／或来访者的最终人生目标而言，现有行为是无可非议、合情合理、有所根据、富有意义或确实有效的。培训师找寻、反映来访者（或通常是整个团体）回应中的智慧或合理性，传达自己能理解这样的回应。培训师从现有情境中找寻支持来访者行为的相关事实，不会因为来访者的功能失调就对适用于当下情境或适宜的反应模式视而不见。培训师在来访者的回应中寻找合理之处（必要时，也会对隐含在回应各层面中的功能失调提出建议）。

■ **认可的第六层：培训师需抱以真诚的态度。**接受每个人现在的样子，认可并回应来访者的优点和能力，深切共情、理解其难处和无力。就像信任亲朋好友般给予来访者信心，相信其有能力改变，往最终的人生目标迈进。培训师要以平等、尊重的态度回应来访者。最高层次的认可是肯定每个人"现在的样子"，而不只是看到一个角色——不只是一个"来访者"或一个"障碍"。认可的第六层不以倨傲姿态看待来访者，也不认为来访者脆弱不堪，而是认定来访者能表现出有效而合理的行为，而不认为她/他有病。第一至五层依次隶属于某一种类的认可，而第六层的层级和认可种类却与前者都不相同。

另外两种认可形式也应于此说明：

■ **鼓舞啦啦队策略**是一种更深入的认可形式，也是帮助许多情绪严重失调的人对抗被动和无望倾向的主要策略。使用鼓舞啦啦队时，培训师向来访者传达他们已经尽力，并认可他们最终能克服困难（若未适当处理这种认可方式，会让来访者觉得自己的无助感不被理解）。此外，技能训练师会表达对治疗关系的信心、消除疑虑、突显治疗进展的证据。DBT中的每次治疗互动都会运用鼓舞啦啦队策略。虽然随着来访者逐渐学会信任、肯定自己，应减少这种策略，但是鼓舞啦啦队在任何时候都是坚实治疗联盟的重要元素。

■ **功能性认可**是另一个DBT常见的认可形式。这种非语言或行为肯定的形式，有时甚至比语言认可更有效。举例来说，如果培训师把一块三十千克重的东西砸在来访者脚上，却只说了一句："哇！你看起来好痛。"这绝对不会被视为一种认可。功能性认可是指培训师会将重物从来访者的脚上移开。

更多认可的内容请见《DBT教科书》第八章。

问题解决

第四章已讨论过一些问题解决的核心策略（行为分析、洞察力、辩证策略、解决方案分析、介绍/承诺策略）。在这一章节中，我将检视图 5.2 中罗列的几个重要的问题解决程序：后果管理、暴露疗法与认知修正。这些程序都以改变为目标，共同组成了所有 CBT 的基本要素。治疗师不仅要对这些程序了如指掌，也要让来访者熟悉这些程序，每个程序的元素皆已转化到 DBT 技能中。后果管理的教学请见人际效能模块（第八章第十七节、人际效能讲义 20—22）；暴露疗法向来以有效治疗焦虑和恐慌闻名，而相反行为（情绪调节讲义 9—11）正是由暴露疗法程序衍生而来。DBT 将这些原则扩大应用于所有情绪问题。核对事实的技能也是由认知重建转化而来（情绪调节讲义 8—8a）。这些程序在《DBT 教科书》第十章中都有介绍。

后果管理程序

人际互动中的每个回应都可能带来强化、惩罚或削弱（又为去除强化）的效果。"后果管理"是指对特定的行为制定后果，目标是强化或维持想要的行为，并削弱不想要的行为。虽然自然产生的后果更好（请见下文），但通常它们出现得不够频繁或出现的时间不够快，不足以改变来访者的行为模式。因此后果管理需要技能训练师有策略地组织自己的行为，从而代表进步的来访者行为能得到强化，同时缺乏技能和适应不良的行为能得到削弱或惩罚。

后果管理的介绍从第一堂技能训练课程开始。介绍 DBT 技能训练的规则之后，就要讨论主要的治疗后果。然而，这些规则中只有两条涉及清晰的后果：（在标准 DBT 疗程中）若连续四周没有参加预定的技能训练课程，或连续四次和 DBT 个体治疗师失约；或（在非标准 DBT 疗程中）视具体技能课程的规定未参加某些课程，治疗就会终止。除此之外，并无明言规定违反规则后会有哪些后果。就我的经验，对于其他的规定，告诉来访者违反规则就终止疗程并非好事。但是，应告知其会有后续后果。主要包括培训师和 /或来访者对其不认可、带领者和团体都会关注对规则的破坏，以及更加疏远的人际关系。

后果管理的基本概念是，来访者的适应性功能行为会导致对该行为的强化，适应不良的行为则导致来访者会产生厌恶的后果，或无明显可强化该行为的结果。从定义上来说，"强化物"是指任何可以增加概率使某行为再次出现的行为后果，"削弱"则是通过去除强化物以降低行为出现的概率，"惩罚"指可以降低概率，使某行为不再出现的行为后果。

强化后果的运用

如上所述，任何会增加行为再现概率的事物都是强化物。最需要注意的是，不可未经审视就假定某种特定的回应为强化物。以我们的诊所为例，我们用贴纸作为强化物，完成技能家庭作业、准时上课都可以拿到贴纸，我们也让来访者告诉我们他想要哪种贴纸，然后仔细观察贴纸是否有助于强化或维持目标行为。例如，如果全员出席就订比萨，但这在物质依赖课程就不管用。就像我在第四章所说，一位参加团体的来访者对我说，她认为我给团体以外的人"一万两千个金色星星"并不公平（这是她听到的），我马上开始送出"一万到一万三千不等的金色星星"，只要有人能做到特别难以达成的技能。因为这些金色星星都是虚拟的，我以前从没想过会对学习技能的来访者有用，但事实证明金色星星确实有效。

值得强调的是，运用夸奖技能并不一定会强化来访者的有效行为。举例来说，根据个体过去的经历，对技能或长处的夸奖与认可意味着没有更进一步的帮助或更高的期待，那么对他来说夸奖就不是一种奖赏，而是惩罚。但是，停止对所有技能行为的夸奖也不是个好主意。这有两个原因，第一，来访者可能会将缺乏夸奖解释为自己什么都没做好——也就是一种未言明的批评；第二，大部分的情况下，夸奖都会被视为强化物，而对来访者来说，能将夸奖视为强化物也很重要。所以恰当的做法是什么呢？最好不要过度夸奖，但对于技能行为要给予清楚的反馈（也就是如实评论行为是有技能的或有进步的）。必要时，在夸奖后随即表示这不代表来访者可以解决自己所有的问题或什么问题都没有了。如此一来，夸奖就不会被诠释为一旦有了能力，就不会得到任何帮助。我们也要记得平衡对技能有效使用的夸奖，以及当使用无效时，对来访者所付出努力的夸奖。在新行为形成的过程中，夸奖来访者的努力尤其重要。更多有关运用（与滥用）夸奖作为强化物的讨论请见《DBT 教科书》第十章。

自然强化物

技能训练师应尽可能为来访者的适应性行为提供自然强化物。"自然强化物"是来访者在日常生活中可以预料到的后果。若培训师教授来访者自我表达的技能，却从不予以肯定，或回应来访者的要求，那么自我表达的行为就不太可能持续出现。同样，在技能训练过程中，若来访者因为被要求发言而焦虑，当其努力控制焦虑却被要求讲得更久时，就无法期待来访者会继续控制自己的焦虑。又或者来访者忍受讨厌事物的能力已经增加，培训师却让训练变得更令人反感，那么来访者以后就可能不愿意再忍受更多。这里要说明的是，当来访者开始运用培训师教授的技能时，培训师一定要谨慎回应，以强化这种进展。虽然"行为塑造"原则代表培训师最终还是要"加码"，会要求来访者精进特定行为，但这些要求必须循序渐进，否则来访者会觉得不管怎么做都无法使培训师满意或满足自己的需求。有时候，将口头夸奖与自然强化物搭配使用也很有用。

行为塑造

"行为塑造"就是渐进、持续强化以达到目标行为。培训师需要将想达成的行为拆成一个个小步骤并依序强化。这和培训师对来访者的期许与想要强化的行为有关。如果想要从来访者身上引出适应性行为，只着眼目标却不制定循序渐进的步骤，这样的尝试通常成功率不高。如果没有行为塑造，技能训练师和来访者都会深感挫折与压力，导致训练无法继续。患有重度广泛性情绪失调的人不可避免地缺乏自我行为塑造的技能，想要一步到位达到完美，这种（来自患者、家属或治疗师的）不合理期待会影响他们逐步习得技能的能力，因此技能训练师持续示范行为塑造原则非常重要。培训师应公开谈论、解释自己对来访者的期待，而这些期待也应遵循行为塑造原则。然而，团体带领者有时会忘记面对团体也应运用这些原则。我的经验是，带领DBT 技能训练团体最大的困难，就是培训师对整个团体的期待经常远高于团体所能达到的程度。

削弱与惩罚

与强化同等重要的是，对于欲削弱行为的强化要加以抑制。这理论看似简单，做起来却相当困难，情绪失调患者的问题行为通常能有效强化后果或使痛苦的事件停止。实际上，欲削弱的行为经常会断断续续地被心理健康人员、家属和亲友强化。与其他治疗模式中的"设限"类似，后果管理有时需要运用厌恶的后果（惩罚），以及系统化地强力移除常见强化物（削弱）。

运用厌恶后果有三个准则。第一，惩罚时应"罪罚相符"，来访者也应该有终止惩罚的方法。例如没有完成技能练习作业时就得进行详细分析，大部分的来访者都很讨厌这点；然而一旦做完作业，来访者就可以投入到其他话题中，培训师不会再多问为什么之前没完成作业。第二，培训师运用惩罚时应谨慎为之，简短而轻微，在来访者改进后就恢复两人之间的良好关系。如果来访者生气拍桌子，就在坚定要求其"停止"后打住，然后两人接下来的互动就应恢复融洽。第三，惩罚应适可而止。虽然最重的惩罚是停止技能训练，但是当遇到足以破坏团体的过分行为时，更好的备用策略是让来访者"暂停训练去放假"。当情形严重到无法进行团体技能训练，且所有后果和干预都失效时，就可考虑使用这种方法。这种例子包括：在团体课程上破坏物品、偷窃他人重要财物且拒绝归还、在诊所门前多次兜售毒品、将课堂中得到的保密信息公布在网络上、在培训师的孩子面前威胁培训师等。但这不包括许多来访者都可能有的、令人动怒的情绪失调行为。学习忍受、不动怒也是技能训练的重要目标之一，这项学习对学员和培训师同等重要。运用"放假"策略时，培训师需清楚说明来访者需要表现出哪些新行为、哪种行为要改、要回来上课需要什么条件。来访者放假时，培训师会不时通过电话或信件保持联络，并提供转介或其他备用治疗方案（亦即培训师把人撵走，然后渴望来访者回头）。

一般来说，厌恶手段可用于来访者逃避困难事物的时刻，比如，逃避上技能训练课、做家庭作业、进行课堂练习、主动解决问题。在这些情况下，立即干预并敦促来访者非常重要，不应忽略并默许他们继续逃避。也就是说，一定要使逃避反应短路。这里的概念就是让逃避所带来的直接后果比不逃避还讨厌。例如，来访者未出席时，我们就会马上打电话给他们（必要时还会使用隐藏号码），然后像啦啦队一样鼓励他们来上课。技能训练师打电话时会运用各式各样的策略（比如如你所愿、维持关系技能，包括态度轻松、协商妥协），这些都是来访者在人际效能模块曾学过的策略。不能使用这个方法的唯一例外是如果致电反而会强化缺席行为，稍后会加以讨论。

另一个在团体情境中的常见模式是有来访者回家不做练习，借此回避讨论。如果团体带领者跳过该来访者继续让下一位来访者分享，那么回避就生效了。就如第四章深入讨论的，此时最佳做法就是不评判地、亲切地转移到分析不做作业的原因。如果该来访者在敦促后仍拒绝做作业，带领者就可进一步分析为什么该来访者不想参与讨论——或者如果实在太厌恶公开讨论，也可改在休息时间进行。此处的重点是逃避不应得到奖赏。

主动的不良行为（例如想要获得注意、呜咽哭泣、敌对行为、想要讨论每周生活中的危机）都应该逐步削弱。技能训练师要忽略来访者的不良行为，要用仿佛那些行为不存在的态度继续与之互动。或者，若无法忽略该行为，培训师可简短回应，建议运用当下（或以前）的教学模块中提到的技能来应对：鼓励号啕大哭的来访者练习痛苦忍受或正念技能；冷静建议欲夺门而出的来访者运用情绪调节技能，等来访者平静下来，就可以继续上课。

　第五章　chapter 5
DBT基本策略在技能训练中的应用

除非在极少数的例外情况下（例如培训师有明确的理由相信来访者离开是要去自杀，或者来访者才刚加入课程，很明显地承受不了），否则技能训练师不应在每次来访者突然离开技能训练课程时就追出去。追出去就算不会被当成来访者离开的强化物，也会成为导致他人离去的替代强化物。然而，离席（进而回避技能训练）也不应不受限制地被强化。所以倘若来访者也参与个体治疗，培训师应提醒治疗师，在个体治疗中可以处理这个行为或针对突然离席进行讨论。如果来访者并没有参加个体治疗，其中一位培训师应在课下和该来访者讨论这个问题。

很重要的是，要记得安抚行为正在被削弱或正在经历厌恶事件的来访者。（就我的经验来说，要同时逐渐削弱行为并安抚来访者是新手技能训练师最艰难的任务之一。）在所有情况下，惩罚针对的是行为，而非来访者。尤其是在团体技能训练中，带领者需培养忽视各种行为的能力，并在行为消失后好言抚慰来访者；或者甚至是失调行为仍存在时，带领者也可安抚来访者，同时坚持他们还是要练习技能。面对哭诉关系破碎的来访者，带领者可以这样安抚："我知道这对你来说真的很难，但请尽量试着让注意力不要只专注在这些困难上，分一些注意力给我们的课程，告诉我这周你是如何练习技能的。"听过其他几位来访者的分享后，带领者可以回到该来访者身上，说句简单却温暖的问候："你努力专注在团体的尝试还顺利吗？……请继续尝试。"

观察局限

"观察局限"是后果管理中的特殊情况，以问题解决策略来应对侵犯或超过培训师个人极限的来访者行为。这些行为会妨碍培训师带领治疗的能力或意愿，培训师必须负起监控个人限制的责任，并和来访者清楚沟通、说明限制。如果不这样做，培训师总有一天会精疲力竭，终止治疗，或以其他形式对来访者造成伤害。比起人为限制，DBT更偏好自然限制，所以限制随着治疗师、时间、情况而变动。设立限制应该是为了培训师着想，并非为了来访者的利益。来访者的要求是他们自己想要的，但最终可能并非培训师之福。

举例来说，我教授新技能时十分容易分心。好几次我都得暂停技能训练课程，请不同的来访者停止让椅子嘎吱作响、扔爆米花或和旁边的来访者聊天。有位来访者说："玛莎，你好容易分心啊！"我说："是啊，我真的很容易分心，所以请停止这样做。"如果学员经常迟到，我可能会对他们说没有准时上课这件事让我很丧气。有位来访者对我说："玛莎，你总是垂头丧气。"我回答："如果你们可以准时，我就停止垂头丧气。"

在标准 DBT 中有一个重要局限，就是团体培训师只接来访者想知道作业内容、想请假或告知会迟到的电话，而不接辅导电话。电话辅导应由个体治疗师负责。但是在我们的多重家庭技能训练团体中，技能带领者会接父母的来电（青少年的治疗师会接青少年的来电）。然而如上所述，局限会随治疗师、时间、情况而变动，必要时 DBT 团队也必须帮助培训师扩大他们的局限。更多有关观察自我局限的内容请见《DBT 教科书》第十章。

暴露治疗程序

虽然 DBT 技能训练并不使用整套暴露治疗程序（如针对 PTSD 的延长暴露疗法），却能有效地结合由暴露疗法衍生而来的规则，许多暴露疗法的原则被纳入 DBT 技能。举例来说，如前所述，相反行为是暴露疗法的变形，其他还包括：观察感觉、参与、痛苦忍受技能的配对式肌肉放松、身体扫描、改善当下（对很多人来说就是一种相反行为）、全然接纳、对当下的想法保持正念、情绪调节技能的睡眠保健，以及对当下的情绪保持正念。这些 DBT 技能能协助来访者处理欲以功能失调行为来终止情绪痛苦的冲动，并能调节、减少创伤受害者经常经历的愤怒、羞愧、耻辱。同时，DBT 技能训练也经常使用较为零散的暴露疗法程序。首先，不要强化问题行为出现前的暴露信号。例如，如果来访者害怕承认没做家庭作业会被拒绝，因而等到技能复习结束后才到场，此时技能训练师切不可以评判口吻说起没参加技能练习或以其他方式强化来访者的羞愧。其次，无论何时都要阻止来访者对主题、程序和过程讨论（当过程是重点时）的回避。最后，请反复教授来访者暴露疗法的价值。经过数月良好的 DBT 训练后，每个来访者都能清楚地讲述何时以及为什么回避会使事情更糟，还有何时以及为什么暴露使他们改善。当来访者在家庭作业练习中运用暴露疗法以应对困难任务或使其畏惧的情形时，技能训练师应主动提起并强化该行为。

认知修正程序

认知重建

技能训练课程有一些条理化的练习能协助来访者核对情境中的事实（该技能请见本书第九章第八节、情绪调节讲义 8）以及修正功能失调的假设和信念。正念技能的描述与不评判强调教授来访者学习描述所观察到的事物，以及辨别在环境中观察到的特定事件和对于事件的想法和情绪（请见本书第七章第五和第七节，以及正念讲义 4 和 5）。然而，正规认知重建在 DBT 中扮演的角色远比其他形式的 CBT 来得小。尤其是针对情绪失调的 DBT 治疗中，认知技能只扮演一个很小的角色。《DBT 教科书》第八和第十一章深入探讨了这个主题。

后果澄清

后果澄清的目的是协助来访者厘清在其生活与技能学习中，"如果……就会……"的后果关联性。后果澄清和教授性策略不同，教授性策略强调全部或多数人皆适用的普遍后果法则；后果澄清则着眼于每位来访者生活中行为的后果，比较不同行为的优劣。在特定的情境中决定要做什么行为之前，每个人都需明白特定行为的利弊，这也是为什么每个技能模块都会在一开始强调其利弊。在技能训练过程中，讨论每个新技能的利弊并分析以新技能取代功能失调行为会发生什么非常重要，这是为了协助来访者在日常生活中更善于观察后果的关联性。情绪失调的人经常观察不到这些自然的后果。评估使用新行为技能的影响时，他们往往忽略了其所带来的好处。技能训练师的任务就是向来访者指明先前会助长功能失调行为的后果并不真正有效。

家庭作业练习总是包括尝试新技能以及观察其后果两个部分。这不是为了证明培训师或来访者对于后果关联性已有的想法，而是为了探索实际存在于来访者生活中的后果关联性。在探索过程中，我们常发现对某人有用的后果或规则，在他人身上不一定管用。即使是同一个人，在某个情境中对其有效的规则，在另一个情境中却不一定管用。

可以这么说，"找出游戏规则"与有效的行为技能息息相关，也是正念核心技能之一。"行得通"代表行为带来的后果就是想要的结果，这对情绪失调的人通常是个新方法，因为他们较常以"对错"这样的道德字眼，而非行为的后果来看待行为。后果澄清策略帮助他们向更有效的行为迈进。

沟通风格策略

DBT 平衡了两种不同的沟通风格，沟通风格是治疗师执行治疗的方式。相互沟通类似以来访者为中心的疗法所主张的沟通风格；无礼沟通近似卡尔·华特克（Carl A.Whitaker）在其策略学派著作中所倡导的风格。相互沟通策略使治疗师更容易受来访者影响，借此消除两者之间的权力不平等。此外，这种沟通风格也可作为重要人际关系中适当和平等互动的示范。一般而言，无礼沟通虽然比相互沟通风险更高，却能在长时间进展受挫之后带来突破。无礼沟通必须与相互沟通平衡，两者交织为统一的沟通风格。没有这种平衡，任何一个策略皆无法代表 DBT。以下我将简述沟通风格策略，更深入的讨论请见《DBT 教科书》第十二章。

相互沟通的策略

相互沟通策略的基本准则是有回应的、自我吐露的、温暖投入与真诚的。相互沟通的风格亲和、友善，反映出亲切、投入的治疗互动。在个体治疗中，自我吐露包含治疗师对来访者及其行为做出即刻的回应。技能训练情境中的相互沟通需要培训师在来访者面前展示自身脆弱，并以来访者能理解的方式表达这种脆弱。和以往一样，这里又出现了平衡问题，而平衡的支点是来访者的利益，因此相互沟通策略是服务于来访者的，而不是考虑培训师的利益。在课堂上，培训师表现得脆弱不仅能平衡每位来访者都能体验到的权力不平等，也是一种重要示范：这些可教授来访者表达隐私和分享之间的界限，如何不羞于将自己置于脆弱的境地，以及如何处理自己的界限。此外，这也让来访者得以窥见所谓的"正常人"会怎么做，对脆弱和生活中的界限予以正常化。

最简单的相互沟通策略就是培训师在教授技能时，分享自己使用该技能的经历。我的经验是，带领技能团体的好处之一就是让我有机会不断精进技能。如果带领者能以戏剧化的和幽默的方式来分享自己的尝试（特别是失败的）经历，那就更好了。有个窍门就是带领者要将个人经历与所讲授的技能加以联结。举例来说，我在教授如何拒绝他人请求时，几乎每次都举这个例子：来自来访者的压力让我觉得难以拒绝对治疗无益的建议。因为要使出浑身解数来拒绝这样强力的要求，所以我通常涵盖了许多在训练中讲授的内容。现在，我的来访者都知道我努力克服了登山时不合理的恐高（只专注于当下一件事、转移注意力、自我鼓励）；禅修期间的背痛（只专注于当下一件事、全然接纳）；对隧道突如其来的恐惧（相反行为、提前应对各种地震的情况）；在以色列开车迷路后急着想找到路 [全然接纳（在几个小时的无法接纳之后），通往悬崖那条路再走一次也还是通往悬崖，即便它是唯一方向正确的路]；以及其他我每周遇到的五花八门的难题。我的同事也分享过他们学习禅修遇到过的困难、向他人提要求的困难、应对主管和教授时的困难、哀悼失去的过程等。这样做的目的是通过分享自己如何运用教授的技能，为如何使用技能以及如何以不评判的方式回应自己的脆弱等提供宝贵的示范。自我吐露是 DBT 非常重要的一部分，在技能训练过程中，最常见的自我吐露形式是运用技能的示范和应对困境的方式。主要原则是吐露必须为来访者的利益着想，而非培训师的利益。虽然这样说，但大部分来访者都喜欢听带领者讲好听的故事，每当我问他们是否听过某个故事，他们总是回答："是啊，听过，但是你再说一次吧，玛莎。"就像父母讲的睡前故事一样，带领者讲的好故事通常百听不厌。

相较于一对一的咨询，相互沟通在团体情境中并非易事。也许会觉得像是一两个人抵抗一大群人。当然，这样的困难应该让带领者更能理解来访者，因为他们经常需要面对相同的处境。然而，经历同样的困难并不能解决困难。而且以合适的方式回应每位来访者也并非易事，毕竟每个人当时的（心理）状态都不同。了解一位来访者所占用的时间可能就阻止了了解其他来访者的可能。而在课堂上关注这种历程问题，也会使得带领者偏离技能训练的目标。相较之下，个人技能训练师更能因人而异，精确调校回应，不论是谈论的主题或时机都可视来访者的状态而调整配合。在团体课程中，带领者很难找到一个符合每位来访者需求的回应，因此很难带领团体向前（或至少不朝崩溃的方向）迈进。这种挫折会使带领者想要离开和结束训练，或有时想拉近距离以便攻击。不管是哪种情况，这种挫折感都会破坏温暖、投入的气氛。在如此充满压力的环境中，有时实在很难放松，带领者无法放松就难以做出有效回应。

使用自我吐露时，要十分谨慎观察对来访者的影响。从某种程度而言，每位来访者接受自我吐露的能力各不相同。相较于焦点永远在单一来访者身上的个体咨询，在团体情境中更难察觉个体差异，团体情境成了难题的保护色。但可以确定的是带领者表达对团体的挫折、怒气，这对每位来访者都不是件易事，所以带领者应格外谨慎。

无礼沟通的策略

无礼沟通就是可以对来访者"攻其不备"，以获得来访者的注意，呈现其他观点或转移来访者的情感回应。当来访者难以动摇或咨询师与来访者都

"卡住"时，这种沟通策略就非常有用。它有一种"不走寻常路"的味道，以逻辑织网，使来访者难以逃脱。虽然对来访者做出反应，但无礼沟通一般都不是来访者所预期的反应。无礼沟通的重要价值是，出乎意料的信息通常比期望中的信息得到更深层的认知处理。为了达成无礼沟通的效果，沟通必须真诚（而不是讽刺评判），从对来访者的爱心和温暖出发，否则来访者会变得更加固执。运用无礼策略时，治疗师或培训师会点出来访者在沟通时未曾想到的层面或以非传统的方式重新建构问题。例如，若来访者在训练时夺门而出，并说："我要自杀。"培训师追上之后可以说："我以为你答应不会退出训练。"无礼沟通有一种实事求是、冷硬死板的风格，和相互沟通的温暖回应截然不同。幽默、一点天真无邪和正直坦率也是这种风格的特点。通过向非适应性的回应传达"胡扯"的意思，无礼沟通也可以是对抗的语气。例如培训师可以说："你疯了吗？"或"你压根儿也没想过我会觉得这是个好点子，不是吗？"使用无礼沟通策略的培训师也会接受来访者的虚张声势。若来访者说："我要退出治疗。"培训师可回答："需要我帮你转介吗？"窍门是面对虚张声势时需谨慎地审时度势并提供安全网，为来访者留一条退路非常重要。

在个人技能训练中，培训师可随心所欲地运用无礼策略，但在团体情境中，培训师则需要小心翼翼。这是因为使用无礼策略时，培训师需要非常仔细地审视实时效果，见到损害需立即修复。在团体情境中，实在很难敏捷地留意每位来访者。与带领者对话的来访者或许能接受某种无礼的表述，但另一位在场聆听的来访者却可能因此吓坏了。一旦带领者深入了解来访者，就能更自在地使用无礼方式。如前所述，无礼沟通（及相互沟通）的具体举例与原理在《DBT教科书》第十二章探讨。

无礼沟通策略在团体情境中最多出现的时机是在每堂课的第一个小时，也就是分享家庭作业练习时，每个来访者轮流分享的时刻。使用无礼沟通时，将问题行为当作正常来回应；并以热情、活力和正面情绪回应运作良好的适应性行为；以幽默的方式回应不健全的计划或行为，或者将其视为练习技能的绝佳时机（化问题行为的"危机"为转机）。也可用直言不讳、勇于冲突的风格回应行为或沟通。无礼的目标是撼动来访者或团体，使他们可以从更有启发性的崭新角度看待事物。无礼沟通可协助来访者不再将自己的功能失调行为视为羞耻和轻蔑的来源，而将其视为不重要，甚至有趣幽默的行为。为了做到这一点，培训师要领先来访者半步，窍门正是时机的掌握。无礼态度并非无动于衷，也不是敌视或轻蔑的借口，带领者要认真看待痛苦，虽然是以实事求是、沉着冷静，甚至是时而幽默的态度。

个案管理策略

为来访者做顾问策略

一般而言，DBT 要求技能训练师扮演来访者的顾问，而非社交或健康照顾网络中其他人（包括来访者的其他治疗师）的顾问。DBT 假定来访者具有在各种治疗师和健康照顾提供者之间居中斡旋的能力。因此培训师并不扮演家长的角色，也不假定来访者无法直接和治疗网络中的人沟通。然而若遇到紧急的安全性问题，或来访者明显无法或不愿意自己居中调解时，技能训练师就应从"为病人做顾问"策略转换到"环境干预"策略（请见下文）。何时使用这两组策略的理由、方法和规则在《DBT 教科书》第十三章有详尽说明。照顾提供者之前可能学习过如何与来访者的其他专业治疗人员建立联结，但顾问策略和他们之前学习的内容却大不相同。

这些原则的唯一例外是培训师和来访者的个体治疗师同属一个 DBT 团队，会诊团队每周都会进行会诊会议。技能训练师在这些会诊中扮演的角色是将来访者技能训练的情况告知其个体治疗师，提醒治疗师在个体心理治疗时需处理的问题，以及分享在技能训练课程中的洞察。

这些会诊仅限于分享信息与共同规划治疗方案。当然，从一开始就必须清楚告知来访者，参与他们治疗的是一个治疗团队，且治疗团体会利用一切机会彼此沟通协调。个体治疗师和技能训练师都要强调两种治疗形式的交叉互动。然而，DBT 技能训练师并不是来访者与其个体治疗师之间的调节媒介，若来访者与其个体治疗师出现问题，培训师通常会询问来访者要如何处理。大体而言，技能训练师的任务是协助来访者将习得的技能应用于问题处理。

如果来访者的个体治疗并不属于同一个 DBT 疗程（也就是说，来访者在其他治疗情境中也有治疗师），那么为来访者提供顾问也会包含与其个体治疗师的接触。进行这种会诊时，来访者通常应该在场。技能训练的内容可以且应该与个体治疗师分享。在这种情况下，技能训练师的任务是帮助来访者有效完成内容分享。参与技能训练的来访者也可能只有其他类型的照顾提供者，例如药物治疗师或其他类型的健康照顾提供者。在这些情况下，技能训练师需要与这些照顾提供者互动，其方法与非 DBT 治疗师互动的方式相同。也就是说，技能训练师会直接为来访者做顾问，指导来访者与其他照顾者合作。只要技能训练师和其他照顾者有任何互动，来访者都应该在场。

来访者与其他治疗师、诊疗机构之间出现问题时，若问题与学习的技能相关，那么该问题也可在技能训练课程中处理。举例而言，人际效能模块可帮助来访者更有效地与其他为她或他提供治疗的专业人员沟通；情绪调节模块可协助其调节对于其他专业人员的情绪反应；痛苦忍受模块可辅助其接纳、忍受他们觉得其他专业人员出现的问题行为。总而言之，在技能训练中，来访者和专业人员的问题与其他人际问题并无二致。

环境干预策略

技能训练师很少直接干预来访者的环境。来访者通常都希望培训师干预更多，超过培训师应该干预的范围。其中一类案例（通常发生在有高度自杀意图的来访者中）是要让住院病人离开医院来上训练课程。来访者通常很难自行和医院交涉，获得允许，他们可能会希望技能训练师代替自己给医院打电话。技能训练师的第一反应应该是强调来访者应负起责任，好好表现，让医院的照顾人员安心让他们离开医院来上训练课程。我对住院规则的一个让步是，若真的必须，我会致电医院的照顾人员，让他们知道我很希望来访者能获得允许来上课，然而我不会说服他们让某位病人离开医院。在训练课程中，技能训练师必须再三强调，自己的任务是教授来访者环境干预的技能，从而让来访者可以自行完成环境干预。来访者起初会对这种相信他们最后一定会成功的信心感到很惊讶，之后却会因为被视为自立的成人而感到欣喜。

整合策略

DBT 有六个整合策略，以应对治疗中的特定议题和问题：（1）辅助治疗；（2）危机事件；（3）自杀行为；（4）治疗的关系问题；（5）打电话；（6）干预或破坏治疗的行为。打电话和干预或破坏治疗的行为已分别在本书第三和第四章探讨过，我会用本章剩余的篇幅讨论辅助治疗、危机事件、自杀行为、解决关系问题等应用于技能训练的策略。所有策略在《DBT 教科书》第十五章有更详尽的探讨。

辅助治疗

当心理健康照顾等辅助治疗从属于 DBT 主要疗法时，标准 DBT（技能训练、DBT 个体治疗、DBT 治疗团体）并不会予以排斥。其基本原则是，对于使用 DBT 的来访者而言，只能有一位统筹整体照顾的主要治疗师。在标准 DBT 中，DBT 个体治疗师是主要的治疗提供者，全权负责整体治疗规划、危机与自杀行为管理、个案管理和辅助治疗相关事宜。如同本书第二章所述，若参加 DBT 技能训练的来访者没有 DBT 个体治疗师，只有不属于 DBT 疗程的个体治疗师或个案管理者，我们也采取类似立场。在联络上主要治疗师之前，技能训练师会负责危机管理、自杀行为、辅助治疗（例如：急诊室或住院部），然而一旦联络上治疗师，治疗师就应接手个案管理，或者必要时，技能训练师依主要治疗师给予的方向执行治疗。

若来访者只参加 DBT 技能训练，而未参与其他心理治疗，危机处理、自杀行为和其他来访者问题的责任就落在技能带领者的身上。视培训师的技能和来访者需求，这个任务可能全由技能训练师管理或由其转介来访者至辅助的个体治疗师。若全由技能训练师管理，通常会需要一些个体治疗时间——在团体形式中，要管理来访者的自杀或者个人或家庭危机相当困难，尤其是反复发生的危机，例如配偶或子女有自杀意图或药物成瘾的情况。

危机处理策略

在技能训练中，若来访者陷入危机，而其既有个体治疗师，也有技能训练师，那么应该：（1）将来访者转介给个体治疗师，并在必要时协助联系；（2）在取得联系前，协助来访者运用痛苦忍受技能。《DBT 教科书》第十五章描述的危机处理策略可加以修改后应用。若来访者无个体治疗师，那么原先在个体治疗中应用的危机策略都应被使用；危机解除后，培训师应转介来访者至个体 DBT 或其他适合的疗法或密集式个案管理。

一如来访者可能陷入个人危机，团体也可能陷入团体危机。危机会使团体在情绪超载的状态下运作，这种危机通常出现于团体共同承受创伤事件之后，例如有成员自杀、对整个团体展现敌意或培训师退出。在这些情况下，团体带领者应将所有用于个人危机处理策略应用于整个团体，这些步骤摘要在表 5.1 与 5.2 中。

自杀行为处理策略

如果来访者自杀的风险已迫在眉睫，而且也在接受个体治疗，技能训练师应该立即致电其个体治疗师，征询处置指示。如本书第二章所述，在来访者接受技能训练期间，来访者的个体治疗师（不论是否属于 DBT 疗程）必须同意可以用电话联系到，或在必要时提供后援治疗师的联系方式，也会提供最新的危机处理计划。若来访者的个体治疗师或后援治疗师皆联络不上时，培训师在取得联系前一定要进行危机干预。若来访者并无个体治疗师，技能训练师就会先进行危机干预，之后将来访者转介给个体治疗师（同时继续进行技能训练）。一般而言，技能训练师在自杀风险的治疗中应该比个体治疗师保守得多，危机处理计划就是一个很好的起点。对于威胁将于近期自杀、自伤，或于联系时正在从事（或已开始）该行为的来访者，干预步骤在《DBT 教科书》有深入探讨，并列于表5.2。

表5.1 危机处理策略清单

_____技能训练师关注情绪而非内容。
_____技能训练师当下立即探查问题。
   _____专注于当下的时间框架。
   _____辨识引发当下情绪与危机感的关键事件。
   _____明确归纳和总结问题。
   _____专注于问题解决。
   _____给予建议与指导。
   _____运用在技能团体中教过的技能来构建可能的解决策略。
   _____预测行为可能带来的后果。
   _____直接对质团体的不良想法或行动。
   _____厘清并强化团体的适应性反应。
   _____识别对建设性行为计划产生阻碍的因素。
_____技能训练师专注于情感耐受性。
_____技能训练师协助团体实践行为计划。
_____技能训练师（必要时）评估团体成员的自杀风险。
_____技能训练师预期未来可能再度出现的危机反应。

表5.2 DBT自杀危机处理策略清单

当自杀或自伤危机迫在眉睫，却无法移交给个体治疗师时，技能训练师可以：
_____评估自杀和自伤的风险。
   _____运用已知的相关因素预测即将出现的自杀风险。
   _____了解不同的自杀、自伤方式的致命可能性。
   _____会诊急诊单位或医学顾问，了解来访者的计划和/或可能使用的方法的医疗风险。
_____采用已准备好的危机应对预案。
_____移除或请来访者移除致命物品。
_____以同理心劝阻来访者不要自杀或自伤。
_____坚定立场，表达自杀不是解决问题的良方。
_____传达充满希望的话语和应对方法。
_____在自杀风险很高又迫切时，保持联系（直到来访者已获得稳固的照顾）。
_____预期危机（获得稳固的照顾之前）可能会再度出现。
_____尽快和来访者现有或新的个体治疗师沟通其自杀风险。

当联系来访者时正在或刚刚已经出现自伤行为,技能训练师可以:

_____评估行为可能导致的医疗需求,必要时会诊当地急诊单位或其他医疗资源以利判定。

_____评估来访者自行取得治疗的能力。

_____若有紧急医疗机构,立即致电联系。

_____在援助抵达前,和来访者保持联络。

_____致电个体治疗师(如果有的话)。

_____若风险不高,技能训练师可指示来访者自行取得医疗治疗,并且如必要,让来访者自行致电其个体治疗师(若来访者有参与治疗)。

解决关系问题

解决关系问题是指将问题解决的一般策略应用于治疗关系中。在个人技能训练中,这个关系是指培训师与来访者之间。然而在团体技能训练中,至少有四种可能出现问题的关系类型:(1)来访者与带领者;(2)团体与带领者;(3)来访者与来访者;(4)带领者与带领者。团体技能训练不仅有更多关系需要平衡,也可能出现更多问题。这些关系的公开性质尤其重要。情绪失调的人通常对于拒绝或批评的威胁极度敏感,公开拒绝或批评可能会使他们喘不过气来或引发强烈的羞愧感,从而阻碍解决问题的一切可能。因此带领者在处理这类来访者的关系问题时,也要考虑对应的敏感度。对拒绝极度敏感、情绪失调、缺乏人际技能的人,几乎不可能进行历程团体治疗中典型的关系问题的解决。若要解决此类问题,必须在团体课程外单独进行,否则非但无法解决问题,甚至可能激化冲突,使来访者觉得无法继续留在团体中。

来访者与带领者

有高度自杀倾向和/或情绪严重失调的来访者,至少要与一位团体带领者建立依附关系,这可使他们继续留在技能训练课程中,因此是非常重要的。若无这种依附,训练过程中经常出现的试炼、苦难、创伤将会压得来访者喘不过气来,并最终退出治疗。这些个人关系和带领者与团体的关系不同，是在课前、课后或课间通过单独关注成员而得以强化。

团体成员与带领者之间的关系问题不容忽视，问题解决可能在课前、课后或课间进行，可以视问题的严重性，在课前、课后单独电话讨论或访谈。单独访谈的时间应尽量靠近团体课程的时间，这样就不会带有个体心理治疗的色彩。访谈地点最好在团体治疗教室的角落、楼道或等待区。谈话内容的重点应放在该成员与团体、带领者之间的问题。

带领者的第一步是协助成员准确观察并描述问题和问题对象，有时问题可能与其中一位带领者有关。在团体课程的镁光灯公开照射下，成员可能会对细微的拒绝或泛泛的言论更加敏感。在个人互动中不会有问题的言论，在团体情境中却可能造成大麻烦。因此，若问题来源是带领者的行为，要解决问题就应关注于此。

然而，有时问题并非出在团体带领者的行为，而与参与团体有关。对同时参与个体治疗的人来说，这些问题通常由个体治疗师处理。主要治疗师会协助来访者改善所有干扰治疗的行为，不论该行为是出现在辅助治疗或协同治疗中。然而，有时来访者也可以从团体带领者单独的关注中获益。在课堂上，带领者可运用许多策略降低某来访者的压力，例如有些来访者就是无法好好坐着上完整堂课，他们会变得带有敌意或恐慌发作，针对这些情况，我们可以发展出应对计划，当来访者发现自己的行为快要失控时，就自行起身离开课堂几分钟，休息一下。

要谨慎面对行为塑造的议题。不易控制情绪的来访者倾向于以间接的方式沟通，有时团体培训师需要"读心"才能了解个中含义。技能训练师应猜测来访者的心思到何种程度呢？又应多努力地向退缩的来访者伸出援手？培训的目标是使来访者发挥现有能力，可稍微提高标准以提升其能力，但也切勿要求过高，导致来访者退却、失败。技能训练课程初期，若来访者没有来上课或冲出教室，带领者通常需要打电话给来访者。

然而，重点是不要有求必应，否则来访者就会产生期待与依赖，一旦带领者没有伸出援手或致电，他们就会感到难过。最佳做法是由带领者直接与来访者沟通，他们会做哪些事以及不会做哪些事，如同本章先前讨论的，DBT 的规则是唯有在不会强化不良的行为时，带领者才会施予援手和打电话，如果会强化来访者的不良行为，带领者就不会这么做。很显然这种判断十分困难，尤其是在技能训练之初，带领者还不了解每位来访者的能力，此时清楚说明规则十分重要。但不论情况如何，带领者切勿假设自己某个特定回应有强化的效果，除了观察各种干预行为的后果外，并无它径。

我们通用的准则如下，若来访者没有来上课，某位带领者就会立即打电话，强力说服该来访者放下手边所有事情，立刻来参加团体课程。打电话的用意是阻止该成员回避团体课程。情绪失调的来访者经常认为若自己不来上团体课，就不必处理团体问题。立即致电会阻挠这种回避，通电话的内容应仅限于该来访者如何能来上课，即使他只能在最后半小时抵达。若缺席理由是交通因素，有时我们甚至会派出一位带领者或职工前往接送，简言之，在这种情况下致电不会强化回避行为，反而会阻止回避的强化（若来访者看到诊所电话号码而拒接，我们通常会用其他的号码来打电话）。

若带领者数天之后才打电话，或者在电话中讨论该成员的问题，那么很可能会强化来访者退出的倾向，而非勇于面对问题。面对想要退出的来访者，技能训练师需积极接触、互动，有时更要有积极的决心。此处的辩证困境是：需要在避免强化退出意愿及允许来访者退出之间做出抉择。带领者要正视事实，那就是许多无法调节情绪的来访者不能自行解决问题，因此带领者为了达到行为塑造的目的，应该打电话解决问题，并强调清晰地讨论可以解决问题。一旦稳固了这样的模式，带领者就可逐渐降低主动接触的程度，只需以言语指导该成员主动与带领者和技能训练团体联系。一开始带领者需要花费许多心力走到"跷跷板"的另一端接近来访者，拖着来访者往中间点迈进，如果没有这样做，问题可能会更加严重。

对于有高度自杀倾向或严重失调的来访者，带领者应花相当多的时间来解决与技能训练有关的危机。关键在于干预应该仅限于来访者与整个团体或团体带领者之间的问题。在其他的危机情境下，带领者应指导来访者联络其个体治疗师（若他们没有个体治疗师就为其转介）。如果带领者察觉致电可能会使来访者的问题加剧，就应仔细观察致电的后果，并在另一个可能的新问题出现之前，坦诚地和来访者讨论。

因为团体技能训练课程有两位带领者，两位带领者皆应遵循直接向来访者提供顾问服务的原则，也就是任一带领者都不应成为来访者及另一位带领者之间的中间人。但带领者可与来访者共同想办法以解决与另一位带领者之间的问题。以我的经验，来访者同时与两位带领者之间都存在严重问题的情形很罕见，若发生这种情况，技能训练师一定要与 DBT 治疗咨询团队讨论。

最难解决却也最容易忽略的问题莫过于某位来访者每堂课都出席，也无迟到、早退，但是互动时具有敌意或表现退缩。我曾遇到过一位来访者每堂课都出席，但大部分时间几乎都在睡觉，当时我也想以退缩来回应他的行为。然而，带领者的退缩可能会使来访者的退缩变本加厉，最终退出团体。在课堂上直接讨论这些问题可能具有威胁性，会花上许多时间，这通常不是理想的做法。既然该来访者并未直接提出问题也未要求关注，这时带领者有责任接近他 / 她，可以在课前、课后或休息时间单独给予顾问服务。

如果没有这样做，通常是带领者极度受挫或并不想将来访者留在团体中的信号，此时另一位带领者可成为强大助力，督促伙伴处理问题。

团体与带领者

若整个团体都针对团体带领者表现出干扰治疗的行为，这就是一个团体问题，当然无法单个处理。何时应该直接讨论这个问题，何时又应该忽略呢？直接讨论问题经常适得其反。一旦来访者开始变得退缩或以敌对态度互动，经常会持续退缩而不解决问题，所有带领者想解决问题的举动都会被视为批评，被解读为想制造更多冲突，团体也会变得更加退缩。

通常较好的做法是忽视团体的退缩或敌意，或简短回应而不持续讨论该问题或不针对个别来访者。此时很重要的是，带领者要能够安抚、分散大家的注意力，并且以相当委婉的方式回应问题。若带领者也以敌意、冷酷和退缩回应，那么问题则会更加恶化。

这或许是团体技能训练带领者必须面对的最困难的情境之一。很不幸，此类问题经常在技能训练团体刚开课的前几个月出现，尤其当来访者是被迫参加的时候。这很像想要走出流沙，但耗尽全力抬起一只脚，却又为了抬起另一只脚而不得不将这只脚放下。虽然十分耗费心力、令人沮丧不已，但带领者拒绝放弃或退让、不以敌意或明显的沮丧回应时，就可清楚传达给来访者一个信息：不论他们做什么或多么退缩，团体都会继续前进。

另一方面，若团体成员都退缩而且不说话，带领者就无法进行技能训练。在这种情况下，若可读懂来访者的心理则会很有帮助；有时候，带领者之间能彼此讨论（在咨询团体中讨论），试着厘清问题也是一个好方法。虽然团体成员应该能逐渐发展出解决团体与带领者之间僵局的能力，但进展通常一开始并不明显。在这种情况下，带领者绝对不能让自身评判和带有敌意的诠释失控。同情心与同理心都很重要，此时和 DBT 咨询团队分享挫败感会非常有益。个体治疗师也可从自己的来访者身上获得有用的信息，了解团体出现困扰的原因。

来访者与来访者

在技能训练团体中，来访者之间的冲突十分常见。就我的经验而言，在团体课程中鼓励来访者彼此公开讨论问题总是会造成灾难。就像前面所说，情绪失调的来访者经常无法忍受在团体中受到批评，来访者间的问题需要私下处理，直到团体中共同解决问题的能力已有所提高。与饱受压力的来访者（于课前、课后或休息时间）私下互动时，带领者的主要角色是安抚该来访者，并以共情的口吻为来访者的攻击行为做出解释。如果上课时出现批评或来访者间的冲突，带领者的最佳策略是将自己当作第三点，也就是支点。这里不应建议带领者让发生冲突的双方直接沟通以解决两者的歧异或受伤的心情，带领者应公开为攻击的一方说话，同时也要同情受攻击的来访者。如果冲突并非历程问题，就可直接在课堂上解决。例如某次上技能训练课，一位来访者想打开窗帘，另一位却要将窗帘拉起，此时应该由带领者调停，并表示可以在团体课程中讨论。带领者在这些情境中扮演的角色有时就像父母或师长面对一群吵架的孩童，要尊重每位来访者的敏感性，因此带领者需杜绝有时为了整体而牺牲某位来访者的想法。

带领者与带领者

带领 DBT 团体技能训练的过程中，杀伤力最大的冲突或许就是两位带领者之间的冲突。当两位带领者持不同的理论观点时，要顺利协调就变得格外困难，他们可能对于如何带领团体有不同的见解，或者对于被指派的角色有不同的期待。这些问题需要在课堂外处理，最好是在上课之前就解决。若在课堂上出现冲突，一般做法是协同带领者会顺从主要带领者，下课后再进行讨论。

若协同带领者与团体成员的立场比较一致，并且比主要带领者更了解团体发展的历程，那么便会出现一个特殊的问题。此时 DBT 咨询团队就变得十分有用。不论两位带领者有什么歧异，最重要的是不能陷入谁是谁非的陷阱，因为这其中不仅存有辩证缺陷，通常也无助于解决矛盾。

类似情境也会出现在当来访者向带领者抱怨另一位带领者的缺席时。此时在场的带领者该如何反应？最重要的是切勿和缺席的带领者分裂，应该运用对来访者缺席的相同策略来进行讨论。亦即在场的带领者应以同理心看待缺席的带领者，同时也认可在场来访者的顾虑。各种拿捏十分微妙，却无比重要。

关系概化

当团体内的人际关系与成员在团体外所遇到的问题相似时，带领者一定要特别留意。团体技能训练中会出现一些典型的问题：情绪失调的人对于批评极为敏感，很容易感到极度羞愧，这些经常会造成麻烦。团体情境的公开性质会使这些问题加剧。这些来访者与其家人、孩子之间的问题也很可能在团体中出现。许多来访者都不擅长应对权威人物，尤其是当权威人物告诉他们该做什么的时候；有些来访者则不善于充当权威人物，为自己发声。因此，总有一些来访者不能完成家庭作业练习。有些人不愿承认自己有进步；其他人则无法承认自己没有进步或不知道如何使用技能。

许多情绪严重失调的人无法将自身问题暂时搁在一旁，专注于技能训练的内容，这和他们在技能训练课程外，与工作、学校或与家人发生的问题类似。他们不记得要练习技能（或者就算记得也无法做到去练习），然后会因此惩罚或指责自己，这说明他们在自我管理上的普遍困难。他们在团体课程出现冲突时，情绪显得退缩、沉默不语，这也是他们在团体外无法处理冲突的典型表现。许多来访者无法将自己的情绪和其他来访者的痛苦分离开，他们通常不明说，但这个问题对他们特别困难，甚至会使原本的问题恶化，造成恐慌发作、敌意行为或全然的情绪退缩。单从这些反应就足以窥见，技能训练的团体情境确实能引出情绪失调者在日常生活中的问题。

有些团体成员平时情绪管控良好，遇到特定问题时就会情绪失控。这特别容易在两种情境中出现：第一，来访者的主要问题是患有严重失调问题的家人或挚友，自己却无力协助；第二，来访者的家人或挚友不断地做使来访者伤心的事情。在这些情况下，若来访者决意要请带领者帮他们找出改变他人的方法，麻烦就来了。来访者可能认为由自己运用技能是相对无望的，或者对于自身的无效行为存在盲点。通常对于这些来访者唯一有效的方法是一再重复技能训练的重点是发展他们自身的技能，而不是训练他们的亲友。在这些情况下，技能带领者一定要坚定不移。有时可能需要暂停某项活动，先解决问题再继续。举例来说，有次我在一个团体教授问题解决，一位来访者（当时的举例正是她和她儿子之间的问题）一再坚持只有她的儿子改变行为才可能解决问题。我努力强调这位母亲可以自己实行的方法，但所有努力只得到她认为自己没有得到认可的哭泣和咆哮。最后我理解到我不能以这个问题来示范问题解决，于是另外举了一个新的例子示范，然后在课程尾声和她讨论这个问题。

关系概化策略的基本概念是协助来访者认清，在技能训练团体中出现的问题其实就是自己在日常生活中的问题。这需要相当的技能，因为做到这一点的同时又不能不认可来访者与团体之间真实存在的问题。带领者也不能过度将治疗中的所有问题归因于治疗外的问题，而无视团体形式的不适当或自己在带领治疗上的问题。

由于来访者难以接受负面反馈或未言明的批评，带领者在运用关系概化策略时一定要非常谨慎。就我的经验而言，最好的方法是将个人的问题视为大家都会遇到的问题，并在当下情境中进行讨论。精明的来访者可能会发现这些话语就是对他们说的，却不至于认为自己被当众羞辱。

关系概化的第一步是将课程中出现的关系问题联结到技能训练团体内外都应努力克服的普遍问题。有时建立这种联结（一种洞察策略；见《DBT教科书》第九章）本身就会有治疗效果。下一步是运用问题解决策略来发展替代的回应模式，供来访者尝试。关系概化的关键在于规划而不是假设概论。规划时，至少要和来访者讨论，讨论包括规划家庭作业，让来访者可以在日常情景中应用新技能。关系概化是充实技能训练和家庭作业练习的重要概念，因此和DBT技能训练尤其兼容。

紧接于本章之后的第一部分附录提供了各种建构DBT技能训练课程的选项。本书的第二部分（第六至第十章）则说明引导来访者参加技能训练、教授四个DBT技能训练模块的方式。提供来访者技能训练的讲义和练习单请见本书的专属网站（www.guilford.com/skills-training-manual），可供下载和打印。

第一部分

附 录

介绍：安排DBT技能训练课程的多种选择

DBT 技能训练课程有许多种安排方法，最常见的课程周期为半年或一年。除了标准技能外，本书也包含很多可与标准技能结合使用的额外技能。额外技能包括自选技能和补充技能，自选技能是在标准技能的基础上发展而来的，补充技能则将技能训练的触角延伸至新的领域。您可以依照不同的对象和时间限制调整技能训练课程。

第六到第十章的教学笔记说明每个技能的使用方法，并注明哪些通常是自选技能或补充技能。然而每个技能究竟是标准、自选还是补充技能，可能会随着技能训练计划的类型变化而变化。举例而言，认可在成人计划中是一个独立自选技能，但在青少年多重家庭计划中却是标准技能。专为成瘾行为设计的技能，对大多数人来说是补充技能，对成瘾者却是标准技能。

附录部分呈现了十一种不同技能训练课程的逐堂课程表。许多课程表皆用于疗效显著的 DBT 实证治疗研究中。其余的课程表仍有待评估，包括 24 周标准 DBT 技能课程和 4 周技能课程，其中 24 周课程可重复模块延长至一年课程。该技能课程表展示于课程表 1 中。以下请见课程表的详细描述：

- **课程表 1：24 周，莱恩汉标准成人 DBT 技能训练（2006 年及之后的研究）。** 这是我从 2006 年以来用于临床结果研究的课程表。一个周期的课程是 24 周，通常会重复延长为 48 周。在研究中，曾使用此课程表的包括符合边缘型人格（BPD）标准的来访者，有高自杀风险的来访者，以及同时符合 BPD 和 PTSD 症状的有自杀倾向者。在临床上，我们将其运用于符合 BPD 标准的成年自杀倾向者，也用于我们的亲友技能团体。亲友团体中，个人在进入团体时并没有已知的心理障碍，他们参与的动机通常是为了学习技能以面对生活中难以应对的人（例如：孩子、伴侣、父母、上司、同事）。

■ **课程表 2：24 周，莱恩汉标准成人 DBT 技能训练（2006 年之前的研究）。** 我在华盛顿大学的门诊中将这一课程安排用于研究和临床技能课程。这个课程表由原先的 DBT 技能手册发展而来，之前包含的技能较少。在课程表 2 中，我尽可能将原先的技能名称和编号转为本书使用的名称和编号，您可以看到早期研究较后期研究少了许多技能，但课程表 1 和课程表 2 皆为 48 周（24 周，重复一次）。

■ **课程表 3：13 周，索莱尔标准成人 DBT 技能训练；课程表 4：20 周，麦克梅恩标准成人 DBT 技能训练；课程表 5：14 周，尼修标准成人 DBT 技能训练。** 课程表 3—5 列出三种纯技能教授的训练课程。课程表 3 曾用于评估 DBT 技能和标准团体心理治疗的效能与效度研究，研究对象为符合 BPD 标准的女性。课程表 4 由麦克梅恩所评估，可作为 BPD 患者在等待进行标准 DBT 疗程前的干预。这些研究在现有的更新版技能被普遍使用之前，皆已开始进行。我会尽可能地将索莱尔和麦克梅恩使用的技能名称和编号转译为本书使用的名称和编号。课程表 5 则由尼修评估（使用的是更新版技能），用于非 BPD 却患有情绪严重失调和至少有一种情感障碍的人。

■ **课程表 6：25 周，青少年多重家庭 DBT 技能训练。** 这个多重家庭技能训练课程的对象是情绪严重失调、有高自杀风险的青少年，这一课程隶属于标准青少年 DBT 课程，目前在美国华盛顿大学与加州大学洛杉矶分校皆有使用。我们发现青少年及其父母与我们的成人来访者适用相同的练习单。我们最常从青少年治疗得到的反馈是：

技能团体是他们在治疗过程中最喜欢的部分。想要了解更多带领青少年技能训练的信息（特别是对于青少年DBT的深度探讨），请见我们治疗青少年自杀倾向者的DBT著作，以及给青少年的最新DBT技能书籍。

■ **课程表7：各式课程，住院部（中重度和急性病房）DBT技能训练。** 此课程表包含两组技能训练，第一组针对中重度病房的患者，第二组则针对急性病房的患者所设计，住在急性病房的时间通常是一至两天。两组技能训练都默认课程为期七天，若患者待在中重度病房两周，则可重复一次；若只住两天，可重复教授单一技能。

■ **课程表8：成瘾行为的DBT技能训练（与课程表1结合使用）；课程表9：DBT教养技能行为（与课程表1结合使用）。** 课程表8和9列出可与任何标准技能训练课程结合的技能。此处所列技能可与课程表1结合。课程表8是专为成瘾者所设计的技能训练，我们曾在华盛顿大学针对符合BPD诊断标准以及药物依赖或鸦片成瘾的男性及女性所开设的标准DBT训练中使用。课程表9则着重于育儿培训中十分重要的行为改变技能和认可技能。

■ **课程表10：DBT正念技能综合训练。** 该课程表包括每个DBT模块的正念技能，特别适用于"正念介绍"课程。这些技能可依照课程表讲授，或者按照团体的需求和想法安排。若是长期课程，可交替进行技能讲授和安静练习（如冥想、具正念认识的行走或其他练习）。可考虑以冥想作为开始（用正念的钟声来计时，并考虑变换时长）。一开始用五到十分钟进行正念冥想，而后逐渐拉长至二十到二十五分钟。正念冥想的指导可以来自训练内容、正念练习单或正念冥想指导的录音。用阅读材料来结束课程，例如每堂课读一个心理学家安东尼·戴迈乐的故事《弦外之音》。读完后给来访者一段时间思考文章与自己生活的关联，经过四到五分钟的反思之后敲响正念钟。最后从技能训练师开始，请来访者简短分享心得。（就算不想分享也务必请来访者说声："跳过。"）

■ **课程表 11：进阶 DBT 技能训练。**这组技能非常适合 DBT 进阶课程，因为时间限制标准技能课程通常不包含这些技能，来访者却经常要求讲授这些技能。需注意的是，在进阶课程中，来访者通常想要拥有讲授技能的决定权。他们可能对复习旧技能、学习新技能没什么兴趣，而主要想解决当周生活中的问题。当新技能适用于解决问题时，就可讲授新技能，或者要求来访者用自己的技能互相帮助来使用 DBT 技能解决问题。此时常出现的问题是要使用何种技能、如何有效运用。在这种情况下，团体课程时间可能大多用于技能练习和角色扮演。一本像是字典般的笔记用来记录所有可运用的技能，将会十分实用，来访者可针对特定问题寻找适合的技能。

整体来说，有各式各样的 DBT 技能训练课程，讲授方法也变化多端，在我撰写本书时，世界各地的相关研究也都在进行。了解 DBT 技能研究的最新文献十分实用，您可以到谷歌学术（http：//scholar.google.com）的网页搜寻 DBT 技能训练（DBT Skills Training）以得知技能研究的信息。若您觉得某课程对您的情况有帮助，即可联络该作者以取得他们所讲授的技能清单。

您也可以定期搜寻网络以获得讲授技能训练的新想法。网络上有许多教授技能的自助网站（关键词 DBT self-help）可提供好的方法。辩证行为治疗教学改进国际协会（International Society for the Improvement and Teaching of Dialectical Behavior Therapy，ISITDBT，http：//isitdbt.net）在行为与认知治疗协会（Association for Behavioral and Cognitive Therapies，ABCT，http：//www.abct.org）每年年会的前一天举办会议，在那里也可找到很多工作坊与研究。若您正在使用的技能组合并无相关研究资料，请务必记录课程结果与来访者反馈，并视需要调整。

课程表1：24周，莱恩汉标准成人DBT技能训练（2006年及之后的研究）

	周数	标准讲义	自选讲义
		每个模块开始前重复：两周介绍和正念技能	
介绍；目标与准则	1	G1：技能训练的目标 G3：技能训练的准则 G4：技能训练假设	G1a：解决任意问题的选项
智慧心念；正念"是什么"技能	1	M1：练习正念的目标 M2：概论——正念核心技能 M3：智慧心念——心的状态 M4：掌握你的心——"是什么"（What）技能	M1a：正念的定义（家庭作业） M3a：练习智慧心念的方法
正念"怎样做"技能	2	M4：掌握你的心——"是什么"（What）技能（承上） M5：掌握你的心——"怎样做"（How）技能	
模块 1		**六周以上痛苦忍受技能**	
危机生存；利弊分析	3	DT1：痛苦忍受的目标 DT2：概论——危机生存技能 DT3：何时使用危机生存技能 DT5：利弊分析	DT4：STOP（立即停止）技能
TIP技能	4	DT6：TIP技能——改变身体化学状况	DT6a：使用冷水法，分解步骤 DT6b：配对式肌肉放松，分解步骤
转移注意力；自我安抚；改善当下	5	DT7：转移注意力 DT8：自我安抚 DT9：改善当下	DT8a：身体扫描冥想，分解步骤 DT9a：感官觉察，分解步骤
接纳现实	6	DT10：概论——接纳现实技能 DT11：全然接纳 DT11b：练习全然接纳，分解步骤 DT12：转念	DT11a：干扰全然接纳的因素（DT练习单9：全然接纳）
我愿意；浅笑；愿意的手势	7	DT13：我愿意 DT14：浅笑与愿意的手势	DT14a：练习浅笑与愿意的手势
对想法正念	8	DT15：对当下的想法保持正念 DT15a：练习对想法正念	
	9—10	**两周介绍和正念技能**	
模块 2		**七周以上情绪调节技能**	

了解并命名情绪	11	ER1：情绪调节的目标 ER2：概论——了解并命名情绪 ER3：情绪的功能 ER4：造成情绪调节困难的因素 ER5：描述情绪的模式图 ER6：描述情绪的方法	ER4a：关于情绪的误区
核对事实	12	ER7：概论——改变情绪反应 ER8：核对事实（搭配ER练习单5：核对事实）	ER8a：范例——符合事实的情绪
相反行为	13	ER10：相反行为（搭配ER练习单6：找出如何改变不想要的情绪） ER11：找出相反行为（搭配ER练习单7：用相反行为改变情绪）	ER9：相反行为与问题解决——决定要用哪一个
问题解决	14	ER12：问题解决 ER13：复习相反行为与问题解决	
A	15	ER14：概论——减少情绪心念的易感性，建立值得过的人生 ER15：积累正面情绪（短期） ER16：愉快的事情清单	
	16	ER17：积累正面情绪（长期） ER18：价值观与优先顺序清单	ER20b：睡眠卫生指南
B、C； Please 技能；对情绪正念	17	ER19：培养自我掌控与提前应对技能 ER20：要照顾你的心，先照顾你的身体 ER22：对当下的情绪保持正念——放下受苦情绪	ER20a：逐步讲解噩梦应对步骤 ER20b：睡眠卫生指南 ER21：概论——管理极端情绪 ER23：管理极端情绪 ER24：情绪调节技能的疑难解答（搭配ER练习单16：情绪调节技能的疑难解答） ER25：复习情绪调节技能
	18—19	两周介绍和正念技能	
模块3		五周以上人际效能技能	
了解障碍；澄清目标	20	IE1：人际效能技能的目标 IE2：阻碍人际效能的因素 IE4：澄清人际情境中的目标	

DEAR MAN技能	21	IE5：目标效能的准则——如你所愿（DEAR MAN）	IE5a：在困难的人际互动中使用DEAR MAN技能
GIVE技能	22	IE6：关系效能的准则——维持关系（GIVE）	IE6a：认可的方式 IE17：认可 IE18："如何"认可的准则 IE18a：找出认可技能
FAST技能	23	IE7：自尊效能的准则——尊重自己（FAST）	
评估选择	24	IE8：评估你的选择——要求或拒绝的强度（搭配IE练习单6：分钱游戏） IE9：疑难解答——当你的努力无效时（搭配IE练习单7：解决人际效能技能中的难题）	

注：若课程为期一年，请依序重复。

课程表2：24周，莱恩汉标准成人DBT技能训练（2006年之前的研究）

	周数	标准讲义
模块 1		两周介绍和正念技能
介绍；目标与准则	1	G1：技能训练的目标 G3：技能训练的准则
智慧心念；正念"是什么"技能	1	M3：智慧心念——心的状态 M4：掌握你的心——"是什么"（What）技能
正念"怎样做"技能	2	M4：掌握你的心——"是什么"（What）技能（承上） M5：掌握你的心——"怎样做"（How）技能
模块 2		六周痛苦忍受技能
利弊分析	3	DT1：痛苦忍受的目标 DT5：利弊分析
转移注意力；自我安抚	4	DT7：转移注意力 DT8：自我安抚
改善当下	5	DT9：改善当下
接纳现实	6	DT11：全然接纳 DT12：转念

浅笑	7	DT14：浅笑
我愿意	8	DT13：我愿意
	9—10	重复两周介绍和正念技能
模块 3		六周情绪调节技能
了解情绪	11	ER1：情绪调节的目标 ER3：情绪的功能 ER4：造成情绪调节困难的因素 ER4a：关于情绪的误区
了解并命名情绪	12	ER5：描述情绪的模式图 ER6：描述情绪的方法
	13	ER15：积累正面情绪（短期） ER16：愉快的事情清单
	14	ER17：积累正面情绪（长期） ER18：价值观与优先顺序清单
	15	ER19：建立自我掌控* ER20：要照顾你的心，先照顾你的身体 ER22：对当下的情绪保持正念——放下受苦情绪
相反行为	16	ER10：相反行为（搭配ER练习单6：找出如何改变不想要的情绪） ER11：相反行为
	17—18	重复两周介绍和正念技能
模块 4		六周人际效能技能
了解障碍；澄清目标	19	IE1：人际效能技能的目标 IE2：阻碍人际效能的因素
	20	IE4：澄清人际情境中的目标
DEAR MAN 技能	21	IE5：目标效能的准则——如你所愿（DEAR MAN）
GIVE技能	22	IE6：关系效能的准则——维持关系（GIVE）
FAST技能	23	IE7：自尊效能的准则——尊重自己（FAST）

评估选择	24	IE8：评估你的选择——要求或拒绝的强度（搭配IE练习单6：分钱游戏） IE9：疑难解答——当你的努力无效时（搭配IE练习单7：解决人际效能技能中的难题）

注：若课程为期一年，请依序重复。

* 讲义名称和当前版本有所差异，因为该讲义不包含某些技能。

课程表3：13周，索莱尔标准成人DBT技能训练

	周数	标准讲义
两周介绍和正念技能		
介绍；智慧心念	1	G1：技能训练的目标 G3：技能训练的准则 M3：智慧心念——心的状态
正念"是什么"技能	1	M4：掌握你的心——"是什么"（What）技能
正念"怎样做"技能	2	M5：掌握你的心——"怎样做"（How）技能
三周痛苦忍受技能		
转移注意力；自我安抚；改善当下	3	DT7：转移注意力 DT8：自我安抚 DT9：改善当下
接纳现实	4	DT11：全然接纳 DT11b：练习全然接纳，分解步骤（或DT练习单9：全然接纳） DT12：转念
我愿意；对当下的想法保持正念	5	DT13：我愿意 DT15：对当下的想法保持正念
四周情绪调节技能		
了解情绪	6	ER1：情绪调节的目标 ER3：情绪的功能
了解并命名情绪		ER5：描述情绪的模式图 ER6：描述情绪的方法
A	7	ER15：积累正面情绪（短期） ER16：愉快的事情清单 ER17：积累正面情绪（长期）

B、C；Please技能；对情绪的正念	8	ER19：建立自我掌控* ER20：要照顾你的心，先照顾你的身体 ER22：对当下的情绪保持正念——放下受苦情绪
相反行为	9	ER10：相反行为（搭配ER练习单6：找出办法改变不良情绪）
四周人际效能技能		
了解障碍；澄清目标	10	IE1：人际效能技能的目标 IE2：阻碍人际效能的因素
DEAR MAN技能	11	IE5：目标效能的准则——如你所愿（DEAR MAN）
GIVE、FAST技能	12	IE6：关系效能的准则——维持关系（GIVE） IE7：自尊效能的准则——尊重自己（FAST）
评估选择	13	IE8：评估你的选择——要求或拒绝的强度（搭配IE练习单6：分钱游戏）

* 该讲义名称因不包含提前应对技能，因此和当前版本有所差异。

课程表4：20周，麦克梅恩标准成人DBT技能训练

	周数	标准讲义
介绍；正念	1	G1：技能训练的目标 M3：智慧心念——心的状态
四周痛苦忍受技能		
利弊分析	2	DT1：痛苦忍受的目标 DT5：利弊分析
TIP技能；自我安抚	2	DT6：TIP技能——改变身体化学状况 DT7：转移注意力 DT8：自我安抚
全然接纳；我愿意	4	DT11：全然接纳 DT12：转念 DT13：我愿意 DT14：浅笑与愿意的手势
正念"是什么"技能	5	M4：掌握你的心——"是什么"（What）技能
五周人际效能技能：行中庸之道		

辩证	6	IE16：如何辩证地思考与行动 IE16a：两极端可能都正确 IE16b：需要平衡的重要的两极端
自我认可	7	IE17：认可 IE19：从不被认可中恢复
认可他人	8	IE17：认可 IE18："如何"认可的准则
行为准则—— 正强化	9	IE20：提升期望行为可能性的策略
正念"怎样 做"技能	10	M5：掌握你的心——"怎样做"（How）技能
五周情绪调节技能		
原理；情绪模式；观察并描述情绪	11	ER1：情绪调节的目标 ER3：情绪的功能 ER5：描述情绪的模式图 ER6：描述情绪的方法
PLEASE 技能	12	ER20：要照顾你的心，先照顾你的身体
增加正面情绪（短期与长期）；掌控	13	ER15：积累正面情绪（短期） ER16：愉快的事情清单 ER17：积累正面情绪（长期） ER18：价值观与优先顺序清单 ER19：培养自我掌控与提前应对技能
相反行为	14	ER9：相反行为与问题解决——决定要用哪一个 ER10：相反行为（搭配ER练习单6：找出如何改变不想要的情绪） ER11：找出相反行为
日常生活中的正念	15	复习并练习正念技能 ER22：对当下的情绪保持正念——放下受苦情绪
五周人际效能技能		
原理；优先顺序	16	IE1：人际效能技能的目标 IE3：概论——巧妙地达成目标 IE4：澄清人际情境中的目标
DEAR MAN 技能	17	IE5：目标效能的准则——如你所愿（DEAR MAN）
GIVE、FAST 技能	18	IE6：关系效能的准则——维持关系（GIVE） IE7：自尊效能的准则——尊重自己（FAST）
辩证障碍	19	IE2：阻碍人际效能的因素 IE练习单7：解决人际效能技能中的难题
评估选择	20	IE8：评估你的选项——要求或拒绝的强度（搭配IE练习单6：分钱游戏）

课程表5：14周，尼修标准成人DBT技能训练

	周数	标准讲义
两周介绍和正念技能		
智慧心念；观察	1	M3：智慧心念——心的状态 M4：掌握你的心——"是什么"（What）技能
描述；参与；不评判；专一做；有效地做	2	M4：掌握你的心——"是什么"（What）技能 M5：掌握你的心——"怎样做"（How）技能
六周情绪调节技能		
了解、辨识、命名情绪	3	ER1：情绪调节的目标 ER2：概论——了解并命名情绪 ER3：情绪的功能 ER4：造成情绪调节困难的因素 ER5：描述情绪的模式图 ER6：描述情绪的方法
核对事实	4	ER7：概论——改变情绪反应 ER8：核对事实（搭配 ER 练习单 5：核对事实）
相反行为	5	ER10：相反行为（搭配ER练习单6：找出如何改变不想要的情绪） ER11：找出相反行为
问题解决	6	ER12：问题解决 ER13：复习相反行为与问题解决
增加正面情绪与建立自我掌控	7	ER15：积累正面情绪（短期） ER17：积累正面情绪（长期） ER19：培养自我掌控与提前应对技能
提前应对和PLEASE技能	8	ER19：培养自我掌控与提前应对技能 ER20：要照顾你的心，先照顾你的身体
一周正念技能复习		
智慧心念；观察	9	M3：智慧心念——心的状态 M4：掌握你的心——"是什么"技能

描述；参与；不评判；专一地做；有效地做	9	M4：掌握你的心——"是什么"（What）技能 M5：掌握你的心——"怎样做"（How）技能
四周痛苦忍受技能		
TIP技能	10	DT6：TIP技能——改变身体化学状况
转移注意力；自我安抚；改善当下	11	DT7：转移注意力 DT8：自我安抚 DT9：改善当下
全然接纳；转念	12	DT10：概论——接纳现实技能 DT11：全然接纳 DT11b：练习全然接纳，分解步骤（或DT练习单9：全然接纳） DT12：转念
我愿意；浅笑；对想法正念	13	DT13：我愿意 DT14：浅笑与愿意的手势 DT15：对当下的想法保持正念
一周人际效能技能		
DEAR MAN 技能 GIVE、FAST 技能 人际关系中的认可行为准则	14	IE5：目标效能的准则——如你所愿（DEAR MAN） IE6：关系效能的准则——维持关系（GIVE） IE7：自尊效能的准则——尊重自己（FAST） IE17：认可 IE18："如何"认可的准则 IE20：提升期望行为可能性的策略 IE21：减少或停止不想要行为的策略 IE22：有效使用行为改变策略的建议

课程表6：25周，青少年多重家庭DBT技能训练

	周数	标准讲义	自选讲义
		每个模块开始前重复：两周介绍和正念技能	
介绍	1	G1：技能训练的目标 G3：技能训练的准则 G4：技能训练假设 G5：生物社会理论（若个体治疗不含此部分讨论）	G1a：解决任意问题的选项 G2：概论——技能训练介绍 G7：链锁分析（若个体治疗不含此部分） G8：遗漏环节分析（若未于家庭作业讨论中讲授）
正念的目标； 智慧心念； "是什么"技能	1	M1：练习正念的目标 M3：智慧心念——心的状态 M4：掌握你的心——"是什么"（What）技能	M2：概论——正念核心技能 M3a：练习智慧心念的方法 M4a-c：练习观察、描述、参与的方法
	2	M5：掌握你的心——"怎样做"（How）技能	M5a-c：练习不评判、专一地做、有效地做的方法
中庸之道；辩证	3	IE15：辩证 IE16：如何辩证地思考与行动 IE16a：两极端可能都正确	IE16b：需要平衡的重要的两极端 IE16C：找出辩证思维
模块1		**五周痛苦忍受技能**	
危机生存的立即停止技能；利弊分析	4	DT1：痛苦忍受的目标 DT3：何时使用危机生存技能 DT4：STOP（立即停止）技能 DT5：利弊分析	
TIP技能	5	DT6：TIP技能——改变身体化学状况	DT6a：使用冷水法，分解步骤 DT6b：配对式肌肉放松，分解步骤 DT6c：有效地重新思考与配对式放松，分解步骤
转移注意力；自我安抚；改善当下	6	DT7：转移注意力 DT8：自我安抚 DT9：改善当下	DT8a：身体扫描冥想，分解步骤 DT9a：感官觉察，分解步骤
接纳现实	7	DT10：概论——接纳现实技能 DT11：全然接纳 DT12：转念 DT14：浅笑与愿意的手势	DT11a：干扰全然接纳的因素（DT练习单9：全然接纳） DT11b：练习全然接纳，分解步骤 DT14：浅笑与愿意的手势

我愿意	8	DT13：我愿意 DT21：替代性反叛与适应性否认 复习，为完成技能训练的成员举办毕业典礼	
	9—10	两周介绍和正念技能	
模块2		七周情绪调节技能	
认可	11	IE17：认可 IE18："如何"认可的准则	IE18a：找到认可技能
了解情绪	12	ER1：情绪调节的目标 ER2：概论——了解并命名情绪 ER5：描述情绪的模式图 ER6：描述情绪的方法	ER3：情绪的功能
改变情绪	13	ER7：概论——改变情绪反应 ER8：核对事实（搭配ER练习单5：核对事实）	ER8a：范例——符合事实的情绪
核对事实	14	ER9：相反行为与问题解决——决定要用哪一个 ER10：相反行为	ER11：找出相反行为
问题解决	15	ER12：问题解决 ER13：复习相反行为与问题解决	
积累正面情绪	16	ER15：积累正面情绪（短期） ER16：愉快的事情清单 ER17：积累正面情绪（长期） ER18：价值观与优先顺序清单	ER12：问题解决 ER14：概论——减少情绪心念的易感性，建立值得过的人生
建立自我掌控、提前应对、Please技能	17	ER19：培养自我掌控与提前应对技能 ER20：要照顾你的心，先照顾你的身体 复习，为完成技能训练的成员举办毕业典礼	ER20a：逐步讲解噩梦应对步骤 ER20b：睡眠卫生指南
	18—19	两周介绍和正念技能	

模块3		六周人际效能技能	
澄清目标	20	IE1：人际效能技能的目标 IE2：阻碍人际效能的因素 IE4：澄清人际情境中的目标	IE2a：阻碍人际效能的误解 IE3：概论——巧妙地达成目标
DEAR MAN技能	21	IE5：目标效能的准则——如你所愿（DEAR MAN）	IE5a：在困难的人际互动中使用DEAR MAN技能
GIVE技能	22	IE6：关系效能的准则——维持关系（GIVE）	IE6a：认可的方式 IE17：认可
FAST技能；认可	23	IE7：自尊效能的准则——尊重自己（FAST）	IE18a："如何"认可的准则（复习） IE19：从不被认可中恢复 IE19a：找出自我认可的地方
分钱游戏	24	IE8：评估你的选择——要求或拒绝的强度（搭配IE练习单6：分钱游戏）	
疑难解答	25	IE9：疑难解答——当你的努力无效时 复习，为完成训练的成员举办毕业典礼	

课程表7：各式课程，住院部（中重度和急性病房）DBT技能训练

模块	中重度病房	急性病房
正念的核心	M3：智慧心念——心的状态 M4：掌握你的心——"是什么"（What）技能 M5：掌握你的心——"怎样做"（How）技能	M3：智慧心念——心的状态 M4：掌握你的心——"是什么"（What）技能 M5：掌握你的心——"怎样做"（How）技能
痛苦忍受	DT5：利弊分析 DT6：TIP技能——改变身体化学状况 DT7：转移注意力 DT8：自我安抚 DT9：改善当下 DT11：全然接纳 DT12：转念 DT13：我愿意 DT14：浅笑与愿意的手势	DT5：利弊分析 DT6：TIP技能——改变身体化学状况 DT7：转移注意力 DT8：自我安抚 DT9：改善当下 DT11：全然接纳 DT12：转念

情绪调节	ER5：描述情绪的模式图 ER6：描述情绪的方法 ER10：相反行为 ER15：积累正面情绪（短期） ER16：愉快的事情清单	ER6：描述情绪的方法 ER10：相反行为 ER15：积累正面情绪（短期） ER16：愉快的事情清单
人际效能	IE4：澄清人际情境中的目标 IE5：目标效能的准则——如你所愿（DEAR MAN） IE6：关系效能的准则——维持关系（GIVE） IE7：自尊效能的准则——尊重自己（FAST）	IE4：澄清人际情境中的目标 IE5：目标效能的准则——如你所愿（DEAR MAN） IE6：关系效能的准则——维持关系（GIVE）

课程表8：成瘾行为的DBT技能训练（与课程表1结合使用）

备选模块	讲义
通用	DT16：概论——如果危机是上瘾行为 DT16a：常见的上瘾行为
正念的核心	DT18：澄明心 DT18a：成瘾心与戒瘾心的行为模式特征
痛苦忍受	DT17：辩证式戒瘾 DT17a：计划辩证式戒瘾 DT20：斩断牵连，重建新世界 DT21：替代性反叛与适应性否认
人际效能	DT19：社群强化

注：您可以将这些技能单独纳入练习单左边的模块，或者按照编号依序教授整组技能。

课程表9：DBT教养技能行为（与课程表1结合使用）

DEAR MAN技能	IE20：提升期望行为可能性的策略 IE21：减少或停止不想要行为的策略 IE22：有效使用行为改变策略的建议 IE22a：找出有效的行为改变策略
GIVE技能	IE17：认可 IE18："如何"认可的准则 IE18a：找出认可技能
FAST技能	IE19：从不被认可中恢复 IE19a：找出自我认可的地方

注：您可以将这些技能单独纳入练习单左边的模块，或者按照编号依序教授整组技能。

课程表10：DBT正念技能综合训练

	周数	标准讲义	自选讲义
介绍；目标；智慧心念	1	M1：练习正念的目标 M1a：正念的定义（家庭作业） M2：概论——正念核心技能 M3：智慧心念——心的状态	
正念"是什么"技能	2	M4：掌握你的心——"是什么"（What）技能	M4a：练习观察的方法 M4b：练习描述的方法 M4c：练习参与的方法
正念"怎样做"技能	3	M5：掌握你的心——"怎样做"（How）技能	M5a：练习不评判的方法 M5b：练习专一地做的方法 M5c：练习有效地做的方法
正念的灵性观点	4	M7：练习正念的目标——灵性观点 M7a：智慧心念——灵性观点 M8：用慈爱练习来增加爱与悲悯心	
	5	M7：练习正念的目标——灵性观点 M7a：智慧心念——灵性观点 M8：用慈爱练习来增加爱与悲悯心	
正念的冥想	6	DT8a：身体扫描冥想，分解步骤 DT9a：感官觉察，分解步骤	
	7	ER22：对当下的情绪保持正念 DT15：对当下的想法保持正念 DT15a：练习对想法正念	
接纳现实	8	DT10：概论——接纳现实技能 DT11：全然接纳 DT11a：干扰全然接纳的因素（DT练习单9：全然接纳） DT11b：练习全然接纳，分解步骤 DT12：转念	DT练习单9：全然接纳
我愿意	9	DT13：我愿意 DT14：浅笑与愿意的手势	DT14a：练习浅笑与愿意的手势
带着觉察行事	10	M9：善巧方便——平衡有为之心与无为之心	M9a：练习平衡有为之心与无为之心的方法
中庸之道	11	M10：行中庸之道——整合相反的两级 IE12：对他人正念	IE12a：明确对他人正念的技能

课程表11：进阶DBT技能训练

	周数	标准讲义	自选讲义
介绍	1	与参与者讨论制定进阶DBT技能训练的目标 G1a：解决任意问题的选项	复习技能并决定要讲授的技能
		正念	
复习正念	2	M3：智慧心念——心的状态 M4：掌握你的心——"是什么"（What）技能 M5：掌握你的心——"怎样做"（How）技能	M7：练习正念的目标——灵性观点 M7a：智慧心念——灵性观点
正念	3	M7：练习正念的目标——灵性观点 M7a：智慧心念——灵性观点 M8：用慈爱练习来增加爱与悲悯心	
		建立关系	
建立关系	4	IE10：概论——建立关系与结束伤害性关系 IE11：寻找朋友并让他们喜欢你 IE12：对他人正念	IE11a：明确寻找朋友并让他们喜欢你的技能 IE12a：明确对他人正念的技能
关系	5	IE17：认可 IE18："如何"认可的准则	IE18ɑ：找出认可技能
关系	6	IE19：从不被认可中恢复 IE19a：找出自我认可的地方 IE13：结束关系	IE19a：找出自我认可的地方 IE13a：明确如何结束关系
		行中庸之道	
行中庸之道	7	IE15：辩证 IE16：如何辩证地思考与行动 IE16a：两极端可能都正确 IE16b：需要平衡的重要的两极端	IE16C：找出辩证思维
行中庸之道	8	M9：善巧方便——平衡有为之心与无为之心 M9a：练习平衡有为之心与无为之心的方法 M10：行中庸之道——整合相反的两级	

行为改变策略			
链锁分析	9	G6：概论——行为分析 G7：链锁分析 G7a：链锁分析，分解步骤	
遗漏环节分析	10	G8：遗漏环节分析	
行为改变策略	11	IE20：提升期望行为可能性的策略 IE21：减少或停止不想要行为的策略 IE22：有效使用行为改变策略的建议	IE22a：找出有效的行为改变策略
与参与者一起制定课程内容			
	12		
	13		
	14		
	15		
	16		
	17		

注：可考虑将此课程当成第二个模块，加在课程表1之后或让参与者自由选择想学习的技能。

DBT技能模块教学笔记

通用技能：介绍与行为分析

通用技能设置为两个部分：第一部分介绍技能训练，包括关于情绪失调的生物社会理论的讲义；第二部分介绍如何进行行为分析，以此帮助来访者了解影响行为的原因或事件，并通过解决问题来改变行为或预防未来出现类似的问题。

介绍

介绍是在一个新的技能团体中的第一次课程中进行，其目的是介绍技能训练，让来访者彼此认识，介绍技能训练带领者，熟悉技能训练的结构（例如：形式、规则、团体开会时间），了解带领者的方法与目标，让来访者产生学习与练习的热情。本章提供普遍适用的内容，每个人都可以根据具体情况加以修改（例如：形式、时间、费用、规则、电话的使用）。此外，这里也附上了情绪失调发展的生物社会理论，这部分是自选讲授内容。

如第四章所探讨的，技能训练师主要通过介绍将这些技能营销给团体成员。技能训练师的重要任务就是强调这些技能如何有效，鼓舞来访者们找到属于自己的个人目标，然后将其和技能模块联系在一起。你带领的技能训练的目标取决于你要教授的技能。通用讲义 1 和教学笔记列出的目标，应该足以涵盖一般团体的教学内容；此外，也罗列了一些可以自行选择的目标。技能训练中的假设部分则包含了准则与规范的探讨。

在教学笔记中，我在常用的教材旁边特别加上了钩（√）的记号。如果教学时间极其有限，我可能会跳过所有没打钩的教材。在后面的"讲义与练习单"中，我也在常使用的标准讲义旁边加上了星号（★）。

在初次介绍课程后，可再次进行介绍。如果没有新来访者加入团体，可以简短地作二次介绍。但尽量不要省略此过程，因为复习可以让来访者更深刻地记忆假设与准则，也可以讨论是否要纳入新的准则。如果有新来访者加入，带领者要尽量邀请已经来过的来访者做介绍。如果介绍后还有时间，又不需自选讲义，带领者应开始教授第七章正念核心技能。

日记卡

日记卡（请见第四章图 4.1）可供来访者记录所有技能的练习状况。通常，来访者的个人 DBT 治疗师会介绍并查看日记卡，而没有接受 DBT 个体治疗的来访者要在第一次课程介绍时学习如何使用。如果来访者没有个体治疗师来审查每周的日记卡，那么就可以在每周讨论家庭作业（以及指定的技能练习单）时审查日记卡中的技能部分。如果我们只讨论上周教过的技能，那么来访者就会忽视之前学过的技能，从而导致没有继续练习的风险。

生物社会理论

个体 DBT 课程中除了讨论生物社会理论，还会教授一些青少年与多重家庭技能训练。这个理论对于符合 BPD 标准和广泛性情绪失调的人特别重要。如果你治疗的是其他人群，比如情绪过度控制或患其他障碍的人，请注意要根据你的对象来调整所教授的生物社会理论内容。不过，对每个人来说，所有行为都是生理与环境相互作用的产物。若来访者或个体治疗师已经讨论过这个理论，在团体中重复提及的效果就不大。

行为分析

许多 DBT 治疗师会教授来访者分析自己的问题行为，所以我加上了补充教材（链锁分析），教授来访者分析功能失调的无效行为并进行问题解决，找出需要却还没有实践过的有效行为（遗漏环节分析）。链锁分析是 DBT 广泛使用的技能，而遗漏环节分析是为了多重家庭团体中青少年和父母的需求而发展出来的。

链锁分析

针对问题行为进行链锁分析是很重要的部分，因此治疗课程中有不少教授这个技能的时机。在标准 DBT 治疗课程中，个体治疗师会在与来访者单独访谈时教授链锁分析。DBT 治疗团队也会使用简化的链锁分析来评估团队成员的行为。在我的治疗团队中，通常会对开会常迟到的治疗师进行简短的链锁分析。它也是住院治疗课程常教授的技能；对于饮食障碍与物质滥用都很有帮助。当来访者未接受个体治疗时，只要时间允许，都可以将技能训练纳入链锁分析。一般来说这是附加的做法，可以自行选择。

遗漏环节分析

如果说链锁分析是对问题行为进行逐步拆解，那么遗漏环节分析则是通过一组系统性的问题找出来访者缺少的有效行为。它的形成最初是为了让治疗师在时间有限的团体中，快速评量来访者为什么无法完成家庭作业。当我们在青少年多重家庭技能团体中使用遗漏环节分析，父母和孩子都希望能够尽快学会分析出对方缺少的有效行为，由此不难看出它的有效性。

一、技能训练的目标（通用讲义1—1a）

要点： DBT 技能训练的主要目标是：帮助个人改变生活中有问题的行为、情绪、思维及人际模式。

通用讲义 1：技能训练的目标。 使用本讲义帮助来访者思考他们如何从技能训练中获益，找出他们最感兴趣的地方，以及他们想增加或减少哪些特定的行为目标。有些来访者已经学习过其他技能训练模块，也听过介绍，他们可以趁此机会评估自从开始学习以来，达到了多少个人的目标。技能训练的重点是要激发来访者学习和练习技能的热情。

关于 DBT 的研究进展很快，数据表明，DBT 技能训练对多种目标都有成效。若通用讲义 1 不符合你的团体或个人来访者的目标，请根据实际情况修改或制定一份全新的目标清单。

通用讲义 1a：解决任意问题的选项（自选）。 这份讲义可在技能模块初期使用，也可以在你觉得有帮助的其他节点运用。本讲义旨在帮助对生活问题的态度持"是这样没错，可是……"的来访者们。对这类来访者，它描述了三种面对问题的有效态度，并说明了每种态度需要运用的技能。这也提醒我们，唯一不需要技能的回应也是我们最不希望看到的：保持痛苦。

通用练习单 1：使用技能的利弊分析（自选）。 这个可以自行选择的练习单，能够帮助来访者看清他们是否能从练习 DBT 技能中获得益处。当来访者被执念或冷漠所困而不想做练习时，这份练习单对他们就会特别有用。如果来访者已经知道如何填写利弊练习单，那么带领者只要简短讲解即可。如果来访者不清楚，带领者就要说明利弊分析的原则。记得要提醒来访者填写使用和不使用技能的利弊。如果时间允许，最好请来访者在课程中至少填写一部分。建议来访者随身携带或将练习单贴在墙上，以便随时能看到。

A.介绍

为了帮新成员们在第一堂课中"热场"，带领者可以请成员轮流介绍自己，讲讲自己在哪里听到这个课程，以及任何他们想分享的信息。身为团体带领者，你也需要分享自己的信息，以及你将如何带领该团体。

B.技能训练的总体目标

技能训练总体目标是学习技能，以改变会导致悲惨与痛苦的有害行为、情绪、想法及事件。

✓ C.要减少的行为

请成员阅读通用讲义1，检视自己想要减少的行为。如果当中的某个行为是他们觉得自己没有的困扰，可以用笔画掉；或者，也可以圈选自己觉得最需要减少的行为。

💬 **讨论重点：** 讨论并分享成员画掉与圈选的行为。请成员在表格下方填写个人目标，讨论并分享个人目标，包括想要减少的行为。

带领者笔记： 以下目标是根据特定模块整理而来的，包括你不一定会教的补充技能。如果你决定不采纳某些补充技能，可以跳过它们。总之，这些笔记仅供参考，你可以根据计划要教的内容和工作对象的特点来调整。

✓ D.要增加的技能

✓ 1.正念技能

正念技能帮助我们将注意力停留在此时此刻，注意到在自己身上及周遭环境中发生了什么，让我们回归中心。正念已经成为很普遍的练习，在企业组织、医学院和许多地方都有授课。根据你教授的技能类型来说明**正念的目标：**

- **正念核心技能（"是什么"与"怎样做"的正念技能）**教我们如何观察并体验真实的本来面目，减少评判，以有效率的状态活在当下。
- **（补充教材）正念技能的灵性观点（包括灵性观点中的智慧心念与慈爱练习）**重点是体验最高真理，与大自然形成亲密的联结，发展出一种自由感。
- **（补充教材）善巧方便——平衡有为之心与无为之心。**
- **（补充教材）行中庸之道培养智慧心念。**

💬 **讨论重点：**讨论正念技能的学习目标。请成员分享个人目标，然后在通用讲义1上写下自己的目标。

✓ 2.人际效能技能

人际效能技能帮助我们和亲近的人以及陌生人维持并改善关系。

根据你教授的技能类型来说明**人际效能技能的目标：**

- **人际效能的核心技能**教我们如何面对冲突情境，得到我们想要的和需要的，能够拒绝不喜欢的请求和要求；同时，又能维持对自己的尊重且让他人喜欢并尊重我们。
- **（补充教材）建立关系，结束伤害性关系。**这些技能帮助我们找到潜在的新朋友，让他人喜欢我们，维持积极的关系。这些技能一方面教我们怎么接近别人，另一方面也教我们如何结束伤害性的关系。

■ （**补充教材**）**行中庸之道。**这些技能帮助我们在关系中保持中庸之道，能够接受自己的改变，以及维持与他人的关系。

💬 **讨论重点：**讨论人际效能技能训练的目标。请来访者分享个人目标，然后在通用讲义1上写下自己的目标。

✓ 3.情绪调节技能

情绪调节技能包括增强对情绪的控制，即使我们不可能完全掌控情绪。在某种程度上，我们只能做自己，而情绪是我们的一部分。不过，我们可以有更多的控制，并且能够学会调节某些情绪。

根据你要教授的技能类型来说明**情绪调节的目标**：

■ **了解并命名情绪：**这些技能让我们理解情绪，并教我们去了解和辨认自己的情绪。

■ **改变情绪反应：**这些技能帮助我们减轻痛苦或不想要的情绪（愤怒、悲伤、羞愧等），或改变会引发痛苦或有害情绪的情境。

■ **减少情绪心念的易感性：**这些技能让我们在面对极端或痛苦的情绪时，能减少易感性，增加情绪的恢复力。

■ **管理极端情绪：**这些技能帮助我们接纳挥之不去的情绪及管理极端情绪。

💬 **讨论重点：**讨论情绪调节技能训练的目标。请来访者分享个人目标，然后在通用讲义1上写下自己的目标。

✓ 4.痛苦忍受技能

痛苦忍受技能指容忍并从危机情境中存活而不让事情变得更糟的能力。这些技能也教授我们接纳并全然投入到可能不符合自己希望的生活中去。

根据你教授的技能类型来说明**痛苦忍受的目标**：

■ **危机生存技能：** 在我们无法立刻让事情变得更好时，这些技能帮助我们容忍痛苦的事件、冲动及情绪。

■ **接纳现实技能：** 这些技能允许我们用接纳和投入到不符合自己期望的生活中去来减轻痛苦。

■ **（补充教材）如果危机是成瘾行为所应采取的技能：** 这些技能让我们离开成瘾，过戒瘾的生活。

💬 **讨论重点：** 讨论痛苦忍受技能训练的目标。请成员分享个人目标，然后在通用讲义1上写下自己的目标。

5.行为分析（补充教材）

如果你想教授通用技能的第六、第七部分（见下文），就可以介绍这些技能。

■ **链锁分析与遗漏环节分析**指的是找出问题行为的成因并规划问题解决的方法。

E.技能训练的形式

1. 技能模块的顺序与长度

如果在之前的会谈中没有对来访者提过，可在这里介绍各个技能模块的顺序与长度。这些形式将取决于技能训练课程的性质，以及是在哪个模块之前做的介绍（见本书第三章）。

✓ 2. 课程形式

简短的从头到尾介绍课程的形式：开场仪式、讨论上一次课程的技能练习、休息时间、讲解新教材、收尾仪式。

F.解决任意问题的选项

> **带领者笔记：**如在介绍阶段使用自选教材通用讲义 1a，要强调 DBT 技能在解决生活问题的每一部分所扮演的角色。提醒来访者如果他们将来拒绝所有或大多数问题的解决建议，他们有这些可以自行选择的选项。

告诉来访者："回应痛苦的选择是有限的。或许发生在你身上的痛苦事件多到数不清，但是你回应痛苦的方式却不是无限的。事实上，如果你退后一步思考，当生活中发生痛苦的事情时，你只能有四种回应：你可以解决问题、改变对问题的感受、容忍问题，或停留在痛苦中（甚至让事情变得更糟）。"

1. 解决问题

对来访者说："首先，你可以试着找出终结或改变问题情境的方法，或者想出一个方法避免落入这种情境或永远离开它。这是你可以做的第一件事——解决问题。"你可以举以下例子——

举例："如果婚姻中的冲突让你痛苦，解决方法之一是避免与你的伴侣相处；另一个解决的方法是离婚并离开这段关系；又或者，你可以接纳伴侣，试着去改变你们的关系，解决冲突。"

举例："如果你的困扰是害怕坐飞机，解决方法之一就是不要坐飞机；或者，你可以报名参加专门克服飞行焦虑的治疗课程。"

为来访者提供有助于解决问题的技能：

■ 行中庸之道（来自于人际效能技能）。

■ 问题解决技能（来自于情绪调节技能）。

2. 在问题中让自己的感觉变好

告诉来访者："回应痛苦的第二个方法是改变你对它的情绪反应。你可以调节对问题的情绪反应，或者试着在负面事件中找到正面的意义。"你可以举下面的例子——

举例: "提醒你自己，冲突是婚姻中很正常的一部分，不需要感到苦恼；或者，你可以在婚姻之外培养更多正面的人际关系，这样跟伴侣发生冲突就变得不那么重要了。"

举例: "试着让自己对于飞行的恐惧感觉变好一点；或者，加入一个恐惧症支持团体。"

为来访者提供能让自己感觉变好的技能:

■ 情绪调节技能。

■ 正念技能。

3. 容忍问题

告诉来访者: "在你无法解决带给你痛苦的问题，也没有办法让自己感觉变好时，你依然可以减轻一些痛苦。"你可以举以下例子——

举例: "在充满冲突的婚姻中，你可能无法通过离婚来解决问题或改善关系，也没有办法让自己对问题的感觉变好，但是，如果你愿意练习对问题全然接纳的技能，就不会感到那么痛苦和悲惨。"

举例: "如果你无论如何都摆脱不掉对飞行的恐惧，也找不到方法让自己喜欢它或让感觉变好，可以通过全然接纳来减轻痛苦: 它就是这个样子。"

为来访者提供能帮助自己痛苦忍受的技能:

■ 痛苦忍受技能。

■ 正念技能。

4. 留在痛苦中

告诉来访者: "第四个选项就是你可以继续停留在痛苦中。当然，你也可以做些事情让情况变得更糟。"

你可以提供停留在痛苦中的例子:

■ 不使用技能！

二、概论——技能训练介绍（通用讲义2）

> **要点：** 简短说明所要涵盖的内容。让来访者知道你是否会涵盖情绪失调的生物社会理论。如果你不打算讲解这个理论，至少自己要读过该讲义并决定是否把讲义发给来访者。如果你发了讲义，你可以建议来访者在下次上课前读完，这样你就可以在下次上课时回答来访者的问题。
>
> **通用讲义2：** 概论——技能训练介绍。根据时间，这份讲义可以说明或跳过。除非你要跳过相关的讲义，讲解这一页时不需要教授其中的内容。
>
> **练习单：** 无。

介绍的目标是提供技能训练课程的准则与规范，以及技能训练背后的假设。

A.技能训练的准则

这是第一个也是最重要的内容，包含技能训练的要求与期待。如果你是在个人访谈中讲授技能，该内容及其讲义（通用讲义3）就不是那么重要。

B.技能训练的假设

这个主题及其讲义（通用讲义4）描述DBT技能训练的七大假设。

C.生物社会理论

该主题及其讲义（通用讲义5）提供了生物社会理论的详细概述，可作为我们思考情绪失调的基础。

三、介绍技能训练（通用讲义3—4）

要点：要顺利进行技能训练，每个来访者都应知道并了解技能训练的准则及DBT技能训练背后的假设。

通用讲义3：技能训练的准则。讨论这些准则时，除了一一讲述外，还需要讲解可能的误解，避免来访者"绕开"准则。可以请来访者轮流念出准则，并分享自己如何理解和诠释。

通用讲义4：技能训练的假设。介绍技能训练的假设时，要区分通用讲义3的准则（是在技能训练中需要遵守的行为标准）和假设（是无法被证明，但来访者仍愿意遵守的信念）之间的区别。

通用练习单1：使用技能的利弊分析。这张练习单的设计用来帮助来访者决定他们是否愿意练习并使用你教授的技能。其主要功能在于传达技能训练的目标，也就是帮助来访者有效并有技能地得到他们想要的（达成他们的目标）。技能训练不是让来访者随意做他们想做的事，也不是要来访者墨守成规、让步或做他人要他们做的事。当来访者被情绪淹没时（例如：想大吼、尖叫、陷入灾难性的想法或做出破坏性的事情时），这张练习单可以让来访者通过练习增进效率，也可作为教授来访者如何找到目标的工具。如果你在这次课程中也教授其他练习单，则可以跳过本练习单。

如果你是第一次跟来访者使用利弊分析练习单，则需要在一开始解释什么是"利弊分析"。在白板上画出二乘二的表格，讲解几个利弊分析的范例。以药物成瘾为例，先列出使用药物的利弊，再列出停止使用药物的利弊。强调四个格子都需要填写。请来访者保留填好的练习单，因为他们受情绪心念掌控时很难记住为什么不要从事危险行为。更多传授利弊分析的技能请见"痛苦忍受讲义5：利弊分析"（第十章第五节）。

✓ A.技能训练的准则

讨论通用讲义3的准则，并征求每位来访者的同意。这是治疗过程的重要部分，而不是前导过程。此外，要讨论因为误解而"规避"准则的情形。讨论之后，请每位来访者各自给自己一个承诺。在开放式团体中，每当有新来访者加入时，都需要讨论一次准则。通常，请老来访者解释给新来访者听是个不错的主意。虽然我们通常不会用"规范"（rules）这样的字眼，但会期待来访者以遵守规范的心情来遵从团体准则。要注意的是，如果用权威的方式呈现准则，可能会使一些来访者疏远，尤其是有控制议题的来访者。

1. 中途退出技能训练的来访者不算是离开技能训练

退出技能训练的方式只有一种：连续四次没有出席技能训练课程。在定期技能训练课程中缺席四周的来访者，就算中途退出，并且不能在他们的治疗合同结束前重新进入团体。例如，如果来访者的治疗合同是一年，但是他在第六个月时缺席四周，那么接下来六个月他都不能回到团体。直到合同期满，这个来访者可以与培训师和团体协商是否能够让他重新回到团体中（如果这个团体还在进行）。这个准则没有例外，也适用于 DBT 个人访谈。此外，也要让来访者知道，缺席三次后出席一次又接着缺席三次，这也算是犯规。带领者要传达出每周都要出席技能训练课程的信息。要趁着解说这个准则的机会，讨论可以接受的请假理由有哪些。没心情、小病痛、社交约会、害怕、认为"团体中没人喜欢我"等情况都是无法被接受的。严重的病情、重大事件、无法避免的行程是可以接受的请假理由。

2. 参加技能训练团体的来访者要彼此支持

出席技能训练课程时，有很多方式可以表达支持。带领者要提醒来访者哪些是提供支持的行为。

a. 保密

保密的重要性不言而喻，但课程外的"八卦"则不见得有很清楚的界限。普遍的原则是，来访者之间的人际问题应该在当事人在场的课上或课下时间处理。保密原则有两个例外，一是来访者可以跟个体治疗师讨论技能训练课程中发生的事，如此一来可以让来访者从治疗中得到更多收获。治疗师也提醒来访者，除非必要，不需要提到其他来访者的姓名。另一个例外是自杀风险，如果来访者知道另一位来访者可能要自杀，则应该寻求协助。

b. 按时出席

按时出席，尤其是准时出席且不早退，是表达支持的方式。如果来访者不按时出席又早退，很难让彼此都重视这个团体。

c. 课下练习

如果你是团体中唯一做课下练习的人，你就会很难坚持下去。做练习的来访者可能会觉得自己与众不同，或者因为自己做了作业更显得别人没做而有罪恶感。

> **带领者笔记：** 建立团体成员准时出席、课下练习技能的规范很重要，但有时要培养这些规范并不容易。在每个新模块的开始，讨论建立规范的重要性会有帮助。我的经验是，大多数技能训练来访者都希望团体可以发展出这样的规范。请参考第四章更多有关如何强化来访者准时出席及按时做指派作业的技能。

d. 彼此认可并避免评判

e. 被询问时，给予有益的而非批评的反馈

来访者需要尽力彼此认可并提供有益、不批评的反馈。这样可以在一开始就建立信任与支持的气氛。讨论这个准则时，对于某些来访者可能很困难。在后续课程中，若有来访者违反该准则，带领者可以干预，将论断改为不带评判的描述，将批评的反馈改成有益的建议，将防卫改为接受他人的话语。

f. 向他人求助时，要接受帮助

以下行为是不可接受的：一个来访者打电话给另一个来访者说"我要杀死自己"或"我现在想要嗑药"，然后又拒绝这个人的帮助。对许多人来说，不知如何适当求助是一个具体的困扰，因此讨论这项准则时，一开始可以先教授来访者如何向同伴求助。如同其他的规则，这个规则通常能让来访者感到安心，这是一位团体成员建议我们的做法。

在我们加上这项准则之前，曾有来访者打电话向另一位来访者求助，在

极度痛苦中说自己正打算自杀或从事其他自我毁灭的行为，要求这个接电话的来访者保密，然后就挂掉了电话。这个接电话的来访者陷入了两难：如果这位帮助者真的关心打电话的人就应该做些什么，但显然帮不上忙，如果他/她向别人求助就会违反保密规定。这种无望感与极度痛苦令人煎熬。

团体技能训练的优点之一就是来访者之间能建立一个强有力的支持性集体。很多时候，他们是最能够了解彼此经验的过来人。既然每个人的问题在团体中已经公开，彼此求助时也就不需要觉得羞愧。对于打电话求助的来访者来说，这是找出解决问题方法的机会；对于接电话的帮助者来说，也是练习问题解决与找到生存意义的机会。此外，也应该对来访者强调，这类电话可以提供团体成员机会，练习观察自己想帮助他人的意愿有多少。

3. 将会迟到或缺席的来访者要提前告知

这个规则有几个目的。首先，这是基本的礼貌，来访者要事先通知技能训练带领者，才不会在团体开始前一直等待。虽然团体的基本规则是准时开始，但在等待迟到的来访者出现的前面那几分钟，团体也很难避免先暂时不谈重要的话题或通知。对于只有一两位来访者准时出席的团体，这个问题就变得更有挑战性。其次，这样做增加了迟到的反应成本，也让来访者知道守时是值得的。最后，这提供了某位来访者为什么缺席的信息。

在团体中，当来访者缺席又不事先告知缘由，团体成员（包括带领者）总是免不了担心缺席来访者的情况。但是有时候，来访者缺席的理由其实跟他们的困扰一点关系都没有。因此，不事先告知反而造成团体成员不必要的担心。事实上，对有些来访者来说，知道其他人会担心就是一个新的学习；对某些来访者而言，知道其他人会担心让他们觉得被支持，反而因此不事先打电话告知。不管如何，这个准则提供了讨论这一行为的机会。准则的存在是讨论来访者需要有礼貌，以及对团体其他人抱持同理心的机会，也是加强每位来访者对团体凝聚力的责任。

4. 成员不可诱使他人从事问题行为

a. 成员不可在酗酒或嗑药后出席团体

参加团体前，不可喝酒、嗑药的重要性不言而喻，不需要花太多时间讨论。但是，这个准则可以提供一个讨论参加技能训练可能会勾起痛苦情绪的机会。此时有符合实际的期待才能避免将来的士气低落。带领者可以再次强调，当成员学会情绪调节技能后，他们就更能应对技能训练所引起的压力了。

b. 如果成员已经喝酒、嗑药，出席团体时应该表现出清醒的样子

有些人可能会疑惑，为什么要请已经喝酒、嗑药的来访者出席团体，还要他们装作清醒。因为对于有物质滥用的来访者来说，如果有一条规则是一旦喝酒、嗑药就不能出席团体，这正好给了这些缺乏自我调节能力的人不参加团体的借口。我认为，技能学习是与情境相关的，一个有物质使用问题的人，学习如何在酒精、药品的影响下练习技能就显得特别重要，因为那正是他们最需要使用技能的时候。

c. 成员不讨论可能会影响他人的问题行为

描述功能失调的行为可能会导致行为的蔓延。在我的经验中，情绪严重失调的个体对于自我伤害、物质使用、狂饮或催吐，以及其他类似行为的讨论会引发强烈的模仿效应。这种想去模仿的冲动很难抗拒。我们用成瘾者听到其他人谈论药品时的反应举例，大多数来访者很快就能理解：想要戒瘾的成瘾者会立即有嗑药的冲动。与个人DBT的准则一样，技能训练成员要同意不能在做出自我伤害的行动之后打电话或告知彼此。我们的团体成员大多很欢迎这项准则。在我纳入这项准则之前，团体成员经常抱怨一旦他们戒除了功能失调行为，再听到其他人描述这些行为时会让他们很惊慌。

5. 成员不可以在技能训练课程之外发生性关系或建立私密的关系

第五个准则的关键字是"私密的"。成员不能在课程外建立无法在团体

中讨论的关系。DBT 鼓励团体成员在课程外发展友谊。事实上，DBT 团体的优点之一就是让成员能够在日常生活中支持彼此解决问题。但是，这样一来就如同在任何一种关系中一样，也可能发生人际冲突。关键在于这些人际关系问题可否在团体中提出来讨论（或者，如果在团体中讨论太困难，或可能把事情弄得太复杂，那至少也要能够跟带领者私下协商）。如果这些人际问题可以被讨论，适当的技能可以被运用，团体中的人际关系就是有益的。如果这些话题不能被讨论，甚至越演越烈让其中一名成员在身体或情绪上无法参加团体，那就麻烦了。

解说这个准则时，提醒成员不可以要求另一个成员对其问题完全保密。这个限制对于计划从事毁灭性行为、对重要信息撒谎，以及让某个成员感到非常尴尬的状况时尤其重要。

如同第三章所探讨的，目前有性关系的伴侣需要在一开始就被分配到不同的团体。这条规则也让成员知道，如果他们跟团体中另一个成员发展出性关系，其中一个成员就必须退出团体。至今，我们遇到过好几次团体成员发展出性关系的情况，每次都让涉入其中的伴侣感到非常为难。有一次，两个成员中的其中一人在对方不愿意的情况下提出分手，被拒绝的成员就很难再参加团体课程了。还有一次，某个成员不情愿地被诱惑，造成创伤及团体中的紧张。一般来说，这是一个对所有成员都很清楚的规则。如果没有事先讲好这个准则，带领者就很难处理成员间萌发的性关系，尤其对于情绪失调的人来说，是不可能接受后来才补上的规则的。

带领者笔记：如果是对一群朋友、家人提供技能训练，其中不可避免地有夫妻、伴侣及多个家庭成员加入，就可以对上述准则破例。对这些团体或包含青少年的多重家庭提供技能训练时，不可能将私人关系排除在外。但是，在这些情况中要强调，当关系发生冲突而威胁到团体时，带领者会以类似上面所提的方式处理。也就是说，冲突议题需要在团体中讨论（如果这样的讨论正好提供练习技能的机会），或者个人与其中一位技能训练师单独讨论（如果发生冲突的来访者还没有足够的技能可以在团体中有效地处理冲突）。

6. 额外的准则

讨论你希望遵循而未列入通用讲义 3 的其他准则。确认每位成员把这些额外准则写在讲义上。

7. 进阶团体

在进阶团体中，DBT 缺席四次的准则可以被修改。如果有修改，要讨论决定某个成员是否正式退出技能训练的标准。例如，你可以讨论"被允许的"缺席包括哪些情况（例如：因为生病、家庭紧急状况、外出度假、婚礼、葬礼），以及"不被允许的"缺席包括哪些情况（例如：疲劳、心情不好、住进精神病房或可解决的问题）。

✓ B.技能训练假设

假设是虽然无法被证明，但是所有技能训练成员（包括来访者与带领者）仍然愿意遵守的信念。

1. 每个人都正在尽其所能做到最好

世间万物有各种原因（基因、生理状态、环境状态、以前的行为带来的后果），每个人在此时此刻所展现的就是他／她自己的样子。既然我们现在是这个样子，而所有的行为都有原因，这些原因一直影响着我们，我们在此刻已经尽力做到最好了。

2. 每个人都想改进

所有人的共同点都是想追求快乐。

第六章　chapter 6
通用技能：介绍与行为分析

3. *每个人都需要做得更好、更努力地尝试、更有动力改变

虽然每个人都尽力做到最好，甚至想做得更好，但并不表示他们的努力和动力足以完成任务。这句假设之前的星号代表它不见得总是对的。尤其当来访者进展稳定，进步的速度很合理，没有松懈或复发的情况下，就不需要做得更好、更努力尝试、更有动力。

4. *每个人的问题不见得是他们自己造成的，但尽管如此，他们还是必须要解决这些问题

这个假设是针对成年人说的，因为他们要对自己的生活负责。句子前面的星号代表这个假设不见得总是对的。对孩子、青少年和一些身心障碍者来说，父母和其他照顾者需要帮助他们完成任务。例如，如果父母或照顾者拒绝接送他们，孩童或身心障碍者就无法自己到达治疗场所。

5. 新的行为是必须在所有相关情境中学习的

在一个情境中学到的新行为经常无法扩展到不同的情境中，因此就要在所有可能用到新行为的情境下去做练习（这也是来访者需要在他们的日常生活中练习新技能的原因）。

6. 所有的行为（包括行动、想法、情绪）都是有原因的

我们的行动、想法、情绪总是有一个或一连串的原因，即便我们不知道这些原因是什么。

7. 与其评判和指责，不如找出并改变行为的原因

这个假设与前一个假设相关。如果我们承认所有的行为都事出有因，那么我们就能明白指责及评判（"不应该这样"）无法有效地改变情况或行为。

> **带领者笔记：** 要指出我们的文化常鼓励并示范评判的态度，所以我们很容易这样去反应。因此不需要评判自己的评判行为。放下评判能让我们更有效地达到改变行为的目标。

C.学习技能的承诺

要记得，从来访者身上获得学习技能的承诺是多多益善的。承诺在技能训练中特别重要，因为学习技能需要完成一定量的家庭作业，这些练习不只花费时间，有时也很困难。即使你已经与成员单独会谈，并努力增加其承诺程度，但如果时间允许，讨论承诺的重要性会更有帮助。讨论的重点可以是成员是否还愿意继续出席技能训练课程、练习家庭作业、努力学习新技能以解决问题并达成个人目标上面。

💬 讨论重点：

1. 询问成员是否还愿意继续参加技能训练课程和做练习。是否有人一开始的时候并不想做这个承诺？若是如此，问他"你现在愿意承诺参加并做练习吗？"进行讨论。

2. 询问成员在交通、准时出席、不早退等方面遇到什么困难，和团体一起解决问题。

3. 询问成员对团体的恐惧和担忧。例如："有人觉得很难与别人分享家庭作业吗？学习新技能时，有人不太敢问问题吗？"进行讨论。

✓ D.日记卡

1. 什么是日记卡

DBT 日记卡是设计用来记录来访者想要减少的行为和想要增加的技能。大致而言，日记卡的上半部分记录想要减少的行为，下半部分记录想要练习与增加的技能。因为个体治疗师追踪来访者的技能使用也很重要，上半部分的记录主要在个人访谈中使用，来访者使用七点评量表自评"技能使用"的程度。相对地，下半部分列出最重要的 DBT 技能，来访者可以圈选每天使用的技能。请见第四章图 4.1 的日记卡范例。

在技能训练课程中，只讨论下半部（与技能相关）的日记卡。如果你只教授团体技能训练，成员可能在其他机构接受个体治疗或完全没有接受个体治疗，那就只需提供日记卡的下半部分。针对朋友和家人的技能训练课程，我们也只提供下半部分的日记卡，青少年多重家庭技能课程也是如此，但是青少年有完整的日记卡，由青少年与个体治疗师一起讨论。一个例外的情况是，如果技能训练师同时也给成员提供个案管理和 / 或危机干预服务，就可以给成员完整的日记卡。请成员每周上课时把日记卡带来，只需讨论日记卡的下半部分。关于不让成员分享日记卡上半部分的内容，我在第三章第四个技能训练准则：成员不可诱使他人从事问题行为，讨论过我的思考。

2. 需要把日记卡印成一册吗

一开始我们是把日记卡印成一册的，还加上封面与封底，但是很快我们就发现成册的日记卡并不好用，因为它很难折起来收存，这对居无定所或要携带到公共场合（例如办公室或学校）的来访者很不方便，所以我们改用标准的 8.5×11 英寸（1 英寸 =2.54 厘米）纸张。目前在网络上也有很多不同版本的 DBT 日记卡，也被设计成应用程序。你可以用搜索引擎寻找"DBT diary card"，会找到很多不同的版本。

3. 如何使用日记卡

按照第四章表 4.2 的指示填写日记卡。此外，再加上以下步骤：

■ 告诉来访者要每天逐一看过各个技能，如果他们试着练习了技能就勾选起来。根据日记卡下方的量表来自我评估日记卡上方的技能练习程度。来访者要根据他们正在学习的技能进行自我评估。要注意的是，适应不良的应对或问题解决（例如：酗酒、自我伤害）不算是使用技能。

■ 强调来访者需要练习所有已经教过的技能，而不只是最新学习的技能。这对于学习与改变非常重要。

■ 填写日记卡的问题解决。针对困难进行问题解决。

■ 强调日记卡的保密性。讨论如何保密。如果需要，可以提供只有缩写的日记卡。建议来访者不要在日记卡上填写真实姓名，可以用绰号取代。有些来访者不希望日记卡被其他人看到，让别人知道他们在做什么，这种情况下可以修改日记卡，使用各种缩写来取代技能名称。

四、情绪失调的生物社会理论（通用讲义5）

要点：生物社会理论解释了为什么有些人会在情绪调节及行为控制方面有如此多的困难。

通用讲义5：生物社会理论。这份讲义包含情绪调节与行为控制的生理及社会层面。在标准DBT中，这份讲义的信息通常会在个体治疗中讲解。在青少年的治疗中，会同时与父母及青少年讨论。对于只上技能训练课程的人，这份讲义是自选教材。

练习单：无。

带领者笔记：你会看到，生物社会理论非常强调生理，以及在成员的社会环境中，他人的行为因素。几乎每个人都可以接受生理是情绪失调与行为失控的重要因素这一观点。但是，如果不能有技能地处理而只强调社会环境，可能会让许多成员感到不舒服，尤其会让目前在环境中扮演照顾者角色的成员感到不舒服或升起防卫心。与教养方式无效的父母，或是很难认可他人的照顾者工作时，要特别关心、同情他们及保持敏感。即便如此，我也不会因为考虑到这些父母或照顾者而淡化生物社会理论。因为我在解说时不会让他们觉得被评判，通常这些父母、家人或照顾者都很感激这个理论能够帮助他们理解问题并给予指导。

✓ A.生理因素与情绪易感性：生物社会理论中的"生理"层面

1. 情绪易感者的特征

情绪易感的人通常：

■ 对于情绪刺激更为敏感。

■ 比其他人更常体验到情绪。

■ 可能觉得情绪常常无端来袭，不知因何而起。

■ 比其他人体验到更强烈的情绪：情绪来袭就像被一堆砖头砸到。

■ 情绪会持续很久。

2. 生理因素对易感性的影响

高度情绪化的易感性受到生理因素很大的影响：

■ 遗传。

■ 怀孕过程中在子宫内的因素。

■ 出生后脑部受伤或生理疾病。

3. 情绪性的个人变化程度

有些人就是比其他人更情绪化。

✓ 💬 **讨论重点：** 请来访者对符合自己情绪易感性的项目打钩，然后讨论。

💬 **讨论重点：** 询问来访者，他们的手足或家人中是否有人（似乎）从一出生，就在情绪方面明显与他人不同。讨论这如何可能是由生理差异引起的。

💬 **讨论重点：** 出生后患有严重脑部障碍、脑部受过创伤，以及有其他严重生理疾病者，通常会比受伤或生病前更难管理情绪。

B.生理因素与冲动性

1. 冲动者的特征

容易冲动行事的人：

■ 很难抑制自己的行为。

■ 很容易做一些惹上麻烦的事情。

■ 会做出一些莫名其妙的行为。

■ 会被情绪干扰，无法组织自己的行为以达成目标。

■ 很难控制与情绪有关的行为。

✓ 2. 生理因素对冲动性的影响

遗传与其他生理因素也会影响冲动性。

✓ 3. 冲动性的个人变化程度

有些人就是比其他人更冲动。

✓ 💬 **讨论重点：** 请来访者在通用讲义5中，对符合自己冲动性的项目打钩，然后讨论。

💬 **讨论重点：** 询问来访者，他们的手足或家人中是否有人（似乎）从一出生开始，就在行为冲动方面明显与他人不同。讨论这如何可能是由生理差异引起的。

💬 **讨论重点：** 有严重脑部障碍及脑部受创者，通常在受伤或生病后更难管理冲动，会不加思考就行动。请加以讨论。

✓ C. 缺乏认可的环境：生物社会理论中的"社会"层面

1. 缺乏认可的环境特征

缺乏认可的环境特征：

✓ ■ 无法容忍个体表达自己的情绪体验，尤其是不能被外在观察的公开事件所支持的内在体验。

举例： 告诉孩子："没有人跟你一样有这些感觉，不要再当爱哭鬼！"

■ 间歇性地强化极端情绪的表达，同时强调这些情绪是不受欢迎的。

举例： 孩子从三轮脚踏车上摔下来，开始哭泣，大人不予理会，等到受不了孩子尖叫才用冷酷无情的方式回应。

■ 传达出某些情绪是无效的、怪异的、错误的、不好的。

举例： 对孩子说："你讲的都是蠢话！"

■ 传达出要在不被支持的情况下去面对情绪。

举例： 告诉孩子："如果你要继续哭，就到自己的房间哭，等你可以控制自己之后再出来。"

✓ ■ 不针对情绪所表达出的需求做出行动或反应。

举例： 告诉孩子："我看到你因为找不到明天考试的教科书而难过。"却不做任何事情帮孩子找书。

■ 混淆自己和他人的情绪。

举例： "我很累了；大家都上床睡觉。"

💬 **讨论重点：** 请成员分享生活中不被认可的例子，然后讨论。

✓ D. 无效的环境：生物社会理论中的第二个"社会"层面

> **带领者笔记：** 我在这里使用"父母"一词，但也可以指"非父母的照顾者"。

1. 无效育儿的成因

由于种种因素，父母可能无法有效地教授孩子调节情绪及控制行为。

a. 没有父母可以做到完美的有效育儿

大多数父母在某些时候都会变成拿孩子没办法的无效父母，这是身为父母的正常过程。很多父母在这些时候会向专家求助，学习育儿之道。

b. 许多父母只是不知道怎样做个有效的父母

许多父母在无效育儿的环境中长大，从来没有机会学习该怎么做：如何管教孩子、如何注意并强化正面行为。这些父母可能没有察觉自己的教养方式并不适合他们的孩子。

✓ c.父母可能是完美主义者

有些父母非常完美主义，很在意面子，过度强调要把所有情绪憋在心里，认为冲动是性格缺点，只有通过强大的努力才能改善。但是事实很少如此。

✓ d.一些父母患有严重的身心障碍

有严重生理或心理障碍的父母，很难注意到孩子。他们自己也可能情绪严重失调和冲动。

✓ e.父母可能被压力逼得喘不过气来

有些父母可能被压力逼得喘不过气来，以至于没有办法给予孩子需要的注意和教授。家中有其他成员生重病、工作压力大、经济资源不足、孩子众多、父母中有一方不在身边，以及其他很多因素，都可以让原本最有照顾能力的父母失去能够满足孩子需求的能力。

💬 **讨论重点：** 请成员分享他们的父母是否有（或曾经有）这些特征。请父母分享哪些特征符合他们目前的状况，请加以讨论。

2. 无效成年环境的成因

有时候，成人会陷入无效，甚至具有毁灭性的环境。例子包括：

a. 工作环境

成人的工作环境常过度惩罚不符合职场要求的行为，缺乏对有效行为的强化以及对沟通的尊重。任何一个或所有这些因素都能让原本脆弱的人变得高度情绪化。虽然，工作场合中不太可能出现冲动行为，但职场压力可能让人在职场之外变得过度冲动。

b. 成人的人际关系

许多成人的人际关系都能导致高度情绪化，尤其是伴侣或朋友一味地忽略有效行为，以及过度惩罚他们不想要的行为时。对许多脆弱的人来说，缺乏滋养与关爱的环境可能引起极度的悲伤、寂寞、羞愧及其他极端情绪。有时候，悲伤也可能引发强烈的愤怒。

✓ c.感觉迟钝的人

对认可缺乏过度敏感的人，一旦遇到感觉迟钝的人就可能引发极端的情绪反应，尤其是当自己的核心信念、希望、目标、成就或人格特质不被认可时。

💬 **讨论重点：** 请成员分享他们过去或现在是否处于这种无效的环境中。请加以讨论。

✓ E.互动才是最关键的

1. 沟通的升级

情绪最重要的功能是沟通。如果信息没有被接收到，发讯者就会加强沟通。越是重要的沟通，发讯者越会加强。

2. 不认可的升级

但与此同时，如果收讯者不相信所沟通的信息，每当发讯者送出同样的信息，收讯者就会更强烈地传达出不认可。

3. 双方进一步升级

情绪逐步增强，不认可也更为强烈；当不认可进一步增强时，发讯者的情绪和信息也会越来越高涨。

4. 互动的样子

图 6.1 显示出互动的样子。当 A 与 B 沟通，B 回应 A，然后 A 继续跟 B 沟通，如此反复进行。换句话说，互动中的双方会彼此影响。A 和 B 可能代表两个人，也可能代表一个人和他所在的环境，或者两个环境。重点是随着时间推进，双方都影响着彼此。

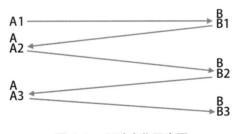

图 6.1　互动变化示意图

带领者笔记： 尽量以戏剧化的方式描述以下场景，边说边演，演出时也可在白板上写出重点。

✓　**举例：** 以下互动是一个不认可的过程。

发讯者：着火了！

收讯者：你反应过度了！你有毛病吧？根本就没有火。

发讯者：喂，这里着火了！

收讯者：你真是疯了！把火吹熄不就好了！

（如此反复互动之后，面对不认可的情况时，发讯者会用以下两种方式中的其中一种来回应。）

发讯者：好吧，没有着火。

（是我出问题了？）

收讯者：很好！

（或者，如果发讯者已经歇斯底里了）

发讯者：着火了！着火了！救命！！！

收讯者：哦！不好了！我可以帮上什么忙？

💬 **讨论重点：** 请成员描述在生活中遇到过的类似情况。探讨是否曾在起火时大喊"着火了"，以及是否曾经在别人大喊"着火"的时候，向对方传达不认可的经历。请加以讨论。

💬 **讨论重点：** 当人们不被认可时，可能学会要夸大自己的沟通信息才能引起别人的注意。但是，当他们培养这样的习惯时，环境中的人也会学会忽略他们的信息。请成员分享自己何时曾夸大沟通信息，他们沟通的对象何时会夸大信息。讨论如何减少夸大信息的倾向。

5. 总结

综上所述，要强调我们每个人都会受到生理的影响，生理影响我们的行为，行为影响环境，而环境又会做出反应，通过永无止境的互动影响我们。这种互动观点和指责并不兼容，能够从我们自己与他人的行为中找出因果关系。

注意： 要记得这种生物社会理论主要针对情绪严重失调的人。DBT 技能对很多不同的障碍也有效，但需要根据你服务的对象调整这个模式。

五、概论——行为分析（通用讲义6）

> **要点：** 分析自己行为的能力让我们能够判定是什么导致和维持着我们的行为。若我们想要改变自己的行为，明白这些就很关键。
>
> **通用讲义6：** 概论——行为分析。根据时间，可以简短讲述或跳过这份讲义。除非你选择跳过相关的讲义，否则讲解这一页时不需要教授其中的内容。
>
> **练习单：** 无。

这个部分是为了培养来访者分析理解问题行为的能力，以及帮他们认识到所缺少和所需要的有效行为。

A.问题行为的链锁分析

"链锁分析"包含一系列问题，引导来访者找出哪些因素导致了问题行为，以及哪些因素让他们很难去改变问题行为。

B.遗漏环节分析

"遗漏环节分析"包含一系列问题，引导来访者分析自己没有做哪些必须做的有效行为。

通用技能：介绍与行为分析

六、问题行为的链锁分析（通用讲义7—7a）

> **要点：** 若我们想要改变一个行为，就需要先了解导致这个行为的原因。行为的链锁分析让我们能够理解导致问题行为的前因后果。
>
> **通用讲义 7：** 链锁分析。在 DBT 中，治疗师和来访者都需要有能力针对问题行为进行链锁分析。这一技能可以是团体中的标准课程，也可以在个体治疗中教授。使用通用练习单 2（请见下文）进行链锁分析是 DBT 很重要的一环。不过，传授此技能有很多种方法，在治疗课程中也有很多适合教授的时机。在许多治疗课程中，个体治疗师利用个人访谈的时间教授来访者怎样做分析。在居住式和住院治疗中也常教授这个治疗课程。技能训练中是否要包含链锁分析，可自行选择。如果成员没有接受个体治疗，而团体又有足够的时间，这么做又显然有帮助，就可以将链锁分析纳入技能训练。
>
> **通用讲义 7a：** 链锁分析，分解步骤。本讲义提供如何进行链锁分析的实际步骤。请详细介绍讲义并联系到通用练习单 2。
>
> **通用练习单 2：** 问题行为的链锁分析。这是进行链锁分析的练习单。对成员讲解本练习单，指出其中内容如何与通用讲义 7 或 7a 的项目相对应。讲义中有两页是要列出导致问题行为的一连串事件。成员只需根据他们的实际经验填写，通常一页就足够了。
>
> **通用练习单 2a：** 范例——问题行为的链锁分析。这是完成练习单的范例。

✓ A.什么是链锁分析？

任何行为都可视为由一系列环节所组成的。这些环节被"串联"起来，连续性地一个接一个、一环扣一环。已经很熟悉的行为（练习过无数次的）看起来似乎无法被拆解为不同的步骤："一切就这么发生了。"但"链锁分析"提供了一系列的问题（例如：在这之前发生了什么？之后发生了什么？），可以逐步将融合在一起的行为拆解开来。

链锁分析的目的是找出问题所在（例如：工作迟到、冲动离职）；是什么导致了问题；它的功能是什么；什么妨碍了问题的解决；有哪些资源可以帮助解决问题。

✓ B.为什么要采用链锁分析?

链锁分析帮助我们评估要改变的行为。虽然使用链锁分析需要花费时间与精力,但我们可以得到必要的信息,了解哪些事件会导致特定的问题行为(也就是成员想要改变的行为)。很多时候,我们无法顺利解决问题是因为没有完整了解并分析问题。

通过坚持练习链锁分析,一个人可以找出自身行为中的不同组成部分是被什么样的模式串联起来的。停止问题行为的第一步,就是先找到串联这些部分的环节。如果我们能打破这些环节,就能阻止问题行为。

✓ C.如何进行链锁分析?

> **带领者笔记:** 以下两个范例可以帮助成员了解如何进行链锁分析。用例子讲解会比只说明步骤更有效。在团体中,通常不适合用某个成员的问题来做示范,因为成员的问题可能很复杂,没有时间在团体中完全厘清。你可以使用通用练习单 2a 中的完整例子,如果没有时间在团体中完整讲解,成员应把它当作家庭作业将它读完。如果在你的治疗中链锁分析是重点,可以在讨论家庭作业时,查看并更正成员的练习单。

✓ **举例:** 请来访者看通用练习单2a(链锁分析的完整范例),逐步讲解这个例子,注意询问了哪些信息,强调为什么这些信息可以帮助我们了解,然后改变问题行为。指出练习单的问题是对应到通用讲义7的描述和7a的步骤。讨论来访者按照指示填写练习单的程序,以及可能遇到的困难。想要了解与解决某个问题行为时,链锁分析可以辨认出重要的信息。第一到第五步帮助我们了解问题,第六到第八步是改变问题行为。从头到尾讲解通用讲义7,并请成员说出:

1.到底问题行为是什么?

2.环境中的什么事件启动了这一连串事件（诱发事件）？

3.事发当天自己的情绪易感因素是什么？

4.从诱发事件到问题行为，环环相扣的一连串事件是什么？

5.在环境中，行为的后果是什么？

接下来的步骤包括：

6.找出取代问题环节所需要的行为技能，减少再发生这个行为的可能性。

7.制订预防计划，以降低诱发事件与环环相扣的链锁的情绪易感性。

8.修复问题行为对环境与自身造成的不良后果。

✓　第八步的提醒：在修复不良后果时，一定要先找出到底是什么受到了伤害。这对很多人来说非常困难。例如，某人背叛另一个人，还说了很多尖酸刻薄的话，这个人却想要用鲜花或糖果来弥补，好像他造成的伤害只是弄丢了对方的鲜花或糖果一样。然而，这种修复所需要的是真诚地道歉，收回自己说过的话，不再说长道短以重建对方的信任感。

每个步骤的详细说明请见通用讲义 7a。

带领者笔记：刚开始，成员大概很难弄清问题行为的每个步骤。也就是说，成员很难辨识出自己是如何从 A 点（还没有从事问题行为）一步步演进到 B 点的（从事问题行为）。但加以耐心，链锁分析就能解离相扣的环节。

举例：发给成员空白的通用练习单 2（链锁分析的空白练习单）。讲解以下范例，并请成员在练习单上填写相关信息，最后再讨论填写练习单的好处。

步骤一，问题行为：我对伴侣大吼大叫，然后冲出房间，用力甩门。

步骤二，诱发事件：下班回家后，我的男友在沙发上睡觉（这个一开始发生的事件，导致了大吼大叫和甩门）。

步骤三，什么让我脆弱：昨晚他深夜才回家，神情疲惫。我们已经很久没有下班后出去逛逛了，昨天他答应今晚要陪我出门。我回家时，很期待能出门约会。

步骤四，环环相扣的特定行为与事件：

第一，我看到他在睡觉，心想："他又在睡觉了，我们今晚不能出门了。"

第二，我接着想："他根本就不爱我。"

第三，我立刻就火冒三丈。

第四，我想要像他伤害我那样伤害他。

步骤五，行为后果——我的行为造成的伤害：

a. 对环境：我认为我的行为让他很受伤。

b. 对自己：我觉得很有罪恶感。我发现我把两个人的夜晚搞砸了。

步骤六，下次我可以先核对事实。等我终于跟他核对时，我发现他只是想小睡一下，这样才能一起共度美好的时光。

步骤七，和男友的关系中，当我开始觉得他不爱我时，我可以跟他核对事实。

步骤八，计划如何针对伤害进行修复、修正：我会尽可能地以相信他爱我的方式来对待他。我会跟他道歉，补偿被我搞砸的那一晚，我将计划一个他会喜欢的两人一起共度的夜晚。

💬 **讨论重点：** 讲解例子时，针对所有或部分问题讨论其他的可能性。

带领者笔记： 让成员知道，不要被想做出完美的分析和找出正确环节的念头给"卡住"了，真正重要的是开始使用链锁分析，而不是被想要做到完美的复杂性给打倒了。告诉成员，练习链锁分析就和其他技能一样，多练习就会熟练，做得越多就越容易完成。以我们的经验来看，练习链锁分析可以帮助成员增进对内在想法与感受的觉察。

通用技能：介绍与行为分析

> **带领者笔记:** 练习链锁分析时，成员应该专注在找出关键的功能失调环节（想法、事件、行动）上，这些环节是把诱发事件跟问题行为联系起来的关键。判定某个环节是否为关键的方法之一是请成员想象如果少了这个环节，是否会降低问题行为发生的概率。另一个需要提出的重点是，链锁中的环节可能具有功能，也可能是功能失调的，关键要看此环节是把成员推近还是远离问题行为。

七、遗漏环节分析（通用讲义8）

> **要点:** 有时候，问题不在于问题行为的存在，而是缺少有效的行为。遗漏环节分析帮助我们找出是什么干扰了所预期的或所需要的有效行为。
>
> **通用讲义8：遗漏环节分析。** 这份讲义提供如何进行遗漏环节分析的详细步骤。
>
> **通用练习单3：遗漏环节分析。** 这是分析遗漏环节的练习单。在课上，也可以用来分析来访者没有完成家庭作业的行为，以教授来访者这个技能。如果上课时并未使用这份练习单，务必要讲解以确保成员能了解它的使用方法。

✓ A.什么是遗漏环节分析

"遗漏环节分析"是指通过一系列问题帮助人们找出是什么阻碍了有效行为。它的目的是在一连串事件中弄清何处发生了什么（或没有发生什么），以至于干扰了我们所需要的或所预期的有效行为。

我们可能缺乏的有效行为有两种：

1. 预期的行为

期待的行为是指你同意要进行的行为（例如，准时上班）、被指示要遵守的行为（例如，技能训练作业）、计划要做的行为（例如，打扫房间），或是非常希望去做的行为（例如，早上锻炼）。

2. 需要的行为

需要的行为是在某些特定情境中需要使用的技能，只有这样，你才能有效地回应情境。例如，以有技能的人际行为来缓解紧张的互动，或处理特定问题（例如，闹钟坏掉时还能准时起床）。

B. 何时使用遗漏环节分析

当问题出在不知道自己所预期的或需要的是什么、不愿意去做自己所预期或需要的行为，或是根本没想过要去做需要或预期的行为时，遗漏环节分析加上问题解决技能一般就足以应对。而遗漏环节分析加上链锁分析，则可以在你明明知道自己该做什么有效行为却又一直做不到时，帮助找出问题。请见以下例子。

C. 何必麻烦

如果成员一直做不到有效的行为，遗漏环节分析就是帮助厘清状况非常有价值的工具。如同讨论链锁分析时提到的，尝试解决问题却总是失败，是因为还没有全面了解与评估问题。

遗漏环节分析的优点就是，其中的问题可以很快得到询问和回答。

✓ D. 如何进行

告诉成员："回答通用讲义 8 的问题，直到继续进行下去不再有帮助或不再有意义。到了那个时候，就可以开始进行问题解决了。"

例如，如果某个人不知道某个行为是被需要或预期的，就没有必要询问他／她是否愿意承诺去做这个行为。如果某个人从技能训练一开始就抱着很随便的态度而不愿意练习有效行为，那么先解决这个问题会比后来才问他是否想到要练习这个行为更有效。如果某个人从未想过要采取行动，询问是什么妨碍了有效的行为是无法真正帮助这个人的（应该问为什么这个人没有想到）。

"通用练习单3：遗漏环节分析"可确认必要的信息，帮助我们了解并找出这个缺失的行为。

✓ 👥 **练习活动**：请一位自愿接受遗漏环节分析的成员回答通用讲义8所描述的问题，按照步骤来解决问题。如果时间允许，可以多做几个示范。

1."你知道有哪些有效行为是你需要或预期要做的吗？"

如果成员回答"不知道"，进一步询问："是什么妨碍你知道要做什么？"然后停止问问题，开始针对妨碍因素进行问题解决。

如果成员回答"知道"，继续问第二题。

2."你愿意做需要或预期的有效行为吗？"

如果成员回答"不愿意"，进一步询问："是什么妨碍你去做有效的行为？"然后停止问问题，开始针对意愿的缺乏进行问题解决。

如果成员回答"愿意"，继续问第三题。

3."你是否曾经想到要去做这个需要或预期的有效行为？"

如果成员回答"没想到"，停止问问题，进行问题解决，找出一个能让成员想到的方法。

如果成员回答"想到过"，继续问第四题。

4."什么因素妨碍了你马上去做需要或预期的行为？"

针对妨碍成员的因素进行问题解决。

齐心协力一起找出各种解决问题的方法。这比简单的问与答要花更多的时间。在团体中，请成员帮忙一起想解决的办法。如果需要的话，可以参考情绪调节技能模块中的问题解决技能（见本书第九章第六节，以及"情绪调节讲义12：问题解决"）。

💬 **讨论重点：**鼓励成员找出他们的生活中缺失的有效行为的模式。如果成员还说不出模式，就请他们分享没有做到某些重要事情的例子。

👥 **练习活动：**请一位成员自愿接受遗漏环节分析，再请一位成员自愿帮助第一位成员进行分析。带领者要辅导成员做分析。如果团体可以接受而不会有负面效果，可以鼓励成员彼此进行没有完成家庭作业的遗漏环节分析。

👥 **练习活动：**当某位成员来参加技能训练却没有做所有指定的家庭作业时，把通用练习单3发给每位成员，请大家一起填写遗漏环节的问题。

八、结合遗漏环节分析与链锁分析（通用讲义7—8）

完整的遗漏环节分析，需要将遗漏环节分析与相同行为的链锁分析相结合。当一个人无法做某件事的原因很复杂，或者明知该做什么却又被某些因素妨碍而做不到时，就应该进行这样的分析。你可以从遗漏环节分析开始，然后从第四个问题之后转换到链锁分析。可使用以下例子或你自己的例子来教授。

举例：缺失的行为。我早上八点半有个一小时的每周一次的会议，结果我迟到了四十五分钟。（从通用讲义8的第一个问题开始）

1.你知道什么是需要或预期的有效行为吗？知道。

2.你愿意去做需要或预期的有效行为吗？愿意。

3.你心中是否曾想到过要去做需要或预期的有效行为？想过。

4.是什么阻碍了你马上去做需要或预期的有效行为？一连串的事件。

（从通用讲义7或7a的第二个问题开始）

步骤二，描述启动整个行为链锁的具体诱发事件：我准时起床，煮了一杯咖啡，拿了报纸。报纸首页有一则我们城市的丑闻，我很有兴趣想看看。（一连串事件的开始，导致迟到的行为。）

步骤三，什么让我易感：昨天我很晚才上床睡觉，没睡多少，早上醒来还是很累，动作缓慢，对于诱惑没什么抵抗力。

步骤四，环环相扣的特定行为与事件：

第一，翻到文章的第二页时，我看了一下时间，知道没有多少时间了。

第二，我就想："哎呀，我会迅速穿好衣服的，不会迟到。"

第三，第二页的新闻看起来很有趣，所以我坐下来开始看。

第四，我当时在想应该还有时间。

第五，然后我又看了一眼时钟，心想真的应该要出门了……

第六，电话响了，是我母亲打来的。

第七，我接了电话，然后开始跟她说话。

第八，我母亲开始聊家里发生的事情。

第九，我开始担心什么时候才能讲完电话去赶会议。（如果那时候我加紧换衣服、出门、开车去上班，应该还有时间可以赶上会议。）

第十，太快挂母亲的电话我会有罪恶感。

第十一，我用了十分钟（其实已经没有时间了）听我母亲说话。

第十二，我终于讲完了电话。

第十三，我看了一眼时钟，发现我至少会迟到十分钟。

第十四，我决定反正都要迟到了，那就慢慢来吧。

第十五，我看完了新闻。

第十六，我换好衣服出门，这时已经比平常晚了一个小时。

步骤五，行为后果——我的行为所造成的伤害：

a. 对环境：同事需要花时间向我转述会议的内容；同事可能在会议刚开始时还花了时间等我；同事可能觉得我不像团队的一分子，会因为我迟到而不高兴。

b. 对自己：我觉得很有罪恶感，而且我还要花很多时间去弄清楚会议的内容。

步骤六，运用技能取代问题环节：

第二，用"为了安全起见，我应该现在就先换好衣服；提醒自己，如果我在上班前看报纸，通常会迟到"来取代"待会儿穿衣服迅速点就行了"。

第三，早上觉得很累就不要坐下来看报纸。

第七，快要迟到了就不要接电话。

第十，运用人际关系技能，跟母亲解释我晚点再打电话给她（之后真的要打）。

第十四，运用利弊分析思考自己是否真的要放弃，是否真的要让自己迟到更久。我可以赶紧去上班，只迟到一会儿，而不是纵容自己放松，干脆迟到更久。

步骤七，降低未来的易感性：

■ 早点上床睡觉，增加睡眠时间（降低易感性）。

■ 每周给母亲打一次电话，即便只是简短聊天（降低易感性）。

避免再次发生诱发事件：

■ 不要早上去拿报纸。

■ 从门廊把报纸拿进来，但是不要在上班前打开报纸。

步骤八，计划如何针对伤害进行修复、修正：我可以向同事道歉，告诉他们我知道我的迟到会给别人增添麻烦，我以后会更努力地守时。未来两个月我会提早出席会议，我也愿意向迟到的同事说明他们错过的信息。我愿意为其他同事主动提供帮助，或者别人请我帮忙，我也会答应。

💬 **讨论重点：** 讲解例子时，针对某些或全部问题讨论其他的可能性。

第七章
正念技能

　　正念技能是 DBT 的核心（因此下面描述的第一组技能被称为正念核心技能）。核心技能是被教授的第一项技能，它们支撑并支持着其他所有 DBT 技能。这些技能会在其他三个模块的开头进行复习，并且是整个治疗过程中唯一强调的技能。DBT 正念技能是对东方灵性训练中的冥想练习在心理和行为层面上的诠释。正念技能的练习对治疗师、技能训练师和来访者而言，都同样重要。事实上，经研究发现，临床工作者的正念练习是很好的治疗过程并会产生更好的效果。因此，正念练习通常是 DBT 治疗团队会议的第一项议程。

　　正念与一个人在日常生活中的觉知或存在的质量有关。它是通过觉知觉察来实践清醒生活的方式。正念练习作为一套技能，是指不带评判、专一地做、有效地做（运用有技能的方法）。虽然我在发展正念技能时，最大的灵感来源是禅修，但这些技能也兼容于西方默观、其他东方冥想修行及新兴科学思想，后者鼓励对事物际遇"放手"，认为这样比压抑、回避或试图改变更有益处。古往今来，东西方心理学和灵修的核心，不分教派信仰，殊途同归于同样的洞见。正念练习的本质是默观灵性修行，因此这里提到的正念练习可以融入每一个人的灵性修行和信仰。然而，DBT 在设计上尤其不分教派（亦即与任何信仰传统都能兼容），因此相关练习也刻意以入世的方式进行。不要求也不需要具有灵性信念或宗教信仰才能练习和精通技能。

　　正念技能也可被认为是冥想练习的基础组成部分，许多心理学和减压疗法中都教授冥想练习（例如正念认知疗法、正念复发预防及正念减压疗法）。在某些方面，可以把 DBT 正念技能想成是针对正念初学者而设计的技能；也就是说，这些技能是给还不能很好地自我调节来练习正念冥想的人的技能。DBT 正念技能也可以看作是拥有高阶正念能力的人在日常生活中需要练习的技能。从这个意义上说，这些技能就是将正念冥想应用到日常生活中。

正念是什么

"正念"是有意识地将注意力集中在当下，不带任何评判，也不依附于当下任何行动的行为。当我们正念时，我们意识到并觉知当下。我们可以将正念与自动的、习惯性的或机械性的行为与活动进行对比。当我们正念时，我们是警觉而清醒的，就像守卫的哨兵一样。也可以把正念和死死抓住现在的时刻进行对比，比如当我们执念于当下时，会以为只要抓得够紧，就能阻止当下发生改变。在正念的状态中，我们愿意接纳每一个当下的流动性，让当下自由来去。在"初心"当中，每一刻都是新的开始，都是独一无二的崭新时刻。正念与拒绝、压抑、阻塞或回避当下正好相反，就好比"心不在焉"（out of mind）的意思，其实是我们"已不在焉"（out of existence），并且"行不受制"（out of influence）。而在正念的状态，我们进入了每一个当下。

"正念练习"就是反复地将心拉回对当下的觉知，不带评判也不带执念；因此，它包括不断努力，放下对于当下的想法、情绪、感觉、活动、事件及生活情境的评判与纠缠。总而言之，正念是一种无保留地、无怨恨地进入当下的练习，是带着对生命不断变化的意识进入宇宙的存在的过程。正念练习教授我们进入当下，觉察其中的一切，并以此为起点，履行我们的职责。

"每天正念"，是一种生活方式，是一种睁开双眼生活的方式。闭上双眼时很难接纳现实；如果我们想要接纳发生在自己身上的事，就必须先知道究竟发生了什么事，须得睁大眼睛去看。很多人会说："我一直都睁着眼睛啊。"但如果我们仔细观察，就会发现他们并没有注视着当下。他们看的是过去，看的是未来，看的是忧虑，看的是想法，看的是其他所有的人。除了当下之外，他们什么都看得见。作为修行来说，正念练习将我们的注意力导向一件事，那就是活着的当下，亦即我们所在的那个时刻。正念的奥妙之处就是，如果我们注视当下，就这一刻，我们会发现自己注视的其实是整个宇宙。我们如果能与当下合一，只在此时此刻，当下这一刻就会轰然洞开，而我们将惊见喜乐就在当下之中，而能够承受生命痛苦的那股力量，也来自当下。正念的诀窍，说穿了就是练习到熟能生巧，因为那并不是只听一遍、只做一遍就能做到的。正念也不是我们所要前往的目的地，正念是我们当下所在之处。练习就是往来于正念之中。正念只是当下这一次呼吸、这一个脚步、这一次努力。正念只是我们当下所在之境，而我们在其中睁大双眼，觉察、警醒而专注。这可能非常困难，因为有些令人难以忍受的东西可能会浮现出来。如果遇到这种情况，我们可以退后，留意它，然后放下，而这一刻终将过去。难关可能又会再度出现，练习又会变得困难，这时我们可以看着它、放下它，让它过去。如果在某一时刻练习变得太过艰难，我们可以轻轻停下。我们可以改天再来、等待和再次倾听。

"冥想"是一段时间内静坐或站立时的正念练习。冥想有时会被错误地认为是正念的核心，然而，冥想和正念并不是一个概念。虽然冥想意味着正念，反之却并非如此，因为不需要冥想也能做到正念。这个区别相当重要。尽管每个人都可以练习正念，却不是人人都能冥想。有些人无法坐着或站着不动，有些人因为恐惧而不敢观察自己的呼吸或内心。有些人虽然现在无法练习冥想，但一段时间之后或许可以做到。

"正念冥想"是一种专注、凝视、观看或默观某物的活动。例如，在禅修中，人们经常被教授要"观心"。在其他的灵性修行当中，可能会将词语、句子或物件来作为集中注意力的对象。比如游客在美术馆当中或站或坐，凝视着艺术作品；我们会注意到鸟儿的啁啾声或汽车的引擎声和以往不同；我们会看夕阳、看孩子在公园里嬉戏，这些全都是正念活动。虽然"冥想"这个词有时会用来指沉思关于宇宙或生命的奇妙，但在世俗层面更常见的意思就是正念。另一个普遍的理解是，当一个人冥想时，通常安静地坐着，专注于自己的呼吸、身体感受、一个词或其他由个人练习或传统规定的事物。

冥想作为默观或是正念的练习，可以是入世的实践（例如对于艺术的冥想默观），也可以是宗教或灵性的修行（例如默观祷告）。世界各大宗教，不管是出于广义还是狭义的定义，的确都有默观练习的传统。这样的宗教传统，通常称为"神秘主义"传统，建议进行各种不同的正念练习，并且强调这些练习可能会产生灵性体验的后果。至于正念究竟是出世还是入世，要视个人的定位与信仰。对于追求灵性的人而言，正念可以是入世的历练，也可以是灵性或宗教的修行。

冥想和正念有两种练习方式：一是敞开心灵，二是集中心灵。敞开心灵就是练习观察和观看进入觉知的一切。在静坐冥想中，它只是注意到进入意识的思想、情绪和感受，而不是抓住或追求它们。这就像是坐着观看传送带一样，需要做的是观察传送带传送着的物品，而不是关掉传送带去近距离查看物品。这也像是坐在山丘上看港口，只注意船只进出港口，而不会跳上其中任何一艘船。对于初学者或是集中注意力有困难的人来说，敞开心灵可能很难，因为他们很容易就陷入转瞬即逝的思想、情绪及感受当中，失去专心对觉知的关注。对于这些人，通常我们会建议集中心灵。

集中心灵是将注意力集中于特定的内部或外部事件上。例如，当专注于内部事件时，可能会把注意力集中在某个持续的感受（一连串的感受）、情绪的产生、脑海中浮现的想法，或者反复重复之前已经决定的单词或短语。又例如有些冥想流派会在每次呼吸时要求念出咒语或特定的词语，其中一个例子就是"智慧心念"的练习（描述如下），就是吸气时说"智慧"，吐气时说"心念"。另外一个则是数息（数到十再重复），也是禅宗典型的修行方式。临床工作者所提供的冥想练习引导或冥想录音，都应提供说明，告诉学习者应专注于何处以及如何集中心灵。如果是专注于外在的对象，可以是一片叶子、一幅图画、一根蜡烛、一个人或一群人、自然景观（比如在自然中散步时）、日出日落等等。

　　练习时，也有两种观点可以采用：一是退后旁观，把距离拉远；二是前进投入，成为"如是"，也就是往前进入正在观察的对象。上述观点的冲突，以比喻的语言来说，就像是站在高山上将自己的情绪想象成远处山下的大石，与完全进入自己的情绪之中的区别；又像是坐在边缘看着自己内在的空虚，与进入空虚，成为其中一部分的区别；或者是在宴会上注意到自己的不自在，与完全投入宴会之中的区别；抑或是觉察自己的性反应，与完全投入自己的性反应之中的区别。

正念核心技能

心的状态，以及正念的"智慧心念"技能

　　正念核心技能包含在本模块的第一到第十节之中。DBT 有三种主要的心的的状态：理性心念、情绪心念及智慧心念（第三节）。人在处于理性心念时，会用脑力思维处理知识，采取理性逻辑思考，只在乎实证经验，处理问题时往往计划周密，冷静务实，无视情绪、同理心、爱恨等感觉，而且决定和行动都由逻辑掌控。而人在处于情绪心念时，思想和行为主要受到当下情绪状态的控制；在情绪心念的状态下，认知是热烈的，很难进行理性逻辑思考，常会放大或扭曲事实，以当下的情感，行为的动力也与当下的情绪状态一致。

　　智慧心念则是情绪心念与理性心念的结合，同时也将二者平衡：智慧心念是将直觉加入情绪体验和逻辑分析之中。在正念认知疗法中，还会讨论到两种心的状态：一是"有为之心"和"有为模式"，二是"无为之心"和"无为模式"。有为之心是专注于把事情做好，它是多任务、目标导向的，具有驱动性。相反地，无为之心则是不做的状态，专注于体验而非作为。这两种心境都和 DBT 正念技能有关，因为智慧心念也可想成是有为之心和无为之心的综合。

正念技能是一种工具，可以平衡情绪心念和理性心念、无为之心和有为之心，还有其他心念和行动的两极结合，以实现智慧心念和智慧的行动。DBT 有三种"是什么"技能（观察、描述、参与），以及三种"怎样做"技能（不评判、专一地做、有效地做）。

正念"是什么"技能

正念"是什么"技能包括："观察""描述"和"参与"（第四到第六节）。正念技能练习的最终目标是培养一种有意识地去参与的生活方式。无意识地参与是一种冲动与情绪依赖的行为。一般来说，只有在学习新的行为、出现某种问题，或需要改变时，才需要特别注意观察和描述自己的行为反应。这样的例子包括学开手动挡的车、跳舞和打字等。想想刚开始学钢琴的人，会非常注意双手和手指的位置，还可能会大声数着拍子，或说出正在弹奏的调名与和弦。然而，随着技能的提升，这样的观察和描述就会消失。不过如果学会一首曲子之后养成了错误的习惯，演奏者可能需要再回到观察和描述的阶段，直到学会新的模式。这种有意识地重新编程对于改变冲动或情绪依赖的行为是十分必要的。以好奇心和开放的心态观察自己，随着时间的推移，我们就会更清楚地了解自己是谁。只有通过观察自我，才能找到"真正的自我"。

观察

观察是第一个"是什么"技能（第四节），亦即注意事件、情绪和其他行为反应，而不必试图在痛苦时终止体验，或是在愉悦时延长体验。这部分是让成员学习体验的同时，能够觉察到参与当下发生的一切，而不是离开情境或试图终止某种情绪。对事件的专注力通常需要另一个相关的能力，那就是从事件当中抽身而退。观察走路和走路本身是两回事，观察思考和思考本身是两回事，观察自己的心跳和心跳本身也是两回事。将注意力集中在"体验当下"的基础在于东方的修心之道及西方的"非强化暴露"概念，作为削弱无意识回避和恐惧反应的方法。

描述

第二个"是什么"技能（第五节），则是以语言描述事件和个人反应。用语言来标记行为和环境事件的能力，对于沟通和自我控制都非常重要。要学会描述，需要的是不将情绪和想法视为环境事件的准确反映。例如感到恐惧并不代表某个情境会危及生命或健康。很多人都将情绪反应和突发事件混为一谈，恐惧的生理现象（如"我感觉胃部肌肉紧绷、喉咙紧缩"），可能和特定事件的背景混淆（如"我在学校正要开始考试"），产生功能失调的想法（如"我会考不好"），而这个想法会被当成事实去回应。想法（如"我觉得没人爱我""我不相信有人会爱我"）常和事实（如"没有人爱我"）混淆在一起。

参与

第三项"是什么"技能（第六节），是指浑然忘我地参与的能力。参与是完全进入当下的活动，不把自己跟正在进行的事件和互动分隔开来。此时行为具有随机应变的性质，而且人和环境之间互动自然流畅，有些部分是基于习惯成自然。参与当然可以不需要特别用心，比如我们都曾有过这样的体验：开车回家时，虽然路径复杂，但我们一边做别的事一边也能安全到家，而且不会意识到自己是怎么办到的。但是参与也可以是正念的。正念参与还有一个很好的例子：技术高超的运动员在完成任务要求时，虽然能够警醒觉察、反应灵敏流畅，却不会意识到自我的存在。不用心就是参与时不去注意要做的事情本身，而正念则是全身心地去专注。

正念"怎样做"技能

另外三个正念技能是关于如何观察、描述和参与的，包括采取不评判的立场（"不评判"）、一次专注一件事（"专一地做"），以及只做有用的事

（"有效地做"）。

不评判

采取不评判的态度（第七节），指的是不评价、不评判好坏。这并不是将负面评判改为正面评判。尽管人们在自我评判时，常会过度使用正面词语（理想化）或负面词语（贬抑），但不评判在立场上并不是在评判时去平衡正负，而是应该在多数状况下都干脆不做出任何评判。这一点很微妙，却非常重要。评判的问题是，如果一个人可以是"有价值的"，也就有可能会是"没有价值的"。DBT 不去评判，而是更看重行为事件的因果关系。例如某人的行为可能会导致自己和他人的痛苦，或者事件的后果可能是负面的。"不评判"是去观察后果，也可能会建议改变行为或事件，却不见得会将其贴上"不好"的标签。DBT 也重视准确辨别每一件事物，以及对于观察对象的描述。在辨别时，要确定的是一个人的行为是否符合所规定的定义。例如律师或法官会辨别某个行为是否违法，而跳水裁判也会辨别跳水运动员的动作形体是否符合该跳水动作的要求。行为本身并无好坏，却能构成违法与否的条件，或是关系到该次跳水动作是否理想。

专一地做

整体而言，正念关乎人将觉察带入活动的质量。第二个"怎样做"技能（第八节）是将心智和觉察集中于当下的活动，而不是把注意力分散在好几个活动，或是进行某个活动时还在想其他事情。要做到这样专注，需要控制注意力，这也是很多人欠缺的能力。成员常因为下列情况而难以集中注意力：对过去的想法和记忆、对未来的担忧、对某些困扰的思维反刍，或当下的负面情绪。有时他们放不下困扰，无法专注于手上的事，经常分心。上述问题在技能训练课程中显而易见，因为他们很难专心上课。这些成员需要学习一次只专注于一件事或一个活动，并且以警醒、觉察的态度参与其中。

有效地做

第三个"怎样做"技能（第九节）是"有效地做"，其目的是减少成员因为在乎"是非对错"而没有注意到某个特定情境的真正需求。有效做的意思就是"别跟自己过不去"。就像我们的成员常说的，这是"遵守游戏规则"，也是"做管用的事"。从东方冥想的观点来看，专注有效性就是"运用善巧方便"。人之所以无法为了达到目的而放下是非对错，往往是因为置身于不被认可的环境。如果人们经常不被认可，便会产生一个重大的问题，也就是他们无法完全信任自己的知觉、判断与决定，不知道自己的行动是否正确或"正当"。然而如果走极端，一味重原则、轻后果，常会让这种人对别人感到失望或与他人疏远。每个人在某些时候总会需要"让步"，如果能把为了有效地做而放弃是非对错，当作是有技能地回应而非"让步"，这样往往会让人觉得更易接受。

正念的其他观点

这个部分包括三组正念的补充技能：正念练习的灵性观点；善巧方便：平衡有为之心与无为之心；智慧心念；行中庸之道（第十一到十六节）。这些技能增加和扩大了先前的核心技能，每一组或多或少都与灵性观点相合。它们可以与核心技能的教学相结合，也可以在进阶技能课程讲授，或者视需要和适当性，在个体治疗中运用于特定的成员。

正念练习——灵性观点

本课程之所以纳入"正念练习——灵性观点"（第十一到十二节），有几个原因。正念练习本身源于古老的灵性修行。对很多人来说，灵性修行在生活中都相当重要，因为这是重要的力量来源，也提供应对困境之道。此外，灵性社群也能在人际关系方面提供重要的支持。我们讨论正念练习时

（特别是正念的冥想），如果不承认（应该说如果不主动纳入）灵性是力量和精神食粮的来源，就会有忽视治疗来访者不同的灵性背景的风险。本课程讲义为帮助来访者加强自己的灵性并将其融入正念的练习提供了途径。

相对于正念的心理目标，正念的灵性观点目标包括：感知事物本来的样子（这在不同文化和修行中有不同的定义）、培养智慧、放下执着、全然接纳现实，以及增进对于自己和他人的爱与悲悯心。对很多人来说，正念练习还包括反思和道德品质的培养。这里要记住，灵性和宗教是两回事。灵性的定义虽然很多，不过一个可行的定义是将它视为"承认比自己更伟大的超自然性事物、力量或现实"。以此观之，灵性特别指的是与精神、超自然性或非物质有关的个人素质。作为一种修行，灵性关注的信念是宇宙中"还有很多看不见的事物"，也就是说，现实并不限于物质和感官世界能够知道的一切。此外，正念的灵性观点是为每一个人设计的，因此灵性涵盖的范围非常广泛，从社群的更高力量（此为匿名戒酒协会常用的说法）到人本主义的观点，乃至于神秘体验、宗教修行，以及 DBT 的智慧心念。

如果说灵性是个人的素质，宗教则是由个人组织而成的社群。宗教关注的是信仰、仪式与修行，目的是让社群中的个人和超然的存在之间关系更加紧密。灵性和宗教都强调价值观与道德行动，因为两者均能为生命带来意义、目的与希望，特别是为生活在极度苦难中的人创造意义。目的和希望对于建立值得过的人生极具意义。

智慧心念的灵性观点；慈爱

智慧心念的灵性观点（第八节）概述了不同类型的灵性练习，并提供了一个列表（见正念讲义 7a），其中一些名称和术语与超自然有关，该讲义也从灵性观点对智慧心念的体验进行了描述。很多灵性、宗教修行和正念练习都具有静默、静心、专注、内观及感受性的元素，这些都是深度灵性体验的特征。许多人有过这样的经历，却没有意识到它们的重要性和有效性。本讲义协助来访者和临床工作者了解上述体验。各种灵修之道都强调，即使对敌人也要心怀爱与悲悯，这一点在正念的慈爱练习也曾提到（第十四节）。尽管本练习书写的内容是祝福自己和别人，但也可以改为自己和他人祈求幸福的祷告文。

如何与技能训练来访者谈论灵性

1.不要害怕询问成员是否相信灵性。如果需要定义你的意思，你可以简单地说相信灵性意味着相信一种信念，即相信真相比我们能从感官接收到的信息要多。对于本就相信灵性的成员，可询问他们是否相信神、更高层次的力量，或是其他类似的对象。

2.除了需要尊重成员是否相信灵性，同时也要用同样的方式，让团体成员能彼此尊重。

3.不要伤害成员。不要将自己对灵性的认知强加于成员身上。

4.找到一种可以用不同方式来表述的途径和语言。本章有许多笔记，提供各种谈论灵性相关话题的方式，你也可以试着选择成员使用的语言。

教学笔记：给不可知派的技能训练师及治疗师

讲授"正念练习——灵性观点"的人，本身并不需要具有灵性，但是如果所有来访者都不相信灵性，那么我建议不教这个部分。如果能针对常见问题厘清以下一些重点，会让技能教学更加容易：

1.灵性和治疗、技能的关系是什么？

心理治疗和技能训练的目标就是改变。改变需要接纳现状，而"接纳"正是所有灵性和人文传统的基本要素。正念源于灵性默观的练习，而默观练习的共同点就是悲悯、爱、全然接纳及智慧。

2.这不就是佛教或其他宗教吗？我并不是信徒，该怎么办？

在先前关于正念的讨论中提到，正念是一种不限于特定教派和跨教派的练习（正念与各种信仰传统都能兼容）。重要的是了解到修行者证得的"终极实在"（Ultimate Reality），可以是上帝（God）、耶和华（Yahweh）、大灵（Great Spirit）、安拉（Allah）、梵天（Brahman）、阿特曼（Atman）、"无我"（No-Self）、"空性"（Emptiness）、"精气"（Essential Essence）、"真性"（Essential Nature）、"存在的根基"（The Ground Of Being）、"更高的力量"（Higher Power）等，不胜枚举。重点是技能训练师协助成员，将这些技能和成员自身的修行与词语联系在一起。

3. 禅难道不是宗教吗？

禅不是宗教，而是一种实践。禅修和基督教以及其他许多文化宗教当中的默观冥想修行都大同小异，尽管名词的定义或诠释各异，但都注重经验终极实在。虽然，禅最初源于佛教，但后来传入西方文化之后，已经扩及包容无神论者、不可知论者，以及信仰各种不同教派和灵性修行方式的人。

善巧方便——平衡有为之心与无为之心

越来越多的疗法把正念冥想和瑜伽练习与行为干预相结合，比如卡巴金博士的正念减压疗法，以及正念认知疗法和正念复发预防；后两者皆以卡巴金博士的疗法为基础，而这三种疗法都强调"行动模式"与"存在模式"的差异。为了将这些概念纳入 DBT 的范畴，我加入了善巧方便的技能（第十五节）和"正念讲义 9：善巧方便——平衡有为之心与无为之心"，讲义的重点在于融合以上两个概念。有为之心关注的是达到目的，无为之心则着重于当下的体验。换句话说，有为之心是"有所为"的心态，无为之心则是"无为"的心态。从灵性的角度来看，《圣经》故事中马大和马利亚两姐妹之间的不同，在于耶稣来访时，马大因为忙着侍奉耶稣而分心，而马利亚却选择了"那上好的福分"，坐在耶稣脚前听他讲道。无为之心是默观的生活之道，有为之心则是行动的生活之道［如欲更多了解此概念的相关信息，请上网搜寻关键词"contemplative vs.active life（默观生活与行动生活）"］。两者之间的对立类似于理性心念和情绪心念的差异。而智慧心念则是将两者融合统一。因为如果不能兼具无为之心与有为之心，那么就几乎不可能过上平衡的生活。

智慧心念——行中庸之道

"行中庸之道"指的是在极端之间生活，或是在极端之间找到融合之道（第十六节）。在某种程度上，这种技能是对之前技能的总结和补充。行中庸之道的理念是用正念融合相反的两极，在交替和对立的方面中找到真理。正如之前讨论的，正念技能强调理性心念与情绪心念的结合，以及有为之心和无为之心的整合。从灵性观点来看，正念技能将物质与神秘、形式与空虚融合在一起。关于神秘主义的讨论，请见布鲁诺·波切特的《神秘主义：它的历史与挑战》。这组新的正反对立关乎接纳和改变这两个极端。第一组对立中的重点是了解到我们可以放下执着，全然接纳当下，同时也可以不去压抑想要改变的愿望。这当中的矛盾是，去降低想要改变的愿望这一努力本身，就是无法全然接纳自己的愿望。在第八章的补充技能中，则包括了人际关系情境中的中庸之道，特别是父母和青少年子女之间的关系。从灵性的观点来看，中庸之道将物质与神秘、形式与空虚，以及智慧心念与"未知之云"统一在一起。它表现在用节制取代自我否定和禁欲主义，用感官的满足取代自我放纵和享乐主义。

正念自我管理：给技能训练师的教学窍门

当你想要评判时该怎么办？

身为技能训练师，常会像技能训练课程的成员一样，很容易想要去评判。和成员一样，在我们主观感觉想要去评判时，往往无法采取行动，无法与他人沟通，更无法说出想说的话，因为我们害怕给一起共事的人留下我们是个爱妄下断言的印象。于是我们开始退缩不前，这些都让我们脱离当下，无法顺其自然。当我们心里害怕着某事的时候，很难不退缩逃避，这种状况往往也发生在我们因为害怕被视为妄下断言而不愿面对另一个人的时候。作为一名技能训练师，你能做些什么来消除这一点呢？

和同事在一起时，先说明你很怕自己看起来会妄下断言，然后请他们帮助你来减少评判的程度，这样会很有帮助。另外，自己也要练习不评判，这对 DBT 治疗整体的有效性非常重要，在教授正念时格外重要。坚持练习不仅能让教授不评判及以积极的方式与成员沟通更容易，也能支持你回到生命的自然流转。

身为临床工作者，你虽然可以告诉同事你觉得自己想要评判，但是与技能训练成员你却不能这么做，因为很多成员会联想到培训师可能会无法忍受评判，而且他们会因为培训师表现出厌烦或恼怒的样子而自责。如何才能缓和局势，或者不让这样的问题发生？

■ **一、以身作则。** 如果培训师自己都无法坚持练习这个技能，那么想要向成员示范不评判就更难了。练习会帮助你在课堂上遇到困难时能更加放松，更容易回到不评判的状态。

■ **二、当你觉得自己想要评判时，练习相反行为。** 如果你遇到状况，觉得非常想评判，最好的方式就是改用认可的陈述。比如你可以说，你能理解成员的行为，因为你知道他们当下的状况，或是他们过去的经验；你也理解基于既有事实的考量，他们无法做出其他的行为；等等。请务必保持完全认可的态度，也请记得要用不评判的语气说话。保持这种陈述方式，直到你的评判意愿平息下来。这样陈述就可以构成相反行为，也像是在对你自己做认知治疗。也就是说，你对成员说出这些话时，自己也正在陈述不评判的正念技能，这会让你轻松进入不评判的思维。

■ **三、请记住：接纳并不是无止境的认可。** 面对极端的要求、恶劣的行为，或是防不胜防的攻击时，也许你会觉得接纳既很必要，又是不可能的。这时请记得："接纳"难免意味着你也要接纳自身的限制。

■ **四、对威胁采取相反行为。** 评判以及因此所产生的愤怒，常和自己害怕的感觉有关，例如"如果我没有办法控制这位成员，他就会去自杀""如果我没有办法让成员了解这一点，对方就永远无法和女儿和睦相处""我一刻都无法再这样忍受下去了"。技能训练团体一个很常见的威胁是，其中一个成员的功能失调行为往往会破坏其他成员的技能训练成果。在此，评判常被用来去控制这些功能失调行为。但就我的经验来看，失去控制最快的方法就是想要去控制别人。虽然遇到某位成员有强烈的自杀倾向、攻击倾向或态度消极，这些都让你很难控制自己在控制对方时所采取的行动，然而这样的自制能力却极为重要。应该怎么做？使用技能！比如核对事实（见情绪调节讲义 8）以清楚地分析你害怕的后果是否真的会发生。观察实际发生的情况（见正念讲义 4），并让智慧心念告诉你（见正念讲义 3），你所害怕的后果是否真的会酿成大祸。提前应对（见情绪调节讲义 19）也会有所帮助，让你更能处理已知会导致评判想法的情况，当你和某个成员或团体在一起的时候，在心里持续默念激励自己的话语以化解威胁（见痛苦忍受讲义 9）。我曾经使用过以下自我肯定语，例如："找到融合统一的方式""如果我愿意，疗程就会顺利进行""我能忍受这种事""我有办法处理这件事""这并不是天大的灾难""我的团队会帮助我"等等。有时还会遇到的威胁是，你觉得自己就是那个需要解决的问题。这种想法会造成很大的威胁，比起试图解决问题，你可能会立刻去指责成员。在这里，针对羞耻感采取相反行为（见情绪调节讲义 10）可能会有用。与成员或你的团队讨论你可能做了什么导致了眼前的问题。

当你脱离当下时该做什么？

通常情况下，身为技能训练师，我们并不会对成员此刻的行为做出反应，而是会对他们未来可能出现的行为做出反应。例如，在团体课程中，我们对于某位成员的想法可能是这样的："你的所作所为不会让我难过，但却可能变得更糟，让整个团体都心情不好，其他成员可能会退出课程或无法进步，这会导致我的治疗失败。"当我们面对成员发脾气或是攻击其他团体成员这种高压的情况时，我们可以选择全情投入当下的互动时刻，心无恶意地切实面对；或者也可以坐在那里生闷气，等着那个成员理性回归。有时候我们并没有在处理成员的问题，而只是在等待他们放弃自我。在某种意义上，我们其实是"手里洗着碗，心里却想着喝茶"。作为一名技能训练师，你能做些什么来回到当下呢？

■ 提醒自己当下要做的事，就是现在正在进行的治疗。当你开始想要补救或控制某个成员时，就有可能让自己变得一团糟。但如果你能想到只要运用适当的后果就可以了，也就是运用某个功能行为或功能失调行为发生的后果，那么你的状况和立场就会好很多。你可以自问：是什么原因让你想要抱着期望，将某个现实拿来和其他现实相比？当你的预估不可避免地出现失误时，你就会觉得心烦意乱，而这样的状况已经到了什么程度？

■ 把握当下。如果你发现自己已经脱离了当下，也脱离了不评判的心境，请开始观察自己的身体感觉，像是呼吸的方式，或是身体的姿态。把握当下让你不会冒险闯入过去或未来，因为脱离当下可能会导致注意力缩水，也让视野变得狭窄，甚至会让你更容易分心去想其他的事。

教授正念，须先练习正念

无论在家里还是工作场合，都要练习正念。问问自己：不会弹钢琴的人，可以去教钢琴吗？没有参与过治疗的人，可以去教授治疗吗？从未拿过网球拍的人，可以去教网球吗？虽然的确有一些行为可以在没有实际经验的情况下进行教学（比如体操），但在正念教学中这是不可能的。所以非常重要的一点是，技能训练师必须要做正念的练习。去找教授正念的老师会很有帮助，或者也可以加入正念的练习团体，阅读冥想/正念/默观练习的相关书籍（例如默观祷告的书、禅学的书），以及参加由认证资格的教师带领的正念静修团体。请到我的网站或博客，寻找我所带领的禅修正念之旅

（www.linehaninstitute.org/retreats.php；http：//blogs.uw.edu/brtc/marsha_linehans_mindfuiness-retreats），此外，在美国和世界各地，也有很多教师提供正念和默观祷告的活动。因为行程规划可能各有不同，请记得先阅读相关的介绍；另外，有些活动主要是以静默的方式进行，有些则可能会有较多的言谈讨论。

选择教材

在之后的正念教学笔记中，针对每个技能都会提供许多材料。在第一次教授某个特定技能时，大部分的内容都不会教到。这些笔记是让你对每个技能都有更深入的了解，以便在教学时能够回答问题并增加新的教学内容。就像在第六章（以及本书整个第二部分）一样，我在本章常用的教材旁边加上了打钩（√）的记号。在本书的专属网站有讲义与练习单（请参见www.guilford.com/skills-training_manua1），我也在常使用的讲义旁边加上星号（★），这些是标准 DBT 核心技能，教学时不能跳过。如果教学有时间限制，我会选择跳过没有打钩的教材（我也会全部跳过没有星号的讲义，或只是简单讨论几个部分）。

在本章（以及第二部分的余下部分），我会在"研究重点"中指出特定研究的相关信息。研究的重要价值在于可以用来推广你要教授的技能。

教授正念技能（或其他 DBT 技能）的重点是你对要教的特定技能必须先有基本的了解。在每项技能的前几次教学中，请仔细阅读相关的笔记、讲义和练习单，并标出想要表达的重点，然后上课时带一份相关的教学笔记。请务必自行练习每一项技能，确认你了解运用的方式，这样才能很快增进对于每一项技能的认识。到时，你会找到自己最喜欢的教学重点、范例和故事，也就可以略过我大部分的教材。

一、模块目标（正念讲义1—1a）

> **要点：** 大多数人练习正念的目标是减少痛苦和增加快乐。对某些人来说，正念的目标是体验现实本来的样子。
>
> **正念讲义1：练习正念的目标。** 简要回顾练习正念的目标和益处。提供足够的信息引导成员进入模块，并产生学习正念技能的热情与动力。总结一两项相关的研究成果也很有用。通常一堂课会涵盖正念练习和智慧心念的目标；如果只上两堂正念课程，可在第一堂课同时讲授正念的"是什么"技能。如果时间有限，请跳过本讲义，在口头上快速教授相关信息。
>
> **正念讲义1a：正念的定义（自选）。** 这是一份可选讲义，进行讨论或不讨论均可。至于是否需要使用本讲义，可视成员的熟练程度而定。重要的是，如果选择不使用本讲义，至少应在教学时穿插其中的一些重点。
>
> **正念练习单1：练习正念技能的利弊（自选）。** 本练习单旨在帮助来访者决定他们是否能从正念练习中获得任何好处，尤其是在他们因不想改变或缺乏兴趣而不想练习的时候。如果成员已经知道如何填写利弊练习单，可以很快略过本讲义。如果没有，则指导他们分别写下练习和不练习正念技能的利弊。也指导他们评估情绪的强度，从0（完全无感）到100（情绪强到极点）。对成员说明：经过一段时间后，他们会更好地评估自己的情绪，这些数字也会开始有意义。数字仅与评分者本人有关，例如某个人的80分，可能是另一个人的70分。

A.练习正念的目标

✓ 💬 **讨论重点：** 在讲解讲义之前或之后，请成员在讲义方格内一一勾选对他们具重要性的目标，并且分享他们的选择。他们认为，正念对生活中哪些方面可能有帮助？

带领者笔记：要让某些成员认同他们可能从未听说过的正念技能的重要性可能相当艰难。在这种情况下，让他们知道正念的教授和练习有多么广泛的应用就很有用了。例如，商学院、医学院、初中和高中都在教授正念练习；它也在缓慢地转向企业。

✓ 1. 减少痛苦、增加快乐

■ 减轻疼痛、紧张和压力。

■ 增加快乐与喜悦。

■ 改善身体健康、人际关系，提升痛苦忍受的能力。

■ 若来访者想到其他目标也可加以讨论，然后写在讲义上。

✓ **研究重点：**某些研究已经证实，规律的练习正念非常有益。正念的主要功效如下，可以讲讲其中几项，但不要讲太多：

- 增加情绪调节；
- 减少分心、思维与行为反刍；
- 减少情绪低落；
- 增加与正面情绪相关的脑部区域活动；
- 提升免疫力；
- 减少抑郁和焦虑；
- 减少愤怒和情绪易怒、困惑与认知混乱，以及心肺与肠胃症状；
- 减少疼痛症状、改善患者因慢性疼痛所产生的抑郁症状，以及提升应对疼痛的能力；
- 减少心理困扰，提升幸福感；
- 减少抑郁症复发或病情加重的风险；
- 提升牛皮癣的治疗效果；
- 改善艾滋病毒携带者的免疫功能。

以上研究成果大部分来自每天练习正念冥想和瑜伽八周或以上的个人。然而即使练习正念的时间非常短，也可能会有益处。上述研究中，有两项正念练习的时间很短。至于更多长期和持续的收获往往需要经过更持之以恒的正念练习。

✓ 2. 增加对于心的控制

告诉成员："在某种程度上，控制自己的心，就是控制自己的注意力，也就是你注意的对象与时间（长短）。"

■ **增加集中注意力的能力。**对成员说："从很多方面来看，正念练习就是练习控制自己的注意力。多次练习就会熟能生巧。"向成员解释：正念能减少不受控制的注意力过程。

■ **提升从想法、印象和感觉中抽离的能力。**向成员解释：我们常把想法和印象当作事实，并对此做出反应。我们受到内心和事件的纠缠，无法区分世界上的事实以及对世界的想法与印象。若能勤于练习正念，可提升你的技能，有助于看清事实以及与事实有关的印象及想法之间的区别。

> **研究重点：** 接纳承诺疗法（Acceptance and Commitment Therapy，ACT），原本称为广泛距离化疗法（Comprehensive Distancing Therapy），其重点就是：制造足够的距离，让人们能够从想法、印象和情绪中抽离。该疗法的核心是教授个人如何退后和观察内心，亦即看见自己的想法、印象和情绪。认知疗法也强调把现实与想法、印象、情绪区分开的重要性。

■ **减少对内心事件的反应。**告诉成员："正念是一种观察自己内在和外在的练习，并且不做出任何改变。因此，在某些方面，你可以把它看作是一种观察事物而不做出反应或试图改变它们的实践。在许多情况下，不做反应的体验能力是必不可少的。正念练习让人更有能力不对日常生活的状况产生立即反应，让你在做出反应之前有机会投入足够的时间。"

💬 **讨论重点：** 请成员举例说明他们如何因为无法控制注意力而产生问题，包括：无法停止思考某些事情（如过去、未来、当下情绪的痛苦或创伤、身体疼痛），无法集中注意力执行重要的任务，以及因为分心而无法专注于某人或某项工作。

3. 体验现实的本来样子

✓ 　询问成员："如果你要穿过黑暗的房间，是看得见家具比较好，还是看不见比较好？是开灯比较轻松，还是不开灯？"向成员解释：正念的基本目标是减少心不在焉的状况，不论是对周遭发生的事心不在焉，还是对我们自己的所做、所说、所感心不在焉。

这个概念就是如果我们真正体验生命中的每一个当下，如果能放下对于事物的印象、想法和评判，最终就能看到我们对于现况最坏的想象并不是真的。我们将看见生命是不断变化的，紧紧抓住实相的任何一个瞬间，对我们并没有好处。

✓ 　**a.活在你自己生命的当下**

告诉成员："正念就是练习活在当下，活在你自己生命的当下。很多人发现有时候他们的生活转瞬即逝，错过了许多东西，比如孩子日渐长大、关心的朋友要搬走了、自己正在渐渐变老。我们很容易专注于让人分心的事情上，专注于过去或未来，以至于错过了生命中许多的正面事物。"

举例："如果你走在森林中，不知不觉稍微偏离了方向，过不了多久，你就会真的远离原本要去的目的地。"

✓ 　**研究重点：** 向成员解释，与活在生命当下相反的是回避我们的生命，以及试图逃避或压抑自己的体验。

- 我们越去压抑想法和情绪，被压抑的想法与情绪反而会更频繁地出现。
- 回避对我们没有任何长远的好处。回避造成情绪困扰的情境和事件，虽然暂时可以减轻痛苦的情绪，但这对于我们应对将来同样的情境和事件却没有长远的效果。即使我们现在回避和逃离痛苦的情绪，将来这些情绪还是会造成痛苦。
- 逃避往往造成更多问题，也很少能解决问题。

---

b. 专心待人

正念是专注于当下，专心对待现在正和我们在一起的人。我们虽然在对方身边，其实却离他们很远，因为我们正想着别人或别的事情、想找别人说话、希望我们正在别的地方、想着之后的计划、梦想别的事情，还有专注于自己的痛苦，却没有专心对待身边的人。当然，通常对方也会注意到这一点，最后可能会远离我们，他们很难接受这样被忽视。

c. 体验现实本来的样子

■ 和宇宙联结：宇宙中的每一个人和每一件事都是相互联系的。正如物理学家指出的那样，宇宙是由不断移动和变化的原子、细胞和粒子相互联结而形成的网络。我们接触到周围的空气，空气接触到我们身边的一切，以此类推。我们所做的每一个动作，在某一点上都与整个宇宙相互作用。然而，知道我们彼此相连是一回事，亲身经历这种相连又是另一回事。许多人感到孤立无依，觉得自己是局外人。一旦了解到世界和宇宙都是相连的网络，我们便能明白：一切并没有真正的内外之分，我们的体验其实建立在分离的妄想上。正念的目标是要让我们体验到宇宙的实相，而不去加以妄想或扭曲。

■ 基本的良善本质：许多人觉得自己不好、没有价值或是有缺陷的。正念让我们练习看见自己的真实面貌——本质上我们就是我们自己，生来并没有好坏之分。由此观之，宇宙间所有万物，包括我们自己都是好的。（虽然"好"与"坏"都是观察者心中的想法，而这里所说的"好"，并不是指好坏二分的概念。但不能否认我们还是难免会将"好"当作形容词和描述事物对象质量的词。不要太过拘泥于绝不使用"好"这个词，比如我的狗做对了我教它的事，我会说"好乖"，或者我会在职场上对同事说"做得好"。我们一旦不用"好""坏"去评判就可以恢复使用这些词，用他们快速记录所观察到的。）

■ 本质的正当性："正当性"一词的意思是，每个人生来都有其重要性，无法掠夺也不容低估。每个人的意见和需要都要保证能被听见并认真看待。每个人的观点都很重要。

💬 **讨论重点：** 请成员举出自己和宇宙联结的体验，以及身为局外人的体验。

💬 **讨论重点：** 请成员举出觉得自己不好或没有价值的体验，或不受重视的体验，并加以讨论。

带领者笔记： 有时人们听见东方冥想练习会失去兴趣，不想练习。对于这一点，你必须很敏感。你可以将冥想和宗教分开，或者将冥想和所有宗教联系在一起。

1. 事实上，目前冥想在慢性身体疼痛和压力管理的治疗中都有广泛运用，在情绪障碍的治疗中的使用也在增加。冥想也是许多健康项目的一部分。这些健康项目建议练习冥想，而且认为冥想即使不涉及灵性宗教背景，也依然有效。

2. 东方冥想练习很类似宗教中的祷告仪式。

谨慎看待上述问题中的难题，并加以讨论。要特别注意，对于有宗教信仰的成员，如果他们一开始认为正念和自己的宗教信仰不兼容，不要强迫他们，而应建议他们练习可以接受的部分，并且告诉他们和信仰相同的人讨论此事，让他们有时间去思考应对。

💬 **讨论重点：** 询问成员上述关于正念的内容中，哪些和他们的灵性修行类似？哪些不同？

B.正念的定义

1. 正念的普遍特质

a. 有意识地觉察当下这一刻

向成员解释：这是指从不自觉的或机械式的反复行为当中觉醒，亲自参与临在自己的生命中。

b. 不评判或不拒绝当下

对成员指出：这是指注意到后果，并了解益处与损害，却不去判断价值，回避、压抑或阻挡当下。

c. 不执着于当下

向成员强调：这是指专注于每个崭新的当下体验，而不会因紧抓过去或未来而忽视当下。

举例： "你不能认为家里的孩子永远是刚出生的小婴儿，因为婴儿很快就会长大，长成学步儿童。"

2. 正念技能

"正念技能"是指组合在一起构成正念的某些特定的行为。

3. 正念练习

a. 定义

"正念练习"是有意识地去实践正念与正念技能，练习的方式有很多种。

b. 如何练习

正念不分时间、地点，做任何事的时候都可以练习，只要有意识地专注于当下，不去评判也不紧抓着不放就可以了。

c. 冥想

冥想的方法大同小异，共同点如下：

■ 要求专注：专注的对象通常是"敞开心灵"，以便专注于所有来来去去的感受与想法，或是"集中心灵"（视专注的对象而定，可能是一个神圣的词；教师传授的真言；冥想者选择的词；一则故事、事件、短语、词语；呼吸气息、身心感受；或是其他各种可以专注的事物）。

■ 强调不评判地观察，不执着也不回避。

■ 强调放下理智分析和逻辑、离题的想法，以及分心时以柔和的态度反复将自己拉回练习之中。

■ 放手让词语或练习去运作，让自己进入"未知之云"，将"遗忘之云"抛诸脑后。

■ 将练习落实于日常生活。

d. 默观或"定心"祷告

默观或"定心"祷告是基督教的正念练习。跟前面所描述的冥想类似，这种祷告方式强调专注于一个选定的词。不同的是，默观祷告强调的是神圣的关键词、内在静默，以及内心与宗教的关系。

e. 正念的动作

正念活动有许多形式：

■ 舞蹈（所有宗教；原住民文化）。

■ 武术（主要是东方宗教）。

■ 步行或登山时，专注于觉察步伐/动作本身和大自然。

■ 仪式性音乐创作（如击鼓）。

c. 练习正念技能的重要性

向成员强调："正念技能需要练习、练习，再练习。刚开始练习正念可能会非常困难。专注心神可能会非常耗费精力，你会常常分心。可能你刚开始练习正念没几分钟，就发现自己已经心不在焉在做别的事情了。"

💬 **讨论重点：**请和成员讨论通过行为练习学习新技能的重要性。行为练习包括控制自己的心、注意力、外显行为、身体和情绪。请成员分享自己是否相信必须经过练习才能学会："你能不用练习就学会吗？"

举例："维修技师必须学习当车抛锚时如何找出车的问题，这需要练习才能办到。"

二、概论——正念核心技能（正念讲义2）

要点： 正念练习的三大基本技能——智慧心念；"是什么"技能中的观察、描述、参与；"怎样做"技能中的不评判、专一地做、有效地做。

正念讲义2： 概论——正念核心技能。使用本讲义迅速概述相关技能。除非要跳过与技能有关的讲义，否则不需讲授本讲义的资料。

正念练习单2、2a、2b：正念核心技能的练习。正念练习单2c：正念核心技能的记录日历。 上述练习单提供四种不同的方式，用以记录正念技能的练习。每一种练习单都涵盖所有的正念技能，而且如果你用正念讲义2做概述的话，任一练习单均可与其搭配运用。练习单2提供记录技能练习的空间，每两堂课之间只需记录两次，因此可当作很好的初学者练习单，帮助成员逐渐进入更频繁的技能练习。练习单2a除了指导成员练习之外，并为每一项技能提供好几个练习机会。练习单2b要求每项技能练习两次。练习单2c则是让喜欢写日记的人有地方描述每天练习的状况。

如果不想针对每个技能使用特定的练习单，也可以在进行每个正念技能教学时，重复发放上述练习单。可以将其中一份练习单发给所有成员（一堂课只用一种练习单），也可以让成员选择想要填写的练习单；如能让成员有选择的机会，可以增强他们的控制感，也会让他们更愿意配合。每周发给成员不同的练习单，这样他们就可以逐步记录所练习的技能。

✓ A.智慧心念

向来访者定义"智慧心念"："找到每个人内在与生俱有的智慧。"

✓ B."是什么"技能

告诉来访者所谓"是什么"技能，就是"告诉你，练习正念时真正该做的是什么。'是什么'主要有三大技能：观察、描述、参与"。

✓ C. "怎样做" 技能

向来访者解释所谓"怎样做"技能，就是"教授你如何练习正念技能。如果没有'怎样做'技能，就可能会偏离正念的目标。'怎样做'主要有三大技能：不评判、专一地做、有效地做"。

三、智慧心念（正念讲义3—3a）

要点： 每个人都有内在的智慧。"智慧心念"就是通往内在智慧的正念练习。一旦进入智慧心念的境界，我们就能融合极端（包括自己的理性心念和情绪心念），敞开心灵经验实相。

正念讲义 3：智慧心念——心的状态。 智慧心念是 DBT 很重要的技能，因此请勿跳过本讲义。讲到"智慧心念""情绪心念"和"理性心念"等概念时，可以在白板上画出讲义中互相重叠的圆圈，然后填入以上词语来帮助学习。描述智慧心念时，则可以画出地上有水井的示意图（见图 7.1），用以解释"进入内在"的概念。和以往课程不同的是，智慧心念的所有要点不可能在一堂课上一次讲完，然而几堂课之后就算还是没有教完全部内容，至少也能教授大部分的重点。

正念讲义 3a：练习智慧心念的方法（自选）。 本讲义可提供智慧心念练习的说明。

正念练习单 3：练习智慧心念。 本练习单列出练习智慧心念的几种方法，细节请见讲义 3a。如果你无法逐一讲授每种智慧心念的练习方式，可简单带过，或是告诉成员之后几堂课会教到通往智慧心念的其他方式。如果教授别的练习，请成员在练习单上记下该练习，以便记忆。练习单 3 每项练习的旁边都有四个方格，请成员每做一天练习，就在其中一个方格中打钩。如果成员一周练习超过四天，请他们在方格外继续打钩。此外，也告诉成员如何为智慧心念的练习评分。请注意，评分主要是针对帮助成员进入自己的智慧心念这方面的练习效果，而不是评量练习是否能让成员平静或觉得好过一些。另外也请注意，练习单最下方会请成员列出他们在有智慧心念的所有行动。对某些人来说，即使并没有特别讲授正念模块，这份练习单（或当中的一部分）也可能是每周都应该发给他们的。

> **正念练习单 2、2a、2b：正念核心技能的练习。**上述练习单涵盖所有正念核心技能,包括"是什么"和"怎样做"技能。关于练习单的使用方式,请见第二节的概论。

✓ A.智慧心念

智慧心念是每个人内心都有的智慧。当我们接近内在智慧时,就可以说是在智慧心念当中。内在智慧包括识别并使用有技能的手段来得到有价值的目的的能力。它也可定义为有能力获取并应用知识、经验及常识的能力。对有些人来说,取得和应用内在智慧很容易,对另一些人来说却很难。然而每个人都有能力得到智慧心念;即使在特定时间点无法进入智慧心念,但每个人一定都有智慧心念。

✓ B.理性心念和情绪心念

理性心念和情绪心念是阻挠智慧心念的两种心的状态,常会干扰我们进入自己的智慧心念。我们在不同时间会有不同的心的状态:我们在某个心的状态当中的感受、思想和行为,会和其他心的状态中的反应截然不同。

举例:有人也许会说:"我那样讲真是疯了。"意思是:"我那样讲的时候,并没有想清楚。"

✓ 1. 情绪心念

告诉来访者:"情绪心念是情绪做主,而且没有理性来制衡的一种心的状态。这时你的想法和行为都由情绪控制。完全处于情绪心念当中时,主宰你的是心情、感受,还有想要去做或去说某些事的冲动,事实、理智和逻辑都不重要。"

✓ 💬 **讨论重点：** 请来访者分享他们想采取有智慧的行为时，常受到哪些情绪阻挠。

a. 易感因素

以下因素让我们容易受到情绪心念的影响：（1）疾病；（2）睡眠不足／疲倦；（3）毒品或酒精；（4）饥饿、腹胀、暴饮暴食、营养不良；（5）环境压力（要求过多）；（6）环境威胁。

举例： 你以情绪心念的状态醒来，马上就会开始担心工作。

💬 **讨论重点：** 请来访者说出造成影响的其他因素。

b. 情绪的益处

情绪即使很强烈，也可以很有益处。强烈的爱情在史书上不胜枚举，因为那是促成良缘的动力。强烈的爱（或强烈的恨）会引发战争，造成社会的变革（如反抗纳粹的战争是为了制止压迫和杀戮）。强烈的信仰或愿望，让人愿意坚持艰难的工作，或是牺牲自己拯救他人（如母亲冲进火场抢救孩子），因此有一些强烈的情绪其实是好事。有一些人，特别是有情绪问题的人，比多数人的情绪更为强烈。有些人是"戏剧性"人物，也一直都会如此。情绪强烈的人常对人、原因、信念等充满热情。有时情绪心念会引发充满勇气或关爱的壮举。一个人如果只有理性，很可能就不愿意排除万难或出于大爱而行动。

c. 情绪的问题

当情绪无效并且控制我们时，情绪就产生了问题。情绪失效有几种情形：一是只有短期正面的后果，长期后果却是非常负面的；二是情绪体验本身没有契合生活现实，而且很痛苦；三是情绪引起其他痛苦的状态和事件（如焦虑和抑郁本身就很痛苦）。

d. 情绪的各种影响

有时人们情绪化到了极点，他们反而会进入关闭状态，行为举止像是机器人一样。他们可能会变得疏离，看起来心静如水；或者也有可能将自己孤立起来，变得非常安静。他们看起来可能冷静、谨慎，也很理性，但他们的行为其实正受制于排山倒海的情绪，一旦他们放手、放松下来，就会被情绪冲垮。这就是情绪心念，也就是由情绪主宰一切。当然，在其他时候，情绪心念会让外表、思想、言谈和行为变得非常极端。

✓ **e.强烈情绪和情绪心念的差别**

告诉来访者："请不要将高度情绪化和情绪心念混为一谈。"情绪心念是指以理智为代价，让情绪控制一切的状态。人们常会感受到强烈的情绪却不会失控，例如：抱着刚出生的婴儿、上台领奖，或得知重要的亲友刚过世，这些都会引发比如爱（对于新生儿）、自豪（因为得奖）及哀伤（对逝去的亲友）等强烈情绪。上述情形只有在情绪将理智和有效性都排除在外时，才会变成情绪心念。

✓ **2.理性心念**

对来访者说："理性心念是极端的理性，也就是理性没有受到情绪和价值观制衡的状态。理性心念是负责逻辑性计划与评估的那一面的你。当你完全处于理性心念时，会受到事实、理性、逻辑和务实的控制，此时像是爱、罪恶感或哀伤之类的情绪，都与此无关。"

a.理智的益处

理智是非常有益的，因为如果没有理智，人们就无法建立家园、铺路筑城，也无法听从指令，更不能解决逻辑问题、发展科学或召开会议。向来访者解释："理智负责逻辑性的计划与评估，是你冷静的那一面。但是同样地，当你完全处于理性心念时，就会受到事实、理性、逻辑和务实的控制，价值观和感受都不再重要。"

✓ **b.理智的问题**

理性心念具有冷静的特质，并且轻视情绪、需求、愿望和热情。这经常会造成一些问题。

举例： 受雇的刺客冷酷地精心策划下一次的暗杀行动，这就是理性心念的状态。

举例： 某人一心想着工作，只在意必须要做的下一件事，却无视伴侣的存在，连点头打一下招呼都没有，这样的人就是处于理性心念当中。

对来访者说："如果只有理性心念，就很难交到朋友，也很难维持友谊。人际关系需要情绪的回应，也需要顾及对方的感受。如果你忽视自己的情绪，也不重视别人的情绪，就很难维系关系。各种形式的关系，不管是家人、朋友还是同事，都是如此。"

💬 **讨论重点：** 当别人说"如果当初你想清楚一点，就不会有事"，他们的意思是"如果当初你可以理性一点，就不会有事"。请来访者举出何时别人曾对他们明说或暗示：如果他们当初没有扭曲、夸大或误解某些事情，问题就会少很多。来访者有多少次也曾对自己讲过同样的话？

💬 **讨论重点：** 讨论情绪和理性的利弊，并请来访者举出自己处于理性心念和情绪心念的经验。

✓ C.智慧心念是对立的综合

向来访者解释："智慧心念就是将相反的理性心念和情绪心念相结合。单用理性心念是无法制伏情绪心念的，光靠理性也无法创造情绪。你必须进入内在，将两者合二为一。"

带领者笔记： 以下重点不需要每次上课都提到，只要能让来访者理解即可。讲完几点之后，请先进行下面其中一个练习，然后再继续讲授其他信息。本节会用到很多次，每次讲到此处时请逐渐扩展内容（关于智慧心念更详尽的讨论，见《DBT 教科书》第七章）。

✓ 1. 人人都有智慧心念

每个人都有智慧心念，有些人只是从来没有体验过而已。此外，没有人可以永远处于智慧心念之中。

带领者笔记： 有时候成员会说自己没有智慧心念，这时必须为他们加油打气，相信他们有能力找到智慧心念。可以将智慧心念比喻为"有心"；每个人都有一颗心，不管他们能否体会到这一点。或者也可以运用以下的"井"或"转电台"等比喻。提醒他们多练习才能得到智慧心念。

---

2. 有时智慧心念能在身体的某个部位体验到

有时人们会感觉到智慧心念是在身上的某一点，可能是身体中心（腹部）、头部中央或眉心。有时可以通过呼吸来找到智慧心念的位置。

💬 **讨论重点：** 请成员说出他们认为（或猜想）自己身上智慧心念的位置。

3. 要找到智慧心念，并确认那就是智慧心念，有时并不容易

✓ ⊗ **故事重点：** "智慧心念就像是地下的一口深井。"（见图7.1；可将本图印给来访者看，或画在白板上。）"智慧心念就像井底的水，也就是整个地下水体。但是通往井底时，常有许多活动暗门阻挡去路。有时候那些暗门非常精巧，让你以为井底根本就没有水。暗门本身看起来可能很像井底，也可能被锁住了，要用钥匙才能打开；或者门被钉死了，要用锥子才能撬开；又或者门被黏住了，要用凿子才能凿开。情绪心念如雨落下时，也很容易把暗门上的积水误认为是智慧心念。"

情绪心念和智慧心念有个共同特点，就是都能"感觉"到某些东西。强烈的情绪会让人产生肯定、有把握的感觉，很像是智慧心念冷

静、稳定的感觉。继续用"内在之井"来比喻就是："大雨过后，井里的暗门上会有很多积水，容易让你将门上的死水误认成井下的深潭。"

💬 **讨论重点：** 询问成员还有哪些方法可以分辨智慧心念和情绪心念的不同。这里并没有简单的解决之道。建议他们："如果强烈的情绪非常明显，大概就是情绪心念，给自己一点时间。如果持续感到肯定、有把握，特别是感觉到平静、安全时，大概就是智慧心念了。"

✓ **举例：** 盛怒常会伪装成智慧心念。我们气得要命的时候，常会以为自己每件事都绝对有理！

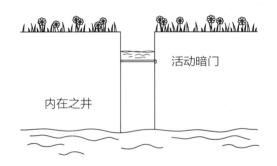

图7.1 内在之井：智慧心念示意图

4. 智慧心念是每个人的一部分，能够明白和经验实相

人处于智慧心念的状态时会明白哪些是真实或正当的，也能以中庸之道明白事理。

5. 智慧心念与直觉相似

智慧心念与直觉相似，或者说，也许直觉是智慧心念的一部分。这是比理性思考和直接观察都更广泛的知晓方式。它具有直接经验和即刻知晓的特质，也就是不通过理性分析而能了解意义、重要性或某个事件的真相，此外也是"深化和谐的感觉"。

6. 智慧心念没有矛盾冲突

✓ 告诉来访者："在智慧心念的状态下,你不会自相矛盾,几乎毫不费力便可做出睿智的决定(即使难以用言语表达)。智慧心念是胸有成竹的平静。"

举例: "为了在工作上得到好评,你接下了一份很有难度、很重要的工作,压力之下,你很想窝在家里放松,但是你想到这样可能会导致失败的下场,于是激励自己一定要把工作做好。"

✓ **举例:** "你和女儿在船上,你会游泳,但是女儿不会。后来她掉进河里,尽管河水非常冰冷,你还是马上跳进河里救她。"

举例: "你正在决定如何安排主修科目的课程。一个选择是只修自己有把握会表现良好的课,而且不用花费太多力气,但是你却不喜欢该科目将来所对应的职业;另一个选择是去修更多具有挑战性的科目,得到你真正想从事的工作的特别训练。在智慧心念的状态下,你会决定去做自己想做的事,即使难度更大。"

带领者笔记: 此处要指出正念和智慧心念的目标之一,就是不要让生命只是努力和拼命不停地工作。大多数人不必每时每刻都努力让自己保持井然有序,为了让生活处于正轨而不停地做些事情,朝着目标不断前进。我们的目的是为了让生活更加轻松美好。智慧心念是通往这个境界的道路,在智慧心念的状态下,我们会更容易按照自己的最佳利益行事,而不是被心情和情绪所控制。

---

7. 智慧心念依赖各种知晓方式的结合

智慧、智慧心念或智慧的知晓,都在于整合所有知晓的方式:通过观察来知晓、通过逻辑分析来知晓、通过我们身体的体验(肢体动作与感官体验)知晓、通过行为知晓,以及通过直觉知晓。

8. 找到智慧心念需要大量的练习

✂ **故事重点：** "学习寻找智慧心念就像在收音机里寻找一个新频道。首先你会听到很多噪音，无法分辨歌词，但如果继续调整频率就能收到更好的信号。通过学习，你会知道频道确切的位置，而歌词也会成为你的一部分，不用多想就能朗朗上口，就像只要有人唱到你非常熟悉的歌，你就能立刻唱出歌词一样。"

💬 **讨论重点：** 请成员分享自己处于智慧心念的体验。

💬 **讨论重点：** 智慧心念通往事物的核心，能直接明白地看到、知道某个事物；从前只能了解事物的一部分，有了智慧心念之后则能掌握全貌。智慧心念也是在两难处境中"感觉"到正确的决定，那种感觉源于内心深处，而不是当下的情绪状态。请成员说出类似体验或其他例子。

💬 **讨论重点：** 智慧心念可能是风暴过后的平静，是在危机或巨大混乱之后马上出现的体验。有时人们只有在突然被别人当面质问时，才会得到智慧心念。或者是别人说了很有洞见的话，开启了我们的心门。请成员说出类似体验或其他例子。

✓ D.练习智慧心念的方法

1. 关于练习

至少进行一到两个进入慧心的练习，并一定要描述进入智慧心念的几种不同方法。在下面的练习中，我发现练习1、2、4（或5）、6、8最为重要。成员通常不知道你在说什么，直到你和他们一起做练习之后才会了解。可以先从练习1（打水漂的石片）或练习2（走下螺旋楼梯）开始，让成员产生进入内在的感觉，或是练习3（吸进"智慧"，呼出"心念"）。接着选择一两个或更多你自己做过的练习，或者你认为成员会喜欢或觉得有用的练习。

可以发放"正念讲义3a：练习智慧心念的方法"。虽然每个练习在"正念练习单3：练习智慧心念"上都有，但成员常会在练习单上写满文字，把表格交出去，或是把表格丢掉，所以讲义会很有帮助。另外，也请简单交代你不会和他们一起做的练习，这样他们如果愿意的话，可以自行练习。

建议成员练习正念时要睁开双眼，以便学习日常生活中的正念，并处于智慧心念的状态。我们每天大部分的时间都是睁开眼睛的，如果在学习正念时闭上眼睛，可能无法应用到睁眼的日常生活。虽然也有一种说法是，有些教师建议在许多正念和默观练习中闭上双眼。尽管闭眼与否取决于个人偏好，但是如果能睁开双眼、也可以用"我愿意"（痛苦忍受技能之一）以及正念来练习注意到睁眼时的不适感（通常不会很久）。这一点在刚开始正念练习时，完全不是值得争论的重点。如果有成员习惯在正念和默观祷告时闭上眼睛，鼓励他们睁开眼睛试一段时间。不过，做前两个练习（练习1和2）时还是需要闭上双眼。

2. 带领正念练习的基本步骤

■ 先自行练习，再去教授成员。

■ 通过说故事、呈现问题或描述情境，先从日常的主题入手，以便引起成员的注意与兴趣。

■ 将上述故事、问题或情境联系到自己身上，强调正在讲授的技能或练习是很重要的。特别是当成员在情感上依附你，将你视为带领者时，这样的方式会尤其有用，因为你要他们去尝试你自己生活中的重要事物，而且你认为那对他们的生活也会有帮助。

举例："我当时面临非常重要的抉择，因为我正在决定要将孩子送去哪家幼儿园。有两家幼儿园都很好，但也各有利弊。我必须很清楚什么对我最重要。为了做出决定，对我来说获得智慧心念是很重要的。"

■ 引导成员思考练习的目的：如果人们不知道练习和自己的关系，以及练习和个人目标之间的关联，就不太会想尝试。明白告诉他们："这个练习会帮助你进入智慧心念"，并解释怎样做到。

■ 提醒成员采取"完全清醒"的姿势（能够保持清醒的姿势）：技能训练团体的成员通常会坐在椅子上，如果是这样，最好让他们保持两脚着地，能警醒且舒适的坐姿。

■ 给出清晰而简洁的指示：明确告诉成员要做的事，可参照以下脚本。如果有需要，将练习示范给成员看。请不要让成员一次做一件以上的事情（例如数息的同时，又要注意涌现的感觉）。如果说明简短易记，就在练习一开始先说明。如果说明比较复杂，而且成员要做好几件不同的事，练习开始前请先大致讲解，之后再于练习中依次说明。即使说明很简短，在练习过程中适时补充指导，也能帮助成员保持专注。不要在练习中分散成员的注意力，而要用轻柔但平稳的声音说话，加上简短的说明和停顿。

■ 告诉成员分心时该做什么：告诉成员，如果他们分了心，或是注意到自己停止了练习，或是搞不清状况，那时他们只需注意到这件事就好，然后轻轻将自己带回练习之中，从头开始。提醒成员不要自我评判，注意到分心这件事，然后回到练习当中，这些本身都是练习。

■ 标记练习的开始和结束：可以使用正念钟（例如"开始时，我会敲三次，结束时则会敲一次"），或者也可以用言语提示（如"开始"，以及结束时说："准备好之后，请把眼睛睁开"或是"将自己带回房间之中"。）

■ 邀请成员分享和评论自己的体验：这样的分享是练习中很重要的部分，不应该跳过。通常最快的方式是邀请每个成员轮流分享，因为这样换人分享时就不用等太久。如果成员不愿分享，允许他们有拒绝的权利。在大部分团体中，最好不要让成员互相对话（回应别人所说的话、讨论别人的体验等）。然而，允许成员可以针对事实或解释来发问（如："你刚才是不是说……""我不懂你说……的意思，你能再多讲一点吗？"），这些都会有帮助。

■ 给予纠正性反馈与疑难解答：这在正念教学当中极为重要。要时时提醒成员：练习正念的目标就是去做正念练习。

3. 练习脚本

> **带领者笔记：** 读脚本时，你的语气和速度都极为重要。试着用低沉柔和、像是催眠般的语气去念，放慢速度，并且在过程中适时停顿。以轻柔的方式带领人们进入想象，并用同样的方式将他们从想象中带回现实。

✓ a.练习1：想象自己是抛进湖中的石头

开始说明时，语气要轻柔，过程中要稍加停顿（如下文）。请使用以下脚本（或类似文本也可以）："请大家找到舒服的坐姿，但要保持注意力。闭上眼睛……坐着的同时，将你的心集中在呼吸上……注意到你正在吸气……然后吐气……很自然地吸气、吐气……"接着说出类似以下台词：

"想象你在湖边，在温暖的阳光下……湖面很大，湖水清澈湛蓝……阳光在湖面闪闪发光，感觉很温暖……现在想象你是一块小小的……石头……碎片……从湖边的岩石剥落下来，然后轻轻掉进湖中……落进湖心……你在清凉……清澈……湛蓝的湖面游着……现在想象你慢慢地……非常缓慢地往湖底沉去……注意你往下沉时湖中的一切……在清凉、清澈、湛蓝的湖水中往下沉去……凝视周遭的一切……然后现在你坐在清澈的湖底……就在湖的正中央……凝视清澈的湖水和周遭的事物……然后等你准备好的时候，请睁开双眼，回到房间里，同时试着保持觉察，想着刚才那个清澈的中心就在你自身当中。"

✓ b.练习2：想象自己走下内在的回旋梯

和练习1一样，开始先说明如下："请大家找到舒服的坐姿，但要保持注意力。闭上眼睛……坐着的同时，将你的心集中在呼吸上……注意到你正在吸气……然后吐气……很自然地吸气、吐气……"接着说出类似以下台词：

"想象你的内在有一道螺旋楼梯……想象你正在慢慢走下楼梯……以你自己的步调……照你的喜好调整楼梯的明暗……照你的喜好设定窗户的数量……慢

慢往下走……往下走的同时，注意你是否会觉得疲累或害怕……如果想坐在阶梯上也可以……走下楼梯……楼梯可以很陡或很平缓，照你的意思去想象……明亮或黑暗……注意到你正走向自己的中心……走向你自己的智慧心念……走向智慧……只要照着你自己的步调往下走就好……当你抵达休息的地方时，停下脚步坐下来……然后等你准备好的时候，请睁开双眼，回到房间里，同时试着保持觉察，想着刚才那个清澈的中心就在你自身当中。"

✔ **c.练习3：吸进"智慧"，呼出"心念"**

如练习1和2，开始先说明如下："寻找智慧心念就像是骑脚踏车，只能通过体验学会。保持双眼张开，找个好地方，将视线集中在那里……"接着说：

"吸气时……对自己轻声说出'智慧'……吐气时……轻声对自己说出'心念'……之后继续在吸气时说'智慧'，在吐气时说'心念'。"

> **带领者笔记：**可以将上面的口诀换成"吸进智慧心念""呼出智慧心念"。你或成员可能会想到其他更好用的词语，都可以使用。

d. 练习4：问智慧心念一个问题（吸气），然后聆听解答（吐气）

一开始的说明同练习3，接着说：

"吸气时问自己一个问题（例如：我可以觉得自己有哪些地方很好？我应该接受那份工作吗？），吐气时，聆听解答（不要说话，也不要回应）……每次吸气时就提问，每次吐气时聆听……看看是否有答案出现……如果没有，可能是现在还没有解答。"

> **带领者笔记：**这个询问智慧心念问题，然后聆听解答的练习与相关研究一致，其显示，询问式的自语（自问自答）对于未来行为的影响，可能不同于宣告式的言语（肯定语）。问自己问题可能会激发人思考追寻某个目标的内在动力，并且带领人们去形成实现目标的意愿，也让人更有可能表现出与该目标有关的行为。

e. 练习 5：询问："这是智慧心念吗？"

一开始的说明同练习 3，接着说：

"将一件事带进心里，可以是你想做的或不想做的事，或是你的一个选择，或是你现在正在做的事……将你的心集中在呼吸上……注意到你的吸气和吐气，很自然地呼吸……吸气和吐气。吸气时……问自己：'这是智慧心念吗？……（'如果再吃第二份甜点，这是智慧心念吗？''如果不去参加疗程，这是智慧心念吗？'）'吐气时，聆听解答（不要说话，也不要回应）……看看是否有答案出现……如果没有，可能是现在还没有解答，或是你心里太过矛盾，因而无法得到解答。"

> **带领者笔记：** 练习 5 是你一定要和成员一起练习的。进入智慧心念是 DBT 最重要的技能之一。可以提任何问题，例如："我有什么可以值得骄傲的地方，能让我对自己感觉良好？""我应该停药吗？""我真的爱他吗？""（当你怒气冲冲提早离开 DBT 技能训练课时）这是智慧心念吗？""（当你坚决反对某人时）这是智慧心念吗？"

f. 练习 6：关注呼吸，让注意力停留在中心

> **带领者笔记：** 关注呼吸是最普遍的正念练习，可以融入智慧心念的教学，而不需要太多事前的引导。练习时，成员无论是坐着、站着或是步行都可以，只要呼吸几次练习即可完成。要帮助成员放下对呼吸的期望；期望呼吸变得更慢或更深、期望达到某种特定的呼吸方式，或是期望在练习时能放松或有不同的感受，这些都可能会引发恐慌反应，反而造成干扰，让人无法体验到智慧心念。对有些人来说，单单只将注意力集中在呼吸上，持续一段时间，他们是不可能做到的。就像某位成员所说的："我不做呼吸练习。"

> **带领者笔记：** 对很多人而言，只专注于呼吸，能够让他们的心唤起创伤记忆、思维反刍，以及创伤或痛苦的印象，后果可能会造成极端情绪或解离状态；也有些人专注呼吸时会立刻坐立不安。对于这样的人，需要运用行为塑造的过程，而且可能会花上一段很长的时间和／或使用暴露疗法，才可能让他们做到冥想的专注呼吸。又有些人很难集中注意力，或是很难坐着或站着不动，这也让长时间关注呼吸变得非常困难。患有严重心理障碍的人，做冥想练习时常会遇到困难，正因如此，DBT 对于无法忍受冥想（专注于呼吸）的人，不会要求他们做这样的练习。

一开始的说明同练习 3，接着说：

"你在坐着的同时，将心集中在呼吸上……注意到你的气息一进一出……你正在很自然地呼吸……注意你的吸气和吐气……让注意力集中在你的中心……也就是你在吸气时到达的最低点……就在靠近丹田或眉心的地方。那个中心点就是智慧心念……你在吸气和吐气的同时……继续观照你的中心点……也就是丹田的位置。"

g. 练习 7：扩展觉知

> **带领者笔记：** 练习一开始，先让成员做几分钟的关注呼吸，接着再让他们扩展觉知。让成员在练习过程中保持双眼睁开。也许可以在说明时加上："让你的双眼保持专注在现在的位置，将你的觉察扩展到墙上、地板或是桌面。"大部分的人在进行这个额外的步骤时，都会注意到其中的不同。

一开始的说明同练习 3，接着说：

"自然地吸气和吐气，不要改变你呼吸的方式……让注意力集中在你的中心……就在靠近丹田的地方……你在吸气和吐气的同时……将注意力集中在你的中心……从丹田的位置，轻轻扩展你的觉察到周遭更广大的空间……不要改变注意力集中的地方，也不要改变视线，而是扩大觉察的焦点……扩展觉知的同时，将最主要的觉察保持在你的中心点。"

💬 **讨论重点：**请成员分享扩展觉知的经验，并讨论这和全神贯注于一项活动、一个游戏或一次人际互动时，全然忘却周遭一切，有何差别。专注却能同时觉察周遭环境的能力，就像是在家工作的母亲能一直留意她年幼的孩子所在之处。将这样的情形与沉迷于电游或电视节目，或陷入其他可能成瘾的行为模式对照，和成员讨论两者差别的含义。

h. 练习 8：进入呼吸间的停顿之中

一开始的说明同练习 3，接着说：

"吸气时，随着呼吸提高注意力……注意你呼吸的最顶点……在胸腔的顶点。注意吐气前非常短暂的停顿……进入那个停顿的瞬间时，将自己和注意力放进停顿之中……注意吐气的同时，让你的注意力和气息一起往下走。气快要吐完时，在吸气之前，将自己和注意力放进那个停顿之中……继续吸气和吐气，将自己放进停顿当中，进入智慧心念。"

> **带领者笔记：**有些成员就是没法做练习 8，因为他们觉得这个练习听起来无法理解，也很奇怪。其他成员也许因为生性富有诗意，会很喜欢这个练习。你计划要使用这个练习时，要准备另一个练习当作备选。

✓ E.课下智慧心念练习的讲解

正念讲义 3a 列出了上述智慧心念练习的所有方法。如果课上没有练习，就一定要讲解一些方法。

四、正念"是什么"技能——观察（正念讲义4—4a）

要点：正念有三种"是什么"技能，以及三种"怎样做"技能。"是什么"技能指的是练习正念时会做的事，"怎样做"技能指的则是如何进行正念练习。三种"是什么"技能分别是：观察、描述、参与。其中观察就是刻意去注意当下。

正念讲义4：掌握你的心——"是什么"技能。首先，对每一种"是什么"技能做一个简要概述，本讲义已列出重点。向成员指出：一个人一次只能做一件事，可以是观察、描述或参与，不能同时做三件事。如果你想在两堂课上教完所有正念核心技能，请在第一堂课把智慧心念和"是什么"技能全部教完。观察，也就是第一种"是什么"技能，是所有正念教学的基础，所以必须教到成员了解练习的内容为止。在学习下一个技能之前，一定要进行观察练习。你会有机会在下一堂课复习家庭作业练习时进一步教授这些技能。练习、反馈和辅导是学会这些技能最好的方式。

正念讲义4a：练习观察的方法（自选）。这份讲义有好几页，提供三种观察练习的帮助："回归感官""集中注意力"及"开放你的心"。上课时最好有讲义。如果要发放讲义，一定要（至少是简短的）描述三种观察之间的不同。对于某些成员来说，这些讲义会让他们不知所措或感到困惑，而提供特定练习的作业会更有用。

正念练习单4："是什么"技能——观察、描述、参与。正念练习单4a：观察、描述、参与的清单。正念练习单4b：观察、描述、参与的记录日历。这三份练习单提供三种不同的格式，用来记录正念"是什么"技能的练习。练习单4要求成员在下一堂课之前，只需练习两次正念"是什么"技能即可。练习单4a除了指导成员练习之外，还针对每一种技能提供多项练习机会，而且每种技能都有好几个方格可以勾选。练习单4b是针对喜欢写作的成员所设计的。你可以指定其中一种练习单发给所有成员，或是让成员自由选择；如果他们能够选择，可能会觉得更有掌控感，也更有可能坚持下去。

如果成员刚学习正念技能，要他们在一周之内练习全部三种"是什么"技能，可能会太多了。比较有用的方式是询问成员对哪一个技能感到最棘手。例如有注意缺陷多动障碍（ADHD）的人，或是常反复思考的人，或是完全迷失于某个时刻的人，可能会想先做观察练习，之后再练习其他技能。对于压抑或回避情绪或其他体验的人，观察也是很好的入门技能。时常扭曲信息或误解事实的人可能需要先学习描述技能。然而，描述技能依赖于准确的观察，所以开始描述之前，要确保那个人已经学会了观察技能。通常只观察别人却不参与活动的人，可能需要先学参与的技能。尽管你最终希望每个人都能练习所有技能，但通常最好从一个人想要练习或认为最需要的练习开始。

正念练习单 2、2a、2b：正念核心技能的练习。这些练习单涵盖所有正念核心技能，包括"是什么"和"怎样做"技能。关于如何使用这些练习单，请见本章第二节。

✓ A.正念"是什么"和"怎样做"技能

正念有三种"是什么"技能，还有三种"怎样做"技能。

"是什么"技能指的是我们练习正念时会做的事，"怎样做"技能指的则是怎样做正念练习。每一个"是什么"技能都是截然不同的活动，就像走路、骑车和游泳一样。所以这三种"是什么"技能是三项分开的活动。因此每一次只练习一种"是什么"技能：可以是观察，或是描述观察的对象，或是参与当下。这和"怎样做"技能（不评判、专一地做、有效地做）正好相反，因为"怎样做"技能可以同时使用。

带领者笔记：不必每次课程都涵盖以下的所有重点，足够让学员理解你的观点就好。你将多次介绍这一小节的内容，每次把你的观点扩展一些就好。讲解重点的前后，请从本小节最后的清单选择一两个练习来做。先做一个简短的入门练习，再做一个"找柠檬"练习，既有用又引人入胜。

B.为什么要观察？

✓ 1. 观察才能看清事物的原貌

对成员说："观察就像睁开而不是闭着眼睛走过一个摆满家具的房间。要穿过房间，可以睁眼也可以闭眼，不过睁开眼睛会更有效率。如果你不喜欢房间里的家具，也许想要闭上眼睛，但最终效果不会很好，因为你会一直撞到家具。"

我们在生活中有时都是闭着眼睛的，然而如果能睁开眼睛，真正去观察眼前的事物，会很有帮助。观察的好处是让我们能够接触到真实的当下，也就是我们真正活着的此时此地。我们无法体验过去，也无法体验未来；如果我们只活在过去或未来，那并不是真的活着。观察就是要学会在此时此地充分感受到生命的活力。

✓ 💬 讨论重点：观察和一心多用正好相反。以开车时的一心多用为例，重点讨论这样会如何干扰你对面前事物和人的视线与反应。

2. 我们通过观察将信息送进大脑，让我们能够改变

> **研究重点：** 研究显示，信息经过感官处理之后，将会帮助我们以想要的方式做出改变。
>
> - 保持测体重的习惯，往往能让我们减重（如果觉得自己胖）或增重（如果觉得自己瘦）。
> - 我们已知填写日记卡能够引起改变，也就是说，可以改变正在测量中的行为。

💬 **讨论重点：** 请成员说出自己逃避现实的倾向，特别是在得知真相后仍然逃避现实的倾向。讨论这样逃避会有什么后果。

💬 **讨论重点：** 请成员讲述自己有关注意力的任何问题，并加以讨论。

✓ C.观察：要做的事

✓ 通过感官注意当下的体验

对成员说："通过你的眼、耳、鼻、舌及肌肤，去注意当下的体验。通过五种感官，也就是视觉、听觉、嗅觉、味觉、触觉，去观察身外的世界。另外，也要通过对于想法、情绪及内部身体感觉，去观察内在的世界。"

感觉身体内外的事物或事件

告诉成员："你的感觉取决于注意力所在之处。最终，你要能观察身心之内发生的事件（想法、感觉、情绪、印象），以及身体之外发生的事件。"

> **带领者笔记：** 当你在帮助来访者开始进行正念练习时，从有点难度但可行的练习开始。来访者第一次学习技能时一定要让他们得到强化。正如学习其他新技能一样，行为塑造在这里也很重要。

✓ D.观察练习

我们都是闭着眼睛走过人生的，然而如果能睁开眼睛观察眼前的事物，这样会非常有帮助，也很有必要。

1. 简短的入门练习

✓ 以下是非常简短的练习，可以在第一次教授观察时讲授。可以先做其中一个练习再分享经验，或是依序做完其中几个练习再来分享。请成员做到：

✓ ■ 将注意力集中到你的手上，感觉手接触到的是冰冷的表面（例如桌面或椅子），或是温暖的表面（例如你的另一只手）。

■ 集中注意力，感觉大腿触碰在椅子上。

■ 集中注意力，试着感觉你的胃，你的肩膀。

■ 凝神倾听。

■ 倾听呼吸；注意腹部起伏的感觉。

■ 审视内心第一个浮现的念头。（你在担任带领者时，为使练习顺利进行，可以先喊出"大象"这个字眼，然后再来解说。）

✓ ■ 抚摸上唇；然后停止动作，注意经过多长时间，你的上唇才不再有感觉。

■ 采取站姿，手臂轻松垂放于身体两侧，两脚张开大约三十厘米。将注意力集中在双脚接触地板的感觉……在不移动脚步的情况下，找到你觉得两只脚最平衡的那一点。

💬 **讨论重点：** 在每个练习后分享经验。

觉察内心

向来访者解释："有时候要观察自己的想法会很困难，这是因为你对事件的想法可能对你来说就是事实而不像个人的想法。很多人从来没有真正试过不作为地审视自己的想法。你在观察自己的内心时，将会看到自己的想法（还有情绪和身体感觉）接踵而来，永不止息。从早到晚，你的心中产生一连串的事件，从不间断；你可能会注意到想法、情绪和其他身体感觉。你在观察时，这些都会像天上的浮云一样来来去去。当我们只是去观察想法和感觉时，他们就只是简单地来了又走。"

👥 **练习活动：** 引导成员坐下，闭上双眼，然后听你大声说出一连串词语（例如："上面""圆形""盐巴""身高"）。要他们去观察，在你说完每个词语后，他们心中浮现了什么词语。和成员讨论他们心中出现的词语。

- 有些人非常害怕审视自己的内心。他们已经逃避很多年了。对这些人来说，先去观察身体以外的事物效果会更好，例如坐在公园长椅上看着行人走过，或是一手拿着某个东西，比如树叶或花朵，然后注意那个东西的重量、质地、气味和形状。

- 有些人会不停地分析自己的内心，一直注意自己的体验。对这些人来说，一开始就去观察自己的内心，特别是如果他们已经习惯了自我分析，那就会更困难。相反地，要观察内心，以便采取好奇的态度，只是去看内心会浮现什么。也就是说，重点是不去试图了解内心或分析内心。这些都是"有为"之心的活动，是目标导向的。观察的目的虽然是去注意，但并非目标导向。"心如不粘锅"（之后我会再回到这个概念）在这里是绝对必要的。

> **带领者笔记：** 有些人在观察时，会将自己抽离或感觉离开身体。对于这些无法停留"在自己里面"的人，可能有用的方法是：建议他们想象离身体而去的是一枝花，这枝花通过长长的花茎和中心相连，而中心就是那枝花的根，再请他们想象自己沿着花茎往下走到根部。每一次都让他们做这个练习，然后在根部进行观察。

2. 刻意去注意当下——事件发生的瞬间

可以把正念观察想成是刻意去注意当下的体验。向来访者说明："观察时，只要不采取行动，保持警醒和注意即可。你在观察时唯一要做的就只有观察，除此之外什么事都不要做。不要反应，不要贴标签，不要描述；只要注意体验本身就好。观察时，注意直接的身体感受。"

3. 通过控制注意力来进行观察

向来访者解释："你能控制注意力就能控制自己的心。关注的方式有两种：一是集中注意力，二是开放你的心。"

a. 集中注意力

"集中注意力"练习是将注意力集中于特定的活动、物体或事件上。很多东西都可以用来集中注意力。提供来访者以下例子:

■ "最常见的正念练习就是关注呼吸。呼吸是你唯一确定只要活着就能拥有的东西。你可以失去手臂、一条腿或很多东西,但是只要你还活着,你就能呼吸。将注意力集中在呼吸,是所有冥想和默观祷告的核心。"

■ "有些冥想流派在每次呼吸时,会要求持咒或念持特定的词语。"

■ "治疗师或冥想录音指导的冥想练习都会提供间歇性的说明,告诉我们应专注在何处以及如何集中注意力。"

■ "数息是典型的禅修指导之一,每次吸气和呼气可以最多各数到十,然后再从一数起。"

■ "吸气时说'智慧',吐气时说'心念',也是一种集中注意力的方式。有些人在练习时会用别的词语,比如'平静'。"

对当下的情绪保持正念(情绪调节讲义 22)、对当下的想法保持正念(痛苦忍受讲义 15),以及对他人正念(人际效能讲义 12),还有正念讲义 4a 当中提到的练习也都提供了"集中注意力"的例子。

b. 开放你的心

我们在"开放你的心"时,注意力不在特定的活动、物体或事件,而在于观察或观看进出于觉知当中的一切。开放你的心是去注意进入觉知的想法、情绪和感觉,却不受其牵挂,也不去追求。我们敞开心胸之际,试图在每一个当下将觉知扩展到时时刻刻的体验。就像坐着观看传送带运转一样,注意到传送带上的物件一一经过眼前,却不会因为想把物件看得更清楚而停下传送带。另一个比喻是,坐在秋日的溪边,看着叶子纷纷飘落于溪水中,却不会特别去注意任何一片叶子的动向。

禅修将这样的练习称为坐禅,就是不靠专注呼吸或其他专心技能的冥想练习。这也叫作"无选择性觉察",意指个人注意到进入觉察的一切,却不去选择要注意的特定对象。

带领者笔记：如果成员集中注意力有困难（或是高度焦虑），开放你的心练习对他们来说就非常困难，因为他们常会卡在觉察到的想法、情绪或感受里。建议让这些成员练习集中注意力。

✓ 4. 静默观看练习：只做观察，而不去描述观察的对象

只观察而不描述观察的对象可能会非常困难，对许多人来说都需要反复练习才能学会。我们的头脑习惯马上给观察的对象贴标签，比如听见"啾啾"的声音就会想到"鸟"，听见引擎声就会说"车子"，感觉到气息时就会说"呼吸"，而看到墙上图片里有鸟，我们就会说"鸟"。我们常用概念取代观察，比如听到"啾啾"声，我们就会想："我知道了，那是小鸟。"但是听到"啾啾"声时并没有真的看见任何鸟类。谁知道？说不定只是有人在练习鸟叫声。或的确有可能真的是鸟在叫，但我们并没有看见鸟。只是观察到鸟叫声而已。我们唯一能够确知的是听见鸟叫声。观察就是察觉到"啾啾"声。就这样。这就是全部。事实上，把鸟叫声直接贴上"鸟"的标签，打断了我们对于鸟叫声的注意力。这就好比边开车边传信息，或是边玩手机边跟别人交谈一样。没有人能够同时做好观察和描述（第二种"是什么"技能）这两件事。很多成员可能觉得这很难理解，甚至认为不可能真的只去观察某个东西而心里却不会出现任何声音。对许多人而言，内心会滔滔不绝说出一连串的想法。

💬 **讨论重点：**请成员分享自己在观察时贴标签的倾向。

✓ 5. 用"不粘锅之心"去观察

正念观察的核心，就是让情绪、想法、印象和感觉来去自如。在练习"开放你的心"和"集中注意力"时，重要的是"心如不粘锅"。在这两种练习当中，想法、情绪和印象都会浮现在心中，而重要的是让所有体验，包括感觉、想法和意念，从内心流出去，而不是牢牢抓住那些体验，或是将体验

推开。

对来访者说:"观照内心就好比是坐在山丘上俯瞰火车驶过,想法就比如串在一起的火车车厢,进入你的眼帘,又离开你的视线。还有一些火车车厢是想法和感觉。每个想法和感觉油然而生,向你靠近,经过面前,然后沿着蜿蜒的铁轨下山,渐行渐远。诀窍是不要被想法或感觉的内容牵着走。你可以去看、去观察,但是不要搭上火车。"

✓ **a.避免将经验排拒在外**

"经验性回避"(Experiential Avoidance)指的是试图压抑或回避当下的体验。有些人可能不敢观察自己的想法,有的想法可能很可怕,又或者有些人不希望有某些想法。如果担心自己有某个特定的想法,人们可能就会试图抛开那个想法,把想法关在心门之外。

研究重点: 然而,有科学证据表明,试着将思绪拒之门外是保持思绪的最好方法。一个人越是努力把想法关在门外,想法就越容易浮现在脑海中。摆脱不想要的想法,最好的方法就是退后一步,静观其变,那些想法就会自行离开。一旦想要回避或压抑自己的体验,就会加重(而非减轻)情绪失调的状况。

---

b. 避免紧紧抓住经验不放

"经验性饥饿"(Experiential Hunger)是指试图抓住积极的体验。我们试图创造积极体验,却忽视了生活的现状。人们为了寻求情感的高亢或激动,常常沉溺于毒品、酒精、性爱、飙车,以及其他刺激情绪的活动,因为日常生活看来无聊乏味。

我们也可能试图抓住安全感或是被爱的感觉。紧紧抓住有害的关系不放,或是对所爱之人苛求过多,通常都是为了抓住一种虚假的安全感。因为(我们觉得)如果不这么做,生活就真的太可怕了。

这甚至会变成对灵性体验过度"成瘾",比如可能会因为想要达到"灵性高峰"而努力去做冥想和/或祷告。不断寻求肯定,以及时常要求对方证明坚定不移的爱，也是出于一样的原因。这种情形发生时，人就好比游来游去寻求水源的鱼。

> **带领者笔记：**要帮助成员用超然的态度去观察十分重要。因此，可以说无论他们心里发生了什么事，都是有用处的好事；无论他们做了什么，都可以退后一步加以观察，得到反馈。和成员一起练习，直到他们了解观察的意义。看看每个人能观察多久。在一两分钟的过程中，通常会需要多次重新启动。

6. 以"初心"去观察

宇宙中的每一刻都是全新的，因为当下的这一刻以前从未发生过。在"初心"当中，我们集中注意力，留意每一刻的体验，也注意到每一刻都是崭新且独一无二的。我们很容易忘记这一点，忘记去观察和留意每一刻。每个新时刻可能跟之前的一刻很像。我们可能会听见自己说："还是这样！还是这样！"但其实一切都在改变，也一直都是新的。事实上，我们一直都在"初心"当中，也就是说，每一刻其实都是新的，也都是独一无二的。我们在观察时，是立场中立的观察者，察看所有浮现于意识或引起我们注意的事物。

告诉来访者："没有任何东西能一直留在心里不离开。如果你就这样看着自己的心，想法、印象、情绪和感觉最后都会离你而去。这真是太妙了，因为你只要坐在一旁观看，它们就会自行离开。你一旦想要甩掉那些想法，它们反而会一直回来。"

7. 为了让心学会专注，需要练习、练习，再练习

向来访者强调："要学会观察自己的内心，需要耐心和练习，也就是训练你的心去专心注意。也许控制注意力看起来是不可能的任务，其实却是有可能的，只是需要练习、练习，再练习。"

❈ **故事重点：**没有受过训练的心就好比一台有着十万个不同频道的电视，

可是看电视的人手上却没有遥控器。心会一直不停地转到同样的几个电视台，而对来访者来说，这些大部分都是痛苦的频道。

⊗ **故事重点：**一个禅宗隐喻将未经训练的心比喻成幼犬。这样的心会造成问题，比如幼犬随地小便，咬坏主人心爱的鞋子，或者乱吃垃圾又吐得一塌糊涂。同样地，未经训练的心会到处游荡，给自己和主人添麻烦，然后又反复去想那些会让主人感觉更差的事。

✓ 8. 不断将心带回观察之中

对成员说："观察的时候，每当你注意到自己分心了，就要一次又一次地将心带回观察之中。很多人在练习观察时，发现自己的心经常时不时地就去想别的事了，而在他们察觉之前，早已迷失在自己的想法之中，无法觉察当下，也已经没有在做观察这件事了。每次你观察到与觉察分心时，请温柔、坚定地拨开让你分心的事物，就像拨开天空的浮云一样，然后专心回到关注的对象。这里的概念是去观察分心的现象，也就是说，观察你自己觉察到分心。如果可以的话，请注意你什么时候开始分心，并且练习去注意分心这件事。"

9. 观察需要控制行动

观察的第一条准则就是要注意到想放弃观察的冲动。人们刚开始练习观察时，最常发生的状况之一就是想要放弃。原因也许是觉得无聊、感到厌倦、体验到痛苦情绪、身体开始疼痛、想起重要的待办事项，或是有其他事情引起他们的兴趣，诸如此类，不胜枚举。

告诉成员："无论心里出现了什么，都不需要采取行动。比如你在观察时，可能会注意到自己想睡觉；只要注意到这件事就好，但是不要真的睡着了，而是要将注意力带回正在观察的对象。你可能会注意到自己肚子饿了，但是不要马上进食，而是注意到你饿了，还有你的注意力已经转移到食物那边去了。注意到这些事，然后将注意力带回正在观察的对象。"

💬 **讨论重点：** 请成员预估自己能够维持注意力集中的时间，并讨论有什么策略能在想要放弃观察时，让自己更能坚持下去。

> **带领者笔记：** 对许多成员来说，一个常会遇到的问题是，他们忘记了最初观察的目的。他们看不到成效，感觉更糟糕，而不是更好或更平静。他们甚至想要放弃。这时要很快回顾一下练习的利弊（见"正念练习单 1：练习正念技能的利弊"），并且提醒成员（也让他们提醒自己）如果没有观察的能力，今生能做的事将极其有限。观察力还取决于痛苦忍受和抑制冲动的能力。这对有些成员来说可能是件很难的事，需要经过大量的练习才能在舒适的前提下保持安静不动，并且持续一段足够的时间来全面地观察内在与外在的事物。

10. 观察很简单，但也可能困难得出乎意料

为了让成员了解观察令人意想不到的困难点，请试做以下练习。第一个练习的重点在于对眼前的东西视而不见，第二个练习的重点则是看见原本不存在的东西。

👥 **练习活动1：** 拿起一张纸或海报，或放一张幻灯片，上头写着和下面格式一样的句子。请成员观察那个句子，然后问他们："你看见了什么？"

黄色的鸟儿飞过

过橙色的窗帘

飞进蓝色的天空。

收起纸张或关掉投影仪器，然后开始讨论。人们通常不会注意到"过"这个字重复了（"过"是第一行的最后一个字，也是第二行的第一个字）。接着再放一次刚才的句子，询问成员是否看到"过"字重复了两次，并讨论成员的体验。因为人们能够读写文字，就会对字句产生期望，第一次看到句子里多余的字时，大概不会去管它，因为从过去的经

验得知，那个字不应该出现。如果他们没有全神贯注，他们可能就看不见那个多余的字。他们的心自动"看见"文字应该呈现的样子。因此练习观察是有好处的，因为我们很容易对事物视而不见，就比如看不见上面句中多余的字一样。

👥 **练习活动2**：拿起一张纸或海报，或放一张幻灯片，上面有和图7.2一样的图案。询问成员在方框内看到了什么。图中很明显有三个黑色圆形，每个圆形都有一个缺口，就比如少了一角的圆饼。也有很多人在看图7.2的图形时会看到一个三角形，然而事实上图中并没有三角形，而是三个圆形的缺口刚好能够互相连成直线。如果三个缺口画了线而连在一起，那就会有一个三角形，可是图上没有连接的直线，所以并没有三角形。然而我们的心却能补上那些"失踪"的线条，所以才能"看见"三角形，哪怕那个三角形其实并不存在。讨论成员的体验。心能够填补空缺，所以我们能"看见"想看到的东西，即使那原来并不存在。如果心没有全神贯注，也会清除掉不想要的东西，即使那原来的确存在。事实上，多数人一旦以为自己已经知道某个东西，就不再用心注意了。这可以是很有益处的，可以省下很多时间，但是如果我们心里"看到"的事物和实际出现的并不一致，就会造成许多问题。

图7.2 三个缺角的黑色圆形形成一个隐藏的三角形：这个图显示出观察可能出人意料地困难

11. 观察有时会非常痛苦

观察的另一个困扰是，人们可能会看到自己不想看到的东西，这可能会非常辛苦；尤其是曾经有过创伤经历的人，可能会觉得观察很可怕，而不敢去看自己的内心。有些人担心能造成很大焦虑的想法和印象会在心中翻腾；又有些人则害怕过去的想法和印象，特别是由这些所引发的激烈情绪，比如悲伤或愤怒。不过研究显示，控制注意力可以减少思维反刍。

> **带领者笔记：**提醒成员后退一步去观察不意味着退出自我。观察并不是解离。之前的带领者笔记曾经提到，如果有些来访者后退一步时很容易抽离自我，难以保持在内心停留，建议他们试着把所到的身外之处想象成一朵花。

12. 需要事先准备的观察练习

以下练习需要事前准备一些物品。这些练习的活动性很强，多数人都觉得很好玩，适合年龄层较低的团体或有些抗拒练习的人，也适合无法久坐或无法忍受长时间不做什么事情的人，这样通往创伤印象或想法的大门就能够开启。

✓ a.找到你的柠檬

发给每个人一颗柠檬。请成员通过触摸、闻嗅等方式观察手上的柠檬，但不要把柠檬吃掉。然后，把所有柠檬收回来混在一起，再请成员过来找出自己先前拿到的那颗柠檬。柠檬也可以换成其他东西（如硬币），但请确定选择的物品看起来几乎都是一样的，需要仔细检查才能分辨。

b. 舌尖上的巧克力

给每人发一小块巧克力，请大家拆开包装纸。开始之前先给出以下说明："将巧克力放在舌头上，含在嘴里，注意口中的味道、质地和感觉。不要把巧克力吞下去。需要注意想要吞咽的冲动。"开始时敲钟一声，三到五分钟之后再敲钟结束。（如有必要，可将钟声换成其他声音。）

c. 觉知的饮食方式

发给每位成员饮料或食物，或是让成员从几样食物或饮料当中选择一种。接着请成员用很慢的速度吃下（或喝下）所选择的食物（或饮料），注意手中食物（或饮料）的感觉，食物（或饮料）在口中的气味、质地、温度、声音及味道，吞咽的感觉，以及想要吃 / 喝得更慢、更快，或是完全没有这些想法。

d. 我有什么不一样？

将团体成员两两一组，并用正念的方式观察彼此，接着转身背对背，改变自己的三样东西（如眼镜、手表、发型），再转回来。他们能注意到变化的地方吗？

e. 观察音乐

放一段音乐，并要团体成员静静聆听，不评判地去观察，同时让自己完全沉浸于体验之中（包括想法、情绪、生理改变、冲动）。其他变化方式有：播放两三段非常不同的音乐片段（例如风格、节拍上的迥异），让团体成员观察音乐的变化和自己内在的反应。

f. 用正念的方式拆开巧克力

让团体成员采取轻松舒服的坐姿，每个人面前都有一颗巧克力。然后对他们说："敲钟三声之后，观察并向自己描述巧克力的外表。感受包装上的小纸条和锡箔纸，两者质地有何不同。拆开巧克力的时候，注意锡箔纸外形和质地的变化，并且将其与纸条和巧克力的状态加以比较。感受巧克力本身，以及巧克力在你手中的变化。如果你在练习中分了心，注意分心的状况但不要去评判，然后让注意力回到巧克力上。"

g. 重复一个动作

向成员说明："敲钟之后，面向桌子坐好，将手臂放在桌上。然后慢慢地移动一点，拿起桌上一支笔，将笔拿高一点，然后放下，把手放回原来的位置。重复上述动作，同时怀着新鲜感去体验每一次的重复动作，就像从来没做过一样。你可以将注意力集中在动作的不同层面上：比如看着自己的手，或是感觉肌肉的收缩。你甚至可以注意自己的触觉，觉察到不同的质地和压力。把所有的分心和评判都放下。这个活动会帮助你对每天都在做的简单活动变得正念。"

h. 专注于气味

将香薰蜡烛带到课堂上发给成员，然后说明如下："选一支蜡烛。敲钟之后，回到自己的座位，轻松舒服地坐下。闭上眼睛，开始将注意力集中在蜡烛的气味上。放下所有杂念或评判。注意气味给你的感觉和印象。"之后和学员讨论他们的观察、情绪、想法、感受与感觉："蜡烛的香气给你什么样的感觉？你的心中浮现什么样的印象？那个气味让你想到了什么特别的东西吗？"

i. 正念品尝葡萄干

将葡萄干带到课堂上发给成员，然后请每个人各拿一颗，观察葡萄干的外表、质地和气味；然后请成员把葡萄干放进嘴里，带着觉察，慢慢把葡萄干吃下去，注意进食当中的味道、感觉，甚至是声音。葡萄干也可以换成糖果（比如甜酸糖、牛奶糖、水果软糖、肉桂火球糖等）。在以正念为基础的疗法中，吃葡萄干（或是其他体积很小的食物）是广为人知的典型练习。

j. 观察情绪

对成员说："注意你所体验到的情绪，并且试着注意你如何知道自己有这些情绪。也就是说，你在心里有什么样的标签？还有你对这些情绪是通过什么样的想法、身体感受或其他的来源而得到相关信息？"

k. 我在体验什么？

告诉来访者："将你的心专注于当下的体验，对你的想法、感觉、身体感受、冲动，或是其他你觉察到的一切，都要保持正念。不要评判你自己的体验或试图把体验推开，也不要紧紧抓住那个体验，只需让体验自由来去，好比天空中飘过的云朵。"

l. 注意自己的冲动

向成员说明："身体挺直，坐在椅子上，在这个训练中全程都要注意自己的冲动，比如想要移动、变换姿势、抓痒或想去做其他的事。只要去注意就好，不要对冲动采取行动。"然后和成员讨论这些体验：心中产生冲动时，有可能不采取行动吗？

m. 五种感官体验的正念

以下是用五种感官去观察自己体验的方式。方法其实很多，请尽情运用想象力和创意，没有限制。

- 视觉：让成员选择去看墙上的一张画或房间里的一个物品，或是让他们传递图片或明信片。或者在房间中央点燃一支蜡烛，也可以去一个有花或者有其他东西可以看的地方散步。引导成员去观想或注视眼前的事物。
- 触觉：将不同质地的物品带到课堂上，然后让成员传递，引导成员闭上眼睛拿着并仔细检视手上的物品，或者用物品摩擦皮肤。也可以去附近的草地，赤脚走在上面，要成员注意脚踩在地上的感觉。
- 嗅觉：将有香味的物品带到课堂上，比如香料、香草、香水、有香味的肥皂或蜡烛、豆豆糖，或是其他的食物和香精油。引导成员闭上眼睛将注意力集中在嗅觉上。
- 味觉：将形状较小的美味零食带到课堂上，让成员试吃。准备食材时，选择一些味道非常不一样与味道很相似的食物。让成员一一分开试吃，并引导他们将注意力集中在味觉上。如果有成员很会做菜，尽量试着请他们不要分析是什么材料产生那样的味道。
- 听觉：引导成员闭上眼睛，聆听房间里的声音；也可以带来一个大的正念钟，然后慢慢敲响（但每一次都要完全敲响）。另外一个方式是播放音乐给成员聆听，并且让他们努力将注意力只集中在声音上。

13. 觉察练习

以下的练习，一般是睁开双眼进行的。说明时语气要低沉轻柔，可以一次讲完全部的指示，也可以依照以下脚本进行停顿（如下文练习）。你可以先做其中一个练习再分享经验，也可以依序做完几个练习之后再来分享。与在前面的智慧心念练习的脚本一样，用以下方式开始练习，然后进行下面的其中一个练习：

"请大家以舒适而又清醒的姿势坐好。保持双眼睁开，找到一个好地方，将视线集中在那里……可以微微睁开，眼睛往下看，或是眼睛再睁大一点也可以。如果你觉得有需要，也可以清空前面的地方，这样更不会分心。"

a. 扩展觉知，同时觉察你的中心

"试试看能否让注意力保持在你的中心……你吸气时到达的最低点……就在靠近丹田的地方。那个中心点就是智慧心念……你在吸气和吐气的同时……将注意力集中在你的中心点……丹田的位置……现在，集中注意力在丹田的位置，同时将觉察向外扩展……用眼角的余光去注意墙壁、地板或桌子的颜色、房间里的物品及四周其他人……时时将觉察保持在丹田的位置……你的中心点……你的智慧心念所在之处。"

b. 觉察数息三次

"将注意力集中在自己的呼吸上……先吸气再呼气，做三次呼吸……然后将觉察保持在自己的呼吸上，再将觉察扩展到自己的手上……只要将觉察专注于三次呼吸就好……现在再将觉察扩展出去……同时将觉察保持在自己的呼吸和手上，包括你在觉察当中听见的声音……保持觉察，专注呼吸三次……如果你对其中任何一次失去觉察，请放下要求完美的心态……从头来过就可以了。"

> **带领者笔记：** 以上两种练习对于训练注意力非常有帮助。很多人有情绪调节问题，或是无法控制自己的冲动，往往也很难控制自己的注意力。如果他们多做这些练习，几次之后就能逐渐控制注意力了。

c. 观看火车

"想象自己坐在山丘上，附近有火车轨道，然后你看着火车从面前驶过……想象你的想法、印象、感受，感觉就像火车车厢一样……只要看着车厢从你面前经过……不要跳上火车……只要看着火车车厢开过去就好……如果你发现自己跳上火车，请从火车上跳下来，重新开始观察……只需注意你是否跳上火车就好……看着火车车厢……再看看你的内心。"

> **带领者笔记：** 观看火车有很多变通的方式，例如可以把火车车厢换成湖上的船、从面前经过的绵羊，或是其他东西都可以。

d. 观看天上的浮云

"想象你的心就好比天空一样，你的想法、感觉与情绪就像天上的云。用轻柔的态度注意每一朵浮云慢慢飘过……或飞快掠过……"

✓ E.讨论课下的观察练习：

如果之前课堂上没有做过练习，这里的重点是和成员一起浏览这些练习。如果时间有限，请和成员快速浏览正念讲义 5a，只要让他们知道有很多不同的方式可以练习观察就好。如果有时间，请成员讨论其中的一些观念，如果他们觉得哪些练习有用，就请他们在讲义上的方格打钩。

五、正念"是什么"技能——描述（正念讲义4—4b）

> **要点：** 描述是三种正念"是什么"技能当中的第二项，也就是把观察的内容用语言表达出来。
>
> **正念讲义 4：掌握你的心——"是什么"技能。**本讲义和观察技能教学使用的讲义是一样的。请和成员讨论讲义"描述"那一节的内容。
>
> **正念讲义 4b：练习描述的方法（自选）。**如同之前的练习讲义，本讲义列出的内容对于某些成员来说可能内容过多，让他们不知所措；如果是这样，应跳过本讲义。大部分关于描述技能的练习要写在练习单上，不过如果成员在精准描述这方面有困难，本讲义也可以提供这方面的练习。
>
> **正念练习单 2、2a、2b：正念核心技能的练习。**这些练习单涵盖所有智慧心念的技能，包括"是什么"和"怎样做"技能。关于如何使用这些练习单，请见本章第二节。

> 正念练习单 4：＂是什么＂技能——观察、描述、参与。正念练习单 4a：观察、描述、参与的清单。正念练习单 4b：观察、描述、参与的记录日历。上述练习单和观察技能教学使用的练习单是一样的。你可以选择使用其中一种练习单，或是让成员自由选择。描述的教学重点是：检查成员写下的内容，以确认那是真正观察到的现象，不多不少。描述的技能遍及所有 DBT 练习单，每份练习单都会要求成员描述观察的后果。为了有效辅导成员学习描述的技能，在所有 DBT 模块都要讨论上述练习单，而不仅限于正念模块。

A.为什么要描述?

> **带领者笔记：**开始传授这个技能时，可使用以下练习解释教学重点，之后再解释描述技能的意义。

✓ 👥 **练习活动：**看着其中一位成员，然后请对方说出你现在正在想什么。坚持要对方这么做。如果该成员没有办法描述，就再找下一个成员，请对方描述你的想法。继续做下去，坚持请他们描述，然后说：＂既然别人会告诉你你在想什么，为什么你不能告诉我我现在在想什么呢？＂如果成员无法描述，请和他们讨论：我们是否经常觉得自己知道别人在想什么？请成员分享，有哪些时候别人曾经坚持认为自己知道成员的想法，但其实并非如此。

✓ 👥 **练习活动：**找一位成员，然后跟对方说：＂我觉得好累，而且现在已经很晚了。＂然后请该成员描述你说话时的意图或动机。坚持请对方一定要描述。如果对方无法描述或描述的内容是错的，就再找下一个成员。然后与成员讨论：我们是否经常认为自己知道别人的动机？然后请成员分享，哪些时候别人曾经坚持认为他们了解成员的内心，但是其实并非如此。这样的做法让成员有何感受。

✔ 👥 **练习活动：** 请一位成员描述你明天要做的事，坚持请对方一定要说出来。如果该成员无法描述，就再找下一个成员，然后问同样的问题；你所表现出来的样子，就好像你期待那些成员能够描述你未来的计划。如果他们没办法做到，就请讨论我们什么时候经常会说到未来的事情，例如"我做不到"或"我永远都无法做到"，仿佛我们的描述就是事实。请成员分享：哪些时候别人常会表现出好像可以描述成员之后会做或不会做的事，就好像那些人仿佛已经知晓事实。然后询问成员："哪种状况你觉得比较糟：是你把自己的将来当作事实来描述，还是由别人为你描述你的将来？"

1. 描述可以区分观察与没有观察

描述可以培养整理与区别的能力，能够将观察对象及观察时的心理概念和想法区分开来。如果把对于事件的心理概念和事件本身混为一谈（例如将想法和概念当作事实），就会导致不必要的情绪困扰及混乱。

举例： "你发现你的孩子偷钱，心里可能立刻出现如下描述：'我的孩子有一天会去坐牢。'这样的描述就会造成情绪困扰。"

把对于事件的想法当作事实并加以回应，可能导致无效的行为，特别是在你的想法和实际事件并不吻合的时候。

举例： "你本来要和男友外出吃饭庆祝生日，但是你回到家时，看见男友穿得不是很得体。这时如果你把状况描述成男友并不爱你，可能就无法和男友享受美好的晚餐。"

2. 描述可以获得更多人的反馈

我们身边的人会纠正或认可我们对于事件的看法和描述。

举例： 想想孩童是如何学习的。他们说一些词，然后父母和其他人就会纠正，直到他们能够很熟练而准确地描述观察到的东西。

举例： 禅修时，跟教师会谈叫作独参，让学生有机会去描述他们冥想练习的经验。这当中有一个很重要的元素，就是教师会帮助学生放下自我对于世界的概念与分析，并以观察取代。

举例：派对结束后，参加者常会对别人描述当中发生的一些事，然后再询问另一个人所看到的是否也如此。这在职场或其他情境咨询人际关系问题时，都相当重要。

3.写下对于观察的描述，可以让我们观察搜集到的信息

如上所述，观察会改变行为，让行为往我们想要的方向发展。描述有时也是一种工具，让我们可以处理观察到的信息。例如，许多人觉得写日记很有用，让他们能够整理一天当中观察到的事件。

> **研究重点：**观察以及为情绪命名都可以调节情绪。脑部影像研究显示，个人在描述自己的情绪反应时，这个为情绪命名的行为可以使大脑往情绪调节的方向改变。

✓ B.描述：要做的事

✓ 1.描述是观察加上语言

描述是观察加上语言。描述发生在观察之后，也就是将观察的后果用语言命名。真实的描述必须忠于事实。

举例：当我看一幅画时，心里可能会想到："风景""绿色""黄色"及"画笔的笔触"。这就是描述的例子。描述就只是为存在的事物加上一些语言。

举例：描述内心体验时可以这么说："我观察到心里正涌出一股悲伤的情绪。"

💬 **讨论重点：**讨论描述与观察之间的不同。观察是没有语言的感知方式。描述则是用语言或想法为观察到的事物命名。

✔  👥 **练习活动：** 在白板上画出图7.3的图案，或是做出人在感觉到悲伤、愤怒或害怕时的表情；可以把表情做得夸张一点，然后请成员描述你的面部表情。他们通常会用一

图7.3 让来访者练习描述面部表情

些情绪性的字眼（如"悲伤""愤怒"或"害怕"），接着让成员说出自己的想法，再指出：没有人在观察情绪，因为他们观察的是你脸上的表情（如皱眉、前额的纹路或紧绷嘴唇等）。告诉他们：描述事物有一个诀窍，就是想象你在教某个人画画，或指导设计师去搭建电影场景。

✔ 2.没有观察，就无法描述

没有人可以观察到别人的想法、意图或情绪。

✔ a.没有人能够观察到别人的想法

虽然我们可以观察自己心里浮现的想法，却只能推断或猜测别人的想法。对于别人想法的假设仅仅是我们内心的假设。

举例： "你觉得我在说谎"，这句话并不是对观察的描述。"我一直觉得你认为我在说谎"才是描述。

举例： "你在找借口推托，不想跟我去参加那个派对"，这句话并不是在描述观察到的现象，而"我认为（或我相信）你是在找借口推托，不想跟我去参加那个派对"才是描述。告诉成员："要注意用后面一种方式，才能澄清你是在描述自己的想法。"

举例： "你不赞成"这句话并不是描述。"我觉得你不赞成"才是描述。"当你做 X 的时候，我觉得（或我想的）是 Y"，这个句型提供了很好的方式，让你描述你对别人所说的话或所做事情的反应。

举例： "当你扬起眉毛、紧闭嘴唇或是像这样嘟着嘴时（X），我会觉得

你认为我在说谎（Y）。"上面这句话也是一种描述的方式。对成员说："这种说法表示你在描述自己的想法，而这是你能够观察到的。"

💬 **讨论重点：** 讨论将想法描述为想法，如何让我们注意到描述的对象只是想法，而非事实。请举出以下各组的例子加以分辨，比如"你不想要我了"跟对方真的不要你，两者之间有什么不同？或是"我是个浑蛋"和自己真的是个浑蛋，两者之间又有什么不同？请成员回应，再举出更多例子。重要的是让成员了解到两者间的不同。

💬 **讨论重点：** 请成员分享哪些时候别人曾经误解他们的想法。讨论感觉如何。

👥 **练习活动：** 让成员练习观察自己的想法，并且为想法命名。建议成员在命名时也要加以分类（例如："关于我自己的想法""关于他人的想法"等）。可以使用本章之前讲到的传送带练习，不过这次是将想法和感觉传送到传送带，让成员把这些分门别类。"例如，其中一个箱子用来装各种不同的想法，另一个箱子装的是身体感受，还有一个箱子用来装想去做某件事的冲动（如停止描述）。"

✓ **b.没有人能够观察别人的意图**

和成员谈论：我们在推断别人的意图时，并不是真的在描述，而且会造成问题。原因是：（1）要正确读取别人的意图极为困难；（2）如果我们用错误的方式描述他人的意图，特别是不为社会所容的意图，就会造成极大的痛苦。人们常会注意别人行为所造成的影响，并以为这些影响是故意造成的。

举例： "我觉得被操纵了"，转换后的意思是"你在操纵我"。

举例： "我觉得很受伤"，转换后的意思是"你那么做就是为了伤害我"。

举例： "当你告诉我，如果我不给你好一点的成绩你就要退学时，我觉得受到了操纵。"这样的说法是较为准确的描述。

✓ c.没有人能观察到另一个人的感觉或情绪

我们无法看到情绪内在体验的组成元素，但还是可以观察到很多组成情绪的部分，比如面部表情、姿势、对情绪的语言表达，以及与情绪有关的行为。然而这些行为表现也会误导我们。各种不同情绪的表达方式可能很相像，因此我们常会对别人的情绪产生错误的想法。

举例： 很多人感到极度焦虑时，声音听起来很像是在生气或很烦躁。

举例： 人们感到羞耻时常会离开人群，这却让别人以为他们在生气。我们可能也会误以为有人之所以做某件事，是出于自己的意愿，但其实那个人可能是因为被迫或害怕拒绝才去做这件事。同样地，我们想到某人没去做某件事时，可能也会误以为对方之所以没有行动，是因为不是真的想去做。

举例： 如果有人戒酒失败，我们可能会对他们说错话，"你就是不想清醒过来"。

举例： 如果我们在很晚的时候打电话给某人，对方接了电话，我们可能会误以为"他想要跟我讲话"。

💬 **讨论重点：** 有时要让成员了解你讲的重点，最容易的方法是直接请成员思考：哪些时候别人曾经用不正确的方式，来"描述"他们的想法或感受？然后也可以询问他们：哪些时候他们曾经用不正确的方式，去"描述"别人的情绪、想法或意图？重点是分辨"推测"和"根据观察所做出的描述"两者之间的不同。

带领者笔记： 描述就好比核对事实，也是情绪调节的技能。请见情绪调节讲义 8。

✓ d.没有人能观察到事物的概念、意义、原因或变化

概念和意义是我们在心里汇集许多观察，加以思辨后得到的后果。原因和变化则是对世界的观察进行推断，并用逻辑推演我们的观察。

举例： 对成员说："我看见你用球棒打球，然后球就移动了。我的推测是：打球的动作造成球的移动。但我并没有观察到这个'原因'，因为这是一个概念，而不是我能观察到的东西。"

结论和比较，比如"更多"或"更少"，或者事情之间的差异，这些都是我们在心中经过计算后所得到的结果。

举例： 有一天，我们看见某人很烦躁的样子，但是第二天这个人看起来却非常平静，这时我们可能会说"我看你今天比昨天平静多了"。而这个说法其实是我们在心里把某一天的观察，拿来和今天的观察加以比较才得到的结论。事情的结论和它们变化的状态都是概念，不是我们观察到的东西，不过，我们当然可以观察在自己心里描绘的结论。

C.描述练习

就像前面曾经提到的观察入门练习，以下是非常简短的练习，可以在教授描述的前几堂课来进行。你可以先做一个练习，然后分享经验，或者依序做完几个练习后再来分享。你可以在讲述教学重点的过程中穿插指令和问题。以下练习并不需要事先准备。

- ■ "观察并描述心中浮现的第一个想法。"
- ■ "观察并描述墙上的一张画，或是桌上的一个物品。"
- ■ "花几分钟倾听房间里的声音，然后描述你听见的声音。"
- ■ "观察自己身上的感受，然后去描述其中一两个感受。"
- ■ "观察你的想法，就好像它们在传送带上一样；想法经过时，将它们标记分类，放进盒子里，例如：计划的想法、担心的想法等。"

✓ D.讨论课下的练习内容

正念讲义 4b 列出了很多练习描述的方法，务必和成员一起讨论这些方法。

六、正念"是什么"技能——参与（正念讲义4—4c）

> **要点：**"参与"是第三个正念"是什么"技能，是指完全投入某个活动。
>
> **正念讲义 4：掌握你的心——"是什么"技能。**这份讲义和之前教授观察与描述的讲义相同。请和成员讨论讲义"参与"部分的内容。
>
> **正念讲义 4c：练习参与的方法。**成员往往很难找到练习参与的方法，特别是有些成员比较害羞，不擅与人交往。这份讲义内容很短，而且可以是很有用的构想来源。
>
> **正念练习单 2、2a、2b：练习正念核心技能。正念练习单 2c：正念核心技能的记录日历。正念练习单 4："是什么"技能——观察、描述、参与。正念练习单 4a：观察、描述、参与的清单。正念练习单 4b：观察、描述、参与的记录日历。**这些练习单与之前教授观察、描述时使用的相同。每份讲义都要成员去描述他们的参与练习。重点是讨论家庭作业时向成员指出：在一周中练习正念的技能就是作业，而不是写下做家庭作业的相关描述。

✓ A.参与：定义

参与就是带着觉察全然进入生命，不做评判，且处于当下。参与也是正念的终极目标。

> **带领者笔记：**你不需要每次都讲解所有重点。要记得：在课程中你会有很多机会讲解这些技能，而且之后也可以讲解新的重点。

B.为什么要参与

✓ 1. 流动的体验和参与有关

"流动"的状态被广泛认为是最理想的体验。流动感常会伴随有强烈的愉悦享受感及掌控感，且不会觉得无趣。流动感也是"高峰体验"非常重要的特征。

举例： 全然沉浸于某个活动中（比如滑雪或跑步），可以让人得到最大的幸福感或狂喜感。

2. 参与和自我意识正好相反

当我们"变成自己正在做的事"，就等于将行为和觉察合二为一了，因此不再感觉自己和正在进行的活动是两件事。

3. 参与和被孤立的感觉正好相反

当我们"变成自己正在做的事"，就不再觉得自己和正在做的事或和当下的环境分离，也不再觉得自己和万物是分开的。我们忘却自我，也忘记自己置身事内或事外。

4. 参与时，即使努力，看起来也毫不费力

在流动的状态中，行动是不费力的。我们完全融入正在做的事情，也融入正在发生的事情。我们觉察到一种动感、速度，以及轻松自在。生命和正在做的事情都好像在翩翩起舞一样，即使要费很大力气的事，也好像感觉毫不费力。

5. 参与时，我们临在自己与所爱之人的生命中

当我们变成我们正在做的事情时，就不会错过参与别人生命的机会。如果我们要对自己和别人心怀悲悯与爱，就需要我们的临在。

6. 参与是有技能的行为的基本特征

要成为任意事务的专家，我们必须经过练习，而且练到"纯然"的境界。一切活动的专精技能，都需要对事情本身具有正念的觉察，不会分心想到自己、他人甚至是事情本身。如果有人在跑步时去想跑步这件事，大概就会输

掉竞赛；在非常优秀的演出中，演员已成为角色本身；舞技高超的舞者，也融入舞蹈表演本身；奥运竞赛当中，体操选手则是让自己的身体去完成动作。

✓ C.参与：要做什么

给予成员以下其中一个或几个建议：

- ■ "进入当下的体验，让自己沉浸于当下。"
- ■ "完全投入活动之中。"
- ■ "不要把自己和正在发生的事件与互动分开。完全参与那件事，将自己沉浸于当下。让你自己参与其中，加入其中，投入其中。"
- ■ "将自己与现在做的事合一。"
- ■ "通过做相反的事来放下自我意识，也就是把自己完全抛下，只专注于当下，让你和你正在做的事'合二为一'，就好像只有此时此刻，只有你正在做的事而已。"
- ■ "用出于智慧心念的直觉去行动，在每个情境中，只做需要做的事。"
- ■ "顺其自然，以自发随性的态度去应对。"

举例： 观察和描述就好像"停、看、听"，参与就好像是"过马路"。

举例： 告诉成员，"如果遇到下雨天，不妨像孩子一样，在积水的地方玩耍，去享受下雨这件事"。

✓ D.选择观察、描述、参与的时机

1. 有新的或困难的事物时，先去观察和描述

指示成员："当你犯错或不知道该怎么做时，先退后一步。你在参与的状态下会非常清醒，但是不会积极关注自己，也不会专心分析做事的细节。因此有时候你必须退后一步，放慢脚步，去注意你正在做的事。特别是在你觉得生命或生活发生问题时，就需要先退后一步，然后积极观察、描述发生

问题的状况以及你的反应。之后你才能找出问题出在哪里，学习解决问题的技能，然后再重新参与。"

举例："你只有真正参与弹钢琴这个动作时，才能把钢琴弹好；也就是说，你需要在弹琴时完全投入。但是如果学了错误的技能，你则需要学习对的方式。如果要做到这一点，你必须先退后一步，观察、描述自己做错的是什么，然后反复练习正确的方式，直到你学会那个技能。之后你才能停止观察，再度参与。"

💬 **讨论重点：**我们暂时退出参与，以了解并改善事情的现状。和成员分享参与的例子（例如开车）："你换了一辆车时，需要改变驾驶方式，或者去英国必须改成靠左行驶，这时你需要停下来观察、描述。"请成员分享其他的例子。

2. 技能越难，越要多练习

告诉成员："你觉得哪个正念技能最困难，就要练习最多次。每个人觉得困难的技能都不一样。"请跟成员讨论以下例子：

✓ **举例：**有些人的问题是他们一直都在参与，却没有注意到自己参与的方式会让别人受不了。还有些人则是在参与时遇到很多困扰，特别是有的人比较害羞，有社交焦虑，或是害怕失败，因此他们往往只是站在一旁观察。还有一些人忙着想东想西，脱离当下，也没有专心观察，而是不断分析、思考、反刍每一个发生的事件。他们的生活就好像对宇宙不停地评述，他们的描述是高速运作的。

💬 **讨论重点：**重点是在强调练习技能时，每个成员都需要花最多时间来练习他们觉得最难或最需要的技能。和成员讨论哪一个"是什么"技能（观察/描述/参与）是他们的强项或弱点？他们觉得最需要哪一项技能？这就是他们需要练习最多的技能。

💬 **讨论重点：** 讨论三个正念技能的关系，提醒成员"你在观察时，只要去做观察这件事就好；你在描述时，只要去做描述这件事就好；你在参与时，只要去做参与这件事就好"。

E.参与的练习

1. 大家一起笑

向成员解释：笑对于促进健康、快乐有非常正面的效果。引导所有成员，在你笑的时候跟你一起笑，然后一直笑，直到你停下来为止。然后再开始笑，持续好几分钟。（如果有成员抵触，请不要担心，因为大家都在笑的时候，他们很难不跟着一起笑。）

2. 声音传球

这个游戏是把声音丢出去，然后再接住，就像传球一样。把声音丢出去时，其中一个人把手举起来，向另一个人弯腰，然后模仿篮球的传球动作，将声音传给下一个人，传球的同时发出一个声音（比如"呜呜喔喔""嘛里啪啦"或"哒哒哒哒"等没有意义的声音）。通常，这个声音就好像"丢出去"的，听起来好像拉长的、唱歌的声音。接到声音的人，要把手举起来放在耳边，向后弯腰，然后模仿声音。这个人再发出另一种声音传给下一个人，然后一直轮流下去。让所有人站成一圈来练习，直到每个人都熟悉游戏进行的方式再正式开始。这个游戏的关键就是丢出声音、接住声音，动作尽可能越快越好。

3. 雨之舞

让所有人站成一个圈，然后引导大家跟着左手边的人做动作，如果左手边的人换动作，他们也要跟着换。提醒他们不要看着你，只要集中精神注意左手边的人所做的动作就好。一开始你可以先搓手，然后当每一个人（包括你左手边的人）都在搓手时，你就停止搓手的动作，然后开始打响指。照着这样的方式一直进行下去，依序做出以下的动作：拍大腿、原地踏步，再拍大腿、再打响指、再搓手，最后站立不动。这个活动叫作雨之舞，因为它听起来很像是森林里下雨的感觉。

✓ 4. 即兴创作

即兴创作非常好玩，跟正念练习的自发参与有关，也涉及放下与别人分离的想法，然后全然投入故事情节中。在活动中，每个人都要轮流接续故事情节，如果能请到即兴创作教师来教一节团体课程，或者其中一个团体带领者有即兴创作的经验（或是愿意朗读创作成品，和成员一起实验即兴创作），这会是非常好的方式，可增进成员（和你自己）正念的参与技能。

a. 即兴创作 1

练习开始时，让团体成员坐成或站成一个圆圈，接着向成员说明，这个正念练习要让现在围成一圈的我们每一个人都成为团体的一分子。活动的目标就是成为圆圈的一部分，让这个团体的故事继续下去。开始时，第一个人先讲出一个词来当作故事的开头，接着每个人都只能说出一个词，让故事顺着圆圈一一接续下去。轮到每个人的时候，都要以最快的速度回应，讲出一个词把故事接下去，然后再换下一个人。这就是让成员不要事先设想，以及必要时设法让他们无法构思自己的故事情节（例如："有一天……一个男孩……从天上……掉下来……"）。

b. 即兴创作 2

让成员站成一个圈，说明方式同上，唯一不同的是，之前的练习只能讲一个词，这个练习则可以讲一个短语或一句话（例如："很久很久以前……有一只大熊……那只熊很凶……但是也很善良……附近有一个小男孩……看见了那只熊……"）。

5. 多声轮唱《划船歌》

将成员分成两组、三组或四组，然后以多声轮唱的方式唱《划船歌》，以下是要唱的几段歌词：（1）划呀划、划小船；（2）平稳顺流而下；（3）多么快乐，多么快乐；（4）生活就像一场梦。在唱歌的同时，成员也要做出以下手势：（1）划船的动作；（2）双手轻轻上下摆动，表示顺流而下；（3）举起双手，左右摆头；（4）两手合掌，把头靠在手上，做出睡觉的样子。

6. 跳舞练习

集体舞有很多种，可以让成员配合音乐，围成一圈来跳。以下是两种比较简单的舞步。

a. 牧羊人之舞

请成员站成一圈，每个人都向旁边的人伸出手，右手手掌朝上，左手手掌朝下放在身边舞伴的手掌上。这支舞的拍子是四拍：（1）出左脚指向正前方，（2）出左脚指向左边，（3）然后指向后边，（4）左脚落地与右脚并拢。接着右脚再做四拍同样的动作：（1）右脚指向正前方，（2）右脚指向右边，（3）右脚指向后边，（4）右脚落地与左脚并拢。接下来（1）左脚往左迈一步，右脚往左与左脚并拢，（2）、（3）、（4）继续重复这个动作。然后从头重复，直到音乐停止。这套舞步可以搭配所有四拍的音乐歌曲。这里我们使用的是《牧羊人之舞》，当然也可以替换成其他的四拍音乐。

b. 邀舞

接下来，这支舞的特别之处在于一开始的讲解。开始时，建议成员"邀请你生命中的一个人（在世或不在世的）来与你共舞"，然后所有人站成一圈，每个人向前伸出双手，手掌朝上，做出邀请和愿意的手势。这支舞的舞步主要是先往右走两步，再往左走一步：（1）右脚向右踏，左脚并右脚；（2）再做一次同样的舞步；（3）左脚往左踏，右脚并左脚。告诉成员："向右走的同时，臀部和身体都要往右摆；向左走时，左脚往左迈，右脚并左脚，同时臀部和身体往左摆。重复这套舞步，直到音乐结束为止。"这支舞可以配合玛莉亚·法兰德瑞的《红雨》（歌曲播放到第48秒时，变成第一步往右跳）。同样节拍的其他乐曲也适用。

带领者笔记："邀人在心中共舞"这个点子，灵感缘自我个人的经验。我常在心中邀请全世界精神科病房的患者与我共舞。后来我向研究生建议这个方法时，他们都深受感动，甚至流下了眼泪。所以请做好心理准备，因为到时可能会有情绪化的反应。请务必在跳完舞之后让成员分享心得。

7. 列队行走

请所有人排成一列，跟着带领者的步伐行走几分钟。请成员和前后的人保持大约一只手臂长的距离。

8. 颠倒书写

发给每个成员纸笔，请他们用非惯用的那只手拿笔，从字母 Z 往回写到 A。另一个变通方法是用非惯用的那只手写下最喜欢的假期或回忆，然后请他们讨论观察到的体验。

9. 折纸

将简单的折纸说明带到课堂上（比如纸盒的教程就简单易懂），发给成员纸张，请大家跟着你一起做。逐步教授成员折纸的步骤。完成折纸作品后，可以和成员讨论以下两件事：（1）讨论成员保持正念的能力，还有他们是否注意到自己在过程中有没有去评判；（2）讨论一张纸如何从正方形或长方形变成现在的形状（或是功能跟外形有何不同）。

10. 换座位

在我们的团体（甚至是治疗团队）中，大家常会坐自己习惯的座位。做这个练习之前，请等到所有成员都坐定之后，再向他们大致说明，请他们用正念的方式，去观察对以下要做的事情有何反应。接下来，请所有成员起立，然后走到房间对面的位子坐下。之后让成员分享他们对于自己执意与抗拒改变的觉察。也请成员分享观察的心得：从自己的新座位，看到/体验到什么不同。

11. 立鸡蛋

这是我从一位来访的中国精神科医师那里学到的练习。带一些生鸡蛋到课堂上，接着清空桌面（不要铺桌布），发给每个成员一颗鸡蛋，再请成员用手指轻轻扶住鸡蛋，让鸡蛋的钝端立在桌面上。试着维持鸡蛋的平衡，而且要在成员放开手指后，鸡蛋依然能平稳不动。继续直到大部分成员都能让鸡蛋保持平衡。

> **带领者笔记：** 重要的是教成员这个练习之前，自己要先做过，因为这个动作需要专注和正念，可能比你预期的还多。

12. 书法

书法是富有表现力又很祥和的书写方式。如果可以找到书法教师来团体教一堂课（或有书法书籍当作教材），这会是很精彩的正念练习，因为书法需要专注于当下。如果要在课堂上进行这个活动，你会需要纸张、毛笔或刷子，还有墨水等物品。

13. 花道

花道在日本是一种经过训练的插花方式。跟书法一样，要做出好的花道作品，需要留心觉察和专注于当下。如果你能找到花道教师来课堂教学（或有花道书籍当作教材），对很多人来说就可以作为正念的练习。你也需要准备一些鲜花、叶子或树枝。

14. 变成你在数的东西

对成员说："你在数数的时候，就变成在数的那个数字。譬如你在数一的时候，你就成为一；数二的时候，你就成为二。以此类推。"

15. 太极、气功、瑜伽气功、灵性之舞

留心觉察的运动有很多种，比如武术、瑜伽和舞蹈。做身体动作时，练习专注和觉察当下身体的动作。每个动作都是正念练习的持久形式。

16. 手的练习

团体成员围在一张椭圆形或长方形的桌子旁站好，请所有成员将左手放在桌上，然后再请成员将右手放在右边邻居的左手下方。由一个人开始先把右手抽出来，再放回桌上，接着右边的人也很快举起自己的右手。一直轮流做这样的手部动作，直到有人击掌两次，这时候动作再换成反方向，往左边进行，直到有人击掌两次。如果有人举手太快或太慢，就要把那只手抽出来，让另外一只手留在桌上（如果另一只手做对了动作）。一直这样继续下去，直到桌上只剩下一两只手为止。

17. 噼里、啪啦、砰

请所有团体成员做以下口令与动作：说出"噼里"口令的同时，将左手或右手划过胸前，然后马上指向左边或右边；说出"啪啦"口令的同时，将左手或右手高举过头，然后很快指向左边或右边；说出"砰"口令的同时，则要很快指向圆圈里的任意一人（但不能是左右紧邻的人）。开始的时候，先随便找到一个人，然后说出"噼里"，同时很快指向左边或右边。被指到的人，就要赶快说"啪啦"，然后马上向左或向右指。下一个被指到的人就要马上说"砰"，同时任意指向圆圈里的一个人。这个人又从"噼里"的口令开始，依序进行。在保持比较快的游戏节奏的基础上，如果有人说错口令或做错手势，就算出局；出局的人则扮演捣乱的角色，站在圆圈外面想办法干扰其他人（仅限声音，不能有肢体接触）。照着"噼里""啪啦""砰"的顺序进行，直到圆圈里只剩下两个人为止。

18. 词语接龙

练习开始时，请团体成员站成一个圈，第一个人先说出一个词，然后在右边的人必须要用第一个人所说词语的最后一个字当作开头，讲出下一个词语。比如第一个人说"公共汽车"，第二个人就说"车门"，第三人说"门锁"，第四人说"链锁"，以此类推。也请告诉成员："在圆圈里玩接龙时，要抛开所有会分心的事物，只去注意你是否会评判自己想到词语的快慢。"练习结束后，和成员讨论观察的后果。

✓ 19. 被椅子接受

提醒成员：参与重点是要体验自己和宇宙合二为一的感觉。等所有成员坐定之后，请他们闭上眼睛，然后听你说：

"将注意力集中在你的身体和椅子接触的部分……想想椅子如何完全接受你、托住你，支撑你的背部，让你不会从椅子上掉下来，摔到地板上……注意到椅子不会把你丢下，也不会说你太胖或太瘦或身材不好……注意到椅子有多么接受你……将你的注意力集中在支撑椅子的地板上，想想地板出于善意来托住你，让你的脚不会沾到泥土，还提供一条路让你去接触其他东西……注意到房间里有墙壁将你围住，所以路过的人不会听见你说的任何事，想想墙壁对你的善意……还有注意到是天花板让你不受风吹日晒雨淋……想想天花板对你的善意……让自己接受椅子的支持、地板的支持、墙壁的支持，还有天花板的支持……注意它们释放的善意。"

你可能会想阅读美国作家帕特·施耐德（Pat Schneider）写的一首诗。这首诗强调的概念是：爱与接纳就在我们四周。这里的重点是放下狭隘的想法，不要以为自己很难找到爱、接纳、尊重与慷慨。

寻常事物的耐心

这也是一种爱，不是吗？

杯子如何装着茶，

椅子如何稳固坚定，

地板如何承受鞋底

或脚趾。脚掌如何知道

它们应该在的地方。

我一直思考

寻常事物的耐心，比如衣服

如何在衣柜里安静等待，

肥皂静静晾干在皂盒里

毛巾吸干

背部肌肤上的水滴，

还有可爱的楼梯层层叠叠。

还有什么比窗户更慷慨大方？

✓ F.讨论课下练习的内容

正念讲义 4c 列出了练习参与的方法，要和成员一起讨论这些概念。

七、正念"怎样做"技能——不评判（正念讲义5—5a）

要点："怎样做"技能是我们如何去观察、描述和参与的方式。"怎样做"技能主要有三个：不评判、专一地做，以及有效地做。不评判就是放下对现实的评价和评判。

正念讲义 5：掌握你的心——"怎样做"技能。"怎样做"技能可以用一堂课教完。首先简单概述每一个技能，也就是不评判、专一地做，以及有效地做。讲义上已经列出重点，第一次教授技能时，可能会花比较多的时间在不评判上面，因为这个概念比较难，很多成员都不太容易掌握。这些概念对培训师来说也很难清楚地掌握，所以教学前请先仔细阅读。在所有正念的教学中，不评判是基础，必须一再强调，直到成员能够理解练习的内容。要特别注意这项技能的微妙。务必在传授下一个技能之前，先做不评判的练习，你在讨论家庭作业练习时，会有机会进一步传授这些技能。这些技能最好能够通过练习、反馈和辅导的方式来学习。

正念讲义 5a：练习不评判的方法。不评判的前五个练习从最简单到最难的顺序排列。若成员很难减少评判，可照着这个顺序，让他们一周做一个练习。

正念练习单 2、2a、2b：正念核心技能的练习。正念练习单 2c：练习正念核心技能的记录日历。这些练习单与教授"是什么"技能（观察、描述、参与）的练习单是一样的。每份讲义都要成员描述他们正念的练习，将这些练习单用在"怎样做"技能教学时，要成员用不评判的方式去练习观察、描述和参与。

正念练习单 5："怎样做"技能——不评判、专一地做、有效地做。本练习单只提供一周记录两个"怎样做"技能的练习。

正念练习单 5a：不评判、专一地做、有效地做的核对清单。正念练习单 5b：不评判、专一地做、有效地做的记录日历。正念练习单 5c：不评判的记录日历。练习单 5a 和 5b 提供记录"怎样做"技能练习的不同格式；练习单 5c 则是进阶的练习单，是针对不评判这项技能所设计的。这份练习单在你与成员工作时，将评判的想法、陈述、假设和/或表达方式换成不评判的方式最有用。本练习单对 DBT 治疗团队也非常有用，因为他们可以用这份表格去处理个体治疗师、技能训练带领者和 / 或个体治疗 / 技能训练来访者的典型评判想法和假设。

✓ A.两种评判的类型

评判有两种类型：一是辨别的评判，二是评价的评判。

✓ 1. 辨别的评判

所谓"辨别"，就是去分辨或分析两样东西的相同和不同，或某项东西是否符合某种标准，或是否符合事实。

有些人的工作就是将事物和标准加以比较，或是预测之后的后果，比如说教师会打分，卖杂货的人需要挑出"好"的食物或产品来陈列，并丢弃"坏掉"的食物。"好"这个字也常用于反馈儿童和成人的行为，让对方知道什么事可以继续做、什么事不能做。

举例：珠宝专家辨别一颗钻石是真钻还是假钻。

✓ **举例：**美国高等法院法官辨别某项行为或法律是否违宪。

举例： 刑事法庭法官辨别某项行为是否违法。

✓ **举例：** 拼字比赛的裁判辨别参赛者的拼字是否和字典相同。

辨别是必要的。辨别游泳池里是否有水很重要，尤其是在跳进泳池之前。通常，一个人若擅长辨别，我们就会说他有"好眼光"（比如肉贩能选出煮起来口感最嫩的一块肉）。建立长久的人际关系时，辨别愤怒与和解行为对他人的影响尤为重要。

✓ **2. 评价的评判**

"评价"是指判断人、事、物的好坏，值得与否或是否有价值。评价是我们加诸事实的东西，出自我们内心的选择、个人价值观和概念，而非事实真相。

✓ **3. 放下评价，保留辨别**

不评判的目标是放下对于好与坏的评判，保留辨别和察看后果的评判。不过，"好"与"坏"有时会用来简述因果关系。

✓ **举例：** 鱼放了太久开始发黏，尝起来味道不好，我们就会说鱼"坏了"；如果鱼肉烂掉，让我们吃了身体不舒服，我们也会说那条鱼"坏了"。如果鱼肉很新鲜，没有受到污染，我们就会说鱼肉是"好"的。

举例： 如果有人伤害别人或表现出破坏性，我们会把那些人叫作"坏"人；他们去帮助别人时，我们就会说他们是"好"人。

举例： 如果游行时下雨，让大家觉得沮丧，我们就会说这"不好"；如果天气很晴朗，大家都很快乐，我们就会说这很"好"。

举例： 如果一个人知道自己的行为或决定所带来的后果，我们就会说这人"有好的判断力"。

然而我们很容易偏离对后果的陈述，只说对象或事件好或不好。当我们使用"好""坏"这两个字时，常常忘了是自己把一些东西附加到了事实上，也忘了是自己在预测后果。我们把自己的评判当作事实，人们也把他们对我们的评判当作事实。

✓ 辨别也很容易变成评判。过于放大两者之间的不同时，辨别就会变成评判。也就是说，我们描述的是自己相信的事实，而非真正观察到的事实。歧视不同的人或概念都来自将他人或概念的某种特质做出"好"或"坏"的评判。当我们因为差异而感受到威胁时，就很容易评判。

举例：黑人不如白人。

举例：女人不如男人。

举例：同性恋是邪恶的。

4. 评价的本质

✓ 对好与坏的评判是观察者内心的想法，并不等于评判的对象。

当我们把是否值得或有价值的评价加到观察对象上时，就是在评判。然而"好""坏"从来不是观察的结果，而是人在观察时加诸其上的。如果某件事对于某个人或某个团体来说是值得做、有价值或好的，就一定会被其他人或其他团体视为不值得做、没有价值或不好的。所以正念技能的重点，就是不要用这种态度去评判事物。

✓ **举例：**不同文化对于事物的好坏有不同的看法，不同的家庭有不同的价值观，不同的学校对于行为的好坏有不同的规定，不同的公司也是如此。

✓ ⊗ **故事重点：**想象一只老虎追逐一个人当作晚餐。那个人心里会有什么想法？"不！"如果那只老虎抓住那个人并将他吃掉，那个人的家属可能会说："太可怕了！真是太糟糕了！"或者他们也可能会说"不应该让他单独外出""狩猎导游应该保护他，不该让他一个人在外面"诸如此类的话。但是老虎会怎么想？它会说："真好吃！"

5. 不评判的本质

✓ 不评判就是描述事实当下的状态，而不把好、坏或其他类似的评价加诸其上。

💬 **讨论重点：** 讨论"辨别"和"评判"之间的差异。请成员分享什么时候人们会被评判好或坏，什么时候他们的所作所为曾被评判是否符合某些标准。例如，某人数学考试得到的成绩是B，但也许不会觉得老师评判他这个人或考试成绩是"不好的"。

💬 **讨论重点：** 讨论什么时候辨别他人的特征会产生不公平的行为，例如，因为对方的种族、性别、性取向、年龄或肢体障碍而产生歧视。了解到两样事物之间的不同是非常重要的辨别，但更重要的是，要准确判断观察到的不同是否真会造成差异。例如，拒绝雇用没有双手的人做钢琴师，并不表示他不能去做个踢踏舞舞者。

B.为什么要不评判?

1. 评判会对人际关系造成破坏

负面评判会造成冲突，伤害到和我们所重视的人之间的关系。很少有人喜欢别人来评判自己。评判别人也许会让对方暂时有所改变，但更常发生的状况却是造成对方躲避或是反抗评判他们的人。

2. 评判会对情绪造成负面影响

评判对我们的情绪影响重大。我们把好坏评价加诸周遭的人、事、物时，就会严重影响我们对评判对象的情绪反应。我们通常很难辨别恰恰是自己做出的评判制造了让自己情绪失调的事件。

✓ 💬 **讨论重点：** 请成员分享他们觉得评判自己和评判别人哪个比较困难？他们常觉得被别人评判吗？常在自己周遭，或从收音机、电视或网络上听到哪些评判？（请注意他们是否也在评判那些提出评判的人。）

✓ 3. 改变事情发生的原因比评判更有用

宇宙间发生的所有事情都有原因，改变事情发生的原因比评判我们不喜欢的事情更有用。

换句话说，光说事情不"应该"发生或是"不好"的、"应该"有所不同，都是无效的，而且无法改变现状。如果我们不想让酒醉的司机开车上路，就应该建立停止酒驾的环境，也许需要更严格的法令来禁止酒驾，或是有更多的警力巡逻执法。我们或许也需要为有酒精成瘾问题的人提供有效的治疗，同时劝说人们不要让喝酒的人开车。

同样地，如果希望人们投票赞成我们所相信的对象，就必须给他们投我们的理由。我们需要提出使他们信服的论点或让他们知道为什么不能投对立的立场。又或者，如果我们希望新来的狗狗可以在外面小便，而不是尿在家里的新地毯上，就必须通过训练，让那只狗养成新的行为模式。

✓ **举例：** 站在桌子旁边，然后请成员想象桌上有一个无价的传家之宝：一块在你家族传承了三百年的白色蕾丝桌布。接下来，你手里拿着一个小物品，请他们想象你拿着一个装着红酒的玻璃杯。你慢慢把手里的东西掉在桌上，然后捡起来，再掉下去，过程中持续询问成员："这杯子里的红酒会洒在桌面上吗？"如果他们说"会"，接下来你就伸出另一只手，在物体掉落到桌面之前接住它。然后说明如果你不想让杯子里的酒洒到桌上，就必须做些什么好让酒洒下来时不会洒到桌上。如果成员说，如果你不松手，酒就不会洒到桌上，就对他们说明：如果你们不想让事情发生，就必须改变大脑神经脉冲的方式，让手不松开。

💬 **讨论重点：** 如果提出要求并不会改变现况，为什么我们还一直这么做？

答案是：有时我们表达自己的要求，还是可以改变现况的。如果有人做了不公平的事，我们生气、板起脸或大声疾呼，有时还是会让人们改变；只不过他们之所以改变，是为了让我们不要生气、摆臭脸或大吼大叫。请成员分享哪些时候上述状况对他们来说是真实的，这样会有什么正面后果，又有什么负面后果。请加以讨论。

4. 不评判是正念的基础

所有以正念为基础的疗法（包括正念认知疗法、正念减压疗法及正念复发预防），以及其他强调接纳他人、自己和个人行为的疗法，都非常重视不评判，这也是所有灵性传统正念的核心。

✔ C.不评判：如何去做

1. 放下好坏之分

"如实"观看和描述现实。放下对人、人的行为和事件好坏的评价。

举例： 放弃使用"好""坏"来描述一个人或其行为。

举例： 放弃使用"无用"或"值得"来描述一个人或其特质。

举例： 放弃使用"好人"或"坏人"来称呼自己。

此处的目标是在观察、描述、参与时，采取不评判的立场。评判就是贴标签或评价事物的好坏、有无价值，或值得与否。放弃贴标签就是不评判。

✔ 2. 将评价换成"这是"的简单叙述，或是关于它的描述

这里的目标并不是将"不好"改成"好"，也不是把"不值得"改成"值得"，或是其他类似的替换。如果你是好的，也总有可能是坏的；如果你是值得的，也总有可能是不值得的。其次，用正面评判来取代负面评判，很可能会模糊事件的负面后果。比如说，如果把一块肉说成是好的而不说肉坏掉了，就可能会让人误食而身体不适。这个概念是要完全消除评价的行为。

举例： 买新房子时，与其问"这房子好吗"，不如改成以下的问法："我

会喜欢这所房子吗？""这所房子适合居住吗？需要经常整修吗？"或是，"将来卖掉这所房子时，有可能卖到比现在更高的价钱吗？"

举例：我们说有一个"好枕头"时，是用评判的语言来取代"我喜欢这个枕头"。

难道这意味着我们不能用"做得好"或其他正面的话去赞美别人吗？不，当然可以！正面评判所产生的负面后果要比负面评判小得多。一般而言，如果我们能减少内在的评判，就可以再使用"做得好"来描述特定的事。比如我听学生报告如何处理疗程中特别困难的问题时，就会对学生说"做得很好"，我的意思是"你的回应方式非常有效"。对一个学会新事物的三岁小男孩说"做得好"，意思就是"我以你为荣"。

✓ 3. 放下"应该"的想法

不评判也包含放下"应该"这个字眼。也就是说，放下定义世界应该是何种面貌，也放下要求现实要符合我们想要的样子，只因为我们希望如此。不评判就是不去说、不去想事情应该要有所不同。我们也不会说，我们应该要和自己有所不同。

✓ 4. 将"应该"换成对于感受或愿望的描述

不评判包含将"应该"换成对于感受或愿望的描述：例如"我想要事情有所不同""我想要和现在的自己不一样"，或"我希望你能够为我做这件事"。另一个方式是将"应该"换成"这是有原因的"，例如"一切都是它们本来应有的样子，因为宇宙间一切都有因果"。

✓ D.了解不评判的概念

✓ 1. 不评判并不代表赞同

不评判的意思是：万事万物都展现本来的面貌，而且所有事物都有原因。相较于评判好坏，更有用的做法是描述事实，然后设法理解事情的原因。当发生的事情是负面的、我们不喜欢的，或不符合我们价值观的时，如果我们可以去了解并改变原因，就更有机会让事情停止或改变。只是大叫"这样不好"并不能阻止许多事。即使我们相信世界上真有"邪恶力量"或"魔鬼"存在，如果想要改变，更有效的策略则是去了解这些事情"如何"以及"为何"如此运作。

💬 **讨论重点：**成员可能会认为，如果要说某件事不是"坏"的，就等于说那件事是"好"的，相反如是。这只有在人们一开始就认为非黑即白，并以此描述事物时才会如此。请成员分享：有多少次别人把评判加到他们身上，认为成员的行为、想法、感觉不是好就是坏。

💬 **讨论重点：**请成员分享哪些时候别人说他们是"坏"的，并希望他们马上改变？还有哪些时候别人曾经试着帮助他们了解自己行为发生的原因，并且帮助他们改变？这两者之间有什么不同？

✓ 2. 不评判并不代表否认后果

即使没有不评判，我们还是能够观察或预测后果。观察并记住行为和事件的后果非常重要，特别是当后果不是伤害我们所重视的事物，就是高度激励我们的时候。和别人沟通这些后果可能是很重要的。例如说"这块肉坏掉了"，其实是"这块肉长满了细菌，如果你吃了可能会生病"的简化说法。"在家里刷这种油漆真的很好看"，意思是"如果我们把家里漆成这种颜色，我会非常喜欢"。通常我们会为他人或自己出现负面后果的行为贴上"坏"的标签，对自己或他人有建设性或有帮助的行为，就会贴上"好"的标签。

评判通常比描述后果更容易，因此人们常会用评判性的陈述来简化后果，最后忘记当初所要描述的后果。如果某个行为有很多负面后果，就很容易用"好""坏"去简化。

✓ **举例：** 我们说某个人下了一个"好的判断"时，意思是说，那个人做出的决定，后果对他本人和其他人都是有益的。

✓ **举例：** 所有的社会都将谋杀评判为"恶"，因为如果让人自相残杀，后果可能会危害整个社群。

举例： 在政治圈里，有一方说"这是好的"，同时就有另一方说"这是坏的"，然而这些都不过是个人评价。人们很容易把"好""坏"的事件或行为简化成"好人"或"坏人"。

💬 **讨论重点：** 讨论描述与评判之间的不同。评判是用评价"好""坏"的方式为事情贴标签。描述是"只有事实"，这些事实可能是具有破坏性或有害的事，或是有建设性或助益的事。

💬 **讨论重点：** 举例帮助评判和注意后果之间的不同："你的行为很可怕"相对于"你的行为伤害了我"，或"你正在做的事导致我受到伤害"；"我很笨也很糟糕"相对于"这已经是我第三次失约，要是我不改变，这将会让我和朋友之间产生麻烦"。

3. 不评判并不代表对偏好和愿望保持沉默

要求改变并不是评判。

✓ 然而，偏好和愿望常会变成对于现实的评判。

■ 说事情"应该"要改变，（光是这么讲）就是评判了。

■ 说事情"应该"要不一样，也是将要求加诸现实之上。

■ 说事情"应该"要不一样，暗示现实当中有地方出错或是不好。

■ 说事情"应该"要不一样，暗示某个后果当初不应该发生，也就是要求改变宇宙运行的法则。

✓ **这里的重点是：** 这是谁说的？如果每个人都要决定每一刻"应该"如何，这就等于每个人都拥有成为宇宙之神的力量。当然，这责任十分重大，因为为了在特定日子符合我们的偏好而去改变一件事，可能会对整个宇宙造成意想不到的后果。

✓ 🙍🙍 **练习活动**：以下练习是一个很好的方法，让成员理解"应该"其实基于的是我们自己的偏好。请成员告诉你：有哪件事是他们觉得"应该"要和现在不一样的，然后问他们："为什么？"对方回答之后，你再问对方为什么应该如此。比如，如果有人说："人们应该要爱别人多一些。"你就问对方："为什么人们应该要爱别人多一些？"如果那个人回答了，你就再问："为什么？"如果对方回答："因为如果人们能够更爱彼此，战争就会减少。"你可以再问："为什么战争应该要减少？"成员每次回答之后，你就继续问："为什么应该如此？"继续这样问，即使有人说："因为那是上天的心意。"这时你就再问："为什么上天的心意应该要付诸实现？"最后，你会得到一个终极的答案："因为我想要事情变成那样。"那时你就可以指出：是人们将自己的愿望转变成对现实的要求。即使一个人的愿望和地球上大部分的人都一样，即使多数人都觉得这样的愿望很有价值，即使这样的愿望值得赞扬也很美好，它依然是种偏好。令人叹息的是，整体来说，现实并不会依我们的要求运转。要改变现实，需要去改变造成现实的原因。

✓ 如果说为了某件事情发生，应该（或必须）去做另一件事，这并不是评判。

✓ **举例**："如果我想发动车子，就应该要转动车子的钥匙""如果我想要有好成绩，就必须读书"，或是"如果我想要一份工作，就必须去求职"，这些都不是评判。这里的关键是避免使用以下说法："为了成为好人，我应该去发动车子、得到好成绩，或找到工作。"

✓ **4. 对于事件的价值观和情绪反应并不是评判**

一个人可能会喜欢某件事物而不说那是好或是坏的。比如说，很多人都不喜欢某些食物，却不会评判那些食物是"坏"的。价值观是经过深思熟虑后值得向往与赞扬的原则、标准或特质。我们认为有价值的东西，就是我们相信对自我和广大社会的利益都很重要的事物。一般而言，我们会对自己的价值观产生依附（对自己的价值观抱持正面的情绪感受）。这就是为什么当别人不认同我们的价值观时我们会感觉很糟。我们感觉受到威胁，很容易把对方视为"坏"人。然而，想要、渴望或欣赏某件事物本身并不是评判，而憎恶或觉得某些东西很讨厌也不见得是评判。

评判常会用来简化对偏好的描述。

举例： 这个房间看起来"很差"或这本书"很糟糕"，这些说法都是基于个人对于房间布置或阅读素材的偏好（有时则基于个人或社群的标准，比如一般认为房间看起来应该是什么样子，或是书应该怎么写）。

举例："因为我的经验比较丰富，所以我应该得到这份工作。"这样的说法其实只是我的偏好，是我认为对方应该要给我这份工作；或是以我的价值观来看，有经验的人应该比没经验的人更容易得到工作。

我们常常忘记这种评判是一种简化的方式，所以我们经常把它当成事实的描述。一旦价值观和偏好变得非常重要，如果有人不认同我们，我们就会觉得受到威胁，这种威胁感容易让我们把对方说成"坏人"。

💬 **讨论重点：** 评判往往是一种推卸责任的方式。向成员解释："如果我不喜欢别人正在做的事，想叫对方停止，我就会说那是'不好'的，这样我就不需要面对现实，说出他们之所以应该停止，其实是因为我（也许还包括其他人）不喜欢、不相信或不想得到那样的后果。"请成员分享有哪些时候别人曾将评判当成事实来描述，以此控制成员的行为。也请成员举例：哪些时候他们曾经用同样的方式对待别人。这里举出你自己的例子。

✓ 5. 陈述事实并不是评判，但评判常会和陈述事实一起出现

很多词语在文义上并没有评判的意思，但是几乎总是以评判的方式被使用。对于事实的陈述可能是评判，因为这个事实同时受到评判。比如说，"我很胖"这句话可能是陈述事实，但如果有人添加（想法、暗示或语气）让人觉得胖是不好的或没有吸引力的，这就加上了一个评判。和我一起工作的成员最喜欢用的评判字眼就是"蠢"，比如"我做了一件很蠢的事""我很蠢"，或是"说这种话真的太蠢了"。评判也常会伪装成对事实的陈述，所以它们可能很难被发现。有时心理治疗专业人士对此非常擅长。曾有一位治疗师想要说服我，称成员"自恋"不是评判（因为那位成员说别人在她身边时，她觉得自己更"真实"）。

💬 **讨论重点：** 讨论评判和陈述事实之间的不同，并举例说明评判的陈述会披上描述事实的伪装。

> **带领者笔记：** 有些成员会认为确实有绝对的好和绝对的坏。在这里，你需要辩证地寻找不同观点的综合。不要期望成员会毫不犹豫地放弃评判。也要预期到有些成员可能会举出比如希特勒（甚至是性虐待）这样罪大恶极的例子。因此下一个教学重点很重要，也就是评判的确有其地位。放下评判这个概念需要时间慢慢培养，不要在一开始就强迫成员接受。你可以先强调减少自我评判，以获得更长远的收效（《DBT 教科书》第七章对这些观点进行了更广泛的讨论）。

✓ 6. 不要去评判"评判"这件事

对成员强调："要记得一件很重要的事，那就是：你无法通过评判'评判'来改变评判。"

E.不评判的练习

就如先前建立的"是什么"技能（观察、描述、参与），在建立"怎样做"技能时，练习也非常重要。你可以先做一个练习，然后请成员分享经验；也可以依序做完几个练习之后，再请成员分享。

1. 所有参与的练习

请成员做练习时，比如参与一节中所描述的练习（见第六节第 E 项），多数人都会对自己或别人产生评判的想法。通过参与练习来实践不评判最有效的方法，就是让成员先开始练习，几分钟后请大家停下来，然后询问成员是否在评判自己。例如，他们是不是在想："我看起来很笨""我真的很蠢，都做不到"？几乎毫无例外地，练习再重新开始时，人们觉得更容易放下评判的想法了。

2. 列队缓慢行进

请成员排成一列（可以在室内围成圆圈，或在室外排成直线），然后慢慢往前走。这个练习几乎总是会发生的情况是大家开始评判自己前面或后面的人，或是评判发号施令的人。如前面所说，这时请大家停下来，看看谁已经在做评判了，然后再重新开始，这样做很有用。

3. 描述讨厌的事物

请每个人描述和人相处时不愉快的互动经历，或是别人或自己讨人厌的特质。让成员练习在描述这些事情时，不用评判的字眼或语气。

4. 重新陈述不评判

如果在课堂上有人使用评判的语气或字眼，这时就先停下来，请那个人重新说一遍，而且要停止评判的字眼和语气。每堂课都做这样的练习，即使课堂上教的是其他技能也没关系，如此大家终究会养成不评判的习惯。

F.课间练习不评判

以下是对练习不评判有很多困难的成员的练习。练习的顺序由简入难。每周对每一项作业进行检查，熟练之后再布置下一次作业。每个建议都需要每天练习，第二天要重新进行。这些练习也与其他练习不评判的方式一起包含在正念讲义 5a 中。要和成员一起浏览这份讲义，并请成员做以下的练习：

- "练习观察心里浮现的评判想法。记住，不要去评判'评判'。"
- "计算每天有多少评判的念头。实行的方式有很多种：你可以把一张纸撕成碎片，然后把小纸片放在一边的口袋里，每次你注意到自己有评判的念头，就把一个小纸片从原来的口袋移到另一边的口袋。或者去买一个高尔夫或运动计数器，每次心中出现评判的想法就按一次计数器。或是用智能手机来记录每一次出现的想法。一天结束后，将统计结果写下来，第二天再重新开始。请记住：观察和记录行为可以有效改变行为。"
- "用不评判的方式取代评判的想法、陈述或假设。"（做法请见以下窍门。）
- "观察你评判时的面部表情、姿势和语气（包括内在与外在）。有时候，请关爱你的人指出这些评判的表达方式也会很有帮助。"
- "将评判的语气和表达方式，改为不评判的表达方式（必要时道歉）。"

G.取代评判想法的窍门

请参照正念讲义 5a 第三项下面的清单。

■ "描述事件或状况的事实，只描述感官所观察到的。"（例如："这条白
鲑不新鲜，闻起来有鱼腥味。"）

■ "描述后果，只限事实。"（例如："这条鱼煮完以后，尝起来可能会有
腐败味。"

■ "描述你对事实的感受，情绪不算是评判。"例如："我不想用这条鱼
做晚餐。"

八、正念"怎样做"技能——专一地做
（正念讲义5—5b）

> **要点**：专一地做是三个正念"怎样做"技能当中的第二个，也就是将注意力集中
> 于当下，以及将自己全然带入工作或活动之中。
>
> **正念讲义5：掌握你的心——"怎样做"技能**。这和教授"不评判"技能的讲
> 义是相同的，请和成员讨论讲义"专一地做"的部分。重点指出这个技能包含两个概
> 念：全然临在当下，以及一次只做一件事；两者都和专心有关。
>
> **正念讲义5b：练习专一地做的方法（自选）**。这份讲义很有帮助，因为它提供
> 了几个专一地做的练习活动。
>
> **正念练习单2、2a、2b：正念核心技能的练习。正念练习单2c：正念核心
> 技能的记录日历。正念练习单5："怎样做"技能——不评判、专一地做、有效地做。
> 正念练习单5a：不评判、专一地做、有效地做的清单。正念练习单5b：不评判、
> 专一地做、有效地做的记录日历**。以上练习单与教授观察、描述、参与和不评判等技
> 能所使用的练习单相同。每份练习单都要成员描述自己的正念练习。对于这项技能，
> 请成员去练习专一地做，然后记录他们的体验。

✓ A.专一地做：是什么？

✓ 1. 专一地做即全然临在当下

专一地做，就是"此刻"临在于我们的生命和所做的事情。专一地做的
生活就像不评判一样，是所有正念教授、默观练习的核心，也是心理学和正

念灵性传统的核心。

a. 过去已经结束

过去已经结束，不存在于现在。我们可能会对过去存有一些想法和印象，当我们想到过去或过去的印象浮现心头时，可能会引起强烈的情绪。我们可能会为自己或别人过去的所作所为而忧虑，也可能希望自己的过去有所不同或仍然活在过去。但重要的是需认清：这些想法、印象、感受和希望都发生在当下。

如果没有觉察到自己正在想着过去，而是迷失在过去或过去的想法、印象之中，麻烦会就此开始。因为我们没有注意到此时此刻正在发生的事，不小心把心神专注在过去的想法与印象上了。我们现在的情绪可能就会变得和过去感到的情绪相同，这会让我们觉得自己好像就活在过去，而过去就活在我们之中。

b. 未来尚未来临

同样的观点也适用于未来。未来并不存在。我们可能会对未来有很多想法和计划，当我们想到未来时可能会产生强烈的情绪，也可能有很多忧虑。的确，我们可能会花费很多时间和无数夜晚担忧未来，但是就像对过去的忧虑一样，要记得我们对未来的忧虑是在当下发生的，就像我们会迷失在对过去的想法和印象之中，我们也可能在反复思考未来时感到迷失。

活在当下也可以包括为未来做计划，只是在计划时要带着对计划的觉察去做（也就是做计划是一个当下的活动）。

✓ 2. 专一地做是指一次只做一件事

专一地做也指带着觉察一次只做一件事。将注意力集中在一个活动或事情上，让自己全然与这件事或这个活动相联结。

> **研究重点：** 这个概念与美国学者托马斯·博尔科韦茨（Thomas Borkovec）所发展的用来治疗慢性忧虑的人的疗法很相似。这个疗法的核心概念是"担忧的时候就去担忧"，方法是每天拿出三十分钟去担忧烦恼。我解释说："每天你到一个同样的地方，然后试着在这段时间只做'担忧'这件事。其他的时间则把担忧从心里排除，提醒自己：之后会在担忧时间处理你特定的担忧。这个技能也跟对抗失眠的方法很像：就寝前写下第二天所有需要记得的事，这样你就不需要入睡的时候去想那些事。"

B.专一地做：为什么做

✓ 1.对所有人来说，当下的苦难已经够多了

将过去和未来的所有苦难都加在现在的苦难上，这样未免太痛苦了。

> **研究重点：** 正念之所以能有效治疗身体疼痛，其中一个原因就是让我们处于当下。反刍过去的痛苦以及害怕未来的痛苦，两者都会增加我们当下的痛苦。减轻痛苦的关键就是放下过去的痛苦，只感受现在的痛苦。

✓ 2.一心多用没有效率

现今有不少研究关注一心多用（一次做超过一件事）。与多数人所认为的相反，一心二用其实并不能节省时间。事实上，反而会削弱我们快速做好事情的能力。

3.生命、人际关系和美好事物，都与你擦肩而过

如果我们心不在焉地活在当下，当下就会转瞬即逝。我们无法去经历许多自己真正在乎的东西。我们无法闻到玫瑰的芬芳，或者说体会生活的美好。

C.专一地做：如何去做

✓ 1. 临在你自身的体验中

临在你自身的体验中与回避或试图压抑当下的体验正好相反。临在当下让我们能够觉察到现在的体验，包括我们的感受、感觉、想法、动作及行为。

2. 将自己定位于现在

下一步是积极地专注和维持觉察于当下的体验、现在发生的事，以及正在做的事。这包括放下对于过去和未来的想法。我们花了许多时间活在过去（但过去已经结束）与未来（但未来尚未发生），或是对自己关于现实的想法有所反应，而不是回应现实的真正面貌。因此专一地做的首要目标，就是对我们所在的当下保持觉察。

✓ **举例：** "你正在开会，觉得很无聊。与其坐在那里想着自己宁可去做其他事，不如专注于聆听。专注于当下会让你不再觉得自己很悲惨。"

举例： "开车的时候只开车，走路的时候只走路，进食的时候只进食。"

✓ 3. 一次只做一件事

一次只做一件事和人们平常的习惯刚好相反。我们大多数人认为，如果一次可以做好几件事，就会完成更多，但事实并非如此。重要的是将心智完全集中在当下所做的事情上，这同时适用于心理和生理的活动。

✓ **举例：** "你要洗五个碗，但是一次只能洗一个。"

然而，这并不是说我们不能从一件事转换到另一件事，再回来做原来这件事。一次专注于一件当下的事，不是说我们不能去做需要许多连续行动的复杂工作。但是这意味着无论做什么事都应该全神贯注。这个概念的精髓是心无旁骛地行动。相反则是"心不在焉"（没有觉察的自动性行为）和分心的行为（亦即在做一件事的同时，又去想或处理其他的事）。

💬 **讨论重点：** 讨论一个一心二用的例子，比如在技能训练的课堂上，同时想着过去或忧虑未来。向成员解释："正念的观点会建议，如果要想过去的事，那就应该完全投入地去想；如果想忧虑未来，那就应该完全投入去忧虑；如果想上课，那就应该完全投入地上课。"请成员举出其他的例子（比如边吃晚饭边看电视或看书）。

D.正念练习

正念讲义 5b 列出几个练习专一做的方法，与成员一起看过这些部分。

九、正念"怎样做"技能——有效地做（正念讲义5—5c）

要点： "有效地做"是正念"怎样做"技能的第三个，也就是采取有效和灵巧的做法。

正念讲义 5：掌握你的心——"怎样做"技能。 这份讲义和之前"不评判"与"专一地做"两项技能的教学讲义是一样的。请和成员一起讨论"有效地做"的部分。这里的重点是要达到目的、减少痛苦和增加快乐，那么采取有效的方法就至关重要。然而，执意（是技能"我愿意"的反面，见"痛苦忍受讲义 13：我愿意"）或骄傲常会造成阻碍。教授这一技能最好的方式就是找到能符合每个成员自身终极利益的角度。

正念讲义 5c：练习有效地做的方法。 如果你没有身处有效的情境，有效练习可能会很困难。本讲义提供了一些练习的方法。

正念练习单 2、2a、2b：正念核心技能的练习。正念练习单 2c：正念核心技能的记录日历。正念练习单 5："怎样做"技能——不评判、专一地做、有效地做。正念练习单 5a：不评判、专一地做、有效地做的清单。正念练习单 5b：不评判、专一地做、有效地做的记录日历。 以上练习单和教授"是什么"技能、不评判和专一地做所使用的练习单是相同的。每份练习单都要成员描述他们的正念练习。这项技能是要请成员练习有效性的技能。做这个练习时，成员需要警觉让他们产生功能失调或无效行为的状况。这些状况需要"有效地做"。也要鼓励成员写下什么时候自己会比较容易，或者自发地采取有效地做的行为。

✓ A.有效地做：是什么

有效地做，就是去做能够达到目标的事。这里的目标就是关注做什么有用，而不是"是非对错"或"公平与否"。通常，这和意气用事而采取损人不利己的行为刚好相反。有效地做也就是运用灵巧的方法来达到目的。

✓ B.为什么要有效地做

如果不能以有效的方式运用技能，我们就很难达到目标，减少痛苦或增加幸福。争一口气或证明自己某个观点是对的，可能会让我们一时感觉良好，但是长远来看，得到生命中想要的东西才是更令人满足的目标。

举例："旅馆柜台人员告诉你，没有你的订房记录（但是你知道自己打过电话，订过房间），这时向对方大吼大叫可能让你当下觉得好过一些，但实际上顺利入住旅馆（这需要灵巧的方法）会让你感觉更好。"

C.有效地做：如何去做

1. 明白目标

要做管用的事（也就是有效的事），需要先知道在某个特定情况下，我们的目标是什么。

✓ 💬 **讨论重点**：如果我们不知道自己想要什么，就很难有效地做。当我们受到情绪干扰时，可能很难知道自己想要什么。我们会把对某个东西的恐惧误认为不想要那个东西，把对某个人生气误认成不想接近那个人，把对自己的行为所感到的愧疚误认成不想和某些人在一起。请和成员讨论：在哪些时候，我们会弄错目标以致不能有效地做。请成员举例说明哪些时候情绪造成了干扰。

2. 知道实际状况并采取行动

要能有效地做，需要知道并对实际状况做出反应，而不是我们认为那个情况应该要如何。

举例：高速公路的标识要求驾驶人于右侧车道行驶，只有超车时例外；人们紧跟在左侧车道慢速驾驶的车之后，不停闪灯并按喇叭（而不是从右侧车道超车过去），表现得就像是他们认为所有人都愿意遵守高速公路的规则，但事实并非如此。

举例：有人想要加薪，却认为不用告诉主管，主管应该知道他值得加薪，于是就不愿主动提出要求；这种情况就是，相对于达成加薪的目标，这个人更重视自己是对的。

💬 **讨论重点：**请成员举例说明，他们曾经为了证明自己的观点而做出哪些对自己没好处的事。在此分享你自己的经历，越夸张、越好笑的越好。

3. 知道做什么事能够达到目的，做什么事却不能

有效地做需要我们知道做哪些事可以达到目的，哪些事则不能。很多时候，如果可以平心静气思考我们的选择，就会知道哪些是有效的、哪些是无效的。然而，有时候有效意味着寻求帮助，或请别人指导我们该怎么做。为了能更有效，有些成员可能需要改善问题解决的技能（见情绪调节讲义12），敞开心胸去体验，觉察行动的结果并从错误中虚心学习，这些对于实践有效地做都非常重要。

举例："如果你要别人记得你的生日，你可以事先打电话提醒他们，而不是让他们忘记这件事。"

举例："如果目标是让某个人开心，更有效的方式是去做你知道会让对方觉得开心的事，而不是坚持立场，然后认为自己是'对的'。"

✔ **举例：** "如果在机场遇到状况，更有效的做法是心平气和地跟能帮你的人好好谈谈，而不是对他们大吼大叫。大吼大叫可能会让订位人员把你排到要等很久的飞机上。"

✔ 4. 必要时遵守规则

有效地做也和"遵守规则"有关，特别是在达到目的有这个需要时。如果我们居于劣势，或是想要的事物非常重要，在这些情况下，最重要的就是遵守规则。

举例： 如果你是州立医院需要强制住院的患者，这样的处境就非常需要遵守规则，因为病房的医护人员可以决定何时提供给病人特殊待遇。不论这样是对是错，只有他们才有这种权力，患者没有。

举例： 其他需要遵守规则的情况还包括服刑的囚犯、申请银行贷款的人，或是在机场进行安检的旅客。在以上每个情况中，游戏规则是由别人订立并执行的。

5. 机智地待人

有效地做常指用"政治性的"或灵活的方式对待别人，就是衡量对方当下的处境（而不是对方"应该"有的样子），然后再从那里采取下一步行动。不同的人就好比不同的文化。对某种文化有用的东西，不见得在另一种文化也有用。将注意力放在"对的"，而不去思考什么才是有效的，就像是到了国外，依然将自己国家的文化加诸其他国家之上。

💬 **讨论重点：** 请成员举例说明，他们在哪些时候会把自己的文化或观点强加在别人身上，以及在什么时候别人会用相同的方式加在成员身上。

6. 必要时，牺牲原则以达到目的

有效地做有时需要牺牲原则来达到目的。在某些极端的状况下（例如集中营，在那里不遵守规则就等于自寻死路），即使规则并不公平，多数人还是愿意牺牲自己的原则。在现实生活中，有时候这很难做到，特别是在应付当权者的时候格外困难。

💬 **讨论重点：** 和成员讨论"怎样做"技能（比如采取不评判的立场、一次专注于一件事、有效地做），哪些是他们的强项，哪些是他们的弱项。他们认为最困难的技能，就是最需要练习的技能。

✓ D."有效地做"：相关练习

正念讲义 5c 列出几个练习有效做的方法，请和成员一起看过这些重点。

十、本模块总结

在正念模块的最后，总结心的状态、正念"是什么"技能（观察、描述、参与）、正念"怎样做"技能（不评判、专一地做、有效地做）。如果你采用了补充技能（见下面的第十一到十六节）也要加上这些技能的总结。提醒成员，在学习所有技能训练模块时（及以后），都需要继续练习正念技能。

十一、概论——正念技能的其他观点（正念讲义6）

要点： 正念有许多实行方法，许多可能的结果也可以从正念练习中获得。这组讲义可以全部讲授，也可以根据适合成员的原则挑选特定的技能来教。正念讲义 7a 强调了在灵性正念练习中对于带领者和成员所扮演的角色。这份讲义的目的是引出更多讨论，没有相关的练习单。

正念讲义 6：概论——正念技能的其他观点。 除非你打算跳过与各项主题相关的讲义（正念讲义 7—10），不然可快速讲解这份讲义。

练习单： 本讲义没有相关的练习单。

✓ A.正念——灵性观点

正念作为一种心理练习，缘自灵性修行的正念。

B.善巧方便——平衡有为之心与无为之心

"善巧方便"是一整套技能，用来平衡临在当下和采取当下所需的行动，也帮助我们在努力达到目的的同时，放下对于达到目的的执着。

C.智慧心念——行中庸之道

"行中庸之道"是一整套技能，强调找到融合统一两极的重要性，而非责备任何一方。

带领者笔记： 以上正念技能的其他观点，以及正念讲义 6—10 的内容，可以纳入正念核心技能（正念讲义 1—5）的教学中，也可以单独讲授。上述技能的教学顺序不限，而正念讲义 7 的内容最容易纳入正念核心技能。本讲义并未在正念讲义 1 以外加入新的内容，只是扩展了目标清单。总体来看，这些目标呈现了心理学和灵性的目标。此外，无为之心与有为之心的概念，在正念减压疗法与其他类似的疗法当中，也都占有非常重要的地位。如果你有治疗的成员，家中有成员接受青少年 DBT，那么教授正念讲义 10 的内容对他们会有意义，因为行中庸之道（也就是找到融合统一相反两极的方法）在青少年 DBT 当中是一项很重要的技能。

十二、正念练习——灵性观点（正念讲义7）

要点： 正念练习的原因可以是灵性、心理、医疗和 / 或人本的。正念练习的历史悠久，缘自跨文化和灵性修行的灵性练习，现代的正念修行也存在于默观祷告，以及各种灵性类型的冥想练习中。

正念讲义7：练习正念的目标——灵性观点（自选）。 本讲义是自选教材，依照你所教团体的需要，可以加在正念讲义1之后（只要快速检视即可）。也可以在成员学完一遍或几遍正念之后，再来教这份讲义。如果是加在讲义1的后面，请指出结果清单是许多正念修行者所提到的。给予恰到好处的关注，以便让成员充分了解正念练习可能带来的益处已经获得许多人的信赖，特别是具有灵性修为的人。不要让本讲义干扰正念"是什么"和"怎样做"的技能教学。

练习单： 本讲义没有新的相关练习单。如有需要，可发给成员正念练习单1。

带领者笔记： 请务必先阅读本章一开始所提到的为什么要加入灵性观点这一部分的理由。教授这个技能，你并不需要有灵性信仰，但是我建议，如果技能训练课程的成员中没有人有灵性信仰，或没有人对灵性信仰感兴趣，就不要教这个部分。请通过询问成员来了解。教授这个技能时，你的任务是协助成员将正念练习和他们本身的灵性练习紧密结合。记得不要将灵性和宗教混为一谈，请见本章开头对此问题的讨论。

✓ A.从灵性的角度练习正念的目标

■ 经验终极实在，也就是超越我们自身存在的界限和基础，最后觉察到我们的整体与整个宇宙紧密相连。

■ 增强内心和行动的智慧。

■ 放下偏执，体验自由。

■ 增进对于自我及他人的爱与悲悯心。

以下列出每个目标的细节讨论：

✓ 💬 **讨论重点：** 请成员阅读正念讲义7，并在讲义上勾选对他们重要的目标。请和成员讨论他们的目标，用以下教学笔记来回应这些目标的相关问题，或是进一步阐释教学重点。

B.经验终极实在

1. 我们的心无限宽广

我们的心是无限宽广的，也就是说，没有任何界限可以限制我们的心。

■ 宽广的心与顽固、不知变通正好相反：弹性是情绪健康的重要特征之一。情绪调节、问题解决以及应付生活中的压力事件，都需要一套具有弹性的应变方式，让人在有需求的时候加以运用。

■ 宽广的心是"空性"的：这种类型的情绪能体验到自在和喜乐，而不是痛苦与限制。"空性"在这里并不是脑袋空空，而是指接受宇宙万物处于不停变动的事实，因此没有事物是永恒的（虽然我们觉得宇宙仿佛永恒不变）。包括自我都在不断变化。"空性"也指无我，是清空和放下自己或自我的过程。

> **带领者笔记：**"空性"这个概念可能很难理解，最好留到学完智慧心念一段时间之后的进阶课程。虽然佛学作者，特别是禅学，常广泛使用"空性"，但是这个名词在基督教和其他宗教作品中也是一个很重要的概念。

练习活动：请成员闭上眼睛，观察心里浮现的事物，然后自问："我内心的界限在哪里？"或"我可以看见自己心房的围墙吗？"之后请成员分享和讨论观察的结果。

练习活动：做完上述练习后，请成员在房间里走几步再停下来，然后询问他们："刚才走的那几步去哪里了？"然后讨论想法、欲望、要求等内心（和身体）的行为。"走步去哪里了？我的想法、欲望和冲动等，都去了什么地方？"这些问题有相同的答案。

■ 在宽广的心当中，一切都是来来去去的：如果观察我们的内心一段时间，就会看到五秒钟以前、五分钟以前，或是一年前存在于心中的事物，现在都已经不在了。想法、感受和欲望会一而再、再而三地进入我们心中，但是也会反复不断地从我们心中离去。

练习活动： 指导成员闭上眼睛，然后花几分钟观察自己的内心。然后请他们观察想法、感受和欲望的来来去去，再问他们："那些想法都到哪里去了？想法又从何而来？"

■ 宽广的心是静止的：如果我们练习正念够久的话，心里就不会堆满惯常的自言自语、沉思、想法和印象。我们会逐渐发展出一个清明的境界，在那里，我们的想法和情绪都自由来去，也会体验到内心的静止。

■ 在强烈情绪的激发下，我们的心会受到局限、失去弹性：受限和心理失去弹性的感觉是非常痛苦与可怕的。我们无法通过意志力或内心下达指令来改变这种体验；试图压迫、否定或回避这样的体验，反而会让事情变得更糟。在智慧心念的状态下，大家有时会受到局限，变得没有弹性，不过既然心中所有的一切都是来来去去的，这种受到局限、没有弹性的状态也一样会来来去去。

✓ C.每个人都和整个宇宙紧密相连

即使我们想要脱离宇宙，实际上也无法和宇宙分开，我们甚至和宇宙中最远的星辰都彼此相连。正念是体验这种相连的一种方式。宇宙万物都是彼此相连的，这是现代物理学非常重大的发现，也是各大宗教和灵性之道的主要原则。在这样的实相当中，我们每个人都和整个宇宙紧密相连。

✓ ■ 在宇宙中没有局外人：如果所有事物都彼此相连，那么逻辑推演出来的结果就是，宇宙是一个有很多部分组成的整体。因此即使我们觉得自己像是局外人，有时也被当成局外人，但事实上没有局外人，也没有圈内人。

✓ ■ 即使没有体验到相连的感觉，实际上我们还是相连的：地板和通往外界的大门相连，大门和阳台或人行道相连，人行道和街道相连，街道通往很多地方。如果我们闭上眼睛，不去体验面前的事物，难道就代表一切都从宇宙当中消失不见，不再与我们产生关联了吗？当我们睁开眼睛时，就会看到一切仍在原位。

■ 遇到麻烦时，我们很容易感到自己孤立、孤单、缺乏联结。如果没有体验过被爱或被别人珍惜的感觉，就很难体验到自己与他人的联结，特别是别人并没有和我们产生联结时更是如此。我们会失去现实感，没有意识到自己其实是和整个宇宙紧密相连的。

■ 缺乏联结、身为局外人或格格不入，是非常痛苦的体验。在这里常见的情绪是恐惧和羞耻。我们无法用意志力来改变这样的体验，试图压抑也无效。在这里，正念的练习，特别是对于当下情绪和当下想法的正念会非常有帮助。

■ 缺乏联结感，可能也是因为认为只有在人生顺心如意时，才能感到满足喜悦。此时，练习全然接纳和我愿意（痛苦忍受技能）会非常有帮助。

■ 我们所有人在某些时候都会觉得孤单、缺乏联结，然而有些人却几乎总是感到缺乏联结，觉得自己像是局外人或很孤独。他们大多数时候可能都是孤立的，而且被当成外来者。别人可能已经成为某人的生命伴侣或是最好的朋友，但是没有人选择他们扮演这样的角色。他们也可能没有家人或朋友可以来爱他们或珍惜他们，因此他们所感受到的也就符合每天体验的事实，而这些事实不应该被否认或将其轻描淡写。尽管如此，事实上所有人都还是相连的，在宇宙当中，没有人是局外人或孤单一人。

■ 有些人虽然独自生活或是局外人，但却感到相当满足。（当然这些人其实并不孤单，也不是局外人。）他们之所以有满足感，更有可能是因为别人并不觉得他们这样不够好或是无法接受，而且他们自己也不这么认为。

■ 缺乏联结的感觉，可能是因为对于当下时刻没有足够的觉察：有些时候，人们虽然紧密相连，却没有体验或看到这样的状况。这可能是因为他们太忙以至于没有去注意（也就是"没有花时间去闻闻花香，享受人生"）。

■ 某些人可能需要花更多工夫，才能找到联结感并培养融入感。告诉成员："在宇宙当中你不是局外人，并不代表在你所处的社群之中，或是对于你想加入的那个社群，你就不是局外人。你在宇宙当中可能不是孤单的，但可能在家里是孤单一人。宇宙在整体上是爱你、珍惜你的，但可能没有人够爱你、够珍惜你到会打电话给你，或是想跟你一起生活。"

■ 缺乏联结感，可能是因为对于联结、爱或融入有着非常狭隘的概念。这在以下状况中很常见，比如由一个人制定规则，规定在某些条件下才算是有联结、被爱或被融入。

举例：某人可能被一个健忘的人深爱，对方忘记他的生日时，就会觉得对方不爱自己。

举例：某人可能被一个和自己的品位很不一样的另一半深爱。如果这个人并不喜欢另一半送的礼物，就会觉得自己不被理解，或是对方不爱他。

举例：某人对于朋友应该如何表达友谊可能有一些期望，例如，期望朋友永远会去机场接机，或是永无止境地借钱给自己。如果没有发生这些事情，这个人可能就觉得对方不够朋友。

✓ 💬 **讨论重点：**询问成员，对于缺乏联结、身为局外人、孤单或格格不入等，他们有什么感觉？询问每个人，上述体验是否会引发羞耻、恐惧或其他情绪？然后再询问成员，对他们来说缺乏联结感的主要来源是以下哪一个：（1）曾经受到评判；（2）长时间孤单一人、被排斥，或是受到漠视的生活经历；（3）没有觉察到当下的联结；和/或（4）其他相关经历。

> **带领者笔记：** 有一点极为重要，那就是帮助成员发展值得被爱的感觉、与生俱来的融入感和联结感。在此目标是要将他们之前身为局外人的体验转换为圈内人的体验。虽然很多人都被自己的家人或社群当作外人，但没有人是真的外人，因为我们本来就是"一体"的，也没有所谓的局外人和圈内人。

另外有一点也很重要，那就是将成员的灵性或宗教信仰联结到我们和宇宙相连的观念中。以下名言佳句可能会有帮助。

很多作家写过我们和整个宇宙的紧密联结，以下只是其中的一些例子：

英国诗人拜伦写道："山水苍天，岂非吾身灵魂之一隅？吾心吾命，岂非山水苍天之一隅？"

美国小说家亨利·米勒写道："我们其实没有发明任何东西，而只是借用创造、发现来揭晓而已。诚如神秘主义者所言，所有一切皆已俱足，我们只需睁开双眼、敞开心胸，和万物合而为一。"

女性及灵性作家莎琳·斯普瑞特奈克写道："当我们通过理性和非常直接的方式体验到分离——即所有人之间与天人之间的界限都是幻象时，生命无比神圣。现实是合一的。我们体验到的静止也只是幻象，现实是在知觉的各个层面上持续地流动和变动，从微小至宏观。"

✓ D.增长智慧

当我们处于智慧心念的状态，就能够得到内在的智慧。长期练习正念可以增长智慧，并能采取有智慧的行动。

1. 智慧是实用的

智慧是实用的，也就是说，智慧对于人生和幸福都很有益处。智慧心念是获得判断力和善巧方便的途径。判断力就是能够想到每个当下真正的需要，善巧方便则是去做需要做的事。

2. 有智慧的人是平衡的

智慧心念练习的一个标志就是培养一种合一的感觉。在智慧心念的沉静状态下，我们可以找到和谐、平衡，以及对极端情绪的平复。

3. 智慧心念既跟心有关也跟脑有关

在智慧心念的状态中，有心的智慧，也有脑的智慧。也就是在智慧心念当中，我们能够进入直觉性认知，增强敏感性以及"读心"的能力。在智慧心念当中，除了良好的判断力和对现有知识的运用（如前所述），我们对事物的了解也更有深度。

✓ E.体验自由

正念练习让我们能够从自己的欲望、嗜好及强烈情绪中解脱出来。

1. 自由是一种能力：想要得到自己所没有的，但即使没有这些也能过上值得过的人生

我们需要的能力是：即使过去悲惨、伤痛，或当下并非我们想要，却还是能够拥有解脱与自由的感觉。这个概念不是去压抑感觉、希望和愿望，而是与它们像朋友一样相处。

2. 自由的反面就是不计代价地想要停止痛苦

生命中绝大多数时候都需要我们去应对一些让人痛苦却无法立即解决的状况。虽然我们很容易想要通过正面思考、忽视或压抑来摆脱这些痛苦，但事实上这些策略通常都不管用。我们之所以运用这些策略，常常是基于以为自己无法忍受痛苦的想法，感到万不得已，必须采取行动来停止痛苦。时时刻刻想要逃避当下的冲动让我们变成奴隶。

3. 当我们处于自由的状态时，就会感到解脱，不再受限

我们有做自己的自由，改变的自由。自由就是放下绝望与限制。

✓ F.增强爱与悲悯心

最后，正念练习可以让我们对人对己都增强爱与悲悯心。悲悯心是智慧心念的一个非常重要的特征，我们无法只去讨论智慧心念或经验实相、宗教或灵性的觉醒，或是智慧开悟，而不把爱与悲悯心纳入讨论。

1. 智慧心念就是放下评判的想法

告诉成员："当你更常安住于智慧心念当中，将会发现自己变得更能容忍，更能全然接纳自己和他人，也更加不会去评判、批评，或是拒绝自己和他人。"

2. 智慧心念就是爱

智慧心念的结果就是更有能力去爱——爱别人，也爱自己。

3. 智慧心念就是悲悯心

对成员说："如果能够了解到自己和宇宙是合一的，悲悯心就会更有意义。例如砍断自己的手臂，就等于砍断朋友或邻居的手臂；伤害别人，就等

于伤害自己。"

💬 **讨论重点：** 请成员分享对于以上观念的反应，并加以讨论。最后一点对于成员来说可能特别难以理解。对很多人来说，宇宙万物彼此相连是一个概念性的想法，而不是实际的体验。

十三、智慧心念——灵性观点（正念讲义7a）

> **要点：** 有关灵性的词语和概念，通常是根据每个人各自的宗教，通过各种不同的方式来表达的普世信念。重点是看到不同修行与文化当中的共通之处。同样重要的是，能够选择当中符合个人信仰与修行的练习。
>
> **正念讲义 7a：智慧心念——灵性观点（自选）。** 本讲义可依照你所教授的团体的需求，当作辅助教材，加在"正念讲义 8：用慈爱练习来增加爱与悲悯心"之后（快速过一遍），或者也可以穿插于正念的教学当中，遇到相关话题再配合使用。本讲义和正念讲义 7 类似，对于具有理性修为或宗教信仰的成员与家人，特别是如果有人因为"正念"这个名词和佛教有关而感到不安，这份讲义可能会有用。
>
> **练习单：** 本讲义没有相关的练习单。

A.智慧心念作为默观修行

广义来说，智慧心念的体验可以看作是默观的体验。默观修行和各大宗教都有关联，也和自然主义与人本主义的默观修行相关。

✓ **1. 智慧心念结合神性**

从这些观点来看，智慧心念的体验可以说是进入整体之中与神性结合的体验。"神圣"在不同传统中有不同的说法："内在的神性"（The Divine within）、上帝、大灵、雅威（Yahweh）、梵天、安拉、帕瓦蒂伽（Parvardigar）、"终极实在"（ultimate reality）、"全我全相"（the totality）、"本源"（the source）、

"本性"（essential nature）、"无我"、"空性"、"存在的内核"（the core of our being）、"存在的根基"、"真我"（our true self），以及许多其他的称呼。

2. 智慧心念体验就是灵性体验

这类体验常会以"灵性""开悟"来称呼。将智慧心念比喻为"内在之井"（见图 7.1），就像水井是经过刻意开凿而通往地下水体的，智慧心念则是有意识地去涵容这些信仰。

✓ B.智慧心念就是"回归灵性的故乡"

智慧心念也可以想成是"回家"，或是"回归我们真正的故乡"。当我们脱离智慧心念时会觉得迷惘，这种孤独感就是一种乡愁。

1. 智慧心念就是真我

智慧心念也可以说是我们真实的自己。以此观之，我们每个人都和终极实在合二为一，就如同智慧心念是灵性真正的故乡，它也是真实的自我。

2. 灵性体验的七个特征

深刻的灵性或奥妙的体验，拥有以下七个特征：

■ 经验性：包含对于实相的直接、直观的体验。

■ 合一性或非二元性：这类体验的特征是能够觉察到非二元性及不可分割性，亦即我们本身、终极实在及所有众生，彼此之间都没有距离。

■ 无法言说、无法以概念表达：所体验到的是不可捉摸与理解的，只能以比喻的方式沟通，类似所谓进入"未知之云"的境界。

■ 坚信不疑：在这类体验当中，会产生坚信不疑的感觉，全然无法否认，而且非常清楚明白。

■ 务实性：这类体验对我们的生活和幸福感都有实在的益处。

■ 整合性：这类体验在心理上是整合的，可以成就和谐的爱、慈悲、宽容、友善，并且能平息极端的情绪。

■ 智慧的：这类体验能得到智慧，促进直觉认知、"读心"的能力，以及辨识他人起心动念的能力。

✓ 3. "灵魂的黑夜"

无法进入智慧心念的体验，可以说是"灵魂的黑夜"，这也是圣十字若望在同名书中所表达的概念。"灵魂的黑夜"是一个比喻，表示极度的孤独和凄凉。

十四、练习慈爱（正念讲义8）

要点：对自己和他人感到愤怒、憎恨、敌意和恶意，会让人感到非常痛苦。练习慈爱是一种冥想的方式，通过反复读诵特定的正面词语以培养悲悯心与爱的感觉，作为否定消极的解药。

正念讲义8：用慈爱练习来增加爱与悲悯心（自选）。虽然本讲义是自选教材，在很多方面却很有用。就如这里所呈现的，慈爱是一种冥想方式，目标是增进对别人的爱与悲悯心。同样地，这个方式和人际效能模块的一些技能也可以互相配合（见人际效能讲义6）。这个技能也可以当作是相反行为，用来应对自己与他人的愤怒、憎恨和厌恶（见情绪调节讲义10）。因为慈爱需要运用一点想象，也可以当作改善当下处境的技能（见痛苦忍受讲义9）。

正念练习单6：慈爱。和成员一起讨论这份讲义。本讲义为成员提供描述两个慈爱练习的机会。提醒成员：可以在讲义背面描述其他事件。请成员勾选他们想要送出慈爱的对象，如果练习中选择将慈爱送给不止一个人，就应在练习中依照人数加以勾选。提醒成员以人为对象来做这个练习，包括他们自己，也就是想要增进或保持慈爱感的对象。接着成员应列出送出的善意祝福，同时也提醒成员：可以使用正念讲义8的脚本，也可以编写自己的版本。另外也要讲解如何为慈爱的练习评分。要注意，评分针对的是成员在练习时，做到增进爱、悲悯心与联结感，以及增进智慧、幸福感与个人认可的有效程度。

A.什么是慈爱？

✓ 1. 一种送出善意祝福的练习

对成员说："慈爱就是练习在心里将善意的祝福送给自己和别人。慈爱和为人祷告非常相似，唯一的不同是，慈爱并非为别人的幸福祷告，而是祝福对方能够得到幸福。善意的祝福可以送给自己、送给你认识与不认识的人，还有一切生命。祝福的内容可以是任何正面的结果，例如快乐、平安、健康、满足、爱。"

2. 一种古老的灵性冥想练习

慈爱是一种古老的灵性冥想练习，起源于佛教（慈心禅）的修行，却和所有灵性传统相容。本练习的目标在于增长对自己和他人的爱与悲悯心。

3. 一种观想的形式

告诉成员："慈爱也包括观想你送出祝福的对象，也就是在你的心中召唤对方的形象。"

B.为什么要慈爱？

1. 对自己与他人的恶意、憎恨和愤怒会让人筋疲力尽

强烈的负面情绪会侵蚀心灵，也会造成负面的生理影响，比如血压升高、增加患心脏病的风险。

2. 慈爱能够减少自我憎恶

憎恶自己是非常痛苦的。慈爱的重点在于减少自我憎恶。告诉成员："憎恨、愤怒和厌恶本身都是痛苦，在你将这些情绪导向自己时，会更难照

顾好自己。自我憎恶也会让你认为自己不值得遇到正面的事，不配得到安慰，甚至觉得自己没有被支持的权利。这种态度会引发抑郁，让你更觉得自己不够好、没有价值、没有能力。"

3. 恶意、憎恨和愤怒都会干扰有效的人际关系

对成员说："如果你有人际关系的困扰，就会更难与他人生活、共事和协商。慈爱可以帮助你改善这些人际关系。"

✓ ### 4. 每天练习慈爱能增进正面情绪

> **研究重点：**资料显示，每天练习慈爱可以增进正面的情绪体验（包括爱、喜悦、感恩、满足、希望、自信、兴趣、愉悦和崇敬等），减少负面情绪，也能增进社会联结感。越来越多的研究显示，这种练习可作为一种有效的心理干预。神经造影研究也显示，慈爱的练习可以活化大脑情绪处理和同理心的区域，经过一段时间之后，这些正面情绪能够增进生活满意度，减少抑郁症状。此外，每天练习慈爱也能增进自我接纳，改善人际关系。

> **带领者笔记：**目前已有初步研究指出，慈爱的冥想可能较不适合具有强烈思维反刍倾向的个人。这些人可能比较适合去做正念的呼吸练习。我的建议是：鼓励成员尝试这两种练习，让他们选择哪个练习对自己最好。

✓ ## C.怎样做到慈爱

1. 核心内容：将慈爱送给自己和他人

✓ 爱的祝福因人而异。正念讲义8提供了一个通用的版本，其他还有许多不同的版本，例如："愿我能够自在生活"（"愿约翰能够自在生活"），"愿我能够平安、受到保护"（"愿约翰能够平安、受到保护"），"愿我身心健全"（"愿众生都能身心健全"），"愿我充满喜悦"（"愿众生都

能充满喜悦"），以此类推。不过，通常每个人最多只能许下四五个愿望，因为太多愿望很难记住。

✓ 2. 选择真诚的祝福

真诚是最核心的要点。告诉成员："如果你的祝福不是发自真心的，那就变成光是嘴上念经持咒，其中的语句却没有意义。一旦语句失去意义，你就只是复述那些话，心却想着其他的事。所以重要的是，这些祝福真的对你有意义。不要只是一再重复诵读祝福，而是先简单列出有意义的祝福，之后再开始做练习。"

💬 **讨论重点：** 询问成员他们希望送给自己和他人哪些正面的祝福。

✓ 3. 从祝福自己或心爱的人开始

建议成员："从自己或心爱的人开始练习，直到你掌握了练习的方式。标准做法是先祝福自己，因为如果你不爱自己的话，就很难去爱别人。通常，接下来祝福你喜爱的人或朋友会更容易些。持续练习祝福某个人，直到你产生慈爱的感觉和／或悲悯心，然后再去祝福下一个人。之后，将祝福送给平常和你处不来或惹你生气的人也会有所益处。最后，祝福一切生命。"即使是非常简短的慈爱正念练习也已被证实能得到正面的效果；然而，如果要得到持久的改变，就需要持续地练习。

> **带领者笔记：** 提醒成员，练习时，只针对想要增进爱与悲悯心的对象即可。

4. 试着放下紧绷的状态

对成员说："试着在每一次祝福之后，放下所有紧绷的感觉。不过，即使你觉得很难放松，也不用担心，只要尽力就好。"

✓ **5. 如果分心想到其他事，只要注意到这个状况，然后轻轻回到练习即可**

告诉成员："当想法让你偏离慈爱时，只要注意到就好，接着祝福自己快乐，然后再继续练习。请记住，正念练习不是强迫自己专注，而是去注意自己的心受到想法、情绪、声音或其他感觉而分心的状况，然后再轻轻将心带回来。你可以这么说：'我的心刚刚出门去散步了，现在我想要回到慈爱的家中。'放下评判、批判的想法，放下完美主义。"

> **带领者笔记：**请注意，以上指示和之前正念观察练习的指示几乎完全相同。

十五、善巧方便——平衡有为之心与无为之心（正念讲义9—9a）

> **要点：**智慧的生活之道要求我们平衡以下两者：（一方面）努力达到目的，同时，（另一方面）放下与达到目的相关的执着。
>
> **正念讲义 9：善巧方便——平衡有为之心与无为之心（自选）。正念讲义 9a：练习平衡有为之心与无为之心的方法（自选）。**成员如果已经读过或参与了以正念为基础的 CBT 治疗，这两份自选讲义对他们会特别有用，因为"有为之心"和"无为之心"的概念正是来自这些疗法。讲义 9 整合上述概念和智慧心念的概念，讲义 9a 则列出练习活动。这些讲义对于习惯"辛勤劳作"的人可能特别有用，对已经做过几次正念练习的人也会有用。
>
> **正念练习单 7：平衡有为之心与无为之心。**请和成员一起讨论这份练习单。本练习单几乎和"正念练习单 3：练习智慧心念"完全一样，但另外列出了讲义 9a 所提供的练习。如果你教了一个别的练习，请成员在练习单上写下练习，这样他们就能记得练习的内容。针对成员有问题的部分进行讨论。如同练习单 3，每个练习旁边都有四个方格；请成员观察自己练习的状况，如果一天当中做到了表格中所提到的练习，就在该练习旁边的方格内打钩。如果成员在一周当中练习超过四次，就请他们在方格旁边的空白处打钩。如果你之前没有向成员说明智慧心念练习的评分方式，可以在这里介绍。请注意评分是针对成员进入智慧心念的有效程度，而不是能否通过练习平静下来或让自己感觉好一点。同时也请注意：练习单最下方会请成员列出他们在本周做过哪些符合智慧心念的事。

> 正念练习单 7a：有为之心与无为之心的正念记录日历。正念练习单 8：正面活动的正念记录日历。正念练习单 9：非正面活动的正念记录日历。以上各练习单都是日历的形式，让成员记录每天的正念练习。请和成员讨论你打算发给他们的练习单。每份练习单都要成员临在当下，并在练习正念及记录练习状况时，注意自己的感觉、情绪、感受和想法。这些日历的重点在于：在疲惫状态下（7a），正面活动（8）和非正面活动中（9），都能实践正念。

✓ A.善巧方便

每个人都能拥有善巧方便。"善巧方便"是禅学的名词，指的是任何有助于经验实相的有效方法；在 DBT 当中，则是指完全进入智慧心念。

✓ B.有为之心与无为之心

"有为之心"和"无为之心"都是一种心的状态，在极端的状态下，会妨碍善巧方便和智慧心念。有为之心专注于达到目的，无为之心专注于体验本身。两者之间的极端性，和理性心念与情绪心念的对比很类似。

✓ C.同时需要有为之心和无为之心

如果没有同时兼具有为之心和无为之心，想要过平衡的生活，即使不是完全不可能，也会很困难。一旦我们失去平衡，活在其中一个极端，就会开始用极端的观点看待现实。我们会产生偏见，而且很难真正经验实相。

> **带领者笔记：** 有为之心和无为之心的概念，来自正念相关的治疗手册。对于经历多次抑郁症发作的技能训练成员来说，为他们提供正念认知疗法的相关信息可能会有用，此疗法已经证实能治疗抑郁症，也是自助书籍的基础。对于有成瘾问题的人，正念防复发疗法可能会有帮助；而对于有慢性身体疼痛的人，正念减压疗法可能会有价值。

✓ D.有为之心

✓ 1. 有为之心专注于达到目的和去做需要做的事

对成员说："当你处于有为之心时，这和理性心念很类似，因为你会将想法当作世界的现实。你会将现在的处境和未来想要变成的样子加以比较。会把自己的行为，或是别人现在和过去的行为，拿来和你希望的状况加以比较。在极端情况下，有为之心是无情的、以任务为导向的，野心勃勃想要登上巅峰。在这个极端当中，有为之心是驱策之心。"

有为之心在完成工作、达到目的、拟订计划，以及评量我们是否活出自我价值时，都是必要的。处理收到的信息，并将信息用来帮助自己达成即时的和长期的目标，这些显然也很重要。

✓ 2. 有为之心太少，会干扰我们达到重要目标

缺乏有为之心可能具有破坏性，尤其是对那些在清醒时都在恍神、睡觉、享乐或提不起劲而忽视真正需求的人更是如此。很多人为了让自己振作起来，会去嗑药，比如可卡因、安非他命、高剂量咖啡因都被很多人用于产生"人工的"有为之心的状态。

✓ 💬 **讨论重点：** 请成员举出自己处于有为之心的体验。询问有多少人一直觉得需要去做某些事情；在自己没做事时会有罪恶感；和/或多少人会用一堆活动把时间填满，不让自己无所事事。

💬 **讨论重点：** 请成员指出他们无法停止的成瘾行为，也就是他们花太多时间计划去做却做不到的事。

💬 **讨论重点：** 询问成员曾经用过哪些人工方式制造有为之心？在他们需要的时候，有哪些方式可以帮助他们自然产生短期的有为之心？

3. 过多的有为之心可能变成自动存在的模式

我们花太多时间在有为之心上时，便会开始用"自动驾驶"的方式来生活，依照惯性采取行动，却没有注意到情况或背景已经改变了，还需要其他东西。这很容易造成大大小小的失误。

■ 当我们对"做事"上瘾时，就出现了问题。工作狂就是受困于有为之心，他们超量工作，受困于一直在做事情。他们感到非常强烈的驱动力，总是投入于富有成效的工作，令人感叹的是，他们并不喜欢工作，因此我们可以称他们为"做事狂"。完美主义者也受困于有为之心。

■ 成瘾的人也是受困于有为之心。成瘾行为具有强迫性，以至于即使这些人虽然处于当下（忘记成瘾行为所导致的长期伤害），对当下的觉察却非常狭隘，只专注在成瘾行为。他们也没有觉察到更广大的宇宙、所爱的人、爱他们的人，还有他们遗忘的责任与承诺。

✓ ■ 在有为之心中，我们看不见当下的价值，因为我们看到的过去与现在，是用来衡量自己和未来目标之间的距离。我们沉溺于活动之中，看不到周遭发生的一切，就比如工作狂永远都不会停下来享受人生。

✓ E. 无为之心

1. 无为之心是"初心"

✓ 对成员说："在无为之心的状态中，你会敞开心胸，好奇自己所在的当下。你会将想法看作内心的感觉，升起落下、来来去去。你会用开阔的胸怀，关注每一刻即时的体验，接纳每个当下本来的面貌，也不再评价过去和现在，因为一切都'只在当下'。在极端状态中，无为之心着重每一刻即时的体验，不去思考目标，或是当下行动或不行动所产生的结果。"

2. 无为之心不足会干扰全然的生活

✓ ■ 无为之心是"无为、无往"的心态。告诉成员："无事可做、无处可去时，就是无为之心的境界。无为之心是通往宽广之心的道路，也通往觉察宇宙或与整个宇宙的联结的途径——是我的脚所碰触到的地板，也是宇宙中最远的星辰。无为之心就像是在温暖晴朗的日子里，躺在草地上，手枕着头，身上涂着防晒霜，只去感受天际所洒下的温暖阳光。也像是在凉爽的夏夜，躺在地上仰望星空。无为之心是坐看云起的心境；或者只是注意到手臂碰触的感觉；抑或是某个你认识的人脸上的浅笑。"

✓ ■ 无为之心就是临在个人的生命。许多人在某些时候会发现，他们错过了生命中很多事情，这样的体悟往往非常令人伤心。这就像是花园里种满了美丽的玫瑰，你却从来不驻足嗅闻花香。先体验人生，才能欣赏人生。

■ 缺乏无为之心和缺乏有为之心一样，都具有破坏性。

通常，缺少存在感的呈现方式就是做太多事：人们会花许多清醒的时间，把自己拿来跟别人比较，或是把现阶段人生的进展拿来和理想中的人生相比。很多人受不了这样连续不断的比较，于是尝试用毒品逃避；比如鸦片制剂特别能产生人造的无为之心，让人逃避焦虑、羞愧等有为之心失控时可能产生的状态。

💬 **讨论重点：**请成员举出他们有为之心的经验，他们曾经使用过什么样的人工方式来产生有为之心？什么方式能够帮助他们在需要时自然产生有为之心？

💬 **讨论重点：**讨论这两种心态的利弊，从成员的经验中举例说明有为之心和无为之心。

✓ **3. 太多无为之心会变成放纵和自我为中心**

过度的无为之心会导致过分专注个人体验，以致牺牲别人及其需求，也不会顾及当下需要做的事。对成员说："发生这种情形时，无为之心会变得非常有破坏性，就算你需要去做某件事或到某个地方，也不想付诸行动。静坐冥想、徜徉沙滩或仰望浮云，这些都是好事，但在以下的情况中都派不上用场，比如：如果你要开车前往某处，需要查地图找路；你有每个星期的预算，需要订出计划、采买、烹饪一周的伙食；还有你需要做功课或回复邮件。"

举例："人受困于无为之心时，只会坐在躺椅上整天冥想，而没有完成任何工作。光是想着'现在、现在、现在'，会干扰你未来的计划，不管是为了你自己、所爱的人和 / 或你要负责的对象。"

F.讲解平衡有为之心与无为之心的练习

正念讲义 9a 列出几种方法，让你可以将无为之心带入有为之心的日常生活中。讲义上也有练习，需要时可以用来增进有为之心。重要的是和成员一起看这些重点。

十六、智慧心念——行中庸之道（正念讲义10）

> **要点：**"中庸之道"就是对极端融合统一。通常，处于任何极端的状态，都会让我们陷入扭曲现实的险境。
>
> **正念讲义 10：行中庸之道——整合相反的两极。**本讲义对于需要平衡生活优先顺序的成员会很有用，也和青少年技能训练的"行中庸之道"模块相通。如同先前的讲义，本讲义对于已经有过一次以上正念训练的人会很有用。然而，如果个人的治疗重心是人际关系，讲义 10 因其独立于其他正念讲义之外，所以具有其自己的重要性。

正念练习单 10：**行中庸之道达到智慧心念。**请注意本练习单列出了几个失去平衡的极端。第一个两极就是情绪心念与理性心念。即使从未讲解过讲义 10，也可以使用这份练习单；你也可以简单要求成员只做第一个两极练习，或是简短描述每一个极端的意义，而不需讲述太多的细节。

正念练习单 10a：**中庸之道的分析。**讲解每个步骤的要求。步骤一：请成员仔细思考，在三个两极当中，他们是否有失衡的情况。如果没有失去平衡，就请他们在中间画一个叉，或者在最常出现的状态旁画上一个叉。步骤二：提醒成员在描述自己做过头（比如过于极端）或做得不够的事情时，必须非常具体。如果你还没教过正念的"描述"技能，在这里会需要很多指导和讲解。步骤三：这一步非常重要，因为对某人来说是失去平衡，对另一个人可能并不尽然。提醒成员，失去平衡指的是生活方式让他们离开自我的中心和智慧心念。步骤四：请确认成员知道如何具体承诺下个星期要改变的事，提醒他们写下的内容要实际。另外也请讲解如何为练习评分。

正念练习单 10b：**行中庸之道的记录日历。**本练习单让成员有机会使用不同于练习单 10 的方式来记录每天的练习，也可以和练习单 10a 一起使用。

✓ A.智慧心念：在极端之间采取中庸之道

在智慧心念的状态下，我们将"两者择一"的想法换成"两者皆然"，致力于整合极端。以下都是智慧心念。

✓ 1. 整合理性心念和情绪心念

如果人只用事实和理智处世，就会忽略别人的价值和感受；基本上，这种人在做决定时会缺少同理心。就像有人坚持要走高速公路最短的捷径，因为这样最有效率，而漠视别人想要欣赏风景的愿望，就因为那样没有效率。受到情绪主宰的人，则极度依赖心情，以当下的心情为准则。这样的人会因为对车上其他人生气，或是没心情以礼待人，而拒绝选择行驶风景路线。

✓ 2. 整合有为之心与无为之心

中庸之道就是结合作为与存在，这里的关键是带着觉察去做需要做的事。善巧方便就是采取需要的行动来达到有效的目的，同时全心体验当下每一刻的独特性。

早在数千年前，不同的文化就已经有文字表述有为与无为之间的中庸之道。例如，公元前 2400 年，埃及圣贤普塔霍特普写道："人如果整天只想着算账，就不会有开心的时候；然而人如果整天光顾着开心享乐，就会没钱筑屋安居。弓箭手射中目标，舵手安然到岸，都需要不同的目标。能够顺从自己的心，才能够真正发号施令。"

这段话也和一句英文谚语很类似："只工作不玩耍，聪明孩子也会变傻。"（All work and no play makes Jack a dull boy.）有些作者为这句谚语加上后半部分："只工作不玩耍，聪明孩子也会变傻；不工作只玩耍，孩子就永远长不大。"（All play and no work makes Jack a mere boy.）

✓ 3. 整合想要改变的强烈渴望和全然接纳当下

中庸之道也包含全然接纳当下，同时不去压抑渴望其他事物的强烈愿望。由此观之，中庸之道是热情地全心投入，努力达到目的，同时也要放下必须达到目的的想法。

✓ 4. 自我否定和自我欲求相结合

我们所有人在某些时候都需要否定自己想要的东西，然而有时放纵自己却对心灵有好处。中庸之道在这里适度结合满足感、自我照顾及愉悦活动。重点是无论哪一个极端——放下自我欲求或放纵自我欲求——都会妨碍我们找到智慧心念。

> **带领者笔记：** 解释以上重点时可以在黑板上画出一个跷跷板，然后在两边写上两个极端。请见正念讲义 10 的举例。如果没有黑板，则发放讲义 10。

✓ 💬 **讨论重点：** 请成员分享他们自认为在生活中哪些方面失去平衡。请讨论这些观点。

💬 **讨论重点：** 平衡并不意味着一半一半。某个人认为自己失去平衡的状况，换作别人可能就不算是失去平衡。就像之前提到的：失去平衡指的是生活方式让人脱离自我的中心和智慧心念。请成员说出在哪些时候觉得自己失去平衡，别人却不这么认为？他们感觉如何？

B.辩证式戒瘾

与成瘾对象一起工作时（如酒瘾／毒瘾，或其他行为模式），整合极端就称作"辩证式戒瘾"。在辩证式戒瘾中，个体有策略地摇摆于"当下"百分之百完全戒瘾（如该成员停止成瘾行为）和复发处置（如该成员成瘾发作或复发）之间。

■ 个体在每一个戒瘾的当下（如戒毒瘾，或功能失调行为），身体的每一个细胞都全然承诺从上瘾行为中完全戒瘾。每一个动作的意图都是要让个人逐渐远离成瘾行为的生活，朝向不依赖成瘾而活的人生迈进。

■ 个体在每一个复发的当下，全然接纳复发这件事，专注于寻求支援，并运用所有必要的技能回到戒瘾的状态。有关辩证式戒瘾的更多信息见痛苦忍受讲义 17。

C.对正念技能的其他观点进行总结

总结已经教过的正念核心与补充技能。

第八章

人际效能技能

本模块的目标

　　DBT 技能训练里所教的人际反应模式分为三部分。第一部分的重点是，在维系关系和自尊的同时达到目的的核心人际技能。这些技能与那些在自信心和解决人际问题的课程中所教的技能非常相似。第二部分是为想要在发展和维系关系中寻求帮助的人量身定做的。它通过解决如何寻找朋友，让他们喜欢你，并进而建立维系友谊所必需的敏感性和沟通技能，以此来减少人际孤立。其中也包括如何结束互相伤害的关系。第三部分包含了中庸的技能，这与在关系中去平衡接纳与改变有关。这些技能原本是为青少年的家庭工作而发展起来的，但是它们对个人也有用，对任何希望培养更好的沟通和合作技能的团体成员也适用。

核心人际效能技能：在维系关系和自尊的同时，达到目的

　　核心的人际效能技能包括提出自己的需求、拒绝他人的需求，以及娴熟处理人际冲突的有效策略。这里所指的"有效"就是指在这些时候"做什么是有用的"。

　　一般而言，很多人都拥有合理有效的人际技能。但当把这些技能应用于具体情境中，问题就来了。讨论他人的困境时，人们也许能够描述一系列具

体有效的做法，但是他们自己深陷其中时，也许就完全不能想出或实施类似的做法。在此，一定要记住，"技能"这个词指的是："有效运用一个人的知识，并且能欣然执行或展现某种行为的能力。"因此，拥有某种技能，意味着不仅仅在行为整体（比如，说"不"）中有某个具体的反应，也意味着有能力以更可能达到预期效果的方式来回应。比如，手握长笛，吹出气流，在长笛的指孔上移动手指，并不意味着你是一个娴熟的演奏家，掌握任何技能都需要练习和反馈，常常需要反复练习很多次。

即使人们对于人际技能的知识了如指掌，但任何因素都会影响他们对那些技能的使用。例如，很多人在人际交往中会犯的错误就是过早地终止关系。这样的终止可能源于在几个技能领域中出现的困难。在痛苦忍受方面有问题，就会让人难以忍受冲突情境中出现的典型的恐惧、焦虑或沮丧情绪。在情绪调节方面有问题，就会让人很难降低愤怒、沮丧或对他人反应的恐惧。若问题解决技能匮乏，则会让人难以把潜在的关系冲突转化为积极的相处。若不能以非评判的态度关注当下（例如，正念方面有问题），会让人难以评估个人愿望和目标，或者难以评估需要做些什么来改善处境。

有技能地完成目标

核心的人际效能技能（本章的第一到第九节）教授参与者如何应用具体的人际问题解决、社交和自信技能来改善恶劣环境，以及完成他们人际交往中的目标。这个模块着重在以改变某事物为目标的情境（例如，要求某人做某事，或严肃对待某事），或者拒绝他人努力改变我们的情境（例如，说"不"）。因此，这被用在自我表达类的课程里再合适不过了，这种课程的目标是，让人们以一种能带来其他人的友善反应的方式，坚持他们自己的愿望、目标和观点。这个模块这部分所教的技能，将一个人的目标适应特定情境的可能性最大化，同时又不会损害（并且，甚至理想情况下能够提升）人际关系和 / 或这个人的自尊。教学内容分为以下几部分。

降低效能和目标认同的因素

第一到第四节涵盖了明确有助人际效能的因素，以及干扰效能的因素。有效的社交所需的特定行为模式，几乎完全依赖于在某种特定情境下个人的目标。因此分析某种情境并明确目标的能力，对有效的人际关系来说至关重要。本模块的第四节着重解决这个挑战。

目标效能：如你所愿（DEAR MAN）

第五节关注目标的效能，也就是获得我们所需的具体技能，可以总结为帮助记忆 DEAR MAN：描述情境（Describe），表达感受（Express feelings），明确态度（Assert wishes），强化对方（Reinforce），保持正念 [（stay）Mindful]，表现自信（Appear confident），以及协商妥协（Negotiate）。

关系效能：维持关系（GIVE）

第六节涵盖了关系效能，也就是维系关系的技能，可以总结为 GIVE 帮助记忆：保持温和 [（be）Gentle]，表现出兴趣 [（act）Interested]，认可他人 [Validate]，态度轻松 [（use an）Easy manner]。

自尊效能：尊重自己（FAST）

第七节描述了自尊效能的技能，也就是保持一个人的自尊，用 FAST 记忆：[（be）Fair] 公平对待，[（no）Apologies] 不过度道歉，（Stick to values）坚守价值观，[（be）Truthful] 保持真诚。

第八节对于提出要求或拒绝时如何调节强度做出指导。第九节，核心技能的最后一部分，着重于解决纷争——如何弄明白为什么人际技能有时无效。

本模块教人提出要求或说不的这部分，很容易为了给别的内容留时间，而造成所花的时间不足。然而这部分至少一半的篇幅，都应该被用在目标效能、关系和自尊技能上（第五、六、七节）。课上对这些新行为的练习和角色扮演很重要；这些活动是所有人际技能训练课程的一个重要组成部分。然而，在咨询中把新行为融入行为练习，对新手治疗师和未受行为疗法训练的治疗师来说，可能是技能训练中最困难的部分。因此，这个模块的内容可能很容易被忽略。

建立关系和结束伤害性关系的技能

这个模块的这部分技能（第十到第十三节）专门教人们如何会见新人，如何促进建立信任和友谊的互动方式，并且减少冲突发生的可能性。它也涵盖了如何结束伤害性的关系。

寻找潜在的朋友

第十一节的技能旨在推动个体积极开始寻找有可能成为他们朋友的人。这对那些在大多数时间感觉被孤立和孤独的人来说尤其重要。

对他人的正念

对他人的正念和对他人需求的敏感度，是发展和维系关系的重要部分，这些会在第十二节讲到。注意，当你讲授这些技能时，会常常提到对正念技能的描述。描述自己或他人的反应、想法或感受，与对自己或他人做出评判完全不同。这是一个重要的人际技能，因为不管是对新的关系还是现有关系，评判常常都是有害的。

如何结束关系

过久地待在伤害性的关系中，和没有关系一样，可能是有问题的。对于那些在结束关系方面有困难的人，第十三节将讲授结束的技能。这些人往往很难说不，也很难觉察自己的边界。罪魁祸首常常就是情绪功能失调：担心如果离开这段关系，自己和对方的遭遇会很惨；对于对方现在或以后可能会有的痛苦感到难以控制的哀伤；为给对方带来痛苦而过度内疚；以及连对自己都不能予以同情时还去同情对方。在这些案例中，人们常常在对冲突的回避和激烈的对抗间摇摆不定。不幸的是，选择回避而非对抗，常常是基于一个人现在的情绪状态（比如，情绪依赖），而不是基于情境的需要。人际效能的技能很难凭空发展——这些技能比其他任何种类的技能还要依赖于各方面技能的同时改善。

模块中的这部分技能，并不包括寻找爱人或终身伴侣的指导，也不包括发展亲密关系和深厚持久友谊的指导。这些技能也不指向如何享受孤独。然而，这些技能对于任何想要会见陌生人、寻找和保持恋人或伴侣关系，形成和维系持久的亲密关系，以及即使孤单一人时也对生活满意的人来说，都是必备的基本技能。

行中庸之道

正如上所说，行中庸之道的技能（第十四到第十七节）最初是为青少年和其抚养人的家庭技能训练而设计的。然而这些技能对于成年人也很重要，并且对于任何关系可能都有帮助。对于 DBT 技能训练师来说也是必不可少的。行中庸之道有三套技能：辩证、认可、行为改变策略。总体来讲，本模块的这部分技能注重人际关系的接纳和改变这两者的平衡。

辩证

辩证的技能将在第十五节讲到。正如第一章所讨论的，辩证作为一种世界观，形成了 DBT 的基础。它有三个基本特征。第一个特征强调现实的整体性，并把我们的注意力指向当下行为的更广阔的语境中，同时也会关注个体行为模式的内在相互作用。第二个特征从辩证的视角来看，现实是由内在相反的力量组成的（正命题和反命题），在两者的整合之中又会发展出一组新的

第八章 chapter 8
人际效能技能

对立力量。非黑即白、极端地思考、行为和情绪，都是失败的辩证；个体就会被困在一端，而不能走向整合。第三个特征是辩证假设现实的本质是变化。不论是个体还是环境都在经历持续变迁。本质上，所有关系都在持续地变迁和改变。

认可

尽管认可作为一种技能已被涵盖在关系效能 GIVE 技能中（见上和第六节），但是第十六节会对此进行更深入的教导，因为它对于发展和维持紧密和亲密关系都至关重要。认可与和他人清晰交流有关，因为你在关注他人、理解他人、不评判、有同理心就可以看到他人处境的事实或真相。教授认可的关键就是让成员先掌握扎实的正念基础。认可需要观察和描述的能力，并且不对观察对象做非必要的补充，而是不评判地倾听和互动。当你教授认可技能时，你也许需要回顾正念技能。这部分也包括如何从不被认可中恢复。这个技能教给成员在必要时如何有效地认可自己。关于认可的详细讨论及如何运用，请参考莱恩汉的《验证与心理疗法》。

改变行为的策略

最后，行中庸之道的技能包括了最基本的行为后果管理技能。基本观点是，对他人行为的系统且紧随其后的应用结果，可以对他人未来的行为带来巨大影响。尽管行为的传递结果是第五节所教授的核心的 DEAR MAN 技能的一部分（Reinforce 强化对方），然而本部分也会教授特定的后果管理技能——包括正强化和负强化、行为塑造、削弱、满足、惩罚。这些正是在 DBT 中所使用的技能。（见本书的第十章，也可以参考《DBT 教科书》的第十章。）

选择要讲授的材料

如前所述，下面的人际教学笔记为每个技能都提供了大量素材。在你第一次讲解具体技能时，其中的大多数都不会用到。这些笔记是为了帮助你更深入地理解每个技能，这样你就能在教学过程中回答成员问题，并纳入新的教学内容了。正如第六章和第七章那样，我在每个常用的材料旁都打了钩（∨）。如果时间紧张，我可能会跳过所有没有做重点提示标记的内容。类似的，在本手册的专属网站上（www.guilford.com/dbt-manual），我用五角星（★）标注了常用的核心讲义。

正如第七章那样，我也在本章的"研究重点"版块总结了相关研究的信息。研究最重要的价值就是，它能帮你推广正在教授的技能。

另外，正如你正教授的任何技能模块，你对所教的具体人际效能技能要具备最基本的理解，这非常重要。首先决定你准备教哪些技能，然后认真研究你选择教授的每一个技能的教学笔记、讲义和练习单。标记出你认为的重点，然后把相关内容的复印件带到课堂上。练习每个技能，确保你自己知道该如何使用。不久之后，你就能将每个技能烂熟于心。到那时，你就能发现自己喜欢的讲课重点、例子、故事，也就可以忽略我所提供的了。

最后，这个模块里的大量讲义，提供了适宜所教技能的简短单选题测验。这可以用在团体课程和讨论中，或者当作家庭作业。以下是所有测验的答案，并且每个小节最后也都会附上所用测验的解答。

单选题答案

人际效能讲义 11a：明确寻找朋友并让他们喜欢你的技能

- 答案：1A、2B、3A、4A、5A、6B、7B、8B、9B、10B、11B、12A

人际效能讲义 12a：明确对他人正念的技能

- 答案：1B、2B、3A、4A、5A、6A、7B、8B、9B、10A、11B、12B

人际效能讲义 13a ：明确如何结束关系

- 答案：1B、2B、3B、4A、5B、6B、7B、8B

人际效能讲义 16c ：找出辩证思维

- 答案：1A、2B、3B、4B、5A、6C、7B、8B

人际效能讲义 18a ：找出认可技能

- 答案：1B、2A、3A、4B、5A、6B、7B、8B

人际效能讲义 19a ：找出自我认可的地方

- 答案：1A、2B、3A、4B、5A、6B

人际效能讲义 22a ：找出有效的行为改变策略

- 答案：1B、2B、3A、4A、5B、6B、7B、8A

教学笔记

一、模块目标（人际效能讲义1）

> **要点：** 本模块的基本目标是让成员学会如何在人际互动中有效地做，从而得到自己想要的结果。这些技能教成员如何有效完成自己的目标，同时又不疏远他人或失去自尊。人际效能技能对于稳固现有关系以及寻找和建立新关系也很必要。
>
> **人际效能讲义1：人际效能技能的目标。** 这份讲义向成员介绍人际关系的目标，本模块所教授的技能会有助于达成这些目标。简要地过一遍，把技能与成员的目标联系起来，这样能激励他们带着激情来学习人际效能的技能。然后进入下个讲义。如果时间允许，让成员标记出对他们自己最重要的目标。如果有必要，以后可在本讲义上多花时间。
>
> **人际效能练习单1：使用人际效能技能的利弊（自选）。** 这份练习单帮助成员：（1）决定他们是否想用人际关系技能而不是靠权术来得到他们想要的；（2）决定是追求还是放弃他们想要的。本练习单的主要用途是传达出有效地得到他们想要的东西（也就是，完成目标）这一信息。而不是要当好人、遵从规则、让步或做他人希望自己做的事。当一个人陷入情绪旋涡不能自拔时（例如，当一个人只想要大喊大叫，或完全回避某种人际情境时），这份练习单也可以当作提升有效应对的可能性的练习。它也可以是明晰目标的教学工具。关于教授利弊的指导，见痛苦忍受模块用利弊分析做行为决策这一部分的教学笔记（第十章，第五节），如果你在课上用到了其他与本练习单相关的讲义，可以把这份练习单作为自选教材。

✓ 💬 **讨论重点：** 在回顾人际效能讲义1之前或之后，让成员核对本讲义方框内对他们来说很重要的每个目标，然后分享各自的选择。

人际效能技能的目标包括以下几点：

✓ A.有技能地与他人一起达成目标

本节这个技能是提出请求技能的一种变化形式。与以下两类情境中的人际效能有关：

1. 要求他人做事
✓ 要求他人做我们希望他做的事，这方面的技能包括提出请求、引发讨论、解决关系中的问题/修复关系，以及让他们认真地看待我们的观点。

2. 对于不想答应的要求，有效地说不
对于不想答应的要求，有效说不的技能包括，抵抗对方施加的压力，维护自己的立场或观点。

✓ 💬 **讨论重点：** 询问成员，他们在向他人提出要求或拒绝他人要求时哪个更困难。询问谁在让他人认真对待自己观点方面有困难。是否有某些人，或某些时刻，会让他们更难表达自己？什么情况下更容易呢？

💬 **讨论重点：** 与成员讨论，他们如何看待自己人际方面的技能。一些人可能在提出要求方面非常娴熟，但在拒绝方面就不是这样。然而有些人很会拒绝但不能提出任何要求。还有些人在这两方面都有所欠缺。有时，一些人能够在某些情境下运用这些技能，而在另一些情境下不能。例如，有些人可能很自然地就能拒绝陌生人，而对朋友却做不到；有些人能向朋友寻求帮助，但却不能向老板这样。引发出每个人感觉擅长和仍需改进的情境和技能。

带领者笔记： 这里的主要目标是让成员通过看清他们需要改善的生活领域，从而明白人际效能技能训练与他们自己生活的关系。请牢记在心，成员对自己在这些技能上优势和弱势的描述可能与他们的实际技能水平并不相符。一些人会说自己没有技能，但却能够在角色扮演中应用这些技能；其他人也许会说自己技能高超，但却在角色扮演中表现出明显的不足。所有类型的成员都将在建立掌控感和基于现实的自我效能感的过程中获得支持和鼓励，而这会对他们非常有益。

请敞开心扉与成员分享你自己的优势和劣势。这能通过强调我们都有可以提升技能的领域，来表明缺乏技能其实是一件非常正常的事情。以我的经验来看，一些人在很多人际场合中把技能运用得得心应手，并且会表现出好像他们不需要人际效能技能训练。然而，经过进一步讨论，尤其是多种场合情境的讨论后，会发现几乎每个人都需要一些技能训练。因此，即使对于一个技艺高超的人，也需要找出他还有哪些可以提升技能的领域。

✓ B.建立关系，加强现有关系，结束伤害性关系

关系的技能包含做以下这些事情的技能：

■ 不让伤害和问题继续增加。

■ 阻止问题发生。

■ 修复关系（或如果必要的话，结束关系）。

■ 在冲突变得失控前解决掉它。

如果对关系置之不理，会给关系带来裂痕并进一步造成极大压力。这种压力会增加情绪易感性，生活也会每况愈下。冷漠对待关系常常会导致情绪爆发，甚至当人们想要维持关系时会导致关系破裂。有能力修复关系比预防关系"撕裂"重要得多。然而，对关系漠视越久，就越难修复。被忽视的关系会逐渐变淡甚至结束。一旦一段关系结束了，再想挽回就很困难。有时，关系并没有结束，但会变得难以忍受；因此学习如何结束一段痛苦难耐且毫无希望的关系，也是一项重要的技能。

> **带领者笔记**：如果你计划教授建立关系以及结束伤害性关系的技能（本模块的第十到第十三节），那么同时要强调掌握这些技术，不仅可以寻找和建立新关系，还可以结束无望的关系。

✓ C.行中庸之道

人际效能技能的最后一部分就是"行中庸之道"（第七章补充的正念技能中的一个概念）。如果你在教授这些技能，请对成员强调以下几点：

- 保持关系需要平衡我们自己与他人的需求。
- 关系需要平衡改变与接纳，而不是放弃任意一个。

关系是相互作用的，维系关系需要我们将此谨记在心。为了让关系进展顺利，练习看清情况的全貌，找到他人眼中真理的本质很重要。尽管我们需要掌握让他人改变行为的技能，但有时也必须接纳他们的现状。

二、阻碍人际效能的因素（人际效能讲义 2—2a）

> **要点**：缺乏技能，优柔寡断，受情绪影响，重视短期目标而非长期目标，受环境影响，以及人际困惑，每个因素都会让人际效能变得困难。
>
> **人际效能讲义 2：阻碍人际效能的因素。**这份讲义可以让成员快速浏览一下。如果时间有限，可以跳过下方提供的讨论和讲授重点。当你使用人际效能技能遇到困难时，可以再回顾这份讲义。
>
> **人际效能讲义 2a：阻碍人际效能的误解（自选）。**这份讲义可被用作确认和挑战焦虑的想法及误解的练习的一部分。下面第 F 节进行了详细描述。如果时间有限，当介绍影响人际效能的因素时，跳过这份讲义，只讨论几个误解。

人际效能练习单 2 : 挑战阻碍人际效能的误解（自选）。这份练习单列出讲义 2a 上的误解，帮助来访者发展新的挑战，或用自己的语言重写团体讨论中的挑战。重点在于让来访者"拥有"一个挑战，而不是必须想起一个挑战。练习单上有很多空间供来访者书写和挑战他们自己的误解。请注意，别留太多作业，但是如果你布置了这份练习单，请确保能与来访者一起回顾它。如果必要的话，指导他们如何为情绪的强烈程度打分。（关于指导，请参见第十章的第六节。）

人际效能练习单 7 : 解决人际效能技能中的难题。如果来访者学过这个人际效能技能模块，这是他们第二次学的话，就鼓励他们使用这份练习单。它涵盖了同样的话题，与上面讲义 2 里的排列顺序相同。然而，当来访者第一次学习这个模块时，会感觉这份练习单内容太多，使用有困难。模块结束以后或这些技能重复使用以后再给，效果会更好。

人际效能讲义 9 : 疑难解答——当你的努力无效时。再次学习这个模块时使用这份讲义也许更合适。它也涵盖了讲义 2 和练习单 7 里同样的话题，以同样的顺序。

✔ 娴熟地运用人际技能是很难的。为什么人际间的互动会无效，有很多原因。

✔ A.缺乏必备技能

对成员这么说："当你缺乏技能，你就不知道该说什么或该做什么。你不知道如何表现才能实现你的人际目标。"

1. 缺乏能力与缺乏动机
在某种意义上，缺乏能力与缺乏动机是截然不同的。强调这点，即人们首先通过观察他人怎样做来学习社会行为，并进而自己练习，然后逐渐改善，直到可以获得好的结果。有时人们没有足够的机会来观察，因而没有学习这些行为，或者也许没有机会练习自己所观察到的行为。

2. 能力、观察与改善

告诉成员："掌握技术意味着你不仅拥有一项特殊的能力（比如，说不），而且你还可以做两件别的事情。"

- "你有能力观察你行为的效果，以及你对他人是怎样做的。"
- "你以后可以基于这次的反馈调整你的行为，以达到理想的效果。有效应对人际关系常常需要反复学习重要技能，这样当需要时才会变成自动的反应。任何技能，通常都需要大量练习和多次反馈才能掌握。"

练习建议： 让成员想象自己手举着长笛，想象在长笛气孔上移动手指时，嘟嘴吹气。询问成员："这意味着现在你们都能吹奏长笛了吗？"对于运动、公共演讲、解决问题，以及——最重要的——人际技能，也同样可以这么说。举一些成员已经掌握了某些技能的例子，以及进行大量练习才娴熟驾驭的例子。

> **带领者笔记：** 当我教这些时，我会首先自己做以上的练习。然后，我用下面的信息解释为什么拥有吹气和移动手指的能力，并不意味着我精于长笛演奏。

✓ B.犹豫不决

对成员这么说："即使你已具备有效应用技能的能力，也许你仍不知道或不能决定自己想要什么。犹豫不决可以通过以下几种方式阻碍你。"

- "不知道你真正想要什么可能让你很困惑，并阻碍你明晰地表达要求或拒绝。"
- "在如何平衡自己和他人的需求方面犹豫不决，可能会让你陷入矛盾，并让你很难知道可以坚持或拒绝到什么程度。"
- "在要求太多与毫无要求间摇摆不定，或在拒绝一切与完全妥协间踌躇不决，会让你陷入极端境地，使你不太可能做出有效行为。"

💬 **讨论重点：** 讨论成员在极端要求（或拒绝）与毫无要求（或妥协）间的倾向性。也讨论他们在完全索求（以纠缠、乞求、攫取或歇斯底里的方式要求）与完全自给自足（从不要求、对任何事都同意）间的倾向性；完全的自负（以不合适的方式要求，或以挑衅的方式拒绝）与完全的自卑（从不要求或拒绝）间的倾向性。请成员举例说明。

✓ C.情绪的干扰

告诉成员："情绪也许会阻碍你发挥有效的行动能力。你也许有能力使用人际技能，但是你的技能依赖于你的心境，并会受你情绪的干扰。"

■ 情绪会阻碍我们采取有技能的行动，或无法施展已知的技能。事实上，情绪可以强烈到让我们自动产生与情绪相关的行为、言语、面部和身体表达。

■ 自动情绪反应可以基于以前的条件反射，或者是相信某些误解的结果（见下面的讨论）。

■ 一个人可以在一类情境中善用技能，而在其他情境中就不是这样；或者在一种心境下可以，而另一种心境下就不行；或者在一种思维框架下可以，另一种就不行。

💬 **讨论重点：** 列举强烈的情绪影响施展有技能的行为的例子。
💬 **讨论重点：** 列举虽然掌握多种技能，但其发挥依赖当下的情绪或心境的例子。

✓ D.看重短期目标而非长期目标

有几个因素导致我们看重短期目标而非长期目标。两个主要的原因就是低痛苦忍受度和想不到后果。

1. 低痛苦忍受度

低痛苦忍受度常常让我们陷入某种情境，并想要得到一些东西，即使这并不符合我们的长期利益或长期目标、价值和自尊。

举例： 如果我们对冲突的忍受度低，我们也许会结束我们真正想要的那段关系，或当我们明知自己并不真的想向他人的愿望妥协时而做出妥协。

2. 想不到后果

有时我们不会去想我们的行为对自己和互动的他人所带来的后果。生气时，我们也许会威胁他人立马按照我们想要的方式去做；等稍后冷静下来，我们就会意识到，得到我们想要的远没有这段关系重要。

💬 **讨论重点：** 列举看重短期目标而非长期目标，之后又后悔的例子。

✓ E.环境的干扰

环境因素，包括周围的人，也许会妨碍效能。即使将技能运用得炉火纯青的人，有时也不可能有效得到他们想要的，让他人一直喜欢他们，或一直做出自己敬重的行为。

■ 当环境的力量很强大时，其他人可能会直接拒绝我们的要求，或者他们有权让我们为他做事。在这些情况下，坚守我们的权利也许会带来非常负面的结果。

- 有时，我们无法在得到我们想要的或拒绝他人的同时，让他人喜欢我们。人们也许会因感到威胁、嫉妒或羡慕，或因大量其他理由而不喜欢某人。

- 当我们面对冲突，并且完成目标又非常重要时（比如，为了我们自己或我们的孩子获取食物或医疗），我们也许不得不做出损害自尊或伤及自尊的行为。

- 知道环境是否在阻碍效能的唯一方式，就是把我们自己完全投入到有效人际的行动中。这包括提前为坚定自信做准备，以及让自己信任的人对我们的计划进行反馈，比如获得 DBT 技能指导。

💬 **讨论重点：** 一些人相信，我们之所以不能从他人那里得到自己想要的，都在于技能上的失败。他们很难看到，即使技能最娴熟的人，有时也很难突破环境的桎梏。因此，当他们不能通过人际效能技能得到自己想要的时，他们也许就会陷入绝望中，做出攻击性的反应或威胁（比如：敲诈）他人的举动。尽管提升人际交往技能应该可以增加完成目标的可能性，然而并不总是如此。引导来访者分享这样的时刻，即来访者已能熟练运用技能（或亲眼看见他人娴熟运用），但是仍不能如愿以偿的时刻。

> **带领者笔记：** 有些人对世界以及技能娴熟的人能做什么，有不现实的看法。他们并不清楚，其实人们常常不能如愿以偿。相信人们总是想要啥就有啥的观点，就排除了发展痛苦忍受技能的必要性。没有这样的技能，沮丧往往会转变为愤怒。小心这一点，尤其在讨论家庭作业时。

✓ F.人际误解

所有人都在捍卫自己的权利、表达自己的观点、拒绝他人等方面有所担心。有时，担心是源于对人际行为的误解。

告诉来访者，他们可用以下几种方式减少担心和误解：

■ 与他人进行逻辑上的争论；

■ 核对事实（见情绪调节讲义8）；

■ 练习相反行为（见情绪调节讲义10）；

■ 练习用想象的消极结果进行提前应对（见情绪调节讲义19）。

减少担忧的想法和误解是认知调整或认知疗法的做法之一。有时在让人们做他们真正想做而又害怕做的事情时很有用。对误解的挑战也可以用于尝试使用人际技能时，挑战突然出现的忧虑。

✓ 👥 **练习活动：**进行一个挑战误解的练习。如果你用人际效能讲义2a，就把它发给成员。不要介绍这份讲义，而是让成员阅读这些误解，在情绪心念时相信的条目画圈，在智慧心念时赞同的条目打钩，然后询问他们打钩或圈出的有哪些。有两种继续进行的方式：

　　　1.请成员对于他们打钩或画圈的误解，对其中一种或两种提出反驳的说法。

　　　2.使用魔鬼代言人的技能来讨论误解。在这个策略中，你先陈述一个误解，然后给出一个极端支持这个误解的陈述，然后让成员提出相反论点加以辩驳。当成员反驳那个误解时，你继续给出极端而普遍（对所有人适用）的辩词。几个回合后，你认输并同意成员的观点。（见《DBT教科书》里第七章对这个策略的进一步讨论。）对每个观点的讨论，都应该通过用超越极端的方法找到一个整合或平衡的结论。

并不是每个误解都必须在这个练习中讨论；应该让成员选择讨论哪一个。无论你用什么策略，成员的任务就是对这个误解形成自己的挑战或相反观点。邀请每个人，当他们想起这些挑战时就把它们写下来。确保每个挑战一方面在某种程度上能驳斥这个误解，另一方面至少成员本人是有点相信的。例如，一个成员也许会用"我确实值得得到我想要或需要的"来挑战这个误解"我不值得得到我想要或需要的"，但这也许对别的成员来说太过强硬（因此而拒绝）。然而，第二个成员也许会给出这个挑战"有时，对我来说得到我想要或需要的是可以的"。这些挑战性的言语可以在稍后作为自我激励的陈述，帮助成员有效行动。

> **带领者笔记：** 布置一份家庭作业，让成员完成上面练习中未完成的挑战。另一份家庭作业可以是让他们在接下来的一周里观察自己，写下他们挑战的任何其他误解。他们也应该想一想对这些误解的挑战。
>
> 为了培养挑战误解的习惯，让成员练习回顾他们自己的挑战很重要。让成员制订回顾他们挑战的计划会非常有效，比如把计划贴在冰箱上或浴室镜子上进行每日回顾。

💬 **讨论重点：** 如果你没用讲义2a，问成员是什么担心的想法、假设、信念和误解阻碍了他们寻求自己想要的或需要的，以及拒绝不想要的要求。然后对于这些误解的部分或全部，像这个练习那样，想出一些挑战。

💬 **讨论重点：** 即使不是基于误解而产生的难以控制的担忧，也会干扰效能。（比如："这个人也许会对我的要求感到很伤心"，或"我希望我的愤怒不会失控"，或"这个人也许会拒绝我的请求，然后我就得不到我想要的"。）让成员分享哪些担心会阻碍效能的发挥。

G.因素间的相互作用

对成员说："很多时候是多种因素结合在一起，让你的技能无效。例如，你知道得越少，就担心越多，感觉越糟，越不能决定该做什么，行为就会越无效，你就越担心，等等。或者你经历越多不被关照和专制的境况，就会越担心，越缺少实践技能，然后就知道得越少，感觉越糟，就更不能决定该做什么了，等等。"

三、概论——核心人际效能技能（人际效能讲义3）

> **要点：** 介绍核心的 DBT 人际效能技能。就是完成目标必备的基本表达技能、维系关系技能和提高自尊的技能。这三类技能可以用如你所愿（DEAR MAN）、维持关系（GIVE）和尊重自己（FAST）来记忆。这些技能的效能部分依赖于两个额外技能：澄清优先顺序，决定要求或拒绝态度的强度。
>
> **人际效能讲义 3：概论——巧妙地达成目标。** 这个概论讲义可以根据你的时间，让成员快速浏览或跳过。不要在浏览该讲义的时候真去讲授每个技能，除非你要跳过相关的讲义。每一个相关讲义一般都是要讲授的。
>
> **练习单：** 无。

对成员说："本模块的这部分技能，旨在教你如何有效做到，请求别人或回应别人请求的同时维持甚至提高你们的关系和你的自尊。"

✔ A.澄清优先顺序

告诉成员："澄清优先顺序是第一个也是最重要的人际技能。只有先这么做才能搞清楚（1）你真正想要什么，相比于（2）维系一段积极的关系和（3）维持你自己的自尊，这有多么重要。"

✔ B.有效目标技能：如你所愿（DEAR MAN）

对成员说："如你所愿（DEAR MAN）是 DBT 里一个帮助记忆的缩写词，这代表一套能使你有效达到目的或实现目标的技能。"

✓ C.关系效能技能: 维持关系 (GIVE)

继续对成员说:"维持关系 (GIVE),是 DBT 里的一个缩写词,代表一套能使你创造或维系一段积极关系,同时你也能尽力达到目标的技能。"

✓ D.自尊效能技能: 尊重自己 (FAST)

继续对成员说:"尊重自己 (FAST) 是 DBT 里的一个缩写词,代表一套能使你维持或提升你的自尊,同时你也能尽力实现目标的技能。"

✓ E.评估选择技能

对成员这么总结这个概论:"每种情况都不尽相同。有时奋力达到自己的目标非常重要,但有时为了他人而放弃自己的目标也同等重要。这些技能帮助你判断追求自己想要的需要多努力,以及拒绝他人需要多强硬。"

四、澄清人际情境中的目标 (人际效能讲义4)

要点: 为了有效使用人际技能,我们不得不决定这三者的相对重要性:(1)完成目标;(2)与互动对象维系关系;(3)维系尊重。我们使用的技能依赖于这三个目标的相对重要性。

人际效能讲义 4:澄清人际情境中的目标。这份讲义回顾了个人在任何人际情境中可能会有的目标和优先顺序。确保成员在继续学习前理解这份讲义,因为这是后续讲义的重要基础。一般来讲,对成员来说最难理解的就是,在每一个目标导向的人际情境中,都需要考虑这三者的先后顺序。

人际效能练习单 3:澄清人际情境中的优先顺序。与成员一起回顾这份练习单。在描述刺激性事件时,提醒他们使用正念"是什么"的描述技能 (见正念讲义 4)。这非常重要,因为当谈到人际冲突或对人际情境的恐惧时,人们常常不能注意到,他们对那种情境下发生的事件的描述,实际上只是他们的理解或假设。

✓ A.为什么要澄清目标?

为了有效地进行人际互动,知道我们真正想要什么很重要,换句话说就是,我们的目标是什么。然而,这并不容易。很多互动之所以会偏离常轨,就是因为我们不清楚自己真正想要什么。当情绪干扰我们知道自己想要什么时,互动偏离常轨也会发生。

例如:"如果你害怕提出自己的要求或拒绝他人的请求,你也许会因为太害怕而甚至不能思考你想要什么。"

举例:"羞愧和认为你不配得到你想要的,会让你觉得自己不该拥有这样的目标。"

✓ 💬 **讨论重点:** 引导成员讨论,难以明确人际互动中的真实目标的时刻。讨论这些互动是如何发展的。

✓ B.人际情境中的三个潜在目标

✓ 1. 目标效能

对成员说:"目标效能指的是在某个特定情境中实现你的目的或目标。一般来讲,这个目标是互动的首要原因。"

强调:"这里需要问自己的一个关键问题是,'我想要从这次互动中得到什么具体的结果或改变?'这就是你希望在互动结束时从他人身上得到的具体改变或结果。可能是对方要去做某件事,停止做某件事,对你许下承诺,或同意你的见解,或对你表示理解。目标要尽可能地具体,这很重要。你越清楚自己想要什么,就越容易应用有效目标技能,你就会越清楚自己是否能成功完成目标。"

✓ **举例：**

■ "以一种别人能严肃对待的方式捍卫自己的权利。"

■ "以一种他人能做你所说的方式要求他人做某事。"

■ "拒绝不想要或无理的请求，并且态度坚决。"

■ "让他人认真对待你的想法或观点。"

💬 **讨论重点：** 引导成员分享，哪些目标他们觉得很重要（捍卫权利、做出请求、拒绝请求，等等）；哪些目标是最难的，并且需要最多的技能？

✓ **2. 关系效能**

告诉成员："关系效能指的是保持或改善关系，同时尽力完成互动中的目标。"

强调："这里需要问自己的一个关键问题是，'在互动结束后，我希望对方对我有何感觉？（无论我是否得到想要的结果或改变。）'在你的最佳状态下，你会得到你想要的，并且对方可能会比以前更喜欢或尊重你。这种可能性会随着人际效能技能的使用而增加。"

比如：

■ "以这种方式行事，使他人实际也真想满足你的要求，或在你拒绝他们时对方依然感觉良好。"

■ "在眼前目标与长期关系间取得平衡。"

a. 增进关系可以是一个主要目标

对成员解释："如果互动的主要目标是让对方注意、喜欢或赞同你，或不再批评或拒绝你，那么提升关系就是你的目标，并且也应该包含在有效目标里。在那种情况下，关系效能是指选择一种方式发展、改善或维系关系，同时长远来看，也不会损害你们的关系。"

举例： "你理解他人的出发点，同时要求对方改变他对待你的方式。避免威胁、评判或攻击。"

✓ **b.总把关系当作主要目标是行不通的**

当然，很多人都高度重视维系关系、被人肯定和喜欢。一些人甚至愿意为了人际关系而牺牲自己的目标。他们误以为，如果他们牺牲自己的需要或需求，双方关系就会进展得更顺利，更得到肯定，这段关系就不会有问题。

💬 **讨论重点：** 引导成员分享当他们过于重视关系，不惜损害了自己的目标和自尊，反而破坏了关系的例子。

✓ **c.关系中破坏个人需求是行不通的**

在黑板上画一条类似图 8.1 里的时间线。时间线的左端点，表示关系的开始。然后用粉笔往右画，好像时间正在流逝，讨论如果一个人总是为了某段关系而压抑自己的需求，那么这段关系会如何发展。尽管他可以在这样的关系中勉强维持一段时间，但沮丧总会日积月累并且他不得不处理。通常如果长期感觉沮丧，未被满足的需求越来越大，不平等的感觉也很强烈，沮丧的人要么会（1）大发雷霆，然后因为对方的拒绝而有失去这段关系的风险；要么会（2）沉浸在沮丧中，独自离开这段关系。不管哪种方式，关系都会走到尽头或者处于危险境地。

💬 **讨论重点：** 让成员讨论，总是为了关系而忽略自己需求，是否在生活中是有效的方式。通常人们会给出他如何大发脾气最终破坏了关系的例子。在时间线的最末端可能会出现的行为包括暴力行为或威胁、大喊大叫、说一些伤人的话，以及尝试自杀。（其他功能失调的行为也可以作为例子。）这种行为的作用，常常是让他人认真对待自己的感受和观点，或者是为了改变他人的行为。引导成员讨论这个很重要，即大发脾气或离开关系将如何在无意间危害他们自己的目标。

d. 极端行为也许短期有效，而长期无效

对成员说："在一段关系的早期，极端且没有技能的行为也许可以让你在那个时刻得到你想要的，但是长远来看，这也会破坏关系。使用人际技能不仅可以促进关系，还能增加你获得人际和社会赞许的机会，而非相反的结果。"

💬 **讨论重点：** 一种在此时和其他很多时刻都有用的策略就是，让成员想象其他人以极端的方式对待他们，比如用暴力、威胁自杀或其他可怕的举动，或大发雷霆。问他们："这让你有什么感受？"

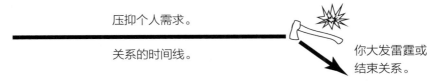

压抑个人需求。

关系的时间线。

你大发雷霆或结束关系。

图8.1 随着时间流逝，关系中压抑个人需求常常会导致关系破裂

从那个视角，我们常常发现，自己很容易就看到这些行为的功能失调本质。这里的主要目标是让成员承诺践行学习的价值，以及练习人际技能。当然，承诺常常在需要运用技能的实际情境中有所变动；虽然如此，许下承诺仍是练就人际交往技能的第一步。

> **带领者笔记：** 成员可能很难看到这一点。凭我的经验，考虑到一些人生活的环境或团体或文化氛围，他们认为极端的行为不仅有用，而且是唯一可做的。在这点上帮助他们洞察这些策略终究如何损害自我就很必要。有些人也许会混淆行为产生的后果（比如，带来麻烦或伤害）与这个人故意造成某种后果这两个不同的观点。讨论二者的区别很重要。

✓ **3. 自尊效能**

指导成员："自尊效能是当你试图达到目的时，维持或提升自尊，也就是尊重自己的价值观和信念。自尊效能意味着以适合你道德标准的方式行事，而这会给你胜任感和掌控感。"

强调："这里需要问自己的关键问题是，'在互动结束后，我想让自己有什么感觉（无论我是否获得想要的结果或改变）？'"

a. 提升自尊可以是主要目标

对成员说："如果互动的主要目标是做能提升你自尊的事情，那么提升自尊就是目标，并且应该考虑进目标效能里。当站起来并讲话这种简单的行为最重要时，也就是说，表达你想要的比真正得到你想要的更重要时，就更是如此了。（比如想要某物，拒绝，或表达观点。）"在这些情况下，自尊效能指的是你如何提升或保持你的自尊。关系效能指的是选择一种方式来提升自尊，而这无论短期还是长期，都不会在无意间伤害你的自尊。

举例：

■ "维护自己的权益。"

■ "为朋友辩护。"

■ "勇往直前或说鼓舞人心的话。"

■ "投票支持你真正相信的（即使你是少数群体，或将因投票而失去朋友）。"

✓ b.常把自尊当作主要目标是行不通的

一些人会在几乎所有的互动中，把维持自尊当作主要问题。在人际互动中总想"占上风"或拥有控制感、权威感，从不让他人胜出，无论怎样都想要证明某个观点或维护某个立场。这些都会损害长期的效能。

✓ c.违背自我道德价值长期会损害自尊

为了获得认可而在重要的事情上做出妥协，为了取悦他人或得到自己想要的而撒谎，或任何被认为是"出卖自己"或"出卖灵魂"的举动，都会逐渐损害自己的自尊。

✓ d.长期假装无助也会损害自尊

即使假装无助是一种策略——即，处心积虑让某人做某事——如果过度使用，这种策略不可避免会降低自我掌控感和自尊。

引导成员讨论，他们在关系中做出一些事降低了自尊感的时候。他们何时做出了一些提升自尊感的行为？他们还需要从哪些方面提升技能？

C.决定三类有效技能的相对重要性

1. 所有三类都必须进行考量

对成员强调：他们需要在每种情境中都考虑到这三种有效的类型，同时也要有具体的人际目的或目标。

✔ 2. 在特定情境中，每种有效技能的重要性，多多少少会有所不同

请注意，一般情况下，当追求某类有效技能会阻碍另一类更有价值的有效技能的发挥时，这类有效技能的重要性就会降低。

✔ 3. 特殊情境里行为的效能，取决于个人赋予的先后顺序

讨论以下所列举的情境、目标和优先权的例子。

举例：

情境：迪亚戈的房东不正当地扣留他的押金。

目标：要回押金（对迪亚戈来说最重要的目标）。

关系：让房东保持对自己的善意和喜欢，或者至少不让房东说自己的坏话（次要目标）。

自尊：不因太情绪化、"不择手段"、威胁房东而丧失自尊。

举例：

情境：卡拉最好的朋友要过来讨论一个问题；然而卡拉想睡觉。

目标：睡觉。

关系：与这位朋友保持良好的关系（对卡拉来说最重要）。

自尊：平衡关心朋友与关心自己（次要目标）。

举例：

情境：蒂凡尼想加薪；然而她的老板希望以与她发生性关系作为交换。

目标：加薪；不与老板发生性关系。

关系：让老板继续尊重自己并保持善意（次要目标）。

自尊：不与老板发生性关系，不违反自己的道德观（对蒂凡尼来说最重要）。

💬 **讨论重点：** 引导成员讨论他们曾做过的可能会让自己失去心爱之物的事情，比如一段关系，或为了获得一段短期的关系而丧失自尊。

例子可以包括尝试或威胁自杀或暴力，来得到他们想要的或阻止某人离开；因为对方批评自己而辱骂攻击对方；撒谎（但被揭穿）以获得某物；要求对方听从自己；通过引发他人的内疚感让他人做某事，等等。

✓ 👥 **练习活动：** 让成员想出其他情境并明确每个情境下的目标、关系和自尊三个议题。讨论每种情境下三个议题对自己来说重要性的排序。继续思考更多情境，直到成员能够掌握要点。可以使用下面的例子；不过，一定要先询问成员，在看到每个例子最后给出建议的议题，即加粗字体前，哪个议题对他们来说最重要。

举例：

情境：伊万穷困潦倒，并且透支了银行账户；现在有一大笔透支费要偿还。伊万去银行，请求银行职员取消这笔透支费。

目标：从账户上取消这笔透支费。

关系：与银行职员友善相处。

自尊：不隐瞒实情；不过度情绪化而当着工作人员的面痛哭。

在经济窘迫的情况下，达到目的或许是最重要的。

举例：

情境：托尼的一个朋友要求他一起参与一项非法活动。

目标：不做任何违法的事。

关系：与这位朋友保持良好关系。

自尊：不违背托尼的价值观。

如果参与活动会引起法律纠纷，那么达到目标也许是最重要的。

举例：

情境：莎伦的老板让她留下来加班完成一个项目。

目标：回家放松。

关系：与老板保持良好关系。

自尊：平衡自我关爱与做好工作。

如果老板并不常常提出这类要求，那么维护关系也许最重要。

举例：

情境：莎伦的老板让她留下来加班完成一个项目。

目标：下班后立即赶去参加孩子的钢琴独奏会。

关系：与老板保持良好关系。

自尊：平衡自我关爱与做好工作。

即使老板并不太常提出此类要求，而参加钢琴独奏会也许是最重要的。

举例：

情境：吉姆的妹妹让他为自己打掩护，即告诉父母她在吉姆家过夜，但其实并不是。

目标：不让妹妹惹上麻烦。

关系：与妹妹保持良好关系。

自尊：不违背不说谎的道德标准。

如果撒谎不太违背吉姆的道德观，那么目标也许是最重要的；如果突破到底线，那么自尊也许是最重要的。

举例：

情境：胡安妮塔与另一半因为政治问题陷入争论。

目标：说出自己的观点，并让对方认真对待。

关系：与另一半保持良好关系。

自尊：维护她自己的信念。

自尊也许是最重要的。

练习活动： 询问成员，他们需要在哪些情况下会要求某物或拒绝某物。与成员一起描述目标、关系和自尊问题，在不同的情境下，不同的重要性。

五、有效目标的技能——如你所愿
（人际效能讲义5—5a）

要点： 有效目标的技能帮助尽可能有效达成我们的目的或目标。DEAR MAN 这个词是帮助记忆这些技能的一种方式。

人际效能讲义 5：目标效能的准则——如你所愿（DEAR MAN）。 这份讲义描述了当一个人想要某物、拒绝某事、坚持某种立场或某种看法，或完成一些其他人际目标时使用的技能。这些技能是描述情境（Describe），表达感受（Express），明确态度（Assert），强化对方（Reinforce），保持正念 [（stay）Mindful]，表现自信（Appear confident），以及协商妥协（Negotiate）。快速教授这些技能，然后马上进行角色扮演。

人际效能讲义 5a：在困难的人际互动中使用 DEAR MAN 技能（可选）。 这份讲义举例说明如何处理这样的情况：他人也有很好的人际技能并且总是拒绝合情合理的要求，或者即使总是遭到拒绝但仍不断提出要求。这里的材料可被用在你的教学中，或当作回家阅读的材料发给成员。如果还有时间，可以当场练习所讲解的技能，或者在进阶课程里再练。

> **人际效能练习单 4：写下人际效能的脚本。** 这是为那些想要知道在练习人际技能之前，他们将做或说些什么的成员准备的一个练习单，与成员一起回顾这份练习单，提醒他们，描述诱发事件时使用正念"什么"的描述技能（正念讲义 4）。请注意，这份练习单需要成员写下他们关于目标、关系和自尊效能的具体目标。当你回顾这张练习单时，你也许想要回顾一下这些定义，以及一两个例子。对于这节 DEAR MAN 技能课，让成员在第 6 步里填完这个表格（或者按你所教的进度填写）。
>
> **人际效能练习单 5：追踪人际效能技能的使用。** 这是追踪人际效能技能使用情况的一个通用表格。就像练习 3，它也需要描述诱发事件，明确并写下人际先后顺序。它也会问到先后顺序是否存在冲突（如果没有冲突，这部分就不必填）。接下来，成员描述他们在这种情况下，实际说了什么、做了什么。表单上提供的核对线，提醒他们这些技能是什么，并且不管在练习还是书写中都会提醒成员。最后，这份练习单也会问互动进展如何。在这里，成员可以说他们是否真的达到目标，以及这段互动对这段关系和他们自己的自尊带来什么影响。

A.什么是目标效能?

对成员说："目标效能指的是在特殊情况下达到你的目的或具体目标。目标一般是互动的首要原因。这些技能其实与自信技能是同一回事。以下几种情况需要目标效能或自信心。"

- ■ "让他人做你要求他们做的事。"
- ■ "拒绝你不想答应的请求，并坚决不让步。"
- ■ "解决人际冲突或在关系中做出改变。"
- ■ "让别人尊重你的权利。"
- ■ "让你的想法或见解被认真对待。"

✓ B.如你所愿技能

告诉成员："你可以用缩写词 DEAR MAN 来记忆这些技能。这代表描述情境、表达感受、明确态度、强化对方、保持正念、表现自信、协商妥协。"

✓ 1. 描述情境

指导成员:"当有必要时,一开始先简短描述你正要做出反应的情境。只讲事实,不做评判,保持客观。"

为什么要描述? 通过回顾事实来提出你的要求可能会有用,这有很多原因。首先,要确保对方知道,是什么事件引出了我们的要求、拒绝、看法或观点。并且,坚持客观事实帮助双方达成共识,意见一致。最后,如果对方不认同情境的基本事实,这能让成员有所警觉,即这个要求可能不被接受或不会成功。

提醒成员,这里的描述就像是使用描述的正念技能。当彼此发生冲突或成员害怕对方不同意他对事件的理解时,准确描述就会变得非常困难。为了帮助成员了解如何描述观察到的事实,可以让他们思考:第三个人可能会观察到什么,或认同什么确实发生了。或者,成员可以思考:什么样的事实可以作为法庭上的呈堂证供。

举例:"我已经在这里工作两年了,但还没得到提升,即使我绩效评估的结果都很好。"

举例:"这是本周第三次你让我接你下班回家了。"

举例:"为了搞清楚我们是否有足够的钱来度假,我已经仔细核对了我们的预算和欠债。"

举例:"我两周前买了这件 T 恤,并且收据上写着我可以在 90 天内退货。店员却说这是折扣款,拒绝退货。但是,我的收据上明明写着可以退货。"

✓ 👥 练习活动:

角色扮演这些例子中的一部分,并引导团体成员就描述事件的体验进行反馈。建议成员尝试描述真正困难的人际情境(尽量简短,只讲事实就好)或他们对某人生气的时刻。当成员描述人际关系时,把自己的理解当作事件本身进行描述,那你一定要给予反馈。比如,假如某人真的已经是第三次没锁门就要走,那么成员应该只说,"这是你第三次没锁门了"，来让其留下来锁门。

带领者笔记： 练习活动在教授人际技能中是非常必要的。一旦讲完和讨论过一组材料，就立马投入演练，练习刚学到的知识。为了快速进入练习情境，举一些成员的例子，或你自己编造，或使用下面给出的一个或多个例子。可用如下方法练习所学技能：

- **快速演练。** 每人轮流简短演练某个特定技能。比如，让成员描述一个他们想要某物的问题情境。比如说"这里有好多碗要洗啊"，作为邀请他人帮助洗碗的前奏。接下来，让成员依次轮流练习，对某个情境（无论是之前练习描述的情境还是新情境都可以）表达感受或观点，同样对勇于表达（通过要求某物或直接拒绝）和强化也说出自己的感受或观点。你可以让每个人都练习同一个情境（你或者成员自己虚构的都可以），或让每个人用他或她自己生活中的某个情境。如果时间紧张，练习同一个情境更节省时间。用这种程序至少练习每个技能一次。

- **与带领者角色扮演。** 课程中，作为带领者的你可以和一个成员演练（角色扮演）一个情境。通常，当成员描述家庭作业，并且这种情境下立即试着采取不同行动可能会有用时，会采用这种方法。当成员在特殊类型的情境中想要（或需要）帮助时，也会用这种方法。

- **与其他成员角色扮演。** 成员可以在某个情境中角色扮演，与他人轮流扮演提出要求者或拒绝他人者。扮演他人的角色非常重要，因为这会让成员理解当别人对他们使用行为技能时，他们会有怎样的感受。

- **对话演练。** 如果成员就是不能进行角色扮演或拒绝这么做，那么可以用说故事的方式呈现情境。问："那么你会说什么？"等待他的回答。然后说："好的，那么对方说完，接下来你又会说什么？"

- **私下演练。** 如果成员连对话演练都拒绝，那么让他在内心角色扮演这个情境，并想象给出一个有技能的回答。这种情况下，要给成员很多提示，来引导他把注意力聚集在这上面。

不要为了讲授更多内容而牺牲演练时间。对于拥有较少行为疗法经验的咨询师来说，角色扮演常常是最困难的部分，然而，这又是非常关键的部分。（你也许可以与你的 DBT 咨询师团队，甚至与一个朋友，练习角色扮演的流程。）对于成员来说，角色扮演一开始可能也很难，但是随着经验增加，

这会越来越容易。一开始，有时你不得不拖着拽着成员进行练习。在与不情愿的角色练习者进行练习时，最重要的就是，即使他跳出角色了，你也不能这么做。仅仅持续对其做出回应，好像你真实处在正演练的情境中。这常常会帮你达到预期效果，让他回到角色扮演中。

2.表达感受

对成员说："接下来，请清楚地表达你的感受或对当下情境的想法。不要期待对方能看透你的心思或知道你的感受。比如，你可以对你的请求或拒绝给出一个简单的理由。"

为什么要表达？对成员解释："分享自己对情境的反应，会让对方更容易知道你真正想要从互动中获得什么。这会有助于对方意识到，为什么这个情境对你来说很重要，也可能会让对方对你的处境产生兴趣。有时这会让你感觉自己很脆弱，但是这有利于为对方提供重要信息。"

举例："我认为我应该加薪。"

举例："我回家这么晚，这会让我和我的家人都很难过。"

举例："我很担心我们现在的经济状况。"

举例："我认为我有权退掉这件商品，但是我很诧异你的员工竟然拒绝我退货。而且它没有任何损坏，我还有收据。"

✓ 🏃 **练习活动：** 角色扮演一些例子，并引导成员反馈，当他们听到这些感受的表达，有怎样的体验。这会帮助他们明确表达真实想法和感受的价值。

✓ 注意，描述和表达技能并不总是必要的。比如，有人可能只是叫家人去杂货店买橙汁（不用说"我们出门在外，我想喝橙汁"）。在闷热的房间里，有人可能会让他人去开窗（不必说，"房间好闷，我感觉好热"）。拒绝一个请求，有人可能只是说："不，我做不了。"然而，每个成员都应该学习和练习这每一个技能，即使不是所有技能每次都会用到。

3.明确态度

告诉成员："如你所愿的第三个技能，就是提出你的要求，或明确地拒绝。如果你不告诉别人你想要他为你做什么，不要期待他能知道。不要拐弯抹角却从没真正要求或拒绝。不要告诉他们应该做什么。而要清楚、简明、坚定地表达。狠下心来要求或拒绝。"

举例："我想要加薪，你能给我加吗？"

举例："我今晚不行，我没办法这么经常地接你回家。"

举例："我们今年没钱按原计划去度假了。"

✓ **举例：**"这件T恤可以退货吗？"

✓ **a.表达并不是勇敢要求**

很多人对于勇敢提出要求感觉很不舒服，这需要多加练习以及他人要对其是否真正提出要求给予简短反馈（人们常常混淆清楚表达与勇敢要求）。

b. 要求与命令

一些人坚信，提出要求是懦弱的表现，并且在很多情况下，不应该索要自己想要的东西，因为别人应该已经知道该做什么并且就去做了。这里有两点需要说明。

■ 首先，引导他们思考勇敢要求与态度强硬的不同。当人们命令他人做事并且不让对方对结果发表任何意见时，这就是控制，具有潜在的敌意，很可能会损害关系。如果谁想要别人用这种方式对他说话，团体成员也许可以给予一些反馈。

■ 其次，如果一个人告诉别人应该做什么（而不是请求他人去做，比如类似这样问："你愿意为我做那件事吗？"），也不问人家是否愿意做，那么互动结束时，这个人也不会知道他是否完成了目标。别人承诺、同意或接受做这件事了吗？

✓ 🧍🧍 **练习活动：** 与同伴角色扮演"命令/告知"与"请求"策略，请大家对勇敢要求的强弱程度进行评分（比如0—10分）。

✓ 🧍🧍 **练习活动：** 角色扮演一些例子，并且要求每个团体成员进行角色扮演，对坐在他身边的成员提出要求。成员围成一圈依次练习。最后，让成员讨论，勇敢要求是种怎样的体验，也讨论被别人要求的感受。如果成员以严厉或命令的方式提出要求，你也可以给他一些反馈。

4. 强化对方

对成员说："如你所愿的第四个技能，就是强化对方。也就是说，如果对方给了你想要的回应，那么他就会得到你积极的反馈或回报。这需要花时间思考对方的观点与动机，以及将你所要求的与他人想要的或需要的之间建立联结。或者，如果对方为你做事，你可以主动提出为对方做事。至少他人按你要求去做后，你要表达感激。"

这里的基本观点就是，人因为得到积极结果而被驱动（以及回避消极结果）。对成员解释："把你的要求与对方渴望的结果建立联结，就会更可能让他们同意你的要求。但是，如果别人未从答应你的要求、接受你的拒绝，或听从你的意见中获得任何回报，那么他们也许就不再用积极的方式回应你。"

举例： "如果我的薪资水平反映了我对公司的价值，我会更开心，并有可能贡献更多。"

举例： "如果你接受我不能常接你回家，我会非常感激。"

举例： "我认为，如果我们在预算内支配花销，我们都会睡得更香。"

举例： "我希望我们可以圆满解决这件事，这样我会继续买你们的东西，也会推荐朋友来。"

💬 **讨论重点：** "行为被结果控制"的理念，而不是"好"与"坏"或

"对"与"错"的概念，对一些成员来说可能非常难以理解。与成员讨论这个观点。

对成员强调，"胡萝卜"比"大棒"更有效。也就是说，受积极结果推动（胡萝卜）会比惩罚（大棒）更有效，这不仅能维持良好关系，而且也能让人在经受惩罚之后，可以真正付诸你所期待的行为。尽管识别积极结果需要更多努力，但这会非常值得。然而，当某个要求极其重要，但是既没有得到积极结果或积极结果无效时，这时用消极结果来引发动机也许就很必要。

> **带领者笔记：** 如果你准备教授强化、惩罚和削弱（见本章的第十七节和人际效能讲义 20—22）的行为改变策略，或者已经教过了，你可以先提及前面两个策略。稍后当你回顾"反复重复"与"忽视攻击"时再讲解削弱技能（见后）。

5. 保持正念

告诉成员："下一个如你所愿技能就是对情境中的目标保持正念觉察。坚守你的立场，不要被其他话题分心。这里有两个有用的技能。"

a. 唱片跳针法（反复重复）

指导成员："第一个技能，就是模仿唱片上反复在某处跳跃的指针。也就是说，一直要求，一直拒绝，或一遍遍表达你的观点。这包括再次从头使用如你所愿技能，或从其中挑选最有意义的部分。不断地重复完全相同的内容。这样做的目的是，你不必每次都想一些不同的说法。关键就是要保持柔和的声调——也就是所谓的'以柔克刚'的力量就来自于保持坚定的立场。"

每个人依次练习这个技能。这或许是最重要的有效目标技能之一了。通常成员学起来没太大困难，因为这很容易做也很容易记。

b. 忽视攻击与转移注意力

告诉成员："第二个技能是，如果他人攻击、威胁或试图改变话题，无视他们的威胁、评论或试图转移你的注意。只是继续陈述你的观点，不上当就好。"

如果成员反对你（很多人会这样），就继续说："把注意力放在攻击上，会受制于他人。当你回应攻击时，你常常就会失去目标，如果是这样，那么别人就控制了对话的方向。而且，如果你关注攻击，不管你用什么方式回应，或有了丝毫的分心，那么你就在强化对方的攻击和注意力转移，这就意味着这样的情况会更频繁地发生。如果你想要回应攻击，那是另一回事，并且可以在其他时间或讨论结束后再处理。"

举例： 这是一个受他人控制的例子——

要求者：你可以把欠我的钱还我了吗？

对方：你这个浑蛋！你明知我现在没钱，还提我欠你钱的事！

要求者：我不是浑蛋，我只是想把钱要回来。

对方：不，你就是！你之前跑去告诉我妻子我欠你钱，还说我已经欠了三个月了。

要求者：不，我没告诉她。谁跟你说的？（诸如此类。）

与成员确认，确保他们都明白这是一个跑题的例子。

💬 **讨论重点：** 一旦成员掌握了这个技能，用起来会非常有趣。就这一点，让成员进行反馈，尤其关注他们是否觉得不得不回应他人的每个批评或攻击。

带领者笔记： 一定要让所有成员练习忽略攻击和"唱片跳针法"的技能。这两个策略一起使用，就能在坚定地拒绝对方或向对方施压以遵从我们的要求方面，效果非凡。当对方言语攻击时，成员仅用"唱片跳针法"回复就好。如果你完全不做回应或"不上当"，对方就很难不停攻击或批评你。但是运用"唱片跳针法"并忽视攻击，实际比看起来要难得多。成员掌握这些技能的唯一途径，就是练习。而且，让成员两两练习就更好了，看看别人不理会自己的攻击或转移注意的策略，是怎样的体验；或者让对方不停重复他的要求、观点或拒绝，你会有怎样的感受。运用"唱片跳针法"与忽视攻击中都非常关键的一点是，你的声音要表露出不带敌意的坚定立场。

✓ 6. 表现自信

鼓励成员："用自信的声调，展现出自信的身体语言和姿势，保持合适的目光接触。这样的方式同时向你和对方传达出你很有能力，并且你的要求也值得尊重的信息。不要吞吞吐吐、小声嘀咕、盯着地板、胆小退缩，也不要说你不确定或类似的话。"

✓ 💬 **讨论重点：** 注意这个技能是"表现自信"，而不是"变得自信"。请注意，在一场困难的对话中紧张或害怕是完全合理的；然而，表现出紧张或害怕会影响效果。让成员举一些例子，即使自己很不自信，但表现得自信却是非常重要的情境。

💬 **讨论重点：** 佯装有多自信，要视情况而定。在表现出骄傲自大与妄自菲薄间要拿捏好分寸。请成员举例说明。

✓ 7. 协商妥协

对成员说："如你所愿的最后一个技能是协商妥协，也就是有舍才有得。你提出或要求另一条解决问题的途径，就是降低你的要求。虽然你的要求遭到对方坚定地拒绝，但可以提出为对方做别的事，或换种方式解决。"

继续对成员说："另一个技能是'扭转局面'——也就是说，把问题转移给对方。问对方有没有别的解决方式。"

举例： "你认为我们该做什么？我不能答应你，但你好像真的希望我能同意。那我们现在能做什么呢？怎么解决这个问题？"

💬 **讨论重点：** 当一般的要求或拒绝无效时，协商或扭转局面会很有用。协商的策略多种多样。请成员讨论他们曾经协商或扭转局面的情况。

C.在困难的互动中应用如你所愿技能

为了扭转困境，你可以把技能用在关注对方当下的行为上。参考人际效能讲义 5a 中，有效和无效例子中的以下 4 个步骤。

1. 描述当前互动

告诉成员："如果'唱片跳针法'和忽视的策略无效，就描述你和对方之间现在正处于怎样的情况，但是不要提及对方的动机。"

2. 就互动表达感受或观点

对成员说："比如，如果互动进展不顺，你可以表达自己在这种状况下不舒服的感受。"

3. 在情境中明确提出希望

说："别人拒绝你的要求时，你可以建议改个时间再谈，给对方思考的机会。别人对你纠缠不休时，你可以礼貌地请对方别再这么做。"

4. 强化对方

对成员说："当你拒绝了对方，而对方还在不停要求你，或当对方不认真对待你的意见时，建议结束对话，因为你无论如何都不会改变心意。"

练习活动：使用人际效能讲义5a，依次邀请第一个人念一段有效的陈述，第二个人念一段无效的陈述。依次进行直到每个人都有机会念一段陈述。讨论对两种陈述类型的情绪反应有何不同。

✓ **D.复习如你所愿的技能**

人际技能训练的一个重要组成部分，就是行为演练，不论在咨询中还是作为咨询间的家庭作业都非常重要。讨论使用如你所愿的技能的情境很重要。

1. 当机会出现时使用技能

对成员强调，在咨询间发生要求他人或拒绝他人的情况时，尽量使用这些技能。

2. 积极寻找练习情境

对成员说："如果日常生活中没机会练习，想象你可以练习的情境也很重要。这就是说，不要只是守株待兔地等待练习情境的出现。要积极寻找这样的机会。"如果自然情况下没有练习的机会，建议成员创造这样的机会。下面列举的假想练习情境，只是成员可以创造练习机会的例子。

💬 **讨论重点：**引导成员讨论，本周内，他们将愿意练习哪种如你所愿技能。如果成员想不出来，你可以描述下面的内容。也讨论实践如你所愿的任何反对意见。在这里要灵活适度，请记得你的行为塑造原则。（见《DBT教科书》第十章）

3. 练习的构想

■ "去图书馆寻找某本书时邀请他人帮忙。"（或者："去商店，请求售货员帮你找某件商品。"）

■ "当你正与他人交谈时，改变话题。"

■ "邀请朋友来吃晚饭（在你家或饭店）。"

- ■ "向饭店服务员询问账单问题。"

- ■ "带着旧书到二手书店，问这些书值多少钱。"

- ■ "掏 5 美元买一个不到 1 美元的东西，并让人找零。"

- ■ "让商店老板订购你想买的东西，虽然这家店并不常常进这个货。"

- ■ "请同事或同学帮忙（比如当他们泡咖啡时也为你泡一杯，看他们的笔记，或把书借给你）。"

- ■ "请你认识的人载你回家。"

- ■ "不同意某人的观点。"

- ■ "让父母、配偶、伴侣或孩子，在某方面多承担些责任。"

- ■ "请朋友帮你修东西。"

- ■ "请别人不再做打扰你的事。"

- ■ "问陌生人现在几点了。"

六、关系效能技能——维持关系
（人际效能讲义 6—6a）

要点：关系效能的目标是，当我们试图在互动中得到我们想要的东西时，维持或提升我们与他人的关系。维持关系 GIVE 这个词，是记住这些技能的一种方式。

人际效能讲义 6：关系效能的准则——维持关系（GIVE）。这份讲义描述了维持关系 GIVE 技能：保持温和 [(be) Gentle]，表现出兴趣 [(act) Interested]，认可他人 [Validate]，态度轻松 [(use an) Easy manner]。教授这些技能的理论，然后，与目标效能技能一样，进入角色扮演部分。

人际效能讲义 6a：认可的方式（自选）。这份材料列举了六种不同的认可方式。教学时用不用这份讲义都行。在稍后讨论人际效能的行中庸之道中，可以看到对这些层级更全面的描述（见本章第十六节，以及人际效能讲义 17 和 18）。

人际效能练习单 4：写下人际效能的脚本。人际效能练习单 5：追踪人际效能技能的使用。这些练习单与如你所愿技能中使用的练习单是一样的。上面第五节的开始介绍了练习单的使用方法。

✓ A.什么是人际效能？

告诉成员：“人际效能指的是在互动中改善或维持与他人的良好关系，同时尽力达成你的目标。”

✓ “当维持关系是主要目标时，人际效能就会关注于如何努力改善关系。例如，你的声音是饱含温柔和尊重，还是充满愤怒和吼叫？你是在要求他人还是命令他人？你是在倾听对方还是打断对方？”

举例：“如果每当你最好的朋友忘记你生日，你都大哭和发脾气的话，那么将来他们肯定会记住你的生日，但也许是以痛苦而非充满爱与感情的方式记住的。更有效的方式也许是，在你生日前几天，温和地提醒对方，或让他们用简单轻松的方式把你的生日记在日历上，这样他们就会记得。”

对成员强调，任何互动都需要关系效能。成员有时会坚称，在特定互动中他们对于关系并没有任何目标——比如，当与他们再也不想见的某个店员打交道时，或者与另一半关系破裂时。通常情况下，你可以通过让他们想象两种情境来驱散这样的想法。第一种情境里，完成了目标（比如，成员的另一半理解他们的这段关系结束了），但是互动本身并不是有效关系（比如，另一半虽然离开了，却希望成员去死）。第二种情境里，完成了目标，并且这次互动是有效的人际关系（比如，另一半虽然离开了，但认为成员以尊重他人的方式处理了这件事，并因此祝福了成员）。问大家：结果都是一样的，团体成员会喜欢哪种情境？关系目标显而易见，只不过这不是最重要的。

✓ B.维持关系技能

对成员说：“你可以用 GIVE 这个词记住这些技能。这个词代表保持温和 [（be）Gentle]，表现出兴趣 [（act）Interested]，认可他人 [Validate]，态度轻松 [（use an）Easy manner]。”

✓ 1. 保持温和

告诉成员："保持温和意味着态度友善尊重对方。相比于严厉斥责的人，人们通常对温和友善的人回馈更多。"明确一下，温和友善具体指四件事：不攻击，不威胁，不评判，不失礼。

a. 不攻击

一开始对成员说："如果你威胁他人，攻击他人，或直接表达愤怒，人们就不会喜欢你。"

b. 不威胁

继续对成员说："不要使用'操控性'或暗含威胁的语言。不要说'如果你……我就自杀'，要能忍受对方的拒绝。即使感觉很痛苦，也要继续和对方讨论。然后从容结束对话。"

对成员强调，攻击和威胁的效果有限："如果你用惩罚、威胁或攻击来获得你想要的东西，你在场时人们也许会按你想要的做，但你不在场时，或者你看不到或不能监视他们在做什么时，他们就不太可能如你所愿。"

举例：面对因错过航班而大吼大叫的乘客，机场的工作人员可能会彬彬有礼地对待他，但他也许暗地里不会把这位乘客优先安排到下趟航班。

带领者笔记：可能一些成员对威胁很敏感。我一般不把威胁当作敏感事项，而且会问成员，是否有人曾威胁过他人或被人说过威胁他人。这么做是为了正常化这种人际行为（威胁他人，"操控"），有人可能被人说过自己有这种行为。承认要停止这样的行为确实很困难。

通常大家会问："什么样的话会听起来像或不像威胁？"更具体地说，成员也许会问，想离开某段关系或某个处境，或因为太难而不想做某事（比如，辞职或退学），或想表达极端愿望的时候（比如，自杀、打孩子或离婚），该如何沟通别人才不会认为是威胁。这是个好问题。通常来讲，最好

的方式是在沟通时，表示你还希望在关系或工作上努力，或并不真的想自杀或离婚。

对成员说："这么做是为了让你听起来好像在为这种状况负责，即使不是你造成的，而不是要对方负责。当别人觉得你在让他们负责时，他们常常会说你在威胁或操控他们。一般来讲，如果你说你要自杀或自伤、嗑药、打孩子、重新开始抽烟或绝食，但同时又说你想要得到帮助或你知道你可以控制自己，这就不是威胁。但是，如果你说假如别人不改变他们做事的方式，你就会做这些事，那么这就是威胁。如果别人没有向你伸出援助之手，没做你想让他们做的事，没有治愈你或改善状况，那么你说或暗示你会自杀、自伤或嗑药，这也是威胁。"

另一种帮助成员分享无效欲望的方法，就是正念描述自己的冲动，而不是直接说出来。例如，"我的自杀冲动越来越强了"或"我注意到自己有强烈的酗酒冲动"，通常这样的说法听起来没有"我想自杀"或"我要去买酒"有威胁性。

✓ **c.不评判**

继续说："温和友善的第三部分就是不评判。这意味着不辱骂对方，不用'应该'，不用暗含贬低意味的声音或态度 。不引起对方的内疚。"

💬 **讨论重点：**所有技能都包含不评判的成分。因为它是如此重要，所以在这里作为一个单独的技能来强调。引导成员分享他们感觉到被他人评判的情况。尝试用角色扮演的方式帮助他们体验被评判是什么感觉。

✓ **d.不失礼**

对成员说："温和友善的最后一部分是不失礼。这意味着不嘲笑，不表达蔑视与不屑，不擅自离开。同样，再次强调，这意味着不贬低对方。"

💬 **讨论重点：**让成员分享，他们沟通时使用了非常有技能的词语，但非言语行为却流露出不尊重他人观点或请求的情况。这感觉怎样？请记住，相比于所说的言语，人们往往更关注非言语的沟通。你什么时候做过同样的事？讨论一下。

✓ 2. 表现出兴趣

对成员说："维持关系的第二个技能就是对他人感兴趣。倾听他人的见解、观点、拒绝的原因，或求你做某事的原因。不要打断或试图说服对方。不要没跟对方核实就乱猜别人的想法或意图。不要假设你猜对了别人的所思所想，尤其当你认为对方故意敌对、伤害、拒绝或漠不关心你时。如果你关心对方怎么想以及有什么动机，你可以温和地询问，并倾听对方的回答。对方可能希望稍后再讨论，你要对此敏感，要有耐心。"（注意，这是人际效能讲义 6a 里认可他人的第一层级的例子。）

a. 人们对于对自己感兴趣的人，会有良好的回应

对成员说："如果你看起来对他们感兴趣并给他们时间和空间来对你做出回应，那么人们就会对你有比较好的感觉。"

b. 技能是"表现出"感兴趣，并非"真的"感兴趣

继续说："有时你也许会想要他人对你们的交谈有积极的体验，但你实际上并不真的对他们想谈的内容感兴趣。选择倾听意味着故意选择有效完成你的目标，也就是帮助他们对你们的交谈有积极的体验。"

💬 **讨论重点：** 请成员举例说明。

✓ 👥 **练习活动：** 将成员两两分组（必要时，将一位成员与一位带领者配对）。指导成员，当你说"开始"，团体中一个人应该对同伴说话，任何话题都行，此时同伴应该有意专注倾听，时不时点头，而且大致看上去很感兴趣。几分钟后，当你说"变"，说者继续说这个话题，但是听者尽量表现出不感兴趣的样子（比如，锉指甲、到处看、阅读其他东西、翻弄自己的钱包）。几分钟后，停下然后交换角色。讨论一下，当没人听你说话时，要继续讲话或有条理地表达是多么困难。

> **带领者笔记：** 这个练习能非常有效地展示不顾及或不认可他人的消极结果。很多成员也许很想讨论这种情况在他们的生活中发生得有多频繁，或者现在还在发生。重点是，无论他们经历过什么，以其人之道还治其人之身，都是无效的做法。你也可以告诉成员，当他们感到被忽视时，可以运用有效目标的技能，让别人改变这样的行为。

💬 **讨论重点：** 对一些人来说，安静地倾听他人很容易。但对另一些人就很难。这样的成员也许思考速度快，总是先于说话者一两步想到自己要说的话，或者有冲动总想开始谈论自己感兴趣的话题。讨论一下。

3. 认可他人

对成员说："第三个维持关系的技能是认可。这意味着交流的时候，你能通过考虑对方过去或当下的情境，理解他的感受、想法和行为。"（注意，这实际上是人际效能讲义 6a 里认可的第二层级的例子。）

a. 即使不同意内容，也要认可原因

注意，我们可以认可他人为什么这样感觉、思考或行事的原因，即使并不认同他们实际思考或所做的内容。

举例： 我们可以说，"我知道，你感觉不得不冲我吼，因为如果你不这么做，你就会憋在心里，就永远得不到自己想要的。同时，我一点都不喜欢这样，我真的希望你不再怒吼，而是尝试尽量告诉我，你希望我做什么"。

✓ b.认可对方的话

继续对成员说："用语言认可对方此情此景下的感受、需要、困境和观点，不用评判性的词语、语调、面部表情或姿势。"

　　约翰尼坐在教室里，想专注地听课，却不小心把笔记本掉到地上，发出很大的噪声。坐他身边的同学默默地偷笑。老师停止讲课，说："约翰，你又来了，打扰大家上课来获得关注……我真的很讨厌你这种行为！"约翰尼感觉非常窘迫、受伤和愤怒，因为他真的很努力集中精力，并表现良好。回家后，他把这件事说给妈妈听，妈妈回答："你怎么老做这种事？再这样下去你永远考不上大学。你最好规矩点！"

💬 **讨论重点：**问成员，约翰尼的老师和妈妈这么回应他后，他们觉得约翰尼会有怎样的感受？为什么这些回应如此伤人？他们的回应少了什么？

c. 读懂并认可他人的非言语信号

对成员说："认可常常需要你读懂并解释对方的非言语信号，比如面部表情和身体语言。有很多线索可以帮你弄清楚别人对你的请求或拒绝有什么疑问。认可这些感受或问题。例如，你可以说，'我知道你很忙''我明白这对你真的非常重要''我知道这会让你有些不习惯'，或类似这样的话。"（注意，这是人际效能讲义 6a 里认可的第三层级的例子。）

继续说："另外，当对方所言极是、行为切合时宜，或者一切合情合理时，要注意并认可他人。"（注意，这是人际效能讲义 6a 里认可的第四层级的例子。）

举例："你要求对方归还之前借给他们的东西。对方提醒你他已经归还了，当你想起对方确实还了时，放下你的辩解，承认自己的错误。"

d. 行胜于言

对成员解释："用语言认可有时可能是无效的。当情境需要用行动证明但我们只用语言认可就会如此。当情境需要用行动表达认可，并且你相信他人的请求的确很正当时，用行动说话就很重要。"（注意，这是人际效能讲义 6a 里认可的第五层级的例子。）你可以给两个仅用语言认可对方但无效的例子：

举例："你之前买了一件 T 恤，正要退货，但发现没带收据。售货员让你跟着他去与主管谈。你说，'我知道我得跟主管谈'，但你没有跟着售货员走。"

✓ 举例："失火时你冲着窗外大喊，'救命，救命，这里好热'。消防员大声回答，'我知道你很热'，而没有立刻爬上去救你出来。"

✓ 👥 练习活动：请一位成员站在你身边。然后你一只脚踩在他脚上，跟成员说，当感觉疼时就跟你说。当他开口时，继续用那种力度踩在他脚上，并说，"我能看出来这会让你脚疼"。重复说几遍。然后就此讨论。

对成员强调，任何时候认可他人都能有效促进人际关系："不一定在有冲突时才能用认可技能，不一定非要提出要求或拒绝他人时才认可别人的感受、想法或行为。"

> 带领者笔记：为了更全面地了解认可，你可以参考讲义 17—18 里的相关笔记。你也可以阅读前面我所写的章节，其中详细描述了认可。

✓ 4. 态度轻松

告诉成员："维持关系的最后一个技能，就是态度轻松。这就是说，尽量轻松愉悦，带点幽默感，浅笑。让对方放松。说点好听的话。安抚对方。这就是'软推销'与'硬推销'的不同之处。可效法政客圆融处事。"

💬 讨论重点：请成员举例，他们曾经有过哪些对话，气氛紧张剑拔弩张；时间仿佛都停止了；或者感觉走近了雷区，任何一步失误都会导致爆炸。轻松的回应方式在这种情境下能帮助创造舒服的氛围，传递对话是安全的这样的信息，而且对方可以放松，不必担心太多。请讨论。

对成员强调："要让人们乐意给你你想要的东西。人们不喜欢被欺负、压迫，或感觉内疚。"尽管一些成员曾被他人说成爱操控别人，然而一个真正的操控者会让别人喜欢做出让步。DBT 的前提是，人们需要学着更善于劝导他人做自己想要他们做的事，同时，也让别人喜欢这么做。

七、自尊效能技能——尊重自己（FAST）
（人际效能讲义7）

> **要点：**自尊效能技能帮助我们维持或提升自尊，同时我们尽力在互动中获得自己想要的。尊重自己（FAST）这个词是帮助我们记忆这些技能的一种方式。
>
> **人际效能讲义 7：自尊效能的准则——尊重自己（FAST）。**这份讲义描述了尊重自己的技能：（be）Fair，公平对待；（no）Apologies 不过度道歉，Stick to values，坚守价值观；（be）Truthful 保持真诚。与如你所愿和维持关系技能一样，快速讲授，然后就进入角色扮演环节。
>
> **人际效能练习单 4：写下人际效能的脚本。人际效能练习单 5：追踪人际效能技能的使用。**这些练习单与如你所愿和维持关系技能里所用的是一样的。使用方法请参考上面第五节开头的内容。
>
> **人际效能练习单 13：自我认可与自尊（自选）。**在运用人际效能技能受挫时，以及在需要自我认可时，这也许是个不错的选择。这份练习单可以与讲义 7（见上），以及"人际效能讲义 17：认可"，一起使用。

✓ A.什么是自尊效能

对成员说："自尊效能指的是在人际互动后，以维持或提升自尊的方式采取行动。你如何设法达成目标取决于自尊效能技能。关键问题是，如何以一种在互动结束后仍然尊重自己的方式，提出你的要求或拒绝别人的请求。"

举例：对有些人来说，自己在人际互动中痛哭和 / 或极度情绪化，就会失去自尊；对另外一些人来说，自己让步并做事被动，而不是坚持己见，就会失去自尊；还有些人，他们在自己大发雷霆、尖酸刻薄或威胁他人时失去自尊。

问成员："你会拥护你团体的价值观，还是自己的价值观呢？你会为了避免自己受侮辱而态度强硬，但同时因对他人刻薄强硬反而失去自尊吗？你会撒谎还是实话实说？你表现得有能力还是没能力？"

对成员强调：任何互动中都需要自尊效能。常见的问题就是，成员要么没有考虑如何保持要么过度关注自己的自尊。我们的目标是，明确保持自尊所需的技能，同时又不忘正念"怎样做"的有效技能（参见正念讲义5）。告诉成员："为了做你认为对于保持自尊是有必要的事情，而放弃达成目标，并不一定是最好的抉择。"

✓ B.尊重自己（FAST）技能

对成员说："你可以用FAST记住这些技能。这代表公平对待［(be) Fair］；不过度道歉［(no) Apologies］，坚守价值观［Stick to values］，保持真诚［(be) Truthful］。"

✓ 1. 公平对待

告诉成员："第一个尊重自己（FAST）技能就是，在尝试获得自己想要的东西时，公平对待自己和对方。如果你总是占对方便宜，长此以往，你很难一直喜欢自己。你也许会得到你想要的，但也许会有不再尊重自己的风险。"

继续说："认可自己的感受和愿望，对他人也是如此。如果你总是让步于他人的愿望，从不坚守自己的愿望或信念，那你也很难尊重自己。"

💬 **讨论重点：**一些人总是把别人的需要置于自己之上，这会对自尊有何影响呢？与成员讨论。

✓ **2. 不过度道歉**

　　对成员说：“第二个尊重自己技能就是不要过度道歉。当然，当必须道歉时，完全没问题。但是不要因为你还活着、提出请求、发表意见，或不同意对方观点而道歉。道歉意味着你错了——犯错的是你。这样下去，会减弱你的掌控感。”

　　对成员解释，过度的道歉会伤害人际关系。有时道歉能增进人际关系，但是过度道歉，常常会让对方紧张，降低有效的人际关系和自尊。

✓ **3. 坚守价值观**

　　继续对成员说：“第三个尊重自己技能就是，坚持你自己的价值观。不要为了完成目标或让对方喜欢你，而出卖自己的价值和正直。你内心要清楚，什么是有道德或有价值的思考和行动方式，并坚守你的立场。”

💬 **讨论重点：** 处境艰难或生死攸关的时候，人们常常选择放弃自己的价值。问题就在于，很多人对这个问题有非黑即白的观点：要么为了得到肯定和喜欢，就甘心背叛一切（如放弃自己的整个“自我”）；要么认为每件事都与价值相关，把任何灵活处理的方式都视为放弃自己的操守。请成员举例。

> **带领者笔记：** 这个讨论假设成员知道自己的价值观，并且很清楚他们所信奉的是道德的还是不道德的。然而，很多人在这一点或两点上有困难。对这些人来说，回顾“情绪调节讲义 18：价值观和优先顺序清单”，可能会有帮助。

　　注意，价值可能是人际关系中需解决的问题：“他人想要你做的事与你自己的道德标准或个人价值观之间有冲突，这种现象很常见。当你向他人让步，并且做或说一些你自己都认为不好的事，要想维持自尊就很难了。坚持自己的立场可能也很难，尤其是人际关系中你与对方的价值观不同时更是如此。关系中失去自尊，时间长了可能会导致关系受损。关系受损或崩裂，有时可能是非常细微的，但最终会毁掉这段关系。"

💬 **讨论重点：** 引导成员讨论这样的情境，即一个人或团体想要他们做或说一些与他们的个人道德价值冲突的事情。讨论要坚守自己的立场有多困难。讨论让步与违背个人价值的后果。

✓ 4. 保持真诚

告诉成员："最后一个尊重自己技能就是真诚待人。不要撒谎，也不要在你能帮助别人时表现出无助，也不要夸大其词。你不诚实的模式会慢慢侵蚀你的自尊。即使一次不诚实不会造成伤害，甚至有时是必要的，但如果习惯化地用不诚实来获得自己想要的，长期下去，终将带来伤害。装可怜与建立掌控感正好相反。"

💬 **讨论重点：** 有时，诚实确实会降低人际效能。正因如此，才有了"善意的谎言"一说。任何试图说服成员诚实至上的策略，最终都会失败。与成员讨论这点。最重要的一点是，如果要说谎，也要对此保持正念觉察，而非出于习惯。

强调掌控是被动的反面。建立掌控感需要做一些困难的事情，包括接受挑战。无助是掌控感的敌人。克服障碍是拥有掌控感的一条途径。世界上大多数成功的人，遇到的困难并不比其他人少；他们只是比不成功的人更常在跌倒后爬起来而已。跌倒后爬起来就是自我掌控。跌倒其实没什么大不了的。获得掌控感的动力似乎是天生的。幼儿就是通过不断跌倒了又爬起来，才学会走路的。

> **带领者笔记：**这里掌控的概念，与情绪调节里建立掌控感的技能非常相似（见情绪调节讲义 14 和 19 ）。

💬 **讨论重点：**请成员分享他们做了某些事，从而降低了自尊感的例子。什么时候又提高了自尊感？需要提高哪方面的技能？

✓ C.平衡自尊效能与目标效能

为了平衡自尊效能与目标效能，告知成员以下观点：
- "除非你自己放弃，否则没人可以夺走你的自尊。"
- "使用如你所愿的技能，可以提升你的自尊，这通过增加你的掌控感来实现。但是如果不能有效使用如你所愿技能，就可能会失去对方对你的尊重。"
- "你也可以通过为了他人的利益而放弃自己想要的东西，来提升自尊。"
- "平衡你想要的与他人想要与需要的，也许是获得自尊的最好方式。"

✓ D.平衡自尊效能与关系效能

为了平衡自尊效能与关系效能，告知成员以下观点：
- "善用维持关系技能很可能会提高你的自尊感，因为大多数人的自尊感，多多少少取决于人际关系的质量。"
- "然而，如果你频繁地对一个虐待你或不关心你的人使用维持关系技能，久而久之，你的自尊很可能会消耗殆尽。"
- "有需要时再使用维持关系技能，需要严厉和勇敢时就把维持关系技能放到一边，也许是获得自尊的最好方式。"

✓ 八、评估你的选择——要求或拒绝的强度
（人际效能讲义8）

> **要点：** 思考是否提出要求或说出拒绝，以及要求和拒绝的强度，很重要。
>
> **人际效能讲义 8：评估你的选择——要求或拒绝的强度。** 可以让成员快速浏览这份讲义的首页。讨论"考虑因素"，以确保成员理解每一个要点。让成员举例与你给出例子都很重要。也可以用人际效能练习单 6 来教授这些技能，在复习讲义 8 里要考虑的因素之前或之后都行。
>
> **人际效能练习单 6：分钱游戏——弄清楚要求或拒绝的强度。** 让成员使用这份练习单，作为讲授这个技能的一种方式。你带着 10 个硬币到班上，并且多带些练习单，让成员当作家庭作业使用。

✓ A.要求或拒绝的强度范围

💬 **讨论重点：** 在黑板上画一条竖线，顶端写上"低强度"（标上数字1），底端写上"高强度"（标上数字10），如表8.1所示。明确低强度的行为（不要求、暗示、委婉要求、向对方的请求妥协等等），以及高强度行为（语气坚决、坚持、对抗、拒绝协商等等）。依次询问每位成员自己大约处于几分的位置，以及相应行为方式的利弊。

💬 **讨论重点（自选讲义）：** 除了讨论以上描述的内容，还可以回顾人际效能讲义8首页上的强弱等级，然后让成员在他们常常提出要求时的位置做个标记，在拒绝时的位置也做个标记。然后让成员在他们希望二者能达到的位置画"X"。就此展开讨论。

1. 人际效能随着情境和时间的改变而改变

在某种情境某种时刻有效的方法，可能在另一情境或同一情境的不同时刻就无效。

举例： "当你太累不想乘公交回家时，强迫你16岁的孩子接你回家也许是可行的，但如果你要求丈夫或妻子这么做，就不一定有用。"

举例： "你回到家，提出让妈妈做她常给你做的某道菜的要求，这在你人生的某个时间点上，可能非常容易；但是当你妈妈身患癌症卧病在床时，你再提出这样的要求，可能就会伤害你的自尊和道德感。"

向成员强调，是否适合这不是泾渭分明的黑白问题；而是，要求和拒绝都有不同的层次。要发挥人际效能，需要全盘思考提出要求或拒绝请求是否合适。比如上面这个因癌症卧病在床的妈妈的例子，与大多数人认为的相反，通常并没有是否合适的清晰界限。相反，对于要求和拒绝，倒有不同的层次。

2. 分析每种情境，来决定要求或拒绝的强弱

告诉成员："要求和拒绝可能会非常强烈而坚定，你会尝试每一个你所知的技能，来改变情境或得到你想要的结果。要求和拒绝的强度也可能非常低，这时你既不想要求也不想拒绝，或者非常灵活，愿意接受当下的状况。"

表8.1 要求或拒绝态度强弱的选项

低强度（放下，让步）

要求	拒绝
不要求，不暗示。	1.做别人都还没提出要求，但想要你做的事。
间接地暗示，接受拒绝。	2.不抱怨，乐意去做。
公开地暗示，接受拒绝。	3.即使不乐意，也去做。
委婉地要求，接受拒绝。	4.去做，但表现出你的不情愿。
优雅地要求，但接受拒绝。	5.说你虽然不愿意做，但既做就会做好。
自信地要求，接受拒绝。	6.自信地拒绝，但愿意再考虑考虑。
自信地要求，抵抗拒绝。	7.自信地拒绝，坚持不同意。
坚定地要求，抵抗拒绝。	8.坚定地拒绝，坚持不同意。
坚定地要求，坚持，协商，不断尝试。	9.坚定地拒绝，坚持，协商，不断尝试。
要求，并且不接受拒绝的回答。	10.绝对不做。

高强度（态度坚决）

✓ B.需要考虑的因素

与成员一起回顾人际效能讲义 8 里"需要考虑的因素"。

1. 能力（你自己或对方的）

鼓励成员："如果对方有你想要的东西，那么你要增加提出要求的强度。如果你没有对方想要的东西（因此无法给予或去做），那么就要增加拒绝的强度。"

2. 你的优先顺序

如果达成目标非常重要，要求或拒绝的强度就要很高。如果达成目标会影响你们的关系和／或自尊，那就应该降低强度，保护好关系和自尊很重要。对成员说："通常关系问题都是类似这样的，你也许愿意为了让对方高兴而牺牲自己的目标。如果这样，那就要降低你回应的强度。如果达成目标需要牺牲你的自尊，那么也应该降低强度。"

3. 自尊

对成员说："如果你常常依靠自己，并且谨慎避免流露无助的样子，那么你应该增加提出要求的强度。如果说出拒绝不会让你对自己感觉不好，并且如果智慧心念说应该拒绝的话，那么你也应该增加拒绝的强度。"

4. 权利

对成员说："如果法律或道德原则要求对方满足你的请求，那么你就要增加要求的强度。如果法律或道德原则不要求你来满足对方的需求（换句话说，拒绝对方不会侵犯对方的权利），那么你就要增加拒绝的强度。"

5. 权限

继续对成员说："如果你有责任指导对方或有责任告诉他该做什么，那么就要增加要求的强度。如果对方无权要求你，或者对方要求的不在他的权限内，那么你就要增加拒绝的强度。"

6. 关系

继续对成员说："如果你提出的要求适合当前的关系，那么就增加要求的强度。如果对方的要求不适合当前的关系，那么就增加拒绝的强度。"

7. 长期与短期目标

继续对成员说："如果顺从他人会带来眼下的平静但制造长期的遗患，那么请增加要求的强度。如果让步能给你带来短期的平静，但不能拥有你希望的长期关系，那么请增加拒绝的强度。"

8. 给予与索取

对成员说："如果你为对方付出的至少能够与你要求对方做的扯平，并且如果对方接受请求，你还愿意继续付出，那么请增加请求的强度。如果你不欠对方人情，或者对方常常并不与你礼尚往来，那么请增加拒绝的强度。"

9. 事前准备工作

对成员说："如果你已经知道所有必要的能支持自己要求的事实，并且目标和要求都很清晰，那么请增加要求的强度。如果对方的要求不清晰，或者你不确定你应该答应对方什么，那么请增加拒绝的强度。"

10. 时机

告诉成员："如果这是提出要求的好时机（对方正在专注地倾听你；他

很可能会答应你的要求），那么请增加要求的强度。如果这不是拒绝的坏时机，那么请增加拒绝的强度。"

在这里指出，智慧心念可以被用作决定是否提出要求或拒绝，以及态度强弱程度的一个因素。告诉成员，可以使用智慧心念来衡量上面描述的其他因素的重要性，并注意任何没包含在列表上的因素。某个因素越重要，它就越应该在最终计算强度等级的利弊中占据更大的权重。然而，在使用智慧心念做决定因素时，实际上是否处于智慧心念的状态很重要（而非情绪化的头脑）。

✓ C.明确要求或拒绝的强度：分钱游戏

练习活动： 让成员练习使用人际效能练习单6，决定是否应该提出要求或拒绝他人，以及其强度。

✓ 1.让成员列举这种情境的例子，即努力决定是否要提出要求或拒绝某人。确保使用真实而非虚构的情境。把你这次课带来的10枚硬币发给成员，带领成员做这份练习单。如果成员想要决定是否要提出要求，你就问左边的每个问题。如果成员想要决定是否拒绝他人的请求，你就问右边的每个问题。对于左边的问题，让成员对于每一个"是"的回答，放一枚硬币存入银行。对于右边的问题，让成员对于每一个"否"的回答，放一枚硬币存入银行。

✓ 2.数一下左边"是"的回答数量。然后成员应该启用智慧心念，决定是否应该增加或减少一个或更多"是"的回答。如果经过调整之后，"是"比"否"的回应更多，那么成员就应该提出要求。"是"的回答越多，要求的程度就应该更强烈。

✓ 3.数一下右边"否"的回答数量。然后成员应该启用智慧心念，决定是否应该增加或减少一个或更多"否"的回答，以及是否还有其他应该考虑的因素。如果经过调整之后，"否"比"是"的回应更多，那么成员就应该拒绝他人请求。"否"的回答越多，拒绝他人的程度就应该更强烈。

4. 询问成员其他情境，即他们难以提出要求或拒绝对方的情境。把10枚硬币放回桌上，然后按照上面的指导，与另一位成员过一遍练习单6上的问题。和其他几位成员继续做这个练习。

九、解决人际效能技能的疑难问题（人际效能讲义9）

要点： 难以达成目标，可能会有很多原因。如果我们能确认问题所在，通常就能加以解决，并更有效地得到我们想要的。

人际效能讲义9：疑难解答——当你的努力无效时。 这份讲义给出了一些问题，以诊断哪些因素降低了人际效能。人际效能讲义2上简要描述了同样的因素。最好在回顾练习单7（见下）时讲解如何解决疑难问题。

人际效能练习单7：解决人际效能技能中的难题。 让成员与你一起使用这份练习单。讲解时，让成员在练习单上标记出他们最常遇到的问题。如果你这么做，请多印几份，给他们当作家庭作业使用。

✓ 告诉成员："当你所做的无效时，你可以通过问自己人际效能讲义9和练习单7上的问题，来解决问题。"

✓ A.缺乏技能

对成员说："当你缺乏技能时，你就不知道该如何通过有效的言行来达成目标、维持关系，以及保持自尊。"

很多人只是因为没学过有效的人际所必需的人际技能，所以效果不好。这个模块讲授了这些技能，但花在每个技能上的时间有限。成员也许因错过了几节重要的技能课程，或者太害羞而没能进行角色扮演，从而效果不佳。

有效的人际需要大量练习和角色扮演。练习也需要持之以恒，克服恐惧。一些成员可能因为练习不够而没能掌握某个技能。

✓ 让成员问自己："我拥有我所需的技能吗？"回答这个问题的第一步，就是认真阅读每个技能的指导语。如果这没用，下一步就是写下脚本，然后与朋友或在镜子前进行练习。如果成员在如何使用技能，或者如何选择可能最有效的技能方面有困难，那就需要获得一些指导。

💬 **讨论重点：**请成员分享，他们认为哪些人际效能技能学得还不够，所以难以在日常生活中使用。讨论一下，他们的问题是在于一开始就没学这些技能，还是练习不够，才感觉使用时不自信。讨论可能解决这些问题的办法。

带领者笔记：这是一个好机会，让你与成员共享你也曾错误使用人际技能，但是如何加以修正就得到了更好的结果。鼓励成员和他们的个体治疗师（如果他们有这样的治疗师的话）常常回顾与练习技能很重要，以确保成员在正确使用这些技能。我们很容易假设成员已经能够正确使用技能，但这种假设常常不正确。

✓ B.目标不明确

告诉成员："在某种情境下，如果不知道自己的目标，你的技能几乎就不可能有效。如果你不知道自己想要什么，那么得到自己想要的东西基本上只能靠运气了。"

✓ 让成员问自己："我知道我想在这次互动中获得什么吗？"如果他们不确定，就应该先填写利弊练习单（人际效能练习单1）对比不同的目标；他们也可以使用情绪调节技能，包括相反行为，来减轻自己对提出要求或拒绝的恐惧和/或羞愧。

💬 **讨论重点：**请成员分享，当他们在某种情境下，对自己真正想要的产生矛盾，不能决定自己的目标，或不知道目标的优先顺序时的状况。讨论这些情境中，对冲突的恐惧或潜在的内疚或羞愧情绪所扮演的角色。

💬 **讨论重点：**请成员分享，当恐惧和羞愧阻碍他们明确自己想要的是什么的情况。在这样的情况下，如果不首先减轻焦虑和恐惧，要减少犹豫不决和矛盾纠结，可能就非常困难。类似地，一个人可能会因为提出要求而感觉羞愧，或因感觉太羞愧而不能拒绝他人。与焦虑和恐惧一样，减轻羞愧可能是明确目标时重要的第一步。讨论明确目标的方式。

✓ C.短期目标影响长期目标

对成员解释：有时，冲动地完成短期目标可能会影响我们真正想要的长期目标。当我们牺牲一段关系或自尊为代价，来达成立即的目标或减轻痛苦时就是这样。当我们一直放弃自己想要的或需要的，以在短期内回避冲突、让他人开心时，也会这样。

✓ 让成员自问："我的短期目标阻碍长期目标吗？"如果他们不确定，那就应该填另一份表格，即人际效能练习单1，对比短期与长期目标。建议他们，"直到你不再处于情绪心念时再做这个练习。尽量让自己处于智慧心念状态。"

💬 **讨论重点：**请成员分享他们哪些时候曾让短期目标阻碍了长期目标。讨论这么做对自己和对方的长期关系造成了什么后果。

✓ D.情绪妨碍发挥技能

对成员说："有时，你的情绪可能会非常强烈，让你难以进入智慧心念的状态，就更不知道该说什么做什么了。不仅说不出什么有技能的话，甚至还会说一些极端而无效的情绪化语言；或者变得沉默不语，板着脸，或转身走开，这也是无效的策略。失控的啜泣和大哭更不可能跟对方沟通你想说的话。尽管眼泪常常是一种有效的沟通方式，但有时也能变成灾难的旋涡：你哭得越厉害，你就会越痛苦；你哭得越厉害，你就越不能控制交谈中说什么以及做什么。这种情况在极度愤怒或其他极度强烈的情绪下也会发生。在这些情况下，你就像是掉进了失控的情绪大海。理性心念没机会浮出水面，来调节情绪心念的影响。你也许具备这些技能，但情绪会影响你使用这些技能。"

✓ 让成员自问："我是否因太难过而无法使用人际技能？"对他们解释："在你的技能崩溃点尝试使用复杂的技能，可能会让你非常受挫，甚至会导致你放弃这些技能。问题是，也许你太沉溺于情绪心念状态，甚至都不知道你已经触及了技能崩溃点。一个解决办法是在没处于情绪心念状态时，反复练习最重要的人际技能。然而，即使你已经练过，有时你还会因情绪太强烈而难以使用这些技能。这种情况发生时，使用危机生存和情绪调节技能来停止失控的无技能反应，并降低情绪激发的程度。"

当成员难过时，可以使用下面的技术列表：

■ 停止（STOP）技能（见痛苦忍受讲义 4），用来防止成员说出会后悔的话。

■ 相反行为（见情绪调节讲义 10），帮助他们使用他们知道该用，但不想用的技能。

■ 自我安抚技能（见痛苦忍受讲义 8），在互动前，让成员为这场互动保持足够的平静。

■ 改变身体化学状况（TIP）技能（见痛苦忍受讲义 6），以快速调节情绪。如果他们能调节好情绪，在人际互动前有一个简短的暂停，这会非常值得。如果在人际互动前一个短暂的停息能帮他们调整好情绪，这会非常值得。

■ 对当下的情绪保持正念（见情绪调节讲义 22），以对情绪保持觉察，尤其是那些会影响技能使用的情绪，然后再完全关注当下的目标。

💬 **讨论重点：** 请成员分享，哪些情绪会妨碍他们的人际关系。在白板上列出来。然后请成员分享，哪些技能既可以调节情绪，又可以帮助成员更有效地使用人际技能。

✓ E.担心、假设和误解的干扰

告诉成员："对消极结果的担心，对表达自己观点或想法的价值的假设和误解，可能会在你努力提升人际技能时带来很多麻烦。有些想法，比如相信提出要求或拒绝总是自私的行为，会让你根本不去要求你想要的东西。还有些误解会干扰关系的维护，比如相信人们应该不用问就知道你想要什么。"

✓ 让成员问自己："担心、假设和误解，阻碍我使用人际技能了吗？"然后建议他们："当你正担心和做出假设时，尝试挑战误解，核对事实。练习相反行为自始至终都是检验对所害怕的消极结果的假设和误解的好方法。在练习同时关注当前目标和对方时，这一点很重要。"

💬 **讨论重点：** 请成员分享担心、假设和误解阻碍他们使用有技能的行为的情况。将其中一些写在白板上。让成员逐一反驳这些误解，并且在白板上写下如何修正。确保所有的成员也都在他们的笔记里写下修正方法。

💬 **讨论重点：** 即使有时担心是正确的（比如，可能对方确实对你的请求或拒绝感到厌烦），这些担心还是会让成员分心，让他们在勇敢提出要求时不能完全投入当下，从而降低效能。讨论可以有哪些方法应对担心，比如赶走担心、改变想法，及（如果必要的话）担心的利弊。

✓ F.环境比技能更有力

对成员说："当你没有达成目标时，就要思索你哪些方面的技能还不娴熟。相比于你提出要求或拒绝时所拥有的强度，考虑环境的力量也很重要。

比如，公司陷入财务困境，你这时提加薪，无论你要求得多么有技巧，都会被拒绝。如果警察带着逮捕令来你家，而你拒绝被捕，你很可能会被武力制服。拒绝偿还你所欠下的债务，也许就得面对账款催收人。让固执的配偶或伴侣每晚倒垃圾，也许会遭到拒绝，并且没有任何技巧可以克服这点。"

✓ 让成员自问："是否互动中的对方强势到没必要做我要求的任何事情？他们有权利让我做他们要求的事吗？"建议他们："为保险起见，先尝试解决问题。如果目标很重要，尽量找到一个与你互动的人同样有力或更有力的同盟。如果所有其他尝试都失败了，那么就练习全然接纳不能得到你想要的东西，或者不得不做他人要求你做的事吧。"

💬 **讨论重点：** 讨论人们如何以及为何会只因在对方要求或拒绝时感到威胁，而拒绝他人请求，或拒绝接受对方的拒绝。让成员讨论对这个问题可能的解决之道。

💬 **讨论重点：** 请成员讨论这样的情境，即任何技能都无效，并且不可能有效，因为互动中的对方如此强势，而成员几乎没有任何影响力或话语权。讨论在这些情境下，练习全然接纳会是怎样的状态。

💬 **讨论重点：** 举例说明这样的情境，即成员很有影响力，但有人为了让成员做自己想要他们做的，而做了很离谱的事情。这感觉如何？

> **带领者笔记：** 为了刻意影响他人而使用离谱的行为（包括对可怕后果的威胁，比如自杀、无法面对、失去一切等等），这就叫作"操纵"。对这些行为要进行讨论，并且有时也应该讨论。然而，讨论时必须小心谨慎。请看《DBT 教科书》第一章关于这个主题的延伸讨论。

十、概论——建立人际关系以及结束伤害性的关系
（人际效能讲义10）

> **要点：** 本模块的这个部分，讲授建立人际关系与信任他人的DBT补充技能，也讲授结束伤害性、无望或不想要的关系的技能。
>
> **人际效能讲义10：概论——建立关系与结束伤害性关系。** 简要介绍这个概述性的讲义。如果你正用它来回顾已教过的技能，那就多花点时间。如果你正在讲这份讲义里的部分技能，可以考虑完全跳过整个概述。不要一边讲这份讲义，一边讲学习资料，除非你要跳过相关讲义（人际效能讲义11—13a）。
>
> **练习单：** 无。

✓ A.寻找朋友，并让他们喜欢你

建立友谊，是减轻人际孤立与孤独感的第一步。这里涵盖的，是寻找朋友建立友谊的基本原则——包括相似性吸引原则，也包括非常基本的开启与维持对话、表达喜欢、加入团体的技能。

✓ B.正念觉察他人

当我们正念觉察他人时，友谊就会更持久。这个技能包括观察和关注对方，描述所观察到的而不是对其评判，并且融入互动中。对他人正念的技能是在本模块早期所讲的关系效能技能维持关系（GIVE）的延伸。

✓ C.结束伤害性、无望或不想要的关系

有时某些关系必须得结束，如果改善关系无望，关系是虐待性的，或者影响到非常重要的人生大事时，这段关系就需要结束。这些技能关注于如何

有效结束这类关系。

十一、寻找潜在朋友的技能（人际效能讲义11—11a）

要点：寻找他人并让他人喜欢我们，常常需要积极努力。这通常不会天上掉馅饼。为了成功建立友谊，我们必须知道去哪里找以及怎么找朋友。

人际效能讲义11：寻找朋友并让他们喜欢你。这份讲义回顾了如何寻找朋友的技能，也回顾了如何有效找到他们的一些策略。

回顾每一部分，然后在继续下一部分前，对此进行讨论。这份讲义可以根据时间来选择说教的方式或互动的方式讲解。

人际效能讲义11a：明确寻找朋友并让他们喜欢你的技能（自选）。如果你没有多余的时间，可以跳过这份讲义，或者把它当作家庭作业并在下次课上讨论。正确的反应都罗列在下面的教学笔记中，在本章介绍的末尾也有。

人际效能练习单8：寻找朋友并让他们喜欢你。与成员一起回顾这份练习单。请记得提醒成员，在描述事件以及他们自己或他人的言行时，使用正念描述"是什么"的技能（见正念讲义4）。这就是成员写家庭作业时所需要的"练习正念"。这份练习单的第一部分，要求成员描述任何他们必须与他人接触、与喜欢他们的人交往、互相问答，抓住加入团体对话的任何机会。在此，让成员灵活思考和"跳出框架"非常重要。

✓ A.为什么要寻找朋友？

对成员说："寻找朋友并让他们喜欢你，是减轻孤立和孤独感的第一步。无论何时，当你搬到新地方，换了新工作，或加入新团体，这都很重要。"

💬 **讨论重点：**对一些人来说，交朋友非常简单，并且看起来毫不费力。对另一些人来说，可能需要花费许多时间和心力。有些人有很多可以一起玩的朋友；而有些人只有一两个要好的朋友。有些人认识很多人，但几乎没有好朋友；而有些人有几个好朋友，却认识的人不多。请成员分享，他们拥有哪些类型的朋友，以及他们想交哪些类型的朋友。

1. 朋友是快乐的重要元素

很多人认为，"需要"朋友和人际关系意味着情感依赖，而他们独处时也应该很快乐。这个想法挑战了我们对人类快乐的见解。尽管确实有些人独自生活也很快乐，但对世界上的大多数人来说，与他人建立亲密和支持性的关系才是我们快乐的重要源泉。

✓ 2. 所有人对某些人来说都是可爱的

你可能需要反驳很多成员所坚信的自己是不可爱的这种信念。但是我们不是要让他看到自己可爱的一面从而修正成员的这种认知。尽管这么做有时会有用，但如果他不相信自己现在是被爱的（或曾被爱过），或与某些人在某些地方被爱联结，那就会无效。这样就不难看出，根本上，确实所有人对某些人来说都是可爱的。也就是说，基于人类的包容互爱，所有成员都是可爱的。成员常常试图反驳这一点，举例说，有的人犯下可怕的罪行（比如，折磨人、杀人后又把尸体吃掉）。向成员指出：这些人被关进监狱终生不得假释之后，外界仍常有女人或男人想联络甚至爱上他们。

✓ B.拉近关系有助于建立友谊

对成员说："建立新关系的第一步，就是与你日常生活中的人，找机会进行轻松但定期的接触。有很多方式可以做到这一点。如果你与很多人共用办公室，可以把你的办公桌朝向房间中央，而不是面朝墙壁。在很多人都乘电梯或使用咖啡机时你也加入。当被邀请参加聚会时，你欣然赴约；活动结束后多待会儿，与其他人聊聊天；总之，去其他人去的地方。如果要选择一门课、一份工作或住处，你可以选择想要更多地还是更少地与他人接触的机会。这听起来很寻常，但是很多人的朋友都来自班级、团体、教会和同事。在线约会网站也许是寻找男女朋友的好办法，但是想找到非情侣关系的朋友，也许就没那么有用了。尽管如此，仍然有很多机会通过网络找到朋友。比如，一个徒步旅行者，可以上网寻找徒步伙伴；一个音乐迷，可以上网找到其他喜欢同样音乐的人。"

我们一般会与最常见到的人交朋友。德国莱比锡大学的研究者发现，学生更可能与邻座的人而非班级中的其他人成为朋友，即使他们在教室里被随机指定座位。现在有大量研究更加支持这些发现。人们如何相遇并不重要；一项研究发现，某些人在一起，仅仅是因为他们名字的首字母相同。

✓ C.相似性通常会增加好感

告诉成员："交朋友的第二步，就是结交与你三观相似的人。当你找到这样的人，一定要让对方知道你与他们很相似。有时也确实会有性情"互补"而相吸，但多数人在大多数时候都不是这样。还是物以类聚更有可能。几乎所有人都喜欢与自己有共同态度的人，比如对政治、生活方式、道德观等的态度。态度是友谊非常重要的因素。因某些特征而非共同态度而聚集的团体（比如年龄或单亲），往往不会很成功。"

> **带领者笔记：**性情"互补"而相吸的信念可能难以动摇。如果真是这样，可用下面列举的研究来支持你的观点。

> **✓ 研究重点：**有很多研究表明，相似会增加吸引。相似不只体现在态度方面，也体现在人格特质、活动类型、年龄、教育程度、种族背景、宗教信仰、社会经济地位以及职业等方面，每一方面的相似性，都会增加人与人之间的吸引力。总而言之，我们好像喜欢那些提醒我们自己是谁的人。喜欢与我们相似的人这一倾向性，在成长发展的早期就出现了。例如，一项研究表明，小到3岁的孩子，都会选择与他们对食物的偏好匹配的玩偶，并且也更愿意与喜欢相同玩具的孩子一起玩。

✓ **研究重点：** 然而，相似和喜欢并不总是形影不离，并且相似有时会成为威胁。比如，研究已发现，如果与我们相似的人，有一些令人反感的特质（比如坐过牢或住过精神病院），我们喜欢他们的程度会不如跟我们不一样但没有令人反感的经历的人。这种情况下，相似性就具有威胁性；因为相似之处并没有真正体现我们的世界观，反而暗示我们可能有同样的负面特质。这就是为什么人们在建立新关系的早期，不揭露他人的私人问题有助于建立关系的原因之一。

✓ D.对话技能很重要

被评为"优秀对话者"的人有三种经典行为：问很多问题；给予"正面回应"（表明他们听到了、理解了并欣赏对方说的话）；承担自己的对话部分。承担自己的对话部分意味着大概说一半的时间，不是总在说，但是也不会说太少，不让对方一直处于让对话进行下去的压力之中。

1. 提问与回答问题
有技巧地发问与把对话变成审问之间的尺度很难拿捏。如果双方都很有技巧，那提问就会相互受益。

✓ 💬 **讨论重点：** 阅读下面两段对话，然后让成员讨论，哪段对话听起来感觉更好。

对话 1
甲：这里的人你都认识吗？

乙：不，但我是比尔的一个朋友。你认识他吗？

甲：不认识，但我跟他妹妹苏珊是同事。你怎么认识比尔的呢？

乙：我们是高中同学。你跟苏珊都是音乐家吗？

对话2

甲：这里的人你都认识吗？

乙：不认识。

甲：你是苏珊的朋友吗？

乙：是的。

甲：你怎么认识她的？

乙：我们是同事。

注意，第一段对话整体感觉更流畅与轻松（双方产生更多好感）的一个原因就是，甲和乙不只是问对方问题，而且主动提供的信息比实际被问的还多，这自然会引发出更多问题。请成员对此讨论。

2. 闲聊

对话不必深刻而有意义才能让人感到愉悦。"闲聊"或"漫谈"的价值不应该被低估。善于交谈的人也会积极与人闲聊。有一个实验，要求学生不使用闲聊的方式来认识彼此，他们发现这个任务不可能完成。他们甚至都不知道怎么开口。

3. 有技能地自我坦露

合适且有技能地坦露自己，不要太多不要太少。这需要社交敏感度和社交判断力。随着关系进展，我们倾向于自我坦露得越来越多，但在不对的时机坦露太多或太少都会降低好感度。当双方自我披露大约同样数量与种类的信息时，这时似乎彼此最喜欢对方。

4. 不要打断对方

善于交谈的人也不会打断对方。对成员解释："打断并不总是意味着插话。在别人说之前或刚说完你立即就开始讲话，可能会给人留下你并没有真正在听他们讲，而只是为了等他们说完自己就可以开讲的印象。"

5. 学习谈话的内容

善于交谈的人通过观察人们正讨论的话题，以及他人如何对其做出回应，来选择谈话的内容。有时，问题在于不知道该谈什么。对一些人来说，这意味着不确定在什么场合下谈论什么话题是合适的。尽管这点没有规则可循，但观察他人的言行是好方法。对另一些人来说，不知道"谈什么"的问题与参加活动太少有关：如果这些人没什么爱好，不关心时事，几乎不出门看戏剧或电影，或极少旅游，他们可能在对话中就没什么可说的。

💬 **讨论重点：** 很多人感觉自己社交方面很欠缺，可以理解的是，他们会发现公开谈论这点也很困难。请用就事论事的方式询问对自己对话技能很没自信的成员。然后询问有谁不知道什么话题适合谈论，有谁想不到要说啥。提醒成员，他们的困难多数与情境有关。请成员分享他们认为最困难的情境。然后让成员进行头脑风暴，想出交谈的话题，或帮助他们找到该谈什么的活动（比如，阅读报纸，看最新电影）。

> **带领者笔记：** 如果你自己在某些场合下有社交困难或社交焦虑，要教授这些技能就会很困难。如果你真是这样，现在是时候公开承认这点了！如果你也在练习家庭作业，然后与成员进行讨论，你就会是一个非常好的榜样。

✓ E.有选择地表达喜欢

我们会更容易喜欢那些喜欢我们的人，而非不喜欢我们的人。我们可以用多种方式向他人表达喜欢和关心。我们可以直接告诉他们。我们可以表扬或赞美他们。我们可以陪伴他们。我们可以倾听他们。我们可以满足他们的需求。我们可以支持他们的事业或他们关心的人。然而，表达对他人的喜欢，有很多重要的需要注意的地方，这些应该与成员进行讨论。

✓ 1. 不要评论对方明显的或不存在的特质

指导成员："不要只是评论对方明显的积极的特质，尤其是如果这些品质对每个人来说都显而易见，或者在与你相处的人中很常见。比如，不要在别人刚赢得选美大赛时夸她有多漂亮，不要夸奖一个在说英语的国家待了二十年的移民英语阅读的能力有多好。另外，不要提到对方不具备的技能。例如，不要在别人第三次路考还没通过时，夸奖对方的驾驶技能。如果对方赞美的特质，是我们想要拥有但不确定自己是否拥有的，我们的反应就更倾向于积极。如果是我们自己或其他人都知道我们所具备的特质，或我们希望自己拥有但心知肚明自己并没有的特质，则反之。"

✓ 2. 不要用相似的特质赞美所有人

被一个喜欢所有人的人喜欢，并不是一件多么值得骄傲的事。类似地，被别人用几乎所有人都具备的特质赞美，也不太可能增加被吸引度。如果赞美过了头，实际上，会带来意想不到的负面结果。如果不赞美，会被对方理解成对自己不满，而这样也许会减少好感。过度赞美也可能让人怀疑你是否真诚，怀疑你是否别有用心。这样的人会被当作在讨好对方（也就是说，赞美他人是为了得到某样东西）。讨好型的人一般不被人喜欢。因此，表达喜欢，并不总是简单的过程。

✓ F.加入对话团体

如果我们等着他人接近自己，那也许就永远交不到朋友。有时我们必须在找朋友方面迈出第一步。为了这么做，我们必须在身边找到新团体。当我们被邀请到别人家里参加聚会，但一位宾客都不认识时，理所当然地，我们希望主人把我们介绍给至少一个团体或团体中的一员。但是这种事不总是发生，并且即使发生了，我们常常不能整个聚会、会议或活动中，都跟同一个人或同一个团体在一起。

加入正在交谈的团体，有两个重要技能：首先，我们需要知道或分辨，一个正在交谈的团体，对外人是开放还是封闭的。其次，如果团体很开放，我们需要学习如何加入交谈。

✓ 1. 分辨团体对外人是开放还是封闭

分辨一个团体对外人是开放还是封闭的很重要。开放的团体愿意接受我们加入对话，封闭的团体也许并不欢迎外人。

在开放的团体中：

■ 成员之间站得分散；

■ 成员偶尔会环顾整个房间；

■ 对话中有空当；

■ 成员在讨论普遍而平常的话题。

在封闭的团体中：

■ 成员之间站得紧密；

■ 成员非常关注彼此；

■ 交谈的气氛很热烈，几乎没有空当；

■ 成员似乎自成团体。

2. 思考如何加入开放团体的对话

通常，加入开放团体对话的最好方式，就是等待对话中的空当时刻，靠近团体或站在团体中看起来友善的成员身边，说一些类似"介意我加入你们吗？"的话。

✓ G.加入有组织的团体

加入团体的一个最重要的原因，就是会见他人。因此，加入定期聚会的团体，是一种有效的结交朋友的方式。

1. 寻找经常聚会的团体

对成员解释："团体越常聚会，你就越可能与团体中的某人成为朋友。"

2. 寻找有与你相似团体的成员

告诉成员："与基于年龄、性别或职业而非三观等特征建立起来的团体成员交朋友，可能会很困难；在这种情况下，团体越大，你找到与你有共同价值观的人的机会就越大。比如，你想象一下，一个当地小型的离婚人群俱乐部或单身父母俱乐部，其中的成员，可能除了单身就没有别的共同点，而聚会就变成了一种负担而非快乐。"

3. 寻找具有合作目标的团体

在由共同兴趣而组建的团体中，最好是寻找一个强调互助或仅仅为了开心的团体，而非彼此较劲的竞争性团体。合作会让人产生更多好感。如果人们更合作而非彼此竞争，那么人们通常会更加彼此吸引。

练习活动： 把"人际效能讲义11a：明确寻找朋友并让他们喜欢你的技能"发给成员。介绍其中的任务，给成员时间找出每组中更有效的回应。讨论大家的回答。如果时间允许，问成员，他们是否曾陷于不是很清楚两种行为哪个更好的困境。

讲义 11a 的正确答案如下：1A、2B、3A、4A、5A、6B、7B、8B、9B、10B、11B、12A。

十二、对他人正念（人际效能讲义12—12a）

> **要点：** 当我们交友时记得对对方保持正念，这样友谊就更容易建立，也保持得更久。
>
> **人际效能讲义 12：对他人正念。** 请注意，这里描述的三个正念技能（B、C 和 D）是正念模块里所教的三个核心的正念"是什么"技能。在每一个"是什么"的技能下，也是正念模块里所教的三个核心的"怎样做"技能。这份讲义可以根据时间长短，理论式或互动式地讲授。
>
> **人际效能讲义 12a：明确对他人正念的技能（自选）。** 如果你课上还有时间，可以使用这份讲义，或者把它当作家庭作业，然后在下次课上讨论。正确答案在本小节教学笔记的最后，以及本章介绍的最后。
>
> **人际效能练习单 9：对他人正念。** 与成员一起回顾这份练习单。告诉成员，核对自己尝试过的任何技能，不论是否顺利完成。提醒他们，关键是要练习，而不是做到完美。与前面的练习单一样，提醒成员在描述事件以及自己和他人的言行时，使用正念描述的"是什么"技能（见正念讲义 4）。

✓ A.为什么要对他人保持正念？

如果我们能记得在人际关系中对他人保持正念，关系就会更持久。

对他人正念，是本模块前面所教授的关系效能（维持关系）技能的扩展（见本章的第六节，以及人际效能讲义 6）。

✓ 对他人正念，也是对核心的正念"是什么"以及"怎样做"技能的重申（见第七章，以及正念讲义4和5）。这里的技能包括观察与关注他人，描述所观察到的而不是对其评判，并且全身心融入互动中。

> **带领者笔记：** 教授这些技能的一个好办法，就是让成员先阅读人际效能讲义 12，并且在讲义上勾选出他们认为困难且需要攻克的技能。让每位成员分享他们勾选的项目。然后，逐个教授这些技能，再回过头讨论。如果你担心时间不够用，可以把这个练习放在最后。

B.观察与注意他人

观察与注意他人包括几个继发技能。

✓ 1. 带着兴趣和好奇

第一个继发技能就是带着兴趣和好奇，关注我们周围的人。这里的关键词就是"兴趣"和"好奇"。当我们带着这样的态度，就会对结识新人敞开心扉。我们也会对了解他人的近况保持开放的态度。这当然很重要，因为所有人和事都处于不断变化的状态。

2. 对他人的新情况保持开放

当我们发现自己误会别人时，带着兴趣和好奇接近人，与变得僵化或不愿改变对某人的看法截然不同。也与坚信对方昨天或 5 分钟前的言语、信念、感觉或愿望截然不同。人们常常会改变信念或愿望。当我们心不在焉、摆臭脸或固执任性时，我们常常不能或不去承认对方已改变——即使我们也希望他们改变。

✓ 💬 讨论重点：请成员分享，当他人曾对自己关上心门，不去了解我们的真实近况时，感觉如何？成员希望从他人那里得到什么？

✓ 3. 不要过度关注自己

对成员说："当你过度关注自己时，就会错过很多对方的言行。尽管你想要在互动中对自己保持觉察，但你过度关注自己，就会带来问题。如果你不关注他人，就很难对别人共情，很难认可别人当下的言行。"

当我们过度关注自己，会发生两件事。首先，这会导致这场谈话的内容大多是关于自己的。尽管有时这样很好，但过度就会使对方觉得他们不是很重要。这通常不会带来积极的互动。其次，互动中聚焦于我们自己，会让我们对自己的所作所为和他人有何想法产生焦虑。焦虑会让我们要么回避与他人在一起，要么与别人在一起时保持沉默。回避人群和与人相处时保持沉默，都不是维系友谊或结交朋友的有效方式。

✓ **研究重点：** 对社交恐惧症的研究数据表明，那些对于加入团体或在团体中发言非常焦虑的人，常常会过于关注自己，以及自己给他人留下的印象。一个有效的治疗方法的部分做法就是，让这些人练习把注意力完全放在互动中的对方身上。这也许需要练习很多次，但是通常，这会有效减轻与他人相处的焦虑。

练习活动： 当你要求成员控制他们关注的焦点时，可以进行两个角色扮演。第一个角色扮演中，让成员用高标准要求自己，也就是，想象他们需要时刻表现出机智聪慧，并且不断监控自己符合标准的程度。在第二个角色扮演中，让成员减少期待，并只将注意力放在对方说了什么上。角色扮演后，问成员他们主观上的焦虑体验如何，并对焦虑感评分（从0到100评分），也让他们对自己的表现进行反馈。你也可以邀请其他团体成员做出反馈。

4. 活在当下

另一个重要的继发技能就是活在当下。这就是说，我们需要在当下倾听对方，而不是计划我们接下来要说什么或思考他人所说的话会造成什么结果。

✓ 5. 不要一心多用

对成员说："当你与他人互动时，不要一心多用，这一点很重要。在与对方面对面交谈时，不要给他人发短信，或接打电话。这甚至可能意味着当这场交谈很重要时，你需要关机。在团体中，当你正和某人交谈，不要四处张望着寻找是否有你更想与之交谈的人。当你频繁地将注意力从他们身上移开时，这会让对方很难感觉到自己对于你的重要性或你的关心。"

💬 **讨论重点**：请成员分享，当对方在互动中把注意力转向其他人或其他事时，这让你有何感觉？

✓ **6. 放弃评判与认为自己永远正确**

评判性的思考、声调与陈述，是令他人厌恶的，并且这缘自我们是"对的"对方是"错的"的态度。这在人际关系中是无效的态度。总是试图证明自己是对的，对于结交朋友维系友谊来说可能是致命的。对方也不想总是错的。这会让他们感觉，我们不尊重他们的观点，进而他们就会想回避我们。

💬 **讨论重点**：请成员分享，他们觉得哪种人际观察技能最困难。讨论有哪些方式，可以练习多观察他人。

✓ **C.描述**

为了对他人正念，观察包含以下几个要点。

✓ **1. 以实事求是的方式描述你所观察到的**

上面标题里的关键词是"描述"和"实事求是"。当我们描述时，陈述所观察到的"人物""事件"和"地点"。我们也许会描述自己的想法、感受或感觉——某物闻起来或吃起来怎么样，或者我们看到、听到或做了什么。描述的关键，正如第七章里对正念技能的讨论部分强调的那样，就是要区分，我们所观察到的内在（比如，想法、感受、感觉、意象）与外在的不同。

2. 放下评判性的想法和陈述

评判性的想法和陈述常常阻碍描述。我们常常会对观察的对象添加"好的"或"坏的"评价，而不是仅仅观察他人正在做什么或说什么。另外，我们常常假设我们不仅正确，而且整个宇宙都应该按照我们认为的正确规则运转。与他人保持友谊与增加情感亲密度的最好方式，就是用描述性的词语代替评判性的想法和词语。

3. 不要推断对方的意图

我们需要避免推断对方的想法、感觉、行为，或他们真正想要什么或不想要什么。对他人这样的假设和诠释，可能会给你们的关系带来无数麻烦。当我们没有核对事实时就更是如此。如果我们想结交朋友并维系关系，把推断和诠释当作待检验的假设，而不是已知的事实，这非常重要。

提醒成员："请记住，你只能通过感官（触觉、味觉、嗅觉、听觉、视觉）描述所观察到的。从来没有人能观察到他人的想法、动机、意图、感受、情感、欲望或个人体验。我们所能观察并描述的这些，都只是我们自己身上的。"

人际敏感的人，即使对方什么都没说，他们也常常能正确推断正在发生什么。正如我们在这节稍后"认可"里看到的，能够根据对方是谁，已经发生了什么，以及非语言的沟通等信息，来准确"解读"对方非常重要。然而，即使我们对某人很熟悉，或者知道某种情境下发生的一切，我们仍然有犯错的可能。我们可以通过询问，或者观察对方对我们的言行如何反应来核对事实。

4. 不要质疑他人的动机和意图

另外一件可能有损关系的事情就是，质疑他人的动机或意图。当我们询问他人的动机时，人们会感觉到被排斥。最常见的例子就是，认为对方的某些言行造成了特定影响，那么这种影响一定是有意为之的。例如，我们太容易假设"如果我感觉被你的语言和行为所控制，那一定是你故意的"，或者"如果我对你的行为感到愤怒，那一定是你故意惹我生气的"。

在那些很难信任他人的人中，质疑他人的动机也很常见。然而，没正当理由地不信任某类人，不仅影响友谊的建立，还会阻碍亲密和亲近感。

✓ 5. 假定对方无意为之

假定对方无意为之，是一项非常有效的维系关系的技能。即使有证据能够推断对方有不良动机，至少还存在其他可能性。请记住，假定对方无意为之，会使我们更容易核对事实。就像相反行为一样，要完全地假定对方无意。也就是说要相信你真的有可能错怪对方了，并且对方可能是出于善意为之。

💬 **讨论重点：** 请成员分享，他们推测别人居心不良，后来却发现是自己误会了的情境。让成员思考，是否他人也曾假定他们无意为之。

6. 允许他人获得你的信任

很多有信任问题的人，都误解了信任的建立过程。例如，有人坚信，建立信任需要时间，好像时间本身就会让信任增加。实际上，建立信任需要冒着风险，给对方机会让别人证明自己可信；如果别人以值得信任的方式行事，他们就赢得了信任。缺乏正念的话，可能需要数月甚至数年的时间，才会有这样的机会，强化了信任"需要时间"的概念。另一方面，成员可以积极练习选择允许他人赢得他们的信任。当然，如果别人以不值得信任的方式回应（比如，故意占便宜），那么决定不信任对方是合理的。

💬 **讨论重点：** 让成员反思，他们给或不给他人机会赢得自己信任的例子；也举例分享，对方给他们机会赢得对方信任的情况。

信任太多或太少都是问题。妄想就是当很少或几乎没有客观证据证明的情况下，就坚信他人故意伤害我们或操控我们。显然，妄想并不能很好地建立亲密的人际关系。然而，妄想的反面，可以说是"信任障碍"。这包括相信别人告诉我们的一切，从不怀疑他们或他们的动机，尽管证据表明对方也许并不值得信赖。

✓ D.与他人共同参与

对他人正念中的参与意味着"跳入关系之中"。换句话说，这意味着完全"投入"或全神贯注于对话、团体活动或关系中。也就是不置身团体或关系之外。

✓ 1. 投身互动中

我们可以让自己全神贯注于对话，或完全"接纳"，而不用同时把自己投入到一段关系中。停留在当下，意味着参与当下。

2. 顺其自然

我们需要在与他人或团体的互动中"顺其自然"，而不是尽力控制每项活动、决定和互动，好像我们的生活或幸福完全依赖于此。

顺其自然并不是指放弃对每件事的控制。当关系是虐待性的，或团体想让我们做违背道德或感觉非常不舒服的事时，就一定要至少保持在能控制自己做什么的状态。

如果对方是我们的孩子，是需要我们照顾的孩童，或需要我们为其承担责任的下属，就要至少在一定程度上能控制他们的行为。对我们有潜在伤害的人（比如花我们的钱，拿走或处置我们的财产，在网上散播我们的谣言，等等），对他们有些掌控也很重要。

3. 融入团体活动或交谈

一旦我们参与一段对话或团体活动，就需要"融入"互动中，放下自我中心的念头，不让自己从投入的活动中撤退。

练习活动： 发放"人际效能讲义12a：明确对他人正念的技能"，并解释要做的任务。给成员时间，选择每组答案中更正念的反应。讨论所选择的答案。如果时间允许，询问成员，他们是否有过其他不清楚两个选项间哪个更正念的情况。

讲义 12a 的正确答案是：1B、2B、3A、4A、5A、6A、7B、8B、9B、10A、11B、12B。

十三、如何结束关系（人际效能讲义13—13a）

> **要点：** 结束伤害性的关系和那些影响追求重要目标的关系，有时会比最开始建立关系更困难。
>
> **人际效能讲义 13：结束关系。** 这份讲义里描述的结束关系的技能，来自正念（智慧心念）、情绪调节（问题解决、提前应对、相反行为），和人际效能（如你所愿、维持关系、尊重自己）技能。唯一的新技能就是当结束虐待性或威胁生命的关系时，首先确保自己的人身安全。教授这些技能的关键，就是通过讨论成员已经结束的、正在考虑要结束的，或他们希望早已结束的关系来联系成员自身。
>
> **人际效能讲义 13a：明确如何结束关系（自选）。** 如果你本节课还有剩余时间，可以使用这份讲义，或者把它当作家庭作业发下去，然后在下次课上讨论。也可以跳过这部分。本节讲授重点的结尾列出了正确答案，同样在本章介绍的末尾也有。
>
> **人际效能练习单 10：结束关系（自选）。** 把这份练习单只布置给那些在考虑结束某段关系的成员。如果他们正努力离开一段虐待性的或危险的关系，与他们一起回顾，并强调拨打家暴热线的必要性（当地的，或者美国的国家家暴热线，参见本小节末尾）。与前面的练习单一样，当描述事件以及他们自己或他人的言行时，提醒成员使用正念"是什么"的描述技能（见正念讲义 4）。花点时间，帮助成员弄清楚如何简明陈述导致他想要离开某段关系的核心问题。
>
> **人际效能练习单 1：使用人际效能技能的利弊（自选）。** 这份练习单也可以在讲授这套技能时使用。

✓ A.结束重要关系需要思维清晰和人际策略

重要的人际关系有很多种：友谊、婚姻或其他承诺过的生活伴侣、亲子关系、手足关系、工作关系，以及心理治疗或咨询关系，这只是一些常见的最重要的关系。每种关系都可以提高或降低我们的生活质量。

✓ B.决定结束关系时要处在智慧心念而绝不是情绪心念状态

即使处于良好的关系中，当我们感觉沮丧、愤怒或不开心时，也会有一些时刻希望结束这段关系。通常这些念头只是闪过，然后我们就忘了。不幸的是，很多人会在处于情绪心念的状态下结束关系。如果他们能够等情绪过去了再处理，关系的价值也许就会看起来非常不同。

1. 强烈的消极情绪可能导致人际情境中的鲁莽行动

当我们情绪激动时，我们的行为很可能是情绪化的，并且我们长远平衡看待关系的能力会减退。另外，我们清楚思考、有效沟通或解决关系中问题的能力会受限制。强烈的消极情绪也可能会加重评判性的思考，从而进一步使冲突升级。冲突升级后，我们也许会发现自己在极端的愤怒或沮丧状态下结束了这段关系。事后回想，我们也许会后悔，并且不太可能挽回这段关系。

2. 在结束某段关系前，先思考结束的理由

在做决定之前，写下维持与结束这段关系的利弊，也许会有帮助。

3. 结束伤害性的关系是合理的

告诉成员："如果一段关系破坏了关系的质量或你自己的某些方面，比

如你的身体健康和安全、你的自尊或尊严、你寻找幸福或平静的能力，那么这段关系就是具有伤害性的。"

4. 结束一段严重影响你生活质量的关系，是合理的

继续对成员说："当一段关系限制或阻碍你追求重要目标、做你喜欢的事或享受生活，或不利于你与其他人的关系（比如，嫉妒心强的伴侣或朋友会憎恶你与他人亲密），或者有损你所爱的人的利益，那么这段关系就在影响你的生活质量。"

5. 当离开比维持某段关系要付出更大代价时，维持这段关系就是合理的

离开比维持某段关系要付出更大代价的一个例子就是：某人照顾患有退化性脑部障碍的伴侣，这种病会导致人的性格大变。曾经深爱对方的伴侣现在会愤怒，常常失去控制，不能自我照顾，认不得照顾自己的伴侣。照顾者也许会把维持这段关系当作道德责任，并且结束这段关系会带来强烈的自责和内疚。然而，在这种情况下，对照顾者来说，重要的是能够找到一些方法来创造足够的距离，维持关系中或关系外的生活质量。

6. 在决定是否结束关系时，区分合理的与不合理的内疚很重要

"合理的内疚"是指已经或想要做出的行动违背我们的道德观时，我们所感到的罪恶感。"不合理的内疚"就是某事并不真正违背我们的道德观时所感到的内疚。不合理的内疚常常是因为我们过于在意他人的想法，而不够重视自己的想法。（见情绪调节讲义 8a 与 11）

✓ C.尝试解决问题来修复困难的关系

如果某段关系很重要，并且有希望修复，解决问题也许可以有效修复这段关系。

1. 解决问题也许包含认真严肃处理这段关系

告诉成员："在与朋友、伴侣或与你亲近的人的关系中，双方也许需要认真经营这段关系。为了开始着手解决问题，先回顾情绪调节讲义 12 里的问题解决步骤。使用人际关系工作手册或其他指南也会有帮助。例如，艾伦·弗鲁泽蒂（Alan Fruzzetti）为配偶们所著的《高冲突配偶》，就给出了很多可用于任何高冲突关系的指导建议。"

2. 问题解决也许需要寻求他人帮助

在一段婚姻或承诺性的伴侣关系中，问题解决也许需要伴侣的帮助。与亲戚的关系，也许需要邀请其他亲戚帮忙。在职场中，也许需要与调解者一起努力。当这个决定是为了维持这段关系，但也要增加个人时间和空间时，加入支持性的团体也许会有帮助。

✓ D.使用提前应对技能来计划如何结束关系

想进一步了解提前应对的细节，详见第九章第十六节，以及情绪调节讲义 19。

1. 决定以文字、电话，还是面谈的方式结束关系

告诉成员："如何结束关系的决定，将大大依赖于你所拥有的这段关系的类型、时长，以及与对方的亲密程度。"

2. 提前写好脚本

对成员说："提前写好你真正想说的话以及想要如何解释你的决定。如果你用文字来结束这段关系，比如工作中递交辞呈，或给远距离的朋友发邮件，你可以在提交前，先让你信任的人读一下。我们很容易把评判、傲慢或

无情的话不知不觉掺入文字中，不管你多努力想表达与之不同的意思。第二个阅读的人往往能为你指出这些。"

3. 练习要说的话

继续说："如果你要在电话里或面对面结束关系，可以在想象中练习你将说什么，怎样说，以及何时告诉对方你想要结束这段关系。在镜子前练习你想对对方说的话。在亲密的朋友面前练习，并让他们反馈听后感。"

4. 提前解决可能出现的问题

告诉成员："想象你说完结束关系的话之后，对方可能会有怎样的反应，并提前准备好你可以说什么或做什么以回应对方。这里要尽量预测对方的言行并准备多种回应。"

✓ E.坦率直白：使用如你所愿、维持关系、尊重自己技能

通常，重要关系不能只用人际效能技能讲义5—7里概述的如你所愿、维持关系、尊重自己技能来结束。但是，这些步骤可以指导一段结束关系的对话如何展开。

1. 如你所愿丨

对成员说："最重要的就是从一开始就要直接而清晰地表达。描述关系中产生了哪些问题，导致你想结束这段关系。清晰地表达你对此的感受，并且坚定表示你现在就想结束这段关系。确认对方理解这段关系结束了，并且如果可能的话，通过让对方知道结束这段关系对双方都好来强化这种理解。如果情况并非如此，重点放在和平结束如何对你们都有利。"

2. 如你所愿 II

鼓励成员："保持正念，并表现出自信。如果你很确定结束关系对你有利，即使对方苦苦哀求你挽留关系，你也不让步，这很重要。当你对对方的重要性大于他对你的重要性时，这点就尤其重要。但小心不要走极端，除非你真的确实想要断绝与对方的一切联系。例如，如果你想离婚，结束一段性关系，或者搬离与室友共住的地方，但你也许仍希望与对方成为朋友。因此，不要对关系造成不必要的伤害很重要。尽管你不想与对方协商是否结束关系，如果可能的话，还是要准备好协商如何结束它比较好。"

✓ 3. 维持关系

结束关系的一方一般是强势的一方。因此维持关系技能在这样的情境中就尤为重要。告诉成员："态度要温和，不要攻击、威胁、评判他人，也不要用傲慢的言辞和表情，这些非常有助于平和地结束关系。当一方因结束关系而内疚时，就很难做到这些，并很容易导致责备与评判对方。尽管你知道无论对方说什么，你都会结束这段关系，但还是要倾听和认可对方的观点。这会让你们双方更容易结束关系，并将对对方的伤害减小到最低。"

4. 尊重自己

对成员说："最后，要对双方公平，不过度道歉。要带着完整的自尊离开关系，就需要你诚实地面对问题（即使你委婉地表达），也不要牺牲自己的价值观或诚信。如果结束的原因是你变了，而不是对方做出了什么让关系难以为继的行为，这就会特别困难。"

✓ F.必要时，练习爱的相反行为

告诉成员："尽管你知道一段关系必须结束，但有时这并不意味着爱也同时走到了尽头。这种情况常发生在你爱对方，但最终意识到这段关系具有伤害性，或者与你的生活目标不一致时。即使感情深厚，不一致的价值观、职业要求、孩子的幸福、不想搬到更远的地方，以及很多其他的考虑都可能无法让二人建立同盟。"

继续对成员说："这里的核心问题是，爱对方是否会丰富或破坏你的生活。很多时候，继续爱对方能丰富生活；而有些时候，并非如此。比如，一个吸毒成瘾的妇女爱上另一个瘾君子，她也许要靠这段关系来获取毒品。即使她的伴侣为了赚取毒品费用而让她与别的男人进行性交易，她可能仍然爱他，并且发现很难结束这段关系。这也常发生在虐待性的关系中。即使被虐待，也并不总能结束这段爱情。在这些情境下，避免回到伤害性的关系中，做出与爱相反的行为（情绪调节讲义 11：找出相反行为）才是需要的。"

✓ G.首先保证安全!

对成员强调："一定要认识到，在身体虐待或生命受到威胁的关系中，一定要先获取如何安全离开这段关系的恰当建议。在很多虐待性的关系中，结束与离开这段关系的时刻会充满危险。因此如果你的伴侣对你有过身体虐待甚至威胁过你的生命，对这种危险的威胁，绝不可以掉以轻心。在这些情况下，一个安全住所以及安全离开关系的计划是十分必要的。向当地的家暴热线打电话求助。从接受过这方面培训并有处理虐待性关系经验的专业人士那里获取建议也很重要。"

> **带领者笔记：** 在美国，你也可以推荐成员访问国家家暴热线网址（www.thehotline.org/tag/safety-planning）。你也可以在网上找到非美国的热线。另外，如果你没有经过培训，也没有与受虐或关系严重受损的个体工作的经验，把成员转介给有这方面受训和工作经验的专家（或与这些专家会诊）很重要。

練习活动： 发放"人际效能讲义13a：明确如何结束关系"，并解释要完成的任务。给成员时间来勾选每组中她们认为更有效的回应。讨论答案。如果时间允许，问成员，他们是否有过不清楚两种选项间哪种行为更有效的情境。

讲义 13a 的正确答案如下：1B、2B、3B、4A、5B、6B、7B、8B。

十四、概论——行中庸之道的技能（人际效能讲义14）

> **要点：** 这套技能通过以下三种方式，帮助成员有效管理自我与人际关系：（1）辩证，亦即平衡接纳与改变；（2）认可，即努力接纳；（3）行为改变策略，即通过控制线索和结果以做出改变。
>
> **人际效能讲义 14：概论——行中庸之道。**简短介绍这份概括性的讲义。如果要使用本讲义复习已经教过的技能，可以多花一点时间。如果你只教授讲义中的一些技能，可以考虑全部跳过。除非要跳过相关的讲义，否则不要在概述讲义的同时教授本讲义的内容。
>
> **练习单：** 无。

✓ A.行中庸之道

中庸之道就是与现实本身协调一致的方式之一。中庸之道需要巧妙地整合两极，进而带来生命的运动、速度和流动——例如：接纳现实，同时设法改变现状；认可自我和他人，也指出错误；工作和休息间达成平衡；或调整小提琴弦的松紧。

行中庸之道并不是百分之五十认同某个观念，另外百分之五十认同其他观念。也不是指两个极端间的中心点。行中庸之道是指远离极端的情绪反应、行为和想法，而靠向平衡和整合的对生活情境的反应；行中庸之道允许我们先进入极端，然后再回到平衡的状态。

B.辩证

辩证教授我们万物相互关联，而且一直处于不断变化的状态。它为中庸之道铺路，也就是说，中庸之道就是平衡极端之道。

C.认可

认可技能在所有人际关系中都是必要的。基于个人过去或现在的状况，这个技能每个人的感受、想法和行动都是可理解的这一信息。另一方面，认可并非去认可不能认可的事物。这里讲授的技能，在本模块前面作为人际效能技能的一部分所讲授的认可技能基础上，复习并增加了更多细节。换句话说，包括了增加维持关系里的认可他人（Validate）技能。综合上述关于认可的观点可以总结出，高度不被认可（invalidation）的体验可能会带来创伤。发生这种状况时，需要自我认可才能复原。

✓ D.行为改变技能

行为改变技能运用后果管理的行为原则（即运用后果）及刺激控制，来增加想要的行为或减少不想要的行为 。

十五、辩证（人际效能讲义15—16c）

要点： 辩证是行中庸之道的必要因素，因为这能够减少孤独感、冲突和对立。

人际效能讲义 15：辩证。 本讲义简要概述了辩证观点的基本原理。

人际效能讲义 16：如何辩证地思考与行动。 这是讲义 15 的延伸，并且举例说明了辩证行动的具体方式。

人际效能讲义 16a：两极端可能都正确（自选）。 在课堂中讨论这份讲义能够非常有效地展现出两个极端可能确实都是正确的。

人际效能讲义 16b：需要平衡的重要的两极端（自选）。 本讲义可有效讨论如何平衡生活模式，并能通过家庭作业找出哪些生活模式需要更加平衡。

人际效能讲义 16c：找出辩证思维（自选）。 如果课堂上有多余的时间，可以使用本讲义，或作为家庭作业留到下堂课再讨论。正确解答列在本小节教学笔记之后，本章介绍的最后也可找到。

人际效能练习单 11：练习辩证。人际效能练习单 11a：辩证清单。人际效能练习单 11b：注意到自己不辩证的时刻。 这些练习单提供三种不同格式来记录辩证练习。练习单 11 要求成员在两次上课期间只需练习两次辩证技能。练习单 11a 指导成员练习每一项技能，每项技能提供多种选项，也有数个勾选的方格。练习单 11b 的目标是增加成员觉察互动时不辩证的时候，以及非辩证行为会造成哪些消极后果。本练习单取代了利弊练习单，目标是鼓励辩证的行为。

✓ A.为什么要辩证?

✓ 辩证可以帮助我们的想法和行为远离极端，行中庸之道。辩证是一种世界观，也是一种能够化解争端寻找真相的方法。

✓ B.辩证：是什么?

辩证观点有以下四个主要概念。

✓ 1. 宇宙充满对立面和相反力

任何事物都有两面性。如果存在盒子，那一定存在"非盒子"；有光明就有黑暗；有上就有下；有胖就有瘦；有男就有女；有正电荷就有负电荷；有"有"就有"无"；物理学家试图找出万物最基本的元素，他们找到物质，然后找到了反物质。每个部分都包含整体，而每个整体也都包含部分。没有对事物反面的认知，就无法了解该事物。

所有存在的一切都由相反的力量构成，这些力量让事物成立但又不断变化。没有重力，我们就会飞离地球。而原子中的核则通过电磁效应聚集电子。

✓ 辩证告诉我们对立的两个观点可以都是正确的。如果我们能思考超出自我观点之外的观点（也就是思考对立的观点），就能在两种观点中找到整合。这就是我们如何走出当下困境，促进变化发生的方式。

💬 **讨论重点：** 和成员讨论宇宙万物都有对立面的概念。

✓ 2. 每件事和每个人都以某种方式相联结

辩证提醒我们和宇宙的联结。了解到万物间的内在相互联结，会让我们更进一步了解自己与别人之间的相互影响力，也更能理解和认可自己及他人。

这种观点可用以下三种不同的视角讲解：

a. 在物质层面上，我们全都相互联结

为了解释这一点，可以请成员注意，他们呼吸的空气，转而会被别人吸入与呼出。请成员注意自己的双脚正碰触地面，而地面接触到房间里每个人。地面也接触到走廊，走廊又触及通往外面街道的阶梯，外面的街道又碰触到好几个路口以外的地方，接着又接到通往高山的道路，而高山又碰触到天空，以此类推。通过这种思考，我们可以将自己直接联结到最遥

远的星球。

b. 我们每个人都有许多部分，而每个部分都是更大整体的一部分

我们身上都有不同的部分（例如：胳膊、腿、血管、细胞），而我们每个人也都是更大整体中的一分子（例如：家庭、职场、城市）。部分参与了创造整体（比如，一条腿为整个身体出力），而同时整体（比如，血管、髋骨）也对其中的每一个部分有所贡献。

举例： 技能训练课程的成员必然通过自己的参与，而使这门课程有所改变。如果没有他们，课程就不会存在。同样地，他们也必然会受到课程的影响。

✓ **c.孤立是一种幻象**

现代物理学告诉我们，孤立是大脑所创造的幻象，因为大脑会把物体看作是相互独立的。比如，量子物理学就发现，当我们将物质分析到最小的分子，如果再继续进入更细微的地方加以分析，最终会发现物质消失为空。

灵性体验的文献指出，从有记载的人类历史的开端，就已经有人拥有非常深刻的体验，了解到合一的实相，也就是整个宇宙都是一体的。

💬 **讨论重点：** 很多人都有过合一的体验（即与环境或整个宇宙融为一体）。有时这些体验发生在灵性情境中，但有时则完全发生在世俗的状况下。引导成员分享他们是否曾经有过这样的体验。如果有的话，讨论这些体验对于他的人生有何影响。

带领者笔记： 认可合一或一体的体验是很重要的。这有很多不同的方式。但常见的问题是，有的成员并不认可这样的体验或认为这不重要。通常是他也许并没告诉任何人自己有过这样的体验。提醒有过这些体验的成员，要记住这些体验。对于这种体验的思考，可以提醒他们，自己确实并不是孤单一人，并不是与他人或整个宇宙无关。灵性体验的特点，可以参考正念讲义 7：练习正念的目标——灵性观点。

✓ 3. 改变才是唯一不变的

辩证帮助我们全然接纳这个事实，即改变一直都在发生。这也会反过来帮助我们变得更灵活。这样的灵活性让我们更容易做到顺其自然，这反回来就更可能创造高峰体验。

宇宙万物总在变化。而实相本身也是不断转化的过程。有些改变来得很快（比如光波在空气中移动，或是呼吸时腹部的起伏）；有些改变则非常缓慢（比如河边的石头受到水流冲刷而被渐渐侵蚀，或是山岳在地球表面逐渐升高）。每一天都比前一天更短或更长。花朵破土、发芽、盛开、枯萎、凋零。星星缓慢地穿越星空。地球围绕太阳转动。

✓ **举例：** 我们都比前一秒更老，我们的身体处于持续变化之中：细胞正在死亡，正吸入带着新分子的空气，吃进去的食物正在被消化，口中牙齿的位置也在变化，即使这些变化非常细微。如果我们有强大的放大工具，就能看到体内的分子结构在不断飞舞。我们的大脑也因每个新经验而产生改变；神经元一直都在放电，并在整个神经网络中传送信息，因此永久性改变整个神经网络。

💬 **讨论重点：** 讨论以下两句谚语"你没办法踏进同一条河两次"以及"即使一票，也会改变结果"。

意义和真相也会随时间改变。对某人来说过去是真理的事，现在可能不再是真理了，只因为人和环境都在变化。昨天、去年或五年前存在的事物，今天不会一点都不变地存在。现存的事物当中，也会有新事物产生。实相本身也会随着时间变化。因此真相既不是绝对的（或永远不变），也不是相对的（或只取决于观察的对象），而是会随时间而变化的。

✓ **举例：** 玛莉、海伦和茱蒂都各有一个女儿。她们每个人都有一套指导自己如何养育女儿的价值观。然而当女儿长大成人之后，却抗拒母亲的许多价值取向。

- 玛莉认为，要么是（1）自己的价值观是对的，但养育女儿是失败的；要么是（2）女儿的价值观是对的，而引导玛莉自己生活的核心价值是错的，因此她很难得到女儿的尊重。这是看待真相的绝对的方式。

- 海伦认为：虽然女儿有不同的价值观，但这并不重要。因为她相信每个人都有自己的价值观，没有对错之分。重要的是尊重而不是评判对方的价值观，并且她尊重女儿的价值观。这是看待真相的相对的方式。

- 茱蒂的想法则是：当她们和变动的环境互动时，价值观会随着时间而变化。当我们践行自己的价值观时，环境也会跟着改变；而当环境改变时，我们的价值观也会得到进一步的发展。茱蒂尊重女儿的价值观，因为那缘自她教给女儿的价值观，以及女儿自身经历过而茱蒂并没有的体验。茱蒂不认为自己或女儿有一方是错的，并且决定试着去了解可否从女儿的价值观里学到什么，就像女儿从她身上学习一样。这是把真相看作随着时间而变化的辩证的视角。

举例：马克、霍华德和乔治是大三学生，他们受够了不断考试、交论文和被评分的方式，丧失了学习兴趣。

- 马克的体验是，如果自己能自由追求对知识的兴趣，通常会学到更多。然而他也认为，大学教授一定很清楚自己的做法，因此必修课、标准化的考试和作业一定是最合理的教育方式。这种看待真相的方式是绝对的。

- 霍华德则认为，学生应该可以修自己想修习的课。因此他不接受教授规定学生应该要学的内容，认为这种教育方式并不合理。在他看来，标准化的考试和作业是教授主观的决定——而且他认为，这些要求其实是教授在运用自己的权力强迫学生如何学习。因此他决定好好练就取悦教授的手段，给予教授他们想要的东西。这种看待真相的方式是相对的。

■ 乔治知道，大学兼具为社会提供文凭认证与教育的功能，而这两种功能之间的冲突，正是让学生对考试和标准化的作业感到沮丧的主要原因。文凭需要考试和分数，教育则需要非主观的考试和书面作业。乔治也明白，要改变现状，需要时间来让大学和社会之间的关系慢慢演化，因此他决定努力学习，以便能对上述演化有所贡献。同时，他也意识到，目前必须在得到文凭所需学习的内容及自我教育之间加以妥协。这种看待真相的方式是辩证的，会随着时间而改变。

举例：成人经常回顾年少时为了出人头地而付出的努力与牺牲，然后把同样的辛劳和牺牲强加于身边的年轻人。对这些成人来说，经过岁月洗礼，在某些特殊情况下，才能发现努力和牺牲的意义。但对年轻人而言，这些意义也要随着时间的推进，在具体情境下逐渐演变才能得到，而且很可能和那些成年人不同。如果牺牲是别人强加于他们的，就更是如此。

✓ 4. 改变是相互作用的

辩证帮助我们分析如何受环境影响，以及如何影响环境。这也反过来让我们更了解自己的行为和／或人际关系。因此辩证是让我们去了解，而不是责备。

世界是由很多相互作用的部分所组成的大系统。太阳、树木、水、水果、农夫、商人、教师、朋友、父母、手足——这些都彼此内在联系，而且互相影响。因此在每个当下，事物绝不会和前一刻或后一刻完全相同。

每个人都会影响自己的环境，就像每个环境也会影响个人。这里的关键词是相互性（reciprocity）。A 影响 B，这会改变 B，而这又反过来改变 A，以此类推。每个人都有完全不同的"家庭"，对他们的人生产生独特影响。"家庭"可以包括伴侣、儿女、父母、祖父母、兄弟姊妹、老师、同伴、治疗师、教练和其他人。这些环境中的人对个人产生的影响，与个人对环境中的其他人产生的影响一样多种多样。

举例：有一位新进教师，教学非常成功。最近班上来了一名有学习障碍的新同学。由于这位教师之前并没有太多相关经验，因此花了许多额外的思考要用什么方式来教这位学生才是最好的。结果这名同学在班里进步很快。他不但学会了教材内容，而且对自己的能力也更有把握。与此同时，老师也从这次经验中得到提升，能更好地教授有类似学习障碍的学生，对于自己有能力掌控不同的学习方式更有把握。这个经验让师生双方都有所成长和提升。

情绪失调也是一个改变与学习交互作用的好例子。情绪的两大功能就是激发行为和与人沟通，让对方能够有所回应。当这些功能受到环境的阻碍时，情绪就可能会升高。这会反过来导致环境可能付出更大的努力来抑制情绪。一段时间之后，恶性循环就开始了。

讨论重点：描述这个情境：妈妈带着六岁的娜娜去听马友友的音乐会，坐在前排中央的座位。马友友在演奏大提琴时，娜娜抬头看向舞台，她觉得舞台后面有小小的火光，于是小声告诉妈妈舞台上有火。妈妈看了一下，却没看到。（在这里问成员，他们觉得妈妈会对娜娜说什么。）妈妈也小声对她说，舞台上没有火。娜娜又再看了一下，还是看到了火。（询问成员，他们觉得娜娜现在会做什么。）娜娜在妈妈耳边稍微提高音量地悄悄说："那里有火！"妈妈还是没看到火。（在这里询问成员，他们觉得妈妈现在会做什么。）妈妈也提高音量地悄悄说："不，根本没有！"娜娜又再看了一下，（询问成员，接下来娜娜会说什么。）接着大声说："妈妈，有火！"妈妈也大声说：（询问成员，现在妈妈会说什么？怎么说？）"安静点！"像这样反复几次之后，最后妈妈把娜娜从座位上拎起来，带到音乐厅外面。现在娜娜觉得安全多了，也平静了下来。（询问成员，妈妈是否强化了娜娜的情绪升级。）

哎呀，妈妈的确强化了娜娜的情绪升级。（询问成员，娜娜平静下来是否强化了妈妈的情绪，并把她从音乐厅带出去的行为。）娜娜确实强化了妈妈把她带到音乐厅外面的行为。

C.如何辩证地思考与行动

和成员一起回顾人际效能讲义 16 。

> **带领者笔记：** 在讨论本讲义的开始或结束阶段，请成员勾选自己最需要精进的辩证技能会很有帮助。你也可以让他们圈选觉得最有兴趣去练习的技能。讲义上所列的技能非常多，没有必要逐一讲解。只要将重点放在成员觉得最困难的项目上即可。

✓ **1. 任何存在的事物都不只有一面；把两面都找出来**

   a. 询问智慧心念：我遗忘了什么？

   举例： 如果用对方小时候需要遵守的规则去要求对方，遗忘的是，这个人已不再是孩子了。

   举例： 遵循前雇主设定的适当的行为准则，遗忘的是，合适的行为在另一家公司可能不尽相同，或也不适用于同一公司更高层的主管。

   举例： 男友看电视里的足球赛而没有跟女友说话，女友对男友吼道："你从来都没有想到过我！你只关心你自己！"

💬 **讨论重点：** 请团体成员思考，上面第三个例子遗漏了什么？想出其他更合理的原因，解释为何这位男友只顾着看足球赛。如果团体成员想不出任何例子，你可以说：这位女友意识到男友对足球赛充满激情，并且她知道看一场足球赛并不代表男友不在乎她。她也记得男友的确常常会想到她。这种"两者兼顾"的观点可以整合"二选一"的立场，而情绪失调的人常用非此即彼的观点看待事物。（详见下面的"远离极端"。）

b. 问自己："真相的另一面是什么？"——寻找真相的两面

对成员说："练习全局看待某种情境，网罗所有观点。请记得，没有人，包括你自己，看到绝对的真相。要得到智慧，就要从对立面去检验真相。"你可以使用人际效能讲义16a里的例子（例如："你很坚强，而且很温柔"）来加以说明。

每个人都有独一无二的特质，不同的人会有不同的观点。这样的想法将人与人的差异正常化，并接受这种差异，而不是把不同看作冲突的原因。而有些人认为，只要别人与自己的观点不一致，那别人的观点就是错的。

举例： 玛莉和比尔在欧洲开车度假，玛莉想要早早起床出游，尽情探索和观赏所有的景点，比尔却只想睡懒觉，享用酒店免费的早餐。在玛莉看来，这次旅行是千载难逢的畅游欧洲的好机会，况且平常在家就可以睡懒觉和吃早餐，因此在旅途中睡大觉简直就是浪费时间。然而在比尔看来，全职工作和家庭责任让他觉得非常疲惫，因此对他来说，度假就是应该要睡到自然醒，然后悠闲地享用早餐。

💬 **讨论重点：** 如果有时间，请每位成员在人际效能讲义16a里勾选他们认为最难处理的对立辩证观点。也请成员写下任何让他们感到困扰的对立观点。并和成员讨论如何进行整合。

✓ c.远离极端

鼓励成员放下"非黑即白""全或无"地看待世界的方式。很多人想法极端，固执地坚持某种单一的观点，生命是非黑即白，两个互不相干的极端。这样的人往往很难接受新信息，他们想要找的是绝对真理以及永恒不变的具体事实。辩证的目标并不是让成员将现实看作一系列的灰色地带，而是帮助他们能够同时看到黑白两面，并且在两者之间找到整合的方式，又不会否认任何一面。

举例： 某人非常担心妻子狂刷夫妻共享的信用卡的习惯，害怕妻子负债累累最终导致两人破产。他想到要采取的第一个行动是没收太太的信用卡，但这么做会造成夫妻感情疏离，这只会让自己更痛苦。于是他开始完全回避关于金钱的话题，以免自己陷入情绪痛苦中——这种做法和不让妻子掌管信用卡相反，是另一个极端。最后这个人并没有选择以上两个极端立场的任何一个，而是同时考虑两者。这让他找到了第三个选择，也就是"中庸之道"的整合方式：他心平气和地向太太说明如何为双方制定预算，而且他们可以一起监督。

💬 **讨论重点：** 讨论情绪在极端陈述中所扮演的角色，比如青春期的儿子过了宵禁时间才回家，这时他的父亲告诉他："你这一年都不准再出去玩！"请成员分享其他极端行为反应的例子。

d. 平衡对立面

对成员说："请努力平衡人生中的对立面。例如，认可你自己也要认可他人；接纳现实，也要努力改变现实；与他人亲近，同时也要能放手让对方离开。"

💬 **讨论重点：** 如果有时间，请复习人际效能讲义16b，并请成员勾选他们觉得最难平衡的辩证对立观点。也请成员写下他们觉得很难平衡的两极状况，并加以讨论。

✓ **e.化危机为转机**

化危机为转机是一门艺术，能够将看起来明显有问题的情况，转化为有用的资源。换个视角就是，在黑暗中看见一线曙光。

例如，受苦能提升同理心，帮人理解正受苦的其他人。日常生活遇到的问题就是练习技能的契机。事实上，从学习新技能的观点来看，没有问题反而是一场灾难，因为这样一来根本就没有练习的机会。当然，这里重点是，不要真的认为痛苦自始至终都是好事。这种立场不认可困难，而且也过于低估把非常痛苦和苦难的事物转变成有价值或有用的事的难度。

💬 **讨论重点：** 请成员举例分享，他们何时曾化危机为转机。他们从曾有的困难中学到了什么，或某种程度上给他们带来了哪些积极的影响？请加以讨论。

✓ **f.拥抱迷惘**

拥抱迷惘或进入悖论，也就是进入"是非并存"或"真假同在"的世界，并允许世界如其所是地存在。对于悖论和迷惘能感到自在。对成员说："很可能一个人希望你开心，但也会拒绝你的要求。我觉得太冷而你觉得太热，两人都没错；我可以尽己所能做到最好，但还可以做得更好。"

💬 **讨论重点：** 在这点上，请再次阅读并讨论讲义16a里可能都对的对立观点，或者也可以在你教到本讲义时再回到这部分。如果你没有使用讲义，则请成员分享他们自己生活中出现悖论的情况。

g. 扮演魔鬼代言人

扮演魔鬼代言人就是反驳某个原因或立场，而这纯粹只是为了辩论而辩论，或为了确定某个观点的可信度。使用这样的策略，可以更容易找出某个论点的两面性。告诉成员："当你在处理自己的信念时，可以使用空椅子技术。将两张椅子面对面放置，当你坐在其中一张椅子上时，就发表其中一方的论点；换到另外一张椅子上时，则说出反面论点。在两张椅子上反复交换，直到你清楚了两方观点。"（《DBT 教科书》第七章对这个策略有更完整的讨论。）

🏃 练习活动： 请成员分享人生中曾遇到过哪些两难或冲突状况？选择其中一个进行练习，然后邀请该成员使用空椅子技术，分别扮演困境两面的魔鬼代言人，并加以讨论。

h. 使用隐喻和故事

从古至今，人们会用隐喻和故事来表达有多重意义的复杂事件。故事也是一种方式，帮你澄清你所不了解的事情。例如，有人也许满脑子想的就是不要去上技能训练团体课程，并且认为自己不需要用这些技能来达成目标。此时你可以指出，这样的想法就像是要坐船渡河，然而船却没有舱底。想要变成别人所期待的你的样子，就好比一枝郁金香想变成玫瑰，只因它碰巧被种在了玫瑰花园里。替代方案是去找一个郁金香花园。学习接纳，就好比在园丁试尽所有办法拔除花园里的蒲公英，蒲公英还是年复一年地照长不误之后，学着去喜欢那些蒲公英。当横穿悬崖是唯一通向安全之路时，缓慢谨慎地横穿过去，同时不往下看，可能既有生命危险，也是求生的唯一方式。

💬 讨论重点： 请成员举例分享，任何他们曾听过的，帮助他们立即领悟到内心的复杂与两面性的故事，并加以讨论。

✓ 2. 意识到你与其他事物的联结

✓ a.像期待他人对待自己一样对待他人

告诉成员："记住，如果你态度严厉、批判或不认可对方，对方也很可能会这么对待你。"

💬 讨论重点： 讨论"因果报应"及"不分你我"这两句话。也请讨论，对于联结的觉察如何符合"黄金法则"的价值。讨论"维持关系"技能的长期使用，是如何类似于将资金存入有利息的银行，也就是说，不见得每个善意的行为都立即能得到回报。

b. 寻找人们的共性而非差异

当我们认为别人和自己不同时，就容易感觉和别人有距离。看待和自己非常不同的人时，也比较容易评判和挑剔他人。我们对于和自己相似的人，往往会感觉更亲近。

💬 **讨论重点：**请成员分享他们觉得自己和哪些人很亲近、和哪些人有距离。询问成员："你觉得跟亲近的人比较像，还是跟有距离的人比较像？"请加以讨论。

c. 觉察万物的自然联结

对成员说："一旦真正注意物质世界，你会发现万物其实都是互相联结的。身体的每一部分都与另一部分相连，身体也与地板相连，而地板又与外界相联结（即使是通过地板和外界之间的很多物质相连），以此类推。"

👥 **练习活动：**这是一个进行"被椅子接受"正念练习的好时机。相关描述，请见本书第七章第六节的E部分（最后一个练习）。

✓ 3. 拥抱改变

a. 自己身体力行地改变

由于生命的事实之一就是变化，所以我们最好不仅允许改变发生，更要投身其中地拥抱它。

💬 **讨论重点：**请成员举例分享这样的时刻，即使他们觉得改变非常困难，却还能允许改变发生。何时比较容易拥抱改变？请加以讨论。

b. 练习全然接纳改变

告诉成员："当人们和人际关系开始朝着你不喜欢的方向改变时，就要练习全然接纳那些改变。允许你所在乎的随着时间而成长、发展与改变。对于逐渐发生的改变要保持耐心，并为突然发生的改变做好准备。"

💬 **讨论重点：** 许多人对于改变感到困扰。请成员举例分享，他们觉得哪些类型的改变很困难。讨论如何全然接纳这些改变（见痛苦忍受讲义11）。

c. 练习适应改变

通过刻意制造小小的改变，鼓励成员适应改变。请注意：对于不喜欢改变的人，要做的练习则是采取相反行为（见情绪调节讲义9—11）。这里的概念是通过练习，让自己对于改变感到自在。

💬 **讨论重点：** 询问成员：谁喜欢改变，谁不喜欢改变。对于不喜欢改变的人，请和他们讨论，要怎么做才能对改变感到更自在。

✓ 4. 请记住，改变是相互作用的

a. 观察万物如何相互影响

对成员说："注意你自己的言行给别人带来的影响，以及别人的言行如何影响你。注意你的情绪如何影响你周围的人，以及别人的情绪如何影响你。将你自己和别人的行为，看作久而久之的相互影响，能帮助你放下责备。"

✓ b. 练习放下责备

鼓励成员提醒自己，一切都是随着时间流逝而受到许多相互影响而产生的。

辩证和责备不会同时存在，因为辩证关注的是发生的原因，以及这些原因如何随着时间相互作用。请注意，这和先前所教的不评判的相似之处。

练习活动： 如果时间充裕，你可以"将人际效能讲义16c：找出辩证思维"发给成员，并且解释要做的工作。给成员时间勾选每组认为最具辩证性的回应，并讨论答案。如果还有时间，询问成员是否有过不清楚在两个或更多选项中，哪个才是最具辩证性的行为方式。

讲义16c的正确答案如下：1A、2B、3B、4B、5A、6C、7B、8B。

十六、认可技能（人际效能讲义17—19a）

要点： 认可他人的感受、信念、体验和行动，对于建立任何信赖和亲密的关系都极为重要。要从不被认可中复原，我们可以使用同样的技能来认可自己，同时核对事实，承认不被认可的感觉确实让人感到受伤。

人际效能讲义17：认可。 本讲义回顾了认可的原因、定义，认可时最重要的是什么以及认可的注意事项。虽然提出这些很重要，但除非有成员误解认可的意思，不然本讲义通常可以很快带过。

人际效能讲义18："如何"认可的准则。 请把大多数时间用在讲解本讲义上。有一点非常重要，要让成员练习不同类型的认可，并讨论在认可别人时会出现什么问题。本讲义基于认可的六个层次，原本是要教给治疗师和技能训练师的，但也可以教给成员，当作维持关系技能的复习。

人际效能讲义18a：找出认可技能（自选）。 如果时间充裕，可以使用本讲义，或当作家庭作业，等到下一堂课再讨论。正确答案列在教学笔记E小节之后，以及本章介绍的最后。

人际效能讲义19：从不被认可中恢复。 请讲解本讲义的重点。如果没有时间讲解这份讲义，请将人际关系练习单3当作其中一项家庭作业发给成员，并且指导他们使用学到的认可他人的策略来认可自己。

人际效能讲义 19a：找出自我认可的地方（自选）。如果还有时间，可以使用本讲义，或当作家庭作业并等到下一节课再讨论。正确答案列在教学笔记 F 小节之后，以及本章介绍的最后。

人际效能练习单 12：认可他人。只要成员一有机会练习自我认可技能，就要填写这份练习单，即使他们当时并没有认可他人。本练习单的第一部分，是要成员勾选自己曾经"刻意"用在别人身上的认可技能。请特别强调"刻意"，以便让成员真正努力尝试和别人练习这个技能。练习单的第二部分，是要成员写下自己曾经认可以及不认可他人的语言。成员要能注意到自己不认可的语言，和能说认可的语言同样重要。本练习单也要求成员描述自己曾经练习认可的情境，包括直接写下自己说过的话、说过之后人际关系的结果，以及互动后的感觉。接着，通过写出下次将说哪些不同的内容（如果有的话），来演练认可的语言。提醒成员，如果他们没有在互动后尽快写下自己在某种情境中的言行，就很难准确记住他们具体做了或说了什么。

人际效能练习单 13：自我认可与自尊。和练习单 12 一样，这份练习单也是提醒成员，一有机会练习自我认可技能，就要记录下来，不管是否实际练习过。练习单 12 的指导语也可稍加修改，用在自我认可里。

✔ A.什么是认可？

✔ 1. 认可是指在对方的观点或情境中，寻找事实核心

当我们认可对方的体验、情绪、想法、言语或行动时，就等于是在验证这种情况下的事实。

举例： 如果一个朋友说自己的手臂很疼，我们会同情他或提供帮助，认可他的胳膊确实很疼。

举例： 如果有人在爱犬去世后非常伤心，我们可以既承认对方的感受，又表示爱犬去世后主人伤心是可以理解而且合乎情理的。

举例： 外出用餐时，如果有人说他不能花太多的钱，我们可以通过建议一家比较便宜的餐厅来表示听到了也能理解这个状况。

举例： 如果一位博学多闻的人正带我们旅游，我们可以跟随他，认可他

对线路的了解。对方的行为是明智合理的。

2. 当我们认可时，传达出对他人观点的理解

✓ 我们承认所有的情绪、想法和行为都有原因，即使我们并不知道原因是什么。

举例： 如果乔治忘了和麦克的约会，麦克觉得这是可以理解的，因为他知道乔治最近发生了很多事。

举例： 莎拉失手把露丝非常贵重的东西掉在地上打破了，露丝可以承认这是一个意外。

举例： 大卫有酗酒问题，而且不断复发。他的朋友凯夏可以表示自己理解喝酒的冲动是很难抗拒的，并且真正戒酒也很难。

✓ 3. 认可不等于认同

认可并不意味着喜欢或同意对方的言行或感受，也不意味着认同自己其实并不认同的事物。认可意味着理解对方的背景。

举例： 有个朋友在听音乐会时喝了两瓶啤酒，喝完一小时后才开车回家，却被警察拦住，开了一张酒驾罚单。我们也许会说："我知道，你认为酒后一小时才开车会很安全，这完全可以理解。"

💬 **讨论重点：** 我们如何才能认可他人而不用认同呢？很多人对这点很困惑。请成员分享，如何在以下情境或成员提出的情境中认可对方。（1）在政治讨论中，有人说了一些我们非常不赞同的话（例如："看来我们彼此的政治立场大相径庭。"）；（2）有人想去看某部电影，但我们不想看（例如，"我了解你想看那部电影的原因，可是我真的很希望我们可以看另一部电影"）。

✓ **4. 认可并不意味着"让"事情"变得"成立**

认可并不是赞同或证实不成立的事。

举例： 如果有人因为你吃了最后一块蛋糕而对你发脾气，但你其实并没有吃，你也许可以认可对方的愤怒，却不会认可你真的吃了那块蛋糕。

B.为什么要认可？

1. 认可能够增进我们与对方的互动

它显示：

■ 我们在倾听和理解。

■ 我们采取的是不评判的态度。

■ 我们可以看到情境中的事实或真相。

2. 认可能够改善人际效能

它能减少提升效能的几个障碍：

■ 证明谁对谁错的压力。

■ 消极反应。

■ 愤怒。

3. 认可能够解决问题，让关系变亲近，也能支持对方

它也可以让对方更能接受我们要说的话。

💬 **讨论重点：** 请成员分享，他们哪些时候觉得不被认可，哪些时候觉得被认可，并对比二者。这两种状况有何不同？他们各有什么感受？它如何影响他们每一次的行为？

4. 不认可会造成伤害

✓ **举例：** 比尔正在开一个非常重要的会议，听取公司访客的报告，可是他不小心碰到自己的笔记本电脑，结果电脑从桌边掉到地上，发出很大的声音。上司转头对他说："格雷，别分心！我们有很重要的客人！"比尔感觉非常窘迫和愤怒，因为他一直都在专心听对方报告，而且他刚才是在用电脑帮团队做笔记。回家后他跟妻子提起这件事，妻子却回答："你怎么总是做这种事？再这样下去，你就别想升职加薪了！"

💬 **讨论重点：** 询问成员，他们觉得比尔听到上司和妻子的回应会有什么感觉。为什么这样的回应如此伤人？他们的回应当中缺少了什么？强调这里所欠缺的是对于比尔本人、他的行为及感受的理解。

💬 **讨论重点：** 询问成员，比尔的上司可以做什么认可的事情。其中一个合理的回应是，上司干脆忽略电脑掉到地板上这件事，因为忽略本身就意味着事情不重要或并非故意。接下来，再询问成员："比尔的妻子可以给出什么认可的回应？"如果团体成员想不出来，那么可以提供一个例子："比尔，你一定觉得很难过、很沮丧，而且你是为了帮助大家才用电脑做笔记的。"如果成员表示这样的说法听起来太愚笨，那么可以鼓励他们用自己可以接受的说法来回应。

✓ C.需要认可的重要事物

✓ 1. 只认可能成立的事物

只认可能成立的事物非常重要，因为当我们认可某物时，不只是在证实它，也在强化我们所认可的体验、情绪、想法或言行。

2. 认可情境中的事实

3. 认可一个人的体验、感受/情绪、信念、观点或想法。

✓ **举例：** 如果小安说他的手臂很痛，因此在重要考试当天不应该去上学，妈妈也许会认可小安手臂的疼痛，却不认可必须在家的想法。

举例： 如果玛丽亚非常害怕上床睡觉时不穿鞋，艾玛也许能够认可这样是合理的（因为玛丽亚之前曾在床上受到过攻击），却不认可赤脚上床就是危险的。

举例： 假如乔治说他有一个重要考试不及格，觉得很难过。胡安看了他的成绩，是及格的。胡安也许可以认可乔治的成绩不如预期，却不认可他这场考试不及格。

4. 认可痛苦与困难

以上三例成员中，妈妈、艾玛和胡安都能够认可对方的痛苦或困难。

✓ D.如何分辨什么是成立的事物

以下所有都代表某事物是成立的。

1. 与事件本身或环境有关且有意义

举例： 如果有人问你，比尔是不是一个好领导，这与讨论比尔的领导技能和理念有关且有意义；完全不谈比尔，反而说你觉得苏珊身为领导如何糟糕就是无关的。

✓ **2. 证据充分或正当有理（基于经验事实、逻辑推理，或是广为接受的权威说法）**

　　举例： 如果现在真的在下雨，那么"下雨了"这句话就成立；但是如果天气晴朗，这么说就不成立。

✓ **3. 对于结果是合适的（也就是说，能有效达成个人的终极目标）**

　　举例： 假如乔安妮（有酗酒问题）说喝酒能立马让她感觉良好，我们可以认可酒精的确有这样的效果，但不认可用喝酒解决问题能帮乔安妮在公司得到晋升。

✓ E.如何认可

　　以下列出的认可层级和人际效能讲义 18 中的内容，与治疗师在 DBT 个体治疗，以及团体治疗中所有成员使用的内容都是一样的。大致上，这几个级别是逐步递进的。从一级到六级，认可的程度越来越强。

> **带领者笔记：** 请和成员讨论讲义 18 并阅读相关例子。如果时间允许，再请成员举出其他例子。

✓ 1. 关注对方

　　告诉成员："你关注对方时，你会把对方这个人与其言行视为相关且具有意义的，也就是需要认真看待的。这就传达出了在这个时刻，你看到了对方，并且重视对方。为了避免对方感到不被认可，请正念觉察你自己的非语言反应——例如，翻白眼、发出啧啧声、走开，或说'我才不在乎你说什么'。"

　　正如对他人的正念技能讨论里所强调的（见之前第十二节），一段良好的人际关系最重要的特质就是人们能够注意彼此。如果我们不理睬送花给我们的人，那么对方之后就不会再送花了。如果我们忽视对方的陪伴，那么对方以后就不会想留在我们身边了。

即使不同意或无法理解他人的行为、想法和感受，我们仍要给予关注。如果我们一旦不同意对方就予以忽视，那么我们又如何能学到任何新的东西或增进对他人的了解呢？

向成员强调，关注对方并不是同意或赞同对方的行动、情绪、信念或其他体验。这仅表明对方是活生生的人，而且很重要。

我们忽视某人时，就传达出对方的行动、感受、信念或体验对我们来说都不相关、无意义或不重要。虽然从广泛的层面来看，万物都很重要，但是人们的很多言行都不重要、不相关或无效。在这种状况下，尤其在我们希望对方停止目前的言行时，暂时忽视他们可能是明智的做法。

举例： 人们发脾气时，也许我们可以先忽视他们，只在他们提出要求时才去关注他们。我们可能会忽视侮辱我们的人，而不是马上加以反击。如果有人一直改变话题或不断改变主意，我们可能也会先忽视对方，只去做现在正在做的事。如果某个电视评论员常常夸大事实，也许我们就会忽视他的节目，而改看其他节目。

练习活动：如果还没有练习过"维持关系"技能里的集中注意练习，请做这个练习。（见第六节B.2."表现出兴趣"）

✔ 2. 回应而不评判

对成员说："下一认可层级的目标是表达你准确地听到对方所说的话了。保持开放的心胸，接受对方的纠正。重点是不要增添你个人的假设或诠释。"

举例： 也许有人会用绝望的语气对你说："她恨我。"为了认可对方，我们也许可以说："所以你觉得绝望，而且真的确信她恨你……"（而不是说"别傻了，你早该知道她其实并不恨你。"）

向成员强调，回应对方的言行并不是赞同或鼓励，也不是评价效能或价值。认可并不代表我们肯定同意，或是认为只有这一种可能的观点。如果对方的反应没有基于经验事实，那么这个层级的认可不要求我们用语言、行为或非语言的回应告诉对方，他们的反应需要基于事实。

举例：我们可以认可对方认为有人正在威胁他们，而不需同意对方确实正受到威胁。我们可以认可对方很生气，而不需同意对方生气的原因。

💬 **讨论重点：**请成员分享别人没有正确理解他们所说的内容时，有怎样的感受？请加以讨论。

👥 **练习活动：**将成员分成两人一组，请其中一人描述上周的生活状况或练习技能的状况。请团体的另一人聆听对方并做出回应。一开始，回应者试着对对方所说的内容表达精准的理解；练习到一半时，则改成误会对方的回应。请扮演讲者的成员继续练习，尽力向听者解释整个状况。一段时间的练习之后，请成员互换角色，让听者说，而说者听。之后讨论被对方理解和误解时各有什么感受。

✓ **3. "读心术"**

向成员解释："第三层级的认可，就是对方不用语言告诉他感觉怎样，你也能了解。"

在日常生活的语言中，这就是所谓的"人际敏感度"。有好几种方式可以读取对方身上发生的事。声调、肢体语言，包括面部表情，都可以传达出对方没有说出口的体验。观察对方的姿势、面部表情和行为，也是可行的方法。此外，也要整合所有信息，比如现状和你之前对对方的了解。有时，即使只知道某个状况，比如所爱之人突然去世或某人刚订婚，就足以让你解读对方正在经历什么。然后再表达你觉得对方的感受、希望或想法是什么。当对方知道，你不用等到他们开口就能了解他们的感受或想法，几乎可以肯定，他们一定能体验被认可的感觉。至少，这样的认可表达出你了解对方——也就是你认可对方本来的样子。

为了练习这个层级的认可，可以请成员用一个词来描述他们在对方身上看到的感受，然后告诉对方他们所看到的。举例如下：

举例："看来你对这个想法真的感到很兴奋。"

举例："好遗憾你没有申请到房贷。这一定很令人失望，那座房子真的很好。"（这样的说法会比看着对方而沉默不语，或是只说"我觉得很遗憾"更能表达认可。）

举例："你一定很奇怪到底发生了什么事，才让行程有这么大的改动。"

a. 谨慎小心并敞开心胸接受纠正

第三层级认可可能会充满危机并造成很大的伤害。主要的危险是对于对方隐私感受的不正确或不全面的描述，这会让人感觉如鲠在喉。告诉成员："不要把结果或所观察到的行为功能，当作是别人私密动机的证明。如果你觉得某人的言行在操控你，不要假设对方的目的就是操控你。如果朋友太晚来接你，不要假设对方不在乎你。第三级技能就是去接受自己可能会误解对方。"

b. 解读对方时要委婉一些

解读对方时，最好把解读当成假设或猜测——例如"我猜你对那件事非常失望吧"，而不是说"你对那件事真的非常失望"。提醒成员："保持开放的心胸，接受对方的纠正。请记住，没有人能真正观察到别人内心的想法与感受。"

💬 **讨论重点：**请成员分享别人对他们提出要求或拒绝他们的要求时，好像对方并不知道这对自己的影响有多大，他们对此感觉如何？他们希望对方当时会有什么不同的言行？请加以讨论。

✓ 4. 表达对于原因的理解

对成员说："即使你不赞同对方的感受、想法或行动，也要尽量从对方过去的经历及现在的状况来寻找原因，证明对方的感受、想法和行动是有道理的。目的是要让对方知道，基于过去的事件或环境，对方的行为是可以理解的。其实，你是在说：'基于你过去 X 的经历，你怎么可能会有除了 Y 之外的反应呢？'"

这里的重点是，如果我们考虑原因，就会了解所有的行为终究都是可以理解的。

a. 习得的经历

因为对方习得的经历，我们传达出能够理解对方的行为，即使在当下的事件中，看起来没什么道理。

举例：如果对方上周在某个暗巷里遭受袭击，那么即使眼前这条巷子灯火通明，即使现在是白天，并且附近的区域也很安全，我们也可以表示对方不敢走进巷子是有道理的。

举例：我们可以对一位美国的新移民说，因为他们之前从来没说过英语，所以他们现在讲英语时会犯很多错是可以理解的。

举例：如果有人告诉某人我们偷了他的钱，即使我们没偷，我们也可以告诉这个人，我们理解他为什么对我们生气。

举例：如果某人之前试过各种瘦身计划，但最后都失败了，现在这个人对于新的减重计划不抱希望，我们便可以表达，他这样的反应是合情合理的。

b. 先前的事件

我们可以说，基于先前的某个事件，对方做出这样的行为是可以理解的；即使这样的行为在当下事实中并不合理。

举例：如果天气预报说今天会下雨，即使整天出大太阳，我们还是可以说带雨伞去上班是有道理的。

✓ **举例：**一位朋友听说别人都受邀参加另一位朋友的庆生会，但是他却没有收到邀请。我们可以说，这位朋友怀疑自己是否被刻意排除在外，这样的想法是可以理解的。即使事实（我们和朋友都不知道）是邀请函被那位朋友的狗吃掉了。

c. 心理或生理障碍

我们可以表达，对方因为有心理或生理障碍，所以行为是可理解的，即使从事实而论并非有道理。

举例：我们可以说，如果对方刚做完癌症治疗，即使是轻微的体力劳动都容易感到疲惫（而且会比其他人更累），这样的状况是合理的。

举例：如果对方有抑郁症，我们可以说对方觉得无望是有道理的，即使目前的状况并不是真的没有希望。

举例：我们可以告诉某人，因为我们的声音听起来很沙哑，对方认为我们在生气，这样的诠释是有道理的，即使我们是在焦虑而非生气。

✓ 5. 承认真实有效的部分

第五个级别的认可是表达对方的经验之所以合理，是因为它们符合当下的事实、有足够的证据、在逻辑上是正确的，或者就终极目标来说是有效的。这个层级的认可是 DBT 的核心，也是对于"这是真的吗？"这类问题的肯定答复。它涉及寻找对方行为可理解的原因，是因为行为本身合理或是对当下情境的正常反应。

举例：雪伦有时在团体中会害羞，现在她正参加 DBT 技能训练团体。她偶尔在团体中发言时，坐在桌子另一边的约翰会用生气、带有威胁性的眼神看她。在一次团体课程后，雪伦告诉团体中的一位朋友说："约翰看我的眼神好凶，下次我再也不想坐他旁边了！"认可雪伦在这种情境下的反应的一种回应方式可以是："是啊，我很能理解你，如果我是你，我也不想坐在他旁边。你刚才说话时，他看你的样子真的挺凶的。"

✓ 对成员说："在第五层级，对于你认为成立的事情要采取行动。通常不把自己的言行付诸行动，就是不认可。比如说，某人房子着火了，大喊救命，消防员却只是抬头对那个人说，'我知道你需要营救'，却没有试图救人，这就是极度的不认可。"

举例： "在轮到你倒垃圾的日子，如果你没有去做而受到指责，这时请承认今天的确轮到你，然后去把垃圾倒了。如果有人求助就去帮他解决问题（除非对方只是想找人倾诉）。如果有人饥饿，就给他们食物。承认对方正在做的努力。"

然而，也需要小心。如果我们因为过去的原因或对方的性格而试着认可某件事，这时反而会侮辱而非认可对方。只有对当下的情境做出回应，才是有效的认可。

✓ **举例：** "因为今天轮到你倒垃圾，却没有去倒而受到指责，你可以这么回应，'你是因为今天诸事不顺，才对我不高兴'，或是你说对方不高兴，是因为小时候发生的事。上述说法都是第四级认可。但是提及这类个人或过去的事件，却不承认'对方要你去倒垃圾，因为今天轮到你'是合理的，这样不但没有认可对方，反而常会侮辱到对方。"

✓ 6. 表现公平

对成员说："回应对方时，要把对方和你放在平等的地位上，而且值得受到同等的尊重。第六个级别的认可，与傲慢待人或过分软弱正好相反。这个级别的认可，是在回应对方时，认为对方有能力做出有效而合理的行为，而不是假设对方无能或比自己更胜一筹。这也暗示你在人际关系中要做真正的自己。"

练习活动： 每次找一位成员，请对方简单描述他一天或一周中感到困难或失望的部分；请成员左边的人对他说认可（且简短）的话，接着请左边认可的这位成员分享这种时候，并请他左边的人说一些认可的话。依次轮流下去，直到所有成员（包括团体带领者）都分享过自己的经验，也受到别人的认可。然后让大家把注意到的所有认可行为都列在白板上，并将这些行为与人际效能讲义18里的认可方法进行匹配。

继续说："当你不理解对方的观点，或者对方的感受或行为对你来说毫无意义时，你可能会很难认可对方。在这些状况下，你可以做下面两件事情中的一件：一是去认可对方的感受或观点但不认可对方的行为；二是承认你并不理解对方但是希望能理解他。这种做法可以表现你的诚意，并且用平等的态度对待别人。"

举例： 有些人可能会说，他们不理解为什么有人会做出功能失调的行为。这里的重点是，要认识到大部分功能失调的行为，都是对于痛苦情绪的反应，因为他们找不到其他方式来减轻自己的痛苦。对于这样的状况，一种认可的回应是："我看得出来，你显然觉得非常痛苦。"在这个例子中，我们在认可对方的情绪，而不是行为。

举例： 另一种有效的回应策略就是："我知道你希望我能理解你，而且请你相信我，我也真的很想理解你，然而我就是没办法搞懂。我们再谈谈看，请你再说一遍。"这种替代策略以不评判的方式传达出，我们不理解的是对话的问题，而不是对方的情绪或行为不成立。对话的问题在于我们自己缺乏理解，而不是对方的情绪或行为不被认可。这也传达出，我们很重视对方所处的困境。

练习活动： 如果有时间，可以发给成员"人际效能讲义18a：找出认可技能"，然后解释要做的工作。给成员时间勾选每一组当中，他们觉得更有效的认可回应，再讨论答案。如果时间允许，询问成员是否经历过不知道两个选项中哪个是更有效的认可方式。

讲义 18a 的正确解答如下：1B、2A、3A、4B、5A、6B、7B、8B。

F.从不被认可中恢复

回复人际效能讲义 19：从不被认可中恢复。

一开始可以说："从不被认可中恢复和认可对方一样重要。不认可有几种类型。有些是有益的，有些则是有害的。"

1. 有益的不被认可

对成员说："当你的观点、信念或行为不被认可，而事实上它们是基于错误或不准确的信息，那么不认可这些就是有益的。如果能够在不认可对方时还能尊重对方，这些互动通常就不会带来痛苦，甚至是我们想要的。例如，能够给予和接收纠正性反馈，并能对观点进行辩论，这对才智刺激和个人成长都至关重要。在辩论某些观点时，如果双方能够接纳对方、给予纠正反馈并参与辩论，这样的方式对于智力刺激和个人成长相当重要。"

a. 纠正反馈

继续对成员说："纠正性反馈是指结果显示你所说的事实是错误的，或是你的信念与事实之间并没有逻辑关系，或者你的行为无助于实现目标。如果反馈是正确的，而且以不评判的方式开放地讨论，又能对应到你的观点，你可能会同意、改变心意、感觉良好并且继续前进。"

💬 **讨论重点：** 请成员分享哪些时候被告知他们所认为的事实是不正确的（并且它们确实不正确）。也请成员分享，哪些时候他们被证实自己对于某件事的看法没有逻辑性。

b. 观点辩论

继续对成员说："观点辩论是指有人不赞同你的观点或信念，比如政治观点、宗教信仰、哲学立场或其他人们完全有理由不认同的信念。他人可能会强烈反对你的观点。至于你是否会感到不被认可，通常取决于对方即使不同意你的观点时，是否仍尊重并聆听你的见解。如果讨论或辩论是热烈但互相尊重的，我们就会很容易感觉很好，并且能够继续坚持你的观点。"

💬 **讨论重点：** 请成员分享，哪些时候他们曾经和亲朋好友或同事有过激烈的政治辩论，也请讨论谁与他们意见不一致，以及自己感觉如何。

2. 有害的不被认可

对成员说："如果你的观点被漠视，而对方的正确性却没有受到质疑，此时不被认可会令人非常痛苦。痛苦的程度取决于不认可你的人的重要程度，以及你的立场对你的自尊、自我信任有多重要。正如认可有很多层次一样，有害的不被认可也有很多层次。以下是一些有害的不被认可的例子。"

a. 受到忽略

"即使你当下的言行有理有据并且息息相关，他人也不一定会关注你的言行，而把你当作不重要、不相关的人来看待。如果这种模式持续不断并长期存在，那么这会带来极大的伤害。因为你很容易就会觉得自己无关紧要、毫不相干。"

b. 不被理解

"即使你一直尽力告诉对方自己想说什么、在想什么以及有何感觉，对方却并不能够理解。不管你怎么描述自己或自己的体验，对方就是无法理解。这可能是因为对方不够敏感，不够了解你的背景，或他们对你有自己的看法，无论你说了什么做了什么。

"问题是这会让你开始质疑自己和他人沟通的能力，甚至开始担心对方对你的看法是对的，而自己是错的。"

c. 被误解

"别人不只会误解你，而且还不知道你怎么了，除非你用非常直白的话告诉对方。问题在于，在这样的情况下，你会很容易觉得自己以及自己的反应一定异于常人。你也可能开始相信，对方其实对你很敏感，只是不在乎你而已。这会让你相信自己不中用或自己有问题。"

d. 被曲解

"别人对于你的行为和体验，给出了可理解的但错误的解释。当你说出你的感受，对方却说：'不！你的感觉不是那样。'或者他们可能曲解又非常肯定你的言行动机就是那样。他们对你动机的推断往往是轻蔑且让人伤心的，而且可能基于你的行为对他们的影响：'我觉得受到操纵，所以你一定是想要操纵我。'对方常常把你是否采取某个行动的原因误解为你蓄意犯错、效率低下或有其他问题。而你行为的真正原因，比如先前学习的经验或生理特质都被忽视了。对方还会假设，如果你想要改变，你就可以做得到。这样造成的问题是，当别人常常误解你时，你就很难感受到被接纳与关怀。"

e. 当下的事实被忽视或否定

"能够合理化你的行为的事实，对方一概否认，认为不重要，或者扭曲事实。例如，你因为堵车而迟到，但朋友却说：'你总是迟到，不要找借口！'在当下情境中完全合理的反应却用过去的情况来解释。又如，你现任上司口口声声说要支持你却一直没有做到，而且还说：'你不信任我，是因为你前任老板说话不算话。'问题是，如果当下的事实被忽视或否定，有时会造成严重的后果——比如，你受到虐待而施虐者拒不承认，或者你原本无罪，却被判有罪。"

f. 受到不平等对待

"别人对待你的方式与对待他人迥然不同，即使你和别人并没有太大的不同。你被当作低人一等、当成孩子、认为很脆弱那样被对待，或觉得你无法真正理解对方。这里的问题是，如果你受到跟别人不一样的待遇，就很难觉得自己是团体的一分子。"

3. 创伤性不认可

> **带领者笔记：**以下讨论特别适合曾遭遇身体或性虐待、其他创伤事件和／或确诊为 PTSD 的成员。请将讨论加以个性化处理，以适应某个特殊团体。

创伤性不认可是指以极端或持续的方式，不认可个体重要的个人体验、对自己重要的个人特质，或对自我或外界的反应。创伤性不认可可以发生在个人对于自我和环境的感知、感官体验、想法和信念、情绪和渴望，和／或行动上。很多时候这违背了个人对自我与世界的习惯性想法，也违背了对自己和环境认知的完整性（integrity）。

创伤性不认可常来自受创者现在或过去依赖的对象，通常是非常重要的个人、团体或权威人士。受创者需要通过这样的依赖关系来建立个人的完整性和幸福感。这种体验可能只发生一次，比如女儿告知母亲遭到父亲性虐待时，母亲却不肯相信，或是证人作证时传达某人犯罪的不实信息。创伤性不认可也可能是某个重要人物、机构、部分／所有的家庭成员或其他重要团体对于情绪、动机和行动长期累积的疏忽和误解，导致受创者的心里觉得受到排斥，或觉得自己是局外人。

这种极端或广泛的不被认可所带来的问题是：威胁到个人的心理完整性，导致对内在真实可信性产生怀疑，这会让人处于长久的不安全感中。这种不被认可的后果包括：不断产生侵入性想法和记忆；反复体验不被认可感，强烈的羞耻、困惑、愤怒以及自我防御；对于日后的不被认可越来越敏感；拼命想从不认可自己的人那里获得认可，也不断努力争取他人的认可；避免接触不认可自己的人并且难以信任他人。

4. 从有害的不被认可中复原

发给成员人际效能讲义 19 并告诉他们："要从有害的不被认可中恢复，你可以做许多事情，以下是其中几种做法。"

✓ **a.核对事实**

"以不防卫的方式核对所有事实。找一个你能够信任的人一起核对，认可真实的部分。这是不被认可后的关键一步，这样你就不会再次体验到不被认可。"

b. 承认并设法改变自己的无效回应

"如果你的回应不正确或无效，承认这个事实，然后努力改变你的想法和言行。另外，不要指责任何人，因为指责于事无补。"

c. 放下评价性的自我陈述

"即使你真的犯错或相信了某件不正确的事，也不代表你是'笨蛋'或应该因为无知而受到指责。请记住，无效的行为通常有许多正当理由。"

d. 提醒自己：一切行为皆有原因

"要提醒自己一切行为皆有原因，且你的回应也是如此。请记住，以当时的情况和你个人的经验来看，你现在和当时都一直在尽力做到最好。"

"即使对方是对的，也要承认不被他人认可确实会让人伤心难过。"

e. 自我关爱，练习自我安抚；即使对方是对的，也要承认不被他人认可确实会让人伤心难过。

"当别人不认可你的时候，不动声色的沉着也许很有必要，但是当你独处时，你完全有理由对自己关爱，并且安抚自己。因为不被认可的确很痛苦。"

f. 提醒自己：即使你很对，不被认可也很少是一场灾难

"请记住：无效回应——不论是自己还是他人的——通常都不是世界末日。"

g. 承认自己的有效反应

"如果在某些状况下你的反应有效，或你的反应在当时的情境下很合理也很正常，就承认你是对的。自我认可很花费心力，也需要和他人进行很多言语沟通，但是这些努力都很值得。"

h. 在被支持的环境中描述你的体验和行为

"描述自身的体验和行为，对于放下不被认可极为重要。描述的过程与治疗创伤和焦虑症的暴露疗法很类似。不强化描述过程中所激发的羞耻和不被认可感，这种体验可以帮助你逐渐学习到，自己的反应在很多方面合理而有效。"

✓ 👥 **练习活动：** 请成员勾选人际效能讲义19里各组的行为中，他们觉得困难的部分；接着读出每一组行为，并询问有谁勾选该选项。也可以考虑用这份讲义的内容来布置本周家庭作业。

✓ **i.使用所有认可的步骤对待自己**

"认可自己看起来好像很简单，不过大家常常会忘记。我们曾经讲过的每个级别的认可，都可以用在自己身上。"

■ "关注自己的行为（想法、感受和行动）。"

■ "通过向自己描述内在的（想法和感受）及公开的（行动）行为来反思。"

■ "对自己的情绪和处境保持正念。你的情绪和处境会向你诉说你的需求，对此要保持敏感。"

■ "试着理解内心最深处的想法与感受。再次强调，要承认所有的行为都有原因，并且可以理解。记住你已经尽最大努力了。"

■ "承认有效的部分。如果你的行为有效，即使别人并不这么认为，你仍旧可以捍卫自己。"

■ "尊重自己。将自己和他人视为平等的。"

✓ **j.练习全然接纳自己**

"练习全然接纳自己，需要承认不被认可的确很痛苦，也需要自我关爱和安抚。如果你还能练习全然接纳不认可你的人，最终接纳自己就会变得更容易。"鼓励成员运用"痛苦忍受讲义11b：练习全然接纳，分解步骤"及"痛苦忍受讲义14：浅笑与愿意的手势"来练习接纳现实。例如，一边想象不认可自己的那个人，一边让脸上泛起浅浅微笑并做出愿意的手势也许会非常有用。

👥 **练习活动：**如果还有时间，可以将"人际效能讲义19a：找出自我认可的地方"发给成员，并解释要完成的任务。给成员时间，来勾选每一组回应中他们觉得比较有效的认可选项，并和成员讨论答案。如果时间允许，询问成员是否有过不清楚在两个选项当中，哪一个是比较有效的认可。

讲义19a的正确解答如下：1A、2B、3A、4B、5A、6B。

十七、改变行为的策略（人际效能讲义20—22a）

要点： 想要让自己或他人做自己所期待的行为（比如强化，塑造某些行为），或者想要减少我们不想要的行为（例如削弱、饱和、惩罚），其实有很多有效的策略。改变行为的有效秘诀就是去学习这些策略并付诸实践。

人际效能讲义20：提升期望行为可能性的策略。 回顾该讲义的重点。重要的是让成员了解以下概念：强化（能够增进行为的结果）、行为塑造（强化微小的变化进而带来更大的变化），以及间歇性强化（偶尔强化会让行为持续下去）。

人际效能讲义 21：减少或停止不想要的行为的策略。 本讲义讲授削弱、饱和和惩罚策略。明确讲解削弱与惩罚的不同非常重要。

人际效能讲义 22：有效使用行为改变策略的建议。 本讲义列出选择和实施后果的相关重要议题。

人际效能讲义 22a：找出有效的行为改变策略（自选）。 如果有多余的时间，可以在课堂上使用这份讲义，或把讲义发给成员当作家庭作业，下一堂课再讨论。正确解答列在本小节教学要点的最后，以及本章介绍的最后。

人际效能练习单 14：通过强化来改变行为。人际效能练习单 15：通过削弱或惩罚来改变行为。 成员一定要去尝试本模块的行为改变策略。请务必将这两份讲义或至少其中一份发给成员当作家庭作业。和成员一起讨论练习单上的指导语，并在下一堂课仔细讨论他们的家庭作业。对治疗师和技能训练师来说，这些技能通常都很难学会。可想而知，成员也需要一段时间来学习和运用它们。

带领者笔记： 行为改变相关书籍中，最好且最易学的一本就是《别向狗开枪》（*Don't Shoot the Dog*）；书中列出了促进改变的有效和无效方法。举的例子也非常好，如能推荐这本书作为指定阅读书目会非常有帮助。这本书常被指定为青少年 DBT 课程的家长阅读书目，许多青少年也会阅读。

A.提升期望行为可能性的策略

✓ **1.什么是强化？**

强化就是任何能够增加某个行为频率的结果。所有人类和动物都会受到行为结果的影响。

> **带领者笔记**：重要的是，成员能够掌握强化是增加某个行为的结果这一重点。请成员复述给你听，并请他们记住这个定义。在讲授这些技能的过程中，不时要求成员告诉你什么是强化或者强化物。

💬 **讨论重点**：询问成员想要自己增加什么样的行为。建议将答案写在人际效能讲义20最上方的画线处。

✓ **a.人们不必觉察到自己的行为正在被后果所影响**

强化物起效的必备条件就是能觉察到某件具有强化性的事件发生了（例如，声音无法强化听障人士的行为，视觉图像对盲人也没有强化效果）。一般人没有必要去觉察强化物及其行为之间的联系。

✓ **b.人们常在不知不觉中强化他人的行为**

举例："如果你每次都因为对方发脾气、攻击你而给他们想要的东西，经过一段时间，你就会发现对方更容易对你发脾气。"

举例："如果你的一个朋友有酗酒问题，你一谈起让对方觉得痛苦的话题，对方就非常想喝酒，并且告诉你这种欲望，接着你马上避谈那个痛苦的话题。可以预期的是，以后当你开始谈论朋友想要回避的痛苦话题时，对方就更常出现想要喝酒的冲动。"

c. 强化是最有效的增加某种行为频率的方式

强化就是在告诉对方，在特定状况下哪些行为会受到奖赏（以及哪些行为不会受到奖赏）。

如果某个不良行为被强化，人们往往会认为这个人之所以这么做，就是因为想要得到强化物。它所基于的前提是，人们知道什么会强化他们的行为，而且对行为的强化与行为的动机是相关的。这两种想法都不见得是真的，却常常带来很多痛苦。哭泣、企图自杀、发脾气和摆臭脸被视为尝试要引起他人注意，生气、疲倦、焦虑和恐惧被视为想要逃避去做需要做的事情，大喊求救则被视为想要操纵别人，等等。这些推论都有贬损意味，经常出错，也非常伤人。

关于以上重点，需要记住的是：人们往往没有觉察是什么强化物在控制自己的行为。虽然人们不得不体验某种强化物，但需要觉察到自身行为和行为后果之间的关系，强化还是会发生作用。关于什么在控制自己行为的陈述都只是个人观点而已。可惜的是，这些观点可能基于很多其他的因素，而非事实。

✓ 2. 为什么要强化？

有些人认为，行为应该是自动发生的——也就是说我们不应该强化某人去做"对的"事情。这是对人类（和动物）行为最根本的误解。举例来说，养育孩子最重要的任务之一，就是系统地强化他们的有效行为。本质上，知道什么是"对的"是学来的。做对的事情，也是学来的。强化是我们学习的一种重要方式。如果以为人就"应该"去做对的事，只是因为那是对的，就忽略了所有行为都有原因这一事实。

> **带领者笔记：** 这一点可能很有争议。请和成员进行讨论。尽可能多地举例说明观点。必要时可以列举更多相关的例子。如果你觉得有用的话，也可以举极端的例子说明强化多有力量，比如"洗脑"。

✓ 3. 两类强化

a. 奖励式强化

奖励式强化（有时也称为"正强化"），是通过增加积极结果来增加行为的频率。

举例： 表扬、航空公司的常客里程奖励、经过努力而获得的特别待遇、金钱、浅笑，或是人际情境的满意结果，当这些成为某个特定行为的后果，就都能强化某种行为。

✓ 💬 **讨论重点：** 询问成员什么可以成为增加自己想要的行为的奖励或积极结果。也就是说，什么会让他们更可能去做那些行为？请成员将个人强化物写在讲义上。

> **带领者笔记：** 引导成员设定比较现实的、安全的且适合目标行为的强化物。比如，假设目标是每周运动五天坚持一个月，奖励自己一辆新车就不是现实的强化物。酗酒、嗑药和逃避责任也不是有效的强化物；去非洲狩猎可能也不现实。你也要鼓励成员寻找金钱以外更有意义的强化物，比如和父母、孩子或朋友共度美好时光。

b. 减轻痛苦式强化

以减轻痛苦的方式强化（有时也称为"负强化"），也就是通过移除令人不愉快的因素来增加某种行为的频率。

举例： "吃阿司匹林可以摆脱头痛；及时提交报告，老板就不会责骂你；如果你对别人发脾气，别人就不会再烦你；你坐车里时系好安全带，就不会再听到烦人的提示声；大量喝酒，悲伤和害怕的感觉就会减轻；做按摩，就可减轻背部疼痛。"

✓ 💬 **讨论重点：** 请成员分享哪些特定行为的后果曾减轻了他们的痛苦。建议成员将这些状况写在讲义上。询问成员，他们自己或别人的哪些行为，之所以继续存在，是因为这能够终止不愉快和/或痛苦的状态。

> **带领者笔记：** 负强化在团体中是非常触动人心的讨论议题。比如自伤、酗酒、嗑药或说谎之类的功能失调行为，通常因为能减轻情绪痛苦而被强化。告诉别人"我想自杀"时，如果听者在回应时深表同情，或是从让人痛苦的话题转移到对自杀意念的关注，这时宣告自杀的行为就会被强化。

💬 **讨论重点：** 请成员找出自己想要减轻或消除哪些消极情境或不安的来源。

举例： 一位十几岁女孩可能提到父母唠叨要她去整理自己的房间。什么样的新行为能够帮助她减轻不舒服的感觉呢？例如，如果这个女孩整理自己的房间能让父母减少对她的责骂，那么她以后就更可能自己整理房间。请团体成员举出一两个其他例子。

💬 **讨论重点：** 请成员分享哪些时候他们在所爱的人陷入困境时，会比对方没有陷入困境时给对方更多的时间。

✓ **4. 什么是行为塑造？**

行为塑造就是强化朝向较大目标的小步骤。每一步朝向较大目标的成功小步骤，都需要被强化，直到新行为能够稳定下来。这让人更能够持续努力地朝目标迈进。

✓ **举例：** "求职时，可以先执行较小的步骤来强化自己的行为。例如，周一先在网上应聘一份工作然后对此强化。周二则应聘两份工作，然后再对此强化。持续做下去，直到每天大部分的时间都用于求职。"

举例： "如果你的目标是在一周中有五天早起，能够运动半小时，一开始你可以先强化自己早点起床，然后再强化自己运动十分钟，之后再把时间延长到二十分钟，以此类推。"

5. 为什么要塑造行为？

塑造行为之所以有用，是因为有些行为很难一次就形成，特别是那些复杂而且需要很多步骤才能完成的行为。

💬 **讨论重点：** 询问成员，自己或家人是否曾因为在截止日期前一晚才开始一个大工程而感到沮丧。对此，行为塑造该如何运用？请成员举例。关于写报告的例子，可以包括以下几个步骤：第一步，在截止日期前一周，坐下来拟出报告大纲，完成后再去看电视。第二步，写下对报告的介绍，然后给自己一个小强化，并按此继续下去。

💬 **讨论重点：** 请成员针对自己想要改变的行为，说出一两个步骤。

✓ 6. 强化的时机很重要

告诉成员："强化要紧跟在想要的行为出现之后。如果时间过了太久，就无法将强化物和行为连在一起。"

✓ **举例：** "你想要改善网球反拍击球的技能，教练正在观察你做三十次挥拍动作。你会希望教练在你每次正确击球之后，马上跟你说"做得好！就是这样！"，还是希望等你做完全部挥拍动作之后才跟你说"我很喜欢你的第十四次挥拍"？

👥 **练习活动：** 进行"响片游戏"，方式如下：你需要在技能训练团体里准备一个很响的响片（或哨子），请一个人自愿扮演学习者（也就是在游戏中当"狗"），再找一个人扮演"驯狗师"的角色。狗的任务就是学习驯狗师教的新行为。选好当狗的人之后，此人要先离开教室。驯狗师的工作是教会狗新的技能，方式是训练行为时，强化每一个达成目标行为的连续步骤。在把扮演狗的成员带进教室之前，团体成员要决定教授狗的行为顺序。例如：让狗走到白板前面，转两圈之后坐下；或是进教室后，走向窗户拉下窗帘。比较简单的任务是只训练狗转圈，或走到窗边就好。学习内容要难易适中。接着对扮演狗的成员说，进入教室后，驯狗师会教他新行为，每次他做出目标行为，驯狗师就会按下响片（或吹哨）；如果受训的狗没有做出正确的行为顺序，那么驯狗师就不可以使用响片。假如扮演狗的成员分心了，驯狗师可以要求对方回到门边重新来过。每一轮游戏都可以从头开始多次。游戏结束后，请和成员讨论这整个过程，还有大家学到了什么。

带领者笔记：你在教授"响片游戏"前先进行练习是很有必要的。

---

7. 强化时间表

对成员说："如果你想要行为持续存在，而且不用每次发生时都强化，那么强化的时机和方式就非常重要。强化的时机有以下几种不同的类型。"

✓ **a.持续强化**

对成员说："在持续强化中，每一个想要的行为都会被强化。这在开始努力塑造和建立新行为时非常重要。持续强化会让行为发生的频率变得非常高。然而，如果你只做持续强化，那么一旦你停止强化，行为就会很快消失。"

✓ **举例：** "如果你平常每次转动钥匙就能发动车子，有一天发动不了了，这时你可能会试着再转几次，不过很快就会停下来。如果每次都要转好几次钥匙才能发动，那么你尝试的时间就会比较长。"

举例："假设你生病的母亲平常都会接电话，今天却没有接，你可能会放下一切，赶紧跑到她家。但是如果她不见得每次都会接电话，你可能会先试着再打几次看看。"

✓ **举例：** "把钱投入贩卖机，通常就能买到想喝的汽水。一旦贩卖机有一两次没有正常运作，下次你大概就不会投钱了。"

b. 间歇强化

继续对成员说："在间歇强化中，指定的行为只在某些时候被强化。你可以通过间歇强化，把行为变得几乎牢不可破（也就是不受改变），之后再慢慢增加需要回应的次数，或是增加强化之间的间隔。如果强化之间的间隔很多变（也就是强化出现的时间变得无法预料），间歇强化的效果就会尤其地好。很多不可理解的行为往往就是间歇强化造成的。"

✓ **举例：**沉迷于赌博就是因为受到间歇强化。

举例：和施虐的伴侣在一起觉得被对方所爱，经常是因为低频率的间歇强化；施虐者也许一开始会高频率地回应受虐者的爱意，之后再逐渐拉长每一次示爱的间隔。

举例：如果家长只是偶尔回应孩子的发脾气，可能在无意间对孩子使用了间歇强化。

B.减少或停止不想要的行为的策略

请向成员讲解人际效能讲义 21。

✓ 1. 什么是削弱？

削弱是通过移除正在发生的强化来减少某个行为。

举例："如果关注会强化某个不想要的行为，那么替代方案就是忽视它。"

举例："如果你对孩子的要求让步就是对他的强化，那么替代方案就是不要让步。"

告诉成员："削弱最有效的做法是以替代行为来取代不想要的行为，特别是你可以在削弱行为的同时，去安抚对方。"

举例："你想出去散步，孩子却吵着要跟你一起去。你可以说，'我知道这对你很难，也很抱歉让你这么难过，但是你必须待在家里，我很快就会回来'。然后把孩子留在家中，自己出门散步。"

a. 觉察"行为爆发"

当某个行为一直被强化，然后强化被中断时，行为一开始会增加，也就是"行为爆发"。（如果没有发生行为爆发，那么之前的强化物可能就是错的）如果一直不给强化并且以后也不给了，那么一段时间后这个行为就会减少。

✓ **举例：** 如果一个小女孩在超市发脾气想要买可可泡芙麦片，这时家长很可能会对她让步，不让吵闹的状况更严重；然而让步却会强化吵闹行为，导致下次去超市购物时更容易发生这种行为。相反地，如果家长在强化吵闹行为几次之后停止强化——也就是这次不买可可泡芙麦片——孩子闹脾气的状况在当时可能更严重（让大家都不开心）。然而如果家长能够坚定不移，这次和以后购物时都不对孩子让步——也就是家长能够容忍行为爆发和更吵闹的状态——经过一段时间，孩子的吵闹行为可能就会削弱。削弱可以用正强化来辅助，比如强化小女孩在店里安静、不吵闹的行为。

b. 提防间歇强化

在以上的例子中，如果家长在前三次都拒绝孩子的要求，第四次却对孩子让步，给她买了可可泡芙麦片，就会造成更大的问题。现在吵闹行为走上了被间歇强化的程序。正如先前提到的，被间歇强化的行为是最难消除的。因此，面对行为爆发时不要放弃，而是要忍耐撑过去，就尤为重要。

向成员强调："如果你想要改变他人而不是自己的行为，请务必要让对方知道你想改变的是谁的行为。可以向对方解释，你要开始设法消除那样的行为，如此一来就不会让对方觉得你太武断或是想惩罚对方。另外，也不要忘了强化替代性和适应性的行为。"

💬 **讨论重点：** 请团体成员举例，哪些行为可以通过削弱来减少或消除。也请每位成员分享哪些强化物可以被消除，或是哪些强化物有时和行为没有关系（亦即非偶发的状况）。

✓ 2. 什么是饱和?

饱和是在需求产生之前就提供强化物。

举例： "宝宝饿了会哭闹，如果能在宝宝开始哭之前先喂他，宝宝就不会哭了。"

✓ **举例：** "如果宝宝一哭闹你就给他更多关注，可能会强化哭闹行为；如果是在宝宝不哭闹时给他足够的关注，就会减少未受关注和哭闹之间的关联。"

举例： "如果你在妹妹孤单时才跟她说话，可能会强化她孤单的感觉。要停止这样的影响，就要不管她是否孤单，你跟她交谈的时间都一样。"

举例： "另一半会因为你忘了买牙膏而生气，如果你平时就买好以备不时之需，对方就不会生你的气。"

a. 饱和的起效方式

在不想要的行为出现之前提供强化物，这样就能减少行为动机，并因此而降低行为发生的频率。

b. 饱和相对于削弱的优势

告诉成员："饱和相比削弱的一个优势是，削弱会产生行为爆发，而饱和却不会。缺点是你需要提供比原来设想的更多潜在的强化物。"

c.DBT 中饱和的使用

饱和的概念就是为什么某个成员并未处于危机状态，DBT 治疗师也会接听成员的电话。DBT 治疗师希望成员能认识到，他们并不需要通过自杀行为获得治疗师的关注。这一点非常重要，因为成员如果不得不通过自杀才能与治疗师对话，那么等到他们很想跟治疗师说话时，就不难理解，即使他们在咨询中已经尽力，但还是会更想自杀。

💬 **讨论重点：** 请成员举例分享，在问题行为出现之前，可以通过强化物来饱和以减少问题行为的例子。请讨论这样的策略和削弱相比，各有什么利弊。

✓ ### 3. 什么是惩罚？和削弱有什么不同？

惩罚就是加上一个后果以减少某个行为。后果可以是消极的事物（比如，让某个孩子暂时停止一切活动、交通违规罚单、言语批评），也可以是拿走积极的东西（但不能是先前行为的强化物）。惩罚和削弱的不同是：削弱是拿走行为的强化物，惩罚拿走的东西却和强化无关。

举例："比如你的姐姐一直来烦你，吵着要你花更多时间照顾生病的母亲；她对你唠叨、批评你、想要引起你的内疚。你一直都在让步，花了更多时间陪伴母亲。如果要削弱这种烦扰的行为，就要告诉姐姐这个行为是不想要和没有帮助的，然后在她来烦扰你时，坚决不同意花更多时间照顾母亲。惩罚也许会是用冷漠回应、拒绝和姐姐见面、辱骂姐姐、翻旧账，以及让对方觉得受到批判而产生内疚感。"

举例："当你叫儿子上床睡觉时他就吵闹。通常面对这样的情况，你就会让步，并且让儿子再多玩一会儿。削弱的方式就是不让步，不在他吵闹时让他多玩会儿——也就是移除强化物。惩罚的方式就是，每次当孩子吵闹时，就取消他平常一个小时的看电视时间——这个结果就和你先前强化的行为无关。"

> **带领者笔记：**向成员强调，惩罚可能会让受罚的人远离惩罚者，隐藏行为，或是当惩罚者在身边时，压抑可能会受到惩罚的行为。某些时候惩罚可能是必要的，但重点是惩罚必须要具体，有时间限制，而且适合对方犯下的"罪过"，也需要强化替代行为。否则，惩罚就无效。惩罚本身并不教授新行为，而且可能会导致自我惩罚。

💬 **讨论重点：**请成员举例分享，哪些行为看起来必须要施加惩罚而不能使用削弱。对于每个例子，辩论施加惩罚可能带来的利弊。

a. 惩罚的相对无效性

长远来看，惩罚是改变行为中效果最差的方式之一。当惩罚者在场时，惩罚可以压制受惩罚的行为，但是如果惩罚者不在场，原来的行为往往会再次发生。此外，惩罚也没有教授任何新行为来取代受罚的行为。

b. 替代行为的必要性

施加惩罚时，必须强化替代行为，以取代想要削弱的行为。削弱和惩罚都没有教授新行为，人们不会忘记旧有的行为。对于人类（或动物）来说，轻易地摆脱旧行为在进化上无益。因为我们永远不知道现在看起来有问题的行为，到了另一个新环境或未曾想象过的情境中，会不会刚好派上用场。因此，即使惩罚能让人暂时停止某个特定的行为，做出这一行为的能力却会一直存在。总之，人们能学会新行为，却无法忘记旧行为。

c. 过度修正

> **研究重点：** 有一种惩罚叫作"过度修正"，一些研究指出，过度修正能够制止多种类型的失调行为。过度修正是一种惩罚，也是一种弥补"罪行"的方式。研究发现，过度修正比单独修正更有效。指导必须清楚明确，对过度修正的原理的解释也需要清楚陈述；而且实施过度修正也有积极结果，这应该阐述清楚。所需的正确行为和问题行为也要辩证相关。

在某个问题行为发生后，作为惩罚的过度修正有以下三个步骤：

- 首先，惩罚者收回被惩罚者想要的东西，或是加上不愉快的后果。最有效的后果就是扩展自然的但不想要的（基于被惩罚者的观点）行为的影响。

- 第二，惩罚者要求对方执行新行为，不但要修正问题行为，还要过度修正问题行为产生的有害后果。（当然，这需要对方想清楚问题行为造成的实际伤害是什么。）

- 第三，一旦新的"过度修正"行为发生，惩罚者立刻停止惩罚（通过取消消极情境或解除禁令）。如此一来，被惩罚者就能立刻终止问题行为。当然，这样带来的挑战是，行为后果和过度修正行为必须能引起对方高度的厌恶感，而不至于太微不足道或与惩罚者想要教授的行为无关。

举例： "你儿子在你不在家时带朋友回家，把客厅弄得一团糟。你禁止他的朋友再来家里，也不准儿子和朋友出去玩。所需的修正行为是把客厅完全清理干净，而过度修正则是把整个楼下房间打扫干净。一旦儿子能做到这些，他的朋友就可以再来家里，他也可以外出找朋友。"

举例："有几位成员提早离开团体课程并损害了诊所入口。这不仅影响了诊所入口，也影响了我在有人提出离开时，放松地带领团体的能力。我施加在他们身上的后果是他们必须支付整修费用，才可以回来上团体课；过度修正则是他们必须将之前破损的地方布置得更美观。至于我失去信心这件事，修正和过度修正的方式是，花钱雇人在上团体课期间坐在诊所接待台，直到所有成员下课离开。"

举例："有人把东西洒到你家地板上，修正方式是将地上的东西清理干净，过度修正则是要把整个地板都打扫干净。"

举例："如果有一对夫妻在晚餐聚会时总是迟到，修正方式是想办法准时赴约，过度修正则是他们接你去餐厅，或是帮你支付停车费。"

举例："你在朋友家不小心打破了朋友的花瓶，修正方式是再买一个新花瓶。过度修正是除了新花瓶之外，还要买漂亮的花插在花瓶里。"

C.有效使用行为改变策略的建议

请和成员一起复习人际效能讲义 22。

1. 总结目前学到的行为改变策略
复习到目前为止成员学习的所有策略，特别是强化、削弱和惩罚。

✓ 2. 后果不见得都是相等的
强化物或惩罚的效果取决于许多因素——例如，后果对于个人或环境的内在价值，以及对于他想要的已有多大的满足感或被剥夺感。

a. 个人的价值很重要
"一个人的毒药，可以是另一个人的解药。"强化物是一个人通过改变自己的行为所能得到的（积极强化）或摆脱的（消极强化）事物。如果这个人不在乎行为的结果，那么这个强化物对他来说就没用。

举例：一盘新鲜青菜对大部分人来说并没有什么吸引力。真正能够引发动机的强化物，可能是在特别的餐厅享用丰盛的晚餐、花时间和一位特殊的朋友相处，或是完成一项重大计划之后从网上下载新音乐。

要获得成效，最好的策略就是去观察各种不同的结果。然而，观察这种策略相当困难，因为需要花费许多时间和精力，不见得每次都能如愿。一个替代方案是，询问对方想要努力得到什么（强化）或回避（惩罚）什么样的后果。

b. 语境很重要

衡量不同情境中，后果的强烈程度也很重要。在某个情境中的强化物（例如在家里拥抱一位青少年），可能会在另一个情境中变成惩罚（例如在一群朋友面前去拥抱那位青少年）。对于正在节食的人，送他们巧克力可能是一种惩罚，但如果对方没有在节食可能就会起到强化的效果。金钱可以作为工作的强化物，却不是爱情的强化物。

c. 强化物的数量很重要

饱和或完全满足于某样东西，都会让人产生供过于求的感觉。这会让原本有强化效果的东西变得令人不快。

举例："吃了一顿大餐之后，食物就不再是强化物；如果你已经得到很多关爱，那么对你来说关爱就不是强化物。强化物只有剂量适当时才会有效，赞美也是如此。"（请成员举出其他例子。）

如果人们被剥夺了喜欢的东西，那么这些东西就比他们随时想要就能拥有的事物，更能成为有效的强化物。

举例："如果你有足够的水，可能水就不是强化物，但是如果你在大热天有很长一段时间都没喝水，此时水就绝对是强化物。如果你很久没有吃任何东西，食物就是强化物。如果手机或电脑都被拿走，拿回这些东西就是强化物。如果有机会和很久不见的好友碰面，比起和每天都能见到的朋友见面就更有强化效果。"

💬 **讨论重点：** 找到威力强大的强化物可能是一个难题。许多人已经有了大部分他们想要或需要的东西——或者即使情况并非如此，他们也买不起想要的强化物。在这种状况下，有效的方式是把某个东西收起来一段时间（例如手机），当对方做出想要的行为时，再把这些东西还给对方使用。其他事物也可以拿走（比如，早晨的咖啡、喜欢的鞋子），然后在对方做出想要的行为时再还给他。成员可以不断改变自己（或对方）被剥夺的东西，或是在一段时间有两三样不同的东西交替被剥夺。这种方式最有效的时候，是让成员（或对方）知道被剥夺的事物和强化的时间表。首先，关键是让被剥夺的事物变成对方非常想要的东西，然后将其当作强化物。请和成员讨论，他们会如何对自己或他人运用这样的策略。

d. 长期而言，自然的行为后果比人为的行为后果更有效

自然的后果可以是强化或惩罚。让消极后果自然发生是一种有效的惩罚方式。例如，严重宿醉是饮酒过度的自然后果，熬夜太晚会让人过度疲惫而无法专心工作，进而陷入工作懈怠。如果某个行为没有自然的后果，或者自然后果太过危险，那么就需要改用人为的后果。例如青少年如果周末时不遵守门禁时间，下个周末就被禁足，不准出门。虽然家长常因为不同原因让孩子禁足，但周末待在家中并不是晚归的自然后果。在这些状况中，惩罚必须具体、要限制时间，而且必须适合犯下的"过错"。

举例： "身为员工，如果你错过截止期限，可能会受到的惩罚是失去向主管报告的机会，这是因为你没有及时准备妥当，也是错过截止日期的自然后果。相对地，效果比较差的惩罚是不具体、没有特定对象、时间过长和/或不符合需要修正的行为。例如，你错过了期限，老板给你一个很糟糕的评价，把你转到另一个部门，并且不断提醒你错过期限这件事。"

同样地，自然、积极的后果会很有力。到法律事务所求职面试前，先充分做好准备的后果就是得到一份工作；在街上对路人浅笑的后果是对方也马

上报以浅笑；在会议中接触人群的后果可能是展开有意思的对话；打扫厨房的后果是得到一个拥抱或道谢；节食的后果是体重减轻。

✓ 3. 某个情境中学会的行为，不一定会在其他情境中发生

新行为必须在所有相关的情境中习得。学习和情境密切相关。例如，我们学习到在教堂里说话可能会受罚，但是在社交场合说话则会得到回报。我们也学习到当某个人在场时，我们会因为某个特定行为而受罚；当那个人缺席而换成别人在场时，我们可能会得到奖赏，或行为会被忽略。在职场受到强化的行为，在家里却不见得有所回报；在家中受到奖赏的行为，在职场却可能会受到惩罚。

💬 **讨论重点：** 请成员举例分享，他们有哪些行为，在某个情境中受到奖赏，却在其他情境被忽视或惩罚。

为了改变自己或别人的行为，我们需要注意情境。在学习或教授新行为时，一定不要以为某个情境中学会的行为就可以迁移到其他情境。我们很容易评判人们为什么在某个状况能够做到某件事，在其他状况却做不到。例如，我们可能很容易跟认识的人交谈，但是遇到陌生人就觉得一筹莫展。独自弹钢琴可能很容易，但如果有人在场聆听就变得非常困难。有些人觉得在家里比较容易节制饮酒，如果在外面和朋友一起就无法克制自己。

👥 **练习活动：** 如果有多余的时间，可以将"人际效能讲义22a：找出有效的行为改变策略"发给成员，解释要做的任务，给成员时间勾选每组选项中他们觉得比较有效的回应，再和成员讨论答案。如果时间允许，询问成员有哪些情境，让他们并不清楚哪个行为改变策略比较有效。
讲义22a的正确解答如下：1B、2B、3A、4A、5B、6B、7B、8A。

第九章
情绪调节技能

难以调节痛苦的情绪是许多人产生问题行为的主要原因。在他们看来，痛苦的感受往往是"有待解决的问题"。一些功能失调的行为，包括自杀、物质滥用、暴食、情绪压抑、过度控制以及人际关系混乱，经常是被当作解决难以忍受的痛苦情绪的方法。

高度敏感和/或情绪强烈，或是经常有情绪困扰的人，都能从学习情绪调节中获益。但是，情绪调节技能非常难教，因为许多人已经听到太多类似"只要改变态度，就能改变感受"的建议。有些人觉得他们周围的人似乎能够近乎完美地控制情绪；而且这些人常常对他们无法表现出同等的控制力感到被鄙视和被排斥。有些人偶尔会抗拒控制情绪的任何尝试，因为这种控制暗含着其他人是对的，而自己的感觉是错的。因此，调节技能只有在认可自己的情绪的前提下才能学习。

就如人际效能和痛苦忍受应用了正念技能，情绪调节也是如此——这里是指一个人对当下情绪反应不带评判地观察与描述。理论观点认为许多情绪痛苦是由原生情绪引起的继发反应（如强烈的羞耻感、焦虑或暴怒）造成的。原生情绪往往是为了适应情境而产生的，通常是适当的。在不评判的氛围暴露原生情绪，才能降低这种衍生出来的痛苦。在这样的情境下，对于自身情绪反应的正念可视为一种暴露技能。（关于暴露治疗程序更完整的描述请见《DBT 教科书》第十一章。）

正如第一章所讨论的，DBT 情绪调节是跨诊断的模式，资料显示，DBT 对一系列情绪障碍都有功效。就其本身而论，它跟类似跨诊断模式的统一准则高度相融。统一准则是由大卫·巴洛（David Barlow）及其同事发展的，跟 DBT 相仿，都是处理因情绪调节不足引起的情绪障碍的方法，具体为：（1）提升对当下的情绪觉察；（2）提升认知灵活性；（3）识别及预防情绪回避的模式，以及驱动情绪的不适当行为；（4）提升与情绪相关的身体感受觉察及耐受度；（5）运用以情绪为基础的暴露治疗程序。

本模块讲授的 DBT 情绪调节技能分为以下四个部分：了解并命名情绪、改变不想要的情绪、减少情绪心念的易感性、管理极端情绪。

了解并命名情绪

本模块的第一部分（第一到第六节）着重于了解并命名情绪，内容包括：识别情绪的功能以及与改变情绪的困难之间的关系；通过介绍情绪的模式，了解情绪的本质；学习如何在日常生活中识别情绪并为其命名。

了解情绪的功能

情绪行为对个人是有功能的。改变伴随强化后果的无效情绪行为非常困难，因此识别特定情绪行为的功能和强化会有帮助。一般而言，情绪的功能是与他人沟通及激励自身的行为。

情绪行为还有另外两个重要的沟通功能：一是影响和控制别人的行为；二是警戒自己。在后一种情况中，情绪的作用有如闹钟，提醒我们注意重要的事件。识别情绪的这些功能，尤其是那些不想要的情绪，是迈向改变很重要的第一步。

识别改变情绪的障碍

很多因素会让人难以改变情绪，即使这个人真的很想改变。生物因素能提高情绪的敏感度和强度，也会增加回到情绪基线所需的时间。然而，我们每个人（甚至那些性情开朗的人）都有情绪反应强烈的时候，这时我们就需要适当的技能来调节情绪。如果技能不适当，调节的过程就会困难重重。功能失调的情绪被环境中的他人强化后，情绪调节甚至会变得更加困难。如果同时出现情绪负荷过重、动机低落或对情绪的误解，情况会变得更加糟糕。

识别并为情绪命名

调节情绪的一个重要步骤是学习识别并为当下情绪命名。然而，情绪是复杂的行为反应，要辨认它们，不仅需要观察自己反应的能力，还要能准确描述情绪出现的情境。因此，如果一个人能观察并描述以下事项，对于学习辨认情绪反应会极有帮助：(1)情绪的诱发事件；(2)对于诱发情绪事件的诠释；(3)诱发事件之前的事情增加对事件的敏感度与情绪化回应的易感性；(4)现象学的体验，包括情绪引起的身体感受；(5)与情绪相关的表达性行为；(6)情绪对于其他功能类型的副作用。

改变不想要的情绪

本模块的第二部分（第七到第十二节）与改变情绪反应有关，方法是学习如何核对事实，当情绪不符事实时，如何采取相反行为，以及当情境事实就是问题时，如何致力于问题解决。

核对事实

情绪往往是对事件的想法及解释的反应，而不是对事件真相的反应。核对事实，然后改变评估与假设来符合事实，是认知疗法及其他许多治疗形式的基本策略。

问题解决

DBT 认为多数人都不会无缘无故地感受到痛苦情绪。虽然所有人在高度情绪化时，认知倾向于变得扭曲，但这并不意味着情绪本身是扭曲认知的产物。因此控制情绪的一个重要方法是把引发情绪的事件控制住。针对情绪事件进行问题解决很有用，尤其是问题事件令人痛苦、突如其来或令人讨厌时更是如此。不想要的情绪出现时通常情有可原，但如果采取积极措施来解决眼前的问题，就能改变引发该情绪的情境。解决问题也需要详尽地评估事实，并且核对事实往往是问题解决的第一步。

相反行为

行动及表达性反应是所有情绪的重要部分，因此改变或调节情绪的一种策略就是采取跟情绪相反或不一致的行为，以改变情绪所引发的行为或表达性反应。相反行为应包含外显行为（例如你虽然生对方的气但还是善待他，或恐惧出现时不逃避而是面对），以及身体姿势和面部表情。然而，就面部表情而言，来访者必须了解，重点是表达不同的情绪，而不是抑制情绪的表达。刻意抑制愤怒的紧绷的面部表情，和表达喜欢的放松的面部表情，两者是截然不同的。

大部分有效治疗情绪障碍的方法，都要求来访者彻底推翻问题情绪的表达及行动。有些心理治疗研究者认为这是有效治疗的核心原因。下面举一些例子。

行为激活，这个采用相反行为的技能是治疗抑郁症的重要疗法。当一个人感到悲伤，对原本喜欢的活动不再有兴趣时，自然会试图退出社交活动，停止参与活动，把自己"关闭起来"。问题是这种应对策略不仅无助于减轻抑郁，反而会雪上加霜。

行为激活的目标是回避，最初是作为认知行为治疗的对照治疗开发出来的。多场所试验的结果显示，在治疗结束后六个月，其疗效跟认知行为治疗及药物治疗一样好。行为激活的核心是把回避行为视为引起抑郁症且持续发作的关键因素，因此治疗旨在尽量不让来访者运用不适当的行为。

同样地，暴露疗法也是在鼓励来访者采取相反行为，不再回避与逃避所恐惧的事件，这是治疗焦虑症的有效方法。回避或逃避恐惧的刺激事件会让焦虑症持续发作，也阻止了新的学习的发生。暴露就是面对引发焦虑或痛苦的情境、物品与想法，因为这三者让来访者联想到不切实际的危险。反应预防的概念是减少对于恐惧情境的回避或逃避，通过鼓励个人接近并停留在恐惧的情境里，来意识到恐惧是不真实的。暴露及反应预防一般用来治疗强迫症。福艾（Foa）及其同事证实了治疗强迫症患者时，这两种疗法双管齐下的重要性；暴露使焦虑反应降低，而反应预防则减少回避行为。

有效的愤怒治疗也强调相反行为，比如学习识别挫折和 / 或愤怒的线索，让情境自然降温，同时改变想法来了解对方，以及降低现实不应如此的要求。

减少情绪心念的易感性

本模块第三部分（第十三到第十七节）介绍积累正面情绪，建立自我掌控，学习提前应对困难的情境以及照顾身体，以减少情绪心念的易感性，并预防过度控制情绪。当人们处于身体或环境压力、失控状况或是被剥夺的状态中，尤其当被剥夺影响到生活的许多层面时，会比平时更容易产生情绪反应。因此，这里针对的行为包含三种主要的技能组合：积累正面情绪、建立自我掌控 / 提前应对，以及重建生理状态的复原力。

积累正面情绪

积累正面情绪有几种做法，其中一个是增加生活中愉悦事件的数量。短期而言，这是指增加每日的正面体验。长期而言，这表示要建立"值得过的人生"以及做出必要的改变，以便让愉悦的或重要的事件更常出现。为了做到这点，通常需要花些时间探索自己到底希望从生活中得到什么，个人的价值观是什么，这对于在身份认同上有不确定性的来访者尤其重要。如果一个人的生活与自己最重要的价值观不协调，就很难觉得自己的人生是值得过的。建立值得过的人生很重要，因为这能提升复原力。人生中有正面体验加以平衡，应对失落或负面事件就会容易得多。挨饿受冻的穷人丢掉一美元就仿佛晴天霹雳，对丰衣足食的人来说则不算什么。假设某人只有一位朋友，那朋友搬家就会让这个人的心情跌落到谷底。除了增加正面事件，练习在愉悦体验出现时保持正念，而且不担心正面体验将会结束也很有用。

建立自我掌控 / 提前应对

建立自我掌控有两个要点：（1）投入到有助于建立自我效能感、自我控制感及自我能力的活动中；（2）通过想象演练，来学习提前应对困境。DBT 建立自我掌控的目标非常类似认知疗法与行为激活中安排活动对抑郁症的治疗。

重建生理状态的复原力（PLEASE技能）

重建生理状态的复原力，重点应放在营养及饮食均衡，睡眠充足但不过多（需要的话，包括治疗失眠与噩梦），适当运动，治疗身体疾病，以及远离影响改变情绪的非处方药物或滥用处方药物。

贫穷会影响营养均衡与医疗照顾，让人达不到许多向往的目标。这些目标虽然看似唾手可得，但是来访者、治疗师及技能训练师往这些目标迈进时却感觉精疲力竭。在对抗失眠方面，我们许多来访者都仿佛陷入一场永无止境的战斗，而噩梦、焦虑、思虑过度及不良的睡眠卫生往往是罪魁祸首。来访者要达到上述任何一个目标，需要采取积极态度并坚持不懈，直到开始积累正面效果。对于问题解决的消极被动是许多来访者一贯的作风，这种消极态度在这里造成了很大干扰。

管理极端情绪

本模块第四部分（第十八到第二十节）探讨如何管理极为棘手的情绪。通过对当下的情绪保持正念来降低情绪痛苦在这里是很重要的技能，同时学习如何识别自己的技能崩溃点，一旦出现就要改用痛苦忍受技能方法。

对当下的情绪保持正念

对当下的情绪保持正念是指不带评判地体验情绪，不试图压制情绪、封闭情绪、分散对情绪的注意力，或者紧抓着情绪不放。这里的基本概念是让自己暴露于痛苦或烦恼的情绪中，不去联想负面后果就能削弱被激起的继发负面情绪。如果评判负面情绪是"不好的"，那么每当痛苦的情绪出现时，自然会产生内疚、羞愧、愤怒和 / 或焦虑的感觉。情况原本就很负面了，再加上这些继发感受，只会让痛苦更为强烈和难以忍耐。唯有一开始就克制对痛苦情绪的内疚或焦虑，才有可能忍耐令人烦恼的情境或痛苦的感觉。

识别技能崩溃点

当情绪非常强烈，以至于复杂的技能派不上用场时，就是一个人达到技能崩溃点的时候。来访者要学习辨认自己什么时候会达到崩溃点，然后改用本书第十章的"危机生存技能"（这里不详细讨论），这点很重要。

本模块的最后部分（第二十一到第二十二节）包含情绪调节技能行不通时的疑难解答。并且复习先前描述的情绪模式图，也在相关部分增加了DBT 技能。

选择教材

和其他模块一样，在以下情绪调节教学笔记里，包含了教授每项技能可使用的材料。在最初教授某些技能的时候，不必使用所有教材。这些笔记是为了让你更深刻了解每项技能，在教学过程中能够回答问题和增添新的内容。我在必选教材旁打了钩（√），如果时间很赶，我会跳过没有打钩的部分。在本书的专门网站上（www.guilford.com/dbt-manual），我同样在经常使用的核心讲义旁加了星号（★）。和前几个模块一样，我在特定的"研究重点"部分简要总结了研究发现。这些研究发现通常可以增加讲授技能的说服力。

需要强调的是，对于你正在教授的技能要有基本的了解。前几次讲授技能时，事前都要仔细研读相关的教学笔记、讲义与练习单。把重点标示出来，复印相关的那几页教学笔记，作为讲课的依据。每个技能务必先做练习，确保自己了解如何使用。很快地，你对每项技能的知识会逐渐巩固，找到自己最喜欢的教学重点、案例与故事，这时就可以忽略我勾选的大部分内容。

一、模块目标（情绪调节讲义1）

> **要点：** 情绪调节的整体目标是减少情绪痛苦，而非摆脱情绪。有些人就是会比其他人更情绪化。
>
> **情绪调节讲义1：情绪调节的目标。** 简短回顾这份讲义提到的各个目标。提供成员足够的信息与讨论，引导他们学习本模块；将本模块联系到成员自身的目标，并让他们对学习情绪调节技能产生一定的热忱。
>
> **情绪调节练习单1：改变情绪的利弊分析（自选）。** 本练习单是用来协助成员：（1）决定是否要调节当下的情绪；（2）判断学习调节情绪或是停留在情绪心念里，多数时候哪个对自己更有好处。本练习单主要用于，让成员知道本模块的目标是调节他们想要改变的情绪，而不是因为他人要求而只好照做。当个人情绪激动而无法自制时（比如只想大吼大叫，或者完全回避某个情境或人物），也可以用这份练习单当作练习，更能有效处理情绪。这份练习单也可用来教授如何厘清目标。关于利弊的指导，请见"痛苦忍受"模块（第十章第五节）的教学笔记，该节说明如何用利弊分析做出行为上的抉择。如果课堂上讲解的其他讲义附有练习单，那么用或不用这份练习单都可以。

向成员介绍"情绪调节"的意义，本模块要学习的技能，以及技能之所以重要的理由。

✓ A.什么是情绪调节

对成员说："情绪调节是一种能力，可以控制和影响自己有哪些情绪，什么时候产生这些情绪，以及你如何体验及表达这些情绪。"

继续解释，情绪调节可以是不假思索的，也可以是有意识控制的。告诉成员："在这个模块，我们首先会提升对情绪的有意识的觉察和控制。其次，我们会提供大量情绪调节练习，让你熟练这些技能。最后，情绪调节就会变成自动的反应。"

继续对成员说："情绪失控或'失调'是指尽管你尽了全力，还是无法改变自己有哪些情绪，什么时候产生这些情绪，以及如何体验和表达这些情绪。"

✓ 💬 **讨论重点：** 在讲解情绪调节讲义1之前或之后，请成员在讲义的方格内勾选对他们具有重要性的目标，然后分享他们的选择。

✓ 💬 **讨论重点：** 在适当的时候，请每位成员指出自己最想改变的情绪。在白板上列出这些情绪（可能的话），讨论相似点及不同点。

解释情绪调节的目标如下：

✓ B.了解自己的情绪

对成员说："要了解自己的情绪才能调节情绪，方法是学习以下两个重点。"

✓ 1. 辨别你的情绪

"命名你的情绪，这一简单的做法可以帮助你调节自己的情绪。"

✓ 💬 **讨论重点：** 有些人时时刻刻都清楚自己正在感受的情绪，而其他人大多时候都毫无头绪。对有些人而言，想要厘清自己的感受有如雾里看花。请成员分享自己属于哪一种。

✓ 2. 了解情绪的功能

"如果你不了解情绪从何而来或为何而在，就很难改变情绪。"

✓ C.减少不想要的情绪的出现频率

继续对成员说:"一旦了解自己的情绪,就能学习如何减少不想要的情绪的出现频率。做法有以下几种。"

✓ 1. 不让不想要的情绪开始

"你不能停止任何的痛苦情绪——但你可以在环境和生活中做些改变,减少负面情绪出现的频率。"

💬 **讨论重点:** 询问成员最难解决或改变哪种情绪状况。

✓ 2. 当不想要的情绪出现时,改变它

人们往往相信这种情绪误区——一方面认为改变情绪是不现实的,另一方面又相信所有情绪都应该被压抑。

💬 **讨论重点:** 询问成员是否害怕失去所有情绪,或希望摆脱所有情绪,或者两者皆是。请加以讨论。

带领者笔记: 强调一下这点很重要:要改变的是成员自己想要改变的情绪,而不是别人要他们改变的情绪。提醒成员:我们不会强行灌输情绪调节技能。在每个技能的每个阶段,成员都能自行斟酌维持某种情绪或某种情绪强度会有什么利弊。如果情绪或情绪强度无效或痛苦到了令人无法忍受的地步,这时就会渴望改变,情绪调节技能就会派上用场。如果该情绪并不是成员想改变的,或者情绪强度虽然痛苦却有效,那么改变情绪或情绪强度就可能没有用处。

---

3. 情绪本身没有好坏之分

情绪本身没有所谓的好坏,情绪就是情绪。评价自己情绪的好坏,很少

带来助益。认为某种情绪是"坏的"并不会让它因此消失,反而会让我们想要压抑它。

4. 压抑情绪反而雪上加霜

压抑情绪是暂时的解决方法,长期下来会造成更大的问题。情绪可能令你舒服或不舒服,是你想要或不想要的,痛苦至极或令人雀跃。把情绪评判为"坏的"会让痛苦的情绪更痛苦。

5. 无效的情绪才需要情绪调节

告诉成员:无法有效帮助你达到生活中自我目标的情绪,才需要用到情绪调节策略。情绪要符合下列原则才算有效:

"按照该情绪行动是对你有利的。"

"表达该情绪会让你更接近自己的目标。"

"表达情绪会影响他人,而这种影响对你有帮助。"

"情绪正在传达你需要聆听的信息。"

💬 **讨论重点:** 请成员分享情绪何时有用以及何时具有破坏性。请成员讨论带给他们最大麻烦的情绪。

✓ D.减少情绪心念的易感性

向成员解释:"情绪调节有助于你减少情绪心念的易感性。情绪调节不会带走你的情绪,但是会帮助你平衡情绪心念和理性心念,达到智慧心念。情绪调节也会提升情绪复原力,也就是从逆境中重新站起去应对困难事件与情绪的能力。

✓ E.减少情绪痛苦

对成员说："最后，情绪调节会让你有能力减少痛苦情绪。"明确地说，你会学习以下两件事情：

- ■ "被痛苦情绪淹没时，减少心理的痛苦。"
- ■ "管理极端情绪，才不会让它变本加厉。"

> **带领者笔记：**务必向成员强调，虽然刚开始调节和控制情绪可能会花很多工夫，但是随着时间的积累会越来越熟练。如果多加练习，总有一天能够有效调节情绪，而且达到不假思索且轻松自如的程度。

二、概论——了解并命名情绪（情绪调节讲义2）

> **要点：**不了解情绪的作用，就难以管理自己的情绪。本节的重点为知识就是力量。
>
> **情绪调节讲义2：**概论——了解并命名情绪。初次讲授本模块或事件紧迫时，可以用本讲义讲授以下两个重点：情绪的功能（情绪调节讲义3）及造成情绪调节困难的因素（情绪调节讲义4）。如果不用讲义更方便教学，则可以跳过讲义3与4。教学本身至关重要，而非讲义。引导成员对描述情绪的模式图有基本概念（情绪调节讲义5），但还不要教讲义5。
>
> **练习单：**本讲义没有搭配练习单。情绪调节练习单2—4a涵盖这一节的各项问题。

向成员介绍本节讲授的技能以及为什么它们如此重要。

✓ A.情绪的功能

人类（及其他哺乳动物）拥有情绪是有原因的。调节情绪的目的不是为了摆脱情绪，我们需要情绪才能生存！

情绪有三种主要功能：

■ 激发行为。

■ 与他人沟通。

■ 与自己沟通。

带领者笔记： 如果要跳过情绪调节讲义 3，请于该讲义的教学笔记中挑出重点并在此处解说。

了解情绪的功能有助于我们找出调节情绪的方法，以及情绪令人痛苦或很难处理时，如何去欣赏它们。

✓ B.造成情绪调节困难的因素

调节情绪就像调节温度，在需要时，能够提升情绪强度（好比让房间暖和点），也能降低情绪强度（好比让房间凉爽点）。

难以控制情绪的因素包括以下几点：

■ 生理状态。

■ 缺乏情绪调节技能。

■ 情绪行为的强化后果。

■ 喜怒无常使得管理情绪困难重重。

■ 情绪负担过重。

■ 情绪误区。

了解上述每一个因素对于情绪的疑难解答都至关重要。

带领者笔记： 如果要跳过情绪调节讲义 4，请于该讲义教学笔记中挑出重点并在此解说。

✓ C.描述情绪的模式图

　　情绪是全系统的复杂反应。改变系统的任何一个部分都会带来整体的改变。向成员保证："一旦了解情绪系统的所有部分，就能决定先在哪里进行改变。"

✓ D.描述情绪的方法

　　总结："学会观察、描述及命名情绪，有助于你调节情绪。"

三、情绪的功能（情绪调节讲义3）

　　要点：人类（及其他许多动物）拥有情绪是有原因的。情绪有三大重要功能，我们需要所有这些功能。

　　情绪调节讲义3：情绪的功能。如果使用本讲义教学，解说情绪三大功能时在白板上写下来会有帮助。三大功能为：（1）激发行为；（2）与他人沟通；（3）与自己沟通。如果时间有限可跳过本讲义，然后在使用讲义2介绍本模块或这部分技能时，摘要讲义3的重点信息。

　　情绪调节练习单2：情绪可以为我做什么。情绪调节练习单2b：情绪日记。对于第一次接触情绪调节模块的成员，请跳过这两份练习单（及练习单2a与2c，这两份是填写实例）。加上这几份练习单，肯定会花更多时间（你可能没有这么多时间），而且会让初学者吃不消。如果是上过本模块至少一遍或参与技能训练好一阵的人，就可以使用这些练习单。个体治疗时，如果用这两份练习单再加上个人辅导会非常有用。先使用练习单2，必要时指导成员为情绪强度评分（0= 没有情绪；100= 最大情绪强度）。成员熟练练习单2的填写方式后，再使用练习单2b。

　　练习单2b能帮助成员辨认情绪如何随着时间发挥功能。了解情绪的功能非常有助于改变情绪，举例来说，如果要评估成员的情绪是否被周围人强化，本练习单会非常有帮助。如果情绪被强化，而该情绪正是成员努力要减少的，那么请周围的人改变他们对情绪表现的反应方式就很重要——或是当情绪没有表达出来时，周围的人如何不做回应（请周围的人改变时，应使用第八章及人际效能技能讲义5、6、7所描述的 DEAR MAN、GIVE、FAST 技能）。

向成员介绍情绪的功能以及情绪为什么重要。

✓ A.情绪具有帮助物种生存的功能

情绪行为经历演化而成为立即、自动、有效的方式，能解决人类及其他情绪动物和生存有关的一般问题。情绪有三个主要功能。

✓ B.情绪激发（并组织）我们采取行动

1. 情绪让我们的身体准备好采取行动

情绪让我们的身体做好行动的准备。跟特定情绪相连的行为冲动大多是与生俱来的。

2. 情绪节省时间

碰到重要情况，情绪能节省我们采取行动的时间，我们不需要把每个细节都想清楚，就能以迅雷不及掩耳的速度回应情境。

✓ **举例：** 假设发生海啸，你和家人在海滩上，高达二十米的巨浪向你们扑来，但只有你看到。问自己："假设你走向家人平静地说'海啸来了，我们一起跑到山丘上避难吧'，你觉得你们存活的概率有多大？你觉得要是没有情绪，家人会跑得多快？"你为了救自己和家人，一定会拔腿狂奔大叫："海啸来了！快跑！快跑！快点啊！"只有这样才有生还的希望。

举例： 遭遇人身攻击时，愤怒能迅速带来活力，以便回击并保护自己。同理，足球场上的愤怒也能激励球员踢得更认真。

举例： 学生通常不想降低考试焦虑，因为他们担心如果这样做就会放弃用功学习，从而导致考试不及格。

举例： 人们有时候会害怕减轻内疚，因为担心少了内疚就会开始从事不诚实又害人的勾当。

举例：一个人要是没有情绪，就不觉得需要去安抚哇哇大哭的婴儿。

✓ 3. 情绪难以改变

当与情绪有关的行为非常重要时，可能很难改变情绪，因为在某种程度上，情绪是对重要事件"固有的"生理反应。

✓ **举例：**"假设你家发生火灾，你不得不跑出去以求活命，在远离火场之前，你是很难停止恐惧的。"

举例："假设你的孩子被邻居猥亵，你希望他马上被抓进牢房。在你向警方报案，邻居被逮入狱之前，你很难降低对这位猥亵邻居的轻蔑情绪。"

举例："假设有人威胁要'抢走'你毕业舞会的舞伴，并且你的舞伴对这个人也有好感，在你采取必要手段让舞伴答应跟你去参加舞会前，很难让嫉妒情绪消失。"

💬 **讨论重点：**请成员讨论，如果人真的能停止情绪运作会发生什么情况？例如，要是我们真的除去恐惧和爱，是否能生存下来？

4. 生活中特定情绪的功能

> **带领者笔记：**如果没有时间解说下列所有情绪，那么讲解和成员最相关的几种情绪。

a. 恐惧

面对危及生命、健康或幸福感的情况，恐惧能激起我们的反应，让我们专注于逃离危险。

b. 愤怒

当重要目标或活动受到阻碍，或是自己或是重要的人即将受到攻击时，愤怒能激起我们的反应，让我们专注于自我防御、掌控感与控制。

c. 厌恶

面对冒犯及污染的情境和事情，厌恶会激起我们的反应，让我们专注于排斥及远离某种物体、事件及情境。

d. 悲伤

失去重要的人或东西，以及面对失去或未达成的目标时，悲伤会激起我们的反应，让我们专注于我们所注重的以及对目标的追求，并向他人求助。

e. 羞愧

面对有损名誉或被所属社群惩罚的个人特质或行为，羞愧会激起我们的反应，让我们专注于隐藏罪过，如果已经公开，就采取安抚的行为。

f. 内疚

如果行动违背了价值观，内疚会激起我们的反应，让我们专注于去修复的行动和行为。

g. 嫉妒

他人威胁要夺走我们非常重视的人际关系或事物时，嫉妒会激起我们的反应，让我们专注于保护我们所有的。

h. 羡慕

面对他人得到或拥有我们没有但想要或需要的东西时，羡慕会激起我们的反应，让我们专注于努力工作，以便得到我们想要的。

i. 爱

爱会让我们激起与繁衍及生存有关的反应，让我们重视与他人的结合与依附关系。

j. 快乐

快乐会激起我们对自己、对我们所关心的人以及对所属社群发挥最佳功能，让我们专注于继续从事增进愉悦、提升个人及社会价值的活动。

带领者笔记：更多举例可参考"情绪调节讲义 6：描述情绪的方法"，或是"情绪调节讲义 11：找出相反行为"。

💬 **讨论重点：** 请成员分享并讨论其他实例，尤其是跟愤怒有关的例子。建议用一种情绪作为引子，请成员轮流分享当他们经历那种情绪时会有什么行为冲动。其他情绪也用同样的方式探讨，然后强调不同的情绪各有什么行为冲动。

💬 **讨论重点：** 提出各种行动，然后请成员想象带着情绪与不带情绪的行动分别是什么样子，讨论个中差异，以下是一些举例：

- 抚慰婴儿或孩童时带着与不带着慈爱。
- 逃离或避开危险情况时带着与不带着恐惧。
- 为自身行为道歉时带着与不带着内疚。
- 为自身行为撒谎时带着与不带着内疚（或带着与不带着恐惧）。

✓ C.情绪可以与他人沟通（并影响他人）

✓ 1. 面部表情是与生俱来的情绪表现

就人类和动物而言，面部表情比文字沟通更快捷。

2. 一些情绪表达对别人有自动的影响

一些表达情绪的面部表情会对别人产生自动的影响，也就是说这些影响不是后天习得的。例如，婴儿对于成人浅笑或惊恐的表情有自动的反应。在婴儿学习使用话语之前，这种自动的反应很有用。

即使孩童能够使用话语，面部表情还是很有帮助。情绪表达有语言及非语言的形式，即指在重要情境中有两种沟通方式。

✓ 3. 情绪表达会影响他人（不管我们是否有意如此）

举例： 对熟识的人表达温暖与友善，未来可能会得到好处；主管表达失望不满，可能会提升员工的工作效率；愤怒可能会让对方把你应得的交给你，而不是扣留下来。

举例： 传达悲痛与绝望可能会影响治疗师或其他人，让他们给予你安慰和帮助，或努力帮你减轻痛苦。

举例： 表达愤怒或许能让他人停止某个行为。

💬 **讨论重点：** 请成员分享自身情绪影响他人，以及受到他人情绪影响的例子。此外，请成员分享情绪表达适得其反的例子（也就是情绪表达带来事与愿违的结果）。

💬 **讨论重点：** 情绪能影响他人，即使我们并非有意如此，这点再怎么强调也不为过。就算我们没有觉察到，情绪还是会影响他人。与成员讨论这一点。请成员分享他们的情绪表达对他人产生的自动影响，即使自己无意造成这种结果。

✓ 4. 某项沟通很重要时，改变情绪会非常困难

之前提过，如果一个信息的传递很重要时，改变情绪会非常困难；这是因为情绪在某种程度上是对重要事件的"固有的"反应。

举例： 约翰很讨厌凯西的某些行为，请她不要这么做，但除非约翰变得非常愤怒，凯西才会改变。假设情况几乎每次都是如此，凯西只有在对方表现愤怒时才会回应，那么每当凯西做出令人火大的行为，约翰很难停止愤怒的感受和行动。凯西强化了约翰的愤怒表现。

举例： 朱莉要儿子贝利意识到某个情境的危险性，试着向儿子传达时，要表现出害怕，否则儿子会以为这个情况没有母亲说的那么危险。

举例： 玛利亚想让泰瑞知道她喜欢什么，每当泰瑞做出令她开心的事情，她就想传达快乐和喜悦。事实上，玛利亚跟一位经常讨她欢心的人在一起很难不开心；而且不表现开心对她也没有好处。这就是为什么人们会自动传达快乐或喜悦的原因（亦即不在我们的掌控之下）。

> **带领者笔记：** 务必确实了解上面的例子自己才能教授。这里的重点是：对他人传达愤怒、恐惧或喜悦时，如果要构思所说的话并刻意组织面部表情、声音语调、姿势等，那么传达这些情绪会非常困难。此外，由于传达情绪的反应非常重要，如果能够轻易关闭情绪的沟通，从进化角度来看对我们也不是最有利的。

💬 **讨论重点：** 请成员思考不同的情绪分别传达出什么信息。

✓ 5. 如果语言和非语言的情绪表达不一致会如何

> **研究重点：** 非语言的情绪表达（比如行动、面部表情、肢体表现、声音语调）跟所说的话不一致时，他人一定相信非语言表达，而不是语言表达。

> **带领者笔记：** 以上关于语言和非语言表达的研究重点非常重要。DBT 的一个主要前提是，许多在情绪调节方面有困难的个体，他们的非语言情绪表达无法准确表现自己当下的感受，因此常被误解。参考《DBT 教科书》第三章，关于外显能力的讨论。

💬 **讨论重点：** 请成员举出由于非语言沟通不一致而被人误解或误解别人的例子。

✓ D.情绪帮助我们与自己沟通

✓ 1. 情绪是要我们查看状况的信号

✓ 情绪是信号或警讯，让我们知道一件事情出了状况，就是俗话说的"聆听自己的直觉"。同样地，说一个人"对某一情境感觉良好"，也是把情绪当作信号。

2. 根据情绪而得到的情境信息不见得准确

我们从一个情境获得的信号，有时候是在觉察范围之外处理的。这种处理过程会引发情绪反应，但又说不上来是情境的哪个元素引发了情绪。通过试错法（也就是经验），人们学会什么时候要信任情绪反应，而什么时候情绪反应提供的信息并不准确。

💬 **讨论重点：**请成员举例说明自己对一个情境的"感受"后来证明是正确的。讨论人们是如何经常忽视自己对一个情境的"感觉"或"感受"，只因为说不出这种"感觉"或"感受"的理由，或者一旦说出自己的感觉，其他人就会否定。

✓ **3. 把情绪当作事实会导致困难**

极端的情况是把情绪当作事实："如果我觉得自己无能，表示我真的无能"，"如果我独处时觉得抑郁，表示我不该独处"，"如果我觉得某件事情是对的，那就一定是对的"。人们把情绪当成证据，支持自己相信的是正确的。

举例：如果你有打针恐惧症，并且把恐惧当作事实，就会想摆脱世界上所有的针。

💬 **讨论重点：**请成员举例说明在哪些情况下，他们的情绪强度似乎认可自己对事件的看法。请成员分享情绪得到自我认可，以及改变负面情绪证实无效的例子。可能的话，请成员举出亲身实例并加以讨论。

带领者笔记：上述几个要点（即情绪具有跟自己沟通的功能，而且这些沟通不见得准确），对许多成员是至关重要且非常敏感的议题。如果成员曾经活在一个自身情绪观点皆不被认可的环境里，情况更是如此。如果没有来自他人的认可，负面情绪有时候会发挥自我认可的主要功能。

其运作方式如下：感觉被轻视或不认可时，个人很难让别人认真看待他的顾虑与需求。他们与之对抗的一个做法是提高情绪强度。高度情绪化的人迟早会受到注意。假设有一天这个人在同样情况下没有变得非常情绪化，这就证明其他人是对的：原本的情绪一开始就不是有效的。假设情况没有这个人所说的那么糟，那么他或她会对自己带给他人这么大的麻烦感到羞愧。这种情形发生多次之后，这个人会开始相信自己的诚信因为情绪而岌岌可危。因此，负面情绪的功能逐渐演变成自我认可。

要让高度情绪化的成员了解这些重点非常困难，因为这个概念本身就是不认可。这里需要关心、耐心与技能。

四、造成情绪调节困难的因素（情绪调节讲义4—4a）

要点：调节情绪是很困难的。生理因素、缺乏技能、强化后果、情绪化、心里过度负荷及情绪误区，每一项都可能使情绪调节困难重重。

情绪调节讲义 4：造成情绪调节困难的因素。带领成员浏览这份讲义，认可情绪调节十分困难。之后使用技能进行疑难解答时，可以回顾这份讲义。

情绪调节练习单 16：情绪调节技能的疑难解答（自选）。这份练习单的设计是要搭配"情绪调节讲义 24：情绪调节技能的疑难解答"。如果这份练习单不会让成员吃不消或干扰其他技能的练习，就可以早些发给他们。个人技能辅导也可以使用这份练习单。

情绪调节讲义 4a：关于情绪的误区（自选）。如果使用这份讲义，最好的方式是请成员阅读这些误区，圈选他们认为正确的项目。有帮助且有趣的做法是请他们分别以情绪心念和智慧心念两种角度来圈选：用圆圈表示处于情绪心念时认为正确的项目；用打钩表示处于智慧心念时认为正确的项目。完成之后，在进入教学重点之前，请使用"魔鬼代言人"策略，故意唱反调来刺激成员，方法请参照下面 F 项的"关于情绪的误区"（更完整的说明请见《DBT 教科书》第九章）。如果跳过这份讲义，在一开始介绍情绪调节模块时可以描述几种情绪误区。

情绪调节练习单 3：关于情绪的误区（自选）。不论是否讲授讲义 4a，都可以指定这份练习单。这份练习单跟讲义 4a 的误区清单非常相似，只是练习单上的每个误区已有写好的挑战。这里的作业是想出新的挑战，或是用更个人化的语言重写现有的挑战。有时候成员喜欢已经写好的挑战；如果这些挑战对他们具有个人价值就不成问题。重点是成员要"内化"挑战，而不见得要想出一个新的挑战，练习单也有空间让成员填写并挑战自己的情绪误区。

引导成员了解以下干扰情绪调节的因素。

✓ A.生理因素

生理因素会让情绪调节更为困难。有些婴儿天生就比其他婴儿敏感，而且从小到大都是如此。每个人的情绪强度各不相同。情绪敏感度高又强烈，对于学习情绪调节策略，以及运用已经学习的策略会有阻碍。

💬 **讨论重点：**要了解情绪特质的生理差异，一个方法是回想目前认识或曾经认识的孩童。家里有好几个孩子的父母，大部分都会谈到孩子们的情绪气质差异有多么惊人——出生不久差异就很明显。请成员分享自己生活里的类似经验。他们是否比兄弟姐妹更情绪化或更不情绪化？他们一直有情绪调节的困难吗？还是最近才碰到困难？

✓ B.缺乏技能

对成员说："如果你缺乏技能，就不知道如何改变或调节情绪，以及与情绪相关的行动。你可能也不清楚如何把自己调节到一定的程度，让自己至少愿意降低情绪的强度。"

✓ 没有技能和没有动机是两回事。人们从婴儿时期就开始学习情绪调节。母亲和婴孩之间一来一往的情绪交流是情绪调节训练的开始。从许多方面来看，养儿育女就是在教授孩童如何调节自己的情绪。有些父母在这方面是佼佼者；有些父母尽力了，但还不具备必需的技能；有些父母没有时间或意愿；有些父母连自己的情绪都调节不了，更不要说教授孩子。由于生理的敏感度不同，有些孩子在学习调节情绪时，难度比其他孩子大很多。

举例： 学习调节情绪就像学习打高尔夫。虽然每个人多多少少都能学到技能，但有些人要达到顶尖程度就是比其他人容易得多。

✓ 技能和技能的使用经常要视情况而定。也就是说，一个人可能在一些情境中用得上技能，但是在其他情境中却没办法使用；或者某种心情时用得上，另一种心情时却没办法使用；或者某种心态时用得上，另一种心态时却没办法使用。

💬 **讨论重点：** 请成员描述学习情绪调节的经验。

✓ C.情绪行为的强化

如前所述，情绪是有功能的。如果某些情绪的功能在特定情境中得到了强化，要改变这些情绪就非常困难。

举例： "如果你每次生气，别人都顺着你的意思，要学习调节愤怒就会特别困难。一生气就能随心所欲，会强化爆发怒气的情况。"

举例: "如果你只有在非常悲伤、郁闷、哭个不停时,别人才会倾听和帮助你,那么你很难停止悲伤。"

举例: "如果你害怕暗巷却还是走了进去,结果遭到攻击,那么下次你忍不住想穿过巷子时,很难叫自己不害怕。"

解释:"有时候情绪虽然令你非常痛苦或让你惹上麻烦,但是对你有很多好处。这时要改变情绪非常困难。你甚至没有发觉自己改变不了情绪,因为情绪为你做了太多好事。这时,就算你不希望如此,你的情绪还是被强化了。情绪为你做下列事情时就被强化了:

■ "情绪可能传达重要的信息,或是使他人为你做事。"

■ "情绪可能引发你自己的行为,让你做出对自己重要的事情。"

■ "情绪可能认可你对一个情境的看法。"

■ "情绪让你比没有情绪时感到好过一些。"

✓ D.情绪化

调节情绪要花很多努力与精力,也需要"我愿意"(一种痛苦忍受技能,见痛苦忍受讲义13)。对成员说:"情绪化和缺乏精力会干扰你进行情绪调节的意愿。你也许有能力,但是可能会受到当下情绪的干扰。"

✓ E.情绪超过负荷

继续对成员说:"有时候情绪变得非常极端,以至于你无法进入智慧心念去想要怎么做。当你被高度激发时,忧虑的想法及反复回想会让情绪持续处于激动的状态,就好像你变得高度情绪化时,一个电脑程序被自动开启了。'我当时为什么那么做?'及'接下来该怎么办?'会启动这种担忧并蒙骗你的大脑,以为担忧确实能找到答案,不过通常并没有,这样担忧就会徘徊不离开。担忧往往是逃离情绪的一种方法,不过,逃离情绪却让你无法有效地处理情绪。你可能学会了技能，反复回想却干扰你使用技能。"

　　举例：虽然大哭或抽泣往往具有修复作用，但在其他时候却可能变成失控的旋涡：我们哭得越厉害就变得越痛苦，然后又会哭得更厉害。在这些情况中，反复回想的同时，心里一再上演所有出错的环节，会一再引发泪水和抽泣，使得情绪的修复功能受到阻碍。

✓　**举例：**极度愤怒或其他强烈的情绪就像掉入失控的大海。理性心念没有机会浮现，以缓和情绪心念的影响力。

✓ F.关于情绪的误区

　　学习情绪调节时，关于情绪的错误信念、情绪表达的重要性，以及辨认与控制情绪的容易程度都会造成许多麻烦。有些误区不认可情绪的体验，比如认为负面情绪是自私的，或者只要运用意志力就能控制所有情绪。不认可的地方在于：这些误区完全无法呼应我们对于自身情绪的体验；还有些误区则赋予情绪过高的价值，忽略情绪及情绪表达的效用，认为如果有情绪就不应改变它们。这两套误区都会干扰情绪调节。

　　举例："情绪不会离开"这个误区可以替换为"情绪就好比站在冲浪板上。你随着波浪时高时低，直到波浪逐渐消失"。

　　🧍🧍**练习活动：**如果你要使用讲义4a，这时可发下讲义，请每位成员圈选他们处于情绪心念时会相信的误区，并在处于智慧心念时会相信的误区旁打钩。问成员他们在哪些误区画圈、哪些误区打钩。使用魔鬼代言人技能，故意唱反调来刺激成员讨论关于情绪的误区。在这个技能中，你扮演魔鬼代言人，假装比成员还深陷误区（这部分你需要有相当的演技）。成员的任务就是针对误区提出挑战或反方论点。日后成员又陷入误区时，可以把成员这时提出来的挑战当作鼓励，帮助他们觉得好过一点。请成员把想到的挑战写下来。就算成员之前讨论过这些误区，知道你不是真的相信魔鬼代言人的立场，还是可以采用这个策略，因为该策略提供成员练习挑战功能失调信念的机会。

带领者笔记： 关于本练习的延伸指示，请参考"人际效能讲义 2a：阻碍人际效能的误解"。如果课堂上只讨论几种情绪调节讲义 4a 的误区，那么作业就不要指定练习单 3，而是请成员对其余的误区提出挑战即可。

五、情绪模式图（情绪调节讲义5—6）

要点： 情绪是牵动全系统的复杂反应。改变系统的任何一部分就会改变整个反应。如果了解情绪的各部分，改变情绪时就更能使得上力。

情绪调节讲义 5：描述情绪的模式图。 这份讲义使用流程图的形式来呈现情绪反应的构成要素。要素的类别符合情绪调节讲义 6 及练习单 4 与 5，只有一些例外。在教授讲义 5 时请详细解说讲义 6，至少要说明讲义 6 教学笔记里的基本概念（见第六节），否则成员不会填写练习单。

情绪调节讲义 6：描述情绪的方法。 这份讲义篇幅很长，列了十种情绪的典型要素。如果成员描述自身情绪的特征有困难，可参考这份讲义。讲义不用全部细讲，可以挑最喜欢的一两页说明，其余的简要带过、解释大意，请成员在课下自行阅读。有些人会觉得很有用，其他人可能觉得用处不大。重点是让成员知道每种情绪下方所列的特色不见得是必要的，而只是典型特色，但因为文化及个人学习的差异，特色可能因人而异。

如果讲义 5 与 6 一定要分成两堂课讲解，你可以把阅读讲义 6 当成作业，然后教授成员如何运用该讲义来厘清自己的情绪，还要教授他们填写练习单 4 或 4a。或者也可以在解说讲义 6 之后再指定练习单。

情绪调节练习单 4 与 4a：观察与描述情绪。 这两份练习单要填写的内容是一样的（成员的情绪要素），只是格式不同。练习单 4 的图表跟讲义 5 的情绪模式图相同，练习单 4a 则采用条列格式，请成员列出一种情绪的各项要素。成员描述自身情绪有困难时，应参考讲义 6。必要的话，指导成员如何为情绪强度评分（0＝没有情绪；100＝最大情绪强度）。填写这些练习单的常见问题会在下一节说明。

A.情绪的特性

带领者笔记：如果之前没有解说情绪调节讲义 3，可在这里说明以下七点，或者描述情绪模式图之后再介绍。

✓ **1. 情绪是复杂的**

　　情绪很复杂，通常由几个同时发生的部分或不同反应构成。

✓ **2. 情绪是自动的**

　　情绪是对内、外在事件，不由自主、自动的反应。

✓ **3. 情绪无法直接改变**

　　我们可以改变造成情绪体验的事件，但是无法直接改变情绪体验。我们没办法叫自己去感受某种情绪，然后就真的感受到那种情绪。就算我们恨不得停止一种情绪体验，也不能用意志力喊停。

✓ **4. 情绪是突发的，而且起起伏伏**

　　情绪通常突然出现，不过情绪的强度可能会随着时间慢慢强化。情绪起起伏伏，就像海上的波浪。大多数的情绪维持不久，大约几秒钟或几分钟就消失了。

✓ **5. 情绪是自我延续的**

　　情绪一旦开始，就会自己一再重新启动，甚至可以用"情绪爱自己"来形容。这是因为情绪让我们对于跟情绪相关的事件更敏感。

　　举例：晚上独自一人在家会害怕，稍有一点动静就以为有人闯进来。我们恋爱时，只看到对方的优点，情人眼里出西施。一旦起了醋意，每次爱人看别人一眼，我们就视之为背叛的证据。

6. 情绪由各个要素构成

情绪由各个要素构成。这些要素彼此相关，牵一发而动全身。情绪是对内、外在事件的反应，虽然这个反应可视为完整的、交互影响且牵动整体的，但是分开检视每个要素也非常有帮助。这里有个非常值得铭记在心的重点：只要改变一个要素，往往就能改变整种情绪反应。

7. 有些情绪很普遍

人类共有的情绪有十至十二种（例如愤怒、厌恶、恐惧、内疚、喜悦、嫉妒、悲伤、羞愧、惊讶、感兴趣、爱）。人们天生就可能有这些情绪，生理上具备产生这些情绪的能力。其他情绪是后天学来的，通常是几种基本情绪结合在一起而产生的。

✓ B.情绪的构成要素

> **带领者笔记**：讲解情绪的构成要素时，在白板上画出描述情绪的模式图，情绪调节讲义 5 可作为依据（在白板上画图时把讲义拿在手上。我总是这么做）。你一边解释要素、一边画图，成员就能跟随你的讲解而不会混淆。

讲解时，如果按照以下要点 1—10 的顺序解说，教学流程会顺畅许多。"诱发事件 2"可在一开始说明诱发事件时解说（告诉成员刚才经历的情绪也可能是诱发事件），然后讲完整个模式图再提一次"诱发事件 2"。

教授每项要素时，都要提供定义、举例以及通过改变该要素来改变情绪的一个方法。（每种情绪要素所搭配的技能名称，请参考"情绪调节讲义 25：复习情绪调节技能"。）

✓ 1. 诱发事件

诱发事件是情绪出现前一秒所发生的事件或状况。它们是在那个特定时刻（而不是其他时候）引发情绪的暗示（诱发事件不是导致诱发事件的事件）。诱发事件可能是外在的（个人之外的，环境中的），也可能是内在的（个人之内的）。

> **带领者笔记：** 为了帮助成员记住"暗示"一词的意思，可以解释为：在戏剧里，道具人员会在舞台旁举着提词卡，提示演员接下来的台词。

在这里用"诱发事件"而不用"触发事件"。"触发"一词隐含所造成的影响一定是自动的，就像扣下扳机一定会发射子弹一样。"诱发事件"是更软性的词语，隐含改变的过程更容易，而且不见得会导致情绪反应。

✓ a.诱发因素可以是内在的

一个人的想法、行为和身体反应都能诱发情绪，而情绪又能诱发另一种继发情绪。

✓ **举例：** "你难过时，可能接着会对自己的难过感到生气。"

✓ b.诱发因素可以是外在的

环境中的事件，包括人们做的事情，都能诱发情绪。

举例： "婚礼上下雨，或是朋友说了不中听的话，都会让你难过。"

✓ c.事件会自动诱发情绪

外在事件会自动诱发情绪，也就是一个人完全没有想到该事件也可能产生自动反应。

举例： "从高处往下看可能会感到害怕，或者看到美丽的日落时感到喜欢。"

💬 **讨论重点：** 请成员分享其他例子，包括原生情绪及继发情绪的例子（请记得，继发情绪是对前一种情绪的情绪反应）。

✓ **d.诱发事件改变时，情绪也会改变**

对成员说："你能借着改变诱发事件来改变情绪。你可以回避这些事件，或者通过问题解决采取行动来改变它们。"

2. 注意力/觉察

跟成员说："如果没有意识到诱发事件的发生，它就不会诱发情绪。那个事件必须至少引起你一部分的注意力才会带来影响。"

举例："母亲打电话骂你，但是你手机没电了，没有听到她讲的话，而且她也没有再提起。"

a. 没有觉察，就不会有情绪

对成员说："事件就算是内在的（比如，一种情绪、身体受到感染或肌肉僵硬），如果没有一定程度的觉察，那个事件就不会诱发情绪。引起注意力的速度可能非常快，但至少引起了一部分注意，才会诱发情绪。"

✓ **b.注意力被分散时，情绪也会改变**

"分散你对诱发事件的注意力，就能改变情绪。"（见"痛苦忍受讲义 7：转移注意力"。）

✓ 3. 对于事件的诠释也可能是诱发事件

对成员说："通常引发情绪的是你对诱发事件的诠释，而非事件本身。诠释就是对于事件的想法、信念或假设，或者对该事件的评价。"

> **带领者笔记：**很重要的是，让成员了解诠释这个重点，举例越多越好。讲述一个故事会特别有效：某人一开始因为信息不足而误判情境，后来得到更多信息而改变了对该情境的诠释。

举例："在购物商城里，你看到死党雅各正跟他的朋友走在对面；你挥手喊他的名字，但他就是继续走，没跟你打招呼。你的诠释是雅各更喜欢那位朋友，因此你觉得很受伤。如果你的诠释是当时商城里人山人海，雅各没有看见也没听到你喊他，你可能就不会觉得受伤了。"

举例： 玛丽不喜欢苏珊，也不喜欢珍妮。苏珊知道了觉得非常生气，珍妮却非常害怕。为什么？因为苏珊想的是：自己为玛丽做了多少事，玛丽照理要心怀感激而且喜欢她。珍妮心想：如果玛丽不喜欢她，那么可能一辈子都没有人会喜欢她了。

a. 诠释会造成复杂的情绪

诠释以及诠释所基于的信念与假设，都可能成为极复杂情绪的一部分。比如，绝望结合了悲伤与情况很糟、不会好转的信念。

b. 许多诠释是基于后天习得的信念

举例： 如果人们不相信枪能杀人，就不会怕枪。

练习活动： 请成员思考引发不同情绪的事件与对事件的诠释。可以这么进行：一个人提供情境或事件，另一人提供诠释，第三个人提供情绪，再让第四个人针对同样情境提出另一种诠释，第五个人再针对第四个人的诠释提出相符的情绪。同一个事件可以用这种方式重复许多次，然后再提出其他几个事件，用同样的方式进行。这里的重点是：人通常对自己的诠释而非事件本身做出反应。

✓ c.诠释改变时，情绪也会改变

继续对成员说："你可以改变情绪，方法是核对事实，然后根据事实改变诠释、信念或假设（或者你可以戴上'玫瑰色眼镜'）。"

4. 易感因素

易感因素是让一个人对诱发事件非常敏感的情况或事件，更可能做出情绪的诠释，也更容易对特定事件产生生理反应。易感因素可能会让人在诱发

事件的前一刻出现，或是很久以前就已存在。

✓ **a.近期事件会让我们易感**

如果睡眠不足、没吃东西、生病或最近残疾了、喝酒或服用改变情绪的药物，或者经历压力极大的事件，我们的情绪都可能比其他时候更易感。

此外，诱发事件有时候是"压死骆驼的最后一根稻草"。

举例： 对方第十次开口借钱，我们现在拥有的钱并没有比他第一次开口的时候多，我们很可能对他生气。

举例： 如果被一个人拒绝之后又被另一人拒绝，我们对第二次拒绝的反应可能会激烈许多。

举例： 我们没有处理好一个压力极大的事件，觉得很羞愧，这时如果有人请我们喝酒或用另一种方式逃避自己，我们很可能会同意。

举例： 如果身体非常疼痛，或者最近承受了许多不公平的要求，这时如果又有一个人提出要求，我们更可能火冒三丈。

✓ **b.过往事件会让我们易感**

很久以前发生的事情会让我们在面对当前的事件时感到更易感，特别是之前未处理或解决的事件。

举例： 遭受创伤的人又碰到类似的情况，他的反应会像再次发生了创伤事件，即使事实并非如此。一个人严重受创，以至于患创伤后应激障碍，即使碰到跟该创伤事件有点关系的极小事情，他的反应也会像再度发生创伤一样。受到枪声、被性侵、发生严重车祸的记忆，或者环境中任何会唤起这些记忆的提醒物，都会引发跟当初枪声、被性侵或发生严重车祸时完全相同的反应。

举例： 许多成人发现他们对另一人的情绪反应，有时候跟自己对父母的反应方式一样，就算对方完全不像自己的父母。之所以发生这样的情况，通常是因为对方做了或说了某件跟自己的父母类似的事情。目前的事件提醒我们某个过去的事件，即使我们没有意识到，还是会唤起过去的反应。

✓ **c.易感因素改变时，情绪也会改变**

接着对成员说："减少你目前的易感因素，就能减少负面情绪，比如你可以多睡些、建立压力较小的生活，以及用其他方式增加恢复力（比如，想办法让自己对于与过去事件有关的线索不那么敏感）。"

✓ 5. 生理变化

当情绪激动时，一些复杂的生理变化迅速出现，几乎是同时发生。

a. 情绪涉及脑部变化

情绪涉及脑部的神经化学变化。大脑的一些部分（比如边缘系统）似乎对调节情绪极其重要。脑部的变化继而会对身体的其他部位造成影响。

> **带领者笔记：** 生病和没有生病的人脑部有差异，但是要知道这些差异不见得是永久的。此外，药物治疗或某种直接刺激（比如电疗 ECT）也不是改变脑部的唯一方式。我们现在知道行为改变时，脑部也会跟着改变！例如，一项研究发现患重度抑郁症的成员不管是接受抗抑郁剂治疗还是人际治疗，在十二个疗程后都显示相同的脑部区域变化。目前认为心理治疗是一种学习历程，通过重新训练内隐记忆系统来改变突触的可塑性。

> **研究重点：** 情绪的脑神经回路：情绪的大脑神经回路似乎有很多。不同回路（或系统）似乎跟不同的大范围情绪群相呼应。例子包括暴怒／愤怒系统、恐惧／焦虑系统、情欲／性欲系统、照顾／抚育系统、恐慌／分离系统，以及玩乐／喜悦系统。大脑的不同部分（如杏仁核、下丘脑及前扣带回）和不同的神经化学物质（如血清素、去甲肾上腺素、催产素及催乳素），都跟情绪激动和情绪调节有关。有些人不管调节哪种情绪回路都会遇到困难，其他人只有一个或几个回路会碰到困难。
>
> 脑的不对称性——左右脑的活跃差异具有以下倾向：正面情绪状态（左半脑比右半脑活跃）和负面情绪状态（右半脑比左半脑活跃）。例如，一些研究显示与没有患抑郁症的人比较，重度抑郁症患者的左半脑活跃度较低。左右脑的活跃差异会影响一个人容易受到各种情绪状态影响的程度。脑部各区块活跃的高低，让一些人调节情绪更容易或较困难。
>
> 脑部化学状况失衡：一些研究者相信，有些人调节情绪困难的一个原因是脑部化学状况出了问题。

✓　**b.情绪涉及神经系统的改变**

脑部边缘神经和脊髓会向肌肉传送收缩或放松的信号，也会控制自主活动——例如心脏的跳动、腺体的分泌、呼吸、消化过程与反射动作。所有这些反应也都是情绪反应的一部分。

自主过程由两个作用相反的神经系统控制：活化系统和去活化系统（又称安定系统）。

压力大时，活化系统就会启动。活化系统又称为"交感神经系统"，会增加心跳速度和血压、降低皮肤温度、造成流汗、加快呼吸速度，以及转化肝糖为葡萄糖给我们提供能量。活跃系统在当下帮我们准备好采取行动。

去活化系统又称为"副交感神经系统"，会减缓身体运作以制衡上述现象。放松时，该系统就会发挥安定作用。

✓　**c.生理过程改变时，情绪也会改变**

我们可以改变生理过程来改变情绪，方法包括使用药物疗法、神经反馈、电疗、启动副交感神经系统的行为技能、瑜伽，以及其他许多方法或技能。

精神药物能改变脑部化学状况来控制情绪。药物进入脑部系统，对我们的情绪有强大的影响。然而，脑部一旦知道有药物进入，往往会再次改变化学状况作为补偿，从而使药物停止发挥效用。

　d. 功能失调行为也会通过调节生理来调节情绪

许多功能失调行为（如使用毒品、饮酒过度或自我伤害）也是借着调节生理来调节情绪，不过这些行为对我们伤害很大。

6. 体验

情绪几乎总是跟感觉的体验以及冲动有关。感受和冲动都会促使我们采取某种行动。

✓ **a.感觉（感受）**

当我们有情绪时，我们其实在感知身体和脑部的改变，也就是所谓的"情绪体验"。感觉是情绪的重要部分，也是我们经常称情绪为"感受"的原因。

举例：悲伤包括活力低弱、沉重和空虚等感觉。

举例：愤怒包括高度能量和激动不安等感觉。

✓ 感觉的体验无法直接改变。如果可以直接改变不喜欢的感觉，那么大家都会摆脱身体疼痛和痛苦的情绪。但这样会发生什么情况？我们就不再会去避开危险的情境了。孩子走失了，我们不会出去寻找。我们不会感到嫉妒，因此可能不会保护已经拥有的人、事、物。我们可能决定放弃愤怒，不保卫自己，也不为了权益和他人抗争。这会是个大灾难。如果没有感受到情绪，我们要怎么存活？从进化的角度来看，情绪的感受和体验对生存至关重要。

✓ 只能间接改变感觉的体验。比如通过分心来转移注意力，或者改变生理来阻挡感觉。

💬 **讨论重点：**对成员说："叫你停止感受一种情绪，就好像叫你不要去感受从头顶滑落的雨滴或是你的头被人用平底锅打中时的疼痛。'停止感受'的唯一方式是转移注意力或改变情绪的一些方面。这个有时候容易做到，但有时候几乎不可能。就好像有人脚着火了，你叫他转移注意力是没有用的。"请讨论这个概念。

> **带领者笔记：**如果成员学过痛苦忍受模块，可能会认为这一点抵触了危机生存的转移注意力技能。这里要强调的是没有哪个技能是一体通用的。问题解决（"把手抽离火源"）和全然接纳（"手无法抽离火源的时候"）有时候比转移注意力更有效。

✓ 👥 **练习活动：**如果之前没有带领成员做过这一系列练习，现在可以请他们在不转移注意力的情况下试着停止某种感受/感觉（比如把手放在桌上，手臂放在椅子的扶手上），接着通过转移注意力来停止某种感受。

💬 **讨论重点：**对成员说："有时候情绪问题出在你无法感知身体和身体的变化。要调节情绪，你必须善于感受身体。如果你多年来都在练习关闭所有感受，那么要感受身体可能并不容易。"请成员举手回应：哪些人觉得要感受自己的身体很困难？哪些人难以明确指出自己在感受身体的哪一部分？请加以讨论：有些人觉得情绪就像雾，看不清（无法感觉）它的真面貌。

✔ **b.行为冲动**

情绪的一个重要功能就是诱发行为（比如愤怒时战斗，恐惧时逃跑）。之前讲过神经系统的改变是为了活化身体，让其准备好采取行动。身体准备好采取行动时，就会升起强烈的行为冲动。

💬 **讨论重点：**讨论几种情绪的行为冲动；请成员表达意见。关于各种情绪的相关行动，可参考"情绪调节讲义6：描述情绪的方法"。

7. 表达

情绪最重要的功能之一是沟通。如果要沟通，情绪就要表达出来。

✔ **a.面部表情传达情绪**

原生或基本情绪的面部表情是人类"固有的"。

> **研究重点：** 研究显示，在所有文化中，有些面部表情和相同的基本情绪有关（许多表达情绪的行动也是固有的）。情绪被激活时会牵动面部肌肉，这是放诸四海皆准的。人类从幼年开始就对面部表情特别敏锐。婴儿时期无法用语言沟通，这时情绪表达是特别重要的社交信号。研究人员认为，面部肌肉的变化在引发情绪方面扮演非常重要的角色。人类面部的神经比身体其他部分更多。许多面部表情的基本情绪在各个文化中都是相同的。与他人沟通时，面部表情至关重要，这点对我们的生存也非常重要。

✓ b.肢体语言传达情绪

就算对方看不到我们的脸，我们的身体也能传达情绪。身体姿势可能是放松、紧张、弯腰驼背或抬头挺胸。双手可能紧握拳头，也可能放松摊开。每个不同的姿势都在向他人传达信息，让对方知道我们有什么感受。

人们可以学习抑制情绪表达，或是学习用不同的方式表达。对于后天学习的复杂情绪，其表达也是学来的。

有些面部表情和行为可能传达不同的情绪，这跟一个人所处的整体文化、区域文化（比如美国南部相较于西北部），以及家庭文化、学校文化和个人差异有关。

💬 **讨论重点：** 每个家庭、城镇、州或省等都自成一个"迷你文化"，对此加以讨论。一些表达方式可能被某个迷你文化接受，却被另一个否定。请成员分享自身经验。

💬 **讨论重点：** 讨论某个表情的意义可能因时而异，也可能因人而异。因此，解读情绪有时候容易，有时候非常困难。大家经常误解他人的情绪。同一个行为可能透露许多不同的情绪，而同一种情绪也可能通过许多不同的行为来表达。讨论一个行为如何代表许多意思，而不同的行为又如何代表同一个意思。请成员从自己的生活中举例。

💬 **讨论重点：** 许多成员已经学会控制表达情绪的面部肌肉和肢体语言，用这种方式把情绪隐藏起来。处于不认可情绪的环境中，隐藏情绪就是社会学习的自然结果。隐藏通常是自动的，也就是成员没有这个意图或并未察觉。这就是为什么其他人往往不晓得这些成员其实非常难过——他们看起来还好啊！讨论成员是怎么学习用这种方式隐藏情绪的。

💬 **讨论重点：**也可能有些成员的情绪表达天生就不太明显。他们最初的这种情绪表达不足的倾向（如通过面部表情），使得他人得不到所需的反馈来跟他们进行适当的互动。这么一来，周围环境对于成员的情绪表达变得较无反应，从而建立了不认可的模式。与成员讨论这个假设。

👥 **练习活动：**请成员轮流用非语言的方式表达某种情绪，可用面部表情或纯粹用肢体语言。请其他成员猜测他们表达的情绪。

✓ **c.言语传达情绪**

告诉其他人我们对他们的感受，对自己或对某件事的感受，或只是描述一般的感受（如"我爱你""我恨你""我很难过""对不起"），这么做是很有力量的，能够增进他人对我们的了解，也能从他人身上获得反应。

💬 **讨论重点：**有些人学着从不（或几乎不）跟他人诉说自己真实的感受。这在以下情况中可能有利：别人会因为他们的感受而予以惩罚，或者他们的真实感受会不必要地伤害到他人。然而，如果对方可以信赖，成员不说自己的感受反而会带来许多问题。讨论在什么情况下，成员透露自己的真实感受会带来伤害，什么时候会有帮助，以及隐藏情绪什么时候会有帮助，什么时候会带来伤害。

✓ **d.面部表情和肢体表达改变时，情绪也会改变**

我们可以通过改变面部表情和肢体表达来改变情绪。我们的身体、面部和情绪的联结是如此紧密，让我们只要改变面部表情就能改变情绪，这称为"面部反馈假设"。我们也可以借着改变身体姿势、双手的姿势和肌肉的紧绷程度来改变情绪。

举例： 如果非常恐惧或焦虑，通过放松肌肉就能感到比较平静。

> **研究重点：** 在一项检验面部反馈假设的研究中，研究者请每位参与者用嘴巴衔着一支铅笔或促进或抑制浅笑。研究者接着请参与者观看怡人的景象和幽默的卡通漫画，调查结果显示"促进浅笑"组有更多正面的体验。这些研究结果支持了我们会改变情绪来配合面部的表情这一理论。

强调改变情绪表达不同于抑制情绪。向成员解释："压抑情绪时，你是在努力克制、憋住或阻止情绪自然的表达，好像要把情绪的表达功能'闷死'。压抑情绪其实会导致更极端的情绪，而改变情绪表达只是用另一种表达来取代原本的表达。你是主动改变肌肉来调整情绪表达。如果面部或身体非常紧绷（努力压抑情绪时通常如此），就很难借着改变肌肉来调整情绪表达。

💬 **讨论重点：** 面部表情、肢体语言和每个人的真实情绪体验之间并非精准的对应关系。当我们说的话不符合语气声调、面部表情和/或身体姿势时尤其如此。这时候，几乎人人都会忽视语言，改为注意非语言的沟通。对于使用语言比非语言表达更精准的人就肯定吃亏了。请在座成员一一讨论他们的情绪如何遭到误解，以及他们如何误解别人的情绪。

8. 行动

✔ a.情绪让身体准备好采取行动

情绪的主要功能之一就是帮助身体准备采取行动（如亲吻、打击、跑向某人、消极退缩、回避、翻跟斗）。因此，行动本身可被视为整体情绪反应的一部分。一般而言，情绪可被视为一个快速反应的系统。跟成员说："情绪进化是为了促使生存的必要行动。本模块稍后会说明各种情绪通常会搭配什么种类的行动。"

💬 **讨论重点**：成长过程中，最重要的任务之一就是学习什么时候要抑制情绪性的行动，什么时候不要抑制。非常冲动的人往往在这里碰到很大的难题：他们随着情绪行动时，却被他人视为不得体，这通常被称为"冲动行事"。有些人则可能抑制得太严重，很少进行情绪性的行动。讨论谁过于冲动，谁又过于压抑。通常同一个人在某些情境中是冲动的，在另一些情境中是压抑的。请加以讨论。

✓ **b.行动改变时，情绪也会改变**

对成员说："情绪带来什么情绪冲动，你反其道而行就能改变情绪。这部分稍后会探讨。"

9. 情绪名称

a. 命名情绪是普遍且有帮助的

每种文化都会为情绪命名。要为情绪命名，就要觉察到该情绪。当我们向他人传达自己的感受时，要能辨认自己确实感受到什么情绪，如此一来沟通才能准确。也有证据显示，能够为情绪命名的人会经历较少的负面情绪，而如何命名情绪是后天习得的。很明显地，命名单一的情绪比复杂的情绪容易。

✓ **b.通过觉察和命名，情绪就能改变**

对成员说："学习觉察和命名情绪，就能改变情绪。这部分稍后也会探讨。"

10. 后续影响

强烈的情绪对于记忆、想法、思考能力、身体功能与行为都有强大的后续影响。

✓ **a. "情绪爱自己"**

情绪最重要的一个后续影响，是我们对于可能引发相同的情绪的线索或事件变得高度警戒，而且注意力会集中到跟情绪不相容的信息上。这么一来，情绪会为我们增添动力，让它自己持续下去（或者不断"被点燃"）。如果觉得某种情绪持续了很久，表示它一而再、再而三地被点燃着。

举例： 我们恐惧时，对于任何威胁到自身安全的人、事、物，通常会变得高度敏感。

举例： 我们生气时，对于他人任何侮辱的行为或是干扰我们目标的行为，通常会变得高度敏感。

举例： 我们恋爱时，通常会看到对方的所有优点而无视缺点。

b. **关照强烈情绪的后续影响，有助于我们改变随之而起的情绪**

对成员说："一旦知道强烈情绪会集中注意力，而且对相同情绪的线索更为敏感，就要提醒自己核对事实。我们可能通过情绪这个镜片看世界，也可能通过当下现实的镜片看世界；如果知道自己戴的镜片正是试图改变的情绪，单是了解这一点就有帮助。"

C.原生与继发情绪（自选）

> **带领者笔记：** 对于第一次接触本模块的成员而言，这部分关于原始及继发情绪的差异可能会让他们吃不消。对于第二次接触本模块的成员，这些新信息可能会有帮助。

1. 原生情绪是我们最初的即时反应

我们对于外在事件自发的情绪反应就是原生情绪的例子。

2. 继发情绪通常是我们对于原生情绪的反应

有时候原生情绪一出现，立刻就产生继发情绪，速度之快让我们根本没有注意到原生情绪。有时候我们多年来都在压抑自己的原生情绪，致使一碰到原生情绪就自动"跳过"，甚至从未去体验。也就是说，我们发展了惯性的继发情绪反应。

举例： 愤怒往往是恐惧的继发情绪。对许多人而言，愤怒其实是许多原生情绪的继发情绪。恐惧也可能是继发情绪——例如，非常害怕愤怒。

✓ **3. 继发情绪让人难以辨认原生情绪**

如果无法辨认或描述原生情绪，就难以改变它。因此，针对原生情绪的问题解决并不容易。我们处理情绪时，这个问题将一再出现。

💬 **讨论重点：** 请成员举例说明，什么情况下会对原生情绪产生继发情绪反应（比如对于自己的抑郁感到抑郁、对自己的愤怒感到愤怒或羞愧）。询问成员：通常是原生情绪还是继发情绪带来更多困扰与痛苦？

六、观察、描述及命名情绪（情绪调节讲义6）

> **要点：** 学习观察、描述及命名情绪有助于调节情绪。
>
> **情绪调节讲义6：描述情绪的方法。** 如果成员描述自身情绪的特征时碰到困难，可参考这份讲义。整份讲义不需要详细解说，但是务必让成员知道每种情绪所列的特征不见得是必要的。这些是典型的特征，但可能因为文化及个人学习因素，每个人并不相同。
>
> **情绪调节练习单4与4a：观察与描述情绪。** 这两份练习单格式不同，但是要成员填写的内容是相同的，指示也相同。让成员选择要用哪一份，然后跟成员一起详细阅读。
>
> 填写这两份练习单时，常见的问题和错误如下：
>
> **诱发事件：** 成员通常想在"诱发事件"这一格写下整个故事，这部分只应描述情绪激发前几分钟的状况。"故事"请填写在"易感因素"这一格。
>
> **易感因素：** 诱发事件之前的生命历程可以写在"易感因素"这一格。这部分是让成员说故事，解释自己为何对该诱发事件产生反应。成员可在这里列出很久以前的事件（以便解释其学习历程）和近期事件，两种事件都让当事人更易感而容易受到情绪心念的影响。成员往往忘记写下诱发事件前二十四小时内出现的身体病痛、使用的酒精或毒品、缺乏睡眠、饮食过量或不足，以及压力事件；请务必提醒他们写下这些信息。
>
> **生理变化与表达：**"生理变化"项目下的"面部和身体的改变与体验"，以及"表达"项目下的"面部和肢体语言"，这两部分容易混淆。生理上的身体改变是指身体变化（脸红、肌肉紧张、冒汗、汗毛直竖等），这些是跟情绪一起自动发生的生理变化。描述身体感觉（感受）的体验，听起来类似于描述生理上的变化（例如感觉到肌肉紧张、感觉到毛发竖起）。这里要向成员传达的重点是："这些现象就算你没有感觉到也可能出现，所以重点是要知道自己是否确实感受到这些变化。面部和肢体语言是他人看得到的表现，有时候是面部与身体改变带来的结果，就好像脸红时面部的确泛红。面部和肢体语言也包括皱眉、做鬼脸、浅笑、重重地坐下或倒下、紧握拳头、偷偷退后几步、往下看、瞪视，以及双臂交叉。"

A.为何要观察与描述情绪？

✓ **1. 为了增进调节情绪的能力**

> **研究重点：** 研究显示，在处理情绪体验时，比较有效的做法是对该情绪及情绪事件非常明确，而不是以过度笼统或不明确的方式来调节情绪。以焦虑为例，能够降低焦虑的做法是观察与描述造成恐惧的明确线索，而不是笼统的印象。

2. 为了学习跟情绪分离

向成员解释："借着学习观察情绪，你学会跟情绪分离，不去认同情绪。为了控制情绪反应，你一定要跟情绪分开，才能够思考和使用应对策略。"

3. 为了学习跟情绪合一

继续对成员说："话虽如此，你也要跟情绪成为一体，意思是你将他们视为自己的一部分，而不是你身外的现象。"

举例： 就好像骑士如果和马"合二为一"，他就能控制马。如果骑士跟马有距离、跟它对抗，马也会反击，骑士就无法顺利地控制马。另一方面，如果骑士没有留心觉察，没有一个独立于马之外的身份认同，他就只会紧抓着马来保命，这时马就拥有了全部的掌控权。

✓ ## B.观察与描述情绪的步骤

跟成员一同浏览"情绪调节讲义6：描述情绪的方法"的结构。在这份讲义里，情绪被分为好几个家族，每一种情绪家族都有一页来描述其特征。情绪按照英文字母的顺序编排，只有内疚例外；内疚放在羞愧之后，因为两者经常混为一谈（羞愧是评判一个人不好或无价值而产生的反应；内疚是评判某个特定的行为不好或不道德而产生的反应）。虽然"嫉妒"一词通常包含嫉妒和羡慕两个意思，但在这里两者分开探讨，因为改变这两种情绪的指示不同。向成员解释："嫉妒是你拥有某个有价值的事物，而别人威胁要把它拿走；羡慕是别人拥有你想要但没有的事物。"

向成员传达的关键概念是："你可以把自己遇到的事件与反应对照讲义6的事件与反应，以这种方式来厘清自己的情绪。如果无法辨认自己的情绪（不管是当下或过去的情绪），可以有系统地检视每种情绪要素，必要的话，可以写下来。当整理出所有要素而看到反应的全貌时，就比较容易厘清情绪。必要的话，可以复习讲义6，看看哪一组情绪要素最符合你的情绪。"

> **带领者笔记：** 根据自己教授的团体性质，在讲解如何描述及命名情绪时，要针对情绪调节讲义6的每种情绪进行讨论。有些情绪很容易了解，有些可能比较困难。这份讲义的许多描述都是取自一般人针对情绪体验问题所做的回答。在解说讲义6的某种情绪时，要指明下方每一个要素。在我的团体中，我通常会讲解两到三种情绪，然后让他们阅读整份讲义作为家庭作业。

解说讲义6的一种或数种情绪时，请用以下大纲来强调情绪的每项特征。请留意，每一项特征都与先前的情绪模式图一致。

✓ 1. 诱发事件

告诉成员："在每种情绪下方都列出引发该情绪的典型诱发事件，也就是在该情绪出现的前一刻所发生的事件。"这里应提醒成员，导致该事件的生命历程要写在易感因素项目；这些故事是每个人独有的，不列在讲义6中。

✓ 2. 对于诱发情绪事件的诠释

接着对成员说："在每种情绪下方都列出对于诱发该情绪事件的典型诠释、想法和假设。"

3. 生理变化与体验

继续对成员说："在每种情绪下方都列出典型的生理变化与体验、感觉、身体感受，以及行为冲动。这部分请把焦点放在感受到的身体变化（或者留意的时候感受到的变化）。请注意，有些情绪的生理变化与体验是类似的，其他则非常不同。"

4. 表达与行动

继续对成员说："表达与行动就是常见的面部表情、肢体语言、语言沟通，以及与该情绪有关的行动。需要记住，情绪的一个主要功能是激发行动以解决特定问题。留意跟每种情绪相关的行动。"

5. 情绪的后续影响

继续对成员说："后续影响就是在第一种情绪出现之后，身体、思维、情绪立即产生的变化。"

6. 情绪的名称

解说讲义6的各种情绪时，讲完每种情绪要跟成员互动一下，确保他们能正确辨认与命名自己的该种情绪。

带领者笔记：提醒成员在"其他"这一格写下各种情绪出现时，个人常见的独特诱发事件、诠释、生理变化、体验、表达及行动等，但是请检查所写的内容确实属于该情绪。有些成员可能不了解自己的原生情绪，或不知道自己经历的是继发情绪。有时候继发情绪出现得太快，使得成员没有发觉自己跳过了（或是干脆避开了）跟诱发事件有关的原生情绪。

💬 **讨论重点：**讲解情绪调节讲义6时，请成员分享他们对于情绪特征的看法。建议所有成员都在讲义旁写下新的观点。

练习活动：首先，请每位成员想出一个可以玩角色扮演的情绪情境，或者使用以下其中一个情境：

- "和一位朋友互动，对方在互动过程中变得对你非常生气。"
- "你在公交车站等车，有个看起来不怀好意的人靠近你，令你害怕。"
- "去机场接所爱的人。"
- "坐在你觉得很厌恶的人旁边。"
- "跟朋友讲一个非常悲哀的事情。"

接着，指导成员进行角色扮演。可以请两位成员扮演情境，或是你与一位成员角色扮演。挑选情境的成员要在角色扮演时尽可能传达自己的情绪。

第三，请每个人观察角色扮演，并且描述扮演者的非语言表达行为。引导成员特别注意面部。

第四，请扮演者描述在角色扮演时的真正感受和他们想要表达的内容。

> **带领者笔记：**关于角色扮演技能的更多建议，请参考第八章第五节（如你所愿 DEAR MAN 技能的练习）。

C.观察与描述情绪时的阻碍因素

> **带领者笔记：**这部分的重点最好在分享家庭作业时提出。成员有多少诱发事件，就应填写多少份练习单（情绪调节练习单 4 或 4a）。因此，如果成员被原生情绪诱发而出现继发情绪反应，就应该再填写一份练习单。分享家庭作业时你要特别注意这点，因为有时候很难厘清。

1. 继发情绪（对情绪的情绪反应）

之前提到过，继发情绪出现时，可能会掩盖或混淆原生情绪的反应。有时候唯一的厘清方式就是特别注意诱发事件，以及对该事件的诠释。你可以问成员："出现那样的情绪后，大多数人会有什么样的情绪？""如果你对自己的情绪不会感到害怕（内疚、羞愧），那么在那个诱发事件之后你会体验到什么情绪？""你当时可能有回避任何情绪的反应吗？"

2. 矛盾心态（对于同一事件有一个以上的情绪反应）

向成员解释："人们经常在几乎同一时刻体验到两种或更多的情绪，这会混淆情境。比如你可能爱你的父母，同时又对他们感到愤怒而想要他们越远越好。搬去一个新城镇，你可能既兴奋又害怕。为了厘清这点，请针对体验到的每种情绪写一份练习单；完成该练习单之前，别担心哪个是原生情绪、哪个是继发情绪。虽然原生和继发很难分得清楚，但写完练习单再来探讨可能就不会那么困惑了。"

七、概论——改变情绪反应（情绪调节讲义7）

> **要点：**为了改变不想要的情绪，首先必须核对事实；有时候光是这么做就够了。情绪不符合事实时，我们要练习采取跟情绪相反的行为。情绪符合事实且问题出在情境中时，我们要进行问题解决。
>
> **情绪调节讲义7：概论——改变情绪反应。**务必要解说这份讲义，至少简短浏览，以便让成员知道除了核对事实之外（见第八节），改变情绪反应还有其他两个技能：采取相反行为（见第十节）及问题解决（见第十一节）。第九节是关于核对事实之后，如何决定该用相反行为还是问题解决。这份概论引导成员认识上述三种情绪改变策略，让他们对第九节和情绪调节讲义9的流程图先有个概念。请教授第八到第十二节的各项技能与讲义。

✓ A.核对事实

对成员说："改变自己对某个情境的信念和假设以符合事实，有助于改变你对该情境的情绪反应。为了做到这点，你首先要核对事实。认知疗法和其他许多疗法都把核对事实当作基本策略。"

✓ B.相反行为

继续对成员说："当情绪不符合事实，而且了解事实之后也没有改变你的情绪，这时可以采取跟情绪相反的行为（贯彻执行且一再重复），就能改变情绪反应。就像古谚有云：'摔下了马，再骑回去就好。'"

✓ C.问题解决

继续对成员说："如果情绪符合情境的事实，而且你想要改变情绪，那么情境就是问题。问题解决会降低负面情绪出现的频率。"

✓ D."是的，可是……"是改变情绪的障碍

采取必要行动来改变情绪反应是个艰辛的过程，需要下功夫、有意愿，还要有能力判断什么最符合自身利益。想要帮助对方改变情绪，对方的反应往往是"是的，可是……"，特别是当情绪强度高，而且觉得你帮助他改变情绪等于是否定他的感受时就可能有这种反应。问题在于"是的，可是……"不会让人感觉更好，也不能解决情绪问题。"是的，可是……"的反应出现时，提醒成员不管问题是什么，只会有以下四种可能的反应：

1."问题解决，方法是改变情境，或者顺其自然，不去理它。"

2."改变你对情境的情绪反应，就算问题继续存在，也会减少痛苦的情绪。"

3."全然接纳情境，也就是承认无法改变情境，你也无法改变自己的感觉，但是甘愿且全然接纳这个状态，这么做能让你释怀，痛苦也跟着减少。"

4. "留在痛苦中（或让事情变得更糟）。"

> **带领者笔记：** 上述四个选项在第六章介绍 DBT 技能时说明过。如果你已经讲解过这些步骤，请在这里提醒成员。如果这是你第一次介绍，可参考第六章的完整说明。如果时间允许，也可发下"通用讲义 1a：解决任意问题的选项"。

八、核对事实（情绪调节讲义8—8a）

要点： 我们往往不是对事件的事实产生反应，而是对自己对于该事件的想法与诠释产生反应。改变自己对于事件的信念、假设与诠释以符合事实，就能改变情绪反应。

情绪调节讲义 8：核对事实。 如果时间很多，可以请成员拿出"情绪调节讲义 6：描述情绪的方法"，阅读"诱发事件"和"对诱发事件的诠释"这两部分，这么搭配会比较容易说明讲义 8。如果时间许可，也可以请成员拿出练习单 5，然后你一边以成员的亲身体验举例，一边请成员填写练习单。这里使用及教授的主要策略是认知修正策略（见《DBT 教科书》第十一章）。

情绪调节讲义 8a：范例——符合事实的情绪（自选）。 教完核对事实后，如果没有要进入相反行为，就可以跳过这份讲义。"情绪调节讲义 13：复习相反行为与问题解决"也包括同样内容。不过对于许多成员来说，如果你先讲解情绪符合事实这部分，他们会更容易了解相反行为。

情绪调节练习单 5：核对事实。 跟成员一起细读这份练习单。特别有用的做法是一边解说"核对事实"，一边填写这份练习单，这样就能解释每一项指示的意思，同时示范如何填写。必要的话，指导成员如何为情绪强度评分（0= 没有情绪；100= 最大情绪强度）。请在核对事实之前与之后为情绪强度评分，分别填写在"之前"和"之后"的格线里。如果成员难以厘清所感觉到的情绪，指导他们复习讲义 6 和 / 或填写练习单 4 或 4a。请注意，核对事实的每一步都有两部分：一部分是描述情境，以及可能引发情绪反应的想法和诠释；第二部分则是让成员思考代替想法、诠释，以及重新写下事实。

✓ A.为什么要核对事实？

> **带领者笔记：** 讲解下面第一部分几个项目即可，需要时可以举例说明。这部分提供核对事实的理论基础，你还有许多机会教授这部分材料，比如讨论作业和教授后面的技能时，核对事实都是不可或缺的要素。

1. 对情境和事件的想法与诠释（而非事实）会引发痛苦情绪

a. 对现实的认定会引发强烈情绪

举例： 如果一个人相信亲人因车祸丧命，一定会感到无比悲痛；就算他得到的信息是错的，而且亲人其实并没有死，他还是会非常哀伤。

举例： 如果一个人相信某人要伤害他，必定会相当害怕，就算事实完全相反，对方其实是想帮助他而不是伤害他。

b. 对自己需要什么抱持错误信念，会导致情绪痛苦

举例： "我需要毒品才能控制疼痛"，而不是"我要找到不具伤害性的有效方式来应付疼痛"。

举例： "事情非得在我的掌控之中不可"，而不是"我更喜欢处于掌控之中，而不是失控"。

举例： "你不应该这样（例如，应该更和善、更准时、更善解人意、愿意给我更多薪水）"，而不是"这就是你；你今天这个样子是有原因的，但我希望你改一改"。

c. 对事件抱持错误信念会引发新问题

举例： 一个人成绩很差，却相信"我不用准备就能通过考试"。

举例： 油表指针已经归零，却相信"汽油能撑到我开到目的地"。

举例： "你把时间花在你的朋友身上，表示你不爱我，我应该搬走。"

举例： "你没邀请我参加派对，表示你不喜欢我。"

d. 绝对化的思维会引发极端情绪

"绝对化的思维"是指极端思维、非黑即白的思考方式、全有全无的想

法及非此即彼的思维。

举例："他恨我"，而不是"他觉得我很烦"。

举例："这份工作太糟糕了！我受不了了！"而不是"这份工作的某些部分虽然很棘手，但其他部分没那么糟。我有办法忍受"。

举例："这堂课如果没有全拿 A，我就抬不起头来了"，而不是"我虽然想拿 A，但没有拿到 A 不代表失败"。

举例："你不是不堪一击，就是坚不可摧"，而不是"一个人有坚强的时候，也有脆弱的时候"。

✓ 👥 **练习活动：**请成员想象以下情境："你的车在高速公路上爆胎了。你下匝道后把车停在路边。你站在车旁，希望有人能停车帮忙。你看到最好的朋友（妈妈、爸爸、姐妹、老师）正开上匝道要上高速公路，而且车里只有他一个人。你挥手跳上跳下。你的朋友（或者其他人）往你这边定睛一看，接着却踩下油门疾驰而过。你会有什么感觉？会生气？觉得很受伤，失望吗？"成员一般会提到这些情绪。请他们分享对这个情境的想法，建议他们提出诠释（如"好坏喔！"）、对于现实不切实际的要求（"雪中送炭才叫朋友"）、绝对性的思维（"他讨厌我"）等。接着继续说故事："后来你发现，车里其实还有个孩子，而且那孩子伤势严重，你那位朋友十万火急地要送孩子去医院，否则性命不保。你知道这个新的事实后，有什么感觉？"通常感觉会改变。向成员指出，唯一真正改变的是他们对事件的诠释。

💬 **讨论重点：**请成员举例说明：对于事件的诠释（或心中一闪而过的念头）影响了他们的感觉与情绪。看看他们所举的例子中，哪些是不符合事实的想法和诠释，哪些是对于现实不切实际的要求，哪些又是绝对化思维。

✓ **2. 情绪会影响我们对事件的想法，以及如何反应**

举例来说，暂时性的心情会影响我们对重要事件的想法、记忆、感知及诠释，当事件复杂不清晰时尤其如此。同样一个信息可以根据我们目前的情绪状态染上迥然不同的色彩。

举例：当我们愤怒或气恼时，如果一位乐天派的朋友打电话来，我们听到他嘻嘻哈哈就一肚子气，觉得他很讨厌，不是善解人意的知心好友。

举例：我们焦虑或害怕时，听到房间窗户被风吹得直响，会觉得好像有人要闯进来了。

举例：当我们心情愉快时，就算是跟一位尖酸刻薄的朋友在一起，也会觉得他很棒。

举例：当我们对于自己在工作中犯错感到羞愧时，看见两位同事在走廊放声大笑，就以为他们在嘲笑自己。

举例：当我们悲伤时，可能会觉得成绩不好代表永远毕不了业。

💬 **讨论重点：**请成员分享自身经历：自己的心情或当下的情绪影响了他们对事件的诠释。

> **带领者笔记：**联结以下两个概念：（1）情绪会影响思绪；（2）"情绪爱自己"，因而会自我延续。这两点之前讨论过，下面还会再做说明。

✓ **3. 相信"自己的想法是绝对的真理"是灾难的祸因**

以下几点请铭记在心：

■ 没有人掌握绝对的真理。

■ 相信"我掌握绝对真理"通常会导致冲突，甚至会引发战争。

■ 大家对于事实有不同看法，并且都是合理的，即使我们不赞同这些看法。

■ 看待事情的方法肯定不止一种，解决问题也不止一种。

■ 两件事情虽然看似（或确实）相反，但也可能都是对的。

■ 意义和真理会随着时间而改变。

> **带领者笔记：** 上述要点在第八章第十五节也探讨过，该处讲到辩证为行中的中庸之道技能。

✓ 4. 了解事实是解决问题的根本

对事实所知不完整，或抱持错误信念，都会干扰问题的解决。

举例： 屋顶漏水，我却认定没有漏水，表示我不会请人来修。

举例： 考试不及格事实上是因为没有好好读书，我却认定是评分不公，表明我下次考试可能不会认真准备。

✓ 5. 检视想法与核对事实能改变情绪

对不正确的事实产生反应时，如果得知正确的事实，就能改变情绪。此外，知道实际情形有助于我们针对情绪的情境来解决问题。也就是说，了解事实有助于我们改变事实。

> **带领者笔记：** 提到以下这点可能有用。一些有效的心理治疗，其基础都是帮助成员改变认知（也就是想法、信念和诠释）。认知治疗是抑郁症的主要疗法之一。此外针对焦虑症、饮食障碍、物质滥用和其他许多病症，也发展出各种形式的认知行为疗法（焦点放在改变认知和行为）。人格障碍的两大疗法——图式治疗与心智化疗法——也着重于改变认知。

✓ B.如何核对事实

✓ 1. 问自己：我想改变的情绪是什么？

对成员说："如果不知道自己确实感受到什么情绪，要改变情绪就会困难很多。某个情境的事实可能符合一种情绪，但不符合另一种。这里复习情绪调节讲义 6 会很有帮助。在复习描述情绪的方法时，要仔细留意当下的想法、身体感受、姿势、行为冲动、行动和语言陈述。"

✓ 2. 问自己：诱发我情绪的事件是什么？

对成员说："请描述通过感官所观察到的事实。只要事实！对于评价判断、极端思维及非黑即白的绝对性描述，都要予以挑战。对事实的看法更全面平衡，就更可能改变情绪。"

向成员解释：诱发事件可能是外在事件，也可能是内在事件（比如前一种情绪、一连串的想法，或者是否有能力执行一项任务）。诱发事件可能是对于前一种情绪的继发反应（比如对于自己的害怕感到生气）、对于前一个想法的继发反应（比如对某人抱持批判想法而感到羞愧），或者对于自己能力不足所产生的继发反应（比如因为记不起某人的名字而感到内疚）。情绪也可能被行动引发（比如在钢琴演奏会上表现得很好而开心）。

我们描述情境、情绪、想法和行动时，往往用的是评判性的语言、黑白分明的绝对化陈述。这通常不是描述情绪的有效方式，因为这会引发强烈的负面情绪反应。事实上，真正的诱发事件可能是我们对于事件的心理描述，而不是事件本身。

✓ 3. 问自己：我对事件的诠释、想法和假设是什么？

通常我们会对看到的现象添加自己的诠释，然后再对这种添加的诠释产生反应，而不是对所观察到的现象产生反应。我们下了判断，然后根据这种仓促的结论采取行动。

对成员说："想想看，你感受到某种情绪时，可能会做出什么错误的诠释，然后又依据该诠释行动？"或者使用以下例子：

愤怒："听到某人对你做的事情表示失望（事实），而认为对方试图控制你（诠释）。"

厌恶："看到街上有个男人向你家的窗口探头探脑（事实），而认为他是性侵害者（诠释）。"

羡慕："看到某人被拥抱（事实），而认为这个人得到的爱比你多（诠释）。"

恐惧："半夜听到声响（事实），而认为有人闯进家门（诠释）。"

快乐："看到清晨的天空万里无云（事实），而相信回家时不会下雨（诠释）。"

嫉妒/吃醋："看到你爱的人跟另一人坐得很近（事实），而认为对方爱的是那个人（诠释）。"

爱："发现对方想和你上床（事实），而以为他爱上你了（诠释）。"

悲伤："发现对方没有把你包括在计划之内（事实），而判定他不爱你（诠释）。"

羞愧："比赛时没有接到球（事实），而觉得自己很糟（诠释）。"

内疚："不想跟别人分享食物（事实），而觉得自己很自私（诠释）。"

✓　"考虑到其他所有可能的诠释。其他合理的诠释，尤其是比较有利的，会是调节情绪的有效方式。练习看到一件事情的所有方面和各种观点。"

✓ 4.问自己：我在假设一个威胁吗？

对成员说："询问自己是否在想象一个会带来威胁的事件或后果。痛苦情绪通常跟某种威胁有关。你预期这件事可能会带来什么负面后果？"进一步解释：通常我们甚至没发觉自己认为有某种威胁；威胁在我们心里是内隐的。确实找出让我们联想到威胁的诱发事件，这点很重要。如果已经核对事实，但情绪依然强烈，那么找出心里担忧的威胁尤其重要。这是个线索，显示出当下情绪可能是继发情绪，也显示出务必要厘清自己是对什么内隐（即非语言的）威胁产生的反应。

✓ a.命名这个威胁

第一步是要命名威胁，这包括为情绪命名。我们感受到以下情绪时，可能会感受到这几种威胁：

愤怒：被攻击，或是重要目标受到阻碍。

厌恶：被弄脏。

恐惧：生命、健康、幸福遭遇危险。

悲伤：永远失去某个人、事、物，或没有达到目标。

羞愧：被赶出社群。

内疚：违背自己的价值观。

嫉妒：别人抢走你重视的人或物。

羡慕：得不到想要或需要的，因为他人的权势、影响力和财富更有分量。

✔ **b.评估这个威胁事件真的发生的可能性**

评估发生威胁事件的可能性时，务必要处于智慧心念的状态。乍看之下觉得有威胁的事情，往往在思考之后就不会显得那么严重。

举例： "夜晚走在路上，看到两个男人向你走来，你心想：'他们要抢劫我。'观察周围的其他人，以及这两个男人是否携带武器等，用这些方式来评估威胁事件发生的可能性。"

现在向成员解说以下几点并举例：

"想想看：你之前出现跟现在类似的想法时，有什么结果？"

举例： "你头痛时心想：'糟糕，我可能得了什么重病。'提醒自己过去头痛过好多次，每次都不严重，而且很快就消失了。"

"提出问题，找寻更多信息，核对并检视已知的事实。"

举例： "在商城逛街时，同事从旁走过，却没跟你打招呼，你心想：'她不喜欢我。'寻找信息：问那位同事在商城逛街时有没有看到你。"

"首先让自己平静下来，才能把问题情况观察清楚。"

举例： "儿子说他开你的车时出了状况，你会心想：'我的车子毁了。'这时你会亲自去检查车子的状况。"

"在真实世界里进行验证，看看你的预测是否成真。你对于事件的担忧与预测在多大程度上符合事实？"

举例："你心想：'我找不到工作。'进行以下实验：应聘许多你符合资格的工作，看看结果会怎样。"

✓ **c.思考其他可能的结果**

对成员说："现在想一下其他可能的结果，越多越好。探索其他可能的结果这个简单的行为本身就能提升你的信念，从而更加相信可能有其他的结果。"

举例："老板请你去找他时，你心想：'我要被炒鱿鱼了。'探索其他可能的结果：'他要问我手上的项目进行得如何''他要问我能不能加班，帮他处理明天就要完成的项目''他要给我奖金，感谢我今年多次加班'。"

✓ 5. 问自己：这会带来什么灾难？

如果真的发生威胁事件会如何？

a. 如果不幸言中最糟的结果，实际的后果会是什么？

有时候，事实的确跟我们认为的一样糟，但如果把事实灾难化，往往会雪上加霜。"灾难化"就是夸大事实的负面特性，把焦点放在可能发生的最坏结果（比如"好惨啊，事情永远不会好转的""我死定了"）。"老天，我就要死了"这个想法所引发的惊恐会使血管收缩，增加心脏病发作的可能性。灾难化思考会增加身体和情绪的痛苦。

> **带领者笔记：** 帮助成员了解"灾难化思考"就只是在心中起起伏伏的想法和画面而已。这个概念可能一开始难以领会。请他们参考对当下的想法保持正念的技能（痛苦忍受讲义 15）。

💬 **讨论重点：** 询问成员："真的有什么是灾难吗？"亚伯·艾里斯（Albert Ellis）博士是一位著名的治疗师，以告诉人们不要把事情灾难化而为人所知。有一次他跟人辩论，对方努力想让他承认有些事情确实是灾难。对方跟艾里斯说："假设你坐飞机，突然飞机笔直朝下，即将坠毁，你难道不觉得这是灾难吗？你怎么自圆其说？"艾里斯很沉稳地回答："嗯，死了就死了。"和成员讨论这一点。真的有什么事实是我们无法泰然接受的吗？就算真的发生灾难，灾难化思考（即在灾难最令人痛苦或毫无希望的部分钻牛角尖）有任何帮助吗？

✔ b.想象自己善于应付灾难

鼓励成员想象自己能用各种方式妥善应付灾难：

问题解决（见情绪调节讲义 12）

提前应对（见情绪调节讲义 19）

全然接纳（见痛苦忍受讲义 11—11b）

> **带领者笔记：** 要停止灾难化思考，成员有时候会觉得就算并非不可能，也相当困难。他们可能会开始跟你对抗，针对非常痛苦的事实，你努力帮助他们转移到代替反应，但他们坚决反对。这时继续说明以下这点会很有帮助。

✔ 6. 问自己：我的情绪和/或情绪强度符合事实吗？

鼓励成员检视自己试图改变的情绪是否真的符合情境的事实。如前所述，情绪历经进化，成为个人回应常见问题的有效方式。每种基本情绪都有常见的诱发情境。当这种情境出现时，对应的情绪可能会在该情境里发挥作用——而且可能符合事实。

情绪调节讲义 8a 列出情境的例子，皆符合特定基本情绪的事实。务必留意，这些并不是引发该情绪唯一有效的诱发事件。问题往往不是出在特定情绪上，而在于该情绪的强度。你也可以举以下例子：

举例："你被裁员了，你的反应就好像自己将贫苦一生。"

举例："在杂货店排队结账时，有人插队，你的反应就好像那个人以肢体攻击你和你的孩子。"

> **带领者笔记：**一个人情绪很强烈时，难以看清以下现象：不理性、非事实的描述、错误的诠释、不切实际的担忧，以及被灾难化的事实。此时还是要记得"情绪爱自己"。情绪的后续影响包括缩小注意力范围和对威胁的敏感度提升，难以改变想法和印象。这时候最好建议成员先使用危及生存技能 [比如积极改变身体的化学状况（TIP 技能）、转移注意力、自我安抚，以及维持高度情绪化的利弊分析（见痛苦忍受技能讲义 5—8 ）]。

💬 **讨论重点：**可以与成员讨论"半夜时分的思维"的概念。这是半夜睡不着时，对于人生忧心忡忡的灾难化思考。早上醒来时，往往会纳闷半夜怎么会这么担心，还对这种灾难性想法信以为真。半夜睡不着时，只要跟自己这么说就会有帮助："这是半夜时分的思维，我别理会，早上再说。"请成员分享"半夜时分的思维"，但早上醒来时发现没那么严重的情况。也请成员集思广益，什么技能应对半夜时分的思维会有帮助。你也可以提供一些技能："比如用很冷的水洗脸，然后使用调节呼吸来转移你的想法。"（冷水的作用见痛苦忍受讲义6a。）

✓ C.举例说明符合事实的情绪（自选）

跟成员一起详细阅读情绪调节讲义 8a。

> **带领者笔记：**要了解各种情绪的诱发事件及厘清事实，阅读讲义 8a 会很有帮助。挑选这份讲义的一两项来说明，然后建议成员在课下自行阅读其余部分。

✓ 讲义8a列举各种基本情绪符合事实的例子。一般而言，列出的情境皆符合相关情绪，但这些不是唯一有效的诱发事件。判定是否要改变一种情绪时，最重要的是询问智慧心念：如果要朝重要的个人目标迈进，在该情境表现出特定的情绪反应是否有效？

向成员解释，情绪的功能是解决常见情境中的问题。

1. 恐惧

恐惧的功能是催促我们逃离危险以维护安全，方法是回避、逃跑或躲避任何威胁。

2. 愤怒

愤怒的功能是催促我们威胁与攻击可能伤害我们的人，让我们不受攻击、不会失去重要的人、事、物或目标。

3. 厌恶

厌恶的功能是让我们远离污染，催促我们摆脱或远离觉得厌恶的任何对象。请强调厌恶的对象可以是人（包括自己），也可以是东西，比如事物、体液或粪便。想想我们有时候会用什么字眼来形容这种人或物（"黏糊糊的""油腻腻的""假惺惺的""人渣"等）。

举例：厌恶让我们不会吃进有毒的食物，不会跳入足以致命的污水中，不会捡起或碰触可能引发疾病的物体。

4. 羡慕

羡慕的功能是激励我们努力得到他人所拥有的，以便改善自身及对我们重要的人的生活。羡慕也促使我们试着减少他人拥有的（如果他人拥有的远多于我们拥有的），以便平衡资源分配。这么一来，羡慕可被视为重新分配财富与权势的情绪。

如果在我们非常重视的事情上，他人拥有的远多于我们，而且我们拥有得少是不公平的，这时羡慕通常是符合事实的情绪。问题在于羡慕常会腐蚀心灵，对我们没什么好处，常见的后果是尖酸刻薄，因此效果不佳。

> **研究重点：** 研究显示，快乐不取决于事件或个人所处情境的绝对价值，而是跟其他事件或情境比较而产生的相对价值；这可能是人际间（与周围人的）比较，也可能是自身内部（跟个人过去经验）的比较。其他人比我们拥有更多时，不仅让我们产生羡慕之情，也让我们更不快乐。这就是为什么羡慕往往效果不佳，就算理由正当也要降至最低。

5. 嫉妒

有人威胁要带走我们非常重视的爱情关系或物品时，产生嫉妒是理由正当的。嫉妒这种情绪确保我们采取所有可能的行动来保护这些关系或物品，比如试图控制我们希望亲近的人的行动，或拒绝跟他人分享自己所拥有的。

> **带领者笔记：** 爱情关系可能很难判断是否受到威胁。觉得自己的爱情关系非常稳固，直到有一天爱人突然为第三者离去，而在此之前没有明显的警讯，这种例子比比皆是。核对事实（情绪调节讲义 8）本身也可以是嫉妒行为的一种形式。这里要提出的重要问题是："表现出嫉妒是否有效？"

6. 爱

爱的功能是激励我们寻找、陪伴与依附其他的人、事、物。如果所爱的人、事、物能够增进我们的生存与利益，爱就是理由正当的情绪。虽然每个人、事、物都是可以被爱的（因此从事实的角度来看，爱这种情绪永远是理由正当的），但这个论点也能轻易驳回，毕竟有时候我们会爱上"错误的"人、事、物，比如所爱的对象不爱或不关心我们，或者会主动伤害我们（例如处于暴力或虐待关系中；朋友要求成瘾行为共生依赖以维持友谊），或者参加的联谊团体看到我们生活改善得比他们更好（不管是因为他们做不到还是不想这么做）就威胁要摒弃我们。

7. 悲伤

悲伤的功能是把我们拉回到自己身上，以便厘清在失去重要的人、事、物时，我们真正重视的是什么，以及要做什么。悲伤也能向他人发出我们需要帮助的信号。

8. 羞愧

羞愧有两个重要功能。首先，如果自身行为会引发他人的排斥，导致我们被社群摒弃，那么羞愧会促使我们隐藏这种行为。其次，如果这种行为以某种方式公开了，羞愧会促使我们对所冒犯的对象唯命是从、平息安抚，好让自己不被排斥。

羞愧是以社群为基础的情绪。我们很容易认定如果行为或性格特质没有不道德或错误的地方，那么羞愧就不是理由正当的，但事实并非如此。羞愧在进化上的优势是：如果社群所制裁的行为会引发羞愧，那么以羞愧为基础的表现和行为能让一个人继续留在该社群里。许多例子显示，虽然继续待在引发羞愧的社群里不见得有好处，但也不是全然无用。在早期，是否待在社群里是攸关生死的，甚至在当今一些文化或群体中也是如此。

> **带领者笔记：** 如果参与技能训练的成员有心理障碍，那么关于羞愧的讨论至关重要。重要的是让这些成员了解：表明自己有心理障碍（尤其在还不熟悉对方的时候），不仅会导致他人的排斥，也可能增加自己的羞愧感。在大多数文化中，如果患上心理障碍，那么羞愧是理由正当的情绪。向成员证实这一点的确不公平。

9. 内疚

内疚的功能是催促我们修正违反个人道德价值观的行为，以及预防未来还会出现违反的行为。

九、为相反行为与问题解决做准备（情绪调节讲义9）

> **要点：**如果核对事实无法降低不想要的情绪，我们必须决定接下来要尝试哪个技能：相反行为或问题解决。要改变对于情境的情绪反应，流程图能帮助我们决定采用哪个技能。
>
> **情绪调节讲义9：相反行为与问题解决——决定要用哪一个。**这份讲义是一张流程图，帮助成员厘清应采取哪个技能来改变不想要却频繁出现的情绪。讲义可在这里解说，以便强调有时候虽然成员已经掌握确切的事实，但必须改变情境。或者，你可以在解说相反行为时强调这点，然后在教授问题解决后使用这份讲义当作复习。举例子是教授与了解这份讲义的关键，所以讲解每个情境时务必至少提供一个例子。此外，每个要点都请成员举例说明也会有帮助。
>
> **情绪调节练习单6：找出如何改变不想要的情绪（自选）。**这份练习单仿照讲义9，但增加了指示语，说明如何使用流程图来判定应该采用哪些技能来改变情绪。这份练习单虽然是自选讲义，但非常有用。你可以用来教学替代讲义9。如果用这份练习单教学，要帮成员多印一份。发给成员后，说明上面的指示语，确保成员了解使用本流程图的方法。

✓ A.改变不想要的情绪的三种方法

提醒成员："在这个模块里，我们主要探讨改变不想要的情绪的三种方法。"

✓　"核对事实已经讲过了。有时候光是知道确切事实就能改变你的感受。"

✓　"问题解决是通过回避、修正或解决诱发事件来改变情绪。"（本技能在相反行为之后的第十一节说明。）

"相反行为是通过采取跟情绪冲动相反的行为来改变情绪。"（本技能在第十节说明。）

✓ B.什么时候采取相反行为而非问题解决

对成员说："情绪调节讲义9流程图的设计是为了帮助你厘清什么时候练习相反行为，什么时候练习问题解决。不管是哪个技能，都要先核对事实。"

> **带领者笔记：** 重要的是让成员放心：并不是说相反行为是改变所有情绪的方法。如果成员的问题是生命中持续出现严重的负面事件，你要是大力鼓吹相反行为，他们会觉得你不认可他们的感受。指出问题解决也很重要，并且你会在相反行为之后教授。

✓ 现在依照以下的指示，向成员说明讲义9的流程图。你在讲解时，询问流程图上的每个问题，然后针对该情境给予适当的例子（用自己的或下面的举例）。

以询问这个问题作为开始："这种情绪（以及该情绪的强度）是否符合事实？"

1. 如果是（情绪符合事实），继续问： "顺着这种情绪行动是否会达到效果？"

a. 如果两者皆是（情绪符合事实且顺着该情绪行动能达到效果）

✓ "对当下的情绪保持正念。压抑或避开不想要的情绪很少有帮助，要享受正面情绪。"

举例："你三岁的女儿跑到人车来往的马路上，你害怕她会被车撞到，这时体验心中的恐惧，别试着压抑，否则你不会跑去把女儿带回到人行道。"

举例："你跟一位很棒的对象谈恋爱时，好好享受，沉醉其中。"

✓ "顺着情绪行动，跟随心中的冲动。"

举例： "害怕穿越危险的巷子，那就不要走过去。"

举例： "你爱上一位很棒的对象，那就常跟他相处。"

举例： "对于感到羞愧的过往事件，如果传出去可能会造成社会的排挤，那就不要说。"

✓　"进行问题解决。"

举例： "你支付日常开销有困难，表示你在金钱方面的焦虑符合事实，这时就要规划预算、开源节流。"

举例： "你跟伴侣聚少离多，那就找出常在一起的方法。"

举例： "房东拒绝退还押金很不合理，你很生气，这时采用人际效能技能，极力争取拿回押金。"

✓　b.如果前者是（情绪符合事实）但后者不是（顺着情绪行动无法达到效果）

✓　"不要顺着情绪行动，而要考虑相反行为。"

举例： "你接近山顶，路上发生雪崩，让你无法回头。前方有个裂缝，你想到要跳过去就全身发软，没有人能助你一臂之力。你等待救援，等到身体都快冻僵了还不见人影。顺着恐惧行动就是不跳过裂缝，但这会让你冻死。相反行为就是鼓起全部勇气，纵身一跃。"

举例： "有人超车，你很生气，恨不得猛踩油门立刻超越他。虽然愤怒符合事实，但是超车不太可能发挥作用；相反行为是放慢速度，接受有些司机就是爱超车。"

举例： "母亲不久于人世，你很哀伤，但母亲受不了大家在她面前流露伤痛。这时告诉她令人愉快的好消息，把焦点放在积极的事情上。"

举例： "你应聘许多工作，都没有被录取。现在又看到一个合适的职位，而且正是你期待的工作，但你很怕去应聘，自认不会被录取。顺着担忧的行动就是不去应聘，但这么做无效；相反行为是鼓起勇气应聘那份工作。"

✓ **2. 如果两者都不是（情绪不符合事实且顺着情绪行动没有效果）：**

    ✓ a."不要顺着情绪行动。"

    b."改变想法以符合事实。这是改变情绪最容易的方式，而且如果能发挥作用，其他方法都不需要了。"

    ✓ c."采取相反行为。有时候，就算了解事实也不能改变情绪。这时通过改变行为来改变情绪，效果会更好。"

    举例："如果你摔下马虽然没有大碍，但很害怕回到马背上，这时还是骑上去吧。"

    举例："你害怕应聘工作，认为自己永远不会被录取。'我永远找不到工作'这类极端思维不太可能符合事实，因此顺着恐惧行动而不应聘是无效的。相反行为是鼓起勇气，开始应聘工作。"

✓ **3. 若前者不是（情绪不符合事实）但后者是（顺着情绪行动能发挥效果）：**

    a."对当下的情绪保持正念。是否达到效果取决于你的目标。有时候你认为某种情绪发挥成效，只因为体验该情绪时觉得很舒服。"

    ✓ b."坦然接受顺着情绪行动所带来的后果。虽然情绪不符合事实，但你判定该情绪能有效帮助你达到目标，那么要铭记在心的是：你可能不会喜欢顺着情绪行动的后果。"

    举例："如果顺着愤怒行动能让你感到舒服，认为这么做是有效的，就要接受你所重视的人际关系可能出现裂痕的后果。"

十、采取跟当下情绪相反的行为
（情绪调节讲义10—11）

> **要点：** 当情绪不符合情境的事实，或不能引发有效行为时，一再重复且贯彻执行跟情绪相反的行为，就能改变情绪。
>
> **情绪调节讲义 10：相反行为。情绪调节讲义 11：找出相反行为。**尽量在同一堂课教完讲义 10 与 11。如果没有举例说明，成员很难了解相反行为。讲义 11 引导成员辨认九种情绪的相反行为。虽然讲义提供有效的相反行为的建议，但重要的是教授成员如何辨认自己的行为冲动，以及找出跟那些冲动相反的有效行动。重点摘要见"情绪调节讲义 13：复习相反行为与问题解决"。
>
> 讲义 10 不用逐字逐条地说明，要挑几种情绪来讲解，好让成员了解怎么使用该讲义。根据我们的经验，重要的是帮助成员区分嫉妒与羡慕、羞愧与内疚。引发羞愧的行为或性格特质一旦公开，可能有被所属团体逐出的威胁，这时羞愧是理由正当的。然而，让羞愧理由正当的情境不是用直觉就能立即判断的，因此就算时间紧张，也要简短说明羞愧这种情绪，每部分都强调一两个重点，然后问成员有没有问题。或者你可以挑成员有疑问的情绪讲解。我通常会请成员阅读整份讲义作为作业。
>
> **情绪调节练习单 7：用相反行为改变情绪。**作业是练习采取相反行为，并且填写练习单来做记录，以方便课堂上讨论。带领成员浏览练习单。必要的话，指导成员如何为情绪强度评分（0＝没有情绪或不舒服，100＝最大情绪强度或不舒服），并把分数分别填写在"之前"和"之后"的空格里。如果成员难以厘清自己感受到的情绪，指导他们复习情绪调节讲义 6 和 / 或填写练习单 4 或 4a。分析情绪是否理由正当时，成员应把焦点放在诱发事件上。因此，要提醒成员非常明确地描述诱发事件的相关事实。必要的话，复习正念的"是什么"描述技能。

✓ A.什么是相反行为？

如果有想要做什么或说什么的情绪冲动，相反行为就是采取与之相反的行为。

✓ B.为什么要采取相反行为

如果情绪不符合事实，相反行为能有效改变或减少不想要的情绪。古谚有云："摔下了马，再骑回去就好。"就是相反行为的例子（恐惧带来的冲动是避开那匹马）。

大多数有效的情绪障碍疗法，都会请成员彻底改变问题情绪的表达与行动这两个要素；有些心理治疗师认为这正是治疗有效的原因。这些疗法包括：

- 行为激活——采取与回避与行为（例如孤立、不活动、思维反刍）相反的行为，这对治疗抑郁症很有效。
- 暴露疗法——原本会回避或逃离害怕的事情，现在采取相反行为，这对治疗焦虑症很有效。
- 有效的愤怒治疗强调学习辨认沮丧和 / 或愤怒的线索，然后让情境自然冷却，而不是发起攻击。

带领者笔记：务必让成员了解本技能的基本原理，并征求他们的配合。更广泛的讨论请见《DBT 教科书》第十一章关于暴露疗法程序的内容。

C.当相反行为效果最佳的时候

✓ 1. 知道关于某个情境的事实，但还是无法改变情绪的时候

对成员说："知道关于某个情境的事实，但还是不能改变情绪反应，这时采取相反行为可能有用。"

举例："知道某件事并不危险，但还是很害怕；这是很常见的现象。"

举例："发现对方并非有意伤害，但你还是很生气；知道先生爱你，永远不会抛弃你，但他打量其他美女时，你还是醋意大发。"

举例： "虽然朋友很爱你，全然接纳你，但是大家在更衣室换衣服时，你还是因为对身材感到羞愧而躲起来。"

举例： "虽然知道向老板要求加薪并不会威胁自己的幸福或安全，但还是开不了口。"

举例： "理智上知道自己的行为在某个情境并非不道德，但还是感到内疚。"

✓ 2. 当情绪（或情绪强度、持续时间）在某个情境中是不合理的

对成员说："在某个情境中，当你的情绪（或它的强度、持续时间）并不合理，采取相反行为可能有用。如果情绪很合理，就要采用问题解决技能。"

强调当情绪不符合实际情境的事实，就是不合理的。

> **带领者笔记：** 对照事实后评估情绪是否合理，方法类似于判定一个人是否有焦虑障碍。比如诊断一个人是否患恐惧症，就要判断在该情境中，对照事实后恐惧或恐惧强度是否并不合理。以社交恐惧症为例，恐惧或焦虑的频率和 / 或持续时间，必须大幅超过一般的情况，才算是患社交恐惧症。这里用 "不符合事实" 来表达，而避免使用 "非理性" 一词。

举例： "你得知有人说你的坏话（诱发愤怒），事实上对方并没有说。"

举例： "老板介绍新主管给你们的团队时，称赞两位同事，但没有夸奖你（诱发恐惧与受伤感）。后来发现老板没有提到你，是因为她一小时前才跟新主管大力称赞你。"

举例： "你所爱的人主动伤害你，比如处于暴力或虐待关系中；或者好友要求成瘾行为的共生依赖以维持友谊。"

💬 **讨论重点：** 请成员分享他们发现情绪不符合事实的例子。

> **带领者笔记：** 如果情绪不符合事实，你可以说该情绪不合理，也就是对照事实后，该情绪的理由不充分。询问情绪是否合理，就等于询问情绪是否符合事实。有些治疗师或技能训练师认为，要开口说对方的情绪不合理很困难（在我的经验里，有这种看法的临床工作者比成员还多）。一般而言，这是因为临床工作者认为这么说等于不认可这种情绪和这个人。要记得：一种行为或情绪反应是可以理解的，同时它也可以是无效的。如果你或成员对于"合理"一词很有意见，可以用"符合事实"或其他名词取代。当你改变使用的名词时，重点是不要把成员"娇弱化"。"娇弱化"是我为DBT发明的词语，意思是对待成员的方式，仿佛他们无法忍受、学习或进行所需的活动。这里的概念是：以娇弱不堪来对待一个人会适得其反，使他更脆弱。

✓ 👥 **练习活动：** 叙述以下故事："你正要进办公室，一开门就惊见一条毒蛇在你脚边嘶嘶蠕动。你连忙摔上门，不敢再把门打开。"然后问成员："恐惧在这个情况中合理吗？"（答案为肯定。恐惧符合事实，因此很合理。）

继续说故事："当天晚上，主管请人来抓走毒蛇，你的办公室没有蛇了，整栋大楼都没有蛇了。隔天你去上班，但是没有人告诉你已经抓走毒蛇了。你很怕打开办公室的门。"这时问成员："现在，恐惧是否合理？"（答案为否定。）不过成员很可能都会回答"是"，原因在于他们认为如果恐惧是可以理解的（无从得知毒蛇已经被抓走了），那么就是合理的。请讨论：虽然可以理解某种情绪，但对照事实后，就不能说是合理的。

> **带领者笔记：** 情绪是可以理解的，同时也是不符合事实的，成员可能非常难理解这一点（对技能训练师来说经常是如此）。主要问题在于人们往往以为如果一个反应是可以理解的（比如得知儿子死了而哀伤，但其实儿子没死），那么一定就是符合事实的。你在这里的任务是厘清这是两种概念。一种情绪反应可以既可理解又不符合事实；提供极端例子来说明这个要点。请举出包含以下两种状况的例子：（1）得知的事实有误；（2）对事实的错误诠释是可理解的。

💬 **讨论重点：** 请成员分享并讨论信息看似符合事实，但其实并不符合事实的其他状况。

✓ 3. 如果情绪（或情绪强度、持续时间）在某个情境中无法有效达成目标

继续对成员说："你的情绪（或是该情绪强度、持续时间）如果在某个情境中无法有效达到目标，采取相反行为就会有用。有时候情绪非常符合事实，但是体验和表达该情绪对你无益，甚至有害。考虑采取相反行为时，重要的是厘清情绪反应时是否有效。"

举例： "开会时，你正想大显身手，老板却当众批评你，但是他后来提到一个要点时又询问你的意见。这时如果你想让老板和其他人刮目相看，那么愤怒回应对你没有好处，虽然愤怒是合理的。"

举例： "你正在蜿蜒的山路上开车，路线只有来回两个车道，而你那个方向的车道旁边就是断崖。你往旁边看，发现没有护栏，而且马路很窄。突然间，强烈的恐惧袭上心头，但是惊慌很可能让你掉下悬崖，而非保护你的安全。如果你吓得停下车来不敢往前开，这也不是有效的选择。"

举例： "就在你要去考驾照之前，得知申请的学校没有录取你。强烈的失望与焦虑符合事实，但这些情绪也可能干扰考驾照的表现。"

举例： "前面发生过车祸，塞了好长一段路，而你正急着要赶到某个地方，忍不住怒火中烧，但愤怒不会帮助你更快速、安全地抵达目的地。"

> **带领者笔记：** 成员评估情绪是否有效，可以用情绪调节练习单 1 或 2。如果成员不确定目标，你可以介绍"情绪调节练习单 11 或 11a：从价值观展开特定的行动步骤"。

💬 **讨论重点：** 请成员分享例子：情绪反应在某个情境是合理的，但是体验和/或表达该情绪都是无效的。

4. 回避该做的事情时

继续对成员说："有时候问题不在于情绪是否符合事实，而是如果冲动行事会导致你回避该做的事情。如果你发现自己正因此而回避做某事，采取相反行为可能会有效。"

举例："你感到抑郁，想整天赖在床上，把自己孤立起来，跟外界的一切隔绝。然而，起床活动、与人打交道而不回避，才是降低抑郁的必要做法。"

举例："你焦虑到不想接受降低焦虑的疗法，然而顺着回避的冲动行事只会带来更多焦虑。"

举例："你向朋友借书，书上有名人的签名，你答应会还书，却在露营时弄丢了，因此一直避开那位朋友可能会出现的场所，以免被他发现。但是除非你想跟他断交，否则你迟早要让他知道实情。这时要采取相反行为。"

举例："你找工作找了两年，终于在养老院找到一份好工作。你工作职责中的一小部分是处理去世者的尸体，而你怕极了尸体。但是你想要这份工作，就要采取相反行为。"

✓ D.如何按部就班地采取相反行为

> **带领者笔记：** 不能跳过步骤 1—7。请成员充分了解如何以及何时使用相反行为很重要。

✓ 1. 辨别和命名你要改变的情绪

指示成员："必要时，使用情绪调节讲义 6 或情绪调节练习单 4 或 4a。接着在'情绪调节练习单 7：用相反行为改变情绪'填上情绪名称并为其强度评分（0—100）。"

✔ 2. 核对事实

告诉成员：“第二步比较难厘清。有没有可能是你误解了情境，或错过了关于情境的重要事实？请核对事实做确认。”

问自己：情绪符合该情境的事实吗？

继续对成员说：“询问你自己：'碰到这种情况时，我的情绪反应是否合理？对照事实后，这种情绪是否适当？' 如果答案为否定，请前往步骤 3 与 4。需要的话，请使用情绪调节讲义 8、8a 或 11。讲义 8a 及 11 列出通常使特定情绪理由正当的主要事件（或事实）。必要的话，也可以用情绪调节练习单 5 来核对事实。”

✔ 3. 辨别与描述行为冲动

接着对成员说：“留意你的冲动、欲望和渴求，把焦点放在你想要做的或想要说的事情上。问自己：'我想做什么？我想说什么？' 如果想不出来，可参考情绪调节讲义 6 寻找灵感。”

✔ 4. 询问智慧心念：在这个情境中，表现情绪或顺着情绪行动是否有效？

继续对成员说：“询问你的智慧心念：'如果我冲动行事，会让事情更好或更糟？顺着情绪行动会解决我面临的问题吗？表现我的情绪是明智之举吗？' 如果答案为否定，前往步骤 5。”

✔ 5. 采取跟情绪冲动相反的行为

对成员说：“在这个过程中，如果你已经走到这一步，表示你对照事实后，已经判定情绪并非合理，或者无法有效帮助你达成目标。因此，你应采取跟行为冲动相反的行为。参考情绪调节讲义 11 与 13，看看各种情绪有哪些可能的相反行为。”

a. 去做跟实际行为冲动相反的事情

叮嘱成员："所谓的相反，是指跟你自己实际的行为冲动相反。不要盲目跟随讲义 11 与 13 的行为。"这么叮嘱的理由是：讲义上的相反行为都是假设情绪相对单纯，是普遍且可辨认的一般行为冲动。然而情绪往往复杂得多，可能是数种情绪同时发生的综合体。你的表达与行为冲动可能是那种混合情绪所独有的。情绪就算单纯、容易辨认，它的行为冲动也可能是个人或个人所属的或种族群体特有的。

练习活动：请成员闭上眼睛，回想上星期令他们愤怒的情境。引导他们想象当时的情境与互动，仿佛事情就在当下发生，然后请他们注意感受。现在，当他们继续想象时，引导他们放松手指头和手臂，张开双手（坐着的话，双手置于大腿上，掌心朝上；站着的话，双手垂直两旁，掌心朝前）。建议成员面部放松，从额头到下巴都尽量舒展，然后嘴角微微上扬。再次请他们留意自己的情绪；这时经常会有人表示愤怒降低了。向成员解释："这就是用双手和脸来采取相反行为。"

> **带领者笔记：**在这个练习里，你教授以"愿意的手势"和"浅笑"作为相反行为，两者都是愤怒的相反行为。更完整的指导与理论依据，请见痛苦忍受讲义 14。

b. 让相反行为自行发挥作用；不要压抑情绪

继续对成员说："让相反行为替你完成任务；不要试着压抑情绪的体验或感受。如果采取相反行为时试着压抑情绪，就是不让这个策略发挥作用——到最后可能真的没有作用。如果你体验到情绪，同时让眼睛、耳朵、感官维持开放的状态，就能从根本上学习到：的确，那种情绪并非理由正当。这个信息一旦经过编码进入你的大脑，你就会发现自己的情绪反应随着时间逐渐淡化。相反行为能减少不想要的情绪反应，不过需要时间才能发挥作用。如果觉得这个策略没有用，就再给它一些时间。"

练习活动： 请成员闭上眼睛，注意面部的感觉。引导他们留意是否有任何部位感到紧张。现在，请成员回想上星期令他们难过或担忧的情境。在回想的时候，他们要再次注意面部的感觉。跟成员说：如果已经想到情境，请微微举起手让你知道。现在，当他继续想象时，请他们试着隐藏感受，不让教室里的其他人知道自己的感受（假设有人睁开眼睛偷瞄的话）。请他们留意面部的感觉，注意情绪有什么变化。接下来，请每个人放松面部肌肉，尽可能舒展开来。请成员留意情绪如何改变（或没有改变）；请他们注意面部的感受有何不同。这时经常有人表示面部放松时，会觉得自己脆弱许多。向成员解释："这表示你允许感受来来去去。你没有抱着不放，也没有把他们推开。"

✓ 6. 完全相反的行为

向成员强调："要采取完全相反的行为，这表示相反的姿势、面部表情、思考方式、所说的话，以及说话的方式都要如此。相反行为'只做一半'，只会前功尽弃。重要的是，在反应的每一部分下功夫，以确保你采取完全相反的行为贯彻始终。可参考情绪调节讲义 11 与 13。"

a. 相反的言语及相反的思考只做一半的例子

举例： "为了降低社交恐惧而去参加派对，但整场派对你都站在角落、低头不语，这就是只做一半相反行为。"

举例： "为了降低飞行恐惧而乘坐飞机，却想：'肯定会坠机。'这就是只做一半相反行为。"

举例： "为了降低愤怒厌恶而表现得体贴、善良，心里却想：'你这个浑蛋！恶心透顶！'这就是只做一半相反行为。"

举例： "在团体中回答问题，以降低在这种场合讲话时所感到的羞怯，但回答之后又补上一句：'真是的，我干吗丢人现眼！'这就是只做一半相反行为。"

b. 相反的面部表情、相反的声音语调，以及相反的姿势只做一半的例子

举例： "你跟对方说：'我了解你的意思。'来缓和心中的怒气，但是声音语调却很讽刺，这就是相反行为只做了一半。"

举例： "你带孩子去公园玩耍来减少悲伤，却垂头丧气、愁眉苦脸，这就是相反行为只做了一半。"

举例： "在透露令自己羞愧的行为时意志消沉，好像在隐藏什么似的，这就是相反行为只做了一半。"

C. 相反行为只做一半，只会前功尽弃

继续对成员说："从上述例子可知，如果只改变想法和情绪表达，却没有改变情绪行为，那么几乎不会有用。这个技能的核心是：厘清情绪的行为冲动，找出相反的行为，然后贯彻执行。"

💬 **讨论重点：** 请成员分享自己或他人相反行为只做一半的例子。只做一半有什么影响？相反行为做一半的时候和之后有什么感觉？

👥 **练习活动：** 请成员举出为了改变情绪而采取跟情绪冲动相反的行为的例子（比如参加一个自己很害怕的派对；或是不去看情人的一举一动，好让自己不吃醋）。然后请成员角色扮演或示范，先是采取完全相反的行为，然后是只做一半的行为。如果成员不想演出，请他们描述相反行为只做一半的情境。

> **带领者笔记：** 要再次提醒成员你的意思不是压抑情绪（很多成员已经在这方面驾轻就熟）。从某些方面来看，相反行为甚至是压抑情绪的相反行为。

✓ **7. 持续相反行为，直到情绪减弱**

对成员说："相反行为要在一个情境中持续进行到足以发挥作用，也就是要一直做到你发现情绪强度减弱，就算只减弱一点点也好。"

此外，强调我们需要不断练习活动："只要有机会，就要一再地重复相反行为。有时候相反行为能立即发挥效用，不过大多数时候必须大量练习才能克服不合理且积习已久的情绪反应。一种情绪即使多年来在某个情境中都是适当的，但现在却不适当了，有时候也要大量练习才有办法克服。"

举例："如果你在团体中发言会慌乱，可能要在友善的团体发言许多次才能降低这种焦虑。从事公众演说的人也要经历这个过程：一开始通常非常慌张，但是多次练习之后就觉得自在许多了。"

举例："如果你对自己的某个行为感到羞愧，即使朋友知道了也不会排斥你，但你可能还得在所属团体讲述许多次，才会停止感到羞愧。"

💬 **讨论重点**：请成员针对以下情况分享自身经历：他们采取跟情绪冲动相反的行为，然后发现情绪反应随着时间逐渐改变。恐惧通常是最容易下手的情绪，可以从恐惧开始，然后请成员继续分享其他相反行为发挥作用的情绪。

✓ E.找出相反行为

与成员一起阅读情绪调节讲义11。

> **带领者笔记：**情绪调节讲义 11 与下面的内容皆列出各种情绪的正当理由，这些正当理由与情绪的进化功能有关。举出会引发原生情绪的情境例子，一般跟情绪调节讲义 8a 所列的内容极为相似（必要的话，跟成员一起复习讲义 8a）。下面的内容把恐惧排第一，因为在没有实际危险时采取跟恐惧相反的行为，几乎人人都可以理解。你要举出许多例子，以谚语"摔下了马，再骑回去就好"这个例子作为开场。排第二的是愤怒，因为大家经常把愤怒跟恐惧混为一谈。
>
> 请注意，讲义 11 的每种情绪都留一行空白，让成员写下使该情绪合理的个人例子。基本情绪的诱发事件在各个文化中可能有程度上的差异，对这些差异要抱持开放态度。如果适当的话，可请成员在空白处写下这类信息。
>
> 别让成员扯得太远。要确认引发情绪的是情境本身，而不是个人对情绪的诠释。使情绪合理的应该是该成员所属文化中常见或具规范性的新事实，而不是个人或家庭所特有的。
>
> 最后，针对相反行为提出的建议纯属建议，仅供参考。

1. 恐惧

对成员说："如果恐惧是不合理的，就要面对恐惧而非回避。害怕的事情反而要去做，而不是逃避它。"

练习活动：与恐惧或任何情绪相反的行为，最好的练习就是在团体里请成员采取跟当下情绪相反的行为。不管讲授哪个模块，都要一再找机会请成员尽可能不要顺着当下的情绪行动。举例来说，如果有成员因为焦虑、愤怒、受伤的感觉或恐慌而想离开，那反而要请他们留下来，引导他们了解留下来就是在练习采取跟情绪相反的行为。不时提问："你害怕时该怎么办？"一再辅导成员，直到他们每次都能大声回答："害怕的反而要去做！""抑郁时该怎么办？""积极主动！""有罪恶感时怎么办？""厘清罪恶感是否合理，如果有道理就修正行为，如果没道理就一再重复那件事！"以此类推。让成员一再演练，直到能不假思索地回答。

2. 愤怒

对成员说："如果愤怒是不合理的，那就温和地避开你生气的对象，而不是攻击他。也要避免想到他，而不是反复思考他做的所有坏事。转移自己的注意力；做善意的事而不是恶意的事。试着从对方的观点来看，而不是指责他们。练习浅笑和 / 或愿意的手势。"

> **带领者笔记：**之前的笔记提过，浅笑和愿意（张开）的手势的教学指示，请参考痛苦忍受讲义 14 与 14a。在这里，浅笑取代怒气冲冲或龇牙咧嘴，因此浅笑前完全放松面部尤其重要。

练习活动：如果之前没教过，现在请简要教授成员如何浅笑。请成员闭上双眼，想象他们生气的对象。指示他们："回想对方做了什么事让你火冒三丈。留意你的情绪。"几分钟之后，引导成员："继续想着对方，还有对方的所作所为，同时放松整个面部。放松前额、放松眼睛、放松脸颊、放松上下颚（牙齿不咬合），然后微微浅笑。继续浅笑，留意情绪。"讨论发生的任何变化。

练习活动：把浅笑改为愿意的手势（如果还没教的话）重复上述练习。讨论发生的任何变化。

练习活动：重复练习浅笑或愿意的手势，但现在补充："在心里试着体会愤怒对象的感受、想法与期待。试着认可对方的行为（纯粹从引起行为的原因来看）。注意你的情绪。讨论发生的任何变化；讨论体验。"

> **带领者笔记：**不管你使用以上三种练习的哪一种，重要的是请成员选择最近令自己生气的对象，但不要选择施虐或带来创伤的对象，除非成员非常确定自己已经准备好处理内心的情绪。如果成员患创伤后应激反应而且还未接受治疗，这点尤其重要。

3. 厌恶

指导成员："如果厌恶是不合理的（也就是没有污染或伤害性的危险时），把你厌恶的食物或物品放在非常靠近你的地方，同时转移注意力，不去理会不相关的厌恶想法。或者有人让你觉得厌恶，你发现自己的观感不正确时就去拥抱对方。"

请注意：跟一个人接触越多，就会越喜欢他。但是要补充："不过这个原则基本上只适用于跟你相似的人。你跟对方相处更多之后，如果清楚知道两人并不相像，喜欢的程度可能会降低。"

💬 **讨论重点：** 请成员举例说明哪些人、事、物是过去厌恶而现在并不厌恶的。讨论什么因素让厌恶感随着时间逐渐降低。例子可包括成员童年时觉得恶心的食物、头几次帮婴儿换尿布，或是照顾生病的亲人或其他病患。

👥 **练习活动：** 把发出臭味但非常安全的东西带到课堂上（比如榴莲或鱼露）。让每位成员一直闻那种臭味直到适应为止。

4. 羡慕

对成员说："如果羡慕是不合理的，相反行为是——列出自己的福气，并且抑止想要打压别人的冲动。"

5. 嫉妒

对成员说："如果嫉妒是不合理的（也就是自己拥有的并未遭受威胁），相反行为是放下对他人或情境的控制，并与他人分享自己所拥有的。"

6. 爱

对成员说："如果爱是不合理的（也就是你爱上不适合或错误的人或物品），相反行为是回避与转移注意力，远离所爱的对象及所有提醒物（包括充满爱意的想法），并且时时提醒自己为何爱得不合理。"

举例："你爱的人并不爱你。"

举例："朋友要求成瘾行为的共生依赖以维持友谊。"

举例："所属的联谊团体看到你的生活改善得比他们好（不管是因为他们做不到或不想做到）就威胁要摒弃你。"

举例："离家、换学校、换工作、换居住地、终止人际关系（比如疗程、师生关系或雇主—雇员关系），或者朋友搬离，都令你难受。"

举例："你对于财物、仪式或习惯过分执着。"

💬 **讨论重点：**请成员分享他们在什么情况曾经对人、地方或物品"爱得过火"或过度执着，他们如何"恢复"。

7. 悲伤

对成员说："如果悲伤是不合理的，尤其你也感到抑郁的时候，就要积极起来。从事让自己觉得有能力、有自信的活动，不要消极被动。多做带来满足的活动和愉悦的事情。要面对而不是逃避。"

举例："信用卡搞丢了，就要打电话挂失停用，然后继续过日子，而不是只坐在那里发愁。"

带领者笔记：悲伤和失落是正常的情绪，而且对照事实后通常是合理的。如果这两种情绪发挥作用后继续存在，就会带来问题。悲伤的行为本身（比如动作慢下来、孤立、反复思考失去的东西）会创造出难以停止悲伤的情境，进而导致抑郁的恶性循环。抑郁让我们动作迟缓，往往包含了孤立，因而一再产生我们想要摆脱的抑郁。

---

8. 羞愧

对成员说："如果没有遭到被他人排斥的威胁，羞愧就是不合理的。与羞愧相反的行为，是在你知道不会排斥你的人面前不再隐藏自己的行为。如果你的行为违反自己的道德价值观，但是他人知道你的行为后并不会排斥你，那么可以顺着内疚的情绪来行动（见下一页），但不要顺着羞愧的情绪来行动。举例来说，遗失借来的东西时，不要回避对方，而是要跟对方当面道歉、提出偿还方式。如果情况相反，也就是你的行为没有违反自己的道德价值观，那么就在不会排斥你的团体中一再重复该行为来降低羞愧感。"

✓ 💬 **讨论重点：**请成员举例说明哪些行为及个人特质会让一个人被贬低且受到团体排斥。行为可能包括犯罪行为；个人特质可能包括种族、性倾向、体重/其他身体特征、心理障碍、刑事犯罪、家族起源及个人生命历程。讨论文化价值观如何改变，而人们对于"羞愧"的看法也如何随之改变。请成员谈谈小时候的文化价值观跟现在的有何异同。

> **带领者笔记：**请记得，行为及个人特质可能符合道德且受到个人重视，然而，如果那个人在乎的亲友会因为那种行为或个人特质而排斥他，那么羞愧仍然是合理的。碰到这种情况，重要的是对抗该群体的社会规范并提倡改变其价值观。

9. 内疚

对成员说："如果内疚是不合理的（也就是说自身行为没有违反自己的价值观或道德规范），可以采取几个相反行为。主要的相反行为是继续那个行为，不要为此感到抱歉。如果你的行为违反他人的价值观，但没有违反你自己的（因此羞愧是合理的，但内疚则不是），你有以下几种做法：（1）隐藏该行为（如果你想继续留在社群中，而且那个社群要是知道你的行为可能会把你赶出去，那么隐藏可能很重要）；（2）离开并加入一个不同的社群；

或（3）试着改变所属社群的价值观。在第三种情况里，改变社群价值观的社会行动也是一种羞愧的相反行为。"

> **带领者笔记：**如果成员不清楚自己的价值观或道德规范是什么，就难以知道自己是否确实违反了它们。参考情绪调节讲义 18 所列的价值观清单，也许有助于厘清这点。你也可以建议成员阅读世界主要宗教的诫命与戒律作为开始。成员不管有没有宗教信仰、来自哪个宗教传统，都要予以尊重。假设你治疗的成员或团体来自单一宗教信仰，那么仅呈现该宗教的诫命／戒律即可。

a. 区别"价值观"与"道德规范"

虽然价值观与道德规范非常相似，但也可以详加区分。如同这里所采用的名称，"道德规范"是一套关于什么行为是错误或不道德的信念（或者在某些词语体系里，是有罪的）。相较而言，"价值观"是一个人生命里视为重要且有价值的。必须避开的行为，以及违反一个人道德规范的行为，两者虽然可能有重叠之处，但不是同样的概念。价值观通常指一个人生命中想要从事的事情；而道德规范通常是一个人想要避免从事的事情。这样的区别当然不是绝对真理，但在教授这些概念时很有用。

b. 行为是否符合道德规范，不同的人和文化可能看法迥异

道德规范可以通过观察、间接教授或成长过程中尝到的后果而学习。我们个人的道德规范可能是在学校或参加宗教活动时学来的。有些人能非常清楚地表达自己的道德规范，其他人可能具有同样的道德水准，但难以描述自己的道德规范。

> **带领者笔记：**进入下一部分之前，先摘要相反行为的重点。确定成员清楚了解这个概念，也知道如何有效运用。

F.疑难解答

> **带领者笔记：** 假如成员表示相反行为行不通，那么运用疑难解答来厘清问题就很重要。复习上述及情绪调节讲义 10 关于相反行为的所有步骤，确保整个程序按照指示来执行。

1. 对照情境的事实后，情绪确实不合理吗？

核对事实后，若情绪确实合理，那么问题解决是减少情绪更好的方式。

2. 成员采取的行动确实跟他们的行为冲动相反吗？

或许成员过于严格遵守情绪调节讲义 11 的内容，而没有留意到个人的行为冲动。

3. 是否采取完全相反的行为？

检视成员进行相反行为时，自动出现的念头。你可以请他们示范如何进行相反行为。你往往会发现成员的声音语调、视线和姿势没有确实执行，即使他们自认为做到了。

4. 检视"之前"与"之后"的情绪强度评分

相反行为是否太短暂以致没学到新东西？检视成员采取相反行为前、后的情绪强度评分，讨论他是否确实处理了该情境的信息。

5. 提醒成员相反行为需要时间

孩子总觉得床底下有鬼，如果只去床底下检查一次，他们是没办法克服恐惧的。同理，如果相反行为只执行一次或数次，也无法发挥作用。

十一、问题解决（情绪调节讲义12）

> **要点：**对照情境后，如果发现情绪是合理的，那么回避或改变情境可能是改变情绪的最佳方式。问题解决是改变困境的第一步。
>
> **情绪调节讲义 12：问题解决。**这份讲义清楚地列出问题解决的步骤。可以考虑一开始先请成员提供一两个问题作为例子。把他们的问题写在白板上，然后每个问题都要检视所有步骤。如果一开始征求到的问题不止一个，务必确认有足够的时间让每个问题都走完所有步骤。
>
> **情绪调节练习单 8：用问题解决改变情绪。**本练习单针对引发不想要的情绪，练习问题解决技能。填写这份练习单有助于厘清问题与找出解决方案。事实上，解决问题（也就是采取步骤 5 与 6）对于改变情绪是最重要的。有用的做法是跟成员一起详细阅读这份练习单，以确保他们了解要填写什么。就跟讲解之前的练习单一样，告诉成员先写下情绪名称及情绪的起始强度（"之前"）。必要的话，提醒成员如何为情绪强度评分（0＝没有情绪；100＝最大情绪强度）。执行解决方案后，在"之后"这格写下情绪强度的分数。你可以用刚才分析的问题来示范这份练习单的填写方式。

✓ A.为什么要学习问题解决？

对成员说："如果不想要的情绪符合事实，就表示事实就是问题，这时就需要问题解决。此外，解决问题的能力是人人必备的基本技能，以便建立值得过的人生。这是改善情绪调节或解决情绪问题时必要的核心技能之一。"

1. 解决问题情境，就会改变棘手的情绪

问题解决在这里所针对的问题关注会引发不想要的情绪的问题情境。当情境本身就是问题时，就需要用到这里的问题解决技能。最重要的是，对照情境后，发现想要改变的情绪是合理的，这时改变情绪的最佳方式可能就是改变情境。问题解决是改变困境的第一步。

✓ **2. 顺着情绪行动不太可能达到效果时，就需要问题解决**

以问题解决作为应对策略，让我们更能够有效应对各式各样的问题情境。相较于自动且不费力的技能（至少在大量练习后是如此），问题解决一般需要刻意集中精神，以期发展新的方案来解决日常生活的问题。

B.有问题待解决时要承认

对成员说："开始解决问题之前，要先承认确实有问题需要解决。"

1. 问题情境的类型

a. 引发痛苦或破坏性情绪的情境或人

面对带来痛苦或破坏性情绪的情境或人，就需要问题解决；即便我们没有立刻看到能做什么来改变情境，或是如何用不同的方式来应付对方，都要进行问题解决。

b. 带来痛苦情绪而让我们习惯避开的情境或人

如果情境或人带来痛苦的情绪而让我们习惯回避，那就绝对需要问题解决，尤其是回避行为妨碍我们追求人生目标的时候。

c. 一次性的问题情境

一次性的问题情境（比如要参加一场重要约会却没搭到车，或是急性疾病发作）都需要问题解决。

d. 一再出现的问题情境

问题情境一再出现时（比如一再被某位朋友误解，或是重要考试一再考不及格），问题解决能打破这种循环。

e. 行为具破坏性或没有效果，想要抑止却一再失败

一再重复的问题情境中，有一种特别的情况是想要远离具破坏性或无效行为却一再失败。这些行为包括自我伤害、物质滥用、怒气爆发、工作或治

疗缺席、不接受治疗或不写学校作业。

f. 长期性的问题情境

如果某个情境一直造成生活中的痛苦且持续出现（比如受到同居伴侣虐待或从事讨厌的工作），这大概是所有情况里最需要问题解决的情况。

✓ 2. 界定问题：放下评判

a. 问题因人和情境而异

某些情境对一个人是问题，对另一个人可能不是。此外，同一种痛苦情绪也可能因为不同的人，而由迥然不同的情境造成。

b. 问题因时间和环境而异

同一个人身心状况的变化，会使得同一个环境在某个时候是问题，但在另一个时候则不是。

> **带领者笔记：** 教授问题解决最容易的方式，是试着解决你自己现有的（或假想出来的）问题，或是解决一位成员提供的问题，前提是这个问题并不会太复杂。解决问题时，务必详读以下 1—7 的步骤并照着做。

✓ C.七个问题解决的基本步骤

✓ 1. 观察与描述问题情境

a. 描述情境

对成员说："首先，运用正念的'是什么'描述技能，纯粹描述情境的事实。"（必要的话，请成员参考正念讲义 4。）

b. 描述情境的问题

对成员说："接着，纯粹描述情境在什么部分有问题，包括情境有什么后果会对你造成困扰。"

举例： "前往参加一场重要约会却搭不到车，表示我没办法赴约；我很担心就要爽约了。"

举例："生病不只带来痛苦，也影响我的练习单现；我担心工作品质不佳。"

举例："朋友一再误解我的意思，使得双方常有冲突；我觉得很气恼，不想再跟他说话。"

举例："重要考试不及格，可能会让我挂科；但是要修完这门课才能毕业，我担心毕不了业。"

举例："如果行为具破坏性又没有效果，我就无法建立自己想要的人生。"

举例："同居伴侣施暴，让我觉得非常痛苦，随时都处于被威胁的状态；我对于自己还没有采取任何行动感到羞愧。"

举例："我之所以没有拥有自己想要的生活，一大原因是从事我讨厌的工作；我一天比一天痛恨这份工作。"

c. 描述解决问题的障碍

继续说："现在，描述让你难以解决这个问题的冲突或障碍。"

举例："就算找到另一个方式赴约，也会迟到，我肯定会错过约会。"

举例："我没有足够的钱买所需的药品，让自己病情好转。"

举例："她几乎是我唯一的朋友，我担心若不理她会失去友谊。"

举例："不知道怎么做才能让成绩更好。我读了书但读不太懂。"

举例："不晓得是什么引发了我的问题行为。"

举例："要是离开施暴的伴侣，全世界就没有人爱我了。"

举例："我没有其他工作可以做，也没有失业的本钱。"

练习活动：请成员分享最近碰到的问题，写在白板上，包含情境描述、该成员的情绪、该情境带来的麻烦后果，以及该情境中任何明显的冲突或其他障碍。在大团体中做这个练习时，你可以视需要自行"补上缺口"，以免冷场或耽误时间。

✓ **2. 核对事实**

必要的话，请成员参考情绪调节讲义 8 与 8a。

a. 问自己：事实是否正确？

我们往往对自己的诠释产生反应，而不是对情境本身产生反应。我们的诠释可能是对的，但也可能是错的。核对事实很重要。

b. 问自己：该情境带来多大的痛苦？

我们很容易把情境灾难化、放大问题。全然接纳与其他痛苦忍受技能有助于降低情绪强度、停止灾难化，以及把问题情境看得更透彻。

c. 问自己：我描述的冲突或其他障碍是否反映情境的事实？

务必核对冲突或其他障碍的事实。掉入痛苦的情绪中，很容易看到比实际更多的障碍。处于某种情绪状态，可能觉得人际关系发生冲突；处于另一种情绪状态，则会觉得那只是小小的意见不合。

> **带领者笔记：** 有时候成员很难准确指出是什么引发问题行为或妨碍改变。这时，请成员自行做链锁分析，追踪导致问题行为或痛苦情绪的事件会有帮助。假设你还有时间，而且还未解说第六章行为分析的部分，那么可以在这里解说。教授以下两份讲义也有助益："通用讲义 7：链锁分析"与"通用讲义 8：遗漏环节分析"。如果要这么做，请务必纳入一套反馈程序，针对成员使用通用练习单 2 与 3 给予反馈。

练习活动： 在白板上写下步骤一的问题描述，请核对事实。假设成员的描述明显符合事实，请进入下一个步骤。请成员分享以下经验也会有用：他们对于一个情境的反应好像天快塌下来一样，但其实那只是芝麻蒜皮的小事。以这种例子做示范也很有用。

✓ **3. 辨识解决问题的目标**

继续对成员说："第三步是辨识解决问题的目标。目标要简单明了，而且能够确实达到。当然，终极目标是减少痛苦情绪。本步骤的重点是辨认出需要发生什么事情，才能让自己感觉更好。"

举例："找出方法赴约。"

举例："找出方法得到需要的治疗，让自己觉得好过些；如果做不到的话，找出方法改善自己的工作品质。"

举例："让那位朋友更了解我，或至少不要误解我的意思。"

举例："找出方法通过考试。"

举例："寻求协助以了解自己的行为，并找出改变行为的策略。"

举例："不与施暴的伴侣同居。"

举例："找出让自己喜欢工作的方法，或至少不痛恨工作。"

✔ 4. 头脑风暴出大量的解决方案

继续对成员说："下一步是尽可能想出解决问题的新奇点子，越多越好。"

a. 解决方案可以是达到目标的一个或多个行动

举例：主管很坏，为了不被他伤害，解决方案包含离职、写辞呈或跟人事主管约谈。

举例："父母搬来跟你同住，让你几乎快要抓狂。解决方案包括给自己的卧室门上锁、接受他们，或者装天线电视转移他们的注意力。"

举例："你害怕美容课的染发考试不及格，因为老师说不能带模特儿道具回家练习。解决方案包括请朋友当模特儿、想象练习染发程序、买个大娃娃来练习，或者安排周末到学校借用模特儿道具练习。"

举例：处理酗酒问题的第一步可能是尽快加入匿名戒酒协会，并且找较资深的会员当保证人。

b. 欢迎所有点子；头脑风暴时不予评价

头脑风暴的过程中，千万不要批评点子。这个步骤的目的是产生越多点子越好，不去谴责脑中产生的任何想法；这是天马行空的时候。头脑风暴的氛围，需要让人心理上有安全感。虽然写下每个人想到的点子很花时间，但是这很重要。

> **带领者笔记：** 示范问题解决时，重要的是身为带领者的你也要贡献一些点子，尤其是团体的想法死板、没创意的时候。这时，你要是能想出令人吃惊的点子会很好；可以提出一听就知道是反社会的想法（把房子烧掉），或是显然无法发挥作用的点子（上床睡觉来忽略问题）。不过，如果团体想出来的解决方案大多是冲动的、无法达到效果的，那么你可以提出一些可能有效的点子。重点是让成员敞开心胸，接受新的可能性。继续头脑风暴，直到点子了无新意或是所有可能有效的点子都提出来为止。记得随时都可以补充新的想法。

有些人没有继续构思新点子，而是马上开始评估其他人的建议，分析每个解决方案是否实际可行，或者指出问题所在。要做到提出点子之后暂时放在一旁，之后再做评估并不容易，不过这是头脑风暴的必要条件，往往需要痛苦忍受与冲动控制才做得到。

练习活动： 带领团体时，头脑风暴有两种做法。一是请大家先自己想，可以写下来或思考不同的选择，然后再请成员轮流分享一个点子；可以轮好几次，直到点子都讲完为止。另一个方法是大家一起集思广益，这么一来，想不出任何点子的人就不会尴尬。有趣的研究显示，如果让成员先自行思考再跟团体分享，会得到更多有创意的点子。

✓ 5. 选择一个符合目标又可能行得通的解决方案

虽然头脑风暴很有趣，但只是过程而已；重点是针对无法立即看到解决方案的问题想出有效的解决之道。因此一旦抛出许多点子之后，就要辨识出一两个能够执行的最佳方案。

a. 为提出的解决方案排出优先顺序

有潜力的解决方案可依照两种方式排出优先顺序：发挥作用的可能性及落实的可行性。如果解决方案有用却无法执行，等于白费力气。

b. 利弊分析和询问智慧心念

列出优先顺序后，应挑选出一两个最佳解决方案。这些过程应该使用智慧心念来评估，而且这一两个最佳方案都要分别进行正式的利弊分析练习。

练习活动： 针对成员的一个或多个问题进行头脑风暴，选出解决方案，利用表9.1的示意图来练习利弊分析。

✓ 6. 将解决方案付诸行动

问题解决是个浩大的工程，目标是针对手上的问题想出有效的解决方案后付诸实践。就像轮胎广告说的："轮胎好不好，上路跑一跑。"

这时候会碰到的主要问题如下：

惰性（"这太难啦""我太累了""我没时间"等）。

带来恐惧的想法（"要是行不通，我可真没面子""这行不通的，我肯定会失败""大家会生我的气"等）。

执意（"这不应该由我来解决，是别人害的""如果我采取行动来解决问题，就会显得很软弱"等）。

冲动（即带着临时起意且无效的解决方案一头栽入问题里，而不是采用当初经过缜密思考的解决方案）。

讨论重点： 请成员分享解决方案可能有用却没有贯彻执行的例子。提醒他们这只是一个要解决的新问题。询问他们主要问题是惰性、恐惧、执意、冲动或其他因素。进行疑难解答：执行解决方案时，碰到这类困难要如何克服？

表9.1　解决方案的利弊分析表

利	解决方案1	解决方案2
弊	解决方案1	解决方案2

✓ 7. 评估使用该解决方案的成果

让成员问自己："我满意问题解决的成果吗？我比以前更满意自己的处境吗？是否对自己或他人造成任何负面结果？"

重点是，就算是最缜密的计划，也有失误的时候。即使解决方案完全按照计划执行，也可能失败；会出现意想不到的障碍，别人的反应也可能出乎意料。因此，问题解决的一个关键步骤就是检视行动的成效。

对成员解释："一旦你知道要评估问题解决的成效，就更能接受以下的想法：问题解决要发挥效果，可能需要多方尝试不同的解决方案，才会找到确实能解决问题的一个方法或一套方法。第一次努力就算没有完全解决问题，至少能稍微改善状况；之后再应用其他解决方案时，或许能完全去除或大幅减少此情境令人痛苦的因素。"

> **带领者笔记：** 教授问题解决时，务必让成员体会到这是需要时间和耐心的过程。有些问题的解决过程困难重重、耗费时间且需要集中精神，这时如果一心认为有简单、一发即中的解决方案，就会造成极大的障碍。经过长期努力，你能提供越多成功解决问题的例子越好——不管是你个人或其他人的例子。

💬 **讨论重点:** 请成员分享他们的例子: 哪些问题用第一个方案就能解决? 哪些问题需要多次尝试才能解决?

十二、复习相反行为与问题解决 (情绪调节讲义13)

> **要点:** 不仅要知道何时使用相反行为和问题解决, 也要清楚了解这两个技能在实际操作上的不同。
>
> **情绪调节讲义 13: 复习相反行为与问题解决。**这份讲义摘述每种基本情绪符合事实的情况, 然后列出相反行为 (针对不符合事实且不合理的情绪, 或者理由正当但效果不良的情绪), 以及 (针对合理情绪的) 问题解决方案。在教完问题解决后再使用这份讲义, 以便厘清相反行为与问题解决的关系。如果时间很短, 只说明问题解决一栏即可, 因为之前没有提到过这些信息。
>
> 说明问题解决方案时, 应将解决方案与理由事件联系起来 (你也可以指出, 这份讲义中的理由事件跟情绪调节讲义 6 中的诱发事件相同, 而这份讲义中的"理由事件"与"相反行为"都是情绪调节讲义 11 的简易版)。
>
> **练习单:** 无。

向成员强调, 情绪调节讲义 13 前两栏的内容 ("情绪符合事实的情况"与"相反行为") 是复习前几份讲义的内容 (如果在进阶技能课程中使用这份讲义, 就是复习前几堂课的内容), 然后再解说各种问题的解决方案。

✓ A.复习问题解决方案

指出不管是哪种情绪, 第一个解决方案都是顺着情绪行动 (如果这样做合理的话), 接着是改变情境, 然后是回避情境, 最后 (如果合理的话) 改变对于情境的想法。请注意, 不要让成员以为这是所有的解决方案, 让他们知道这里说的只是作为上手时的参考之用。向成员讲述情绪合理时, 有以下四组类型的解决方案:

✓ 1. 顺着情绪行动

情绪的一大功能是激发行为。与情绪有关的行为冲动与解决方案的行动经常一致。基本情绪所引发的行动一般能解决常见的问题。

✓ 举例： "看到海啸从海面上席卷而来，就要赶快奔向高地；爱一个人，就要花时间和他相处；诸如此类。"

2. 改变情境

对成员说："有些时候，顺着情绪冲动而行动或许只能带来短暂的缓解，而你需要的是永久的缓解。这时你需要使用问题解决技能，想出能确实改变或解决情境的策略。"

✓ 举例： "你在厨房里看到老鼠，吓得落荒而逃，还跳到椅子上，虽然这么做可以暂时降低惊慌和恐惧，但你迟早得从椅子上下来。如果你不把老鼠赶出厨房，接下来只会更害怕。这时，问题解决包括买捕鼠器、在厨房里放诱饵，或是请朋友或除鼠公司来处理。"

3. 回避或远离情境

继续对成员说："有时候你无法改变情境，因为其他人或情况本身的力量比你强大。这时，你可能会选择完全回避情境。"

举例： "你在学校遭受霸凌，向校方或其他人申诉都没有用，这时你可以转学。或者可能的话，不要在霸凌者的附近出没，或封锁他们在脸书上的信息。"

✓ 举例： "如果发现自己在课业或工作上某方面特别薄弱，而且想要终止这种情形，你可以改修其他课程，或是在你擅长的领域找新的工作。"

4. 改变对于情境的想法和解释

继续对成员说："有时候你不可能改变问题情境，但也无法回避，这时可以试着改变你对这件事的看法。"

举例:"碰到可怕的情境时,虽然确实有危险,但你必须采取跟恐惧相反的行为,这时可以为自己打气('我办得到,我不会有事的')。"

举例:"如果你妒羡别人家财万贯,这时可以戴上'玫瑰色眼镜'来看待自己的家境,或是不要把别人拥有的看得那么重要。比如加入提倡简约生活的团体,也许会改变你的心态。"

举例:"如果对方跟你分手,你可以提醒自己曾经爱过而后失去,总比从来没爱过来得好。"

带领者笔记:虽然到目前为止所提供的很多问题解决方案都非常清楚、容易了解,但有些也比较困难,需要澄清和讨论。要留意,只有成员确实想通过问题解决策略(顺着情绪行动、改变情境、回避或远离情境,或改变自己对于情境的看法)来改变情绪时,才能使用这些解决方案。以下列出成员碰到的困难点,你讲解得越多越好。你在辅导成员时,知道每种情绪分别有哪些解决方案也会很有帮助。

B.复习每种情绪的常见解决方案

回顾第十一节和情绪调节讲义 12 所列的问题情境的解决步骤;此外,简要强调以下内容:

1. 恐惧

很多人没有想到,从事带来掌控感的活动有助于克服恐惧。但坚持这么做可以有效地学习如何应对令人害怕的事件。(见"情绪调节讲义 19:培养自我掌控与提前应对技能"。)

2. 愤怒

这里务必要提醒的是,除非反击有可能达到效果,否则不要以反击来回应愤怒。要这么说:"假如,晚上要上车时,有人从背后抓住你,碰到这种情况才可能需要反击。不过，如果对方只是拿走你的手提包或皮夹，或许让对方拿走会更有效。"

3. 厌恶

假想自己对一位可恶的人产生理解，或可恶的事情真的事出有因且理由充分（借着改变对情境的看法来解决问题），也许乍看之下不是个那么理想的方法。有些成员甚至说过，这个方法本身让人厌恶。你可以指出："但是，如果你别无选择，还是得见到这些偶尔做出恶心举动的人（比如搭公交车，在学校或是跟工作团队合作），与其让自己永无止境地厌恶下去，这或许也是一种替代方案。如果你这辈子也做过一些真的可恶的事情，这个方法也适用，这比终生痛恨自己要好。"

4. 羡慕

对成员说："虽然许多人会避开比自己更有优势的人，但也有很多人认为重点应该是能够停止自己的渴求。从后者的角度来看，问题不是出在别人拥有的比你多，而在于你想要目前没有的事物。这里的重点是全心探索有效的问题解决之道，以及放下评判的态度。"

5. 嫉妒

如果一个人的生存要依赖他人，使得自己被这样的亲密关系套牢而无法离开，这个人一想到要努力让自己更迷人来吸引对方便愤怒难当。就像有位成员曾经对我大吼："你的意思是我要努力让自己更迷人，来吸引我的皮条客吗？"对于这种批评唯一能给的回应是："如果你依赖的对象威胁要离开，而你完全不想让他离开，唯有这种情况才要把自己变得更让对方渴望。也请注意，我没有建议你改变对那个人要离开这一事实的理解，因为如果你误以为对方不会离开你，那你可能真的会失去对方。"

6. 爱

这里要澄清的是："除非爱对方确实符合事实（也就是对方具备让爱理由正当的所有质量），才可以努力寻找或极力赢回所爱的人。"

7. 悲伤

去感受悲痛（grieving）乍听之下不是降低悲伤的策略，然而它的确是个好策略。向成员说："如果要处理和接受所失去的，去感受悲痛是必要的。回避它反而会陷入长期的悲伤，让情况更糟，而不是更好。"采取跟悲伤相反的行为与问题解决悲伤的情绪，两者有很大的重叠之处。这是因为一旦悲痛平复了，采取相反行为来重建值得过的人生反而能降低悲伤。更多相关内容请参考减少易感性与建立值得过的人生的 ABC 技能（情绪调节讲义 15—19）。

8. 羞愧

许多成员遭到排斥，当建议成员隐藏或改变行为、特质，或者回避所属团体，或者找寻一个新团体时，他们会感到很难过，即使他们根本不认为自己应该遭到排斥。要提醒成员，只有在自己不想被排斥的时候，才有必要隐藏行为或特质，或是避开或找寻新团体。提醒他们也可以不理会这种解决方案，而成为行动主义者，努力改变团体及社会的价值观与观念。

9. 内疚

如果内疚是合理的，要强调："为了修补自己所做或所说的，首先要厘清自己对什么造成了伤害。如果你出于愤怒而把墙壁踢了一个洞，很容易找到修补方法：把墙壁修好或重砌一面墙。如果你说了某人不实的坏话，补救之道是告诉大家实话，而且让大家相信你现在所说的，而不是你之前的谎言。如果你做了什么让对方失去信任的事情，或损毁了无法取代的东西、拿走了无法归还的物品，修复起来可能比较困难，而且要花很多时间。如果你是破坏者，而且重点是没有让任何人知道，那么要修复造成的损害也很困难。这时候，你可以借着帮助其他人，而不是帮助你曾经伤害过的人，来弥补过错。"

✓ 💬 **讨论重点：**逐一讲解这些情绪的问题解决方案时，如果成员随时提出问题，你一定要回答。如果有哪种情绪引发成员讨论，那就请他们针对该情绪举例说明问题解决的策略，再由你分享有助于厘清内容的亲身经历。

十三、概论——减少情绪心念的易感性
（情绪调节讲义14）

要点：减少易受情绪和心情影响的易感因素，就能降低情绪的烦恼和痛苦。

情绪调节讲义 14：概论——减少情绪心念的易感性，建立值得过的人生。这份讲义是让成员对接下来的内容有个大致了解的概论，可快速浏览或省略不谈（重点可写在白板上）。

情绪调节练习单 9：减少情绪心念的易感性的步骤。这份练习单摘述了 ABC PLEASE 的全部技能。如果时间很短或成员不喜欢写字，使用这份练习单是不错的选择。解说每个部分，提醒成员可以用这份练习单来记录积极的活动，以及他们在这些方面的努力；发展长期的目标与价值观，从事能够建立自我掌控感的活动，提前应对及 PLEASE 技能的使用。

A.减少对于痛苦情绪的易感性

告诉成员："这个技能关乎如何建立你的人生，让你对痛苦情绪较不敏感、不脆弱。我们都有比较脆弱的时候，这时更容易受到痛苦情绪的影响，也对诱发痛苦情绪的事件比较敏感。有些人生活的方式，让他们几乎任何时候都很脆弱，容易受到痛苦情绪的影响。积累生活中的积极活动，以及练习你即将在这里学习的其他技能，都能增加你的复原力。"

✓ B.ABC PLEASE技能

对成员说："ABC PLEASE 的英文字母能帮你记忆这套技能。"

- ■ "A（Accumulate positive emotions）代表积累正面情绪。你积累正面体验、活动及有价值的行为模式，就是在为自己建立一道墙，阻隔情绪失控的大海。"
- ■ "B（Build mastery）代表建立自我掌控，也就是从事让自己觉得有能力、有效的活动。这是抵御无助和无望的防线。"
- ■ "C（Cope ahead）代表提前应对引发情绪的情境。在你进入引发情绪的情境之前，在心里演练应对方案，让自己准备好有技能地应对该情境。"
- ■ "PLEASE 是一套通过照顾你的身体来帮你照顾心灵的技能。"

带领者笔记：之前说过，DBT 通常假定（但不是每次都是）生命中的事件造成了不快乐，而不是对于事件的错误评价造成不快乐；这点跟许多治疗师主张的相反。然而，调和这两种观点也是可能的。一个人变得情绪化，通常会开始曲解现象。因此对曲解保持警觉是有用的，而且重新评估事件也有帮助。然而，把认知的曲解视为困难的源头而过分强调，只会进一步不认可痛苦成员的行为、情绪及思考过程。在这里，不管成员有什么反应，我们的目标都是认可他们的反应。

十四、积累正面情绪（短期）（情绪调节讲义15—16）

> **要点：** 大多数人感受到的痛苦情绪都是有理由的，通常是（但不见得每次都是）生活中的事件造成不快乐。增加当下的积极活动，会逐渐积累成更快乐的人生。
>
> **情绪调节讲义 15：积累正面情绪（短期）。情绪调节讲义 16：愉快的事情清单。**
> 讲义 15 是概论，内容是增加正面活动来建立积极的体验。请在同一堂课从讲义 15 讲到讲义 16。如果时间不多，请成员快速浏览讲义 16，询问他们觉得哪些事件是愉悦的，然后在当周找时间复习整份讲义。鼓励成员尽量从事令他们开心、愉快的事，越多越好，就算一开始只能带来少许快乐也要去做。
>
> **情绪调节练习单 10：正面活动日记。** 这份练习单要让成员每天填写。可以请成员在课堂上填写正面活动的计划。在当周，成员应写出他们确实做了哪些事，然后为进行每项活动时正念的程度评分（也就是当时多么专注于当下、多么投入活动）、对于心中烦恼不在意的程度（没有烦恼 =0），以及该体验多么令人愉悦。情绪调节练习单 9 与 13 除了有 ABC PLEASE 技能的栏位，也提供简单的栏位以追踪正面活动。

A.为何在生活中增加正面事件

✓ 1. 正面事件提升正面情绪/降低负面情绪

首先，正面事件不只提升正面情绪，还会降低悲伤和其他负面情绪。事实上，积极的事件非常重要，认知疗法和行为激活，这两种治疗抑郁症最有效的行为干预都以正面事件为重要元素。

✓ 2. 所有人在生活中都需要正面事件才能快乐

我们在生活中都需要积极的事件，不过，每个人开心的事情不同，而且就算是同一个人在不同的时间也有不同的需求。

✓ 3. 缺乏正面体验会带来负面影响

生活中缺乏正面体验会减少快乐、增加悲伤，对于诱发痛苦情绪的事件也更为脆弱。

举例： "正面事件就像食物：你不吃食物，就得不到食物的好处；你没体验到任何正面事件，也得不到正面事件的好处。"

4. 负面/令人讨厌的事件具有负面效果

生活中有太负面或痛苦事件，会让人难以快乐和满足，当一个人被剥夺了生命中的正面事件时就更是如此。

举例： 人们减肥时通常处于食物匮乏的状态，进而导致负面情绪的状态。一直工作而没有休闲也有同样的效果。

💬 **讨论重点：** 请成员举出匮乏感曾对情绪和心情造成负面影响的例子。请加以讨论。

5. 短期和长期的正面事件都需要

要建立一个值得过的人生，短期和长期的正面事件都要花些心思。

■ 短期的正面事件让我们在这一刻觉得好过。
■ 长期的正面事件带来持久的快乐或满足感。

6. 就算处于匮乏状态，正面活动也是有可能的

就算生活非常贫困，还是可以找到或经营积极的活动来提振精神（至少暂时如此），也能提升正面情绪（就算只是些微提升）。

7. 回避负面事件可能会导致回避正面事件

人们有时候花太多力气逃避痛苦事件，结果不小心也跟正面活动擦身而过；这会造成不快乐的情绪。

8. 正面活动值得经营

人们有时候懒得经营正面活动，或者太抑郁、疲累、工作过度或忙碌不堪而无法在这方面花力气。人们往往不明白在日常生活中添加"一点积极元素"有多么重要。"只工作、不玩耍，聪明杰克也变傻。"这句谚语可以改成："只有枯燥没有娱乐，使得杰克不快乐。"

✓ B.现在如何开始建立正面体验

✓ 1. 一天至少做一件快乐的事

告诉成员："首先，每天至少做一件诱发积极情绪的事情；积极的情绪包括享受、欢乐、祥和、宁静、爱、喜悦、得意或自信。"

> **带领者笔记：** 对成员强调这一点很重要：要激励自己从事正面活动和避免逃避（见下文），往往需要下定决心，致力于采取相反行为，或许也需要问题解决。我发现这么做很有用：请成员先浏览情绪调节讲义 16，在可能从事的正面活动旁打钩，然后下课前再请大家利用情绪调节练习单 10 来规划一周的正面活动。

2. 使用问题解决技能

对成员说："运用问题解决技能，找出如何增加生活里的正面活动。你手头紧、时间被绑死或承受许多压力时，这一点就尤其重要。虽然很困难，但是能做到。"

3. 事先规划正面活动

继续对成员说："正面活动很难去执行时，就要事先计划。此外，试着找个同伴一起进行你的计划。在你没有心情做事时，同伴可以给你动力。"

✓ **4. 必要时，练习相反行为**

继续对成员说："需要给自己动力时，可以练习相反行为（可参考情绪调节讲义 10）。你一旦不快乐，就很难有动力增加生活中的正面活动。"

5. 不要从"配"或"不配"的角度来思考

对成员说："不要从'配'或'不配'的角度来想，这么想不仅达不到效果，也会掉入评判的思维里。如果你习惯这么思考，就要采取相反行为，也就是在你觉得自己不配这么做的时候从事正面活动。你可能也要练习不评判，这是正面讲义 5 '怎样做'的技能之一。"

6. 正面事件是强化因素

继续对成员说："请记得正面事件是强化物，让你想要活化自己，一直接触积极的体验。"

✓ **7. 避免回避**

继续对成员说："采取相反行为中的一个特别的例子是不要回避正面活动，也不要回避会带来积极体验的事件。人们心情不好时，往往会回避正面活动；有时候需要辛苦一点才能得到正面体验，人们往往也懒得克服障碍。我们会说：'何必那么麻烦？'甚至就直接放弃了。这么做虽然短期而言可能有用，但长期而言当然行不通。这时候，最好的策略是分析回避的利弊，还要询问智慧心念。"

💬 **讨论重点：** 请成员在情绪调节讲义16找出下周可以从事的三至七项正面活动。请他们把这些项目圈起来，并写在情绪调节练习单10上面。请成员分享他们圈选的和/或写下的项目。

💬 **讨论重点：** 请成员分享令他们愉悦的小事，尽量发挥创意。新点子可参考

"痛苦忍受讲义2：概论——危机生存技能"（也可参考本书第十章）。

✓ C.留心觉察正面体验

如果我们没有留意正面活动，它对我们的情绪就不会带来多大的影响。如果我们认为正面活动没有带来愉悦，其实是因为我们没有去注意它。

1. 发生正面活动时，把注意力放在上面

注意正面活动有时候很花力气。我们可能把心思都放在另一件事情上，而没有留意到这个正面事件；或者分心的事物太多，难以专注在一件事情上。我们也可能习惯不去感受自己的体验，所以就连愉悦的情绪也压抑了。

举例："你专心阅读一本书时，很难体会到孩子在一旁玩耍的美好。"

2. 心思飘到负面的事情上时，要重新关注正面体验

如果生活中正面事件的数量远少于痛苦事件，就会很难把心思从痛苦的事情中抽离出来。生气、心有不甘、认为心情舒坦就等于"让步"，这时要抽离心思就尤其困难。碰到这种情况，相反行为就是把注意力重新关注在事件的正面部分。填写利弊分析练习单能激励你采取相反行为、建立正面体验（见情绪调节练习单 1 ）。

举例："你生某人的气，不断回想他对你有多坏，就很难注意到正在和好友一起享用的美食。"

3. 全然投入体验

试着增加正面活动时，常碰到的问题是感到无聊。然而，会觉得无聊往往是因为我们在旁观事件而没有参与其中。冷眼观看世界运转很无趣，全然投入生活事件的自然流动才精彩。正念就是练习处于生命中的每个当下。如果没有正念地体验正面活动，就难以从中受益。

举例:"你去参加一个期待已久的派对，却只是无精打采地坐在一旁，看着别人玩得兴高采烈。冷眼旁观不太可能让你打起精神，全心投入派对，与人交流反而会让你开心起来。"

> **带领者笔记:** 请注意，要想从正面活动中受益，每一个正念核心技能都很关键。观察或留意当下的活动，不扭曲地如实描述该活动，不带评判、专一地做、有效地做和投入其中，对于体验及整合正面时刻都很重要。

💬 **讨论重点:** 请成员分享发生正面事件时，他们是否有过心不在焉或"心思飘走了"的情况，以及是否全神贯注地体验过正面事件，讨论这两种体验的差异。

✓ D.不把担忧放在心上

✓ 1. 不要因为担忧而破坏了正面体验

这种情况很常见：即便是正面体验，有些人还是找得到事情来烦恼：

■ 担心正面体验何时会结束。

■ 不知道自己配不配体验正面体验。

■ 担心正面体验会让他人对自己有更多的期望。

不过，烦恼这些事情只会让你无法专心注意正在发生的好事。

✓ 2. 必要时，重新把焦点放在正面的部分

鼓励成员:"烦恼出现时，把心思带回到当下事件的积极部分。"

💬 **讨论重点:** 讨论哪些因素会让人难以专心注意正在发生的积极事件。

> **带领者笔记：** 许多人必须下一番功夫才能让正面情绪维得久一点，因此上述技能非常重要。虽然许多情绪失调的成员都能体会到正面情绪，但是这种情绪稍纵即逝、无法持久。成员往往担心如果感觉良好，就会发生坏事（也就是他们对正面情绪感到恐惧），或者负面想法入侵得太快，而抹去了正面体验。这些重点都要强调。

✓ E.要有耐心

告诉成员："增加一两个小小的正面活动不太可能为生活质量带来大幅的改变，但有助于一次改变一点儿情绪。要想让正面活动达到效果，就要经常练习，还要尝试许多不同的活动。随着时间，正面活动对心情带来的小变化就会积少成多，进而产生显著的变化。要有耐心，千万要有耐心！"

举例： 走路时，留意路途上所见的美好事物，就连这么微小的愉悦事件也能带来些许不同；这些变化也会日积月累而带来效果。

十五、积累正面情绪（长期）（情绪调节讲义17—18）

> **要点：** 不觉得人生"值得过"，就很难快乐起来。要建立值得过的人生，就要留意自己的价值观，以及长期的人生优先顺序。这需要时间、耐心与毅力。
>
> **情绪调节讲义 17：积累正面情绪（长期）。情绪调节讲义 18：价值观与优先顺序清单。**这两份讲义要在同一堂课讨论。讲义 17 把建立值得过的人生过程分解成七个步骤；讲义 18 有助于步骤二（"确认对你重要的价值观"）。请记得，讲解讲义 18 价值观的目的是帮助成员进入步骤五（"选择一个现在可执行的目标"）、六（"确认朝向目标的小行动步骤"）、七（"现在采取一个行动步骤"）。如果希望在一堂课讲完每个步骤，辨认价值观这部分就不能花太多时间。有些人知道价值观是什么，也清楚自己的价值观，但是你提到价值观时，还是会有很多人搞不清楚，也无法清楚表达自己的价值观。与其花大量时间界定价值观，不如请他们直接阅读讲义 18 的价值观清单，通常这样就足以让他们了解。讲义 18 的价值观从 A 到 N 分成十四类，每一类之下都有更明确的价值观，一共五十八个。告诉成员可以勾选笼统价值观、详细价值观，也可两者都选，或者写出清单上没有的价值观（应写在"其他"的空白处）。

> **情绪调节练习单 11 与 11a：从价值观展开特定的行动步骤。**这两份练习单都是帮助成员厘清建立值得过的人生所需的步骤。练习单 11 是线性排列的，填写空间更多，也把重视人际关系当成一个价值观。练习单 11a 简短许多，给青少年使用效果不错，也可以在你教授讲义 17 时讲解。如果有时间，教授这个技能的一个好办法是请成员在团体课程填写练习单 11 或 11a。或者请一两位团体成员，用白板来向其他成员示范如何填写这份练习单。请注意，写这些作业的目的不是立刻要看到成员的生活质量获得改善。这些作业有助于提升自我掌控感（见"情绪调节讲义 19：培养自我掌控与提前应对技能"），但生活质量要有重大转变是需要时间的。
>
> **情绪调节练习单 11b：价值观与优先顺序日记。**练习单 11b 是进阶版，帮助成员记录不同的人生目标及价值观的行动进度。对于刚开始接受技能训练的大多数成员而言，这份练习单通常太艰深，但是如果资深成员正同时进行几个不同的目标，这份练习单会有用。这份练习单在个别治疗时往往也非常有用。情绪调节练习单 9 是记录成员在价值观方面所做的努力，同时也涵盖其他所有的 ABC PLEASE 技能。

✓ A.长期快乐代表体验到人生是值得过的

✓ 向成员说："没有值得过的人生，就很难快乐；这是 DBT 的基本理念。当然'实际上'所有生命都是值得过的，没有生命是不值得过的。不过，重要的是你体验到自己的人生是值得过的，充满满足、快乐的。"

1. 要积累正面活动，就要在生活中做些改变

✓ 继续对成员说："如果生活里不常发生正面活动，那么可能要做些改变，好让正面事件更常出现。积累活动来建立值得过的人生，就像把零钱存入小猪存钱罐里。"

2. 值得过的人生是你重视的人生，也包含你重视的人、事、物

继续说："这里有两个重点：一是寻找和描述你最重要的价值观时，要进入智慧心念。其次，在辨认人生当中想追寻的价值观时，可能要迫使自己

克服恐惧、悔恨、羞愧、内疚和绝望感。"

✓ 3. 建立值得过的人生需要时间与耐心

a. 短期欢乐 vs. 长期快乐

想要建立一个快乐、满足、稳定的人生，短期欢乐有时候会带来干扰。想要在人生里建立永久的正面事件，却时时追寻在这一刻能够让我们感到与众不同或更舒服惬意的事物，有时候会为前者带来阻碍。有时候，我们寻求正面事件是为了逃避在长期目标上付出努力，但长期目标才能对人生造成永久的改变。如果人生中没有永久的正面事件，那么愉悦的感受可能是短暂而非持久的。

b. 永久的正面事件

永久的正面事件跟以下要点有关：

■ 根据自己的个人价值观来生活。

■ 达到我们重视的目标。

■ 培养带来关爱而持久的人际关系。

✓ B. 按部就班建立值得过的人生

✓ 1. 避免回避

许多人在建立值得过的人生时会碰到一个核心问题：需要做的事情却不去做。阻碍因素包括不清楚自己的人生目标、陷入情绪心念、情绪超过负荷、无法接受人生常常是不公平的。建立值得过的人生需要下苦功；基于种种阻碍因素而不下苦功虽然可以理解，但现在需要的是身体力行。最终，我们每个人都要自己去建立值得过的人生。

✓ 2. 确认对你重要的价值观

a. 什么是价值观

■ 价值观是真正重要的事物。对成员说："价值观是你认为重要的事情，是你所珍视的人生面向，是你人生中最首要的重点。"

■ 价值观不是目标、不是成果，也不是未来才看得到。"价值观是生活方式，是从事你所重视的活动。价值观让你在做人生的大小抉择时有办法权衡轻重。价值观就像一条'无路之路'，带给你人生的方向与意义，但没有终点。它也像路标，提醒你自己在乎的是什么。价值观可能会告诉你某个目标是要努力达到的，但达到该目标不代表可以把这个人生价值观忘掉。"

举例："你可以培养人际关系，完成人生的某些成就，同时又为人正直。但是你没有哪一天可以说：'我实现了这个价值观，不用再把它当成人生的当务之急了。'"价值观随着时间改变，往往不容易厘清。"价值观在一生当中可能有变化，而且是人生的重大事件造成这样的改变。价值观也可能互相抵触。重要的是，要厘清人生各阶段最重要的价值观。"

举例："年轻时无忧无虑，责任和牵挂少，那么活得精彩、寻找乐趣、拥有自由的时间可能很重要。但一旦结婚，有了孩子，那么经营家庭、亲密互动、抽出时间陪伴配偶和孩子可能更为重要。"厘清价值观时，可以问成员（也请他们自问）以下这些好的问题：

■ "你人生中最首要的重点是什么？人生中什么对你是真正重要的？"

■ "你的人生想要朝什么方向走？"

■ "现在生命里有什么是你不想失去的？"

■ "有哪些你重视的事物现在不存在于你的人生中？"

然后补充："研究发现，光是用这种方式确认自己的价值观，就能缓和心理的压力反应。"

✓ **练习活动：**请成员阅读情绪调节讲义18，勾选他们重视的价值观。务必提醒他们也可写下讲义上没有提到的重要价值观。接着请大家计算自己勾选了多少项目。请每个人跟团体报告自己勾选的数目，并且挑一些最重要的价值观来分享。问成员："有多少人勾选了1—10项价值观？多

少人勾选11—20项？多少人选21—35项？36—45项？超过45项？"我的
经验是几乎每一次都呈现正态分配：勾选很多或很少的人都不多，大部
分集中在中间。给成员机会分享一两个价值观，还有他们写下的任何新
的价值观。

> **带领者笔记：**成员看到价值观清单时可能会觉得有点痛苦，这点你要有心理准备。
> 清单会让许多人意识到自己的人生离价值观有多远。为了缓和这种情绪，你可以请成
> 员先辨认自己生命里已经存在的一两个重要的价值观，包括已经拥有的事物（比如有
> 同伴一起从事活动，或是处于安全、有保障的环境），或是已经开始在做的事情（比
> 如正在努力朝目标前进，或是平等地对待他人）。

> **带领者笔记：**如果你请成员只勾选他们认为真正重要的价值观，或者你暗示要勾
> 选多少个，那么要等到大家都完成可能要很久。要厘清哪些价值观最重要，需要不少
> 心思。你在回应成员的价值观时，记得不是要建议或推荐哪些价值观比较好，而是帮
> 助成员找到自己的价值观。

> **研究重点：**这里强调价值观，以及价值观在建立值得过的人生当中所扮演的角色，
> 而接纳承诺疗法也强调价值观（该疗法是认知行为疗法的一种，跟 DBT 很像），两
> 者对于价值观的强调是类似的。讲义 18 所列的价值观大部分改编自欧洲所做的一项
> 研究，该研究比较不同国家的价值观，因此讲义 18 的价值观是普遍而常见的，至少
> 在西方国家是如此。许多不同的价值观研究都整理出了类似的价值观清单。

b. 判定价值观是否确实是自己重视的

我们往往没有想清楚，而把其他人的价值观当成自己的。有时候，我们
的言行举止显得好像自己重视某些事物，但其实不然。我们重视他人对我们
的看法，因此我们依照他们的价值观来生活，以便得到他们的赞许。大多数
人是偶尔如此，而有些人是时时如此。如果我们真正想要的是融入他人的生
活，那么要跟随自己的价值观过活就很困难。如果我们想要融入的团体推崇
跟我们不一样的价值观，那么要做自己就尤其困难。不过，要建立值得过的
人生，我们必须跟随自己的价值观来生活。当然，如果我们也高度重视他人

的关爱和赞许，那么人生至少有些部分也得依照他人的价值观来生活。重点是要知道在什么情况下，我们最重视的是获得他人的关爱与赞许，而在什么时候，我们最重视的是根据智慧心念的其他价值观来过活。这一点需要花很多心思来厘清，也需要大量核对事实。要确认价值观是否真的是自己重视的，可以问成员（也请他们自问）以下这些很好的问题：

- "如果你能根据某个价值观来行动，却不能跟任何人说，你会去做吗？比如说，如果成为博学多闻的人是重要的价值观，但又不能告诉任何人自己正在修课深造，你还会修这些课吗？"
- "如果什么都有可能，你会希望自己的人生朝什么方向前进？（这无关你认为什么是实际的，也无关别人认为你配得什么。）"

💬 **讨论重点：** 请每位成员思考哪一个价值观是目前正在努力适应的，而且该价值观主要或完全来于他人。然后请成员选择一个自己又爱又恨或已经拒绝的价值观。请讨论，没有依照他人的价值观生活而受到惩罚，或者按照他人的价值观过活就得到大奖赏，这时要依照自己的价值观过活是多么困难。

✓ **3. 确认一个现在可执行的价值观**

跟成员说："大多数人都有许多重要的价值观。把焦点放在最首要的一个就好，否则会觉得任务过于庞杂而吃不消。务必选择一个你在现阶段人生确实想要实践的价值观。看看目前的生命里有什么是你真正重视的，还有哪些你重视的价值观是目前生命里没有的。"

询问成员（也请他们自问）以下这些很好的问题：

- "目前哪个价值观是最首要的？"
- "目前的人生有哪些部分不太符合自己的价值观？"
- "自己的行为符合智慧心念的价值观吗？"
- "有什么你真正重视的事情在生活中还不够多？"

■ "你是否从事你重视的事情？"

■ "你是否从事违反自己核心价值观的事情？"

■ "你生活的哪些部分需要改变，才能配合你最为重视的价值观？"

✓ **4. 确认与该价值观有关的几个目标**

a. 目标是明确且达得到的

告诉成员："找出哪些目标能帮助你更接近价值观。你一旦完成一个目标，就不用继续在这方面努力了。"

举例："如果你想拥有权利并影响他人，那么你一生都可以朝这个方向努力。与之相较，帮助你更有力量和更有影响力的一个目标是取得大学学位。你一旦取得学位，就不用继续在这方面下功夫了。"

举例："如果你的最高价值观是为较大的社群奉献自己的力量，那么你一生都可以朝这个方向努力。能帮助你更接近这个价值观的目标包括做兼职的志愿者，或者奉献时间参与邻里春季大扫除等活动。你一旦做了这些事情，就达到了上述的目标。"

b. 哪些目标会让你更接近自己的价值观

目标要非常明确。可以询问成员（也请他们自问）的问题如下：

■ "哪一个目标是你能达到，且符合你正在实践的价值观？"

■ "你可以改变自身行为的哪一部分，以符合自己正在实践的价值观？"

■ "在你达到目标前，是否有重大的障碍需要克服？"

举例：

■ "如果你重视的是赚大钱，那么目标可能是先受教育，然后寻找高薪或有升迁潜力的工作。"

■ "如果你重视的是住在安全、有保障的环境中，那么目标可能是在市内的安全地段买房子。"

■ "如果你重视的是收入稳定以应付基本开销，那么目标可能是找份工作。"

■ "如果你重视的是关心大自然与环境，那么目标可能是保持房间或公寓干净整洁，以及维护良好的房屋状况。"

■ "如果你重视的是与他人建立密切且带来满足感的人际关系，那么目标可能是结交一位朋友。"

■ "如果你重视的是勇于面对与活出人生，那么目标可能是做你害怕或想逃避的事情。"

■ "如果你重视的是活得健康，那么目标可能是听从医生的建议减重或增重。"

c. 在设定目标时，记得"可能的艺术"

继续对成员说："目标一定要合理；设定无法达到的目标是没有用的。如果你想在竞赛中赢过他人，于是设定两年后获得全国网球大赛冠军，而你这辈子却从来没学过网球，那这种目标就是不切实际的。如果达到一个目标会降低你的生活质量，那也一定要避开这种目标。举例来说，如果你的价值观是牺牲自己，成全他人，然后把自己大学教育的积蓄拿来帮助朋友买新车，那么很可能会造成长期的伤害，坏处远大于解决朋友暂时的交通需求所带来的好处。"

✓ 5. 选择一个现在可执行的目标

a. 按照重要性与合理程度排出目标的优先顺序

继续对成员说："你不可能同时进行一个价值观的各个相关目标。而是要列出目标清单，排在最上方的是最重要且现实上最有可能达到的目标。这么做能让你权衡轻重缓急，而知道要先执行哪个目标。"

b. 选择一个目标

选择一个当务之急的合理目标。

✓ **6. 确认朝向目标的小行动步骤**

向成员说：

■ "找出帮助你达到目标的小步骤。"

■ "自问需要做到什么来达到目标。"

■ "把任务拆解成现在可以执行的小步骤。"

■ "如果步骤还是太大，再拆解成更小的步骤。"

✓ **7. 现在采取一个行动步骤**

举例： 价值观——成为团体的一分子。

可能的目标：

■ 与老友联络。

■ 找一份更需要与人交际的工作。

■ 参加社团。

选择一个现在可以执行的目标：

■ 参加社团。

找出达成目标的行动步骤：

■ 在网络上找社团。

■ 去附近的书店询问是否有读书会。

■ 参加互动的在线游戏或聊天室。

执行一个步骤：

■ 打开计算机。

练习活动： 成员往往无法分辨价值观、目标和行动步骤的差异。在课堂上请成员填写练习单11或11a，然后两两分享所写的内容。这么做也让你有机会在成员离开前提供指点与反馈。

十六、培养自我掌控与提前应对技能以处理情绪化情境（情绪调节讲义19）

> **要点：** 觉得自己有能力并充分准备好应对困境，能降低情绪受挫，增加有技能的行为。
>
> **情绪调节讲义 19：培养自我掌控与提前应对技能。** 如标题所示，这份讲义涵盖建立自我掌控的步骤，以及提前应对情绪化情境的步骤。两组技能通常在同一堂课中讲授。
>
> **情绪调节练习单 12：建立自我掌控与提前应对。** 在这份练习单上，成员要规划活动时间表来建立成就感，然后报告实际做了什么。请记住，通过行动建立自我掌控感才是目标。规划时间表的目的是提升成员确实做家庭作业的可能性。但是在回顾作业时，记得不要因为成员没按计划行事而惩罚他们。
>
> 练习单的右半边留出了写下提前应对两种练习的空间。如果目前没出现困难情境，这份作业写起来会有点困难。此时可以请成员针对过去没有处理好的情境来练习。
>
> **情绪调节练习单 13：每天练习 ABC 组合技能。** 这份练习单帮助成员追踪以下三个活动的进展：积累正面情绪、建立自我掌控感和提前应对。情绪调节练习单 9 也记录这些技能的应用。

✓ A.建立自我掌控感

1. 什么是自我掌控感

告诉成员："自我掌控就是做那些让你感觉有能力、有自信、自己能控制、有办法掌控它的事情。婴儿天生就有增加自我掌控的倾向，不过如果没有强化这方面的努力，该倾向就会随着时间慢慢消失。"

✓ 2. 为什么要建立自我掌控感

在治疗抑郁症最有效的认知疗法和行为激活这两种疗法中，从事能建立自我掌控感的活动是重要的元素。建立自信和有能力的感觉，能让一个人更有力地对抗抑郁和其他消极情绪。

　　建立自我掌控感通常需要从事至少有点困难或有挑战的活动，目的是带来成就感。经年累月下来，一连串的成就感就能带来更正面的自我概念、更高的自尊，以及整体更高的幸福感。

　　带领者笔记：教授如何建立自我掌控时，可以画出类似图 9.1 的两条线。白板上方三分之二的那条粗线，达到这个标准说明一项任务不太可能完成。努力从事这条线上方的任务会导致失败（进而带来挫败感，也会降低自我掌控及能力感）。板上虚线下第三个区块里是容易的任务，不会增加自我掌控感。建立自我掌控感的最佳区块是中间也就是有困难但有可能完成的任务。完成这类任务会带来自我掌控感。

不可能
困难但有可能
容易

图9.1　建立自我掌控感的不同难度任务等级

3. 如何建立自我掌控感

a. 每天至少做一件事

对成员说："每天至少做一件事来建立成就感。"

✓　**b.为成功而非失败做计划**

对成员说："从事困难但有可能的事情。失败的人生就是期望过高的人生。"

举例："开始健身时，不要因为你听说一位身材好的人能跑五公里，你第一天就想跑五公里。"

✓　**c.随着时间逐渐增加难度**

继续对成员说："一旦你掌握了第一项任务，接下来每次都尝试加点难度。不过，如果任务一开始就太难，下次就要找容易一点的来做。"

举例：我学习露营时，一开始是在自家前院搭帐篷，然后在卧室里练习睡睡袋，再去汽车露营区搭帐篷、睡睡袋。

d. 寻找挑战

> **带领者笔记：** 极小的事情也能带来自我掌控感，列举这方面的例子非常重要，不管是你自己还是他人的例子。比如一个书呆子，光是学习怎么生营火，就能带来极大的自我掌控感。从来没有认真运动的人原本只能举五千克重，有一天能举十千克重就会很兴奋。患恐惧症的人能通过采取相反行为的小步骤来提升自我掌控感。

💬 **讨论重点：** 请描述你的人生中，哪次在完成一件事情后立即提升了自我掌控感。请成员分享自身的例子。讨论成功做完一件事情时的感觉。

💬 **讨论重点：** 请成员分享哪些活动能带给他们自我掌控感。每个人可能都不一样。

B.提前应对

✓ **1. 什么是提前应对**

对成员说："提前应对就是厘清什么情境可能会给你带来麻烦，然后除了提前计划如何应对预期困境外，还要设身处地地想象该如何有效应对。"

✓ **2. 为什么要提前应对**

> **研究重点：** 大量研究表明，我们可以仅仅通过在头脑里想象练习新的技能行为来学习新技能。从各种运动技能（比如，网球选手可以通过在头脑里练习发球动作来提升网球技能）到人际关系（比如，个体可以通过在头脑中练习自信行为来提升自己的自信技能）的训练，这种学习方式都适用。正如研究发现，在头脑中想象一个活动跟实际从事该活动所激活的脑区有许多是一样的。提前应对不仅能帮助我们计划如何应对情绪化情境，也让我们更有可能不假思索地采用之前练习过的一连串技能行为来回应。

✓ 3. 何时使用提前应对

✓ 　告诉成员："提前应对在许多类型的情绪情境中都有用，以下是一些例子。"

✓ 　■ "在任何有威胁或你感到害怕的情境中。"

　■ "知道自己可能会太亢奋而忘记使用技能，或是不能连贯使用技能时。"

　■ "在新情境中，你非常不确定技能是否管用，而这种不安全感可能会引起情绪反应，让你难以有效地管理情境时。"

　■ "心里出现难以控制的冲动——比如想跑开、打人，或者打算喝酒或嗑药——如果顺着该冲动行事，可能会阻碍有技能的行为时。"

　■ "当你变得太情绪化，或是破坏性的冲动可能变得太强烈，使你根本不想有技能地行动时。"

✓ 4. 如何提前应对

✓ 　a.描述问题情境

对成员说："首先描述你担心无法妥善应对的问题情境。"

　■ "描述情境之后请核对事实，以便确认如果真的发生，这就是你所认识到的实际问题。（如果有必要，可以使用情绪调节讲义8。）"

　■ "然后，为可能干扰你使用技能的情绪和冲动命名。"

✓ 　b.决定使用哪些技能

继续说："下一步，决定你要在情境中使用哪些应对或问题解决技能。要具体明确，并把细节写下来。你可能需要使用问题解决技能来找出如何有效应对。正念、痛苦忍受和人际效能技能也可能会有用。"

✓ 　c.想象情境

继续说："现在，尽可能在头脑里栩栩如生地想象该情境。务必要想象自己就在该情境中，而不是当个旁观者。此外，也务必要想象事情发生在当下——而不是在未来或过去。"

✔ **d.在头脑里演练有效应对的过程**

■ "在头脑里事无巨细地演练你将如何有效应对，包括演练你的行动、想法、可以说什么以及怎么说。"

■ "演练应对出现的新问题。"

■ "演练应对自己最害怕的灾难。"

✔ **e.在头脑中演练后练习放松**

> **带领者笔记：**有些成员的视觉想象力可能不佳。如果成员的想象画面以文字为主，就建议他们在头脑里用言语演练，过一遍他们将使用的策略。建议他们给自己下行动指令。有些成员则可能会觉得动觉想象（对身体各部位的感知）或听觉想象很有用。

✔ **举例：**我突然害怕在隧道里开车。为了降低恐惧，我只要看到隧道就开进去，好让自己相信并没有危险降临到自己身上。这种做法没用时（因为西雅图可能发生地震，隧道确实有崩塌的危险），我自问："威胁是什么？"我意识到说服自己隧道不会崩塌，其实是在逃避威胁。接下来，我每次开进隧道都会想象隧道真的塌下来了，然后我想象自己跳到车外，套上女超人装，冲去解救他人，再冲到隧道外的安全地方。这时，我注意到自己的恐惧大幅下降了（以100分来看，恐惧从80降为30），但还没有降到0。我再次自问："威胁是什么？"然后发现除了恐惧隧道会崩塌之外，也害怕自己会困在隧道内身受重伤，疼痛难忍，又被熊熊大火包住，以及没人能救我出去。接着我练习全然接纳疼痛和死亡，练习几次之后我的恐惧就完全消失了。

> **带领者笔记：**请注意，我在这个故事里使用了救助他人和全然接纳的想象，两者都让我想象自己在事件结束时回归平静。换句话说，想象练习以这两种行为来收尾或许有用：解决问题，或是为自己或他人带来正面结果。如果你要采用这个策略，重要的是与每位成员讨论，自身行为带来什么样的正面结果会带给他们平静的感觉？还要注意的是，我运用幻想这个策略（穿着女超人装跳到车外）。这种策略的另一个例子，可参考"情绪调节讲义20a：逐步讲解噩梦应对步骤"，逐步教你如何应对。

💬 **讨论重点：** 分段讲述上文或下面的例子，在每个需要应对的地方问成员，这时例子中的主角应该在头脑里做什么想象练习。

举例： 大学主办一场歌唱表演，乔伊正准备上场进行他的第一次独唱。但是他感冒了，担心唱到一半会走音。为了提前应对，他首先想象自己顺利唱完歌曲。这么想象是有用的，但他还是很紧张。接着他在头脑里想象，开唱前，自己拿着一杯水走到台上，弯下腰把杯子放在地上。接着他想象自己开口唱歌，突然走音了，于是他趁弯腰拿水的时候让自己平静下来，他喝一口水，等到自己准备好再继续唱。在真实情况下，乔伊的焦虑大幅降低，独唱时也完全没有发生意外。

> **带领者笔记：** 帮助成员找出情境里的情绪线索到底是什么，这很重要。当情绪是恐惧时就更是如此；人们往往意识不到自己到底害怕什么。

举例： 莎伦吸毒成瘾，在她等公交车上班的那条街上有许多毒贩。很多毒贩都认识她，看到她在等公交车，就会上前来想偷偷地卖毒品给她。现在她没法搬到更安全的住宅区，因此每天早上上班前她都练习提前应对技能，想象自己等公交车时有毒贩走过来，她会以坚定的语气跟对方说："不要！离我远一点！"她在治疗师的辅导下，练习想象在公交车站时虽然毒瘾发作，但在心里分析利弊后跟毒贩说："不要！离我远一点！"后来，她也在家自行练习。

👥 **练习活动：** 请成员分享几个问题情境，然后挑出一两个跟成员一起练习。讨论应对每个情境的可能的方式，然后请成员写出具体的步骤。接着鼓励成员坐下来、闭上双眼，在想象里预演自己使用应对技能来处理情境。最后，带领成员进行简短的放松练习。请成员反馈并加以讨论。

> **带领者笔记：** 重要的是在整个技能训练过程中，寻找成员练习提前应对的情境。请适时把它当作成员的额外家庭作业。

十七、要照顾你的心，先照顾你的身体
（情绪调节讲义20）

> **要点：** 身体不好会更加让人感受到消极情绪和情绪心念。照顾好自己的身体能提升情绪韧性。为了方便好记，可缩写为 PLEASE 技能，包括治疗身体疾病、均衡饮食、不使用改变情绪的药物、均衡睡眠和适当运动。
>
> **情绪调节讲义 20：要照顾你的心，先照顾你的身体。** 理解这份讲义通常并不难。如果时间紧迫，你可以带领成员快速浏览。情绪调节练习单 14（见下文）可用来记录这个练习。
>
> **情绪调节练习单 14：练习 PLEASE 技能。** 在这份练习单上，成员要记录本周使用 PLEASE 技能的情况。总共有七行，一天一行，成员可记录当天是如何练习 PLEASE 的每项技能的。在每一栏的最下方勾选每项技能在本周是否有帮助。

✓ **A.身体对心理的影响**

告诉成员："身体不好会更加让人感受到消极情绪和情绪心念。使用本模块这一节的技能来照顾自己的身体能提升情绪的复原力。"

✓ **B.PLEASE技能**

向成员解释："用 PLEASE 来记忆这些技能，每个字母分别代表：治疗身体疾病（Treat Physical illness）、均衡饮食（balance Eating）、不使用改变情绪的物质（avoid mood-Altering substances）、均衡睡眠（balance Sleep）以及适当运动（get Exercise）。"

✓ 1. 治疗身体疾病（Treat Physical illness ）

跟成员说："生病会降低你对消极情绪的抵抗力。你变得越健康，就越能够调节情绪。"

许多人害怕看医生或没有预约看诊的行为调节能力，有些人则缺乏依处方服药（不管是精神药物还是一般药物）的自我调节能力。

✓ 💬 **讨论重点：** 讨论成员曾经罹患的任何疾病。什么因素在干扰他们治疗疾病？常见的障碍包括难以启齿（比如患性病）、缺乏清楚表达自己意见的技能、缺钱、自我调节有问题、害怕医疗或以前求医时有消极经历。

✓ 2. 均衡饮食（balance Eating ）

对成员说："进食量和食物种类都要尽可能让自己感到舒服——不要太多也不要太少。过量饮食和过度节食都会让你更容易受到情绪心念的影响。对一些个体而言（如诊断出双相情感障碍的人），何时进食和进食频率，以及日常饮食习惯尤其重要。远离让你过度情绪化的食物。"

💬 **讨论重点：** 鼓励成员不吃让自己心情糟糕的食物。请成员谈谈哪些食物让他们感觉很好（如巧克力）、安静（如牛奶）或带来能量（如糖、肉），强调适量摄取这些食物的重要性。

> **研究重点：** 研究发现，节制饮食的人进行自愿节食时，会因为吃得太少而带来消极影响。举例来说，研究显示，限制食物摄取会导致暴饮暴食和心理问题（比如整天想着食物和吃东西、更加情绪化和烦躁不安，以及注意力涣散）。

> **带领者笔记：** 如果成员认为某些食物对自己不好，而实际上并非如此，你也不要试图说服他们，因为你这样只是白费唇舌。

✓ **3. 不使用改变情绪的物质（avoid mood-Altering substances）**

向成员解释："酒精和毒品就像某些食物一样，会降低你对消极情绪的抵抗力。远离禁药。如果真的要喝酒的话，请酌量饮酒。"

💬 **讨论重点：** 借这个机会讨论成员的饮酒或嗑药问题。讨论改变情绪的物质对情绪的影响，以及远离这些物质会有哪些困难。

✓ 💬 **讨论重点：** 改变情绪的物质会改变情绪！这就是为何不要在求职面试前饮酒或嗑药，或出席其他需要谨言慎行、控制情绪的场合之前或过程中不要饮酒和嗑药的原因。询问成员还有哪些情况务必不能饮酒和嗑药。

✓ **4. 均衡睡眠（balance Sleep）**

继续对成员说："尽量保证足够的睡眠，这能帮助自己感觉良好——别睡太多或太少，通常是七到九个小时之间。如果有睡眠困难，保持固定的睡眠时间尤其重要。"

> **研究重点：** 越来越多的研究显示，睡眠不足与各种各样的情绪痛苦有关。

💬 **讨论重点：** 请成员谈谈他们的睡眠困扰。对于情绪失调的人来说，睡眠困扰通常是很重要的问题。尤其睡得太少会让他们特别容易受到消极情绪的影响。睡得太少可能是抑郁症的部分症状。什么有助于睡眠？什么会加重睡眠困扰？

5. 适当运动（get Exercise）

向成员解释："坚持做有氧运动能抗抑郁。此外，定期运动能建立自我掌控感。每周可以运动五到七天。每次运动时间要逐渐增加，到达一次可做足二十分钟的程度。"

💬 **讨论重点：**询问成员都进行哪种形式的运动。这里的一个重要问题是，定期运动需要自我管理技能，而大多数情绪失调的人都不太擅长自我管理。这是讨论自我管理原理的机会，尤其是强化的原理（强化的相关内容，见"人际效能讲义20：提升期望行为可能性的策略"）。

> **带领者笔记：**技能训练团体课程通常不包含噩梦以及睡眠卫生指南，除非成员参加团体课程的目的就是特别要处理噩梦或睡眠干扰。我通常把这些讲义当作课后阅读材料，并建议成员如果需要的话，可以请自己的治疗师就指南来工作。这些指南上我都没有打钩。如果你要教授这两节，其中每一个有编号的步骤都要解释。

十八、噩梦的应对步骤（情绪调节讲义20a）

> **要点：**反复出现的噩梦不只带来痛苦，也影响充足和平静的睡眠。
>
> **情绪调节讲义20a：逐步讲解噩梦应对步骤（自选）。**这份讲义和练习单14a（见下文）都是自选讲义中的教材，当成员反复做噩梦时可以使用。
>
> **情绪调节练习单14a：噩梦体验表格（自选）。**如果使用讲义20a，详细讲解这份练习单就很重要。请注意，这份练习单包括三种格式。在噩梦体验表格中，成员要详细描述痛苦的噩梦。对有些人来说这可能非常困难，你要请这些成员在治疗师的陪同下填写。我们团队里的一些治疗师会跳过第一种，直接从第二种改变梦境体验表开始。在这部分，成员详细描述改变后的梦境。要跟每个人一起仔细阅读改变后的梦境，以确保他完全按照指导语操作。练习噩梦应对步骤时，成员要在第三种梦境预演和放松记录表上记录自己的进展。

> **研究重点：**下面描述的噩梦应对步骤以及情绪调节讲义20a所列出的内容，都基于巴里·克拉科夫及其同事所发展的治疗慢性噩梦的想象预演疗法（Imagery Rehearsal Therapy，IRT）。几个IRT的临床控制试验结果表明，这在减少噩梦频率方面是有效的。

✓ 向成员解释，这个疗法基于以下观点：

■ 噩梦是后天习得的行为，通常是创伤事件的后果。一旦习得之后，噩梦会习以为常地存在。

✓ ■ 习以为常的噩梦，可以通过练习新梦境来取代它们。

✓ ■ 新梦境可以通过预演改变后的梦而习得——改变的梦没有噩梦的消极与创伤事件——预演之后再练习放松。

■ 建造新梦境时，重要的是植入带来自我掌控感的改变。做噩梦时，人通常不只感到恐惧，也觉得失控。目前临床上认为，在梦里增加个人掌控感这一因素似乎在 IRT 起效机制中很重要。

也向成员指出，噩梦应对步骤与提前应对技能非常相似，两者都强调写出脚本之后在心中排演。因此，二者都通过想象预演应对和掌控行为来寻找改变问题的行为。

✓ A.练习必备技能

跟成员说："先练习必备技能，以确定自己是否准备要开始改变噩梦。"

1. 放松

对成员说："练习放松。先决定当你处理噩梦时要用什么方法来放松。进行练习以确定自己能做到，也确认练习时的确带来放松效果。"

2. 愉快的想象

继续对成员说："练习愉快的想象，确保能唤起你的想象。"

3. 应对技能

继续对成员说："决定并且预演应对技能，免得当你想到噩梦时又痛苦难当。"如果被噩梦高度激发，讲解 TIP 技能（见第十章与痛苦忍受讲义 6）

会有帮助。其他痛苦忍受技能，比如暂时转移注意力或自我安抚可能也有用。要判断噩梦是否太严重而不适合现在处理，可能需要先进行问题解决（见本章第十一节）。

B.选择一个反复出现的噩梦

对成员说："选择一个反复出现的噩梦来应对，而且是你准备好要处理的噩梦。除非你已做好充足准备，否则不要以最严重或最具创伤性的噩梦开始。先练习比较简单的，再慢慢增加难度。"

C.写下要改变的噩梦

对成员说："现在细致入微地写下你要改变的噩梦，包含梦中周围环境发生的变化，还有你的想法、感受、对自己的假设。"

带领者笔记：如果成员罹患创伤后应激障碍（PTSD），可以省去写下噩梦这个步骤，因为噩梦本身就是创伤。应对步骤中的关键点是培养自我掌控感，而不是重温噩梦。

D.为噩梦选择一个不同的结果

继续对成员说："接下来，选择一种改变噩梦结果的方式。可以是在任何创伤或不幸发生之前的任何改变。这可以是你希望的任何改变，只要能预防那个噩梦中经常出现的坏结果就好。有些人认为改变越夸张离谱（比如，枪变成香蕉），这个指南的效果就越好。"

这么解释：改变的结果也可以是安插新的内容。比如，男性退役军人对于自己在战场上的行为感到羞愧，认为自己让整支军队失望了，那么他在梦里可以站起身来，看到一大群人的生命都因为他的举动而得救。曾受到性侵的女性感觉无力反击，可以想象自己的双臂和双腿都有结实的肌肉，而且全礼堂的人对于她勇敢承认被性侵都起立鼓掌喝彩。

> **带领者笔记：**务必跟成员一起讨论改变的梦境，以确保任何新增的结局都能发挥预期的效果，让他们觉得自己有能力且自我感觉良好。

E.写下改变后的整个噩梦

继续对成员说："现在写下整个噩梦，包括改变后的结果和你所做的其他任何改变。"

F.每晚预演并放松

对成员说："每天晚上以观想的方式预演整个改变后的梦境，之后再练习放松。放松要能发挥作用；每个人的放松策略可能不一样。"

> **带领者笔记：**建议成员做正念练习，或是"痛苦忍受讲义 6b：配对式肌肉放松，分解步骤"。

G.在白天预演并放松

总结说："最后，白天也要尽量常在心中演练新梦境，而且演练完后要放松。这里的重点是，要记得改变噩梦需要一而再、再而三地练习。不过一般而言，几周之内就会看到效果。"

> **带领者笔记：** 治疗退役军人的噩梦指南稍有变化，请打开网址：www.huffingtonpost.com/belleruth—naparstek/getting—rid—of—repeating_b_487024.html。基本观点是按照上述应对步骤所做，但也要为噩梦添加结局，要让成员醒来时处于平静状态。换句话说，目的是在新增的结局里，做梦者的举动要能够解决问题，或为他人带来正面结果。如果你使用了这个策略，那么跟每位成员讨论梦中的行为带来什么正面结果会让自己感到平静，这很重要。

十九、睡眠卫生指南（情绪调节讲义20b）

> **要点：** 每天睡眠充足对于身心健康至关重要。助眠策略通常能解决睡眠困难。
>
> **情绪调节讲义20b：睡眠卫生指南（自选）。** 成员有这几种睡眠困扰时，可使用这份自选讲义和练习单14b（见下文）。
>
> **情绪调节练习单14b：睡眠卫生指南（自选）。** 如果使用讲义20b，要和成员一起阅读这份练习单。

> ✓ **研究重点：** 大量研究显示，睡眠的质与量都与身心健康有关。睡眠时长跟寿命长短也相关：无论睡太少或睡太多，都跟寿命较短相关。
>
> 睡眠在情感障碍中扮演至关重要的角色，研究证据在过去十年来迅速增加。对于罹患情感障碍的青少年及成人来说，睡眠障碍：
>
> ■ 是情感障碍发作的风险因素。
>
> ■ 可能引起复发。
>
> ■ 对情绪调节有不利影响。
>
> ■ 对于认知功能有不利影响。
>
> ■ 有损健康。
>
> ■ 可能造成并发生滥用和自杀。
>
> 睡眠障碍目前被视为情感障碍发生和持续的一个重要但认识不足的机制。由于睡眠和昼夜节律系统的生理机制是开放的，所以容易受到外界环境信息的影响，现在有一些有效、简单又不昂贵的疗法。

下面睡眠卫生指南里的建议，大部分都很常见。

步骤 1—6 的目的是增加休息 / 睡眠的可能性。

✓ **1. 即使在周末，也要建立并遵循固定的睡眠时间**

向成员解释："谈到睡眠，建立例行程序最重要。每天都要同一时间睡觉和起床。每天晚上到了睡觉时间，就要进行同样的程序。白天打盹不要超过十分钟。目的是让例行程序的这段时间成为睡眠的诱发事件。"

2. 不要在床上从事白天的活动

对成员说："白天不要在床上看电视、打电话或看书，这样才更能使你看到床就想睡觉。"

3. 睡前要避免一些事物

继续对成员说："晚上要避免咖啡因、尼古丁、酒精和大吃大喝，也不要在睡前从事三到四个小时的运动。此外，如果电视节目让人情绪激动，睡前也不要看（比如，投票日的晚上，你支持的候选人就要败选了）。"

4. 让房间适合睡眠

继续对成员说："准备睡觉时关灯，保持房间安静，温度要舒适凉爽。如果觉得冷，可以尝试用电热毯；如果觉得热，可以把脚伸到被子外，或者开电风扇直吹你的床；如果需要的话，也可以戴上眼罩、耳塞，或者打开除噪助眠机。"

5. 给自己半小时至一小时入睡

对成员说："给自己三十到六十分钟入睡。如果行不通，评估自己是否平静，或焦虑，或思维反刍，然后按照步骤 6 之后的相关步骤来做。"

✓ 6. 不要把失眠灾难化

对成员解释："把失眠灾难化，绝对会让你睡不着。持续失眠的主要原因之一就是担心自己睡不着。如果毫无睡意，就躺在床上休息，提醒自己就算躺在那里空想和休息，也是可以的。不要干脆起床等待'天亮'，整晚就不睡了。"

如果成员平静但睡不着，可按照步骤 7—9 来做。

7. 下床从事安静的活动

对成员说："去另一个房间看书，或者从事其他不会让你兴奋的安静的活动。"

8. 收听公共广播电台

对成员说："闭上双眼，低声收听公共广播电台。公共广播电台是一个好的选择，因为声调或声量变化的幅度都不大。"（不要收听会让你心情起伏的新闻。）

9. 吃低卡零食

对成员说："吃复合碳水化合物的小零食（比如苹果）。"
如果成员焦虑或思维反刍，可按照步骤 10—15 来做。

✓ 10. 使用TIP技能

对成员说："用冷水冲把脸，或者把脸泡在一盆冰水里，或是用冷水敷眼睛和额头（这能暂时冷却情绪起伏）。然后立刻回去睡觉。如果要停止思维反刍，一躺下来就练习调节呼吸节奏。请记得，如果你有任何身体疾病，使用冷水前要征求医生的同意。"（见痛苦忍受讲义 6a：使用冷水法，分解步骤。）

✓ 11. 尝试从9数到0的冥想练习

对成员说："尝试从 9 数到 0 的冥想练习，这么做能带给记忆轻微的负担，进而干扰你的担忧。深深吸气，缓慢呼气时在心里说 9 这个数字，然后下一个呼气时说 8，再下来数 7，以此类推数到 0。然后从头再来一遍，但这次不从 9 开始，而是从 8 开始，然后数 7，再接着往回数到 0，一样都是呼气时心里念出数字。接着从 7 开始往回数到 0，再从 6 开始，然后从 5 开始、4 开始，以此类推，直到从 1 开始。继续这个练习，视需要重新开始，直到睡着。还有其他类似的策略，比如从 1 数到 10 至少十遍，首先在数 1 之后停顿一下，下次数 2 之后停顿一下，下次数到 3、4 之后也分别停顿，以此类推直到 10。如果还是没睡着，就再重来一遍。"

12. 专注于身体感觉

对成员说："如果自己反复地不停思考，就把注意力放在思考时的身体感觉上。"

13. 阅读引人入胜的小说

对成员说："阅读让你的情绪可以完全投入的小说几分钟，直到觉得有点疲惫。然后放下书，闭上眼睛，试着在心里延续小说情节。"

14. 让自己安心

对成员说："提醒自己，深夜时觉得非常严重的问题，常常到了早上就会觉得没什么好担心的。深夜时，提醒自己这种情况不是第一次发生，然后跟自己说：'这只是半夜时分的想法，到了早上我的感受和想法就会不同了。'"

15. 如果无法停止思维反刍……

对成员说："如果思维反刍还是停不下来，就遵守这样的原则：如果有办法解决就解决；如果没办法解决就深入烦恼直到'灾难'（也就是你能想象的最糟结果），然后在心里演练提前应对灾难。"（见情绪调节讲义 19：培养自我掌控与提前应对技能。）

💬 **讨论重点：** 与成员讨论在一天的其他时候（而不只是要睡觉的时候），使用这些策略来对抗思维反刍也会有用。

✓ 💬 **讨论重点：** 请成员谈谈他们的睡眠困难，以及他们使用过什么策略帮助入睡。讨论使用助眠的处方药物，并强调练习良好的睡眠习惯，长远来看也同样有效。请大方分享你觉得有用的睡眠策略。

二十、概论——管理极端情绪（情绪调节讲义21）

> **要点：** 有时候消极情绪的强度非常强烈，必须使用特殊技能来管理。
>
> **情绪调节讲义 21：概论——管理极端情绪。** 这份讲义是概论，让成员对接下来的内容有个概念。请快速讲解，也可以跳过不讲，把重要内容写在白板上即可。

✓ A.对当下的情绪保持正念

对成员说："压抑情绪反而会增加痛苦。对当下的情绪保持正念才是解脱情绪束缚之道。"

✓ B.管理极端情绪

对成员说："有时候情绪太激烈以至于什么技能都不管用，技能很复杂或需要费脑筋时更是这样。这就是技能的崩溃点。危机生存技能，就像痛苦忍受讲义 6—9a 里的那样，在此时是需要的。"

✓ C.针对情绪调节技能进行疑难解答

提醒成员："针对情绪调节技能进行疑难解答，能够帮你找出技能无效的原因。当你学习大量的新技能时，很容易学了就忘，或是忘了怎么练习。"

✓ D.复习技能

向成员指出，复习情绪调节技能也会有帮助。情绪流程图模型，按续排列技能，方便你更好地理解和记忆（见本章第五节，以及情绪调节讲义5 与 25）。

二十一、对当下的情绪保持正念（情绪调节讲义22）

要点：压抑情绪会增加痛苦。对当下的情绪保持正念才是解脱情绪束缚之道。带领进阶团体或是你有把握成员能够不带创伤地体验自己的情绪时，对当下的情绪保持正念可以挪到"情绪调节讲义 6：描述情绪的方法"之前讲授。

情绪调节讲义 22：对当下的情绪保持正念——放下受苦情绪。不要跳过或匆匆浏览这份讲义。DBT 许多技能的核心基础都是对当下的情绪保持正念。回避情绪会影响本模块几乎所有技能的有效使用。

情绪调节练习单 15：对当下的情绪保持正念。这份练习单让成员勾选自己用了哪些技能来练习对当下的情绪保持正念。这么做很有帮助，因为成员往往忘记到底要怎么练习这些技能。必要的话，提醒成员如何为情绪强度评分（0= 没有情绪；100= 最大情绪强度）。"之前"和"之后"的空格里填上练习对当下的情绪保持正念之前和之后的情绪强度。如果成员难以辨识自己感受到的情绪，指导他们复习情绪调节讲义 6，和 / 或填写情绪调节练习单 4、4a 或 5。练习单 15 的最后一栏写下心得感想，并描述练习时的体验。

✓ A.什么是对当下的情绪保持正念

对当下的情绪保持正念就是如实观察、描述和"允许"情绪来来去去，而不评判、抑制、阻挡情绪或转移自己对情绪的注意。

✓ B.为什么要对当下的情绪保持正念

1. 了解情绪没有想象中严重

对成员说："把自己暴露在情绪中，但不见得要按照情绪行动，你就会发现情绪没有想象中严重，对情绪就不再那么害怕。一旦你对情绪没那么恐惧，那么随着情绪而产生的害怕、担心、惊慌和愤怒也会跟着烟消云散。观察情绪的运作原理与恐惧症和恐慌症的暴露治疗原理是一样的。"

✓ 2. 找到自由之道

对成员说："经年累月地练习，就会越来越自由自在、较不受情绪控制。放下控制情绪是通往自由之路。许多人认为自己必须随时随地都把情绪控制住。如果你这么认定，就容易被自己所制定的情绪规则束缚。因而失去了做自己和接纳自己感受的自由。其他人则认为自己完全无法痛苦忍受情绪——如果没能控制住情绪，就会掉入深渊或死路一条。这是通往失去自由之路。智慧和自由需要允许情绪自然来去的能力，体验情绪但不被情绪控制的能力。时时想要预防或压抑情绪，是被情绪控制的一种形式。"

✓ 3. 减轻受苦

向成员解释，接纳痛苦情绪能消除内心的苦，而只留下身体的痛。有时候，接纳甚至能减轻身体疼痛。跟情绪对抗，只会让情绪停留不走。这点虽然只是重申了正念（见本书第七章）和痛苦忍受（见第十章）的原则，但是让成员了解这个道理至关重要。

4. 接纳生而为人本来就会有痛苦情绪

消极情绪的存在有几个正当理由。如果不做出重大人生改变，人们大概无法摆脱很多消极情绪；即使做出重大改变，消极情绪也将永远是人生的一部分。因此，秘诀在于找到新的方法跟消极情绪相处，消极情绪才不会引发强烈痛苦。这个新方法就是接纳。

💬 **讨论重点：**学会放下情绪是非常困难的，需要大量练习。讨论接纳情绪痛苦的重要性。成员通常能理解这一点，请他们分享心得。

✓ C.如何放下情绪痛苦

✓ 1. 观察自己的情绪

跟成员说："从观察自己的情绪开始。承认情绪的存在。往后退一步，让自己从情绪中抽离。"

✓ a.把情绪当作波浪来体验

跟成员说："把情绪当成来来去去的波浪来体验。想象自己站在沙滩上，情绪就像海浪，不断打岸又退回去，稳稳地把脚趾埋入沙子里，让海浪自由来去。"

✓ b.想象自己正在冲浪

继续对成员说："现在想象自己站在冲浪板上，顺着情绪的波浪起伏。试着维持平衡，顺着波浪滑行就好。"

对成员解释：治疗物质滥用时，我们顺着冲动的波浪滑行，这跟顺着情绪的波浪滑行非常类似。即使两种技能不完全一样，也极为相似。如果要抑制情绪所引发的行动，顺着情绪的波浪滑行会非常有用。

✓ **c.尽量不要阻止或压抑情绪**

继续对成员说："敞开自己，接纳情绪之流。不要试图摆脱情绪，别把它推开，不要评判或排斥它。"

d. 愿意拥有情绪

想要筑一道墙把情绪挡在外头，反而会把情绪留在墙内。这就像在海滩上筑一道沙墙抵挡海水，海水一定会渗进来，并且因为无法快速退去而留下水洼。

✓ **研究重点：** 越来越多的研究显示，阻止或压抑情绪其实会让情绪更严重。事实上，逃避情绪性的感觉似乎是广泛性焦虑障碍的根源。因此练习忍受情绪性的感受很重要，而不是关闭情绪或掉入烦恼的旋涡来逃避情绪。

---

e. 不要试图留住情绪

对成员说："不要紧抓着情绪，不要在心里演练情绪，不要一直抓着它不放，也不要把情绪放大。"

2. 练习正念觉察身体感受

告诉成员："留意身体感觉。在这里，全神贯注于情绪的身体部分会非常有用。"

- ■ "留意你在身体的哪个部位，感受到情绪的感觉。"
- ■ "尽可能全然体验那些感觉。"
- ■ "仔细观察，需要多久情绪才会减弱，或体验的性质多久才会改变。保持好奇心态。"

✓ 3. 请记住：你不是你的情绪

提醒成员："你不是你的情绪。你不必按情绪行动，继续观察情绪就好。此外，回想之前碰到类似情境但有不同感受的时候。"

4. 练习爱自己的情绪

- ■ "尊重自己的情绪。不要假定情绪是不理性的，或是基于错误的感知或扭曲的。"
- ■ "放下对情绪的评判。"
- ■ "练习愿意拥有情绪。"
- ■ "练习全然接纳情绪。"

> **带领者笔记：** 参见"痛苦忍受讲义 11：全然接纳"和"痛苦忍受讲义 13：我愿意"。如果有成员不太理解"我愿意"和"全然接纳"这两个概念，可进行讲解。

做到上述第四点当然不容易。"爱"在这里是指"接纳"。爱和接纳情绪不是指增加或放大情绪。对抗情绪不会让情绪消失。接纳情绪反而让我们有办法处理情绪。

> **带领者笔记：** 上述对当下情绪保持正念的一般性指导，通常一开始好像对成员没用。提醒成员正念的重点是变得自由自在，因此就连强烈的情绪都不会令人苦恼。这需要大量练习。跟成员一起练习正念技能很重要。本模块和其他模块的技能训练过程中，要时常请成员回到对当下的情绪保持正念这部分。

以下故事改编自一位禅师跟我说的故事，他是在另一位灵修大师安东尼·戴迈乐的书上看到的。你在教授爱自己的情绪时，这则故事会很有用。

✓ ⊗ **故事重点：** 一位男子买了一栋新房子，打算整理出非常漂亮的草坪。他每周都认真修整草坪，按照园艺书里说的做。他最大的烦恼是蒲公英总长在他不想让长的地方。他第一次发现蒲公英时，用手拔除了，但好景不长，蒲公英很快又长回来了。于是他去附近的园艺店买除草剂，有一段时间很有用，但夏季大雨过后，蒲公英又冒出来了。他整个夏天都在忙着修整草坪、拔蒲公英、喷除草剂。他以为明年夏天就再也没有蒲公英了，因为冬天完全没长蒲公英。但一夕之间，蒲公英又强势回归。这次，他判定问题出在草坪的品种上，因此他花了大笔钱铺上全新的草皮。这招管用了一阵子，他非常开心。就在他正要松口气时，一株蒲公英又冒出来了。一位朋友跟他说，是因为邻居的草坪有蒲公英，因此他发起运动，要求所有邻居都把蒲公英铲除殆尽。到了第三年，他气炸了，怎么还是有蒲公英呢！之后，他请教了当地每一位专家，读遍了所有园艺书籍，他决定写信向美国农业部寻求建议。心想政府肯定帮得上忙吧！他等了好几个月，终于收到回信。他好兴奋，终于得救了！他连忙把信拆开，读到以下这几句话："亲爱的先生，我们仔细思考了您的问题，也请教了农业部的所有传记。经过审慎研议后，我们可以给您一个相当好的建议。先生，我们的建议是，请您学着爱惜那些蒲公英。"

这个故事可以视需要经常重述，直到有一天成员跟你说："我知道啦，这就跟蒲公英一样。"

💬 **讨论重点：**请成员分享全然接纳情绪而减轻受苦的情况。分享你自己的体验。讨论"爱"自己的情绪这个理念。

👥 **练习活动：**播放几分钟的能鼓动情绪的音乐。可以是刺耳的融合爵士乐[如约翰·柯川（John Coltrane）的专辑《冥想曲》（Meditations）里的第一首]，或其他引发情绪的音乐[比如卡尔·奥尔夫（Carl Orff）的《布兰诗歌》（Carmina Burana）、肖斯塔科维奇（Dimitri Shostakovich）的《第十交响曲》（Symphony No.10），或塞缪尔·巴伯（Samuel Barber）的《弦乐慢板》（Adagio for Strings）]。指导成员一边聆听音乐，一边体验自己的情绪。请成员谈谈自己的反应。

👥 **练习活动：** 你要带领成员练习对当下的情绪保持正念时，有时候偏偏很难让他们产生情绪反应。当下要有情绪才能练习啊！发挥创意，尝试各种可能引发情绪的练习。比如轮流请每个人唱一句歌，而且过程中不时打断他们，引导他们重新注意自己的身体感受，不要掉入自我评判，也不要思考等一下要唱什么。或者请大家同时放声大叫，大约持续10~20秒。指导成员在放声大叫时，密切注意自己的情绪反应。

✓ 👥 **练习活动：** 跟成员一起阅读情绪调节练习单15，询问他们愿意用哪些方式练习对当下的情绪保持正念，并在选项旁打钩。请加以讨论。

二十二、管理极端情绪（情绪调节讲义23）

> **要点：** 知道自己的技能崩溃点很重要。这表示首先需要使用危机生存技能（见第十章的痛苦忍受讲义6—9a），然后再回到情绪调节技能。
>
> **情绪调节讲义23：管理极端情绪。** 这份讲义教授成员如何识别自己的技能崩溃点。危机生存技能列在这份讲义上，你可以参考下面的教学笔记简短解说。你可能想要暂停讲授情绪调节技能，而直接教授危机生存技能。别这么做！只要提到这套技能就好，然后把时间放在帮助成员了解何时应该先使用情绪调节技能，什么情况下又该先使用危机生存技能。
>
> **练习单：没有。** 需要的话，请成员参考相关的痛苦忍受练习单。

✓ A.什么是技能崩溃点？

跟成员说："你的情绪痛苦非常严重，极端到超负荷时，就是处于技能崩溃点。"

■ "你完全陷入情绪心念。你完全被情绪束缚，没办法专注于其他事情。"

■ "情绪让你招架不住。"

■ "你的心门关闭，大脑停止处理信息。"

■ "你没办法解决问题或使用复杂技能。"

继续对成员说："知道情绪痛苦会在什么时候干扰你应对和解决问题，这点很重要。这就是你需要特殊技能的时候。"

✓ B.识别你的技能崩溃点

继续对成员说："当你没有处于危险情境时，回想之前情绪发作的时候，当时你仿佛走进了死胡同，但是情绪调节技能就是用不出来，回想当时是多么痛苦。这就是你的技能崩溃点。"

1. 当时你有多痛苦

"当你整个人完全被情绪淹没、无法专注于任何事情、无法解决问题，也不能使用其他任何复杂的技能时，你的痛苦处于怎样的程度？请回想。"

✓ 2. 核对事实

"核对事实。你处于这种程度的痛苦时，真的'崩溃'了吗？确认问题并不是这种情况：你虽然用得上技能，但就是不想用，因为技能似乎太困难。个人技能崩溃点在这种情况才算数：情绪高度激发，而且你真的想使用技能，但就是不知道该怎么做。"

> **带领者笔记：**处于技能崩溃点不代表成员本身崩溃了，这点请务必强调。

✓ C.处于技能崩溃点时该做什么

> **带领者笔记：**教授情绪调节模块时，我通常不会解说处于技能崩溃点时该做什么，而是跟成员说下一个模块里（痛苦忍受技能）就会学到这些技能。如果你需要在这里教授技能崩溃点的应变之道，请用下方所列的痛苦耐受技能讲义与练习单。

✓ 1. 使用危机生存技能

跟成员说："知道自己濒临技能崩溃点时，首先要使用危机生存技能，请参考痛苦忍受讲义 6—9a。"

a. 改变身体化学状况的 TIP 技能

■ "改变身体温度的方法是用冷水敷脸、泡温水澡，或是用温水泡脚。"

■ "做激烈的有氧运动二十分钟或更久。"

■ "有节奏地呼吸。"

■ "专注于身体，让肌肉先绷紧再放松，一次一个肌肉群。"

b. 把注意力转离诱发情绪的事件

■ "转移注意力：把头脑带离让你痛苦的事情。"

■ "把心思专注于其他事情——其他什么都好。"

■ "完全离开那个情境。"

c. 通过五官自我安抚

■ "看愉悦的事物（视觉）。"

■ "听舒缓的音乐或其他愉悦的声音（听觉）。"

■ "触摸柔软或带来安抚效果的东西（触觉）。"

■ "闻令人愉悦的气味（嗅觉）。"

■ "享用美味的食物、饮料（味觉）。"

d. 改善你所处的当下

■ "想象自己在别的地方或处于不同的情境。"

■ "祈祷。"

■ "找可以放松的事情来做。"

■ "鼓舞自己。"

■ "为当下找寻某种意义。"

■ "把心思完全放在当下的一件事情上。"

■ "短暂回避情境，短期休假以暂时远离当下。"

2. 回到对当下的情绪保持正念

继续对成员说："有时候，就算是非常极端的情绪，最有用的做法就是跟情绪一起'坐着'就好。情绪迟早会减弱。这可能很困难，但能暂时让你远离麻烦。"

3. 尝试其他情绪调节技能

对成员说："如果做什么都没用，请参考'情绪调节讲义24：情绪调节技能的疑难解答'。"

二十三、情绪调节技能的疑难解答（情绪调节讲义24）

> **要点：**当一个或多种情绪调节技能似乎不管用时，请成员一定不要放弃技能，而是针对技能的应用方式进行疑难解答。
>
> **情绪调节讲义24：情绪调节技能的疑难解答。**这份讲义帮助成员弄清楚，是什么在干扰你付出努力去控制或调节痛苦和无效的情绪。练习单16的内容跟这份讲义大致相同。你讲解时，最好请成员把练习单16和讲义24拿出来一起看。如果时间紧迫，本节内容可以只讲解练习单，或者请成员在当周使用该练习单，然后在下一堂课的作业复习时间一起讨论。
>
> **情绪调节练习单16：情绪调节技能的疑难解答。**对许多人来说，这份练习单不用解说就很清楚了。

✓ A.技能无效时的问题

✓ 1. 自问：我在生理上比较脆弱吗？

建议成员检查近期的生理变化，比如身体疾病、女性生理期、饮食过少或过量、改变情绪的物质或酒精所带来的影响、睡太多或太少、运动太少、久坐不动或过度运动，或是一些心理障碍（如双向障碍或精神分裂症）造成的生理失衡。如果怀疑生理受到干扰，那么让身体恢复平衡就很重要。有时候罹患某些心理障碍时，服用精神药物也很重要。

✓ **2. 自问：我是否正确使用技能了？**

回答这个问题的第一步是请成员仔细阅读要尝试的每一个技能的说明。如果这没用，下一步是请他们接受辅导，学习怎么使用技能，或如何选择可能最有效的技能。

✓ **3. 自问：我的周围环境是否在强化强烈的情绪反应？**

跟成员说："如果你什么都试过了，但还是没办法改变情绪，那就可以合理地怀疑情绪带给你的某种隐藏的好处。在你的觉察范围之外，可能有什么人、事、物在强化你的情绪。以下活动极有助于找出该强化物。"

■ "复习情绪调节讲义 3。"

■ "填写情绪调节练习单 2 和 / 或 2b。"

✓ **4. 自问：我是否投入相当的时间和努力来调节情绪？**

■ "做利弊分析（情绪调节练习单 1）。"

■ "练习全然接纳和我愿意技能（见痛苦忍受讲义 11 与 13）。"

■ "练习参与和有效的正念技能（见正念讲义 4c 和 5c）。"

5. 自问：我是否太难过而无法使用复杂技能？

向成员说："濒临技能崩溃点时还试着使用复杂技能，可能会导致强烈的沮丧，最后完全放弃技能。不过，你可能太过深陷于情绪心念，甚至没有发觉自己已到达了技能崩溃点。秘诀是趁你没有陷入情绪心念时，努力练习最重要的技能。不过，有时候就算之前练习过，碰到紧要关头时技能还是使不上力。这时，试试看以下步骤。"

■ "如果现在能轻易解决问题，那么立刻开始问题解决（见情绪调节讲义 12）。"

■ "如果现在无法解决问题，而且你很担心那个问题，那就练习对当下的情绪保持正念（见情绪调节讲义22）。担忧往往只是你的头脑试图逃离痛苦情绪感觉的方式。不过，逃离常常是无效的。要逃离自己很难。这时，仅仅把头脑专注于体验感觉上，既不试图压抑也不放大感觉，不久之后感觉就会渐渐消失。这点看似自相矛盾，但似乎真的如此。看一下，强烈的感觉要多久才会减弱。留意自己切实感受到的身体感觉。把焦点放在身体感觉，而不是情绪化的想法或画面上。"

■ "如果情绪强度太强烈，让你无法清楚思考或使用任何技能，那么采用TIP技能或其他危机生存技能（见情绪调节讲义23和痛苦耐受讲义6—9a）。"

✓ 6. 自问：对情绪的误解是否从中作梗？

结语："最后，对情绪的误解是否从中作梗？比如，你是否对自己的情绪怀抱评价的态度（'我的情绪好蠢'）？或者你相信你的情绪就是你？如果是这样，请填写情绪调节练习单3，或者仅仅核对事实、挑战误解和练习不评判地思考。"

二十四、复习情绪调节技能（情绪调节讲义25）

要点：修改情绪系统的任何一部分，都会影响情绪。各种情绪要素都有特定的DBT技能可以处理。

情绪调节讲义25：复习情绪调节技能（自选）。这份自选讲义是DBT主要技能组群的总览，其流程图非常类似情绪调节讲义5：描述情绪的模式图。这份讲义可用来总结整个模块所学的内容,使用方式有多种:可以钉在墙上提醒成员情绪调节技能（把讲义塑封起来，效果会更好），也可以发给其他正在与成员一起努力的支持者，帮助他们找到要使用的技能。时间不充裕的话，请跳过这份讲义，不用跟成员一起阅读。

练习单：无。

简要浏览情绪调节讲义25的情绪模式图，提醒成员他们学过的技能。

第十章

痛苦忍受技能

模块目标

　　大多数心理健康治疗方法都侧重于改变让人痛苦的事件和情境，却很少关注接纳、寻找意义及容忍痛苦。虽然两者的区别并不总是像我说的这么明确，但宗教及灵性团体和导师却更多地处理过这个任务。DBT 强调学习使用痛苦忍受技能的益处。忍受和接纳痛苦的能力之所以成为心理健康的目标，至少有两个原因。第一，痛苦和苦恼是人生的一部分，无法完全逃避或移除。若不能接纳这一不可改变的事实，会造成更多的痛苦与苦恼。第二，至少暂时痛苦忍受才能尝试改变；否则不断地（例如通过冲动行为）逃避痛苦和苦恼将阻碍我们为改变所需要付出的努力。

　　痛苦忍受技能由正念技能演变而来，是指以不评价与不评判的态度，同时接纳自己与当下的情境。本质上来讲，痛苦忍受是有能力感知周围环境却不强求立即改变；有能力去体验自身当下的情绪状态却不试图改变；能够观察自己的想法与行为模式，而不尝试阻止或加以控制。虽然这里主张的是不评判的立场，但不应该与赞同混为一谈。理解分辨忍受和 / 或接纳现实并不等于赞同现实这一点特别重要。

　　DBT 技能训练中的痛苦忍受行为在于忍受并在危机中幸存（包括由成瘾行为造成的危机）以及接纳当下的生活。

危机生存技能

本模块讲授的危机生存技能（第二到第九节），包括"危机"的定义，以及这些技能的适用情境。从定义上来看，危机生存技能是面对痛苦情境的暂时解决之道，目标在于让痛苦情境变得更容易忍受，能够抑制冲动而不至让情况变得更糟。这些技能也可能被过度使用，必须与问题解决（第九章第六节）相互平衡。危机生存技能包含以下六组策略。

立即停止技能

立即停止（STOP）技能帮助个人避免冲动行事，包括下列步骤：停止动作（Stop）、退后一步（Take a step back）、客观观察（Observe）、带着觉察行事（Proceed mindfully）。

利弊分析

利弊分析是一种做决定的策略。这里强调的重点是，在危机情境中能够想清楚，按照冲动或不按照冲动（即痛苦忍受）行事，各会带来什么正面与负面的后果。

改变身体化学状况

这组技能用来快速改变身体的化学状况，从而降低情绪唤起水平。改变身体化学状况（TIP）分别包括：用冷水改变脸的温度（Temperature）、激烈运动（Intense exercise）、调节呼吸（Paced breathing）、配对式肌肉放松（Paired muscle relaxation）（请注意虽然这里有两个 P，缩写仍然为 TIP）。

转移注意力

转移注意力的方法可通过减少跟情绪刺激事件的接触，或者在一些情境中，回避事件中最痛苦的部分。这些技能也可能会改变部分情绪反应。转移注意力的技能有七个，ACCEPTS 的缩写分别代表：活动（Activities，与负面情绪不一致的活动）、贡献（Contributing）、比较（Comparisons）、情绪（Emotions，与目前负面情绪相反的情绪）、推开（Pushing away）、想法（Thoughts）和感觉（Sensations）。

自我安抚

自我安抚策略关注五感：视觉、听觉、嗅觉、味觉、触觉，包括各种可以感受到舒服、滋养、抚慰的感官活动。身体扫描冥想也可归到这一类。

改善当下

最后一组危机生存技能包含各具风格的策略，"IMPROVE"可以帮助我们改善当下：想象（Imagery）、意义（Meaning）、祷告（Prayer）、放松活动（Relaxing actions）、一次做一件事（One thing in the moment）、假期（Vacations）、鼓励（Encouragement）。

接纳现实技能

危机生存的目标是度过危机而不让情况变得更糟，接纳现实技能（第十到十五节）的目标是在你无法立即改变痛苦的事实时，能够减少痛苦和增加自由。接纳现实技能包括以下五组策略。

全然接纳

全然接纳是完全和彻底的接纳，从内心深处接纳现实的真相。这包括承认事实是真实的，并放下与现实对抗的念头。接纳经常被误解为赞同（两者是不同的），或被误解为抗拒改变（两者也是不同的）。

转念

通常要经过多次的努力才能接纳原本无法接纳的现实。转念而逐渐接纳的技能是选择去接纳现实就是如此。虽然这不等于接纳，却是迈向接纳的第一步。

我愿意

"我愿意"及与其相反的"我执意"，是杰拉尔德·梅（Gerald May，1982）提出的概念。梅是这样描述"我愿意"的：

"我愿意"是放下自身的分别心，投入生命本身的洪流中。深刻体认到，每个人都是广大无边的宇宙历程的一部分，并承诺愿意参与此历程。相反，"我执意"是将自身与生命本质分开，试图去掌控、主导、控制或操纵自身的存在。简言之，"我愿意"是接纳活着时每一刻的神秘；"我执意"则是拒绝它，或者更常见的是，抱着"是的，可是……"的态度。

梅继续说道：

"我愿意"及"我执意"并不是指特定的事情或情况，它们反映出一个人对于生命之奇妙本身抱持的基本态度。"我愿意"的态度是注意到生命的神奇，并对其恭而敬之。"我执意"则是忘记、忽略，甚至试图摧毁这种奇妙。因此，"我愿意"有时候似乎相当主动和肯定，而"我执意"却显得被动。

浅笑与愿意的手势

浅笑与愿意的手势这两个技能通常会一起教授，作为以身体接纳现实的方法在浅笑技能中，要放松面部肌肉，嘴角微微上扬。因为情绪有一部分是受到面部表情所影响的，做出这样的面部表情能帮助成员感到更多接纳。而愿意的手势技能需要松开双手，掌心向上，手指放松。愿意的手势与握紧拳头相反，握紧拳头表示生气并对抗现实。

对当下的想法保持正念

对当下的想法保持正念指单纯地观察想法（将其视为脑部神经的激发或大脑的感觉），而不将想法等同于世界的真相。这个技能教授成员区分想法和事实，与他们的想法保持距离，降低对想法的反应，并允许想法如潮水般起落。这种取向和认知治疗不同，认知治疗强调分析想法，当想法不合理或不正确的时候，要予以改变。

当危机是成瘾行为时的技能

本模块最后一部分包含的七个技能（第十六到二十一节），是从一系列治疗药物依赖者的研究中发展出来的。这些技能包括："辩证式戒瘾""澄清心""社群强化""斩断牵连，重建新世界""替代性反叛与适应性否认"。当团体中多数或全部成员都有严重的成瘾问题，这些技能可被纳入核心 DBT 技能（参见本书第一部分附录的八个表格）；或者，这些技能也可以独立成为一个模块，以取代标准技能模块或附加在标准技能模块中。在团体或个体治疗有需要时，可以根据需要来教授这些技能。

辩证式戒瘾

辩证式戒瘾是指把戒瘾与降低危害相结合。在马拉特与戈登（Marlatt and Gordon）最初提出的认知行为预防复发模式中就综合了这两种方法；其目的在于预防再次发作（预防复发），当它们真的出现时能加以管理，防止其演变成全面的复发（复发管理）。许多人批评，帮助成员规划如何应对过失或复发，或者描述戒瘾失误的影响，等于是"同意"成员可以从事成瘾行为。不过，针对降低危害的研究发现，当一个人已经复发又想要退出或放弃时，最好的做法就是帮助这个人应对复发及其带来的沮丧后果。

澄明心

"澄明心"是两个极端之间的综合或中间地带，一端是"成瘾心"，即被成瘾控制；另一端是"戒瘾心"，即强调完全戒瘾而忘记可能复发的风险。澄明心是愿意停止成瘾行为，也承认复发的可能性。

社群强化

社群强化注重在环境中建立强化物，奖赏戒瘾而非成瘾。

斩断牵连，重建新世界

"斩断牵连"意指主动排除会引发成瘾的潜在刺激物。"重建新世界"是创造能够与成瘾冲动竞争的身体感觉及内在心像。

替代性反叛与适应性否认

当成瘾行为具有表达叛逆的功能时，"替代性反叛"可以帮助找到其他可以表达叛逆但更安全的方法。"适应性否认"是指出现成瘾行为的冲动时，能够暂时停止思考这些冲动并否认其存在，将其拒之门外。否认的形式也可能是：让自己相信已经完全没有机会从事成瘾行为。

选择教材

如上所述，每个技能在以下的教学笔记中都包含许多教材。在你前几次教授这些技能时，大部分技能都无法讲授到。这些笔记是帮助你更深入地了解每个技能，这样在继续教学的过程中你就能够回答问题并不断丰富教学内容。如同第六到第九章，我在常用的教材旁加打了钩（√）的记号。如果时间紧张，我可能会跳过所有没打钩的内容。如同第二部分前面的章节，我在"研究重点"中会总结相关的研究。这些研究的重要价值在于它们经常可以帮你"营销"你正在教授的技能。

　　一如既往，你对于要教授的技能需要有基本的了解。刚开始教学时，仔细研读每个技能的笔记、讲义和练习单。选出你想强调的重点，记得把相关的资料带在身边。你要亲自练习每个技能，以确保清楚如何使用。很快地，你将真正吸收每个技能的知识，那时你会发展出自己喜欢的教学重点、例子和故事，我的很多分享就都可以忽略。

一、模块目标（痛苦忍受讲义1）

> **要点：** 痛苦忍受技能让我们可以从当前的危机存活下来而不会让事情变得更糟，并且能够接纳无法改变且不符合我们期待的现实。
>
> **痛苦忍受讲义1：痛苦忍受的目标。** 这份讲义列出的是目标，而非特定技能。简短讲解三个目标；提供足够的信息与讨论，向成员介绍本模块；将本模块与成员的个人目标做联结；激发成员想要学习痛苦忍受技能的热情。重点是，危机生存技能是为了暂时度过危机，而不是成为一种生活方式。长期来说，如果成员要建立一个值得过的人生，就必须练习接纳现实和问题解决。
>
> **练习单：** 本讲义无练习单。

向成员解释以下痛苦忍受技能的目标。

✓ A.在危机情境中幸存而不让事情变糟

本模块的技能帮助我们在危机情境中生存并胜出，而不去从事会让状况变得更糟的行为。当我们不能立刻让情境变好或厘清自己的感受，不知道要做什么改变或如何改变时，就需要使用这些技能。

> **带领者笔记：** 如果你打算教授跟戒瘾有关的技能（痛苦忍受讲义 16—21），可以在此处先将"成瘾"定义为"尽管出现负面后果，而且你已经尽全力要停止，但还是无法停止的行为"。请注意许多重复的行为都是成瘾行为：要戒除成瘾行为需要艰难地痛苦忍受！

✓ B.接纳当下的现实

接纳现实——当下如实的生命——是脱离苦难唯一的道路。这个方法可以将无法忍受的痛苦变得能够忍受。我们可以这样想：

■ 痛苦＋不接纳＝受苦与陷入困境。

■ 痛苦＋接纳＝一般的痛苦（有时候非常痛苦）及前进的可能性。

向成员强调，生命并非充满危机。虽然有些成员的生活可能一直要面对危机，但生命本身并非全是危机。当我们总是用危机的态度过生活，会使危机的体验持续存在，因为长远来看，这样的态度阻碍问题解决，会适得其反导致更多危机。所以，在某个时候，我们都必须去体验并接纳自己要面对的人生。最终，这是唯一能建立值得过的人生的方法。

✓ C.获得自由

不论我们身处什么样的情境，如果我们能平静下来，对自己与生活感到满意，就获得了真正的自由。从很多方面来看，自由是我们同时娴熟危机生存与全然接纳的结果。危机生存技能是自由之路上，防止我们屈服于渴望的支柱。全然接纳技能能够平息强烈的愿望。当我们获得自由时，可以直视自己的渴望与愿望，然后说："我不需要满足你们。"我们的强烈情绪就变成了掠过海面的暴风，而不再是必须用行动满足的要求。

> **带领者笔记：** 痛苦忍受中获得自由这一目标，从灵性的观点和练习正念的自由目标是相同的。重点是，正念练习和接纳现实练习都不可避免地会获得更多的自由。就某个角度来说，正念练习就是接纳现实练习。如果你教授正念技能时没有讲到这个目标，现在你可以教授。如果你之前已经讲过，只需简单说明两组技能之间的关联（教学笔记很类似）。

✓ 💬 **讨论重点：** 讲解痛苦忍受讲义1之前或之后，请成员在自己重要的目标旁打钩，然后跟团体分享。

二、概论——危机生存技能（痛苦忍受讲义2）

要点：危机生存的目标是度过危机而不让事情变糟。就定义来说，危机情境是短期的，因此这些技能并不适合经常使用或成为一种生活方式。

痛苦忍受讲义2：概论——危机生存技能。你可以快速过一下本讲义，向成员简要说明接下来要教什么；也可以跳过本讲义，直接把信息写在白板上。不要使用本讲义来教授技能。

痛苦忍受练习单1、1a、1b：危机生存技能。讲义2可以搭配这三个不同的练习单。每个练习单都包括所有的危机生存技能，方便你用来复习。这些练习单也可以在介绍每个危机生存技能（痛苦忍受讲义4—9a）时发给成员，以取代单一技能的练习单。练习单1的空间只能让成员在下次上课前练习两次危机生存技能，因此这是一个不错的起步练习单，适用于需要借此逐步增加技能练习频率的成员。练习单1a则是每个技能都要练习两次。练习单1b提供更多练习每个技能的机会。根据你所教授的成员特性来选择适合的练习单。向成员讲解你指定他们使用的练习单，或者，你也可以让成员选择他们想要使用的练习单，允许成员选择，可培养更大的控制感，也会增加家庭作业的遵从程度。

A.危机生存技能

✓ 1. 什么是危机生存技能

危机生存技能是在危机情境中忍受及生存的技能。

2. 应该如何使用这些技能

无法避免危机时，可以使用这些技能。基本概念是度过危机而不让事情变糟。

✓ 3. 六种危机生存策略

危机生存技能有六组技能。每组技能都包括一系列方法，以减轻或应对压倒性的负面情绪，以及几乎让人无法忍受的情境。

■ 立即停止（STOP 技能），阻止自己冲动行事。

■ 利弊分析。

■ 改变身体化学状况（TIP 技能）。

■ 转移注意力（ACCEPTS）。

■ 自我安抚。

■ 改善当下（IMPROVE）。

✓ **4. 危机生存技能的效果与限制**

这些技能无法解决所有生活中的问题，效果可能是暂时的（但是，要达到这些效果可不是一个小成就）。这些技能主要是帮助人从痛苦情绪中生存下来的方法。虽然他们可能有助于调节情绪并降低压力，但并不是情绪调节策略（即减轻或终结痛苦情绪的方法）。它们的主要目标是让人能从危机中生存而不让事情变得更糟。

三、辨认危机情境（痛苦忍受讲义3）

> **要点：**危机生存技能是用在危机情境中的，也就是短期的状况，所以不是经常使用的技能。过度使用它们会妨碍问题解决及改变，也就无法建立一个值得过的人生。
>
> **痛苦忍受讲义 3：何时使用危机生存技能。**不要花太多时间讲解，但是概述和厘清核心信息很重要。
>
> **练习单：**本讲义没有搭配练习单。

A.什么是危机

1. 危机是高压力的情境，可能潜藏非常负面的结果

举例："你的房租被偷了，身上又没有钱，眼看就要被赶出来。你被逼得喘不过气，只希望所有问题能马上消失。碰巧你遇到从前贩毒给你的人，他送你一些免费毒品。在这个情况下，吸毒很可能让事情变得更糟。"

2. 危机是短期的

危机生存技能是为短期使用而设计的。过度使用这些技能（用来面对每一个痛苦情境或逃避所有不想要的情绪），就无法解决问题。

一旦发生这种状况，危机生存技能变成对建立值得过的人生的逃避，长期而言，反而会让状况变糟。

举例："你或许可以通过大声听音乐、看电影等方式，暂时从想要吸毒或攻击他人的冲动中转移注意力。但是，如果每次遇到难以解决的问题，你都逃避或转移注意力，就无法解决问题，也很难改变生活品质。"

💬 **讨论重点：**请成员分享曾经使用过的短期内有效，但过度使用却带来伤害的例子（例如：吃东西、忽略问题、倒头大睡、从重要的工作中转移注意力）。

3. 危机带来想要快速解决的巨大压力

大多数危机可以分为两类。向成员解释：

■ "你有想要从事某种破坏性行为的强烈愿望（例如：吸毒、自杀、发火或辞职）。按照这些强烈冲动行事是无效的行为。"

■ "你正面临一项重要的需求，如果无法完成，会有严重的后果（例如：在截止日之前写完报告、准时缴税、还信用卡账单或债务）。你被逼得完全喘不过气来，不能集中注意力去完成任务。不理会或逃避这些需求是无效的行为。"

以上两个例子都需要运用危机生存技能。

✓ B.如何使用危机生存技能

1. 极端痛苦，又无法迅速得到帮助

告诉成员："使用短期危机生存策略，将痛苦减轻到可以控制的程度，以此管理危机和避免破坏性的行为。一旦痛苦程度降低了，就使用更长期的技能，例如：情绪调节技能、接纳现实技能和/或正念技能和/或人际效能技能。"

举例："你刚动了一个手术，非常疼痛。你已经按照医生的处方服药，却有一股强烈的冲动想要多吃几颗药或喝酒来减轻痛苦。使用危机生存技能（如转移注意力、自我安抚、改善当下）能帮助你容忍此刻的痛苦。"

💬 **讨论重点**：危机生存是有效地做的重要部分，也就是"行得通的方法"（正念核心技能）。然而，有时候人们更感兴趣的是向身边的人证明自己的处境有多糟糕，而不是在处境中生存。证明事实有多糟糕的问题在于，长期而言很难达到任何具有建设性的目标。也就是说，短期来看这样做可能有好处（例如：能住进医院病房或让爱人回心转意），长远来看却通常以失败收场。要请成员分享自己的例子，如果你能举个人的例子更好。

2. 那样做会让情况变糟，但还是想依照情绪心念行动

继续对成员讲解："如果你突然有一股强烈的冲动想做某件事情，而且知道这会让情况变得更糟，你想在采取行动前阻止自己，此时使用危机生存技能也有帮助。"

举例："你跟家人参加户外演唱会，身边有人把你推开，好让他可以站到前面更好的位置。你马上有想骂脏话的冲动，但同时也知道这么做会在孩子面前做出不良示范，而且如果对方向你叫骂，情况会更糟。使用危机生存技能（例如：立即停止）能帮助你阻止这种反应，这样你能够和家人一起享受演唱会。"

💬 **讨论重点：** 在某些时候，我们每个人都会做出让危机变得更糟的行为。邀请成员分享这些经验，特别是他们希望运用新技能更有效地处理情况的例子。

3. 情绪痛苦带来的威胁，变得难以负荷

这时候更有效的处理方式是立刻减少感受，而不是完全体验它们。

举例： "你一个人在家，很渴望喝一杯酒。你有酗酒问题，但是已经有三个月保持清醒、滴酒不沾。家里没有酒，但是你开始想出门买酒。危机生存技能能帮助你克服冲动而不按照冲动行事。例如：你可以打电话给朋友来转移注意力，邀请朋友来家里，一起看电视上播出的电影。为了要在朋友到达前转移注意力，你把音乐放得很大声，提醒自己跟别人比起来你有多幸运，其他人还没有办法维持这么久不喝醉，然后开始回电子邮件、上网。"

4. 感到难以负荷，可是有重要任务在身

高度压力让我们混乱失序，失去解决问题与应对困境的能力。在高度压力的情况下，情绪"崩溃"会产生新的危机，让原有的情绪危机变得更严重，或明显增加破坏性的冲动。

要避免产生更多危机，最重要的是能够持续从事有效且具有功能的行为。危机生存技能能够为我们争取调节情绪的时间，以便使用其他 DBT 技能（即问题解决，见情绪调节讲义 12）。

举例： "因为邻居家电线走火，你的公寓昨晚失火了。火势在阳台被控制住，你安全地逃了出来，但是你的公寓里有很多烟。你到朋友家借住一晚。第二天回家时，发现腰部高度以上的家具都蒙上了一层烟灰，你知道需要花很多力气打扫，还得整理什么要丢弃、什么要留下来。你觉得快要不堪负荷，无法思考也不能安排要做什么，所以你坐下来看杂志，而不是清理公寓。你发现这是无效的行为时，就使用一个危机生存技能（例如：改变身体化学状

况）让自己冷静下来，然后打电话给你姐姐，请她过来帮你一起清扫公寓。"

5. 处于高度激发状态，而且无法立刻解决问题

当情绪被高度激发时，以及感到处于危机情境时，有时候很难转移注意力并且"暂时把问题摆一边"。想要立刻解决问题的迫切性让我们很难从事危机以外的事情。如果时机并不适合解决某个特定的问题，这种急迫感反而会产生问题。危机生存技能可以用来转移注意力，直到出现解决问题的时机。

举例："某个晚上，你在家里突然想起当天早上工作时犯了一个大错，感到非常沮丧。然而，直到明天早上办公大楼重新开门之前，你不能做任何事。为了帮助你度过这个晚上，你跟女儿玩游戏，读床边故事给她听。等女儿上床后，你享受泡泡浴，聆听喜欢的音乐并阅读可以吸引你注意力的书来安抚自己。"

💬 **讨论重点**：邀请成员分享有效应对危机情境的例子。

C.如何评估危机生存技能是否有用

1. 最重要的

对成员说："时间过去了，你并没有做出让情况变得更糟的事，使用的技能就起了作用，即使你的感觉没有变好。"

2. 其次

继续对成员说："技能发挥作用时，你开始觉得比较能够容忍问题，同时运用其他的技能。为了理解这一点，你可以为自己的痛苦忍受程度评分，从 0（完全无法忍受）到 100（虽然很痛苦，但我一定可以忍受）。"

3. 最后

"危机生存技能或许能帮助你的感觉变好（这是情绪调节）。如果是这样，很好；如果没有，记得你的重点是在危机中生存！"

四、立即停止问题行为（痛苦忍受讲义4）

要点： STOP 技能帮助人们不按照情绪冲动行事而使困难的情况变得更糟。这个技能帮助人不去顺着首先出现的冲动行事（忍住冲动）；退后一步并从情境中抽身；客观观察，搜集资料，了解情况；然后带着观察行事（评估达到目标的最有效选择，最后按照选择行动）。

痛苦忍受讲义 4：STOP（立即停止）技能。 本讲义列出立即停止技能每个步骤的简短描述。教学时，先描述讲义上的每个步骤，然后以实例说明。

痛苦忍受练习单 2、2a：练习 STOP（立即停止）技能。 这些是跟讲义 4 搭配使用的练习单。练习单 2 的空间让成员可以在下次上课前练习技能两次。练习单 2a 提供每天练习的空间。根据成员的特性来选择最合适的练习单。对成员讲解你指定他们使用的练习单。或者，你也可以让成员选择自己想用的练习单，允许成员有选择权可以培养更大的控制感，也会增加家庭作业的完成率。

A.什么时候使用STOP技能

对成员说："如果情绪心念掌控了你，你会觉得自己不经思考就冲动行事。如果你冲动地做出反应，就没有时间使用这些技能和得到智慧心念。为了能够使用你的技能，首先你需要停止反应。使用 STOP 来帮助你控制自己。"

✓ B.什么是STOP技能?

STOP 技能由以下接续的步骤组成：停止动作、退后一步、客观观察、带着觉察行事。

1. 停止动作（Stop）

告诉成员："如果你觉得情绪快要控制住你，立即停止动作！不要做出反应，一动也不动！就是僵在那里。让自己暂时不动可以避免做出情绪想要你做出的不加思考的行为。让自己保持控制。记住，你是自己情绪的主人。"

> **带领者笔记：**对于能够使用视觉心像的成员，教授他们想要阻止对情境做出反应时，想象眼前有一个"停"的标志。如果必要，可以教授成员在停止动作之后，使用"调节呼吸"技能（见痛苦忍受讲义 6）减缓情绪激发状况。

举例："如果某人说你的话让你很生气（例如：对你骂脏话或诅咒你），你可能有想要肢体或语言上攻击这个人的冲动。但是，这样对你不好，你可能因此受伤、入狱或被罚款。所以，停止动作，不要动，不要依据你的冲动去攻击对方。"

举例："你还深爱着女朋友，她却跟你分手了。你在街上看到她，第一个冲动就是想走过去抱她，但这样做却不是个聪明的选择。以现况看来，她肯定会狠狠拒绝你，又让你受伤害。所以停止动作，不要依照自己的冲动过去抱她。"

💬 **讨论重点：**邀请成员分享曾经在什么时候想要依照情绪冲动行事，但是真的这么做反而让情况变得更糟。

👥 **练习活动：**邀请成员分享什么样的困难情境通常会让他们做出冲动行为（例如：被骂脏话后想骂回去）的例子。请成员用角色扮演的方式演出这个情境。首先你亲自示范一动也不动，然后让成员们照着练习。之后，你把情况弄得更紧张来挑战成员，鼓励他们继续保持不动。

2. 退后一步（Take a step back）

继续对成员说："面对困难的情境时，可能很难当场就想出要如何处理。给自己一点时间，冷静下来再思考。在心理和 / 或身体上，从现况中往后退一步。从正在发生的事情中跳脱出来，做一个深呼吸，继续做深呼吸（迅速减缓强烈的情绪心念），直到你可以重新掌控。不要让你的情绪控制你的行为。记住，你不是你的情绪，不要让情绪把你逼到抓狂。"

举例："你正在过马路，没注意到一辆车正开过来。司机停住车子，走出来开始对你破口大骂，还推了你一把。你的冲动是想朝他脸上挥出一拳，但是你知道这样做会让情况变得更糟并惹上麻烦。所以，你先停止动作，然后往后退一步以避免冲突。"

练习活动：用上面例子中被司机推一把的情境来练习退后一步。示范不要动，再退后一步，做一个深呼吸。请成员按照这样的步骤练习。试着升高情势来挑战成员，同时鼓励成员继续深呼吸。邀请成员分享其他会引发强烈情绪反应与破坏性冲动的状况。挑选一些状况进行角色扮演，指导成员在身体与心理上练习停止动作与退后一步。

3. 客观观察（Observe）

继续对成员说明："客观观察在你周围及内心发生的一切，其他人正在做什么或说什么。要做出有效的选择，就不能太快下结论，反而要搜集相关资料以了解实际发生了什么，有哪些可能的选择。你可以使用正念技能的观察与不评判（正念讲义 4、5）。"

4. 带着觉察行事（Proceed mindfully）

继续对成员说："问自己，我想从这个情况中得到什么？我的目标是什么？什么样的选择会让这个情况变得更好或更糟？请教你的智慧心念该怎么解决这个问题。正念与冲动和不加思考就行动正好相反。在你能够保持冷静，有掌控力，并掌握所发生事情的信息时，你就能准备得更充分和有效地处理情况，而不会使事情变得更糟。"

举例："因为车子爆胎，你很晚回家，先生开始对你大吼大叫，说你欺骗他，把你骂得很难听。你真的很生气，第一反应就是对他大吼，把他骂回去。可是你想要更有技能地处理，所以阻止了自己的冲动，从伴侣身旁往后退一步。你发现先生其实喝醉了，厨房里有好几个空酒瓶，你知道他喝醉时最好不要跟他争论，明天早上他醒来会道歉。所以，你心平气和地跟他解释，你的车子爆胎了，安抚他之后上床睡觉。你把要讨论的事情延到明天早上。"

练习活动： 和成员讨论处理上述例子的有效方法（例如：发脾气的司机），然后使用STOP技能的四个步骤进行角色扮演。邀请成员扮演过去曾经冲动行事的例子，以及未来可能遇到的困境问题，教授成员运用STOP技能的四个步骤。

讨论重点： 讨论如何将STOP技能应用在家庭、职场、学校或其他活动中。

讨论重点： 询问成员是否觉得STOP技能的某个步骤特别困难。教授成员一次学习一个步骤，逐步串联起来（先练习停止动作，再练习停止动作及退后一步），直到他们掌握整个顺序。

五、用利弊分析做行为决策（痛苦忍受讲义5）

> **要点：**使用利弊分析的目标是，让成员看到接纳现实与容忍痛苦会有更好的结果，远大于拒绝现实和拒绝容忍痛苦的好处。这个技能包括同时按照或不按照危机行为的冲动行事，思考各会带来正负面的结果。
>
> **痛苦忍受讲义5：利弊分析。**先解释什么是利弊，在白板上画出二乘二的方格，提供几个例子向成员说明利弊。例如：对于药物成瘾团体，先列出使用药物的利弊，再列出拒绝使用药物的利弊。
>
> **痛苦忍受练习单3、3a：在受危机冲动影响前，分析利弊。**这两个练习单都可以用来分析利弊，只是形式上有些不同，有些人觉得练习单3更清楚易懂，有些人觉得练习单3a更容易使用。对成员讲解两个练习单，让他们自己选择觉得好用的练习单。强调四个空格都要填写。提醒成员，要保留一份填好的练习单，因为当他们处于情绪心念时，很难记得为什么不要从事危险行为。

✓ A.什么时候使用利弊分析

1. 比较不同选项的利弊

对成员说："当你需要从两个或多个选项中做出选择，并希望比较各自的好处和坏处时，利弊分析可以帮助你做出明智的决定。我们每个人有时候都会使用利弊分析来做决定，即使并未说明。"

举例：闹钟在上班日的早上六点响了，我很累，想继续赖床。我对自己说："躺在床上的感觉真好。"然后说："如果我继续赖床，上班就会迟到，然后老板就会对我发脾气！"所以我起床了。

举例：朋友让我在餐厅等了一个小时。等待的时候我脑子里想着离开、不要继续等待的利弊，以及当他出现时骂他一顿的利弊。我在心里想着我要告诉他，以后再也不要跟他一起吃饭的所有理由。但是我想起他其实是个很好的朋友，如果我对他发脾气，又拒绝跟他吃饭，对我也是很大的损失。我开始思考容忍这些不愉快和不骂他的好处，即使他没有什么理由迟到。

💬 **讨论重点：** 请成员分享他们什么时候会自动地（即没有决定要那么做）思考行为带来的正面与负面后果。

💬 **讨论重点：** 邀请成员分享他们哪些时候很难做出抉择，需要评估不同选择的利弊。

2. 有助于抗拒冲动行事或破坏性的冲动

继续对成员说："利弊分析也能帮助你抗拒冲动行事或做出具有破坏性的事，特别是在你处于情绪心念时。利弊分析可以帮助我们抵抗所有终止和放弃生命的冲动。它能帮助我们抗拒诸如使用药物、暴食和引吐／引泻的行为，或对其他人大发脾气。"

举例： 许多人面临无法控制的压力和危机时的应对之道，伤害了他们自己的利益，不论是短期、长期而言或者两者皆是。例如，使用药物或饮酒过度以逃避困难的情绪或状况；苦恼时就过度反应；愤怒时就乱发脾气或说出会后悔的话；或是在沮丧或体验到强烈痛苦的情绪时，会威胁或试图自杀。

举例： "你正在处理一项现在必须完成的重要工作时，可能被吸引而中断去处理个人的问题，例如，朋友打电话给你，说他对你很火大。但是最有效率的做法是容忍朋友的愤怒带给你的苦恼，不立刻去解决这个问题，让自己能够专心完成重要的工作，之后再跟朋友解决你们之间的问题。"

最终的目标是让成员们能够接受这样的结论：接纳现实和容忍痛苦会比拒绝现实并拒绝容忍痛苦带来更好的结果。重要的是，强调我们每个人在每一天都会使用许多次利弊分析，至少是未明说的。

✓ B.如何进行利弊分析

进行利弊分析包括写下容忍痛苦（通过抗拒冲动行为）的正、负面后果，以及不容忍痛苦（通过从事冲动行为）的正、负面后果。

1. 描述危机行为

对成员说："一开始先描述你想阻止的危机行为。危机行为就是在短期、长期或不论长、短期都会伤害你个人利益的行为。"

2. 检视行为的利弊

继续对成员说："接下来，检视危机行为，也就是按照你的危机冲动行事的利与弊。"

3. 同时考虑短期和长期的后果

"分析利弊时，不要忘记同时考虑你的行为在短期和长期带来什么后果。"

举例： 饮酒过度、使用药物或对别人大吼大叫，在短时间内可能带来一种解放感，你会立刻感觉变好（利），但是这些行为的长期后果是宿醉影响到工作，因为使用药物或发怒大吼而破坏关系（弊）。

4. 考虑不同的危机冲动的利弊

"针对你想改变的每一个危机冲动，分别列出利弊。"

举例： "如果你同时想要非法使用药物、申请离婚、辞职或其他冲动的行为，分别针对每一项行动进行利弊分析（使用药物、申请离婚、辞职）。同样重要的是，不从事以上行为也要分别进行利弊分析。"

带领者笔记： 成员经常觉得很奇怪，为什么要求他们分别针对按照危机冲动行事和抗拒危机冲动列出利弊，他们常以为抗拒危机冲动的好处就等于不抗拒危机冲动的坏处。通常并不是如此。但是唯一可以让成员看到事实的方法，是请成员在课程中实际练习利弊分析。在白板上进行是个练习的好方法（见下文）。有个能帮助我们辨别不同选项的策略是，关注每个选项会产生什么正负面后果，而不是该选项不会造成什么后果。

练习活动： 在白板上画出分析利弊的表格。你可以使用表10.1作为范例（类似表格也出现在痛苦忍受讲义5和练习单3），或者你可以使用痛苦忍受练习单3a的表格和其他模块的利弊分析练习单。请成员针对忍受某个危机而不做出伤害和/或冲动的事情列出利弊。然后请成员针对不忍受这个危机（从事自我伤害、物质滥用、冲动辞职、攻击朋友，或其他成员想要分析的无法容忍冲动的行为例子）进行利弊分析。记得要同时分析短期与长期的利弊，然后比较两种结果。

表10.1　按照vs.不按照冲动行事的利弊分析

	利	弊
	好处	坏处
按照危机冲动行事		
	好处	坏处
不按照危机冲动行事		

> **带领者笔记：** 避免用自杀冲动做例子，因为这会使讨论僵持在我们是否知道人死后会发生什么（我们并不知道）。

然而，如果成员对于如何分析利弊有一定程度的熟悉，写下自杀的利弊分析会带给一些人很大的帮助。你可能需要容忍一个情况，有些成员可能认为按照自杀冲动行事的好处和坏处差不多，为此而犹豫不决。如果一个人很清楚地决定要自杀或自杀倾向很强，那就需要进行自杀风险评估并运用危机管理策略。同样重要的是，分析自杀的利弊时，要记得对成员传达出一种理解、不控制及不强加要求的态度，这样可能是帮助成员选择生存的最有效方法。请见《DBT 教科书》第十五章的危机策略与自杀行为策略。

5. 多次演练利弊分析

鼓励成员："在被冲动淹没之前，多次演练抗拒冲动的好处及对冲动让步的坏处。这种反复练习让我们在需要的时候，更能想起避免破坏性行为的好处及从事破坏性行为的坏处。这里的想法是，对于避免破坏性行为的长期益处有更坚强的信念，而对于破坏性行为的立即好处觉得更薄弱。"

6. 当危机冲动来袭时，检视之前做过的利弊分析

继续对成员说："当一种压倒性的情绪或冲动出现时，要检视你之前做过的利弊分析。如果你手边没有之前的练习单，那就立刻写一份利弊分析。但是，要以情绪心念的状态做这件事非常困难，所以当你面临危机时，请别人协助你做利弊分析是适当的。"

7. 拒绝危机冲动

"当压倒性的情绪或冲动来袭时，大喊：'不！'非常有帮助。一旦这么做之后，让自己从冲动与诱惑事件中转移注意力很重要，告诉自己：'不！就这样了。不会回头了！'或类似的话。"

> **带领者笔记：** 强烈冲动所带来的问题是，他们会让人有很强的欲望全照冲动行事。下意识里，一个人也知道如果自己做了利弊分析，就不太可能冲动行事。此时，这个人也知道利弊分析会妨碍我们从事强化活动，即便这个活动只提供短期强化，长期下来也具有破坏性。因此，成员通常不愿意进行利弊分析，因为这妨碍了他们想要的活动。这可能是一个跟成员讨论的好时机，立即强化总是比延迟强化更有力量。进行利弊分析可以强化延迟强化的力量（强化拒绝冲动），减弱立即强化的力量（强化对冲动让步）。

💬 **讨论重点：** 邀请成员分享没有想到要进行利弊分析，或者即使想到也不愿意练习的情况。讨论让自己记住利弊分析，以及减少抗拒的策略。

練习活动： 使用空白纸张或练习单3、3a，请每位成员针对自己想要停止的问题行为完成一份利弊分析练习。完成练习后，讨论一些例子。邀请成员分享打算把这个练习或练习单放在哪里，以便危机时可以使用。

> **带领者笔记：** 利弊分析对于帮助成员做出人生的困难决定非常有效。你一定不可以表现出更偏好哪一边的选项或得失，你的任务是帮助成员针对每一边的选择做详细的利弊分析。然后，要相信成员的智慧心念能够做出选择。在这些情况下使用利弊分析的一个指导是"决策的平衡"原则。这个原则来自于为物质滥用的成员发展出的动机谈话疗法，这也适用于其他状况。

涉及自杀与否的决定是个例外，不能仰赖"智慧心念"的决定。请参考之前"带领者笔记"中关于自杀的利弊分析。

六、用改变身体化学状况的技能来管理极端情绪激发（痛苦忍受讲义6—6c）

> **要点：** 非常强烈的情绪让人无法使用大部分的技能。改变身体化学状况（TIP）技能是快速降低情绪激发的方法。包括：用冷水改变脸的温度、激烈运动、调节呼吸、配对式肌肉放松（如同本章之前的说明，这里有两个 P 开头的技能，但是 TIP 只有一个 P）。
>
> **注意：** 提醒成员使用冷水改变脸的温度是为了减缓心跳速度。如果成员本身有心脏与心血管方面的疾病或对冷水过敏，除非医生许可，否则并不能使用这个技能。
>
> **痛苦忍受讲义 6：TIP 技能——改变身体化学状况。** 本讲义列出所有的步骤，很适合用来解释。请参考其他教材以教授单个的技能。其中，传授渐进式放松的最佳方式就是参照讲义 6b，带领一段简短的放松练习。
>
> **痛苦忍受讲义 6a：使用冷水法，分解步骤。** 本讲义提供使用冷水法的要点。如果因为某些原因你不打算教这个技能，可以跳过这份讲义。
>
> **痛苦忍受讲义 6b：配对式肌肉放松，分解步骤。** 本讲义提供如何放松肌肉，以及如何将放松与呼吸搭配在一起的训练。放松训练来自于渐进式放松练习，讲义总结了如何针对单一肌肉进行绷紧与放松，到针对全身进行绷紧与放松的指示。放松肌肉要搭配吐气，同时在心里默念"放——松——"。如果你不希望在课程中练习所有的肌肉部位，可以指出讲义上还列出了哪些。个体治疗师也可以使用本讲义。

痛苦忍受讲义6c：**有效地重新思考与配对式放松，分解步骤。**这份自选讲义整合了认知重构与配对式呼吸。在教成员完成痛苦忍受练习单4b的步骤一到三时，这个技能会非常有帮助，请参考以下描述。

痛苦忍受练习单4：**使用TIP技能改变身体化学状况。**向成员讲解这张练习单，如果需要，教授成员用0—100为自己的情绪激发程度评分（经常称为"主观困扰评量表"，SUDS）。0等于完全没有困扰，100等于他们一生中曾经历的最大困扰。提醒成员，评量结果不能超过100。本练习单主要是提供成员记录并描述他们做家庭作业练习时的体验。表格上的空间只够用来记录每个步骤一次，因此，如果你要求成员每天做一次或多次的TIP技能练习，就要提供更多份练习单。

痛苦忍受练习单4a：**配对式肌肉放松。**你要求成员在课间练习配对式肌肉放松时，请使用这份练习单。本练习单可以帮助成员记得如何绷紧和放松肌肉，并能够区分通过练习来学习技能与需要时使用这个技能的差异。当你指定这个作业时，要提醒成员这一点。

痛苦忍受练习单4b：**有效地重新思考与配对式放松。**教过讲义6c之后再指定这份练习单。

其他教材：讲授使用冷水时，可以带几个装了水跟冰块的夹链袋、冰敷袋，或是装了冷水的脸盆及毛巾。讲授调节呼吸时，带一个有秒针的大时钟到教室。

✓ A.什么是TIP技能

告诉成员："TIP技能有四个步骤：以冷水改变脸的温度、激烈运动、调节呼吸，以及配对式肌肉放松。每一个步骤都可以快速改变你的生理反应，从而降低你的情绪激发状态。"

B.为什么要用TIP技能

解释使用TIP技能的理由如下：

✓ ■ TIP技能可以改变你的身体化学状况，减轻强烈的情绪激发和难以承受的感觉。

✓ ■ TIP技能很快就能发挥作用，在几秒到几分钟内就可降低情绪激发。

■ TIP 技能和功能失调行为（喝酒、使用药物、暴食、自我伤害）一样有效，可以减轻痛苦，但是又不会引起短期或长期的负面后果。

■ TIP 技能就像是快速产生作用的药物，但是又没有药物的成本或一些药物导致的副作用。

■ TIP 技能使用简便，不需要思考太多就可以做得到。

某些 TIP 技能（调节呼吸、某些部位的肌肉放松）可以在公共场合使用又不会引起别人注意。

✓ C.TIP技能的使用时机

继续对成员说："这些是有效使用 TIP 技能的时机。"

■ 你被情绪心念卡住了，无法脱身。

■ 你处于危机中，有强烈的冲动想要去做破坏性行为，无法转移注意力。

■ 需要完成一项重要的任务，但是你觉得喘不过气来，想不出要做什么。

■ 你不能有效地处理信息。

■ 你被情绪心念淹没了。

■ 即使你没有处于危机中，但其他技能不可行或帮不上忙。

■ 你正处于技能崩溃点。

> **带领者笔记：** 关于技能崩溃点的概念和如何判定的讨论，请见第九章第二十节，如何教授这个概念请见"情绪调节讲义 23：管理极端情绪"。你可以在此时使用这份讲义或其他教学笔记。如果你已经教过情绪调节技能，提醒成员去参考此技能。

✓ D.TIP技能如何发生作用

TIP 技能是设计用来启动人体的生理神经系统，以降低激发程度的。神经系统由交感神经系统及副交感神经系统组成。这两套神经系统相互抗衡，交感神经系统启动战或逃的反应，并增加激发程度。副交感神经系统强化情绪调节，降低情绪激发程度。TIP 技能通过促进副交感神经系统的活性和降低交感神经系统的活性来调节情绪。

> **带领者笔记**：提醒成员：（1）生理激发是情绪的一个重要组成部分，（2）改变情绪系统的任何一部分都会影响整个系统。你可以参考第九章第五节的情绪模式图，并使用"情绪调节讲义 5：描述情绪的模式图"。

✓ E.用冷水改变脸的温度

告诉成员："第一个 TIP 技能是把面部浸在冷水里或用冷水袋敷脸，改变面部的温度，同时憋住呼吸。这会引发人体的潜水反射，激发副交感神经系统，快速降低生理与情绪激发的状态。"

> **研究笔记**：潜水反射是指人类（和其他哺乳类动物）潜到冷水里不能呼吸氧气时，心跳会自动降低到比静止状态更低的速度。这是因为副交感神经系统活动的增加，而这正是身体降低激发状态的生理系统（请看以上对交感神经与副交感神经系统的解说）。当情绪过度激发时，也是交感神经过度激发，而副交感神经过低激发的状态（请参考圣迭戈 DBT 中心的米尔顿·布朗提供的更多信息和一系列 TIP 技能讲义：www.dbtsandiego.com/current_clients.html）。

1. 程序

解释用冷水引发潜水反射的各种方法。

a. 使用一盆冷水

告诉成员："弯腰，憋住呼吸，把面部（到发鬓）浸在冷水里三十秒到六十秒，或直到你受不了为止。这通常就足以引发潜水反射。水温越低，浸在水中的时间越长，效果越好。但是也不要用太冷的水，50°F（10℃）以下的水会让面部皮肤感到疼痛。"

b. 使用冰袋、装冷水与冰块的夹链袋或冰敷袋

说明："坐在椅子上，拿着冰袋、夹链袋（外层包一块毛巾，避免温度过低）或冰敷袋，敷在眼睛与脸颊上方。把敷脸的一面打湿。站起来，同时弯腰和憋气，这个步骤有助于增加效果。"

c. 用冷水泼脸

附加说明："对你的眼睛与脸颊泼冷水也可能会产生足够的效果。要加强效果的话，站起来，弯腰并憋气。"

2. 何时使用冷水

除了在情绪高度激发时可以使用这个技能，我的同事和我发现，在下列情况使用冷水或冰敷袋会很有帮助：

■ 因为反复思考或一直存在的焦虑而失眠。

■ 解离，包括治疗或技能训练课程期间出现解离状态。

3. 注意事项

■ 心脏问题：使用冷水引发潜水反射会快速降低心跳。罹患心血管疾病的人，因为服药心率已经过低，或有其他医疗问题、厌食症、暴食症，需要获得医生同意才能使用这个技能。一般来说，成员最好先咨询医生意见再使用这个技能。青少年也需要先征询父母同意。

■ 短暂效果：冷水产生的生理效果很短暂。如果成员一不小心，失控的情绪很容易又回来。一旦极端情绪得到缓解，就要练习其他适合面对问题的技能。

举例："你很愤怒，于是用冰水或冷水袋来降低情绪强度。如果你接着又开始想所有让你愤怒的事，很可能又变得愤怒起来。这对其他情绪也是同样的道理。"

举例："你用冷水或冷水袋来中断让你反复思虑而导致失眠的焦虑。之

后要赶快回到床上睡觉，不要再想让自己焦虑的事情，将注意力转移到其他事情，调节呼吸（参照下面的练习），或者想想让你愉快的事。"

举例："你突然有强烈的冲动想从事问题行为，你用冰水或冷水袋来降低这个冲动。你的激发状态与冲动减轻了，过了一会儿，你又开始想做坏事，冲动又浮现出来。使用冰水之后，要马上去做其他的活动（问题解决或转移注意力）。"

✓ 👥 **练习活动：** 如果可能，向成员示范如何引发潜水反射。询问成员的医疗状况后，请可以做练习的成员每人做一次练习。这种练习可以增加他们以后使用这个技能的机会。另外，也可以把这个练习当作实验。请成员在自己的眼睛周围与脸颊敷上冷水（用夹链袋或冷敷袋），分别在之前与之后为自己的激发状态评分。另外，也可以邀请成员（用之前在高中学过的方法）测量自己的脉搏，比较使用技能前后的脉搏次数。要清楚告知成员，他们可以自行选择是否在课程中做练习，这个练习并不是比谁可以憋气憋得久。

每个成员需要以下材料：

1. 一个 500 毫升大小的塑胶夹链袋，里面装水。或是一个已经冰过的冷敷袋及一张湿的厚厨房纸巾。

2. 或者，用冷藏桶、大脸盆或锡纸烤盘装满冷水，一个能倒掉水的地方，以及可以把脸擦干的毛巾。

练习步骤如下：

1. 请每个成员坐下，用湿毛巾包裹夹链袋或冷敷袋，然后把袋子敷在眼睛与脸颊上大约三十秒。

2. 或者，请每个成员弯腰，靠近盆子并憋气，把脸浸在水里最多三十秒。

3. 等成员完成步骤一或二，请他们讨论自己的体验。

另一个练习 TIP 冷水技能的场合是某位成员在团体课程中感到情绪高度

激发时（即使并不是教 TIP 技能的课程）。在这个状况下，你可以随时带着需要的材料，然后邀请成员尝试这个技能。在我们的团体课程中，当需要的时候，我们会带一个冷敷袋（其中一面弄湿）及一条毛巾（我们总是会在冰箱里储存几个冷敷袋）。

✓ F.激烈运动

第二个 TIP 技能是进行激烈运动至少二十分钟。

1. 为什么要进行激烈运动

> ✓ **研究重点：**（任何一种）二十到三十分钟的激烈运动可以快速影响心情，运动后会减少负面情绪、反刍思维并增加正面情绪。

告诉成员："如果你可以把心率提升到你的年龄所能承受最高程度的 70%，就可以大幅降低焦虑。"

"你将心率加快到你的年龄可以承受最高程度的 55%~70% 时，就能够增加正面情绪。如果你让心率到达 70%，运动后所增加的正面心情就能维持得更久。"

"请估计适合你年龄的最大心率，可以上网搜索'计算心率训练范图'，或浏览网站：www.chabotcollege.edu/faculty/kgrace/FitnessCenter/TargetZones.htm"

情绪的主要特质是他们会组织身体以产生行动。愤怒会组织身体去攻击或防御，恐惧会组织身体去逃跑。身体处于强烈激发状态时，很难抑制情绪性行为，即便这个行动是功能失调的。在这些情况下，剧烈的运动可以重新调节身体到情绪较少的状态。

带领者笔记：向成员说明：（1）情绪是为行动而准备的，而行动是情绪的重要组成部分；（2）要压抑因为情绪而产生的行动是很困难的。如之前讨论过的，你可以参考第九章第五节及情绪调节讲义5。

✓ 2. 何时进行运动

告诉成员："当你感到烦躁、愤怒、无法停止思维反刍、需要在早上提升心情和动力，或运动曾经帮到过你的场景，你都可以去做运动。"

举例："一天的工作接近尾声时，你发现原以为下周要交的报告明天就要交。如果不完成报告，你会遇到很大的麻烦。这个突如其来的任务快把你打倒了，不知道该从哪里着手。你可以短暂休息一下，或者去跑步以降低强烈的负面情绪，然后回到办公室，在期限之前完成这个报告。"

✓ G.调节呼吸

第三个 TIP 技能是调节呼吸。放慢吸气与吐气的速度（平均一分钟五到六次），使用腹式深呼吸。呼气时间要比吸气时间慢（例如：吸气四秒、呼气八秒）。

✓ **研究重点：** 通常吸气时心跳速度会变快，吐气时心跳速度会减缓。这种心率的改变是受到交感神经在吸气时活化，副交感神经在吐气时活化的影响。

调节呼吸可以改变交感与副交感神经的活性。与潜水反射类似，我们将呼吸速度放慢到每分钟五到六次时（也就是说一个完整的呼吸循环持续十到十二秒），就能通过活化副交感神经系统而有效降低情绪激发状态。

✓ 👥 **练习活动：** 向成员示范如何调节呼吸。目标是在一次课程中至少练习一次，以便在以后有需要时，增加成员使用技能的概率。你也可以邀请成员用这个技能做实验，在练习前先为自己的激发状态评分，调节呼吸后再评估一次。你需要一个有秒针的大时钟，帮助成员在呼吸时计算秒数。

步骤如下：

1.将时钟放在成员面前。

2.指导成员看着时钟，数算自己吸气与呼气的秒数。鼓励成员在计算秒数的时候，慢慢减缓呼吸速度，呼气的时间要比吸气的时间长。提供一个参考数值，吸气五秒，吐气七秒；可以在吸饱气暂停时数一秒，吐完气暂停时也数一秒。给成员一点时间练习。

3.邀请成员分享他们最后吸气与吐气的秒数。请加以讨论。

带领者笔记： 你可以再次到圣迭戈 DBT 中心的米尔顿·布朗网站，配合不同呼吸速率伴奏的电子音乐可供你或你的成员使用。这个网站也提供"通过腹式呼吸调节情绪"的讲义（英文版）。此外，也有相关的 iPhone 或 Android 智能手机的应用程序（APP），网络上也有其他调节呼吸的伴奏音乐。

✓ H.配对式肌肉放松

第四个 TIP 技能是搭配肌肉放松与吐气。

配对式肌肉放松从渐进式肌肉放松演变而来，渐进式肌肉放松是许多行为学派治疗师常用来治疗焦虑症的技能。

方法是将肌肉绷紧，吸气时注意肌肉绷紧的感觉，再将肌肉放松，注意到肌肉逐渐放松时的感觉。目标是同时增进对绷紧与放松的觉察。

要强调注意肌肉的感觉，类似用正念过程关注身体感觉（即感觉的正念）。

就如危机生存技能，配对式肌肉放松教授成员注意肌肉的绷紧与放松，同时在吐气时搭配放松技能，在心里默念"放——松——"。

带领者笔记：教学时间的长短将影响你教授配对式肌肉放松的方法。如果时间较短，你可以快速向成员示范如何绷紧再放松肌肉，按照表 10.2 每个肌肉部位进行，也可以把相关肌肉部位合并在一起。如果你已经学过放松训练，你习惯的顺序或合并肌肉部位的方法会略有不同，可以按照原有的习惯教学。你也可以使用网络上找得到的肌肉放松引导录音。帮助成员在练习前后分别为自己的激发状态打分，然后分享体验到的改变。重要的是要跟成员强调，放松技能需要很多次的练习。要每天练习才能为成员做好准备，在危机来临时派上用场。

向成员介绍以下程序：

"绷紧然后放松某个肌肉部位，这个部位的肌肉会变得更放松，会比你只放松肌肉更有效。"

"你一边放松肌肉，一边在心中默念'放——松——'并缓缓吐气时，可以让你的身体释放紧张，以后你只要一边吐气，一边在心中默念'放——松——'，就会对身体有放松的效果。"

表10.2　渐进式放松肌肉与肌肉群组

大　中　小　紧缩每个肌肉部位5—10秒，然后放松5—10秒。

1.手和手腕：双手握拳，将拳头往手腕处拉紧。
2.下臂和上臂：握拳，弯曲双臂向上碰触到肩膀。
3.肩膀：将双肩往耳朵处拉高。
4.额头：将眉毛往中间靠紧，皱起眉头。
5.眼睛：眼睛紧闭。
6.鼻子和上脸颊：皱起鼻子；把上唇和脸颊往眼睛处靠近。
7.嘴唇和面部下方：抿起双唇；把唇角朝后向耳朵处拉紧。
8.舌头和嘴巴：牙齿咬合；舌头用力抵住上腭。
9.颈部：将头向后推向椅子、地板或床，或把下巴推向胸部。
10.胸部：深深吸一口气，然后屏住气。
11.背部：拱背，两侧肩胛骨往中间靠紧。
12.腹部：绷紧腹部。
13.臀部：缩紧臀部。
14.大腿及股部：双腿前伸；绷紧大腿。
15.小腿：双腿前伸；脚指头向下压。
16.脚踝：双腿前伸；把脚指头靠拢，脚后跟推出，脚趾弯曲在下。

带领者笔记：有些人可能会体验到"放松引发的恐慌"现象，也就是说，他们可能会因为无法达到预期的放松效果而恐慌。为了预防这种状况，要告诉成员绷紧再放松肌肉不见得可以放松，这个练习的要点是让我们学习觉察身体的紧张。也需要告知成员，他们练习时可以在任何时刻暂停。允许感到不自在的成员在旁边观看示范和/或面向墙壁进行练习。本练习和一般的正念练习不同的是，成员进行放松练习时需要闭上眼睛。

练习活动：示范和练习绷紧再放松肌肉。程序如下：

1.请成员评估自己目前的激发程度（主观困扰评量），用 0 到 100 的量表（0 代表完全没有困扰或紧张，100 代表他们能想象的最高点）。

2.面向成员坐下。每位成员都坐在舒服的位置上，稍有伸展空间，请成员跟着你的指令一起做。按照表 10.2 列出的每个肌肉部位（亦可参考痛苦忍受讲义 6b），逐一绷紧再放松。确定成员们看得见你示范如何绷紧与放松。在示范时，绷紧肌肉五到十秒，提醒成员："注意觉察肌肉的紧绷。"然后说："放松。"迅速放松肌肉时再加一句："注意觉察有什么不同"。放松时间也维持五到十秒，然后继续下一个肌肉部位。说话时语调要稳定、缓慢，声调要充满鼓励。你可以这样对成员说：

"双手握紧拳头，将拳头拉向手腕；移动大约四分之三的距离……注意觉察紧绷的感觉……注意手部的紧绷……注意缩紧的感觉……单纯地觉察……现在，放松……完全放松，让你的手往下垂……让所有的紧张流出去……注意你的手放松了……注意肌肉松开了……单纯地觉察……注意到手部、手腕……让所有的紧张就这样流出去……（继续按照表 10.2 的部位进行）。"

3.最后，告诉成员一边深呼吸，一边快速绷紧全身肌肉，从头到脚，好像变成一个僵硬的机器人。然后，慢慢吐气，放开全身肌肉，变成一个软趴趴的布娃娃，一边在心里默念："放松。"

4.邀请成员再次评量目前的激发状态。

5.询问成员的激发程度是否降低，还是维持一样甚至变高。虽然我们一般会在团体课程中只花五到十分钟来练习这个活动，但我们发现许多成员已经体验到明显的改变。

在练习之后，向成员说明："当你陷入危机或时间很赶时，也可以使用简短的肌肉放松技能。你可以一边吸气，一边快速绷紧不会引人注意的几个肌肉部位，例如：胃部、臀部、胸部，然后一边吐气，一边松开肌肉，在内心提醒自己放松。"

练习活动： 如果时间充裕，你可以邀请成员用CD或其他录音练习配对式肌肉放松，聆听放松录音对成员有很大的帮助。在我们的诊所，会使用我之前录好的五分钟和二十分钟放松指导语。有鉴于多数成员喜欢听他们的治疗师或技能训练师的声音，你也可以制作自己的录音，拷贝到CD光盘里，发给成员。

带领者笔记： 如果你在本次课的主要目标是教授放松技能或进阶课程，你可以使用以下练习作业：

1.针对十六个肌肉群，逐一练习绷紧再放松，注意觉察绷紧五到十秒，再注意觉察放松五到十秒。

2.针对九大肌肉群，逐一练习绷紧再放松。

3.针对四大主要肌肉群，逐一练习绷紧再放松，直到你能够有效减少紧张。

4.针对全身肌肉，练习吸气时绷紧全身，再一边吐气，一边放松全身，同时在心里默念"放松"。接下来，在一天中练习配对式放松。

带领者笔记： 要提醒成员一边练习放松，一边在心里默念"放松"并不是一件容易的事。一旦成员学会觉察身体紧绷，以及身体紧绷与放松之间有什么不同的感觉，就可以开始练习一边吐气，一边在心里默念"放松"。我通常建议成员每天练习五到十分钟，直到他们的身体熟悉这样的配对运作，这可能需要五到六周才会发生。

I.有效地重新思考和配对式放松

结合有效地重新思考与配对式放松，是同时运用认知重构与渐进式肌肉放松的方法，以迅速缓解高度压力的激发状态。

练习活动： 如果你要教授这种组合，可使用以下程序——

1.对成员说："找出经常引发你痛苦情绪，你想针对它来练习降低情绪反应的情境（诱发事件）。"

2."问自己：'在这个情境中，我对自己说了什么而让自己这么沮丧？'例如：如果有一个很难的考试让你觉得压力很大，你可能在答卷时告诉自己：'我肯定会不及格。''如果不及格，那我干脆休学好了，反正我什么事也做不成。''如果我考不好，其他人都会知道，他们会认为我很没用。''如果我不及格，那就表示我懒惰、没用，或是个大笨蛋。'"

3."现在，针对同样的情境，试着去抵消造成压力的想法或观点。重新思考这个情境，尽量写下有效的想法以取代那些带给你压力的想法。"

4."为下一次的压力事件做准备。将你的有效想法与配对式放松结合起来。当你吸气时，想象你身处压力情境中，而不像看电视般置身事外。在吐气之前，以肯定的语气对自己说一个有效的自我陈述，然后说'放松'，呼气时刻意放松所有的肌肉。"

5."练习、练习，再练习。"

6."发生压力情境时，练习有效地重新思考和配对式放松。"

7."讨论这个跟提前应对技能的相似点。"

> **带领者笔记：** 如果你的治疗对象只有一个人，可以通过帮助成员在自我陈述和配对式呼吸之前，先加入想象暴露于压力情境的练习来加强这个过程。这里的想法是激发出成员非常强烈的压力情绪，然后再让成员练习对自己说有效的想法，接着"放松"，同时放松紧绷的肌肉。最好等到成员能够成功运用配对式放松再进行这个练习。有一本新书将提供更多关于配对式放松的信息。

J.复习TIP技能

如果还有时间，简短复习四个技能，确定每个成员都理解了。

七、用智慧心念来转移注意力（痛苦忍受讲义7）

> **要点：** 转移注意力的方法就是与最痛苦的方面或困扰减少接触。再者，这些技能也能改变一部分的情绪反应。
>
> **痛苦忍受讲义 7：转移注意力。** 说明在危机情境中用转移注意力作为痛苦忍受技能的价值后，介绍讲义中 ACCEPTS 的每个步骤。让成员有机会分享自己转移注意力的方法。可以请成员在他们愿意使用或尝试使用的转移注意力活动前打钩。
>
> **痛苦忍受练习单 5、5a、5b：转移注意力（ACCEPTS 技能）。** 这些练习单提供记录 ACCEPTS 技能的三种不同方式。痛苦忍受练习单 5 提供的空间可以让成员记录两次练习，适用于刚开始的成员，你可以借此逐步增加其技能练习的频率。练习单 5a 则是每个技能都要练习两次。练习单 5b 提供更多练习每个技能的机会。

✓ A.何时使用转移注意力会有帮助

对成员说："当你面临危机时，转移注意力可以帮助你避免危险的行为，但是转移注意力很容易被滥用。请不要把它当作逃避痛苦情绪的常规手段。以下是一些转移注意力的有效使用时机。"

1. 当情绪痛苦变得难以负荷时

告诉成员："当你在工作、学校或会议中，感到非常痛苦或沮丧，觉得快要被淹没时，与其让自己完全沉浸在这种情绪当中，从当下的感受中转移注意力就是比较有效的做法。"

💬 **讨论重点：** 引导成员分享什么时候曾经感到非常痛苦却不适合在当下改变痛苦的来源，或是找出并改变痛苦的情绪。

2. 无法立即解决问题时

继续对成员说明："当你无法立即解决一个问题，但事情必须现在解决的迫切性让你除了关注这个危机无法关注任何其他事情时，也可以使用转移注意力技能。"

💬 **讨论重点：** 转移注意力可以帮助一个人把问题容忍到解决问题的恰当时机。邀请成员分享，什么时候曾经因为无法容忍痛苦而立即着手解决问题，结果反而让问题变得更糟。

💬 **讨论重点：** 讨论有哪些因素妨碍我们无法等待更好的时机再解决问题。

💬 **讨论重点：** 询问成员他们趋向于太容易转移注意力还是很不容易转移注意力。

👥 **练习活动：** 请成员阅读讲义7列出的项目，在可能对他们有帮助的选项前打钩。询问他们选了什么（可以在讲义之前或之后做这个练习）。

✓ B.七个转移注意力的技能

从痛苦的情绪或困扰中转移注意力，是指将一个人的注意力转向其他事情。这里有七个转移注意力的技能，你可以用"ACCEPTS"来记忆这些技能。

1. 进行活动（Activities）

从事中立的或与消极情绪及危机行为相反的活动，能在多个层面减轻冲动及痛苦。它们能够转移注意力，让短期记忆充满跟危机无关的想法、影像与感觉，直接影响生理反应与情绪的表达行为。例如：关注行为激活的疗法对于减轻抑郁非常有效。

2. 贡献（Contributing）

促进他人的幸福能帮助一个人将注意力从自己转到别人，以及可以为别人做些什么上面去。全心投入这样的体验可以使人暂时完全忘记自己的问题。对一些人来说，对他人有贡献也增加了生命的意义感，因而也能改善当下（痛苦忍受讲义9）。对有些人来说，则增强了自尊。

3. 比较（Comparisons）

比较也是把焦点从自己转到他人身上，但却是以一种不同的方式。在这种案例中，跟我们与相同的方式应对或者还不如我们，或者比我们还不幸的人，可以让我们重新用更积极的眼光去看自己的情况。或者，一个人可以看到过去的问题已经不存在了，然后将当下与过去那个困难的时刻比较。

举例："看看比你处境还惨的肥皂剧和连续剧里的人。"

4. 情绪（Emotions）

引发其他的情绪可以转移你对目前情境与负面情绪的注意力。这个策略就在于干扰目前的情绪状态。这个技能需要先知道目前的情绪是什么，然后寻找可以产生其他情绪的活动。

举例："读一本让人产生情绪的书（例如惊悚小说），然后，回想书中的情节，体验其中的情绪。但是不要读会让你觉得比现在更糟或引发危机行为的书。"

带领者笔记： 提醒成员，他们无法只是要求自己或单靠意志力而产生其他情绪，而是需要通过活动确实诱发不同于痛苦的情绪。

5. 推开（Pushing away）

要推开一个痛苦的情境，我们可以在实际上离开它，也可以在脑海中阻挡它。离开情境可以减少我们与情绪线索的接触。要在脑海中阻挡则需要有意识地去抑制跟负面情绪相关的想法、影像及冲动。阻挡的其中一种形式是短时间内一再阻止破坏性的行为。阻挡有点像骑自行车，人们只有做了才会明白。大多数人都可以做到，而且你只要一说起这个技能他们就知道是什么意思。这或许跟解离或去人格化的能力有关。这个技能不应该是第一个使用的技能，但危机时也许可以派上用场。诀窍在于不要过度使用。

举例： "在你跟他人之间建造一堵想象的墙。"

举例： "把你的情绪放在一个'箱子'里，再把箱子放在柜子上。可以想象，也可以真的找一个箱子，把压力写在纸上放进去。"

举例： "每隔五分钟，让自己暂时不要抽烟五分钟。"

6. 想法（Thoughts）

以其他想法占据短期记忆来转移注意力，让负面情绪引发的想法不再引发更多的情绪。

举例： "在脑海里唱一首歌。"

举例： "你参加一个葬礼，没有人在哭，你觉得自己随时可能大哭出来，但是你并不想这样。通过数东西来转移注意力，例如墙上的砖头有几块、前排座位有几个人、演讲者说了几个字。"

7. 感觉（Sensations）

强烈的、不同的感觉可以转移我们的注意力，让我们不会一直专注在痛苦的情绪、它的来源或危机冲动上。尤其是，握住一个冰块非常有用。在我同事带领的技能训练团体里，一位成员送了每个人一个可以重复使用的小冰袋，好几个成员带着冰好的冰袋来参加治疗课程，讨论到非常痛苦的主题时（如性侵害，有一位成员之前完全无法参与这样的讨论），就会握住冰袋。这个技能有时很有效，但需要小心监控，才不会干扰到接触重要的与相关的信息。引发感觉的其他方法包括：尝辣椒酱、酸柠檬或很酸的糖果，或戴耳机听快节奏的音乐。

💬 **讨论重点：** 请成员分享是否对使用转移注意力有任何反对意见，并加以讨论。需要适时地鼓励成员。

💬 **讨论重点：** 有些人花很多时间转移注意力去关心别人的问题，而逃避不去处理自己的问题，请成员分享自己的例子。

八、自我安抚（痛苦忍受讲义8—8a）

要点： 自我安抚是指做会让自己觉得愉快、舒服，从压力与痛苦中解脱的事情。这个技能可以让时间很快过去而不会让事情变得更糟。

痛苦忍受讲义 8：自我安抚。 描述自我安抚的重要性之后，讲解本讲义的自我安抚方法，主要关注于五种感官。让成员有机会分享他们的方法。可以请成员在愿意尝试的自我安抚活动方格内打钩。

痛苦忍受讲义 8a：身体扫描冥想，分解步骤（自选）。 本讲义包含一套身体扫描指导语。如果你没有时间和成员们过一遍这个程序，可以建议他们取得一份引导录音带或去线上聆听。

> 　　**痛苦忍受练习单6、6a、6b：自我安抚。**与转移注意力的练习单一样，每个练习单都是让成员能够慢慢增加练习的次数，从课下练习两次（练习单6）到练习每个技能两次（练习单6a），再到每天练习好几次（练习单6b）。
>
> 　　**痛苦忍受练习单6c：身体扫描冥想，分解步骤。**如果你要求成员做身体扫描冥想的家庭作业，请他们使用这张练习单来记录练习。
>
> 　　**其他材料：可以从一个或多个感官类别挑选几个安抚物品，带到课上与成员分享。**嗅觉方面，如薰衣草、香草、肉桂、烤饼干、香花或有香味的刮刮贴纸；触觉方面，不同触觉材质的小块布料、泰迪熊玩偶或其他毛绒玩具；视觉方面，可以用自然景观图片；听觉方面，轻柔的音乐（例如：催眠曲、消音器）；味觉方面，巧克力或奶油糖果。

✓ A.什么是自我安抚

　　自我安抚是以安慰、照顾、平和、温柔与正念的方式善待自己。

✓ B.自我安抚的时机

　　自我安抚活动能减少情绪心念的易感性，减少冲动行为，也可减轻剥夺感（通常是脆弱感的前兆）。自我安抚帮助人们容忍痛苦与困扰，而不会让事情变得更糟。

✓ C.如何自我安抚

1. 安抚五种感官

　　运用五感来提醒自己记得自我安抚的技能：

■ 视觉

■ 听觉

■ 嗅觉

■ 味觉

■ 触觉

✓ 👥 **练习活动：** 邀请成员阅读讲义8的所有内容，在他们觉得可能对自己有帮助的选项旁打钩，然后询问他们选了什么项目（可以在讲解讲义一开始或最后阶段进行这个活动）。

> **带领者笔记：** 逐项检视讲义 8 的自我安抚活动，用你带到课上的材料举一些例子。课上只需在每一类中挑几个来讲解，把更多的时间花在下面的讨论重点上。

💬 **讨论重点：** 有些人很难自我安抚。有些人认为自己不值得被安抚，被友善、仁慈地对待；他们安抚自己时可能觉得羞愧或难为情。还有些人认为他们应该得到别人的安抚，而不会安抚自己，或在别人尝试自我安抚时对他们感到生气。对这些成员来说，自我安抚需要"相反行为"（见情绪调节讲义10）。邀请每位成员分享例子。

> **带领者笔记：** 要确定每位成员都学习自我安抚。即便一开始这会引发愤怒或内疚，还是要不断鼓励他们尝试，经过一段时间就会变得较容易。有些成员或许相当抗拒练习自我安抚，要持续留意家庭作业练习，确保每位成员至少都尝试练习这些技能。对成员遇到的困难进行评估与问题解决。

💬 **讨论重点：** 相反地，有些成员过度使用自我安抚，或以自我毁灭方式使用。如果过度使用讲义8的每个项目就会产生问题。请每位成员分享例子。

2. 平衡感官安抚与问题解决

重点是在自我安抚和专注并完成一项任务之间取得平衡。这在面临危机时尤其重要，突如其来的要求可能让人难以负荷，无法完成工作。这时，自我安抚可以是有效降低负面情绪的第一步。但是，自我安抚并不足以解决危机，终究还是要去完成任务。或者，你可以使用改变身体化学状况的一项技能来减轻快被淹没的感受，之后再进行问题解决，最后使用自我安抚来奖励自己。

D.使用身体扫描冥想进行自我安抚

另一个自我安抚的方法是集中注意力于身体感受，即身体扫描（见痛苦忍受讲义 8a 的说明）。这是冥想时经常使用的技能。告诉成员："让心平静下来，放下对过去和未来的想法，专注于当下和你现在的呼吸以及身体的感受。像个孩子一样，用好奇心来接近身体的感官知觉。通过这个过程，你将发现许多身体的感受、知觉以及关注身体不同部位的心理反应。"鼓励成员利用 CD 或网上的录音来练习。身体扫描冥想，就像是配对式肌肉放松，如果一边听着使人宽心的指导语一边练习，很有安抚的效果。就如之前配对式放松练习时说过的，大多数成员喜欢听自己的治疗师或技能训练师的声音，所以你可以制作录音指导语，复制到 CD 上，发给成员。

> **带领者笔记：** 身体扫描是各种内观冥想练习的一个重要部分，正念疗法也是从这些方法发展出来。就如配对式肌肉放松和自我安抚技能，你如何传授这个技能要视你有多少时间而定。全身的身体扫描练习需要三十分钟，如果时间不够，你可以快速示范身体扫描，用五到十分钟指导成员只专注在两三个身体部位。如果你没有事先录好身体扫描录音指导语，可以使用痛苦忍受讲义8a作为逐步扫描身体的指引。如前所述，在练习前或练习后，请成员评估自己容忍痛苦而不让事情变糟的能力（0—100）。再请成员分享是否有任何改变。

教授身体扫描冥想的步骤如下：

1. 向成员说明程序

对成员说："当我们能够带着好奇及温柔的态度，慢慢地将你的心专注在呼吸及特定的身体感受上时，可以是一个很能让人宽心的体验。这不需要很多努力或想象，只需要将你的心带回到当下，专注在你的身体感受上，就可以让你的心安定下来，让觉得失控的情绪平静下来。"

> **带领者笔记：** 如前所述，有些成员因为未满足的期望而体验到"放松引发的恐慌"。要预防这种情况，就要告诉成员身体扫描不一定能够让人放松，这个练习很重要的部分是学习觉察他们的身体。每个人在任何时候都可以停止练习。容许会难为情的人可以在旁边观察和 / 或面对墙壁练习。

2. 示范如何扫描身体感受

请成员在练习前评估自己目前的痛苦程度（0—100）；可以请他们写在纸上，以防万一忘记了。然后请成员调整到让自己舒服的姿势，眼睛半睁。用缓慢而轻松的语调，指导成员注意身体的某个部位，停顿大约一分钟，再给下一步指示。例如，你可以缓慢地这么说，让成员有时间专注在身体的各个部位。

让你的觉察像一盏聚光灯一样集中在：

■ 你的身体接触椅子（或地板、床）的部分。

■ 移动到左腿，到左脚，一直到脚趾。

■ 注意每根脚趾。

扩大你的注意力到整只脚，到：

　■ 脚踝

　■ 脚板上方

　■ 骨头与关节

　■ 左腿下半段

- 小腿，胫骨、膝盖
- 左大腿

将你的焦点移动到：

- 右边的脚趾，以及
  - 脚板和脚踝
  - 右腿下半段
  - 右边膝盖
  - 右大腿
- 往上移动到盆骨
  - 腹股沟、性器官、股沟、臀部
  - 背部下方与腹部
  - 背部上方与胸部及肩膀
- 再把焦点移动到双手
  - 手指头与大拇指的感觉
  - 手掌及手的背部
  - 手腕、前臂、手肘
  - 上臂、肩膀、腋窝
- 脖子、面部（下巴、嘴巴、嘴唇、鼻子、脸颊、耳朵、眼睛、前额）
- 整个头部

3. 请成员为自己的痛苦程度评分

在练习结束后，请成员用 0—100 的量表再次为目前的痛苦程度评分。

4. 提供简短的身体扫描的建议

告诉成员："在面临危机或时间很紧的时候，你可以做一次简短的身体扫描。将你的注意力完全关注在身体的某个部位，然后移到第二个部位，再移到第三个部位。"

九、改善当下（痛苦忍受讲义9—9a）

> **要点：** 改善当下包括一系列独特的策略，有助于提升当下的生活质量，让我们更容易度过危机而不会让事情变得更糟。
>
> **痛苦忍受讲义9：改善当下。** 讲解讲义中的每个策略，给成员机会分享他们自己的方法，以及其他有效应对危机的策略。请成员在愿意尝试的活动方格内打钩。
>
> **痛苦忍受讲义9a：感官觉察，分解步骤（自选）。** 这份自选讲义可以作为成员从事"放松"活动（IMPROVE中的R技能）的指导，或放松练习的指导语，录音后可以发给成员。
>
> **痛苦忍受练习单7、7a、7b：改善当下。** 向成员讲解练习单。跟前面的技能一样，这三个表格提供逐步增加课下练习的次数，从一周练习两次（练习单7）、每个技能练习两次（练习单7a），到每天练习不同技能好几次（练习单7b）。

✓ A.什么是改善当下

改善当下就是以较正面的事件来取代此刻的负面事件，让当下变得更积极和更容易忍受。其中一些策略包括：改变对自己或情况的评估（鼓励自己，或在情境中创造意义，想象情况有所改变）。还有一些包括：改变身体对事件的反应（放松）。祷告和专注于当下的一件事也能够促进接纳和放手。

✓ B.何时练习改善当下

对成员解释："当你面对长期压力，觉得快被淹没，或是转移注意力或自我安抚都失效的时候，改善当下的技能特别有用。"

✓ C.如何改善当下

告诉成员："可以使用IMPROVE来记忆这七个技能：想象、意义、祷告、放松活动、一次做一件事、假期、鼓励。"

✓ 👥 **练习活动：**请成员阅读讲义9的所有项目，并选出他们认为可能有用的技能。询问成员们选了什么（这个活动可以在讲解讲义之前或之后进行）。

1. 想象（Imagery）

心像视觉化，也就是想象可用来转移注意力、安抚自己、支撑勇气与自信，也可以让未来的奖励更具体。

对成员说："通过想象，你可以创造跟现实不同的状况；换句话说，就好像离开了目前的情况。并且运用想象时，你可以确保那是一个安全的地方。在瞬间经历再现的时候，想象你来到一个安全的地方或房间会非常有帮助。但是，要让这个技能有效，你必须在没有发生危机的时候花足够的时间练习，才能充分熟练想象的技能。"

👥 **练习活动：**请成员深呼吸，跟自己的智慧心念接触。当他们能接触到智慧心念时，建议他们开始在心中建造一个安全的房间。想象房间中有哪些家具，有什么样的门锁，希望可以摆什么东西让他们觉得安全。也请成员想象他们会在房间中放什么东西以保护他们远离破坏性的冲动。他们想把什么挡在房间外面？邀请成员分享他们如何建造房间。

想象也可以用来更有效地应对危机。通过在想象中练习有效的应对之道，能够增进在现实生活中对危机的有效应对。成员可以先练习写下自己要如何应对危机而不让事情变糟的做法，然后运用想象练习这些步骤。这种方式非常类似情绪调节技能的提前应对（见情绪调节讲义 19）。

举例："想象你正在忍受一个非常痛苦的情绪，或者要做出某个破坏性行为的强烈冲动，在心里想象你往云端飞去，往下看到那个痛苦和强烈的冲动。"

2. 意义（Meaning）

发现或创造意义帮助了许多人度过危机。弗兰克的《活出生命的意义》，是一本关于从纳粹集中营中幸存的重要著作。这本书所依据的前提是：人们需要发现或创造生命的意义，方能从可怕的苦难中幸存下来。寻找或创造意义与如何化危机为转机的辩证策略类似（见《DBT 教科书》第七章）。

💬 **讨论重点：** 重要的是要说明，有时候生命不公平，没有人能够理解为什么。人们不需要假定受苦一定有其目的，虽然有宗教或灵性信仰的人可能这么认为。但是，没有信仰的人还是可以创造意义或目的。邀请成员分享他们对于受苦的意义与目的的看法。

3. 祷告（Prayer）

祷告的本质是一个人对于当下此刻全然的开放。这个练习和之后会讨论到的全然接纳的概念非常相似。请注意，这里所建议的祷告并不是祈求除去痛苦或危机，也不是质疑"为什么受苦的是我"。

👥 **练习活动：** 在技能训练课程中，请所有成员闭上眼睛，想象或"接触"目前的痛苦，然后尝试不同类型的祷告词。可能包括接受的祷告（例如"愿你的旨意成全"）、"拯救我"的祷告或"为什么是我"的祷告。邀请成员在每次祷告前，（短暂地）将注意力放在自身的痛苦上。祷告结束后进行讨论。建议喜欢运用祷告的成员，在下次危机发生时尝试不同类型的祷告，并观察哪种祷告真的有帮助。

4. 放松活动（Relaxing actions）

改善当下的放松活动，与 TIP 技能中的配对式肌肉放松并不相同。在配对式放松中，重点在于直接修正身体如何应对压力的反应。在放松活动中，强调多样的活动，包括去做各式各样能够放松的事情。向成员解释："这里的关键是选择平时可以让你平静下来的活动。你觉得轻松，就更能够抗拒从事危险行为的诱惑。放轻松让你有时间可以思考并审视利弊。"

讨论重点： 本模块及正念模块教授的许多技能都可以带给人放松感。有帮助的做法是，请每位成员列出特别能够让自己放松的活动清单。邀请成员分享哪些活动让他们觉得放松。讨论不同类型的活动，有些活动对某些人来说可以放松，却可能让其他人觉得紧张、焦虑或烦躁。

练习活动： 聆听正念或放松练习的录音指导语可以让人觉得很放松。很多地方都提供类似的资料。但如前所述，若技能训练师或治疗师能亲自提供个人录音指导语，则可能更有效果。痛苦忍受讲义9a提供了一份指导语的示范。

5. 一次做一件事（One thing in the moment）

"一次做一件事"相当于第七章正念技能"怎样做"的第二个技能"专一地做"。虽然这是很困难的技能，在当下专注于一件事情是危机时相当有用的技能；它可以提供时间让自己冷静下来。本技能的要诀是记得我们唯一需要面对的是"当下这一刻"的痛苦。我们常常遭受不必要的痛苦，不断回想过去，同时预想未来可能遇到的痛苦，但是实际上，我们需要面对的只有"当下这一刻"。本技能对于接纳现实，以及本模块接下来教授增进注意力及觉察的练习很重要。

练习活动： 在课程中，邀请所有成员闭上双眼，想象或"向内接触"到目前此刻在团体中所感受到的不舒服、烦躁或焦虑。引导成员在找到感觉时微微举手示意。请成员注意目前不舒服的程度，然后请成员回想之前上课时曾忍受过这些感受，也请他们去想现在和未来的课程要忍受多少感受。引导成员注意到他们现在不舒服的程度。然后，请成员把注意力放在"当下这一刻"。说明："在内心默念'当下这一刻'，放下对于过去与未来的纠结。"然后，重新引导成员注意目前不舒服的程度。讨论这个练习。

6. 假期（Vacations）

继续对成员说明："'离开成人世界去度个假'是暂时把焦点放在自己身上或允许自己被照顾。每个人都需要偶尔离开成人世界去度个假，重要秘诀是要以不伤害自己的方式，同时能确保这个假期是短暂的。可以只是几分钟，最多不超过一天。如果你肩负许多责任，去度假前要安排好其他人暂时帮助你执行这些任务。让自己暂时放假也就是花时间重新整理自己。"

💬 **讨论重点**：有些人很擅长给自己放假，问题在于他们无法掌控自己的假期；也就是说，他们可能在不适当的时候给自己放假，或者停留在放假的状态太久。当我们把如何安排一个短暂假期变成需要练习的技能时，就可以帮助这些人练习如何自我控制。邀请成员分享他们曾经有过无法掌控自己假期的体验。讨论如何能够妥善掌控假期，并让这样的度假发挥最大效用。

✓ 7. 鼓励（Encouragement）

"鼓励是帮自己加油打气，同时重新思考整个情况。用你鼓励陷入危机的人的方式来对自己说话；或者，用你希望别人如何跟你说话的方式来跟自己对话。在伴侣关系中，如果两个人的正面意见多于负面批评，就可以维持关系。在你和自己的关系中，要增进自己的幸福，你需要对自己说更多正面与鼓励的话，而不是负面地打击自己。这里的概念是，在你开始告诉自己情况是没有希望、永远不会结束，甚至怀疑自己能力不足时，记得要重新思考整个事情。"

> **带领者笔记：** 你可能需要先在团体中示范如何自我鼓励和加油打气。

💬 **讨论重点：** 记得提醒成员，改善当下和停留在此时此刻，两者平衡很重要。与成员讨论，失去平衡时会造成什么状况，特别在不被认可的环境中会过度使用改善当下的策略。然而，指出过度使用这些技能不代表这些技能本身没有价值。邀请成员讨论如何解决抗拒运用这些技能的问题。

D.使用感官觉察改善当下

　　感官觉察（如痛苦忍受讲义 9a 所描述）的目标在于让自己回归到内在中心，增进平静与安宁感。这需要我们将注意力集中于不同的感官，虽然步骤以问题的形式出现，但目标是引导成员注意自己能否觉察到问题中的感官刺激，并且鼓励成员关注于他们的体验。如同身体扫描冥想，如果成员聆听事先录好的问题，或有人现场带领，会比较容易练习。你可以事先录音，刻制在光盘或随身碟上，提供给成员，或者让成员在你上课叙述这些问题时录音。

> **带领者笔记：** 请根据时间长短调整你的教学方式。如果时间较短，你可以询问十个问题，快速地（对所有成员）示范。如果你没有事先录好问题，则发给成员痛苦忍受讲义 9a，作为成员回家问自己问题的指导。请成员在练习前和练习后自我评量痛苦程度，然后分享是否有任何改变，这对成员特别有帮助。可以对成员强调，放松是一个需要很多练习的技能，如果他们每天练习，就可以对于危机时刻有更多事前的准备。

　　教授感官觉察的步骤如下：

✓ 1. 向来访者说明步骤

告诉成员："这个练习包括一系列关于身体感受的问题。将注意力集中在身体感受，能帮助你回到此时此刻。这帮助许多人觉得'踏实'和更安宁，从失控的情绪中平静下来。"在家里或个人访谈练习时，整个程序一般需要十分钟，但也可以（跳过一些问题）缩短为五分钟。

✓ 2. 示范注意感觉

从简单的指导语开始："找到一个舒服的姿势……现在，在你心里，从 1 到 100 评估你目前的痛苦程度。保持这个姿势，注意听我问的每个问题，聆听每一个问题，并且注意我问下一个问题之前发生了什么。这些回应没有对或错，只需要注意你对于每一个问题的反应。"然后，开始用温暖又中肯的语调来问问题，每个问题之间暂停几秒钟。问问题的时间五到七秒，问题之间的暂停十到十三秒。每一题需要二十秒钟，所有问题需要十分钟。

（1）"你可以感受到头发与头皮之间的接触吗？"

（2）"你可以感受到每次呼吸时胸部的起伏吗？"

（3）"你可以感受到两个眼睛之间的空间吗？"

（4）"你可以感受到两个耳朵之间的距离吗？"

（5）"当你吸气时，可以感受到你的呼吸接触到双耳后边的区域吗？"

（6）"你可以描绘远方的事物吗？"

（7）"你可以注意到自己的手臂碰触身体吗？"

（8）"你可以感受到双脚的底部吗？"

（9）"你可以想象在海边度过美丽的一天吗？"

（10）"你可以注意到嘴巴里的空间吗？"

（11）"你可以注意到舌头在嘴巴里的位置吗？"

（12）"你可以感受到吹过脸颊的微风吗？"

（13）"你可以感受到自己的一只手臂比另外一只手臂更沉重吗？"

（14）"你可以注意到自己手上的微微颤抖或麻木的感受吗？"

（15）"你可以感受到自己的一只手臂比另外一只手臂更放松吗？"

（16）"你可以感受到周围空气的温度变化吗？"

（17）"你可以感受到你的左手臂比右手臂更温暖吗？"

（18）"你可以想象当布娃娃的感受吗？"

（19）"你可以注意到自己左上臂有紧绷的感受吗？"

（20）"你可以想象让你非常愉快的事物吗？"

（21）"你可以想象浮在云上面会是什么感受吗？"

（22）"你可以想象被卡在糖蜜里的感受吗？"

（23）"你可以感受到自己腿部的沉重吗？"

（24）"你可以想象浮在温暖的水面上是什么感受吗？"

（25）"你可以注意到自己的身体挂在骨架之上吗？"

（26）"你可以允许自己懒洋洋地晃来晃去吗？"

（27）"你可以感受自己的面部变得柔软吗？"

（28）"你可以想象一朵漂亮的花吗？"

（29）"你可以感受到一边的手臂和腿比另外一边的手臂和腿更沉重吗？"

3. 感官觉察的简短建议

对成员说："陷入危机或当你时间很少时，问自己两到三个问题。"

💬 **讨论重点：** 询问成员练习后他们的激发状态与痛苦忍受程度是下降、维
持不变还是增加。虽然我跟同事在上课时经常只花五分钟练习，但发
现许多成员的激发程度显著下降，也比较容易痛苦忍受。

E.总结危机生存技能

在进入本模块下一单元之前，向成员总结危机生存技能。

> **带领者笔记：**复习危机生存技能时，提醒成员有一些技能让我们从痛苦的现实中转移注意力（例如，推开及其他大部分转移注意力技能），有些技能让我们与痛苦情境保持一定程度的接触（例如：鼓励、一次做一件事、寻找意义、比较）。因此，后面这组危机生存技能，在某种程度上包含接纳现实。这种区别是有意义的，因为有些时候打断危机反应（例如，当一个人快要自我伤害时）很重要，而有时（例如，工作或治疗访谈时），完全转移注意力则是无效的行为。

十、概论——接纳现实技能（痛苦忍受讲义10）

> **要点：**接纳现实技能的目标在于减轻痛苦，通过接纳人生的真相来增加自由感。
>
> **痛苦忍受讲义 10：概论——接纳现实技能。**快速讲解本讲义，也可以跳过，直接把信息写在白板上。不要使用本讲义来教授技能。
>
> **痛苦忍受练习单 8、8a、8b：接纳现实技能。**这三份练习单包含所有接纳现实技能，如果你正在复习已经教过的技能，则可以在这里使用。这三个表格提供的练习分量各有不同，可以从一周练习两次的练习单 8 开始，帮助成员增加技能练习的次数；练习单 8a 为每个技能提供两次练习；练习单 8b 则是每天练习不同的技能好几次。如果你不打算发放对应单个技能的练习单，可以重复使用这几个练习单。

A.接纳现实技能

1. 什么是接纳现实技能

告诉成员："接纳现实技能是接纳你此时此刻的生活的技能。如果你觉得目前的生活不是自己想要的，这些技能就特别有帮助。"

> **带领者笔记：**如果你没有（或还没有）教过危机生存技能，记得要先讲解以下的接纳现实的目标。如果你已经教过危机生存技能并讨论过痛苦忍受的目标（讲义 1），请跳过第二点，然后非常简短地提醒成员本技能的目标即可。以下帮助接纳现实的重要性，也可以在教授全然接纳（见痛苦忍受讲义 10）时复习。

2. 接纳现实技能的目标

对成员说："接纳现实技能的目标是减轻你的痛苦，增加你的自由感。"

💬 **讨论重点：** 请成员分享他们什么时候曾因为拒绝接纳现实而导致更多痛苦。

💬 **讨论重点：** 邀请成员分享他们什么时候曾经放下自己想要的结果，接纳现实状况而增进平静与自由感。

✓ B.六个接纳现实的基本技能

六个接纳现实的基本技能是：

■ 全然接纳

■ 转念

■ 我愿意

■ 浅笑

■ 愿意的手势

■ 允许你的心：对当下的想法保持正念

> **带领者笔记：** 你可能很想用这份讲义来教授全然接纳技能，请不要这样做，除非你不打算使用"痛苦忍受讲义 11：全然接纳"。

十一、全然接纳（痛苦忍受讲义11—11b）

要点：全然接纳是对现实真相的完全开放，而不会耍脾气或以无效的执意任性来回应。

痛苦忍受讲义 11：全然接纳。教授这个技能的一个好方法是复习与讨论本讲义，但要确认有足够的时间让成员在上课时做练习单 9 的第一个或前两个步骤（不需要成员分享）。多数成员从完成练习单中就能领悟到本技能的重要性，这也提供你用本讲义辅导成员练习的机会。一个普遍的错误想法是，人们一定要接纳生活中并非事实的部分。一定要审视这份清单中有哪些是需要接纳的（未列出的就不一定需要接纳）。请成员在上课时判定生活中还有哪些需要接纳的事实，以及在本周他们要练习接纳的部分也很有帮助。对许多成员来说，可能很难理解接纳事实真相而不需争辩的概念，如果成员曾经被严重虐待并相信人生对他们来说很不公平，那就更是如此。一个常有的误解是认为接纳某件事就等于赞同其存在，或会变得太被动而无法改变具有破坏性的状况。这份讲义列出许多需要接纳现实的理由。引导并建议成员觉察在团体或其他场合练习接纳时浮现的强烈的原生情绪，例如：哀伤；也要向他们解释，练习过后通常就会感到平静。

痛苦忍受讲义 11a：干扰全然接纳的因素（自选）。本讲义列出干扰接纳的因素。当你讲授讲义 11 时，可以使用本讲义进行讨论。

痛苦忍受讲义 11b：练习全然接纳，分解步骤（自选）。本讲义可以作为备用，因为它提供了练习全然接纳的指示。然而，对某些团体成员来说，这份讲义可能会让他们倍感压力，使用练习单 9 的练习就已足够。

> **痛苦忍受练习单9：全然接纳。** 请成员在上课时填写练习单的前几个问题会很有帮助，但是务必在成员离开前讲解整份清单。如果成员很难找出生活中需要接纳什么，指导他们尽力而为；并请他们和个体治疗师或好朋友进一步讨论。通常，成员会觉得他们需要接纳并非事实真相的事实（例如："我不是个好人，我是烂人"）。有时候，评判的想法可能隐藏在貌似事实的陈述中（例如："我是游荡街头的毒虫"）。与成员讨论目前接纳程度的评分。指出如果成员已经写下需要进一步努力的项目，就代表接纳的分数已经超过0。提醒成员，这份练习单不只是作业，而是帮助他们记录自己做过什么的工具，他们可以在讨论家庭作业时回顾。当成员决定自己要努力什么之后，练习全然接纳就是其家庭作业，而不只是填写练习单。这个练习最后的总结是在讲义11b。如果有成员要尝试接纳一个以上的事实，你可以给他几份练习单或请他写在练习单的背面。
>
> **痛苦忍受练习单9a：练习全然接纳。** 与成员讨论练习单。如何使用本练习单的指示跟练习单5a、6a、7a类似。

A.接纳现实不就等于放弃或赞同吗

询问成员两个问题：

■ "如果技能训练的重点是改变，为什么要加进全然接纳？"

■ "如果你接纳了邪恶及过错，不等于是赞同它吗？"

> **带领者笔记：** 先讨论这些问题以消除成员的疑虑通常很重要。一般来说，我会用很极端的故事来说明：（1）没有人会反对接纳在这里是必要的；（2）故事中主角所受的痛苦是如此明显，没有人觉得接纳会让主角的痛苦变得微不足道；（3）很清楚地说明，接纳并不意味着赞同。

✓ ⚇ **故事重点：** 通过阅读人们如何在"二战"期间纳粹集中营里幸存求生的书籍，我领悟到两个重点。第一，能够活下来的人都需要有点运气。第二，如果这个人很幸运（即没有无故被杀），那么在接下来的人生中，就要全然接纳自己活在守卫能为所欲为的集中营里。对错或公平都与那个环境不相干。放弃的人会倒下、死亡或者自杀，公开反抗的人、试图纠正守卫的人也死得很惨；守卫可能把他们一枪毙命，或对他们做其他很残忍的事。那些存活下来的人不只是幸运，他们也全然接纳守卫与有权力者加诸的任何命令，在这些规则底下，他们尽其所能"与系统共处"，在环境中有效地存活下来。

✓ ⊗ **故事重点：** 一个人因为并未犯过的罪被判终身监禁。他已经试过所有上诉的渠道，没有钱雇用律师，也没有办法请非营利组织接纳他的案子。对他来说，接纳自己以监狱为家就至关重要。如果无法全然接纳这个现实，他就不能适应狱中生活，无法学会坐牢的生存之道和得到任何好处。发脾气或对抗这个系统，只会干扰他而无法找出问题解决之道，也会带来更多惩罚。但是如果他只是躺在床上，完全放弃及让步，也会带来问题，导致惩罚与责骂。

💬 **讨论重点：** 邀请成员分享在他们的生活中，什么时候全然接纳现实对他们来说很重要，因为这种接纳让事情变得更好，或不接纳让事情变得更糟糕。

✓ B.接纳与全然接纳之间有什么区别

告诉成员，接纳是：
■ "承诺或认清真正的事实；承认事实的存在。"
■ "放下与现实对抗的念头（也不发脾气）。"
告诉成员，全然接纳是：
■ "用你的身心，彻底地接纳。"
■ "从你的灵魂深处去接纳。"
■ "开放自己全然地体验当下如其所是的现实。"

这里的想法是，承认事实的存在，没有愤怒或愤恨不平，没有苦毒和刻薄。绝望（以及在需要采取行动时被动）、苦毒、怨恨与极度羞愧或内疚，这些都是无法全然接纳的结果，它们也是接纳扭曲事实，并非真的事实的结果。因此，全然接纳的目标在于完全接纳那些必须被接纳的现实。就是这种对此时此刻的完整体验，最终会带来平静，借由反复练习，会对生命感到某种程度的满足。

> **带领者笔记：** 对一些人来说（包括技能训练带领者），全然接纳是很难理解的概念。他们很难理解可以接纳一件事而不需要去赞同它。他们认为，如果接纳现况就无法改变现况。试着让他们接纳这个概念，有可能会变成一场权力斗争。就如行为塑造策略，你可以建议用"承认""认可"或"忍受"等字眼来进行讨论。你可能需要反复讨论这些概念，这需要极大的耐心，但请不要轻言放弃全然接纳。此外，如前所述，告知成员他们可能在练习全然接纳时体验到强烈的原生情绪，如难过与悲伤。这些是接纳过程中必经的情绪处理过程，而在情绪过后他们通常会感受到平静。

✓ C.要接纳什么

✓ 1. 如其所是的现实

我们只需要接纳关于此刻与过去的真正事实，以及对未来的合理预期。

因此，我们必须非常小心，不要接纳扭曲的过去（例如："从我一出生妈妈就恨我"）、夸大的说法（例如："我总是得不到我想要的""我恨透了家乡的一切"）、灾难化的想象（例如："当我被开除，我这辈子就完蛋了"）、评判的指责（例如："我的老婆是浑蛋，我的孩子没出息"），或其他并非真实的类似信念与假设。

✗ **故事重点：** 讲述一个男人学习爱惜蒲公英的故事（见第九章第十九节）。如前所述，这个故事缘自我的禅学老师的分享，而我的老师是从另一个灵性教师德·梅勒（Anthony De Mello）的书中读到这个故事的。

举例：接纳所爱的人离世相当困难，但是也非常必要，这样才能在失去这个人之后建立生活。如果你很幸运活得够久，到了一定岁数之后，就要接纳你的头发会变灰白。

故事重点：玛丽在一家大保险公司担任打字员，但是她其实很想担任社工，所以决定去找一个社工的工作。她先到就业中心，请他们帮助她找新工作，并告知她想要做社工方面的工作，而就业中心也帮她找到社工的工作。虽然目前的工作很不错，同事都很棒，薪水和福利也不错，但是她真的很想做社会工作，所以她离开了。

玛丽很兴奋："哇！我找到社工的工作了！"她心想。第一天上班，他们请她帮忙打报告和信件。她花了一整天打字，一边想着："这样也不算太坏，我可以通过打报告来了解这里的工作内容，然后我就不需要一直打字了。"但是，第二天、第三天及整个星期，玛丽被指派的工作内容是什么呢？打字！所以，玛丽去找上级："嗯，请问我什么时候可以开始做社会工作？"老板说："我不懂你的意思。"玛丽接着问："我想知道我什么时候可以做社工的工作？"老板回答："你的工作是打字，这是我们需要的。你没有社工所需要的社工学位。"

玛丽的第一个念头是："不，这不是真的。我在社会工作单位找到工作，这不可能是真的。"

玛丽真的想过要留下来。她想留下来，试着让这份工作变成社会工作。这样想只是在否认现实，因为这确实是一份打字的工作。那么她有什么选择呢？嗯，她可以继续觉得很悲惨，也可以变得歇斯底里。她可以留下来跟老板抗争，要求他们把这个工作变成社工的职位，也可以在他们不愿意这么做时控诉他们的无情。她有好多选择。

玛丽还有一个选择，就是全然接纳自己的新工作不是社工的职位。她犯了一个错误，需要修正这个错误，而修正这个错误的方法就是重新找一份工作。这正是玛丽选择采取的行动。她趁着上班休息时间，打电话给就业中心告诉他们她犯了这个错误，她需要另一份新工作。就业中心跟她说没有问题，他们会帮她找一份新工作。当就业中心打电话给玛丽之前的老板要一份证明书时，之前的老板说他们还没有找到适合的人选，希望玛丽可以回去工作。所以，玛丽回到原来的工作单位，而且变得更开心了。她决定开始存钱，有一天可以去社会工作研究所读书。她也决定要担任义工，让自己可以在去研究所读书之前先接触社工的工作。

✓ 2. 每个人的未来都有限制

未来的限制是指我们不太可能完成的一个或几个目标。限制就像是可能性。接纳这些限制（或可能性）对于设定目标很重要，可以避免降低生活质量。重点是，我们只需要接纳最可能发生的限制。

未来的限制源于我们的生活、他人的生活和环境中出现的因素。如果我们不能改变为目前和未来带来限制的因素，那么我们就无法改变，现实本身也不会改变。

✓ a.我们会被生理与环境限制

我们的限制可能来自于基因、与生俱来的生理条件、童年期缺乏教育或有效的养育、贫穷的经济背景、社会地位、出生在哪个国家、性别、种族、性取向、民族、体态、身高、年龄、疾病或残疾、需要我们照顾的家庭成员，或者我们很难控制的其他因素。

举例： 如果你身为男性，就不可能做女性能做的某些事情（如怀孕）；如果你身为女性，则可能面临男性不需要面对的社会期待。如果生来就缺乏艺术天分，就不太可能成为成功的艺术家。如果生来只有一条腿，你赢得纽约马拉松比赛冠军的概率就很小。

✓ b.我们会被过去的行为限制

举例： 如果一个人读高中时经常翘课、不念书、混帮派，要同时申请到好几所大学的概率就很小。一个人曾因犯下重罪而入狱，就业机会就会有所限制。一个人辞职在家带孩子，相较于另一个从来没有中断工作的人，可能比较难找到一份高薪的工作。心理障碍如精神分裂症、躁郁症、重复发作的抑郁症、恐惧症及严重的焦虑症，会让一些人的生活更为艰辛。如果没有得到妥善治疗，这些障碍可能限制一个人的未来。

✓ **c.我们会被已知的可能性限制**

举例： 我们都必须要接纳人终将一死（这是确定的）。多数人必须接纳要缴税（这几乎是确定的），或者如果我们不停地吸烟、缺乏运动、不注意管理高血压，就会减短寿命（这是高概率的）。

不改变行为，就极有可能发生不良的后果，如果我们拒绝接纳这一事实，那就是否认现实和失败的全然接纳。

举例： "如果你不接纳必须读书的现实，你的考试成绩大概不会太好。如果你拒绝承认自己的坏脾气可能会让自己被开除，你失去工作的概率也会变高。如果你想避免财务不稳定，就要接纳按时付账单和存钱是必要的。"

✓ **d.不需要接纳对于未来的想法**

对于未来的恐惧与绝望并不是关于未来的事实，这些都不需要被当成高概率的来接纳，除非我们害怕的事情很可能会发生，而且影响这个事件的原因是我们无法改变的。

举例： "如果你萎靡在床上或不愿意去找工作，那你就必须接纳找不到新工作；但是如果你还能继续工作又愿意去应聘工作，你就不需要接纳自己会找不到工作。"

举例： "没有人会爱我"是一个极端的想法，对多数人来说这未必是事实。我们可以接纳自己出现"没有人会爱我"的想法，但是这（我们脑海中浮现的想法）是必须接纳的。想法并不会让想法变成事实。我们不需要接纳"我是一个永远不会被爱的人"这样的想法。

> **带领者笔记：** 这里要强调的重点是，对于未来的想法并不等于未来的事实。要确认成员都了解这一点。

第二部分　PART 2
DBT技能模块教学笔记　　704

💬 **讨论重点：**邀请成员分享是否曾经接纳了不需要接纳的对于未来的想法。

e. 生命中的限制所带来的影响各有不同

我们都有限制，但是特定的限制对我们的生活造成多大影响，要视我们的梦想、目标，以及是否愿意接纳生命中无法得到所有想要的东西而定。我们不可能一直控制自己的欲望。我们可以希望自己不去奢望无法达成的目标，但是这样的希望不见得有用。所以，当目标和可能性发生冲突时，就会带来更多的痛苦。

举例：对于一个不喜欢运动的人来说，运动细胞不足并不是什么限制；对于一个不演奏音乐也不唱歌的人来说，五音不全也不是什么重要的限制；对一个已经有稳定工作又不想改变的人来说，年龄超过六十岁也不是工作的限制。

✓ 3. 世间万物各有其因

这里的重点在于，每件事情的存在都是某个原因造成的结果。重要的并不是找出特定的原因或认为我们总是可以得知事情实际的起因，也不是要我们去解释原因如何形成。原因可能是身体的、心理的、灵性的，或者其他任何我们愿意相信的因素。

✓ a.事情发生必有原因和结果

如果出现一个原因，结果也会跟着发生。从这个观点来看，接纳是："凡事应如其所是"。这句话的重点在于，接纳宇宙中发生的事情就是承认事情背后有其原因。换句话说，有因必有果，或者我们可以说："万物如其所是""世事即如此"或"世事各有其因"。

✓ b.如其所是地接纳宇宙的规则

全然接纳是"接纳宇宙的规则就是宇宙的规则"，然后我们可以试着找出其因果。当我们说现实不应该是这样的，我们其实是在说宇宙应该有不一样的规则。不仅如此，我们甚至认为我们自己应该可以制定宇宙运行的规则。当然，如果我们可以制定宇宙的规则，也可能会犯错，发生意料之外的负面后果。本质上，拒绝如其所是地接纳现实，就是在说原因（至少某些原因）不应该产生那样的结果，这等于是想要改变宇宙的规则。

大多数情况下，我们只有在面对不喜欢的状况时才会说"事情不应该是这样"，而很少在喜欢、想要或接纳时这样说。

✓ ⊗ **故事重点：** 想象有一个小男孩在山坡上，骑着自行车飞快地往下冲。前方有一个十字路口，一辆汽车从另一个方向超速疾驰而来。十字路口没有任何警示牌：没有暂停标示，没有红绿灯，没有礼让行人的标示。从另一个方向开车过来的司机看到小男孩时已经来不及刹车，汽车与自行车在十字路口相撞，小男孩因此丧生。

这难道是应该发生的事情吗？是的，这是必然的结果。十字路口没有暂停标示、红灯警示，也没有让路标示。这辆车超速，小男孩也骑得很快，司机没有办法及时刹车。孩子就是孩子，喜欢骑很快，而很多人也会在无人的路上开快车。如果我们说这件事不应该发生，就需要创造让这件事不发生的原因。我们必须针对以上一连串的原因做出改变。

这个例子说明了什么是如其所是地接纳现实和接纳造成现实的原因。当然，我们不需要赞同这个状况。但是，除非原因有所不同，否则这个事件必然会发生，原因导致了后果。

如果想要阻止孩子骑自行车下坡经过十字路口时不被车子撞到，我们需要设置警告、暂停标示或红灯警示，需要有警车在路上巡逻或设置减速路障，父母要教授孩子更好地骑车习惯。我们不能简单地说车子就不该超速，或这个司机不该撞死孩子，或孩子应该在过马路前察看左右来车，因为这些都无法减少事故的发生。

💬 **讨论重点：** 邀请成员分享，他们何时曾经抱怨："为什么是我"或者

"这不应该发生"。

> **带领者笔记：** 将这里的"原因导致结果"与正念模块教过的"不评判"相联结。

c. 全然接纳不需要知道事情的原因

在上述自行车与汽车的故事中，我们不知道车祸的原因是不是没有暂停标示或车速太快，又或者是不是司机不超速就可以避免车祸。但即时我们不知道原因是什么，我们也可以接纳有一个原因存在。

✓ 4. 虽然人生很苦，但还是值得活下去

如果生命要完全没有痛苦才值得活下去，没有人会有值得活下去的人生。接纳需要停止抱怨生活只是一场灾难。为了我们的需要而压抑欲望并不是一个有效的方法。当我们这么做时，仿佛没有得到想要的是一件很糟糕的事，就好像人生一旦无法顺心如意，我们就不会快乐，也无法忍受不能拥有想要的每样东西。当然，这些想法只会让情况变得更糟。

⊗ **故事重点：** "把你自己放在之前讨论过的情境中：你需要在监狱中度过一生，但实际上你没有犯罪，最高法院也无法改变判决。你有哪些选择？"

"你当然不能解决这个问题。你没有办法让自己出狱，但是要开心过日子又似乎不可能，因为你是无辜入狱的。我们必须排除这些选项，你还有什么选择呢？"

"你可以觉得悲惨、烦恼、挫折，终日以泪洗面度过余生，或者你可以接纳现实，找出在监狱中活得有意义的方法。为了要把无法承受的痛苦转化为可以忍受的痛苦，你必须接纳可以建立自己的人生。因为如果你无法接纳，会发生什么事呢？你就无法创造自己的人生。要创造值得过的人生需要付出很多心血，如果你不相信自己可以办到，那就更不可能；相信自己办得到，反倒让事情变得简单一点——当你

真的接纳虽然你是无辜的，还是要坐一辈子牢，就有更多的机会创造出值得活下去的人生。"

💬 **讨论重点：** 邀请成员分享，何时曾经克服极为困难、痛苦的情况或不公平的待遇，创造出自己较能忍受的情境。讨论他们是怎么做到的。

✓ 👥 **练习活动：** 发下痛苦忍受练习单9，请成员填写第一部分："列出在你目前生活中需要全然接纳的两件非常重要的事，然后用0—5为你自己或你的生活对这部分的接纳程度评分。"在教授中询问成员这个问题似乎太快了，但我们的经验是大多数成员都可以回答。多数人对于全然接纳直觉上可以理解，也明白它在生活中的重要性。为了确保成员写下在自己生活中真正最需要接纳的事，可以一开始就告知成员，他们不需要分享自己写下什么，只要讨论成员在确认和写下来的过程中体验到什么。提醒成员，如果他们写下自己需要接纳的事，就表示他们至少已经做到一小部分的接纳了，所以选择的分数应是0以上。

✓ D.为什么要接纳现实

1. 拒绝或否认现实并不会改变现实

拒绝现实通常包括避免看见或体验现实，发脾气并坚持改变此刻的现实。但这只是在否认我们眼前的事实。虽然逃避、发脾气、否认可能让我们暂时好过一些，但是不能改变已经发生的事实。

举例： 有些父母无法接纳孩子已经长大成人，离家到远方去念书或工作。这种拒绝会导致不切实际的要求、多余的建议、过度干预孩子的生活，最后破坏跟孩子的关系。

举例： "拒绝接纳酒醉驾车的危险会被开罚单，或开车撞死人而坐牢。拒绝接纳伴侣的一些你嫌恶的习惯会导致强烈冲突，最后失去关系。"

💬 **讨论重点：** 一个很大的误区是："如果你拒绝接纳一件事——如果你坚定立场、拒绝忍受它——事情就会神奇地改变！"仿佛抗拒和/或意志力就可以改变现况。举一些例子，讨论为什么成员会这样认为。邀请成员分享发脾气和拒绝接纳而让事情变得更严重的例子。

✓ ## 2. 改变现实需要先接纳现实

拒绝现实就像是被痛苦围绕的乌云，让我们无法看清。看不清楚，就很难解决问题。

举例：

■ "拒绝接纳疾病让你无法照顾自己，你可能病得更严重或问题更多。"

■ "如果你不能接纳伴侣无法停止虐待你，而多年待在一段被虐待的关系中，只会得到更多的虐待。"

■ "即使一个人已经用很多方式证明他真的在乎你，但你坚持认为，如果他/她真的在乎你，就要去做你想要的事情，这样可能只会导致失望，甚至关系破裂。"

■ "拒绝接纳户外婚礼可能会下雨，因此不做任何应变计划，你的婚礼就有可能不如你意。"

✓ 🎴 **故事重点：** "想象你有一辆车，刹车几乎完全失控了。你到修车厂告知车子的问题，技师保证一定会修理好你的刹车。下周你来取车，似乎已经修好了，可是两天后，你开车时发现刹车还是有问题。你把车子开回修车厂，你觉得哪个技师能更快地修好你的刹车？一个技师说：'我已经修好你的刹车，应该没有问题了，一定是你把刹车弄坏了！'或者另一位技师说：'哇！刹车又坏啦？一定是哪里出了问题。让我检查一下，看看我能做些什么。'"

✓ 🎴 **故事重点：** "想象下面的情况。你想要买一栋新房子，而且终于找到梦想的房子。只有一个问题：房子是紫色的，而你最讨厌的就是紫色。所以你在买房子前跟卖方协调，你说：'我愿意付这个价钱，但是交房前你要重新粉刷房子，不要漆成紫色。'卖方同意，你也签约了。搬家的大日子来了，你很兴奋，拿了新房钥匙到了新家，然而，你不止发现房子还是紫色的，而且卖方已经搬到欧洲，不会再回来了。"（暂停一下。）"好吧，你有两个选择。你可以大发脾气：'喔！我不能忍受！这简直是一场灾难。天啊，这些人去哪里了？我无法相信这种事情居然会发生在我身上。喔！我快疯了！我无法容忍这个状况！我要告他们，告到他们重新粉刷房子为止……'然后继续抱怨。你可以夺门而出，坐上车离开，然后说：'我不要买这个房子了！'可是，你已经签好契约，这个房子已经是你的了。现在，想象另一种反应方式，你走进房子，然后对自己说：'唉！这真让我失望，我不喜欢紫色的房子。我知道我可以告他们，但是这会耗费一段时间。不知道最近的油漆店在哪里？'""你觉得哪一种选择会比较快地改变房子的颜色？是接纳房子就是紫色，还是继续发脾气？"

💬 **讨论重点：** 邀请成员分享，曾经是否因无法接纳事实而干扰了问题的解决。

✓ 3. 痛苦是无法避免的

痛苦无法避免；这是通知我们事情出现问题的自然方式。如果我们可以避免痛苦，我们就会这么做。然而，如果我们真的避免痛苦，很容易疏忽地置身险境而早死（不小心把自己烧死、走进让我们冻死的冰水中）。一个生来就没有痛觉的人很难生活下来，因为他们必须时时警戒，才不会误伤自己。

情绪，如同在情绪调节模块中所讨论的，包括那些非常痛苦的情绪在内，对人类生存都有重要的功能。

举例： 当手碰到滚烫的炉子，疼痛让我们赶快缩手。没有这种疼痛感的人会陷入大麻烦。

举例：哀伤的痛苦让人们向迷失者伸出援手。没有这样的情绪，可能不会有社会或文化，没有人愿意照顾病人、寻找迷途的爱人，或愿意跟置身困境的人同甘共苦。

举例：害怕痛苦的体验让人们远避危险。

💬 **讨论重点：**没有痛苦情绪的利弊是什么？成员会喜欢从来没有痛苦情绪的人吗？

✓ 4.拒绝现实让痛苦变成苦难

苦难是痛苦加上不接纳痛苦。痛苦很难忍受，或几乎不可能忍受，但是苦难更艰辛。拒绝接纳现实和苦难，会妨碍人们减轻痛苦。

苦难来自于：

■ 人们无法或拒绝接纳痛苦。

■ 人们坚持得到自己想要的，拒绝接纳已经拥有的。

■ 人们抗拒当下的现实。

全然接纳将无法承受的苦难转化为能够忍受的痛苦。

总之，痛苦就是痛苦，苦难与挣扎则是痛苦加上拒绝接纳。如果我们把痛苦和拒绝接纳相加，我们最终就会得到苦难。

5.接纳现实能带来自由

接纳现实能让我们从高兴、苦楚、愤怒、悲伤、羞愧及其他痛苦情绪中得到自由。与自由相反就是不计代价地想停止痛苦。人生有很大一部分时间要面对一时之间无法解决的痛苦情境。我们可以通过正面思考、忽略或压抑痛苦来摆脱痛苦，然而这些策略经常是无效的。我们使用这些策略时，常误以为自己无法痛苦忍受，必须做些什么来停止痛苦。我们成了不断想从此时此刻逃脱的奴隶。

举例："你可能曾经失去某个对你很重要的人。多数人面对他人的死亡，刚开始都无法接纳，一直想着'这不是真的'，希望能再见到去世的人。最终，他们接纳现实并了解这个人真的去世了。当你能够接纳，还是会感到痛苦，但是你的人生可以向前迈进了。"

💬 **讨论重点：** 把接纳当成一种"跟上天讨价还价"来创造改变的技能（"我会接纳现实，但请你答应让事情变好"），并不是真的接纳，更不是全然接纳。请成员分享这种讨价还价的例子。

👥 **练习活动：** 请成员回想对某件事很失望的时刻（例如：他们没有被接纳、某人过世、失去了非常重要的东西、没有得到想要的东西），不过他们最后还是继续生活。请他们先回想一开始感到失望的那一刻，他们有什么感觉，他们的反应是什么，然后请他们回想，当他们终于接纳这件事情已经发生时有什么感受。讨论接纳事实前后的体验有何不同。将焦点集中在成员接纳之后，是否觉得好过一些，能够继续前进。

✓ 6. 接纳可能带来悲伤，但之后通常有深沉的平静感

接纳经常伴随许多悲伤，虽然如此，也会觉得仿佛卸下了重担。通常，一旦发生了全然接纳（自始至终接纳），人们会觉得准备好展开人生新的一页。

恐惧悲伤通常是难以接纳的核心所在。当一个人终于接纳痛苦或创伤的过去，或是接纳此刻极大的痛苦（甚至无法改变）时，无疑会感到极度悲伤。对很多人来说，掉入悲伤深渊是可怕到让人不敢想象的。这可能是为什么面对重大又无法弥补的失落时，需要很长一段时间才能完全接纳。

举例： 要接纳失去一个孩子可能需要很多年。要接纳连续三年没考上大学也需要一段时间。最后，要接纳逢年过节已经没有童年的家可回，也需要很长的时间。

当我们面对悲惨的过去或不符期望的现在，能够全然接纳事实，不再抗拒、压抑或怨天尤人，就会体验到深沉的平静感及解放与自由的感觉。

💬 **讨论重点：** 邀请成员分享，何时因为恐惧悲伤而干扰了接纳。是否接纳悲伤之后，有一种平静与自由感？请加以讨论。

✔ 7. 离开地狱需要走过悲惨之路

对成员说："关键是如果你在地狱里，离开地狱的唯一方式是走过一段持续的悲惨之路。这条路当然充满痛苦，但悲惨却比地狱好多了。如果拒绝接纳这条悲惨之路，你就会不断地掉入地狱，一次又一次重新开始。"

举例： 暴露是治疗创伤后应激障碍（PTSD）与其他焦虑障碍的关键要素。不可否认，这个方法很痛苦。行为激活及相反行为是克服抑郁的必须技能；这两个策略都需要抑郁者做自己最不想做的事情。此外，也需要很多的痛苦忍受（即容忍悲惨），才能停止以自我伤害、使用药物与酒精，以及勃然大怒来作为逃避情绪痛苦的方法。

> **研究重点：** 创伤后应激反应主要是尝试逃避一切会引起不舒服的接触的后果。病态的哀伤，即无法停止的哀伤，也来自于类似的逃避。逃避所有与痛苦相关的线索，反而确保痛苦会继续下去。当人们越是试图逃避和关闭情绪（或生理）的痛苦，它就越会跑回来纠缠他们。尝试压抑情绪痛苦或逃避与痛苦相关的线索，只会让人反复回想痛苦的事件；矛盾的是，试图摆脱痛苦的想法却会创造出痛苦的想法。例如，以正念为核心的正念减压疗法，是一种帮助人们面对慢性生理疼痛的有效课程，请参考乔·卡巴金的《多舛的生命》（*Full Catastrophe Living*）。（亦请参考《DBT 教科书》第十一章中暴露疗法的部分）。体验、容忍和接纳情绪痛苦才是减轻受苦的方法。

E.使用接纳现实技能的时机

对成员说："接纳现实技能在下列三种情境中会有帮助。"

■ "你的人生遭遇重大创伤、痛苦或困难。"

举例： 许多人可能需要接纳自己并没有一个充满爱的家庭、过去做了让自己后悔的事、从未拥有或错失的机会。

举例： 许多人需要接纳他们的家人无法善待他们，或身体残疾帮不上忙。

■ "你觉得痛苦，但并没有陷入危机。你的处境很痛苦，目前也无法改变。如果不接纳现实，你会变得很烦恼、烦躁，有时甚至会乱发脾气而毁了一整天。接纳能抚平痛苦。"

举例： "如果遇到塞车快要赶不上重要的约会，或者假日举办户外活动却下起雨来，或是要陪同赴宴的人生病临时不能去，接纳现实技能都会有帮助。"

■ "问题解决行不通时，你可能需要评估自己是否真正接纳了所有的事实。为了解决问题，你需要接纳现实技能，看清楚并权衡状况（否则你可能解决了错误的问题），然后想出有效且务实的解决方法，并且评估你的策略是否奏效。"

举例： "你已经花很多时间计划在山上露营，却在两天前得了重感冒。你去看医生也按时吃药，症状却没有减轻。你可能需要接纳生病应该待在家里的事实，才能复原。"

举例： "深夜，你刚从公司下班，正在找你的公寓钥匙，但是找遍手提包和口袋还是找不到。你记得离开办公室时明明拿在手上，因为你出来时锁了公司大门。你再翻了一遍手提包和口袋，还是没有。虽然找了四次，能找到的机会实在微乎其微，但你仍然继续找，希望钥匙可以出现。因为你不接纳钥匙根本不在你的手提包和口袋里的事实，以至于没有想到要走回停车场，去看看钥匙是否掉在车子里。"

举例： "你爱上了一个人，对方却告诉你他爱的是别人，而且不想再见到你。你心里相信，自己终于遇到了对的人，所以好几个月过去了，你还是不断努力想挽回他的心。你的努力徒劳无功，你每晚坐在家里，向神祷告让他回来、哭泣和写情书（然后又把信撕毁）。因为你不接纳这个人不会回头，让你无法向前看，去找另一个爱你和珍惜你的人。"

💬 **讨论重点：** 邀请成员分享生活中需要接纳的事实。讨论接纳痛苦、不公平或干脆不正确的事实有哪些困难。

✓ F.全然接纳并不是……

✓ 1. 并不是赞同

接纳我们喜欢并赞同的事物比较简单，接纳不喜欢的事物却很难。这不代表我们无法接纳自己不喜欢或不赞同的事物。

举例："一般人比较能接纳结婚对象有很多自己不知道的优点，却很难接纳对方有很多自己之前不知道的缺点。然而，接纳这二者同等重要。"

举例："人们因为自己并没有犯的罪而入狱，需要接纳他们已经在牢里，但不必赞同这个不公平的事实。接纳自己受到创伤的事实，才能开始疗愈创伤后应激反应，但这并不表示你同意自己受到创伤。接纳你有高血压，不代表你赞赏自己有高血压。"

💬 **讨论重点：**邀请成员分享，他们必须接纳的生活中的事物却不需要赞同它，请加以讨论。

✓ 2. 并不是怜悯或喜爱

接纳他人的言行不表示我们必须喜爱他们或怜悯他们。如果我们能够接纳，那么就更容易去怜悯，但怜悯并不是接纳的必要条件。我们全然接纳一个人、动物或事情时，不一定需要对他们有喜爱的感觉。

举例："你可以全然接纳你家阁楼有老鼠，但你不需要爱它们。你可以全然接纳人们会虐待儿童、强暴女人或男人、偷窃富人或穷人、发动战争，但你不需要喜欢或赞同这些事。如果你全然接纳（当然，不等于赞同）人们和他们的行为，就更加能够去怜悯与喜爱，但这并不是接纳所必需的。"

✓ ## 3. 并不是被动、放弃或屈服

许多人害怕接纳事物，是因为害怕接纳之后就无法改变，他们会变得被动和无助。这只有在他们没有同时接纳以下情况时才会发生：（1）他们不喜欢或不赞同的感受；（2）如果他们足够努力，就可能发生改变；（3）花时间试着改变不喜欢的事情是值得的。

💬 **讨论重点：** 跟现实对抗会干扰问题解决。但是一些人很害怕一旦接纳了痛苦的情况或情绪，他们会变得被动和放弃（或屈服）。请成员讨论对于可能发生这种情况的恐惧。解释："想象你在网络上订了一双鞋，却送来错误的尺寸。如果你拒绝接纳这双鞋的尺寸是错的，就不会把鞋退回去换成正确的尺寸。"请成员分享，曾经因为接纳而减少痛苦并更有能力面对痛苦来源的例子（这个主题已在前面"为什么要接纳现实？"讨论过，也会在第八节再次提到）。

✓ ## 4. 并不是抗拒改变

接纳本身并非改变困境，却可以让改变成为可能。事实上，要造成改变就必须接纳。对于东、西方的主要宗教来说，接纳是一个核心的概念。邀请成员对此做出回应与分享经验。这个概念和匿名戒酒协会降服于更高的力量并接纳无法改变的事情很类似（记住，一个人可以改变未来，但无法改变过去的事实以及正在消逝的这一刻）。

G.干扰全然接纳的因素

✓ 👥 **练习活动：** 请成员阅读痛苦忍受讲义11a，标示出干扰他们全然接纳痛苦事件和事实的项目（这个活动可在讲解讲义之前或之后进行），请加以讨论。

1. 缺乏接纳的技能

对成员说："跟其他技能一样，一开始你可能不知道要如何全然接纳。许多人尝试接纳，但真的不知道该怎么做。此外，全然接纳是一个技能，练习会让你更加熟练。"

2. 以为接纳现实就是低估或赞同现实

继续对成员说："人们经常将接纳与被动以及不预防或改变未来的痛苦事件相混淆。然而，这两者是不同的。事实上，就如我们已经讨论过的，你无法改变自己不接纳的事物。如果你无法如其所是地面对现实，如果你否认它，你怎么改变它？如果你认为事出无因，只是被命运或运气所决定，那么你要如何改变它？""所以，如果你希望事情改变，就接纳它，再改变它。因为当我们说接纳如其所是的现实，并不是说'接纳现实就是这样，认为它永远不会改变'。现实总是在不断改变。如果你想对改变产生影响力，对你有用的事就是接纳此刻的现实。"

3. 强烈的情绪

对成员说："强烈的情绪可能会干扰接纳，因为你觉得接纳现实会让你体验到无法忍受及超负荷的情绪，例如：悲伤，对引起痛苦事件的人或团体感到愤怒，对不公平的世界充满怨恨，对自己真实的面目无比羞愧，或者对自己的行为觉得内疚。"

H. 练习全然接纳，分解步骤

> **带领者笔记：** 讲解痛苦忍受讲义 11b 或练习单 9 练习全然接纳的方法。如果时间不够，指定阅读这份讲义当作家庭作业。如果你讲授这份讲义，要强调下列步骤。

✓ 1. 观察你是在质问或抗拒现实

告诉成员："详细描述你需要接纳什么，不需要夸大或抹杀。真实、不评判地描述（见'正念讲义4b：练习描述的方法'）。我们太容易抗拒现实，甚至不知道自己正在这样做；这在你持续与你必须接纳的事物避免接触时特别真实。因此，承认你并没有做到接纳，正是接纳的第一步。"

✓ 2. 提醒自己现实如其所是

对成员说："通常，你只要用一句接纳的陈述就可略过以往的不接纳。有用的陈述包括：'事情应当如此''情况就是这样''这就是现实''日日皆好日'。最后一句是禅学的格言，用来说明每件事情正是如此，没有好也没有坏。"

✓ 3. 考虑你需要接纳现实的原因

继续对成员说："一旦你了解了试图接纳的情况有其原因，接纳就容易多了。有时候，你可能要回溯到很久以前才能找出所有原因，但这样做很有帮助。人们通常羞于分析原因，因为他们觉得找出原因就是在制造借口，等于对行为后果'免责'。然而，你可以确认行为的后果，同时又了解行为背后的原因。事实上，不去了解原因就几乎不可能改变你不喜欢的行为。"

💬 **讨论重点：** 邀请成员分享，什么时候人们会拒绝了解自己行为的原因，而成员什么时候发现很难试图了解别人行为的原因。询问成员是否认为了解原因就是在找借口。

✓ 4. 用全部的自己（身、心、灵）来接纳

继续对成员说："全然接纳的基本概念是你要自始至终完全接纳。要做到这一点，你要练习'放手'。如果你不能接纳，你的身体会紧绷，肌肉会

僵硬。放手就是放开你身上的紧张。"

再对成员说："如果你的心大喊：'不！我不要！'然后你的紧绷又回来了，不要担心，这是会发生的。重新开始。只要再次开始放松，不断练习放手。练习对宇宙说'好'，练习用正念来接纳当下这一刻。"

> **带领者笔记：**请记得"放开你的身体"的步骤跟渐进式放松是一样的（见痛苦忍受讲义 6b）。唯一的差别是成员不需要在放松前先绷紧肌肉。

所有主要的宗教和灵性训练都有一个重要的部分，就是专注于呼吸的默观和 / 或冥想练习。这个重点是要帮助每个人接纳和容忍自己、世界及如其所是的现实。专注于呼吸也是放松训练及治疗恐慌发作一个很重要的部分。

✓ 5. 练习相反行为

对成员说："然后，不断练习相反行为，好让你可以接纳此时此刻。"（见情绪调节讲义 10）

- ■ "用仿佛已经全然接纳的方式来行动，你很快会发现自己真的接纳了。"
- ■ "用坚定不移的声音，大声、反复地说我接纳了。"
- ■ "露出浅笑，做出愿意的手势的姿势，会让接纳变得更容易。一边这么做，一边去想或对自己说你正在接纳什么。"
- ■ "想象自己接纳的样子。"

✓ 6. 提前应对

对成员说："提前应对似乎无法接纳的事件。"（见情绪调节讲义 19）我们通常因为害怕事情会变成灾难而无法接纳。在这些情况下，提前应对能够取代恐惧，带来掌控感。鼓励成员：

✓ ■ "想象如果你真的接纳看似无法接纳的事情，你会做些什么？"

✓ ■ "事先演练如果你接受会做的事情。"

✓ ■ "想象解决或逃脱出现的问题。"

✓ 7. 注意身体感受

对成员说："当你正在想你试图接纳什么时，注意你的身体感受。"

■ "注意你的胸部、胃部、肩膀的感觉。"

■ "注意你的身体感到紧绷或紧张的地方。"

■ "缓慢地扫描你的身体，并用一种好奇心想着自己试图接纳的事物。"

■ "当接纳引起困难的情绪：悲伤、愤怒、恐惧或羞愧，练习正念地观察当下的情绪。"（见情绪调节讲义 22）

✓ 8. 允许失望、悲伤、哀恸在心中升起

承认："有时候接纳会导致几乎无法承受的失望、悲伤及哀恸。要认清虽然你体验到急切的失望、悲伤或哀恸，你仍可以存活下去，接纳终究会带来平静，这是非常重要的。"

✓ ■ "注意心中升起的悲伤。"

■ "尽可能不要立刻压抑它。"

■ "如果立刻变得愤怒，注意愤怒如何阻挡或藏起悲伤。"

■ "尽量放下愤怒，允许悲伤在心中升起。"

✓ ■ "吸入悲伤，在心里说：'我心中升起了悲伤。'"

✓ ■ "如果它变得无法承受或无效，使用危机生存技能并善待自己。"

■ "稍后，再回到心中的悲伤，同时练习接纳。"

✓ 9. 承认人生即使有痛苦，仍然值得过

■ "注意自己何时会拒绝接纳人生中的痛苦事件。"

■ "提醒自己，人生即使有痛苦，还是值得活下去。"

■ "带着对自己的关爱，试着放下对接纳的抗拒。"

■ "放下灾难化的想象，对自己说：'我可以承受，我可以处理。'"

■ "提醒自己，所有的生命都包含某种程度的痛苦。"

✓ 10. 利弊分析

■ "运用利弊分析来鼓励自己接纳。"

■ "填写利弊分析练习单来接纳。"

■ "很难接纳的时候，把这张练习单放在你可以看到的地方。"

■ "当心里升起对接纳的抗拒时，复习你的利弊清单。"

十二、转念（痛苦忍受讲义12）

> **要点：** 为了要接纳无法接纳的现实，我们通常需要多次尝试。有时候，需要在一段非常漫长的时间内，一遍又一遍不断地去接纳现实。
>
> **痛苦忍受讲义 12：转念。** 教授这个技能的一个好方法是先邀请成员讨论，是否曾经尝试接纳某件事，他们以为已经接纳了，后来却发现他们其实并没有真正接纳。这份讲义非常简单，只需要花几分钟提到上述的重点即可。
>
> **痛苦忍受练习单 10：转念、我愿意、我执意。** 向成员讲解这张练习单。如果你搭配本练习单与讲义 12 一起使用，只要解说第一部分即可。你可能也需要跟成员在课堂中制订出如果他们偏离接纳时该怎么做的计划。若是如此，请他们在课堂中将这些计划写在练习单上。
>
> **痛苦忍受练习单 8、8a、8b：接纳现实技能（自选）。** 这些练习单包含所有接纳现实的技能。请见第十节关于使用这些练习单的指示。

A.什么是转念

转念就是选择去接纳，接纳似乎需要做出一种选择；也就是说，人们需要把念头转到这个方向。有时候接纳只能维持短暂的片刻，所以人们需要不断把念头转向接纳。越是令人痛苦的，需要越长的时间才能完全接纳。这是每天都必须做的选择，有时候一天要做许多次，甚至一小时或一分钟内要做好几次。

举例： "你大概可以很快地接纳自己想看的电影是其他人不想看的。但有些事情需要花更多努力、更多时间转念才能被接纳，例如接纳自己没有考上想去的学校、没有得到期待的工作、车祸后身体残疾或孩子过世。"

有时候，转念就像是转头一样，只需要稍微调整角度；有时候，转念就像调转全身，需要我们完全转身才能回到原路。

举例： 我们最终都需要接纳自己是什么样的人，有什么缺点，如果不这样做，就会一直受苦、悲伤和难过。然而，对多数人来说，这需要一次又一次练习接纳。

举例： 通常，特别是当我们抑郁或过度焦虑时，就需要接纳抑郁或焦虑的想法在脑海中翻腾。我们可能需要说："脑海里出现了一个想法。"然后转移注意力到其他事情上。在这个想法消失之前，我们可能需要这样说很多很多遍。

💬 **讨论重点：** 邀请成员分享哪些原因妨碍他们转念去接纳现实。是什么让转念的第一步如此困难？请加以讨论。

✓ B.转念，分解步骤

1. 观察到你不再接纳

向成员解释："转念的第一步是注意到你并没有接纳。这种暗示通常包括愤怒、苦楚、烦躁或陷入'为什么是我'的深渊，或者你可能发现自己一直试着逃避现实、把事情挡在门外、把自己藏在其他事情后面，或者你总是在掩饰自己真正的感受。你发现自己一直在说：'为什么？为什么事情会这样？'"

2. 在心里承诺，接纳如其所是的现实

继续说："下一步就是要在心里承诺，接纳如其所是的现实。换句话说，

回到自己的内心，把念头转向接纳。在心里承诺还不是接纳，你不需要马上做到接纳，只需要做出承诺。"

3. 再试一次，一次又一次

继续说："有时候，你可能需要重复前面两个步骤，一次又一次，每分钟尝试很多次。有时候，你需要每天尝试很多次。"

举例："遗失钥匙是生活中常发生的事。你找过自己的口袋，可是找不到。你接纳这个现实去其他地方找，但很快就无法接纳了，又回头往口袋里找。钥匙就是不在那里，你接纳现实，然后……你又再次检查口袋。"

💬 **讨论重点：**邀请成员分享，他们什么时候曾经不断转念，接纳现实的真相，请加以讨论。

4. 制订一个当你偏离接纳时可以引起注意的计划

就如提前应对技能（见情绪调节讲义 19）所提及的，事先计划对于有技能的行为来说非常有帮助。解释："这里的重点是，想一下当你不接纳的时候通常会做什么事情。你可以用哪些线索提醒自己正在偏离接纳？你可能要按照时间表来进行自我检核，例如，每晚睡前或早上检视自己是否需要转念来接纳。"

举例："你在一家大型商店工作，管理退换货品。顾客通常需要大排长龙，到你面前时经常带着敌意与愤怒。即使他们没有当初购买的收据或明显已经使用过，都坚持要你接受退货。你发现自己变得非常爱评判、烦躁，也很难接纳顾客总是不友善。'事实就是如此'无法进入你的脑海里。当你思考这个问题，发现你无法接纳现实时，第一个出现的线索是出现烦躁感，而爱评判的想法也让你的肩膀紧绷。接着你考虑要如何转念，接纳来到你面前的顾客。你决定，首先要尝试把爱评判的想法换成不评判的想法。用'事实就是如此'或其他类似想法来取代'你怎么可以这样？'的想法。用'好吧，这实在挺痛苦的，但是它不是一场灾难！'来取代'我再也受不了！'。你可以说：'我不喜欢这个状况，我觉得很受挫，不过我挺得住。'也可以说：'凡事必有因，这些顾客会这样是有原因的。或许他们生活中有很多麻烦，或许从来没人教他们用不同的方式对待别人。'你可以在放松肩膀的同时转换自己的念头。你可以提醒自己，觉得烦躁、挫折或认为事情不应该如此的时候，就是练习转念的机会。这里的主要概念是，如果你尝试从无法接纳转换成全然接纳，首先你得转念；如果你知道如何辨认何时需要转念，就会变得更容易。"

补充说明："接下来，练习'提前应对'技能，想象你跟各种难缠的顾客互动。一边想象这些场景，一边注意到你的评判、紧绷的肩膀和烦躁感，运用你之前学过的各种策略练习转念。"

十三、我愿意（痛苦忍受讲义13）

要点： 我愿意是准备好智慧地回应人生处境，需要的话，要自愿而不带怨恨。

痛苦忍受讲义 13：我愿意。 向成员讲解本讲义。对照我愿意与执意任性。大多数成员知道什么是执意任性，我愿意与其相反。

痛苦忍受练习单 10：转念、我愿意、我执意。 搭配本练习单与讲义 13 一起使用时，只要解说我愿意的第二部分即可。你可能也需要在课堂中帮助成员更清楚地了解什么是执意，可以请成员在练习单上填写他们能够投入的我愿意行为，以及过去做了什么执意的行为。如果你这么做，请发给成员第二份练习单作为家庭作业。

带领者笔记： 介绍我愿意技能的一个好方法是先介绍我执意。你可以作势扮演一台机器，两手伸出来，忙乱地想要控制某样物体，然后坐在自己的双手上说："执意任性也是这个样子。"重点是，执意任性是尝试去控制这个宇宙，也是在需要做些什么的时候却袖手旁观。解释这种被动就是执意任性，而不是我愿意。我愿意是完全向当下敞开，做此刻需要的事情。一边解说，一边伸出手掌摆出"愿意的手势"。

就如本章一开始所言，我愿意相对于我执意的概念摘自杰若德·梅的著作。如果成员了解以下讲解的概念并想要进一步学习，你可以使用之前引用杰若德·梅的两段话。

A.什么是我执意

提供成员我执意的如下定义：

✓ ■ "一心想要控制事情、身边的人……"

✓ ■ "尝试控制经验、回避它或逃开它……"

✓ ■ "否认或拒绝投入生命。不做此时需要做的事，反而放弃和袖手旁观。"

■ "退缩、拒绝，或经常说：'是的，可是……'"

■ "希望现实照自己的意思走，试着修补每件事情，或拒绝做该做的事情。这是有效解决之道的反面。"

■ "焦点放在自己、以自我为中心的渴望，想着'我、我、我'。"

■ "心怀怨恨或苦楚。"

> **带领者笔记：** 这里最好的举例就是由你分享自己充满执意的时刻。

B.什么是我愿意

提供成员我愿意的定义如下：

■ "我愿意就是接纳现实，以有效或适当的方式回应。去做有用的事、此时此刻需要的事情。"

■ "把焦点同时放在个人和公众的需要上。"

■ "全心全意、毫无保留地投入生活。"

■ "肯定活着每一刻的神奇。"

■ "以智慧心念回应。"

■ "承诺自己参与这个宇宙的过程。"

类比／举例： 人生就像是用投球机打棒球，人的工作就是在每个球投过来时尽力打出去。拒绝接受投过来的球并无法阻止它继续前进。意志力、叛逆、哭泣或呜咽都无法让机器停止投球，它们就是一直不断地投过来。一个人可以站在球行经的路线上然后被球打到，或是站在那里什么事都不做，让球飞到一边，或者奋力挥棒打击。人生就像这样，人们可以尽其所能地抱怨，但人生就是一直过来，一刻接着下一刻。

类比／举例： 人生就像是玩扑克牌。对一个高手来说，发到什么牌并不重要，而是尽量把手中的牌打好。打完一局，再打下一局，上一局结束了，而这一局正要上场。重要的是注意手中的牌，尽可能玩得高明，然后就放手，专注下一手牌。输了上一局而发脾气，将会干扰能否赢得这一局的胜利。

💬 **讨论重点：** 请成员分享我愿意与我执意的例子。如果你可以指出自己和／或成员最近使用我愿意或我执意的例子则更好，语气要温和。再者，如果成员已经准备好进一步讨论，提供杰若德·梅的完整定义（见本章介绍），分享他们同意或不同意的地方。

👥 **练习活动：** 活用我愿意和我执意的最佳方法是，在技能训练课程期间，当你和／或成员正表现出我愿意或我执意的行为时，开始指出这些行为。可以用提问的方式："你们觉得我现在是不是有点执意？嗯，让我们检查一下。"或"你对于这一点不是刚好有点执意吧？是这样吗？"（成员通常会乐于逮到你执意的时候）。或者当课堂上出现困境或冲突，你可以说："好，让我们先练习五分钟的我愿意。"

✓ C.如何从我执意到我愿意

1.观察我执意

向成员解释："出现我执意时，你第一件要做的事情就是去注意它。你观察它、辨认它、命名它、描述和体验它。你说:'我执意出现了。'"

💬 **讨论重点:** 请成员分享,他们什么时候很难注意到自己的执意,讨论是什么妨碍了观察。

2. 全然接纳我执意

向成员说:"第二步是全然接纳你在此刻所感受到(或行为)的执意。否认执意并没有帮助,你不能用执意来对抗执意。本质上,你需要去爱自己的执意。"

💬 **讨论重点:** 请成员分享评判我执意的例子,对自己或他人皆可。讨论当一个人评判我执意时会发生什么状况,是增加还是减少执意?

3. 转念

向成员说:"接着,把你的念头转向接纳与我愿意。把你的念头转向活在如其所是的现实中。"

4. 尝试浅笑与我愿意的姿势

向成员说:"如果你难以让自己转念,也就是说你想到要转念,就是转不过来,那么就尝试摆出浅笑与我愿意的姿势。放松面部,让嘴角微微上扬,打开双手。握紧拳头时,很难感受到我愿意;脸上带着痛苦表情且紧闭双唇时,也很难感受到我愿意。如果你有执意的面部表情(紧闭双唇)和身体姿势,浅笑和愿意的手势是执意的相反行为。你的念头转不过来,那就让身体先行。"

5. 询问自己："威胁是什么？"

向成员说："当执意无法妥协时，问自己：'威胁是什么？'通常，不动摇的执意和某种威胁有关。我们认为如果我们愿意，就会失去重要的东西，或可怕的事情将会发生在我们身上。危险的事情会发生，这也许是真的。"

举例： "你和几个朋友排队进场听音乐会时，被要求改排在一个很长的队伍后面。你很生气，因为你知道有一个朋友排在前面，觉得自己应该跟他们排在一起。你拒绝移动位置，结果排在你后面的人也生气了。你试着放下自己的执意，但是忍不住愤怒地想着，你'应该'可以跟朋友一起排在前面的。然后，后面的人对你生气，你知道自己需要冷静下来。你问自己：'威胁是什么？'发现你担心如果排到后面就占不到好位置了，但是你也理解这并不会发生，因为你的朋友会帮你保留位置。你的执意很快就消失了，你跟朋友们就走去了队伍的后面。"

举例： "你是工作团队的一员，一位进度落后很多的成员在最后一分钟请你帮忙一项重要任务，明天一定要完成。你注意到心中升起执意：'为什么要找我？我不应该做额外的工作！'你很想拒绝，但是决定问自己：'威胁是什么？'你发现自己的执意来自于你很想回家，因为你早就计划好要为家人烹调一顿特别的晚餐，如果要加班一个小时可能无法如愿。当你注意到这一点，你知道可以打电话回家，把晚餐延后一小时或延到明天，家人并不会介意。你可以帮你的组员，而且还是可以享受一顿特别的晚餐。你决定去帮忙，留下来加班。"

真的很难改变的执意通常也包括某种预期的灾难。我们开始说："这不只是个威胁，也不只是它很危险，而是我根本无法应付。"于是，我们否认它、推开它、忽略它。执意让我们这么做。

举例： 玛丽很讨厌她的工作，但又不敢换工作。她常常在家里抱怨，她的家人坚持认为她应该停止抱怨或找一个新工作。家人施压要她找工作让她很生气，后来她问自己："威胁是什么？"结果发现她很担心无法容忍找工作时会被拒绝。她的家人指出，她现在的悲惨比找工作面对的悲惨更糟，她表示同意并开始找工作。

结论："我愿意是积极参与现实，是需要打败一个威胁。我愿意并不是同意，当然也不是被打倒在地、任人践踏。通常你会发现，即使真的有威胁，也不是灾难。你可以使用许多其他的技能：核对事实、问题解决、提前应对、建立自我掌控等来避开灾难。"

💬 **讨论重点：**邀请成员分享什么时候因为害怕威胁而无法放下执意。讨论有时候要真的找出威胁是多么不容易的事。

十四、浅笑与愿意的手势（痛苦忍受讲义14—14a）

> **要点：**浅笑与愿意的手势是身体接纳现实的方式。
>
> **痛苦忍受讲义 14：浅笑与愿意的手势。**讲解本讲义前，示范怎样做浅笑与愿意的手势练习。教授时，重要的是两者都要练习。诀窍在于放松面部肌肉（浅笑）及你的肩膀、手臂与双手（愿意的手势）。
>
> **痛苦忍受讲义 14a：练习浅笑与愿意的手势。**在课堂上说明本讲义的一个或数个练习。
>
> **痛苦忍受练习单 11：浅笑与愿意的手势。**向成员讲解本练习单。提醒成员，当他们练习这些技能时"回想一件生气的事情"，重要的是怒气不要过于强烈。请见本节最后的"带领者笔记"。
>
> **痛苦忍受练习单 11a：练习浅笑与愿意的手势。**本练习单可取代练习单 11，它比较简单易懂，但是需要做较多的书写。

✓ A.为什么要浅笑

告诉成员："浅笑是身体接纳现实的一种方式。"

向成员解释，部分情绪会受到面部表情的控制。当我们浅笑时，一种平静与接纳的表情，人们可以在一定程度上支配自己的情绪。脸上表现出接纳，就会感受到更多的接纳（进一步讨论请见本书第九章及《DBT 教科书》第十一章）。

举例："当你想到讨厌的人时露出浅笑，你会觉得更接纳、更了解他们。"

✓ B.如何练习浅笑

指导成员："浅笑时，放松面部、颈部和肩膀的肌肉，然后嘴唇浅浅一笑。试着让面部露出平静的表情，记得要放松面部肌肉。"

补充："其他人并不需要看到你的浅笑，重点是你要感受到它。浅笑主要是和你自己，也就是你的大脑沟通，而不是跟其他人沟通。"

✓ 🏃 **练习活动：** 请成员想象自己正在参加一个不想出席的会议，请他们假装客气地浅笑一下，好让身边的人觉得他们正在享受这个会议。询问他们注意到自己的面部有什么感觉。

然后停止并请他们放松自己的面部，从额头一直到下巴，然后在面部放松时，嘴角微微上扬，只要他们自己感受到就够了。讨论这两种浅笑的不同。

> **带领者笔记：** 你跟成员一起做这个练习很重要，以免他们自己做会很害羞。如果需要，告诉成员第一次尝试浅笑时可以面对墙壁练习。重点是让成员明白，客气地笑是比较虚假的，真正的浅笑则不是。有些人需要练习好几次才能体验到效果，这些人可能需要听到其他练习过接纳技能的成员的反馈。鼓励他们以开放的心继续练习此技能。

练习活动： 请成员坐直身体，试着做到面无表情，没有任何表情。请成员分享他们感受到什么，然后放松面部肌肉，从额头到眼睛、脸颊、嘴和下巴，体验有什么感觉。最后，请他们浅笑，然后体验他们感受到什么。讨论其中的差异。

讨论"客气地笑"与"面无表情"两个练习时，你可以对成员说："如果你的面部表情紧绷然后又客气地笑，你就给大脑传送了两个互相冲突的信息：'这很糟'和'这很好'。当你尝试面无表情，不表达真正的情绪时，你也在传送冲突的信息。然而，伪装会让你自食其果，让情绪更痛苦。"

✓ C.为什么要摆出愿意的手势

向成员解释什么是愿意的手势：

■ "愿意的手势是身体接纳现实的另一个方法。"

■ "愿意的手势的重点在于身体的姿势：双手松开，手掌向上，手指放松。"

■ "愿意的手势是生气的相反行为。紧握拳头代表愤怒，愤怒通常是接纳现实的相反行为。在愤怒时，我们会说：'不应该是这样。'愤怒是一种刺激你改变现实，去对抗它和克服它的情绪。有时候需要愤怒，但是在这里，我们要练习接纳现实。"

练习活动： 请成员坐直身体，闭上双眼。首先，想象最近跟别人的一个冲突，一个对别人非常愤怒的冲突。花一点时间来想象。然后指导成员把双手放在大腿上，摆出愿意的手势的姿势，同时继续想象这个冲突情境。请成员睁开眼睛并讨论这个练习。愤怒几乎总是反映出相信现实"应该"有所不同的信念或假设。我们越能接纳，就越不会生气，理解与平静的感受都会增加。

> **带领者笔记：**几乎没有例外，人们一旦摆出愿意的手势，就很难继续愤怒和不接受。如果你在教授前先做练习，然后跟成员讨论自己的体验（假设这有助于降低愤怒）会很有帮助。请参考"情绪调节讲义 11：找出相反行为"。

D.练习浅笑或愿意的手势的方法

建议成员下列练习浅笑或愿意的手势的方法：

- ■ "当你早晨醒来的那一刻。"
- ■ "当你有空时。"
- ■ "当你听音乐时。"
- ■ "当你觉得烦躁时。"
- ■ "躺下来的时候。"
- ■ "坐着的时候。"
- ■ "当你想到一个怨恨或讨厌的人时。"

> **带领者笔记：**在成员练习上述最后一个练习之前，先跟成员讨论他们会想到哪一个自己怨恨或讨厌的人。通常，有严重问题的成员都会选自己最讨厌的人，例如：曾经强暴或虐待自己的人，结果练习时他们经常觉得难以忍受，接受与容忍的能力不增反降。所以要提醒成员一开始要找比较"容易"的人选，技能熟练后再慢慢提高到"极端"的目标。应把这个练习解释为一种行为塑造，这就跟学开车很类似："你不会一上来就在高速公路上学开车。"

十五、允许你的心——对当下的想法保持正念 （痛苦忍受讲义15—15a）

要点："允许你的心"，就是单纯地让各种想法来来去去——注意到它们如何来去，但不试着控制或改变它们。对当下的想法保持正念就是把想法当成想法来观察（也就是当成脑部神经信号或脑部感觉），而不是这个世界的事实，所以观察想法变得和观察其他任何行为类似。

痛苦忍受讲义 15：对当下的想法保持正念。这里要教授区分对自己与世界的想法，以及自己与世界的事实的不同。你可能需要反复做练习，直到成员能确实地注意或观察内在的想法。你要区分这个技能跟情绪调节技能的核对事实有所不同，也不同于认知修正。我们观察想法，就是允许你的心做自己，我的禅学与默观祷告老师派特·霍克把内心称为产生想法与建立模式的机器。

痛苦忍受讲义 15a：练习对想法正念（自选）。本讲义列举如何练习对当下的想法保持正念的例子。可跳过或简短讲解，或当成课下作业。

痛苦忍受练习单 12：对当下的想法保持正念。与成员讨论本练习单。如果需要，带成员练习找出痛苦的想法，而这些想法可能正确或不正确。确保成员都清楚这份练习单的重点是描述掠过心头的想法，而不是描述引发这些想法的事件。不管这些想法是否符合现实，重要的是练习对想法更正念而较少做出反应。

痛苦忍受练习单 12a：练习对想法正念。本练习单可替代练习单 12，它比练习单 12 简单易懂，但是需要做较多的书写。

带领者笔记：你可以一开始就把对当下的想法保持正念的技能联结到"情绪调节讲义 22：对当下的情绪保持正念——放下受苦情绪"，以及"人际效能讲义 12：对他人正念"。

✓ A.什么是对当下的想法保持正念

1. 注意到想法并全然接纳想法

对成员解释，对当下的想法保持正念就是注意我们的想法，并全然接纳它们作为脑海中来来去去的感觉。这里的重点是，想法只浮现在脑海里。如果这些念头是负面或忧虑的想法，我们通常会立即做出反应或紧抓着它们，无法放下。

✓ 👥 **练习活动：**有些人可能不知道如何观察想法，所以这是一个很适合所有人的初步练习，可以确保每个人都学会这个技能。引导成员闭上双眼，然后在你说出一个词语之后，注意脑海中立即浮现的想法。每个词语中间停留几秒，说五到六个词（比如，"盐巴""高""红色""圆圈""向上""好的"）。选择很容易引出想法的词语（例如"盐巴"让人想到"胡椒"）。询问成员他们脑海中浮现出了什么词语。

👥 **练习活动：**我们可以分辨脑海中自然浮现和刻意选择要思考的想法。引导成员闭上双眼，给他们一两分钟回想今天做了哪些事情。讨论他们想到什么，以及刻意回想某件事跟观察自然浮现的想法有何不同。

2. 改变我们与想法之间的关系

观察想法可以改变我们与想法之间的关系，而不是去改变想法本身。痛苦和恼人的想法，不论正确与否，都会在某一刻掠过每个人的脑海。任务是要找出与负面或痛苦想法相处的新方法，这样它们就不会产生太多痛苦。

> **带领者笔记：**观察想法除了观察念头，也包括观察信念、假设、诠释、内在描述/标签，以及其他的认知概念。如果你的成员中有人幻听，可以用同样的策略来觉察所听到的声音：成员可以学习只把他们当作脑部的神经活动，而不是真相的标志。

3. 目标不在于清空脑中的想法

不论世俗还是灵性的正念练习，在练习正念时都有一个重要指示：单纯地注意想法的来来去去。学习冥想或对当下正念时，每个人偶尔都会因为想法分心。许多人误以为，练习正念时应该压抑这些想法。他们以为练习正念的目标就是要放空脑袋（脑中没有任何想法）。这实在错得离谱。人类的大脑很自然会产生想法、信念、假设及各种概念。正念的观念是去注意想法，不对它们过于执着，也不需要推开它们。

💬 **讨论重点：** 学习放下想法是非常困难的，需要很多练习。放下想法并不等于推开它们。试着压抑痛苦的想法通常会更痛苦。相反地，我们要做的是允许我们的心，任想法来去。讨论放下想法的困难。

B.为什么要观察想法？

✓ **研究重点**：越来越多的研究显示，试图阻止或压抑想法只会让事情更糟。有效治疗过度忧虑与思维反刍的方法之一，就是每天刻意安排一段时间，完全专注于忧虑的想法。治疗强迫性想法需要一再有意识地关注强迫想法。

1. 想法经常导致不必要的受苦及反应性问题行为

我们针对想法而非想法所代表的事实去做反应了。

带领者笔记： 将此处与"情绪调节讲义8：核对事实"的相同观点联系在一起。这也是认知治疗的核心概念，认知治疗关注于想法在引发负面情绪上的角色。认知治疗与对当下的想法保持正念的不同在于，认知治疗强调分析想法，以及改变非理性或不正确的想法；对当下的想法保持正念则是观察而非改变想法。

2. 观察想法并与其产生距离

告诉成员："观察自己的想法帮助你与自己的想法分离，让你更容易分辨什么是想法、什么是事实，以及什么是你对想法的情绪反应。"

继续说："距离也可以让你发现你并不是你的想法。你的想法（或他人对你的想法）无法定义你这个人。许多人不能将自己跟自己的想法分开，而变成了自己的想法。想法经常伪装成事实。我们回应自己的想法，仿佛它们是关于自己、他人或世界的事实。不可避免地，这里的问题是人们很难接受想法就只是想法。我们大多数人过于相信自己的想法相当于现实的真相，或者过于相信意义与概念的重要性，甚至把它们看得比事实更重要。"

✓ **3. 观察想法能揭露想法本来的样子**

　　对成员说："观察想法帮助你看清楚想法就只是想法，亦即它们是脑海中来来去去的感觉。所有的想法都是暂时的，就如同所有的感觉也是暂时的。某个想法可能经常在脑海中出现，但它也是暂时的，来了又去。"

✓ **4. 把想法当成事实来回应，阻碍我们"如其所是"的看见**

　　✓ **类比/举例：** 问为什么（理智的问题）通常于事无补。生命就像爬山，如果你爬到高山上，眼前有一条深沟，你需要知道该如何跨越它，而不是问为什么这里有深沟。

> **带领者笔记：** 如果你讲授时会提到灵性观点，可以考虑说明支持对想法正念的理由：直接经验现实（"如其所是"）而不去关注想法或概念，正是基本的神秘体验。事实上，它是跨越宗教与灵性传统的核心灵性体验。如果你想要探索这个话题，可以在网上搜寻"神秘体验"，阅读讨论神秘体验的网站。

✓ **5. 观察想法让我们看到它们并不是那么具有灾难性**

　　继续说："观察想法并持续注意它们，而不是逃避或摆脱它们，可以帮助你不会对想法做出过度反应。虽然人生会有灾难，但是关于这些事件的想法本身并没有那么具有灾难性。"

6. 观察想法是通往自由的路径

　　向成员保证："随着不断练习，你逐渐会觉得越来越自由，不再被你对这个世界的想法所控制。放下对想法的控制或试着放手是通往自由的路径。许多人认为他们应该随时随地都能控制自己的想法，如果你也这样想，就很容易被自己的想法所控制，也失去了自由。有些人认为他们无法承受痛苦的想法，以为如果不控制想法与信念，就会坠入深渊或死亡。这是一条失去自由的道路。智慧与自由需要容许让思绪、信念和假设有自然流动的能力，需要学习技能体验想法但又不被其掌控。如果我们总是要阻止或压抑想法，也就被想法控制住了。"

✓ C.如何对当下的想法保持正念

1. 观察你的想法

告诉成员："第一步是观察你的想法（信念、假设、诠释和内在的描述或标签）。承认它们的存在，后退一步，想象你站在山顶，往下看你想法的流动。"

2. 对想法保持好奇

继续说："下一步，试着观察想法的来来去去。观察你的头脑并询问：这些想法是从哪里来的？它们要去哪里？注意你的每个想法都会浮现脑海，然后又离开。留意你的想法，但是不要评价它们。放下评判。"

3. 要记住你不是你的想法

继续说："不要因为一个想法就付诸行动。提醒自己，你的生活中已经有过千百个想法，这些想法都已经过去，但是你还存在，所以你不是你的想法。"

4. 不要试图阻挡或压抑想法

继续说："让你对想法之流敞开。不要试图摆脱伴随想法而来的情绪，不要推开它们，不要评判或拒绝它们。乐意拥抱你的思绪。当你试图建一道墙阻隔忧虑或其他烦恼的想法时，通常会让这些想法不断地回来。"

> **带领者笔记：** 这些对于当下想法正念的指导不见得在一开始就会发挥效用。提醒成员，正念的重点是变得自由，使得即使是非常恼人的想法也不再那么让人烦扰。这需要很多练习。跟成员们一起练习这些技能很重要。在不同模块的技能训练中，经常提到对当下想法、情绪、他人和此时此刻的正念。

D.练习对当下的想法保持正念

> **带领者笔记：** 对于痛苦忍受讲义 15a 的每个正念练习，你可以使用其他词语来取代"想法"（"情绪""感觉""冲动"等）。

练习活动： 从自选教材痛苦忍受讲义15a中，选择一两个"借着观察，练习对想法正念"的练习。使用讲义上的指导语，指导成员怎样做练习，每个练习需要花几分钟。讨论成员的体验。

练习活动： 在"借着语句和语调，练习对想法正念"中选择一个或多个活动来练习。团体一起练习，然后进行讨论。

练习活动： 在"借着相反行为，练习对想法正念"中选择一个或多个活动来练习。讨论成员的体验。

十六、概论——如果危机是上瘾行为
（痛苦忍受讲义16—16a）

> **要点：** 本模块的技能是特别为处理各种上瘾行为而设计的。可以教授单独的成员，也可以在大多数成员无法停止严重上瘾行为或反复出现功能失调行为时，把这部分加入 DBT 技能课程。
>
> **痛苦忍受讲义 16：概论——如果危机是上瘾行为。** 你可以快速浏览这份讲义，甚至跳过，把信息直接写在白板上。向成员介绍接下来会教授什么。不要使用本讲义教授技能。
>
> **痛苦忍受讲义 16a：常见的上瘾行为（自选）。** 本讲义可以用来帮助成员辨识自己是否有比较不明显的成瘾行为（有别于物质滥用等），以及他们想要改变哪些行为。
>
> **痛苦忍受练习单 13：当危机是上瘾行为时的技能。** 向成员讲解本练习单。本练习单包括所有处理上瘾行为的技能，可以让很少做家庭作业的成员使用。每次教新技能时都要发给成员一份。

✓ A.七个减轻成瘾行为的基本技能

当危机是成瘾行为时可以使用的七个技能：

- 辩证式戒瘾（Dialectical abstinence）
- 澄明心（Clear mind）
- 社群强化（Community reinforcement）
- 斩断牵连（Burning bridges）
- 重建新世界（Building new ones）
- 替代性反叛（Alternative rebellion）
- 适应性否认（Adaptive denial）

✓ B.减轻成瘾

强调这些技能关注于"减轻成瘾"。可以从 D 开始，用反向的英文字母 D、C、B、A 来帮助记忆这七个技能。

✓ C.常见的成瘾

"上瘾"的定义非常广泛，包括一个人无法停止的任何重复性的行为，即使这个行为有负面结果，但这个人尽了全力还是无法停止。一个人的成瘾行为可能不止一个，通常最有用的做法是一次只关注一个成瘾行为。

> **研究重点：**科学家习惯将"上瘾"这个名词用在明显造成生理依赖的物质使用上，然而这种状况正在改变。新的研究显示，对脑部来说，奖励就是奖励，不管那是从化学物质还是从体验而来的。当脑部接收到奖励时（例如赌博、饮食、性爱或购物等），人们就可能落入强迫性重复的风险。不过，一旦上瘾之后，愉悦感可能会降低，这时候成瘾行为的冲动就不只是增加，而是会加剧。增强成瘾行为不是出于愉悦，而是从强烈而令人不快的冲动中得到解脱。有些人说，当他们从事成瘾行为时，才会觉得自己"正常"。在这些情况下，一种始于正强化的行为（得到愉悦），却通过负强化（停止无法忍受的痛苦）而得以维持。

练习活动： 请成员阅读讲义16a列出的成瘾行为，勾选自己有哪些状况。邀请成员分享自己勾了几项。请成员分享自己的成瘾行为是有风险的，因为有些成瘾行为可能很难公开分享，会使成员感到羞愧，导致说谎或拒绝参与。如果所有成员都有某种成瘾行为（例如购物或赌博），你可以跳过这个练习，等到治疗时再进行。

> **带领者笔记：** 除非你不打算使用每个技能的单个讲义，请不要使用讲义 16 或
> 16a 来教授技能。

十七、辩证式戒瘾（痛苦忍受讲义17—17a）

> **要点：** 辩证式戒瘾综合了处理成瘾行为的两种取向：戒瘾（立誓完全戒除成瘾行
> 为）与减害（承认还会再犯并降低再犯造成的伤害）。你和每位成员一起轮番使用这
> 两个策略，在成员远离成瘾行为时使用百分之百的戒瘾，再犯时关注复发管理。
>
> **痛苦忍受讲义 17：辩证式戒瘾。** 重点是成员不需要在戒瘾与预防复发之间做选
> 择；辩证观点提出两者的综合。虽然有些成员很难接受这种综合，尤其是那些在匿名
> 戒酒协会或类似组织非常活跃的成员。所以，清楚地教授这些概念很重要。
>
> **痛苦忍受讲义 17a：计划辩证式戒瘾。** "计划戒瘾"所列出的技能包括讲义
> 18—21 的技能。如果你没有时间详细讲解每份讲义，可以使用本讲义来教授主要内容。
> 本讲义也列出了对于计划减害取向可能有帮助的建议与 DBT 技能。
>
> **痛苦忍受练习单 14：计划辩证式戒瘾。** 对成员说明本练习单。根据你的时间长短，
> 在课堂中指导成员填写练习单，每题至少给出一个答案。在课堂上讨论这些答案。请
> 成员回家后完成整张练习单。

> **带领者笔记：** 一开始引导成员讨论，在偶尔甚至经常复发的情况下，承诺戒瘾这
> 一两难境地。

治疗成瘾的关键是遵循预防复发模式：目的是促进戒瘾行为，预防复发，并且在复发时尽量减少伤害。预防复发包括辨识高风险的情境，使用问题解决技能发展出避免以及有效应对这些情境的方法，去除对于成瘾行为影响的误解。就如情绪调节模块所描述的建立一个值得过的人生类似，预防复发的重点是建立一个没有成瘾行为、值得过的人生。

✓ A.什么是辩证式戒瘾

辩证式戒瘾是一种以预防复发为取向的，整合了戒瘾时的完全戒瘾（即

使只是很短的时间），以及每次复发的减害（即使复发非常轻微）。

1. 戒瘾

戒瘾在这里是指完全戒瘾，不管在什么时候，有什么理由，不再从事成瘾行为。

2. 减害

减害在这里是指将成瘾行为复发时的伤害降到最低。它承认再犯的可能性，试图尽可能降低伤害，对于无法完全戒瘾抱持同情心。基本目标是管理再犯，这样一次轻微的再犯就不至于变成复发。

3. 辩证的矛盾

对成员解释："辩证的张力是，你一方面同意要活出个人潜力，建立一个值得过的人生，而你的成瘾行为跟这个目标是背离的；另一方面，虽然你有这样的承诺，你也接受自己可能会再次从事成瘾行为。因此，你需要一个减害计划。"

4. 综合辩证式戒瘾

在辩证式戒瘾中追寻的是戒瘾与减害之间的综合，而这样的综合大于把两者加在一起。辩证方法对于两边的存在都予承认，同时接受两者。它将戒瘾与减害之间"非此即彼"的关系，取代为"同时并存"的关系。

举例： 电池有正、负两极，却又同时存在。

举例： 阴、阳分别由黑色和白色代表，但两者的综合不是灰色，而是超越两者。

5. 利弊

戒瘾的优点是承诺戒瘾的人能更久地维持戒除成瘾行为的时间，缺点在于一旦复发，通常要花较长的时间才愿意再次承诺戒瘾。承诺减害的人复发后通常较快"重上正轨"，但也较快再次复发。

✓ 💬 **讨论重点：**面对成瘾问题时，人们一方面想要戒除成瘾行为，另一方面却又很想从事成瘾行为。当人们做出戒瘾的承诺，通常有很强的决心，但复发之后，经常极其想要继续从事成瘾行为。请加以讨论。

💬 **讨论重点：**询问成员过去是否试过完全戒瘾或减害技能。讨论辩证式戒瘾的利弊。

B.如何进行辩证式戒瘾

辩证式戒瘾包括三个步骤。第一，成员要找到一个让自己做出强烈戒瘾承诺的方式。第二，成员需要计划如何保持戒瘾。第三，成员必须计划如果复发要怎么减少伤害。痛苦忍受讲义 17a 列出如何同时戒瘾与减害的精简版。如果你使用这份讲义，请成员阅读所有项目并在符合自己状况的项目旁边打钩，不管是想要维持戒瘾或复发时的减害。询问成员选了哪些项目（可以在一开始讲解本讲义或最后进行这个活动）。

✓ 1. 运用智慧心念，做出戒瘾的强烈口头承诺

告诉成员："对于你想要停止的成瘾行为设定一个目标。设定一个确切的日期，避免自己临时后悔。对自己做出口头承诺，同时公开跟其他人分享你的承诺。因为想要从事成瘾行为的冲动是如此强烈，你的承诺必须百分之百，如果做不到，会导致日后的失败。当你面对想要从事成瘾行为的冲动时，千万不要想只做一次就好，稍微再犯（例如抽一根香烟）之后重新'回归正轨'。这种想法会破坏你的承诺，让你更可能'离开正轨'，造成重回上瘾行为。"

✓ 这个步骤可被视为对于上瘾行为"阻断通道"（见"痛苦忍受讲义

20：斩断牵连，重建新世界"，有进一步讨论）。想想素食主义者，他们不会说"破一次戒就好"，然后去吃肉或不该吃的食物。想象你已经变成"戒瘾主义者"，就像素食主义者一样，不会说"破一次戒就好"。

✓ ⊗ **故事重点：** "停止成瘾行为就像是想要赢得奥林匹克比赛。所以，想象你是参加奥林匹克的选手，而身为技能训练师的我们就是你的教练。对于奥林匹克选手来说，教练在比赛前除了说要赢、要'拿下金牌'，不会再多说什么。如果选手说，我拿个铜牌'就好'，就会影响到他们的心态、表现和耐力。奥林匹克选手也不会去想比赛输了怎么办，或是万一在比赛前扭到脚踝怎么办。这些想法不能进入他们的大脑，即使确实有可能发生。选手只能一心想着要拿下金牌。换句话说，把你自己想成参加'停止成瘾行为比赛'的奥林匹克选手，你唯一可以去想的就是完全戒瘾。"

✓ 2. 戒瘾计划

以下各点呼应了痛苦忍受讲义 17a 及练习单 14 的"戒瘾计划"。

■ "以澄明心享受你的成功；计划如何抗拒复发的诱惑。"

■ "多花时间跟可以增强戒瘾的人相处或联络。"

■ "计划用强化活动取代成瘾行为。"

■ "斩断牵连：避免引发成瘾行为的暗示或高风险情境。"

■ "建立新世界：发展视觉、嗅觉、心理活动（就如在冲动上冲浪）来对抗跟欲望相关的信息。"（第二十节会讨论在冲动上冲浪的技能。）

■ "找到叛逆的替代方案。"

■ "公开宣布戒瘾，否认你有任何再犯的念头。"（就如前面讨论的。）

✓ 3. 准备减害计划，复发之后立刻执行

长时间的戒瘾需要为解和再犯做好计划。

举例： 一个人练习辩证式戒瘾，就像是橄榄球比赛中的四分卫。每次进

攻时，四分卫绝对不会满足于第一次进攻只跑了几米，他们都想要成功触底得分。展开进攻后，尽全力跑向目标。练习辩证式戒瘾的人也采取相同的策略，朝目的地（戒瘾）疯狂地往前跑，只有跌倒时才暂停，每次进攻都抱着成功触底得分的决心。

对成员说："采取辩证的观点，准备好面对可能的失败。你必须谨记在心（记在心里最远的地方，这样才不会干扰你的决心），万一再犯时才能有效地处理，不带评判地接纳，马上重新出发。这意指你提前计划如果复发时要怎么做。你会给谁打电话？你如何记得要回到戒瘾的道路？你会怎么做来鼓励自己？你要使用什么技能？在脑海中演练你的危机应对计划。想象成功和掌控的感觉。"鼓励成员使用提前应对技能（见情绪调节讲义 19）。

继续说："如果你再犯，马上用尽全力对抗'违反戒瘾的后果'。一个人再犯之后会感到内疚、羞愧、失控，想要屈服或放弃。常见的想法包括：'我是一个失败者''既然已经破戒了，干脆继续做下去''再多犯几次也没什么差别'。这些想法会让一次再犯变成完全复发。"

解说减害技能，让成员可以事先演练与准备（这些与痛苦忍受讲义 17a 及练习单 14 的"计划减害取向"中列出的技能相呼应）。

- ■ "打电话给你的治疗师、保证人或技能训练的教练。"
- ■ "联络其他可以帮得上忙的人。"
- ■ "摆脱诱惑，让自己的周围充满有效行为的提醒。"
- ■ "复习 DBT 技能与讲义。"
- ■ "练习羞愧的相反行为（情绪调节讲义 10）。也就是说，把你再犯的行为向不会因此而拒绝你的朋友公开。如果你身边没有这样的朋友，找一个戒瘾匿名团体，公开说明自己的再犯行为。"
- ■ "培养自我掌控与提前应对技能（情绪调节讲义 19）及核对事实（情绪调节讲义 8）可用来对抗失控的感觉。"
- ■ "人际关系技能（人际效能讲义 5—7），例如向朋友、家人、保证人、牧师或咨询师求助也会有帮助。如果你目前处于孤立状态，可以向网络上的支持团体寻求协助。"

- ■ "你可以做链锁分析找出是什么引发再犯（通用讲义 7、7a）。"
- ■ "马上进行问题解决（情绪调节讲义 12）可以提供'回归正轨'和修复伤害的方法。"
- ■ "使用转移注意力、自我安抚、改善当下（痛苦忍受讲义 7、8、9）来帮助你度过，而不会马上又从事成瘾行为。"
- ■ "为自己打气。"
- ■ "对停止成瘾行为做出利弊分析。"
- ■ "远离极端想法。不要让一次再犯变成一场灾难。"
- ■ "把所有减害的想法列成清单，随身携带以备不时之需。"

✓ 4. 再犯之后，重新承诺完全戒瘾

强调："再犯之后，对自己重新承诺要百分之百完全戒瘾，把这次再犯当成最后一次。"

5. 注意事项

告诉成员："我们有可能去做这两件看起来矛盾的事情，承诺完全戒除成瘾行为，以及接受再犯的行为。这不表示你在事前就接受再犯行为，这会破坏你对自己的承诺，心里暗想：'我猜再犯一次也没关系吧，因为如果我再犯，只要做链锁分析和重新承诺就好了。'你必须从意识中删除再犯的可能性。如果再犯，你会按照计划行事，但你要想着自己绝不会再犯。"

十八、澄明心（痛苦忍受讲义18—18a）

> **要点：** "澄明心"是介于"成瘾心"（被上瘾控制）与"戒瘾心"（认为已经没有戒瘾问题了，不需要再担心）这两个极端之间的中间地带。澄明心是最安全的地方，因为它让我们能够戒瘾而不从事成瘾行为，同时也对复发的诱惑提高警觉。
>
> **痛苦忍受讲义 18：澄明心。** 讲解本讲义，强调澄明心与戒瘾心的不同。
>
> **痛苦忍受讲义 18a：成瘾心与戒瘾心的行为模式特征。** 对成员解说本讲义。指导成员找出自己在戒瘾心与成瘾心当中会有的行为。
>
> **痛苦忍受练习单 15：从戒瘾心到澄明心。** 对成员讲解本练习单。如果时间足够，跟成员一起练习如何用澄明心的行为取代他们在讲义 18a 找出的一个戒瘾心行为。将其余部分指定为家庭作业。

✓ A.成瘾心、戒瘾心、澄明心

1. 成瘾心

对成员解释："成瘾心就是当你被瘾所操控时的心智状态。你可能不想阻止自己的上瘾行为或可能试过又再犯。在成瘾心中，你被你的上瘾控制住了；你的想法、情绪和行为都受制于想要再犯的冲动。在成瘾心中，你甚至不想去抗拒自己的成瘾行为，或者当你想到时，你的努力不过是缺乏热情和无效的。"

强调："成瘾心的危险在于，你完全没有做到要阻止成瘾行为的任何步骤。在成瘾心中，你不顾一切地只想要成瘾行为带给你的快感，你可能说谎、偷窃、隐瞒、破坏承诺并否认自己已经成瘾。"

💬 **讨论重点：** 请成员分享当自己被成瘾心掌控时，有哪些行为与个人特征。

2. 戒瘾心

继续对成员说："戒瘾心发生在你已经'戒瘾'时，你有一段时间没有从事成瘾行为，但是你对复发的危险与诱惑掉以轻心。在戒瘾心中，你觉得自己与成瘾的抗争真是所向无敌，对于从事成瘾行为的诱惑已经有抵抗力，扭曲的戒瘾心让你以为完全没有上瘾问题了。"

强调："戒瘾心的危险在于，你可能没有避开诱惑和成瘾的信号，也并未使用之前计划的复发预防策略。在戒瘾心中，你降低了对于冲动的防备，所以会在毫无准备时遭受攻击。"

3. 澄明心

继续说："澄明心代表戒瘾心与成瘾心之间的综合。在澄明心中，你可以戒瘾，同时不断觉察复发的危险，主动从事预防再犯或复发的行为。这是最安全的心态。面对成瘾行为时，澄明心类似于智慧心念。"

✓ 💬 **讨论重点：**请成员分享什么时候曾经在戒瘾心中，对于复发的危险失去戒心。如果你能分享自己生活中戒瘾心的例子，就这么做。

> **带领者笔记：**记得讨论时不要谈论太多的成瘾细节，以免引起成员想要从事成瘾行为的冲动。

❀ **故事重点：**"战胜成瘾就像是一场对抗上瘾冲动的长期战役。你从事成瘾行为时，冲动就赢了一场战争；如果你在冲动来袭时能够不去做成瘾行为，你就赢了一场战事。戒瘾心就是在你赢了几场战事之后，就把这场战役忘记了；你以为已经打退冲动好几次，它们不会再回来了，或者即使它们回来了，也会很容易赶走。在戒瘾心中，你不会准备作战，防御心随之降低。冲动很容易在你不设防时将你击溃。成瘾心就像是被冲动围攻，以为自己无论如何都打不赢这场战事。在成瘾心中，你不记得过去的胜利；被击败时，无法重新振作、反攻回去。澄明心是同时记住自己的胜利与失败，全心迎战，即使在没有冲动的时候，也保持战备状态。"

✓ B.成瘾心、戒瘾心、澄明心的行为模式特征

1. 成瘾心行为

对成员说："成瘾心的行为特征包括：从事成瘾行为、美化成瘾、以偷窃支付成瘾行为的花费、说谎、隐瞒、孤立、偷偷摸摸、无法正视别人的眼睛、逃避去看可以帮助你的医师、治疗师或团体。"

✓ 🏃 **练习活动：** 请成员阅读痛苦忍受讲义18a列出的成瘾心行为，找出自己曾经做过的行为（这个练习可在讲解本讲义之前或之后进行）。

2. 戒瘾心行为

继续说："戒瘾心的行为特征包括：你以为自己已经学乖了，不需要再担心成瘾问题；到其他人从事成瘾行为的地方、跟有同样成瘾行为的人谈恋爱或同居、认为你只需要意志力就可以克服成瘾行为、孤立自己等。"

明显的无关行为

强调明显的无关行为常见于有戒瘾心态的人。你可以说："这些行为会让你更容易去从事成瘾行为，是成瘾行为的导火索。表面上看，它们合理且跟成瘾无关，但是整体而言，它们导致成瘾行为的再犯。这些行为通常来自于你没有深思你的行为及其后果、完全否认或妄想。"艾伦·马列特（Alan Mariatt）将这些行为命名为"明显的无关紧要的决定"。

举例："你为一位好友举行一个派对，想提供她最喜欢的食物，你买了她最喜欢的饼干和冰激凌。为了确保派对上能充分供应，所以你买了很多，可是你有暴食之后又呕吐的问题（而这些是你最常暴食的东西）。"

举例："你正在戒酒，突然想吃汉堡，你决定要去附近的酒吧吃汉堡，因为那里的汉堡很好吃。"

继续说："通常一开始的行为不是问题，而是一连串的行为导致你更靠近成瘾行为中你无法抗拒的刺激。"

举例："赌博是你的成瘾行为。你决定要去拜访北边一个朋友在乡下的家。途中，你决定要在一个购物中心停留一下。前往购物中心的路上，你觉得肚子饿了，购物中心旁的旅馆里有家餐厅气氛悠闲，食物也不错，于是你进去吃了午餐。距离跟朋友约定的时间还有好几个小时，于是你想去看看这家旅馆附设的赌场。你往里面看时，决定只是看一下，不会真的去赌。但在你知道前，你已经在赌博了，也忘了要去拜访朋友。"

练习活动：请成员复习讲义18a的戒瘾心行为。请他们提供还有什么行为，可以指出自己的戒瘾心心态。

讨论重点：邀请成员分享他们曾经做过的明显不当行为。

3. 澄明心行为

结论："澄明心行为指戒瘾行为以及对诱惑保持警觉。你很明白，如果不使用技能，成瘾的强烈冲动随时会回头找上你。"

十九、社群强化（痛苦忍受讲义19）

> **要点：**社群强化的重点是重新建构可以强化戒瘾而非成瘾的环境上。
>
> **痛苦忍受讲义 19：社群强化。**讲解本讲义，强调强化对于改变与维持行为的重要性。
>
> **痛苦忍受练习单 16：强化非成瘾行为。**对成员简要说明本练习单，并指定为家庭作业。把重点放在用戒瘾强化物来取代成瘾强化物，让成员注意到当自己不再从事成瘾行为时会体验到正面的事件。建议（但不需要指定）成员进行戒瘾的尝试。

✓ A.强化会维持成瘾行为

> **带领者笔记：** 网络上有一篇关于社群强化方法的好文章，作者是威廉·R.米勒（William R. Miller）、罗伯特·迈耶尔（Robert Meyers）和苏珊·席勒－斯特姆霍夫尔（Susanne Hiller-Sturmhofel）（网址：http://pubs.niaaa.nih.gov/publications/arh23—2/116—121.pdf）。

1. 即刻强化比延迟后果更强烈

很不幸，成瘾行为产生的情绪亢奋或情绪缓解，这些即刻强化的效果比延迟的负面后果（如后悔、内疚、抑郁）强大得多。这也是为什么成瘾行为能维系的原因。

💬 **讨论重点：** 请成员分享成瘾行为是否及如何带给他们立即的愉悦或从痛苦中解脱。

2. 成瘾行为增加，其他活动就会减少

成瘾行为增加，其他活动（如运动、社群参与、社交活动）就会减少，孤立感也会增加。发生这个情况时，成瘾行为变得愈来愈与立即强化的后果有关，因而变得更强烈和更不容易改变。

💬 **讨论重点：** 邀请成员分享其成瘾行为的正面与负面后果。

B.用戒瘾强化物取代成瘾强化物

要停止成瘾行为就需要用戒瘾强化物来取代成瘾强化物。为什么？因为意志力不足以改变行为，不然我们都是完美的。长期而言，这需要我们建立

不需要成瘾行为的生活方式，让这种生活方式比成瘾更有益。讲解以下会有帮助的行动步骤：

✓ ■ "花时间跟没有成瘾问题的人相处。"

✓ ■ "花时间做一些可以带来愉悦又跟成瘾无关的活动。"（见情绪调节讲义16、17）

■ "如果你无法决定你喜欢哪些跟成瘾无关的朋友或活动，尝试认识不同的朋友，参加各种团体。"

练习活动： 请成员阅读痛苦忍受讲义19 "以强化戒瘾来取代强化成瘾" 的内容（上面列出的行动步骤和讲义的这个部分相呼应），在成员觉得可能有帮助的选项旁边打钩。请成员分享他们选了哪几项（这个练习可以在讲解讲义之前或之后进行）。

✓ C.不再从事成瘾行为时，让他人给予强化

1. 远离其他成瘾的人

告诉成员："远离其他成瘾的人，尤其是那些如果你不愿意从事成瘾行为就会不高兴的朋友。"

2. 跟真正爱你的人保持交往

对成员说："（如果你需要的话）跟爱你的非成瘾亲友分享强化的原则。请他们警觉到你戒瘾的努力，然后给你许多强化的反馈，或者给你可作为强化物的其他事物。"

3. 尝试 "剥夺，然后强化" 的策略

以下策略是为这些人而设计的：（1）生活中没有太多潜在强化物可以帮助戒瘾的人；（2）已经拥有很多东西可以作为强化物的人（通常是有钱人）；

（3）穷到生活中没有办法增加任何强化物的人。对成员说："基本概念是先剥夺对你来说很重要、你愿意努力取回的某样东西，然后只有在你从事想要强化的行为时，才可以取回这项东西作为奖励。"带领成员检视以下步骤。

■ "决定三项生活中你很喜欢的事物，但如果必要的话，你可以剥夺这些事物一周。"

举例：咖啡、牙膏、开车、身上带现金和 / 或信用卡、所有珠宝、只留下一双鞋子或内衣裤、打电话或传信息、坐在椅子上、看电视、玩游戏。

■ 第一周："在这一周内，剥夺自己的第一项事物。"这就像是斯金纳（B.F.Skinner）剥夺老鼠的食物，再利用食物作为实验中给老鼠的强化物一样。注意，剥夺不可以任何事物为条件，也就是说剥夺不能成为一种惩罚。

■ 第二周：在每一个做到了戒瘾的日子，第二天就给自己上周被剥夺的那项物品。本周内剥夺自己的第二项物品。

■ 第三周："在每一个做到了戒瘾的日子，第二天就给自己上周被剥夺的第二项物品。本周内剥夺自己的第三项物品。"

■ 第四周："在每一个做到了戒瘾的日子，第二天就给自己上周被剥夺的第三项物品。本周内剥夺自己的第一项物品。"

■ "重复以上顺序。"

> **带领者笔记：**一定要清楚这不是一个惩罚方法，而是强化方法。对一些人来说，只有在身边有教练或值得信赖的人时才能够做得到。建议成员跟咨询师或治疗师合作，或者跟一个没有成瘾的亲友合作。强调后果必须大到让成员会努力把东西取回来。

---

4. 监控你的戒瘾动机

"如果你的戒瘾动机开始下降，要做下面这些事情。"

■ "检视你的辩证式戒瘾计划。"

■ "检视戒瘾相对于成瘾行为的利弊分析。"

D.尝试戒瘾

对成员说："尝试戒瘾是决定试试看戒瘾是什么样子，是否有任何好处，就像做一项个人实验。除非你已经知道事情会如何发展，否则不需要做出长期承诺。虽然，短期内你不会享受到成瘾所带来的情绪亢奋和情绪缓解，但也不用承受成瘾行为的可怕后果。"

- ■ "承诺戒瘾的特定天数，尝试没有成瘾行为的生活会是什么样子。"
- ■ "在尝试戒瘾的过程中，执行你的辩证式戒瘾计划。"
- ■ "当你不再从事成瘾行为时，观察所有发生的正面事件。"

二十、斩断牵连，重建新世界（痛苦忍受讲义20）

> **要点：** "斩断牵连"是主动消除个人生活中每一个可能引起成瘾行为的刺激物。"重建新世界"是创造新的心理影像与嗅觉，以对抗成瘾冲动。
>
> **痛苦忍受讲义 20：斩断牵连，重建新世界。** 首先讲解斩断牵连的策略，鼓励成员对于要斩断哪些牵连才能戒除成瘾要完全诚实。建立新世界的重点是，创造出能够与渴求相对抗的视觉心像和嗅觉。另一个重建新世界的形式是讨论如何建立可以强化戒瘾的环境。
>
> **痛苦忍受练习单 17：斩断牵连，重建新世界。** 上课时，请成员在每个段落都至少回答一个问题，同时写下可以帮助自己降低渴求的影像，这样对成员会很有帮助。然后家庭作业就是填写余下的部分，同时练习斩断牵连与重建新世界。

✓ A.什么是斩断牵连

对成员说："斩断牵连是从根本上全然接纳、承诺与行动的技能，全都指向不再从事成瘾行为。行动部分强调主动截断和移除生活中所有可能引发成瘾行为的联结。一旦你斩断跟成瘾行为之间的牵连，这个行为就不再是可行的选项。"

✓ ⊗ **故事重点：** "想象你站在自己的房前，一只愤怒的巨象朝你奔来。你跑进车库，把门关起来。大象在外面，你在里面。只要你待在里面，大象就伤害不了你，但如果你没有关紧车库门，只要稍微打开大象的长鼻子能够伸进来的宽度，大象就可以把门打开，然后会发生什么事情？大象就会攻击你。或者，如果你太好奇了，把车库的门打开一点点，想看看外面怎么样了，那会发生什么事情？大象就会进来！砰！"（暂停）

"斩断牵连就像是进入戒瘾的车库，在大象面前把门紧紧关上（大象就是想要从事成瘾行为的冲动）。要用力关上门，想都别想要打开它。在你脑海中把成瘾行为关起来，在你跟成瘾之间建立一道铁墙。而常常发生的是，你会好奇外面的大象在做什么，所以你没有把车库的门完全关上，或者过了一会儿，你决定把门稍微打开一点。只要把门打开一点点，大象就会把长鼻子伸进门里，然后把门完全打开。"

✓ B.斩断牵连：怎样做

1. 承诺要摆脱生活中让你可能维持成瘾的任何事物

对成员说："首先，做一个绝对的承诺，为了戒瘾，你愿意放弃成瘾所带来的所有乐事。走进戒瘾的车库，并关上车库大门。"

2. 列出生活中每一项可能使你成瘾的事物

继续说："现在，列出生活中所有可能让你成瘾的事物。"这是完全坦白的时刻，不要隐瞒。

3. 摆脱这些事物

"然后，摆脱这些事物。考虑摆脱你以前可能没有想到的事物。"

- ■ "电话号码、电子邮件信箱，以及其他会跟你一起共谋成瘾的人的联络方式。"
- ■ "在社交网络上，可能与你共谋成瘾的人。"
- ■ "跟成瘾相关或传达成瘾信息的衣物及室内物品。"
- ■ "可以用来从事成瘾行为的现金或信用卡。"
- ■ "房子里的东西：食物（如饼干、巧克力）、饮料（如酒、咖啡）、杂志和产品目录、计算机或网络、录像带、CD、电视频道、智能手机应用程序、健身房会员卡、香烟等。"
- ■ "协助你从事成瘾行为的工具。"
- ■ "俱乐部、旅馆、赌场等会员资格。"

4. 列出并且去做干扰成瘾的事情

"最后，列出所有你可以去做的、让自己很难继续成瘾行为的事情，然后照着去做。"

- ■ "诚实地告诉他人你的成瘾行为。"
- ■ "告知你的亲友，你已经戒了成瘾行为。"

✔ 👥 **练习活动：** 请成员阅读痛苦忍受讲义20 "斩断牵连" 的部分，勾选他们觉得可能有帮助的选项。询问成员他们勾选了哪些（这个练习可以在讲解讲义之前或之后进行）。

💬 **讨论重点：** 询问成员他们是否曾经保留与成瘾行为的牵连，后来导致成瘾行为的再犯或复发。讨论斩断牵连的困难，以及阻碍是什么。讨论斩断牵连的利弊。

✓ C.什么是重建新世界

重建新世界是主动想象视觉影像或嗅觉的策略，越生动越好，以对抗与视觉影像和嗅觉有关的刺激。

> **研究重点：** 人们渴求从事成瘾行为时，脑海中会开始体验跟成瘾相关的影像与嗅觉。他们越是专注于成瘾的影像，渴求程度越会升高，也就越难抗拒成瘾行为。也就是说，当一个渴求出现，视觉与嗅觉系统会承载信息，所以若是新的影像与嗅觉来竞争信息的"空间"，渴求就会降低。主动想象跟成瘾行为不相干的影像与嗅觉，可以跟渴求的影像争夺我们的注意力，降低渴求影像的力量。

✓ D.重建新世界：如何执行

1. 创造与成瘾无关的影像与嗅觉

对成员说："首先，创造与成瘾无关的新影像与新嗅觉，这可以用在当你有不想要的渴求时。你需要启动大脑的视觉与嗅觉系统，从渴求的手中把空间'偷'回来。"

举例： "每当你渴望抽一根烟，就想象自己在海滩上，在脑海中不断想象海滩的视觉影像及味道，以降低对香烟的渴望。"

2. 注视移动的影像；沉浸在新的味道中

继续说："同样地，当你有一个渴望，注视移动的影像或让自己沉浸在与成瘾无关的味道中，可以对抗与渴求有关的信息。"

举例： "如果你渴望巧克力，就注视移动的影像或某个可以启动你大脑视觉区的东西。或者闻一闻你喜欢的但不是巧克力的味道，如香水或松针。"

3. 进行冲动冲浪

继续说："冲动冲浪"是艾伦·马列特创造的词语，是用在预防酒瘾复发及其他药瘾复发的策略，也可以用来帮助任何成瘾行为或破坏性的冲动。

a. 冲动冲浪就像在海浪上冲浪

告诉成员："冲动就是海浪。与其试图阻止它，不如站在它上面冲浪。"

b. 冲动冲浪是一种正念的形式

冲动冲浪需要使用正念的观察与描述技能，来"冲过"想要从事成瘾行为的冲动。正念地冲动冲浪，就是正念、不执着地观察这些冲动。使用这个技能，随着时间学习接受冲动、渴望和全神贯注，而不做出反应、评判或随之行动。

c. 冲动冲浪的秘诀是不反应

告诉成员："冲动冲浪的秘诀就是后退一步和不反应。注意每个时刻出现的冲动，尤其是它如何像海浪一样随着时间推进和变化。"

d. 冲动冲浪需要重新训练大脑

当人们顺从冲动而从事成瘾行为时，就强化了冲动与行动之间的联结。冲动冲浪让冲动与冲动的目标（如食物、药物、性、赌场等）分离。假以时日，大脑就能学习和体验到冲动时不必要按照冲动去行动。

e. 冲动冲浪需要影响

继续说："想象你站在冲浪板上乘风破浪。在脑海中回想这个影像，用这个来提醒自己，冲动不会一直存在——冲动会离开，就比如之前的冲动已经过去了。"

二十一、替代性反叛与适应性否认（痛苦忍受讲义21）

> **要点：** 替代性反叛与适应性否认，就如字面上的意思，是以适应性的替代方案来取代成瘾行为。如果成瘾行为是一种叛逆的形式，其他形式的叛逆行为可以作为比成瘾更有效的替代选择。适应性否认是说服自己，他们的确并不渴望成瘾行为（否认）；要让这种做法有效，个人必须坚决地告诉自己，他们完全没有从事成瘾行为的冲动。
>
> **痛苦忍受讲义 21：替代性反叛与适应性否认。** 本讲义上半部列出可能的替代性反叛，请成员阅读后勾选自己愿意尝试的选项。下半部讲义描述适应性否认的步骤。
>
> **痛苦忍受练习单 18：练习替代性反叛与适应性否认。** 向成员讲解本练习单。请成员在课堂上写下替代性反叛的计划会非常有帮助。也请他们思考除了成瘾行为之外，他们想要或渴望什么。家庭作业是请成员尝试这些技能和记录结果。

A.替代性反叛

1. 什么是替代性反叛

对成员说：“成瘾具有叛逆的功能时，要放弃成瘾相当困难，因为这意味着你需要放弃叛逆。使用替代性反叛可以满足你想要叛逆的愿望，而不会摧毁自己或妨碍自己达成重要的目标。‘替代性反叛’是寻找另一种叛逆且不具破坏性的行为，以取代成瘾行为。”

✓ 2. 为什么要用替代性反叛

向成员强调：“用成瘾行为来叛逆是无效的。它不能帮助你往更高生活质量的目标迈进。用成瘾行为来对抗一个人、社会、规则、无聊或惯例的叛逆，是‘想报复别人而害了自己’。这是正念‘怎样做’技能中‘有效地做’的反面。”（见正念讲义5）

💬 **讨论重点：** 请成员分享为什么成瘾行为不是叛逆的有效策略。讨论使用成瘾行为来叛逆时，如何忘记了提升生活质量的整体目标。

💬 **讨论重点：**询问成员，成瘾行为在他们的生活中是否具有部分或完全叛逆的功能，即使他们不是刻意选择成瘾以达到这个目的。

3. 怎样做

再强调一次，替代性反叛是指有效地叛逆——找出一个创意的方式尊重叛逆的渴望，而不是压抑或评判它，或毫无自觉地顺从叛逆而成瘾。要清楚说明，有很多种方法可以使用这个技能，请成员发挥他们的想象力。

💬 **讨论重点：**请成员阅读痛苦忍受讲义21建议的替代性反叛。在他们想要尝试的项目旁边打钩，讨论各种替代方案。

💬 **讨论重点：**请成员分享其他有效的叛逆方式。

👥 **练习活动：**请不相信替代性反叛的成员（即使他们的成瘾行为就是叛逆）进行尝试替代性反叛的利弊分析。指出执意会妨碍替代性反叛。

带领者笔记：自从我创立这个技能，一些人发展出替代性反叛的清单并将它们放在网上，可在搜索引擎上使用 alternative rebellion 或 alternate rebellion 来寻找。在你推荐这些清单之前，请先自己看过。

B.适应性否认

✓ 1. 什么是适应性否认

向成员解释："'适应性否认'是强烈地说服自己，冲动来袭时，其实你不想从事成瘾行为，或者你已经不可能从事成瘾行为了。"

✓ 2. 怎样做

■ 开始说明："当你进行适应性否认时，让逻辑暂时休息。不需要跟自己争辩，相信自己没有冲动，或是不可能从事成瘾行为。"

■ "说服自己，你想要的是其他东西而不是成瘾行为。"

举例： "在一个玻璃罐里装满硬币。身边随时摆着一个装满硬币的罐子和一个空罐子。当渴求浮现时，对自己说出：'哦，我必须拥有一枚硬币。'然后打开罐子拿出一枚硬币，放进另一个罐子中。"

■ "延后成瘾行为。延后五分钟，再延后五分钟，再延后下去。每一次，告诉自己，你只要再忍耐五分钟。"

■ "不要用另一种成瘾行为的渴求来取代目前的成瘾行为，也不要用破坏性行为来取代成瘾。"

■ "记得，只有在危机中，你显然无法再忍受强烈的渴求，快要放弃时，才能用一个渴望来取代另一个渴望。长期来说，压抑渴望会增加渴望的程度，而不能降低它。"

💬 **讨论重点：** 讲解痛苦忍受讲义21的例子，然后请成员思考是否想到其他的例子。